KB095980

한국 철학사

한국 철학사(보급판)
원효부터 장일순까지 한국 지성사의 거장들을 만나다

초판 1쇄 발행 2018년 3월 5일
초판 4쇄 발행 2021년 5월 28일

지은이 | 전호근
교정 | 문해순
디자인 | 여상우

펴낸이 | 박숙희
펴낸곳 | 메멘토
신고 | 2012년 2월 8일 제25100-2012-32호
주소 | 서울시 은평구 연서로26길 9-3 동양오피스텔 301호(대조동)
전화 | 070-8256-1543 팩스 | 0505-330-1543
이메일 | mementopub@gmail.com

ⓒ 전호근
ISBN 978-89-98614-49-2 (03150)

이 도서의 국립중앙도서관 출판시도서목록(CIP)은 서지정보유통지원시스템 홈페이지
(http://seoji.nl.go.kr)와 국가자료공동목록시스템(http://www.nl.go.kr/kolisnet)에서
이용하실 수 있습니다. (CIP제어번호: 2018005280)

파본은 구입하신 서점에서 바꾸어 드립니다. 책값은 뒤표지에 있습니다.

옹알이부터 정의손까지 한국 지성사의 거장들을 만나다

진중권 지음

메디치

일러두기

:: 이 책의 양장본 초판은 2015년 10월 5일에 발행되었다.

:: 철학자들의 한문 저술 번역은 저자가 직접 한 것이며, 해당 번역문의 원문은 본문 맨 뒤에 실었다.

:: 번역 인용문과 해당 원문은 번역문 끝과 원문 앞에 같은 번호(❶ ❷ ❸순)를 표시해서 확인할 수 있게 했고,
   한 원문이 여러 차례 인용될 때는 ❶⁻¹, ❶⁻², ❶⁻³식으로 표시했다.

:: 시 원문은 번역문 바로 아래에 두어, 번역문과 원문을 함께 음미할 수 있게 했다.

::『조선왕조실록』번역은 국사편찬위원회 누리집 번역문이며 원문은 따로 싣지 않았다.

:: 서명은 겹낫표(『 』), 편명과 개별 작품은 홑낫표(「 」), 그림은 홑꺾쇠(〈 〉)로 표시했다.

타자화된 사유를 삶의 문법으로

한국에서 철학을 하는 일은 어렵다. 아니 그 어느 곳에서도 철학을 하는 일은 어렵다. 철학은 대답 없는 질문이기 때문이다. 철학이 탄생한 이래 "도대체 철학이란 무엇인가?"라는 물음을 앞에 놓고 수많은 철학자들이 지금까지 머리를 싸매 왔고, 각자 다른 대답을 내놓았다는 것이 그 증거가 아니고 무엇이랴. 더욱이 대답 없는 물음이란 목적지 없는 여정과 같아서 어딘가 종착점이 있을 리 없다. 그러니 그 지루한 여정을 견디는 일은 철학하는 자에게 주어진 숙명이다. 그럼에도 유독 한국에서 철학을 공부하는 것은 더욱 고통스럽다.

한국 철학에서도 조선 성리학을 전공한 내가 이황과 이이의 글을 앞에 놓고 머리를 싸맸던 1980년대 후반, 한국의 대중은 말할 것도 없고 성리학에 대한 지성계 일반의 평가는 한마디로 가혹했다. 이를테면 당대를 풍미했던 마르크시즘의 유물사관에 따라 봉건적 관념론으로 폄하된 것은 말할 것도 없거니와, 민주화의 열기가 가득했던 시대에 성리학은 그저 체제수호를 위한 지배 이데올로기로 적대시되는가 하면, 실용을 추구하는 풍토 아래 아무짝에도 쓸모없는 공리공담의 학문으로 매도되더니, 급기야 조선이라는 나라를 망친 주범으로 지목되기에 이르렀다. 한국 철학은 돌아볼 가치도 없는 그야말로 쓰잘 데 없는 물건으로 치부되었던 것이다. 이런 시대에 성리학을 비롯한 한국 철학을 이야기한다는 것은 입밖에 꺼내기조차 어려운 일이었고, 아예 한국 철학의 존재 자체를 증명하는 것조차 힘겨운 일일 수밖에 없었다.

이런 사정은 서구 학계의 경우 더욱 심했다. 그토록 장구한 세월 지속된 문명을, 그토록 다양한 모습으로 전개되었던 문명을, 그토록 드넓은 지역에 힘을 발휘했던 문명을, 불과 몇 가지 근거를 토대로 그토록 허망한 사회·역사적 결론을 내놓았던 막스 베버 같은 독일의 사회학자는 말할 것도 없고, 영미권 학자들 대부분은 동아시아의 사유를 사상이나 철학으로 인정하지 않았다. 그들에게 동아시아의 철학은 철학이 아니라 화석화된 유물 정도로 비쳤다. 마치 옛날 알 수 없는 어느 곳에서 이런 식으로 생각하며 살았던 신기한 인간이 있었던 것처럼 동아시아인들을 대했다. 그 때문에 동아시아의 사유를 대하면서 마치 자신들은 전혀 그렇게 살아오지 않은 것처럼 너스레를 떨기도 하고, 색다른 견해라도 접하면 신기한 물건을 보듯 이런저런 잣대를 들이대며 타자화해 왔다. 하지만 내가 보기에 『장자』에 나오는 소 잡는 백정의 신목(神目)에 따른 리드미컬한 칼놀림[奏刀]이나, 피아니스트의 손을 의식하지 않는 신들린 타건[keying]은 전혀 다른 것이 아니다. 대관절 유학의 수기(修己)나 독일어의 빌둥(Bildung), 영어의 컬티베이션(cultivation)이 같은 것이 아니라면 무엇이며, 하나가 곧 전체라는 화엄의 종지가 나사렛 예수가 길 잃은 한 마리 양을 찾아 나선 것과 동일한 통찰의 결과가 아니라면 무엇이란 말인가. 그럼에도 그들의 허망한 결론 앞에 말 없이 고개를 숙일 수밖에 없었던 것이 그간의 한국 지성계 아니었던가.

넘을 수 없을 듯이 보이는 이 같은 편견에도 나는 한국 철학이 아직 이 땅에 살아 있다고 생각한다. 일찍이 함석헌이 "물에서도 아니 녹았고, 불에도 아니 탔고, 칼로 찍어도 아니 끊어졌고, 망치로 때려서도 아니 바숴진 것이 우리 말 우리 생각"이라고 한 것처럼 우리의 사유는 아무리 없애려 해도 없어지지 않는 것이다. 우리가 살아 있는 한. 아니 당신이 이 땅에 살고 있는 한. 그 때문에 나는 현대 한국 사회에도 원효와 똑같이 통합의 논리를 제시하는 논객이 있고, 지눌의 깨달음에 도달한 고승이 있을 것이라고 확신한다. 또 이 땅 어딘가에 이황처럼 말과 행실을 일치시키려 애쓰는 사람이 살고 있을 것이다. 그게 혹 당신 아닌지 모르겠다. 아니 틀림없이 당신이다. 왜냐하면 이황의 글을 읽고 나면 당신이나 나나 부끄러워질 수밖에 없으며, 조식의 상소문을 읽고 나면 당신이나 나나 그 경건함에 고개를 숙일 것이며, 박지원의 시를 읽으면 당신이나 나나 눈물지을 것이고, 정약용의 논(論)을 읽으면 당신이나 나나 무릎을 치며 탄복할 수밖에 없을 것이기 때문이다.

한국에서 철학을 공부하는 자로서 한국 철학사를 펴내는 일은 동아시아 고전을 연구하는 이가 『논어』를 주해하고 기독교 신학자가 성서를 주해하는 것만큼이나 학문적으로 뜻 깊은 일이다. 하지만 이 책을 펴내게 된 동기는 이런 학문적 의미 때문만이 아니다. 원효 이래 1300년에 걸친 한국 철학의 거장들이 추구하고 실천했던 삶의 무법이 아직도 한국인의 의식 저변에 깔려 있을 뿐 아니라 우리의 삶 곳곳에서 힘을 발휘하고 있다는 사실을 드러내고 싶었던 바람이 이 책을 펴내는 데 더 큰 동기로 작용했다.

그래서 이 책에서는 사적 고찰을 통해 철학의 연대기를 충실하게 구성하는 일보다는 한 시대를 풍미했던 철학자들의 사유가 오늘날 우리의 삶과 얼마나 가까운 곳에 있는지 밝힘으로써 오랫동안 우리 스스로에 의해 그리고 서구의 시선에 의해 일방적으로 타자화된 사유를 지금 살아 움직이는 삶의 문법으로 복원하는 데 마음을 기울였다. 또 한국 철학의 독자성을 드러내기보다 그 사유가 고립된 지역의 일시적 산물이 아니라 수천 년 동안 장구한 사유를 이어 온 동아시아 전통 지식인들의 오래된 고민이 반영된 결과임을 밝히고자 했다.

　물론 나의 얕은 지식으로 이런 소망의 만분의 일도 충족시킬 수 없다는 것을 잘 안다. 그 때문에 책을 내놓으면서 성취감보다는 두렵고 부끄러운 마음이 앞선다. 특히 삼국 시대처럼 단간편묵(單簡片墨)에 지나지 않는 짧은 기술을 근거로 어떻게 그들의 삶과 사유를 진실에 가깝게 그려낼 수 있겠으며, 한 사람이 일생을 바쳐도 불가능할 만큼 긴 시간 축적된 깊은 사색의 결과물을 어찌 어리석은 자의 한때의 노력으로 가늠할 수 있겠는가. 이런 두려움에도 이 책을 세상에 내놓는 까닭은 이제는 한국 철학을 이야기할 때라고, 이제는 우리의 삶을 우리의 시선으로 바라볼 때가 되었다고 누군가 이야기해야 한다고 생각했기 때문이다.

　이 책을 쓴 지난 1년간 거의 하루도 빠짐없이 경희대 교정을 유령처럼 거닐었다. 함께 걸으며 벗이 되어 준 사람이 있어 외롭지는 않았지만 글을 쓸 때는 홀로 외로웠다. 하지만 글을 쓰면서 만난 철학자들의 한 마디 한 마디가 나를 채워 주고 내 영혼의 일부가 되었다. 이 책은 그들에게 바치는 헌사다.

2015년 가을, 고황산 기슭에서
전호근

5부 현대 철학

1부 삼국 시대 철학

한국 철학사 강의를 시작합니다. 첫 번째로 만날 철학자는 삼국 시대 철학자, 그중에서도 신라의 불교 철학자 원효(元曉, 617~686)입니다. 그런데 한국 역사에 대한 지식이 조금이라도 있는 분이라면 왜 삼국 시대 이전의 철학, 그러니까 단군 신화나 삼국의 건국 신화부터 이야기하지 않는지 의아해 하실 수 있습니다. 제가 한국 철학사 강의를 시작하면서 고조선의 철학이라든지 단군 신화의 철학을 이야기하지 않는 이유는 그 속에 철학적 함의가 담겨 있지 않다든지 또는 그 자체가 철학적 사유에 부합하지 않는다고 생각해서가 아닙니다. 무엇보다 단군 신화는 한민족의 기원을 묻는 철학적 질문, 그러니까 우리는 누구인가? 우리는 어디에서 왔는가? 하는 물음에서 비롯된 이야기이기 때문에 철학적 물음에 부합합니다. 그렇지만 그 질문에 답하는 방식이 철학과 다르다고 생각했기 때문에 이 강의에서 신화는 다루지 않겠습니다.

비슷한 경우를 들자면 "너 자신을 알라"라는 말은 서양 철학 2600년의 역사를 관통하는 문제의식입니다. 흔히 이 말은 소크라테스가 처음 한 말로 알려져 있죠. 그러나 그리스 역사를 조금 깊이 알고 있는 이들은 이 말이 본래 델포이 신전의 벽에 쓰인 글귀라는 걸 알고 있을 겁니다. 그런데 서양 철학을 기술할 때 그 누구도 델포이 신전의 철학을 이야기하지는 않습니다. 소크라테스가 한 말과 똑같은 문구라 하더라도 델포이 신전의 글귀는 신탁이기 때문입니다. 신탁은 신의 말을 전하는 겁니다. 그러니까 신탁을 전하는 사람은 신의 명령, 그러니까 신의 권위에 따르도록 요구하는 것이지 인간의 이성에 호소하는 게 아닙니다. 그러니 델포이 신전 벽의 글귀는 철학적 명제가 될 수 없습니다. 참이냐 거짓이냐를 따질 수 있는 대상이 아니니까요. 신탁은 인간 이성 너머에 있는 신의 명령이죠. 그 때문에 이 글귀가 철학자 소크라테스의 입을 통해 전파되면서 비로소 철학이 시작되었다고 할 수 있습니다. 물론 서양 철학은 소크라테스 이전의 탈레스로부터 시작되었다고 이야기해야겠지만 여기서는 신탁과 철학적 명제의 경계를 드러내기 위해 소크라테스 이야기를 사례로 들었습니다.

이 강의에서 삼국 시대 철학을 이야기하면서 그 이전 신화에 등장하는 철학을 이야기하지 않는 까닭도 같은 맥락으로 이해하시면 됩니다. 신화와 철학의 차이는 신탁과 철학적 명제의 차이와 비슷합니다. 그렇다고 해서 제가 신화는 과학 이전의 미개한 사유방식이라거나 철학보다 낮은 수준의 사유라는 주장에 동의하는 것은 아닙니다. 종류가 전혀 다른 것들을 비교하면서 우열을 논하는 것은 과학적이지도 않을뿐더러 무엇보다 철학적이지 않기 때문입니다. 신화와 철학, 그리고 과학은 모두 인류 문명의 산물입니다. 그 어느 것도 다른 것과 비교해서 가치가 낮다고 할 수 없습니다. 다만 신화의 역사가 철학보다 오래된 것은 분명하고, 근대 이전에는 철학과 과학이 한 몸이었습니다. 그러니 신화가 가장 오래된 사유 형태이고, 과학과 한 몸이었던 철학이 그다음이고, 근대과학은 그 이후라고 할 수 있습니다. 그렇다면 인류의 역사와 철학의 역사, 과학의 역사는 출발 시기가 일치하지 않는다는 데 동의하실 수 있을 겁니다. 마찬가지로 한국사와 한국 철학사의 출발 시기가 일치하지 않는 것은 자연스런 일입니다.

유·불·도가 조화를 이룬 삼국 시대

삼국 시대는 불교와 유학과 도교가 세 나라에 나름대로 뿌리를 내렸다는 점에서 삼교가 균형을 이룬 시대였습니다. 이는 그만큼 다양한 세계관이 공존했다는 것을 의미하죠. 그에 비해 고려 시대에는 불교, 조선 시대에는 성리학만 존중되고 다른 종교는 거의 백안시되었다고 볼 수 있습니다. 이를테면 고려 말에 회헌(晦軒) 안향(安珦)이나 상당(上黨) 백이정(白頤正) 같은 유학자들이 중국에서 처음으로 주자학을 도입할 때만 해도 유학은 설 자리가 거의 없었습니다. 그래서 안향이 「느낀 바 있어 짓다〔有感〕」라는 시에서 "향등 걸린 곳곳마다 부처한테 기도하고 집집마다 노래하며 귀신에게 기도하는데, 몇 칸 안 되는 공자의 사당에는 인적 없이 가을 풀만 무성하구나〔香燈處處皆祈佛 絃管家家競祀神 唯有數間夫子廟 滿庭秋草寂無人〕" 하면서 한탄하기도 했던 것입니다.

물론 삼국 시대와 고려 시대에도 유교의 경전을 가르쳤습니다. 『논어』나 『맹자』는 말할 것도 없고 임신서기석(壬申誓記石: 유교 경전을 습득하고 실행하겠다는 맹서를 새긴 신라 때의 비석)을 비롯하여 여러 금석문을 보면 오경〔五經: 유가의 다섯 가지 핵심 경서인 『역경(易經)』·『서경(書經)』·『시경(詩經)』·『예기(禮記)』·『춘추(春秋)』〕에 해당하는 과목을 가르쳤습니다. 백제에는 오경박사(五經博士) 제도가 있었어요.

그러나 고대에 한어(漢語)를 익힌 것은 어디까지나 중국을 알기 위해서였죠. 예컨대 중국에 가서 출세를 도모하거나 중국 사신이 왔을 때 응대하려는 것이 주된 목적이었습니다. 그런 의미에서 텍스트를 소통의 수단으로 익혔을 뿐, 텍스트 자체의 내용을 깊이 있게 파고든 경우는 드뭅니다.

유학만 놓고 살펴보면, 통일신라 시대에는 최치원 같은 유학자가 나와서 상당히 약진한 측면이 있는데, 고려 시대에는 그 장구한 역사와 문화 수준에 비추어 볼 때 유학은 부진을 면치 못했다고 할 수 있습니다. 고려 시대는 불교의 시대로 국가의 모든 대소사가 불교의 가치관에 따라 결정되었다고 할 수 있습니다. 따라서 대각국사(大覺國師) 의천(義天) 같은 승려가 화폐 제도를 도입하자고 주장한 것이 이상한 일이 아닙니다. 문제는, 이런 식의 불교 국가는 불교 사원에 부(富)가 집중되는 경향이 있기 때문에 국가 경제가 쉽게 흔들릴 수 있다는 점입니다. 유독 고려만 그랬던 것이 아니고, 당나라도 그랬습니다.

당나라 무종 때 강제로 환속시킨 승려의 수가 26만 명이라고 합니다. 환속 승려의 수와 실제 승려의 수를 합하면 대략 백성의 15퍼센트가 승려였다고 하죠. 당나라 문인 한유(韓愈)가 이를 격렬하게 비판했어요. 노동자, 농민 같은 생산자의 처지에서 보면 지식인이나 승려 계층은 밥벌이도 못하는 존재들입니다. 그런 사람들이 너무 많아지면 폐단이 생기겠죠. 물론 생산자만 많아도 문제가 생깁니다. 상앙이나 한비자 같은 법가 사상가가 추구한 국가에서 그런 일이 일어나기 쉽습니다. 오직 생산만 중시하고 인간다움이나 인문적 가치를 추구하지 않는다면 나라 꼴이 어떻게 될까요? 불을 보듯 뻔합니다. 제아무리 부국강병을 이루었다 한들 그 부가 백성들의 삶을 윤택하게 하는 데 쓰이지 않으면 나라가 불행한 상황에 빠질 겁니다. 이와 반대로, 놀고먹는 계층, 그게 승려든 다른 성직자든 일반 지식인이든 마찬가지인데 사회 구성원 대다수가 생산에 종사하지 않고 공부만 하고 있다고 생각해 보세요. 공동체가 무너지는 것은 시간 문제겠죠. 따라서 균형이 중요합니다.

당나라의 경우 그런 균형을 이루지 못했고 고려도 마찬가지였습니다. 전성기에는 불법(佛法)이 국가를 운영하는 힘이 되었지만, 중·후반기 이후 외침(外侵)이 거듭되고 사원의 공재(空財)가 국가의 부를 넘볼 정도로 축적되고 폐단이 쌓이면서 왕조의 기틀이 흔들리고 맙니다. 그래서 새로운 시대가 열립니다. 바로 조선이죠.

조선은 고려와 정반대로 불교가 전혀 힘을 쓰지 못합니다. 조선은 권근, 정도전 같은 유학자들이 배불론(排佛論)을 강경하게 주장했습니다. 이들은 한유의 「논불골표(論佛骨表)」의 논리를 빌려 오기도 하고 정도전의 경우 스스로 『불씨잡변(佛氏雜辨)』 같은 논문을 써서 불교 비판 이론을 전개하는데 대체로 이론적 기반을 엄밀하게 갖추기도 전에 논점을 선취하는 형태로 불교를 배척합니다. 그 결과 불교는 커다란 타격을 입습니다. 그러다가 임진왜란 때 승병이 활약하고, 불교가 나라를 구하는 데 힘이 된다는 점이 받아들여지면서 조선 사회에서도 불교가 어느 정도 자리를 잡습니다. 물론 조선의 불교는 세속의 일에 관여하지 않고 독자성을 유지하는 방식으로 존속합니다. 그러다 보니 철학으로서 불교는 취약해질 수밖에 없었습니다. 이 같은 극단성은 어떤 사회가 단일한 가치를 추구할 때 나타나기 쉽습니다. 고려에서는 불교가 그랬고, 조선에서는 성리학이 그런 작용을 했습니다.

삼국 시대에는 상대적으로 그런 문제가 크지 않았습니다. 다양성 측면에서 보자면 통일신라기에 접어들면서 도교가 부진한 측면이 없지 않지만 그래도 불교와 유학과 도교가 조화를 이루는 상태가 됩니다. 그런 조화를 이루는 데 결정적으로 기여한 인물이 불교 철학자 원효입니다.

원효 다음에는 의상을 살펴볼 텐데, 한국 철학사에서 삼국 시대 부분은 당시의 중요도를 기준으로 삼으면 설총(薛聰)이나 강수(强首) 같은 유학자보다 승려를 더 넣어야 합니다. 하지만 철학사의 균형을 유지하려면 양적 측면만 고려하면 안 되니 도교와 유학도 비슷한 비중으로 살펴보려 합니다. 유학 쪽에는 설총과 최치원이 있습니다. 설총은 원효의 아들이죠[원효의 속성(俗姓)은 '설(薛)', 이름은 '사(思)']. 또 최치원은 삼국 시대 인물로 보기 어려울 정도로 고도의 논리를 갖춘 유학자였습니다.

1장

원효

파도와 고요한 바다는 둘이 아니다

화쟁국사 원효

원효(元曉, 617~686)는 동아시아 불교사에 빛나는 『금강삼매경론(金剛三昧 經論)』, 『대승기신론소(大乘起信論疏)』 같은 명저를 남긴 불교 철학자입니 다. 원효의 사상을 한마디로 정리하면 화쟁(和諍)이라고 할 수 있습니다. 흔히 화쟁 사상이 통일신라의 사상적 기반이 되었다고들 평가하기에, 지 금도 사회 통합이 필요할 때나 지식인의 책임을 논할 때 '화쟁'을 이야기 하곤 합니다. 생물학자이자 진화심리학자인 최재천도 통섭 이론을 설명하 면서 원효를 인용한 적이 있습니다. 현대 사회에서 이야기하는 통섭과 원 효의 통섭이 같은 맥락인지는 살펴봐야겠지만 '통섭'이라는 말을 끌어낸 점은 긍정적으로 평가할 만합니다.

원효의 원(元)은 으뜸, 효(曉)는 새벽입니다. '첫새벽'이라는 말이죠. 왜 이런 이름을 지었는지는 일연(一然, 1206~1289)의 『삼국유사(三國遺事)』를 읽어 보면 알 수 있습니다. 『삼국유사』에는 당대에 원효보다 유명했던 고승들이 수없이 나옵니다. 그런데 재미있는 것은 그 많은 고승들의 훌륭함이 전부 원효대사의 말을 통해 입증된다는 점입니다. 다시 말해 원효가 여러 스님들이 자기보다 낫다고 이야기하는데 아이러니하게도 결국 기억에 남는 이는 원효대사밖에 없습니다. 어떤 사람의 추천, 비평으로 유명해진 사람이 있다면 그 사람을 추천해 준 비평가가 오히려 훌륭한 겁니다. 일찍이 사마천이 "백이와 숙제는 비록 현인이었지만 공자를 통해 이름이 빛났고 안연은 홀로 뛰어났지만 공자 덕분에 더욱 돋보이게 되었다"라고 이야기했어요. 공자의 위대함을 말해 주는 구절이죠. 훌륭한 사람에게는 그를 알아보는 또 다른 거인, 곧 천리마가 필요한데, 공자가 그런 천리마였죠.

어떤 사람의 가르침이 절대적 권위로 인정되었던 근대 이전 사회라면 공자나 원효 같은 사람이 천리마 역할을 할 수 있겠지요. 하지만 근대 사회는 절대적 권위가 인정되지 않으니 이런 천리마가 통하지 않습니다. 지금은 뛰어난 사람이 나오려면 시스템이 필요합니다. 미국의 심리학자 미하이 칙센트미하이가 이와 비슷한 이야기를 한 적이 있습니다. 그는 천재가 탄생하기 위해서는 세 가지 조건이 맞아야 하는데 첫째가 개인의 탁월성〔individuality〕, 둘째가 해당 분야의 전문성〔domain〕, 그리고 그 분야의 중요성이 사회적으로 인정받는 것〔field〕이라고 했어요. 그럴듯한 주장입니다. 이 중에 앞의 두 가지는 개인의 노력으로 얻을 수 있습니다. 하지만 마지막 조건인 '필드'는 개인이 노력해서 얻을 수 없습니다. 아무리 탁월한 개인이 있어도 세상이 알아주지 않으면 조용히 살다 가는 수밖에 없습니다. 안목을 가진 사람이 그 가치를 알아보고 세상에 소개하고 높이 평가해야만 비로소 탁월한 개인이 세상과 만날 수 있어요.

원효는 누가 알아줄 것을 기다릴 필요가 없을 만큼 그 파급력, 영향력이 엄청나게 컸던 사람입니다. 그런 맥락에서 원효는 한국 사상사 전체에서 한국 불교뿐만 아니라 한국 철학의 첫새벽으로 다루어야 할 인물입니다. 그런데 애석하게도 원효를 이해하기가 쉽지 않습니다. 원효가 한 말이나 일화를 통해서 원효의 화쟁 사상을 이해하는 것은 한계가 있기 때문입니다. 이것은 마치 우리가 아인슈타인의 어린 시절 일화나 $E=mc^2$이라는 유명한 공식을 기억하고 있다고 해서 아인슈타인의 상대성 이론을 이해하고 있다고 말할 수 없는 것과 마찬가지입니다. 원효의 이론은 불교학자들 사이에서도 늘 논쟁이 일어날 만큼 굉장히 어렵습니다. 다만, 원효의 영향력이 국제적이었다는 점은 여러 경로를 통해 입증할 수 있습니다.

최근 돈황사본(敦煌寫本)에도 원효의 『대승기신론소』 필사본이 있다는 사실이 밝혀졌어요. 이른바 돈황사본은 20세기 초반에 오럴 스타인(Aurel Stein)이라는 유대인 탐험가가 중국 돈황(둔황) 막고굴(莫高窟)에서 수도사를 속이고 영국으로 가져간 엄청난 문서 더미를 가리킵니다. 그 문헌 중에서 『장자(莊子)』나 『도덕경(道德經)』의 오래된 판본도 발견되었고 당나라 때 문헌, 10세기 이전의 필사본으로 추정되는 『대승기신론소』가 발견되었습니다. 이는 10세기 이전에 당나라 돈황 지역에서 원효의 『대승기신론소』 필사본이 읽혔다는 것을 의미합니다.

그뿐만 아니라 2015년 1월에는 독일에서 『대승기신론소』의 중국 투르판 필사본 단간(斷簡)이 발견되기도 했습니다. 투르판 필사본은 돈황본보다 좀 앞섭니다. 그리고 1500년대 이후이긴 하지만, 일본에서도 원효의 저술이 상당히 많이 소개되었습니다.

지금 국내에서 어떤 저술이 화제를 모으며 잘 팔린다 해도 일본이나 미국, 영국에서 출간될 수 있는지를 한번 생각해 보세요. 그런 경우는 별로 없습니다. 이와 반대로, 구미에서 인기를 누리는 저자들의 책은 엄청나게 많이 번역되어 나옵니다. 지식의 위계를 느끼지 않을 수 없죠. 그런데 원효의 저술은 지금보다 국력이 약하고 학술 교류가 더 부진했던 전통 시대에 중국과 일본에서도 간행되었어요. 그러니 그의 국제적인 영향력이 얼마나 대단했는지 짐작할 수 있습니다.

화쟁, 온갖 쟁론을 화해시키는 논리

제가 이 장의 제목을 '파도와 고요한 바다는 둘이 아니다'라고 붙였는데 이 말은 화쟁의 논리를 사물에 비유한 것입니다. 화쟁 사상은 일심(一心)을 근본으로 삼으면서도 그 양상이 여러 가지로 나타날 수 있다는 주장입니다. 이 주장이 『대승기신론소』에 등장합니다. 본래 불경을 주해하는 전통적인 방식은 한 글자 한 글자, 한 단어 한 단어를 풀이해 나가는 것입니다. 그런데 원효는 그런 방식을 따르지 않고 『대승기신론』이라는 불경을, 글 쓴 사람의 종지(宗旨)를 꿰뚫는 방식으로 해석해 나갑니다. (이후 당나라의 승려 법장이 다시 자기 견해를 가지고 『대승기신론』을 쓸 때에도 원효의 주해에 따라 자신의 견해를 정리했다고 합니다.)

'화쟁(和諍)'은 두 가지로 해석할 수 있습니다. 먼저, '화(和)'는 화합, 통합의 논리입니다. '쟁(諍)'은 '말씀 언(言)'에 '다툴 쟁(爭)'으로 이루어져 있으니까 말로 다투는 것, 싸움입니다. 이렇게 보면 화쟁론은 온갖 쟁(諍)을 화해시키는 논리, 곧 쟁(諍)을 화(和)한다는 논리입니다. 그런가 하면 화쟁의 화(和)와 쟁(諍) 자체가 상반되는 뜻이죠. 그래서 화와 쟁 자체는 대립되지만 화와 쟁이 다른 것이 아니라 모두 진리를 찾기 위한 방편이라는 논리에 도달하는 것이 화쟁론의 특징이기도 합니다. 원효의 화쟁론은 이후 한국 불교의 전통으로 자리 잡습니다.

불교의 나라 고려에서는 대각국사 의천이 나왔습니다. 국사(國師)라는 호칭은 신라 시대에는 없었고 고려 시대에 처음 생겼는데, 나라의 스승, 나라의 스님이란 뜻입니다. 의천은 고려의 11대 왕 문종의 아들인 동시에 13대 왕 선종과 15대 왕 숙종의 동생으로, 나라를 대표하는 스님으로서 인정받았습니다. 그런데 이런 의천이 선종에게 이야기해서 원효에게 화쟁국사라는 호칭을 내리도록 합니다. 여기서 고려의 스님들도 원효 사상의 핵심이 화쟁이라고 보았음을 알 수 있습니다.

요즘도 사회 분열이 심각해지면 원효의 화쟁을 이야기하는 경우가 많습니다. 종교와 상관없는 여러 매체에서 원효의 화쟁을 말하는 것은 서로 다른 의견을 가진 사람들의 '화합'을 이루고자 해서입니다. 그런데 이 화합이 어렵습니다. 서로 이익을 다투잖아요. 이익을 다투는 사람들 간에 어떻게 몫을 나누는 것이 합당한지, 그에 대한 합의는 예나 지금이나 쉽지 않습니다.

예를 들면 「마태복음」 20장의 포도원 이야기가 그렇습니다. 이 이야기는 "하늘나라는 자신의 포도밭에서 일할 일꾼을 찾으려고 아침 일찍 나간 주인과 같다"로 시작합니다. 포도원 주인이 하루 품삯을 1데나리온으로 정하고 일꾼을 모집해서 이른 아침부터 일을 시킵니다. 오후에 또 거리에 나가 보니 빈둥빈둥 노는 사람이 있어서 "당신은 왜 놀고 있소?" 하니까 아무도 일거리를 안 주어서 그렇다고 해요. 그러자 포도원 주인이 "그럼 우리 포도밭에 와서 일해요" 하고서 데려와, 저녁나절에 일을 끝내게 합니다. 그런데 이른 아침부터 일하기로 한 사람에게 1데나리온을 주고, 오후부터 일한 사람한테도 1데나리온을 줘요. 당연히 아침부터 일한 사람들이 불만을 제기하겠죠. 왜 우리한테 1데나리온만 주냐고요. 포도원 주인이, 하루 품삯을 1데나리온으로 정했고, 나는 계약대로 당신에게 그 돈을 지불했다. 그런데 다른 사람에게 똑같이 1데나리온을 지불했다고 해서 당신이 항의하는 이유가 뭐냐, 이렇게 얘기해요. 이상하죠.

만약 세 시간짜리 강의에 처음부터 와 있던 학생도 출석을 인정하고 끝날 즈음에 온 학생도 출석을 인정한다면 불만이 생기겠죠? 그런데 그 불만이 정당한지 아닌지를 이야기하기는 쉽지 않습니다. 포도원 주인 이야기가 왜 성서에 들어가 있는지, 왜 하늘나라에서는 그런 식의 분배가 받아들여지는지를 생각해 봐야겠죠. 왜 나중에 온 사람에게도 똑같이 분배를 하는가 하는 비교를 넘어서야 비로소 화합이 됩니다. 타인의 처지를 생각해 보지 않고 그저 내가 더 많이 받는 것이 당연하다고 생각하기만 하면 화합이 안 됩니다. 절대 불가능합니다.

우리 사회에 정규직과 비정규직이 있는데 정규직이 비정규직보다 일을 더해서 정규직입니까? 자동차 생산 라인만 봐도 숙련이고 비숙련이고 할 것 없이 똑같은 노동 시간, 똑같은 조건에서 일하는데 한쪽은 파견 근로자고 한쪽은 본사 직원입니다. 이들의 급여 차가 두 배가 넘습니다. 그게 정당합니까? 또 실업 상태에 있는 사람이 있고 직업을 가진 사람도 있어요. 그럼 실업자는 게을러서 그런가? 자질이 떨어져서 그런가? 이런 게 아니라는 거예요. 직업을 갖지 못한 사람에게, 게으른 자에게는 돈을 줄 수 없다는 논리를 들이댄다면 설명이 안 됩니다. 그걸 뛰어넘어서 이야기할 수 있어야 화쟁이 됩니다. 원효를 얘기하면서 거기까지 가지 않으면 가나 마나입니다. 아무것도 나눠 주지 않으면서 화합해야 한다고 이야기하는 것은 소용이 없어요. 요컨대 특정한 교설을 주장하지 않고 상반되는 주장을 잘 살피고 상대가 왜 불만을 제기하는지, 왜 저 사람에게 돈(급여)을 줘야 하는지를 살펴야 합니다.

차병직의 『상식의 힘』이라는 책을 보면 어떤 한국인이 헝가리에 갔다가 거기서 사회주의적 분배 방식이 어떤 것인지 깨달았다는 일화가 소개되어 있습니다. 사과 장수 할머니가 사과를 팔고 있고 사람들이 줄을 서서 사과를 사 가는데 그 할머니가 하나는 좋은 것, 하나는 나쁜 것 이런 식으로 섞어서 팔아요. 한국 사람이 할머니에게 "돈을 더 줄 테니 좋은 것만 달라"고 했더니 할머니가 "너한테는 안 팔아" 했답니다. 왜 그 사람들은 그렇게 살까요? 어리석어서? 왜 한국 사람은 모두 다 좋은 것만 원할까요? 다 나름의 입장이 있죠. 할머니 얘기는, 먼저 온 사람이 좋은 것 다 가져가면 뒤에 온 사람은 뭘 가지고 가느냐는 거고, 한국 사람은 아침에 부지런히 일어났으니까 좋은 걸 가져갈 자격이 있다, 이렇게 생각하죠. 그러니까 한국인은 잠을 편안하게 못 잡니다. 먼저 일어나서 좋은 사과를 차지해야 하니까 피곤하게 삽니다. 평생 죽어라 일만 하면서 사는 거예요. 늦게 오는 사람은 아무것도 가져갈 수 없는 세상을 만들어 놓았기 때문이죠. 정의로운 사회가 맞나요?

화쟁이란 것이 말은 하기 쉽지만 상반되는 주장을 살피지 않으면 불가능합니다. 또 상대를 포용해야 됩니다. 그런데 포용이 힘들죠. 꼴도 보기 싫은데 어떻게 포용합니까? 그런데 포용하고 그것을 넘어서야 합니다. 내가 더 많이 차지하려고 하면 원효의 화쟁론은 의미가 없어요. 대립을 넘어서 상위의 가치를 지향하는 게 화쟁이니까요. 그래서 화쟁이 한국 불교의 전통이 된 것입니다. 불행히도 현재의 한국 불교는 화쟁을 지향하는지 의문이고 화쟁이 뭔지 아는지조차 의심스럽습니다.

국내파 지식인

당시 많은 사람들이 당나라에서 유학했던 것과 달리 원효는 신라를 떠난 적이 없습니다. 아시다시피 의상과 같이 당나라로 유학을 가던 길에 깨달음을 얻었다고 하죠. 저 유명한 '일체유심조(一切唯心造)' 일화입니다. 무덤 안에서 잠을 자다가 잠결에 갈증이 심해 물을 마셨는데 아침에 해골에 담긴 물인 걸 알고 구토를 했다고 하죠. 어젯밤에는 그렇게 다디달던 물이 어떻게? 여기서 확 깨달은 겁니다. 송나라 때 당나라 고승들의 행적을 기록한 문헌인 『송고승전(宋高僧傳)』에 따르면, 원효는 두 번인가 도당 유학을 시도했지만 이 일이 있고 나서는 그만두었다고 합니다. 그런데 재미있는 것은, 이 일화가 『송고승전』의 「원효전」에 나오지 않고 「의상전」에 나온다는 점입니다. 물론 흔히 알려진 해골 이야기와는 약간 다릅니다만 줄거리는 비슷합니다.

신라의 지식인 중에 국제적으로 명성을 얻었던 사람으로서 유학을 안가서 성공한 사람이 원효이고, 가서 성공한 사람이 최치원입니다. 최치원은 열두 살 때 당나라로 떠났어요. 당나라에 무사히 도착한다는 보장도 없었고 가면 돌아온다는 보장도 없던 때였죠. 어쨌거나 최치원은 유학을 해서 당나라에서 문명을 떨칩니다. 황제에게 인정받고 농민반란을 일으킨 황소(黃巢)에게서도 인정을 받습니다. 황소가 최치원의 격문(檄文)을 읽고 침대에 걸터앉아 있다가 놀라서 떨어졌다고 하는데 이것은 문(文)의 힘을 상징적으로 보여 주는 일화로 보면 됩니다. 최치원은 이 정도로 이름을 떨쳤지만 당나라는 그때 이미 쇠락해 가고 있었기에 신라로 돌아옵니다. 그러나 신라 또한 이미 저물어 가는 나라였죠. 스케일에서 당대를 압도하는 면이 있는 그런 최치원을 품어 줄 나라가 없었던 겁니다.

서양에서는 칸트가 국내파고 볼테르가 유학파인데 둘 다 성공했습니다. 톨레랑스, 곧 관용론으로 세상을 흔들었던 볼테르는 영국에 자주 가서 거기서 보고 배워 옵니다. 반면 칸트는 쾨니히스베르크, 지금의 칼리닌그라드 밖으로 150킬로미터 이상 떠난 적이 없어요. 완전히 우물 안 개구리였죠. 그런데 그 우물 안 개구리가 세상에 다시없는 이성의 탑을 쌓아 올렸습니다. 칸트는 인간 이성의 통찰이라는 것이 얼마나 위대한지를 보여 줍니다. 칸트처럼 제대로만 생각하면 산속에 있든 세속에 있든 시장 통에 있든 돌아다닐 필요가 없습니다. 칸트는 시간강사 하다가 46세에 교수가 되었고 57세가 될 때까지 11년 동안 아무것도 안 했습니다. 그러다가 『순수이성비판』을 냈죠. 요즘 한국에서는 대학 교수가 일 년에 논문 3.5편 정도를 써야 합니다. 편당 석 달 정도 기다려 주는 셈인데 그 정도 고민해서 쓴 통찰의 결과물이 볼만할 리 있겠습니까? 칸트 같은 인물을 기대한다면 적어도 11년 동안 고민할 수 있게 해 줘야 합니다. 11년이라는 시간을 주면 아마 대대수가 놀겠지요. 하지만 그 노는 사람 중에 칸트가 한 명은 나오지 않을까요?

이야기가 멀리 갔는데 다시 신라로 돌아오면 해외파였던 의상에 이르러서 화엄 철학이 좀 더 기반을 다지게 됩니다. 원효는 깨달았으니 갈 필요가 없었고 의상은 못 깨달았으니 가는 게 옳았다고 해야겠죠.

원효의 가계와 탄생지

원효가 단순히 승려로만 기억되지 않는 것은 속세와의 인연 때문입니다. 『삼국유사』에 실린 원효의 전기인 「의해(義解)」편, '원효불기(元曉不羈)'를 보겠습니다.

성사(聖師) 원효(元曉)의 속성은 설(薛)씨이다. 할아버지는 잉피공(仍皮公)인
데 적대공(赤大公)이라고도 한다. 지금 적대연(赤大淵) 옆에 잉피공의 사당
이 있다. 아버지는 담내내말(談㮈乃末)이다.

애초에 압량군(押梁郡) 남쪽에 있는 불지촌(佛地村) 북쪽의 율곡(栗谷) 사라
수(娑羅樹) 밑에서 태어났다. 마을 이름은 불지(佛地)인데 혹 발지촌(發智村)
이라고도 한다.❶-1

원효의 할아버지라고 말한 잉피공(仍皮公)은 신라의 귀족으로 여섯 촌
장 중 한 사람입니다. 잉피공의 사당이 적대연(赤大淵) 옆에 있다고 했는
데 적대연은 바로 이 글이 수록된 『삼국유사』의 작자 일연 스님이 살았던
거처로 유명합니다. 물론 고려 때 이야기입니다.

경상북도 청도 운문산에 운문사가 있습니다. 운문사 안에 아무나 들어
갈 수 없는 이른바 금족지가 있어요. 그곳에 적대연이 있습니다. 아무튼
원효는 신라를 대표하는 귀족 가문 출신으로 출생과 함께 여러 가지 이야
기가 전합니다.

원효의 특이한 사적(事跡)

'사라수'에 대해 세상 사람들이 말하길, "대사의 집이 본래 이 골짜기 서남쪽
에 있었는데 어머니가 임신한 뒤 달이 다 찼는데 마침 이 골짜기의 밤나무
아래를 지나가다가 갑자기 해산하게 되자 창황한 가운데 집으로 갈 겨를이

없어서 우선 남편의 옷을 나무에 걸어 두고 그 안에 누워 있었다. 그런 연유로 그 나무를 사라수라 한 것이다. 그 나무의 열매 또한 보통의 밤나무와는 달랐기에 지금까지 사라밤이라고 일컫는다"라고 했다. **❶-2**

　인용한 부분을 보면 원효가 사라수 아래에서 태어났다고 하는데 이 사라수는 밤나무죠. 아버지의 옷[裟羅]을 밤나무에 걸쳐 두었다는 전설에서 사라수라고 일컬은 것입니다. 이 부분은 여러 가지 맥락이 겹쳐 있습니다. 우선, 신주(神主)를 만들 때 밤나무를 사용합니다. 밤나무가 단단하다는 실용성이 첫 번째 이유겠지만 밤이 음(陰)을 상징하는 물건이기 때문이에요. 지금도 결혼식 폐백례를 올릴 때 아들딸 많이 낳으라고 신랑신부에게 대추와 밤을 던져 주죠. 대추는 아들을, 밤은 딸을 뜻합니다. 대추는 씨가 하나고 밤은 알이 두 개 이상 있으니, 대추는 양의 수이고 밤은 음의 수라고 보는 겁니다. 대추는 익으면 겉도 붉고 속도 붉지만 밤은 겉만 붉고 속은 하얗죠. 또 밤은 그냥 둬도 싹이 돋지만 대추는 반드시 땅에 심어야 싹이 돋습니다. 그러니까 원효의 탄생 설화는 이런 전래의 풍습과 밀접하게 연관되어 있습니다.
　이어지는 또 다른 이야기를 읽어 보겠습니다.

　예부터 전해 오기를, 옛날 어떤 주지 스님이 있었는데 절에서 일하는 종한테 하루 저녁 끼니로 밤 두 톨을 주었다. 종이 관에 가서 송사를 일으키자 관리가 이상하게 여겨 밤을 가져가 살펴보았더니 밤 한 톨이 발우 하나를 가득 채웠다. 마침내 도리어 한 톨씩만 주라고 판결했다. 이런 연유로 율곡이라는 지명이 생겼다. **❶-3**

사라사의 주지 스님과 기적의 밤 이야기입니다. 주지 스님이 절의 종한테 하루 저녁 끼니로 밤 두 톨을 주자 종이 관가에 가서 이를 고발합니다. 그런데 이 밤 한 톨이 주발 하나에 가득 찼다고 하니 엄청 컸던 겁니다. 성서에 오병이어(五餠二魚: 떡 다섯 개와 물고기 두 마리)로 수천 명이 배불리 먹고 남았다는 얘기가 있죠. 간혹 백 명, 천 명이 아니고 백부장, 천부장 같은 대표자가 먹은 것이라는 등 합리적인 해석으로 기적을 설명하려는 사람들이 있습니다. 그러나 그런 경우는 기적이라고 할 수 없습니다. 나사렛 예수가 물 '위'를 걸어야 기적인 겁니다. 성서학자들이 이걸 두고 예수가 물가를 걸었는데 사람들이 착각해서 물 위를 걸었다는 이야기가 나왔다는 해석을 내놓기도 하는데, 그러면 기적이 아닙니다. 사실이냐 아니냐는 중요하지 않습니다. 그냥 기적이 일어났다고 생각하면 됩니다. 『삼국유사』에 나오는 이 이야기도 신통력을 보여 준 예로 보면 됩니다. 말하자면 옛날부터 전해 오는 신통력을 가진 스님 이야기와 원효의 탄생이 결합된 이야기입니다. 계속 보겠습니다.

> 원효대사는 출가한 뒤 자신의 집을 절로 만들고 절 이름을 초개(初開)라 하고, 밤나무 옆에도 절을 세워 사라사(娑羅寺)라 하였다.
> 대사의 행장(行狀)에 이르길, 서울 사람이라고 했으니 조고(祖考)를 따른 것이다. 『당승전(唐僧傳)』에는 이르길, 본래 하상주(下湘州) 사람이라고 하였다. ❶-4

출가한 뒤의 행적과 출신지를 간단히 기록한 부분입니다. 절 이름을 '처음으로 불법을 열다'라는 뜻인 '초개(初開)'로 한 것은 원효가 특정 인물을 스승으로 삼지 않고 스스로의 힘으로 불법을 깨우쳐 새로운 문호를 열었다는 맥락으로 이해할 수 있습니다. 이어지는 대목에도 그런 이야기가 나옵니다.

> 태어날 때부터 특이한 자질로 스승을 따라 배우지 않았다. 사방으로 돌아다닌 전말과 크게 불법을 퍼뜨린 성대한 자취는 『당전(唐傳)』과 행장에 갖추어져 있으니 여기서는 다 기재할 수 없고 다만 『향전(鄕傳)』에 기술된 한두 가지 특이한 사적만을 남겨둔다. ❶-5

일정한 스승이 없었다는 말은 한편으로는 불리한 진술입니다. 기존의 권위에 의존할 수 없으니까요. 하지만 새로운 문호를 열기 위한 조건으로는 꼭 맞습니다. 공자도 일정한 스승이 없었거든요. 원효가 실제로 기존의 권위에 구속되지 않았다는 사실을 입증하는 예는 많습니다.

> 대사는 일찍이 어느 날 정신 나간 척하며 거리에서 노래를 부르길, "누가 자루 없는 도끼를 허락할까? 내 하늘을 떠받칠 기둥을 빚을까 하노라" 하였다. 사람들이 모두 무슨 소린지 이해하지 못했는데 태종이 듣고서 말하길, "이 스님이 아마 귀부인을 얻어 현인을 낳겠다는 말인가 보다. 나라에 대현이 있으면 이로움이 그보다 더 클 수 없을 것이다" 하였다.
> 그때 요석궁에 과부가 된 공주가 있었다. 관리에게 명령하여 원효를 찾아 인도하게 하였다. 관리가 칙명을 받들어 막 그를 찾았는데 원효가 이미 남산에서 내려와 문천교를 지나다가 만나게 되었다. 원효가 일부러 물에 떨어져 옷을 적셨다. 관리는 대사를 궁으로 인도하여 옷을 벗어 볕에 말리게 하고, 이어 그곳에서 하룻밤 묵게 하였다. 공주가 과연 임신하여 설총을 낳았다. ❶-6

아마 원효가 아닌 다른 스님이 이런 일을 했다면 파계 행위로 비난을 들었겠죠. 그리고 이런 행위가 파계인 것도 맞습니다. 이어지는 대목에서 일연도 그렇게 말하고 있어요.

원효는 실계(失戒)하여 설총을 낳은 뒤 속인의 옷으로 바꾸어 입고 스스로 소성거사(小姓居士)라고 불렀다. 우연히 광대들이 가지고 노는 큰 박을 얻었는데 그 모양이 기괴하였다. 그 모양을 따라 도구를 만들어 『화엄경(華嚴經)』에 나오는 "일체 무애인(無㝵人: 모든 일에 장애가 없는 사람. 완전한 자유인)은 한 길로 생사를 벗어난다"라는 구절을 따서 무애(無㝵)라고 이름 짓고, 이어서 노래를 지어 세상에 퍼뜨렸다. 일찍이 이것을 가지고 천촌만락(千村萬落)을 돌아다니며 노래하고 춤추면서 불법을 교화하고 읊조리며 돌아오니 가난하고 무지한 무리〔桑樞瓮牖獲猴: 상추(桑樞)는 뽕나무 뿌리를 가져다가 문의 지도리로 만들 만큼 가난한 사람의 집을 뜻하고, 옹유(瓮牖)는 깨진 질그릇으로 창을 낸 사람을 뜻하며, 확후(獲猴)는 원숭이와 같은 삶을 산 사람, 곧 인간다운 삶을 누리지 못하는 사람을 뜻함〕까지 모두 부처의 명호를 알게 되고 모두가 나무(南無)의 호칭을 부르게 되었으니 원효의 교화가 참으로 컸다. **❶-7**

원효가 실계(失戒), 곧 계율을 어겼다는 이야기가 나오죠. 계율이란 건 어떻게 해서 생겨났을까요? 일반적으로 계율의 준수는 성실한 수행을 뜻합니다. 하지만 기존의 질서에 순응하는 것을 뜻하기도 합니다. 계율이란 늘 일정한 사회경제적 배경을 가지고 있으니까요. 계율을 만든 자가 의도하는 것은 계율을 통해 기존의 질서를 유지하는 것입니다.

계율은 때로 의도치 않은 결과를 낳기도 합니다. 사마천은 사형을 언도받았는데 궁형을 받고 살아났죠. 지금도 "그냥 죽을래, 궁형받고 살래?"

하면 궁형받고 살 사람이 많을 겁니다. 그런데 궁형을 받지 않고도 살 수 있는 방법이 있었습니다. 돈을 많이 내면 가능했어요. 그런데 사마천은 돈이 없었죠. 왜 궁형을 받으면 살 수 있느냐? 후손을 낳을 수 없잖아요. 재산을 물려줄 수 없으니 속죄금을 내는 것과 마찬가지입니다. 그래서 궁형은 일종의 신체적 계율과 같은 효과를 발휘합니다. 중국에서는 고대부터 제왕의 측근에 있던 환관들은 거세를 당했습니다. 권력자의 측근에게 후손이 있으면 자신의 재물과 권력을 후손에게 물려주려고 할 테고 자연스레 권력자에 대한 충성도가 약해지겠죠. 거세는 후손에게 무언가를 빼돌릴 수 없게 하는 생물학적 계율의 강제적 실천이라고 할 수 있습니다. 물론 그 결과 사마천은 황제의 곁에 있으면서 『사기』의 콘텐츠를 더욱 풍부하게 구성할 수 있었지요.

서양에도 이와 비슷한 사례가 있습니다. 가톨릭교회 사제의 결혼이 11세기부터 금지되기 시작합니다. 왜 그랬을까요? 사제에게 자식이 있으면 자식한테 교회의 재산을 빼돌릴 수 있으니 금지한 겁니다.

원효는 의도적으로 계율을 깨뜨림으로써 스스로 기존의 권위에서 벗어납니다. 그 일이 오히려 불법을 밝히는 데 도움이 된다는 거죠. 원효는 계율을 어기고 설총을 낳은 후에 승복을 벗어 버립니다. 『삼국유사』「원효전」의 제목이 '원효불기(元曉不羈)'인데, '불기(不羈)'는 구속되지 않는다는 뜻입니다. 불법을 깨달았지만 불법에 구속되지 않았기에 파계도 서슴지 않았던 것이죠.

얼마 전 우리 사회에서도 승적을 반납하겠다는 스님이 있었습니다. 사실 엄청난 이야기인데요, 종단의 인정이 필요 없다는 겁니다. 부처의 깨달음을 얻는 데 종단의 인정이 무슨 상관이 있겠습니까? 자격증이 소용없는 거죠. 다른 종교도 마찬가지일 겁니다. 교단에서 주는 권위를 넘어설 수 없는 사람이 어떻게 세상의 권위를 넘어서서 깨달음을 얻겠습니까?

그가 태어난 마을을 불지(佛地)라 했고 절은 초개(初開)라고 했다. 스스로 원효라고 일컬은 것은 아마도 부처를 처음으로 빛나게 하였다[初輝佛日]는 뜻일 것이다. 원효 또한 방언이다. 당시 사람들은 모두 그 지방의 말로 원효를 첫새벽[始旦]이라고 불렀다. ❶-8

일연이 평가하는 원효의 위상을 짐작할 수 있는 대목입니다. 그가 태어난 마을인 불지(佛地), 곧 '부처의 땅'이라는 이름이 말하듯 원효가 부처라는 것입니다. 앞에서 말했듯이, '초개(初開)'는 원효에게서 비로소 불법이 시작되었다는 의미입니다. 원효라는 호칭 역시 신라 말로 첫새벽[始旦]이라는 뜻이니 결국 한국 불교는 원효에서부터 시작되었다고 할 수 있겠지요.

입적한 뒤 설총이 유해를 부수어 진용(眞容)을 빚어 분황사에 봉안하고 공경하고 사모하는 마음을 죽을 때까지 잊을 수 없다는 뜻[終天之志]을 표시하였다. 설총이 소상(塑像: 진흙으로 만든 사람의 형상) 곁에서 예를 갖추었을 때 소상이 갑자기 돌아보는데[像忽廻顧] 지금까지 여전히 돌아본 채로 있다[至今猶顧矣]. 일찍이 원효가 머물던 혈사(穴寺) 옆에 설총의 집터가 있다고 한다. ❶-9

원효가 세상을 떠난 뒤에도 이야기는 계속됩니다. '설총이 예를 갖추자 소상이 돌아보았다'는 표현에서 원효의 지향이 홀로 피안으로 가는 데 있지 않고 당시 세상에 있었음을 읽어 낼 수 있습니다.

일연의 찬을 읽으면서 원효의 전기를 마무리하겠습니다.

　　찬하여 말한다.

　　각승(角乘)이 처음으로 삼매경을 열었으니

　　박 들고 춤추며 온갖 거리 깨우쳤네.

　　달 밝은 요석궁에 봄 잠 깊더니

　　문 닫힌 분황사에 돌아본 자취만 쓸쓸하구나.

　　　　　　　　—『삼국유사(三國遺事)』,「의해(義解)」, '원효불기(元曉不羈)'**❶-10**

　'각승(角乘)'이란 원효가『금강삼매경론』을 지으면서 붓과 벼루를 소의 두 뿔 위에 놓아 두었다고 해서 붙여진 말인데, 여기서는 원효를 가리킵니다. 원래 찬의 말미에 '廻顧至' 세 글자가 붙어 있는데 문의(文意)가 통하지 않는 구절입니다. 아무래도 찬의 바로 윗부분에 나오는 '像忽廻顧 至今猶顧矣'의 '廻顧至' 세 글자가 말미에 잘못 들어간 것 같습니다. 앞의 네 구만으로 완전한 시가 되니 더 그렇게 보입니다. 아무튼 원효의 삶이 압축된 찬으로 손색이 없습니다. 원효의 깨달음과 대중 불교를 열어간 행적, 그리고 요석궁에서의 실계와 세속의 인연이 네 구 속에 전부 들어 있으니까요.

화쟁의 논리

　바람 때문에 고요한 바다에 파도가 일어나지만 파도와 고요한 바다는 둘이 아니다. …… 우리의 마음 또한 이와 같아서 불생멸심(不生滅心)이 움직일 때 생멸상(生滅相)을 떠나지 않으며 생멸하는 상(相)도 참된 마음이 아님이 없기 때문에 생멸상 또한 마음을 떠나지 않는다.

— 『대승기신론소(大乘起信論疏)』, '심생멸문(心生滅門)' **❷**

다시 화쟁의 논리로 돌아가서 살펴보겠습니다. 『대승기신론소』에서 원효는 화쟁의 논리를 이렇게 설명합니다. "바람 때문에 고요한 바다에 파도가 일어나지만 파도와 고요한 바다는 둘이 아니다." 파도도 물이고 바다도 물이죠. 둘이 다른 게 아닙니다. 우리는 물을 직접 볼 수 없고 파도를 보든가 고요한 바다를 보든가 푸른 바다를 보든가 하는 식으로 물의 여러 가지 응용 형태를 보는 것뿐입니다. 응용 형태가 다른 것을 가지고 각자가 자기 주장을 내세워서 싸우죠. 이것과 저것을 나누어 싸우고 옳고 그른 것을 나누어 싸우는데 그게 결국 한 가지라는 걸 깨달아야 합니다.

불교는 두 가지 상반된 양상이 다른 것이 아니라 같은 것이라고 이해하면서, 그것을 같은 것이라고 이해하는 걸 따로 독립적인 대상으로 보고 그걸 다시 사유합니다. 엄청나게 투철합니다. 무슨 이야기냐 하면, 파도와 고요한 바다는 둘이 아니라 한 가지라고 주장하는데 그것도 하나의 견해로 보는 겁니다.

우리의 마음, 일심도 이렇게 설명합니다. 예를 들어 불교에서 진여〔眞如: 범어로는 '타타타(tathātā)'. 진실한 실상, 있는 그대로의 모습〕라고 하면 깨달음인데 참된 모습, 있는 그대로의 진실한 모습을 깨닫는 것을 말합니다. 이와 반대로 무명〔無明: 범어로는 '아비드야(Avidyā)'. 명지(明知)가 없는 상태〕은 명이 없는 상태, 알지 못하는 상태, 무식한 상태입니다. 이 둘이 상반된 것 같지만 둘이 아니라 하나라고 이야기합니다. 불생멸심(不生滅心)과 생멸상(生滅相)을 이야기한 것도 같은 맥락으로 이해할 수 있습니다. 불생멸심은 진리이고 생멸상은 비진리라는 식으로 바라보아서는 안 되고, 그 둘이 서로 떠날 수 없으므로 둘이 아닌 하나의 마음일 뿐이라는 게 원효의 견해입니다.

어떤 사람을 두고 이야기할 때도 마찬가지입니다. 『논어』 강의할 때 제가 자주 하는 말입니다만 성인 공자, 만세사표로서의 공자가 있는가 하면 도둑 공자, 기생충 공자, 멍청한 공자도 있어요. 별별 공자가 다 있습니다. 다 맞는 말입니다. 어떻게 보느냐에 따라 달라지는 거죠. 우리가 사람을 보는 것도 다 다릅니다. 하지만 그 하나하나가 사실일지라도 전부 같은 데서 나왔다는 걸 알아야 합니다. 그렇게 함으로써 각자가 자기 생각을 가지면서도 타협점을 모색하고 결국에 두 가지 상반된 입장을 넘어서는 논리를 만들어 낼 수 있다는 게 원효의 '화쟁론'입니다.

그럼 화쟁은 어떤 방법으로 하는가? 여기서 여러 용어가 등장합니다. 불교에서 깨달음을 얻는 방식에는 일승(一乘)과 삼승(三乘), 중관(中觀)과 유식(唯識)만 있는 게 아닙니다. 상반된 견해가 수없이 많습니다. 원효의 이야기가 설득력을 지니는 것은 그 당시 당나라에서 유행하던 주요 불경을 거의 다 보고 그걸 근거로 제시하면서 주석을 붙여 나갔기 때문입니다. 그 분야의 문헌을 충분히 읽은 뒤 나름의 통찰력을 가지고 주석을 하고 자기 견해를 내세우니까 통하는 겁니다. 일승, 삼승, 중관, 유식은 그중 몇 가지 예시에 지나지 않습니다.

삼승은 대승불교의 세 가지 가르침으로 성문승(聲聞乘), 연각승(緣覺乘), 보살승(菩薩乘)을 뜻합니다. 성문은 부처의 소리를 듣고 자신만의 깨달음을 구하는 것, 부처의 말씀을 듣고 피안의 세계로 타고 가는 것입니다. 연각은 스스로 깨닫는 것입니다. 부처의 소리를 듣지 않고요. 보살은 일체 인간의 깨달음을 위해 수행하는 걸 말합니다. 성문승은 부처에 의존해서 보는 것이고, 연각승은 자기가 직접 깨닫는 것이며, 보살승은 대승, 전체가 다 타고 가는[乘] 건데 각각 따로 있는 게 아닙니다. 흔히 소승(小乘)은 작은 배를 타고 혼자 피안의 세계로 가는 것이고 대승(大乘)은 큰 배로 많은 사람이 함께 타고 가는 거라고들 하지만 소승이 안 되는데 대승이 되겠습니까? 둘이 아니죠. 그러니 대승과 소승이 회통의 대상이 되는 겁니다.

중관이나 유식의 경우, 용수보살(龍樹菩薩)과 미륵보살(彌勒菩薩)이 각각 세운 것인데 서로 다른 견해입니다. 중관은 용수가 펼친 공(空) 사상으로 상대적 대립물 중에 어느 한 편에 집착하지 않는 것을 말합니다. 그래서 중도(中道)라고도 부르죠. 용수의 사상을 따르는 학파를 중관파라고 하는데 이들은 윤회와 열반은 같다고 봅니다. 유식은 미륵이 펼친 주장으로 현실의 제법(諸法)은 실유(實有)가 아니라 공(空)이라고 봅니다. 미륵의 유식설을 따르는 학파를 유식파라고 합니다. 이러한 여러 가지 견해와 서로 상반된 견해를 통합시키는 논리가 화쟁입니다.

화쟁의 방법으로는 개합(開合), 여탈(與奪), 입파(立破)가 있습니다.

먼저, 개합(開合)에서 '개(開)'는 여는 것, '합(合)'은 합치는 것, 곧 닫는 것입니다. 원효는 이 둘을 합쳐서 같이 이야기하는데 '개'는 하나의 불법을 여러 가지 방식으로 펼치는 것이고 '합'은 여러 가지 방식으로 펼쳐진 불법을 하나로 모으는 역할을 합니다. 상반되는 것이 불법의 한 방편으로서 이야기될 수 있다는 게 개합의 논리입니다.

여탈도 마찬가지입니다. '여(與)'는 주는 것이고 '탈(奪)'은 빼앗는 것입니다. 주는 것이 빼앗는 것이고 빼앗는 것이 주는 것이라는 논리죠.

입파도 마찬가지입니다. '입(立)'은 세우는 것이고 '파(破)'는 깨는 것입니다. 자기가 세운 논리를 자기가 깨는 것입니다.

선승들이 선문답을 할 때 서로 무엇을 가지고 소통하는지 일반인들은 도저히 알아차리기 어려울 때가 있습니다. 그런 경우에 개합·여탈·입파의 논리를 적용하면 명쾌하게 설명되는 경우가 많습니다.

어쨌든 원효가 이야기하는 화쟁의 최종 종착지는 일심(一心)으로 돌아가는 것입니다. 환귀일심(還歸一心). 하나의 마음, 곧 일심으로 돌아가면 불국토가 되는 것이고 극락으로 가는 것입니다. 대승(다 같이 불법의 세계로 가는 것)이니 열반(혼자서 깨닫는 것)이니 하는 것도 모두 일심의 다른 이름에 지나지 않습니다. 『대승기신론소』에서는 환귀일심이 본각(本覺)이라고 강조합니다. 원초적 깨달음은 일심으로 돌아가는 데 있다고 이야기하며 만법귀일(萬法歸一)을 제시합니다. 만 가지 다른 법칙, 불법이 있지만 그걸 넘어서라고 합니다. 하나하나가 다 방편인데 그걸 회통해서 설명할 수 있는 논리가 만법귀일입니다.

이런 노력을 통해 원효는 신라 불교뿐만 아니라 한국 불교의 전통을 수립했고 불교의 개조(開祖)가 되었습니다. 물론 최근의 발굴 자료를 통해 그 당시 『금강삼매경론』과 『대승기신론소』 같은 책 자체가 세계적인 불경 해설서로서 널리 유통되었다는 사실도 확인할 수 있습니다.

2장

의상

하나가 곧 전체이고 전체가 곧 하나다

화엄 철학의 정통을 잇다

원효와 함께 신라의 불교를 대표하는 의상(義湘, 625~702)의 화엄 철학을 살펴보겠습니다. 화엄(華嚴)에서 '화(華)'는 '꽃'을 말하므로 화엄은 '꽃으로 장식한 장엄한 불법'이라는 뜻입니다.

한국 불교는 전통적으로 화엄 철학이 강세입니다. 원효의 화쟁론도 화엄 철학에서 나왔고 화엄 철학의 근간이 되는 『화엄경』은 지금까지도 가장 권위 있는 불교 경전으로 통합니다. 화엄 철학이 신라 불교의 주류가 된 것은 원효가 처음으로 화엄을 전파한 것도 한 가지 이유이지만, 뒤이어 의상이 당시 당나라를 비롯해 국제적으로 유행하던 화엄 철학을 전파했기 때문이기도 합니다.

앞서 살펴보았듯이, 원효는 특이한 경우입니다. 유학을 가려고 하다가 중도에 포기하고 스스로 깨달은 그 힘을 가지고 신라에 화엄을 전파합니다. 화엄을 전파하는 방법도 파격적인데 대중이 이해하기 쉽게 노랫말로 지어서 세상에 퍼뜨립니다. 어쨌든 원효의 불법이 그 당시 당나라의 스님들보다 뛰어났다는 이야기가 『삼국유사』를 비롯한 여러 문헌에 나옵니다.

원효는 공자처럼 특정한 선생이 없었습니다. 이 말은 모든 사람을 스승으로 삼았다는 뜻이기도 합니다. 공자가 "세 사람이 길을 가면 그중에 반드시 나의 스승이 있으니 선한 사람도 나의 스승이고 악한 사람도 나의 스승이다"라고 했어요. 선한 사람을 보면 저 사람의 행동이 훌륭하구나 하고 따라 하고, 잘못된 행동을 보면 나는 저렇게 하면 안 되겠구나 하는 마음을 가지면 선인이나 악인 가릴 것 없이 모두 스승으로 삼을 수 있습니다. 원효는 스승 없이 스스로 깨우침을 얻었고 요석공주와 사랑을 나누고 설총을 낳습니다. 석가모니는 본래 가정을 이루고 살다가 생로병사의 문제에 충격을 받고 뛰쳐나가서 온갖 수행을 하다가 깨닫는데 원효는 깨달음을 얻고 나서 온갖 고행을 거칩니다. 설총이 원효의 소상에 참배를 하자 그 소상이 돌아보았다는 설화가 나온 것도 그만큼 원효의 불교가 대중성이 있었음을 의미합니다.

하지만 신라 불교의 저변이 탄탄해진 것은 원효의 파격과 함께 의상의 정통적인 화엄 철학이 뒤를 이었던 덕분입니다. 원효와 의상은 모든 면에서 대비됩니다. 요즘 말로 표현하자면 원효는 국내파였고 의상은 유학파였다고 할 수 있겠죠. 그런데 둘 다 화엄을 종지로 삼았습니다. 저술 면에서는 원효의 저작이 더 많이 남아 있고 의상의 것이 상대적으로 적습니다만 내용은 상당히 비슷합니다.

의상은 원효와 함께 서쪽으로 가서 불교의 가르침을 직접 배우고 싶어 했습니다. 서쪽은 이후 혜초(704~787)가 다녀왔던 천축국(天竺國), 곧 인도를 의미하지만 의상이 가보고자 했던 서쪽은 화엄 철학이 성행하던 중국을 뜻합니다. 원효보다 여덟 살이 어린 의상이 원효와 같은 뜻을 세우고 중국으로 유학을 가려고 했던 점으로 미루어 보아 두 사람이 얼마나 돈독했는지 알 수 있습니다. 어쨌든 의상은 29세에 머리를 깎고 스님이 되는데 그 이야기가 『삼국유사』에 전합니다.

두 번의 시도 끝에 성공한 중국 유학

『삼국유사』「의상전」의 제목은 '의상전교(義湘傳教)'입니다. 의상이 불교를 전했다는 뜻이죠.

> 법사(法師) 의상(義湘)은 아버지〔考: 돌아가신 아버지를 뜻함〕가 한신(韓信)으로 김(金)씨다. 나이 29세에 서울의 황복사(皇福寺)에 의탁하여 머리를 깎았다. 얼마 안 되어 서쪽으로 가서 부처의 교화를 살펴보려 하였다. 마침내 원효와 함께 길을 떠나 요동(遼東)으로 갔다가 변방의 순라에게 첩자로 의심을 받아 수십 일 동안 갇혔다가 겨우 풀려나 돌아왔다. 영휘(永徽) 초에 마침 서쪽으로 돌아가는 당나라 사신의 배를 타고서 중국에 들어갔다. 처음에는 양주(揚州)에 머물렀는데, 양주(揚州)의 주장(州將) 유지인(劉至仁)이 관아에 머물도록 청하고 극진히 대우했다. ❶-1

의상이 원효와 함께 갔던 요동은 당시에는 고구려 땅이었습니다. 바닷길은 험하고 육로가 상대적으로 안전해서 그리로 갔겠죠. (훗날 최치원은 바다를 건너 중국에 갔는데 당시 뱃길은 무사히 도착한다는 보장이 없는 험한 길이었습니다.) 그런데 요동에서 순라군에게 첩자로 오인받아 수십 일 동안 갇혔다가 풀려납니다. 1차 입당(入唐) 시도는 실패한 거죠. 그러고 나서 얼마 뒤에 당나라 사신이 신라에 왔다가 중국으로 돌아가는 배 편이 있어 그를 따라 중국에 갑니다.

이 이야기에서 원효의 행적을 살펴보면 첫 번째 입당 시도 때는 첩자로 오인받았다고 했으니 해골에 담긴 물을 마시고 깨달았다는 이야기는 성립이 안 됩니다. 그 후 의상은 두 번째 시도 끝에 배를 타고 떠납니다. 두 차례 입당 시도가 있었다는 내용은 『송고승전』에도 남아 있습니다. 그런데 해골 이야기는 어디에도 나오지 않습니다. 구전으로 내려오면서 아무래도 각색이 많이 되었겠지요. 사실 어떤 건 구전이 더 정확합니다. 신라 때부터 구전되어 온 설화가 많은데 경주의 한 재야 학자가 구술을 토대로 신라의 승려들과 관계된 내용을 정리한 자료도 있습니다. 어쨌든 해골 이야기는 전승되어 온 거라고 봐야겠죠.

중국으로 간 의상은 양주(揚州)의 주장(州將)이었던 유지인의 초청에 응하여 관아에 머뭅니다. 당나라는 절도사의 시대입니다. 특히 중·후반기에는 전국적으로 번진(藩鎭: 당나라 때 군대를 거느리고 그 지방을 다스리던 변방의 관아) 세력이 발호하여 조정은 힘이 없었습니다. 번진의 세력이 워낙 강해서 거의 독립국이나 마찬가지였습니다. 그런 와중에 승려의 수가 너무 많아서 국가적으로 문제가 됩니다. 앞서 말씀드린 적이 있는데, 당 무종 때 환속시킨 승려 수만 26만 명이었다고 하니 환속하지 않은 승려까지 합하면 온 나라에 놀고먹는 사람이 너무 많았다고 할 수 있습니다. 신라의 경우는 그렇지 않았습니다만 고려 말 통계를 보면 거의 5분의 1 정도 되는 인구가 스님이었어요. 생산에 종사하는 사람 수가 극히 적었다는 말인데, 그러면 나라 경제가 유지되기 힘들겠죠. 아무튼 당나라 때 승려의 수가 많았다는 것은 그만큼 불교가 성행했다는 증표이기도 합니다. 누구나 스님이 되고 싶어 할 정도로 인기가 있었다는 이야기니까요. 한 지역을 책임지던 절도사가 극진히 예우할 정도로 존중받는 직업군이었던 셈이죠. 의상이 중국에 갔을 때 주장에게 환대를 받은 것은 이러한 시대적 배경 때문입니다.

지엄과의 예견된 만남

당나라에 간 의상은 지엄(智儼) 선사를 만납니다. 지엄은 중국 화엄 철학의 2대조입니다. 중국 화엄 철학을 연 사람은 두순(杜順)이고, 그다음이 지엄, 그다음이 의상, 현수(賢首)로 이어집니다. 의상이 세 번째예요. 현수는 법장(法藏)의 호입니다. 현수는 의상보다 열두 살이 어린데 둘 다 지엄 밑에서 배웠습니다. 뒤에서 보겠지만 현수가 나중에 의상을 '상인(上人)'이라고 불러요. 자기 윗사람이라는 거죠. 그러면서 자기가 지은 화엄의 해설서를 의상한테 보내 자문을 구합니다.

　『삼국유사』「의상전」에는 의상이 중국에 가서 지엄을 만나는 과정이 기술되어 있는데 내용이 재미있습니다.

　　　종남산(終南山) 지상사(至相寺)를 찾아가 지엄(智儼)을 만났다. 지엄이 전날 밤 꿈을 꾸었는데 한 그루 큰 나무가 해동(海東)에서 자라나 가지와 잎이 넓게 뻗어 중국[神州]까지 와서 덮었는데 그 위에 봉황의 둥지가 있었다. 올라가서 살펴보니 마니보주(摩尼寶珠: 불교에서 말하는 보배로운 구슬. 용의 여의주) 한 개가 있는데 빛이 멀리까지 비쳤다. 그러다 깨어나 놀랍고 이상히 여겨 깨끗하게 청소를 하고 기다렸더니 의상이 마침 이르렀다. 남다른 예를 갖추어 맞이하면서 조용히 말하길, "내가 어젯밤 꾼 꿈은 그대가 나에게 올 조짐이었다"라고 하며 들어오기를 허락하였다. **❶-²**

지엄이 의상에게 "들어오기를 허락했다[許爲入室]"라고 나오는데, '입실(入室)'은 원래 '승당입실(升堂入室)'로 『논어』 「선진」 편에 나오는 말입니다. 하루는 공자 문하에 있던 제자 자로가 음악을 연주합니다. 자로는 용맹한 사람이니까 북쪽 변경의 살벌한 음악을 연주했다고 해요. 그런데 공자가 "내 집에서 어째서 네가 좋아하는 음악을 연주하느냐?" 하고 나무랍니다. 공자는 기본적으로 예악을 숭상하는 문화주의를 지향합니다. 하지만 문화라고 해도 무(武)를 앞세우는 칼춤 같은 걸 숭상하지는 않았습니다. 그런데 공자가 자로를 이렇게 꾸짖고 난 후 다른 제자들이 자로를 공경하지 않습니다. 자로는 공자보다 아홉 살 어리지만 다른 제자들은 수십년 어립니다. 안연은 서른 살이 어렸고 증삼 같은 제자는 마흔여섯 살이나 어렸어요. 새카만 제자들이 자로를 공경하지 않자 공자가 "자로는 마루에는 올라왔고[升堂] 아직 방에는 들어오지 못했다[入室]"라고 하면서 제자들에게 자로를 공경해야 한다는 뜻으로 이야기합니다. 입실은 성인과 같은 방 안에서 마주 볼 정도로 대등한 경지에 올랐다는 얘기죠. 여기서 지엄이 입실을 허락했다는 것은 의상을 제자로 받아들였음을 뜻합니다.

지엄의 제자가 된 의상은 화엄 철학을 공부하고 신라로 돌아옵니다. 『송고승전』에는 의상이 지엄으로부터 화엄학을 다 배우고 포교하러 신라로 돌아갔다는 기록이 있는데 『삼국유사』에는 나라를 구하기 위해 돌아왔다고 나옵니다. 이 점을 보면 일연이 원효의 화쟁 철학과 의상의 화엄 철학을 어떠한 측면에서 이해했는지 대략 짐작할 수 있습니다. 원효도 의상도 신라의 국가 이데올로기와 잘 부합했다고 본 것이죠.

환국하여 나라를 구하다

얼마 있다가 본국의 승상 김흠순(金欽純)과 양도(良圖) 등이 당나라에 붙잡혀 구금되었고, 당나라 고종(高宗)이 크게 군사를 일으켜 동쪽을 공격하려하였다. 흠순 등이 비밀리에 의상에게 사람을 보내 먼저 신라로 가도록 권유했다. 함형(咸亨) 원년 경오(庚午)에 신라로 돌아와 조정에 사정을 알렸다. 신인대덕(神印大德) 명랑(明朗)에게 명하여 임시로 밀단법(密壇法)을 설행하고(비밀리에 단을 설치하고 불법을 전파함) 기도하여 나라가 마침내 침략을 피할수 있었다. 의봉(儀鳳) 원년에 의상이 태백산(太伯山)에 돌아와 조정의 뜻을받들어 부석사(浮石寺)를 창건하고 대승(大乘)을 널리 펴니 영험함이 자못드러났다. ❶-3

신라로 돌아온 의상은 불법으로 나라를 구하고 부석사를 창건합니다. 부석사 무량수전 뒤에 가면 '뜬 바위', 곧 부석이 있죠. 이중환의 『택리지』에는 돌과 지면 사이에 실을 넣고 두 사람이 당기면서 반대편으로 지나가면 실이 돌 밑을 그대로 통과한다고 해서 부석(浮石: 공중에 떠 있는 돌)이라 했다고 나오는데 정확한 풀이는 아닌 듯합니다. 부석(浮石)은 '뜬 바위'라는 뜻이 아니고 '법력으로 돌을 띄웠다'는 뜻으로 보아야 합니다. 예컨대 정조의 일기로 시작해 국가의 기록물이 된 『일성록(日省錄)』을 보면 '부빙(浮氷)'이라는 말이 나오는데 이는 떠다니는 빙산을 가리키는 말이 아닙니다. 조선 시대 서울에서 빙산이 나올 리가 없지요. 이 말은 '얼음을 띄우다'는 뜻입니다. 강에서 얼음을 떠내 빙고에 간직하는 장빙(藏氷)을 그렇게 표현한 것입니다. 참고로 말씀드리면, '조정에 사정을 알렸다'는 뜻으로 쓴 '문사어조(聞事於朝)'에서 '문(聞)'은 '듣게 했다'는 뜻이므로 '듣는다'로 새기면 안 됩니다. 사역의 뜻인 '하게 하다'를 잘 새겨야 합니다. 보통 한문 번역의 큰 오류가 이런 데서 나옵니다. 마찬가지로 부석(浮石)의 '부(浮)'도 '뜨다'가 아니라 '띄우다'로 보는 것이 옳습니다.

현수가 의상에게 편지를 보내다

다음으로 경전과 관련된 내용을 보겠습니다. 의상과 동문수학한 현수가 바로 중국 화엄종의 3대 조사인 현수 법장입니다. 현수가 의상에게 보낸 편지를 보면, 편지를 보낸 경위가 이렇게 기록되어 있습니다.

> 종남산의 문인 현수(賢首)가 『수현소(搜玄疏)』[현수가 지은 『화엄경탐현기(華嚴經探玄記)』로 화엄의 종지를 밝힌 화엄학 해설서]를 지어 의상이 머물고 있는 곳에 부본(副本)을 보내면서 편지를 써서 은근하고 간절한 뜻을 전했다.❶-4

현수가 『수현소』를 짓고 나서 의상에게 부본을 보내 의견을 물었다고 하죠. 책을 완성하기도 전에 자신의 저술을 보여 준다는 건 각별한 신뢰를 표하는 겁니다. 보통은 잘 안 보여 줍니다. 표절당할 수 있으니까요.

옛날에도 표절이 있었습니다. 일례로 '연년세세화상사(年年歲歲花相似), 세세년년인부동(歲歲年年人不同)'은 살인 사건을 부른 시구입니다. 이 시구는 당나라 초기의 시인 송지문(宋之問)이 지은 「유소사(有所思)」의 한 구절로 전통적으로 우리나라 선비들이 고문 학습서로 가장 많이 읽었던 『고문진보(古文眞寶)』에도 실려 있는 명시입니다. '연년세세화상사 세세년년인부동'이라는 연구(聯句)가 특히 유명한데 늙음의 비애를 슬퍼하는 뜻으로 인용될 뿐만 아니라 동시에 사랑의 덧없음을 나타내는 말로도 자주 회자됩니다. 시의 일부를 한 번 볼까요.

「유소사(有所思)」
낙양(洛陽) 성동(城東)의 도리화(桃李花)는
폴폴 날아 뉘 집으로 지는가.
낙양 젊은 아가씨들 예쁜 얼굴 뽐내며
흩날리는 꽃 보며 길게 한숨짓는구나.
금년에 꽃 질 때 얼굴색 바뀌니
내년 꽃 필 때면 누가 다시 있을까.
……
해마다 해마다 꽃은 같은데
해마다 해마다 사람은 같지 않네.
……
하루아침에 병에 누워 찾는 사람 없으니
짙은 봄날의 즐거움은 뉘 곁에 있는가.
아리따운 눈썹 얼마나 가랴.
잠깐 사이 머리 세고 어지러이 헝클어졌네.
예부터 춤추며 노래하던 곳 바라보니
황혼녘 새들만 슬피 울고 있구나.
洛陽城東桃李花 飛來飛去落誰家 洛陽女兒好顔色 坐見落花長歎息

今年花落顏色改 明年花開復誰在……

年年歲歲花相似 歲歲年年人不同……

一朝臥病無相識 三春行樂在誰邊 宛轉蛾眉能幾時 須臾鶴髮亂如絲

但看古來歌舞地 惟有黃昏鳥雀悲

저는 이 시를 읽을 때마다 남자인 송지문이 어떻게 여인의 마음을 저리도 잘 헤아렸나 싶어서 감탄하곤 했습니다.

어쨌든 『당시유향(唐詩遺響)』〔원나라 양사홍(楊士弘)이 찬한 당시 감상집〕에는 이 시가 송지문의 작품이 아니라 유정지(劉廷芝)의 「대비백두옹(代悲白頭翁)」으로 나옵니다. 유정지는 송지문의 사위예요. 뭔가 이상하죠? 아니나 다를까, 『당재자전(唐才子傳)』〔원나라 신문방(辛文房)이 찬한 당나라 명사들의 전기〕에는 이 아름다운 시에 얽힌 무서운 이야기가 전합니다.

어느 날 유정지가 이 시를 지어 놓고 아무에게도 보여 주지 않았는데 장인인 송지문이 이 시구를 보고는 감탄하고서 자신에게 양보해 달라고 합니다. 유정지는 장인의 간절한 청이라 감히 거절은 못 했지만 그렇다고 양보하려 들지도 않았습니다. 송지문은 한편으로는 부끄럽고 또 한편으로는 괘씸하기도 하여 하인들을 시켜 유정지를 몰래 죽였다고 합니다. 물론 『당재자전』은 신뢰도가 그리 높지 않은 문헌이기에 이 이야기가 진실인지는 아직 분명치 않습니다. 고래로 표절 사건이 분분하지만 가까운 사람을 죽이면서까지 글을 표절한 이 이야기는 엽기적이긴 합니다. 그런데 제가 연대를 조사해 봤더니 안 맞더군요. 아무래도 지어낸 이야기인 듯합니다. 물론 문헌의 연대 기록이 잘못되었을 수 있으니 확실한 건 모릅니다.

어찌 보면 표절자는 뛰어난 글의 가치를 알아보는 능력이 있는 사람이죠. 가끔 표절할 이유가 없는데 하는 사람이 있습니다. 정말 탐나서, 충동을 억제하지 못해서 표절을 해 놓고 내가 그때 미쳤나 보다, 하는 경우가 있죠. 지금은 표절을 저작권 문제로 보지만 중요한 건 저작권이라기보다 명예입니다.

이제 현수의 편지 내용을 보겠습니다.

"서경(西京) 숭복사(崇福寺)의 중 법장(法藏)이 해동 신라 화엄법사(華嚴法師) 의 시자(侍者)에게 글을 바칩니다. 함께 노닐다 헤어진 지 20여 년이 흘렀지 만 우러러보는 정성이 어찌 잠깐이라도 마음과 머리에서 떠나겠습니까마는 구름이 만 리에 자욱하고 바다와 육지가 천 겹인지라 이 한 몸 다시 뵐 수 없음이 한스러울 뿐입니다. 가슴에 품고 있는 그리움을 어찌 말로 다 할 수 있겠습니까? 전생에 함께 한 인연으로 이 세상에 태어나 같이 학업하였고, 이러한 보답을 얻어 함께 대경(大經)에 목욕하고 특별히 돌아가신 스승님에 게서 이 심오한 경전의 가르침을 전수받는 은혜를 입었습니다.

우러러 듣건대, 상인(上人)께서는 고향으로 돌아가신 뒤 화엄의 뜻을 널리 펴고, 법계(法界)의 무진연기(無盡緣起)를 선양하고, 겹겹의 제망(帝網)으로 불국(佛國)을 날로 새롭게 하여 널리 세상을 이롭게 한다고 하시니 뛸 듯이 기쁨이 더합니다. 이로써 석가여래가 입멸하신 뒤에 불일(佛日)을 밝게 빛내 고 법륜(法輪)을 다시 구르게 하여 불법으로 하여금 오랫동안 머물게 할 이 는 오직 법사뿐임을 알겠습니다.

법장은 매진하였으나 이룬 것이 없고, 활동하였으나 볼만한 것이 적어 우러 러 이 경전을 생각하니 돌아가신 스승에게 부끄럽습니다. 분수에 따라 받은 것은 능히 버릴 수 없으므로 이 업에 의지하여 내세의 인연을 맺기를 희망 합니다. 다만, 화상(和尙)의 장소(章疏)가 뜻은 풍부하나 문장은 간략하여 후 인으로 하여금 뜻을 알게 하기에는 어려움이 많으므로 화상의 은밀한 말과 오묘한 뜻을 적어 의기(義記)를 애써 완성하였습니다. 근래에 승전법사(勝詮法師)가 베껴서 고향에 돌아가 그 땅에 전하고자 하니, 청컨대 상인께서는 옳고 그른 것을 상세히 검토하여 가르쳐 주시면 다행이겠습니다.

엎드려 원하옵건대, 마땅히 내세에는 이 몸을 버리고 새 몸을 받음에 서로 함께 노사나불(盧舍那佛) 앞에서 이와 같은 무진(無盡)한 묘법(妙法)을 받고 무량(無量)한 보현(普賢)의 원행(願行)을 수행한다면 나머지 악업(惡業)은 하루아침에 굴러 떨어질 것입니다. 엎드려 바라건대, 상인께서는 옛일을 잊지 마시고 어느 업의 세계에 계시든 바른길을 보여 주시고, 인편과 서신이 있을 때마다 생사를 물어 주시기 바랍니다. 이만 갖추지 못합니다." **❶-5**

의상이 교(敎)를 전하다

이제 의상이 신라로 돌아와서 활동한 내용을 보겠습니다. 의상은 열 군데의 절을 창건합니다.

의상은 이에 열 곳의 절에 교를 전하게 하니 태백산의 부석사, 원주(原州)의 비마라사(毗摩羅), 가야산(伽倻)의 해인사(海印), 비슬산(毗瑟)의 옥천사(玉泉), 금정산(金井)의 범어사(梵魚), 남악(南嶽: 지리산)의 화엄사(華嚴) 등이다. 또한 「법계도서인」(法界圖書印: 「화엄일승법계도」를 말함)을 저술하고 아울러 간략한 주석을 붙여 일승(一乘: 대승불교 전체)의 핵심을 모두 포괄하였으니 천년을 두고 볼 귀감이 되어 저마다 다투어 보배로 여겨 지니고자 하였다. 나머지는 찬술한 것이 없으나, 한 점의 고기로 온 솥의 국물 맛을 알 수 있다. 「법계도」는 총장(總章) 원년 무진(戊辰)에 이루어졌다. 이 해에 지엄도 입적하였으니 공자(孔子)가 기린을 잡았다는 구절에서 붓을 놓은 것(노나라 귀족들이 서쪽으로 사냥을 나갔다가 기린을 잡았다는 대목에서 공자가 『춘추』를 끝낸 것을 말함)과 같다. 세상에 전하기를, 의상은 금산보개(金山寶蓋: 석가모니의 별칭)의 화신[幻有: 『장자』에 나오는 말. 범어는 '아바타']이라고 하였다.

그의 제자인 오진(悟眞)·지통(智通)·표훈(表訓)·진정(眞定)·진장(眞藏)·도융(道融)·양원(良圓)·상원(相源)·능인(能仁)·의적(義寂) 등 십 대덕은 영수(領首)가 되었는데, 모두 아성(亞聖)이라고 하고 각각 전기가 있다. 오진은 일찍이 하가산(下柯山) 골암사(鶻嵒寺)에 거처하면서 매일 밤 팔을 펴 부석사 방의 등을 켰다. 지통은 『추동기(錐洞記)』를 저술했는데 대개 친히 [의상의] 가르침을 받았으므로 글이 오묘한 뜻을 많이 지녔다. 표훈은 일찍이 불국사(佛國寺)에 있으면서 항상 천궁(天宮)을 왕래하였다. 의상이 황복사(皇福寺)에 있을 때 이 무리와 함께 탑을 돌았는데, 매번 허공을 밟고 올라갔으며 계단으로 오르지 않았다. 그리하여 그 탑에는 사다리가 설치되지 않았고 무리도 층계에서 석 자나 떨어져 허공을 밟고 돌았다. 의상이 돌아보며 말하기를, "세상 사람이 이를 보면 반드시 괴이하다고 할 것이니 세상에 가르칠 것은 못 된다" 하였다. 나머지는 최후(崔侯: 최치원)가 지은 「본전(本傳)」과 같다. ❶-6

『삼국유사』 「원효전」과 마찬가지로 「의상전」에도 마지막에 찬이 나옵니다. 일연이 게송을 지어 원효의 업적과 의상의 활약을 정리한 것입니다.

찬하여 말한다.

연진(烟塵: 연기와 먼지)을 무릅쓰고 덤불을 헤쳐 바다를 건너니

지상사(지엄선사가 있던 곳)의 문이 열려 상서로운 보배를 접했도다.

화엄[雜花]을 캐와서[采采: 『시경』에 나오는 말] 고국에 심으니

종남산과 태백산이 같은 봄을 이루었다.

　　　—『삼국유사(三國遺事)』,「의해(義解)」,‘의상전교(義湘傳教)’ **❶-7**

여기서 "종남산과 태백산이 같은 봄을 이루었다"라는 것은 중국 화엄의 정수를 다 가져왔다는 의미입니다.

『삼국유사』에는 '의상전교' 말고도 의상이 어떤 도력을 지닌 사람인지 보여 주는 대목이 있습니다.

옛날 의상법사가 당나라에 들어가서 종남산 지상사 지엄존자가 있던 곳에 도달했다. 이웃에 도선율사가 있었다. 도선율사는 늘 하늘로부터 주는(옥황 상제가 주는) 공양을 받았다. 매양 재(齋: 불교의 의식)를 지낼 때마다 하늘의 주방에서 먹을 것을 보내 주었다. 어느 날 도선율사가 의상에게 재를 올려 달라고 요청하였다. 의상이 와서 좌정한 지 한참 뒤 하늘의 공양이 때가 지나도 오지 않았다. 그래서 의상은 마침내 빈 주발을 가지고 돌아왔다. 그 뒤에 하늘의 사신이 마침내 당도했다. 율사가 "오늘은 무슨 까닭으로 이리 늦었는가?" 하고 물으니, 하늘의 사신이 "온 동굴 가득히 신병(神兵)들이 막고 있어서 들어오지 못했소이다"(옥황상제가 보낸 사신이 신병에 가로막혀 못 들어왔다는 의미) 했다. 이에 율사가 신이 의상을 보호해 주고 있다는 사실을 알았다. 마침내 그 도력이 뛰어나다는 것을 인정했다.

　　　—『삼국유사(三國遺事)』,「탑상(塔像)」,‘전후소장사리(前後所將舍利)’ **❷**

원효와 의상

이제 의상과 원효의 사상을 비교하면서 살펴보겠습니다.

『송고승전』을 보면 이런 이야기가 나옵니다. 원효와 의상이 토굴 속에서 잡니다. 토굴은 무덤이라고 봐야죠. 그다음 날은 집에서 잡니다. 그런데 토굴보다 집에서 잘 때 오히려 편안하지 않았다는 거예요. 이상하죠. "어제는 토굴에서 편안하게 잠들었는데 오늘은 집 안에서 자는데도 귀신이 오락가락했다네. 아, 마음에서 온갖 법이 생기고 마음이 없어지면 토굴이나 무덤이라 해도 마찬가지다. 삼계(三界)가 오직 마음이요, 모든 법이 오직 앎이니 마음의 바깥에 법이 없는데 어찌 따로 구하겠는가. 나는 당나라로 가지 않겠네." 여기서 흔히 알려진 해골 이야기는 안 나옵니다만, 토굴을 무덤이라고 보면 맥락은 같습니다. 원효는 이런 경험을 한 후 중국에 가지 않지만 의상은 중국에 갑니다.

원효에게는 요석공주와의 로맨스가 전해지는데 의상에게는 선묘낭자와 얽힌 이야기가 있습니다. 의상이 중국에 갔을 때 선묘낭자가 의상의 용모에 반해서 함께 살자고 청하지만 의상이 물리칩니다. 의상이 신라로 돌아갈 때 선묘낭자가 바다에 몸을 던지죠. 그러고는 용이 되어 의상이 탄 배를 호위해 줍니다. 선묘낭자의 마음이 참 지극하죠. 의상이 부석사를 창건하려고 할 때 부석사 인근에 사는 사람들이 반대하면서 의상을 해치려 하자 선묘낭자의 화신인 신룡이 나타나 돌을 띄웠다 내렸다 세 번 했다고 합니다. 그래서 부석사가 되었죠. 지금도 부석사 뒤편에 선묘각이 있는데 거기에 의상대사와 선묘낭자의 초상이 모셔져 있습니다.

의상이 낙산사를 창건할 때도 두 사람은 상반된 모습을 보입니다. 의상은 이른바 「백화도량발원문(白花道場發願文)」을 짓고 14일 동안 기도하여 관음보살을 친견했다고 합니다. 그 후 낙산사를 창건하여 의상대를 짓고 관음굴까지 조성했다고 하죠. 말하자면 정통적인 방식으로 불사(佛事)를 일으켜 관음보살을 친견하고서 낙산사를 창건한 겁니다. 원효가 멀리서 그 얘기를 듣고, 관음보살이 나타났으면 나도 가서 뵈어야겠네, 하고 낙산사에 갑니다. 가는 길에 원효는 관음보살을 두 번 만납니다. 들을 지나는데 농사짓는 아낙네가 벼를 베기에, "그 벼이삭 하나 주시오" 하니까, 그 아낙네가 "영글지 않아서 드릴 수 없네" 해요. 그러니까 원효가 "영글지 않은 걸 왜 베누?" 하고 갑니다. 가다가 빨래하는 아낙네가 있어서 "물 한 바가지 주시오" 하니까, 아낙네가 빨래하던 구정물을 줘요. 원효가 "이런 고약한 사람이 있나?" 하면서 그걸 안 받아 먹고 근처 시내에서 물을 마셨어요. 마시고 보니까 아낙네는 안 보이고 소나무 한 그루가 있는데, 거기서 새가 "스님 가지 마세요, 가지 마세요" 합니다. 원효가 소나무 아래를 보니까 흰 신발 한 짝이 있어요. 그러고는 낙산사 관음굴에 가서 관음보살을 보려니까 그 앞에 나머지 신발 한 짝이 있더래요. 원효가 관음보살을 보지 않고 그냥 가려고 하자 어떤 사람이 왜 관음굴에 와서 관음보살을 뵙지 않고 가느냐고 물으니까, "이미 두 번이나 봤어" 합니다. 그러고는 바다를 보니까 파도가 이는데, 파도 하나하나가 백의관음보살(흰옷 입은 관음보살)의 옷자락이었다는 거죠.

　의상은 발원문을 쓰고 기도하여 관음보살을 보고 원효는 농사짓는 아낙네, 빨래하는 아낙네에게서도 보고 아무 데서나 관음보살을 봅니다. 원효답게 보는 거죠. 반면 의상은 중국에 가서 배워 온 것을 전수하여 교단을 거느리고 제자들을 양성하는 정통적인 방식으로 봅니다.

의상 철학의 정수가 담긴 「화엄일승법계도」

이제 의상의 저술을 읽어 보면서 그 사상의 핵심을 살펴보겠습니다. 지금까지 전해지는 의상의 저술 가운데 가장 중요한 것은 「화엄일승법계도(華嚴一乘法界圖)」라는 게송(偈頌)입니다. 다음 그림을 보시면, '法性圓融無二相(법성원융무이상)'에서 시작해, '諸法不動本來寂(제법부동본래적)'으로 꺾어지면서 '舊來不動名爲佛(구래부동명위불)'에서 끝나는 것을 볼 수 있습니다.

『화엄경』의 정식 명칭은 '대방광불화엄경(大方廣佛華嚴經)'으로 모두 80권이나 되는 방대한 분량입니다. 의상의 「화엄일승법계도」는 겨우 210자밖에 안 되는데 이 안에 화엄의 요지가 포괄되었다고 합니다. 이 게송에서 가장 중요한 내용이 '하나가 곧 전체이고 전체가 곧 하나다〔一卽一切多卽一〕'라는 대목입니다. 선문답은 아닙니다만 이 게송을 이해하려면 선문답식으로 여러 가지를 내려놓고 생각해 보아야 합니다.

의상의 전기로는 『삼국유사』의 '의상전교' 말고도 최치원의 『의상전(義湘傳)』이 있었다고 합니다. 지금은 전해지지 않습니다. 다만, 고려 시대 때 보조국사 지눌이 지은 글 중에 "최치원이 지은 『의상전』에 보면"이라는 기록이 있어서 알려진 글입니다. 그 기록에 따르면, 의상이 지엄에게 화엄을 배우던 어느 날, 꿈에 신인이 나타나 깨달은 바를 글로 지으라고 합니다. 그런데 지엄이 그 글을 읽어보고 그다지 만족스럽게 여기지 않습니다. 그래서 의상이 불전에 나아가 그 글을 불에 태우자 210자만이 타지 않고 남습니다. 이것들을 거두어 다시 불길 속으로 던졌는데 끝내 타지 않아 이 글자들을 가지고 게송을 지었다고 합니다. 실제로 불에 타지 않았다는 뜻이 아니라 의심의 불길에서 살아남았다고 이해해야겠지요. 그 글자들로 화엄 철학을 7언(言) 30구(句) 210자(字)로 간명하게 풀이한 것이 바로 「화

```
一—微—一—塵—一—中—一—含—十    初—發—一—心—時—便—一—正—覺—生—死
│                        │                        │
一   量—無—一—是—即—方    成   益—寶—雨—議—思—不—意    涅
│   │                   │   │                   │
卽   劫   遠—劫—念—一   別   生   佛—普—賢—大—人   如   槃
│   │   │          │   │   │          │   │   │
多   九   量—卽—一—切   隔   滿   十—海—仁—能   境   出   常
│   │                   │   │          │   │   │
切   世—無—一—念—塵   亂   虛   別   印—三—昧—中   繁   共
│          │      │   │   │   │          │   │
一   十—是—如—亦—一—中   雜   空   分—無—然—冥—事—理—和
│   │                       │   │                   │
卽   世—互—相—卽—仍—不   衆   生—隨—器—得—利—益—是
│   │              │   │   │                      │
一   相—二—無—融—圓—性  法  叵—際—本—還—者—行—故
│   │                       │   │                   │
一   諸—智—所—知—非—餘   佛   息—盡—寶—莊—嚴—法—界
│   │                       │   │                   │
中   法   證   甚—性—眞—境   爲   妄   無—隨—家—歸—意   實
│   │   │              │   │   │              │   │
多   不   切   深—極—微—妙   名   想   尼   分—得—資   如   寶
│   │   │                  │   │   │   │          │   │
切   動   一—絶—相—無   不   動   必   羅—陀—以—糧   捉   殿
│   │              │   │          │              │   │
一   本—來—寂—無—名   守   不   不—得—無—緣—善—巧   窮
│                  │      │                         │
中—一—一—成—緣—隨—性   自   來—舊—床—道—中—際—實—坐
```

「화엄일승법계도」

엄일승법계도」입니다. 조금 길지만, 전체를 다 읽겠습니다.

法性圓融無二相　법성은 원융('원'은 둥글다. '융'은 하나다)하여 모두 모양이 없고

諸法不動本來寂　제법(세상의 수많은 규칙)이 부동하여 본래부터 고요하네.

無名無相絶一切　이름 없고 모양 없어 일체가 다 끊겼으니

證智所知非餘境　지혜(반야의 지혜, 참다운 지혜)로 알 뿐 다른 경계로 알 수 없네.

眞性甚深極微妙　진성은 깊고 깊어 지극히 미묘하니

不守自性隨緣成	자성(본래의 정체성)이 있지 않고 인연으로 만들어지네.
一中一切多中一	하나 안에 일체 있고 일체 안에 하나 있으니
一卽一切多卽一	하나가 곧 일체요, 일체가 곧 하나라네.
一微塵中含十方	하나의 티끌에 온 세상(시방세계) 머금었으니
一切塵中亦如是	온갖 티끌이 다 이와 같다네.
無量遠劫卽一念	셀 수 없는 무량겁(헤아릴 수 없이 어마어마하게 긴 시간의 흐름)이 한 생각에 지나지 않고
一念卽是無量劫	한 생각이 바로 셀 수 없는 무량겁이라.

영원의 시간과 찰나의 시간이 같다, 티끌 하나에 온 우주의 이치가 있다는 말은 온 우주의 이치가 티끌 하나하나에 다 들어 있다는 이야기입니다. 그런 식으로 공간의 물체를 이야기한다면 한 순간도 마찬가지입니다. 한 순간에 영원의 시간이 들어가 있고 영원의 순간도 매 순간이 다 그렇다는 겁니다.

또 '자성(自性)'이라는 개념도 잘 생각해야 합니다. 우리는 많고 적음, 크고 작음에 차이가 있다고 생각하는데, 차이가 없다는 겁니다. 일(一)과 십(十)이 있으면 일도 자기 정체성이 있고 십도 정체성이 따로 있다고 생각하는데 그게 아니라 일과 십은 서로 만나야, 곧 연기(緣起)를 통해서만 의미가 생성된다는 겁니다. 일은 단독으로 의미가 없고 십이 있어야 의미를 지닙니다. 십은 일의 열 배죠. 일의 열 배이기 때문에 의미를 가지지, 일이 없으면 십도 의미가 없습니다. 곧 일과 십은 같습니다.

프랑스 수학자 푸앵카레는 "수학은 다른 사물에 같은 이름을 붙이는 일이다"라고 말했습니다. 농구공, 배구공, 지구는 크기에서는 차이가 있지만 결국 같은 종입니다. 도넛과 컵의 경우도 언뜻 상관없어 보이지만 실은 같은 종류입니다. 구멍이 한 개 있으니까요. 이런 식이면 일과 십도 같습니다. 여기서 십은 전체를 뜻하고 일은 하나를 뜻합니다. 그러니까 '하나가 곧 전체이고 전체가 곧 하나다'라는 말이 성립됩니다. 왜 이런 얘기를 하는지 더 살펴보겠습니다.

九世十世互相卽	구 세와 십 세가 서로 함께 마주하니
仍不雜亂隔別成	그대로 섞이지 않고 따로 한 세계 이루었네.
初發心時便正覺	초발심 그때가 바로 올바르게 깨친 때요,
生死涅槃常共和	생사와 열반은 늘 함께 어울리니
理事冥然無分別	리(불교의 교리를 연구하는 일)와 사(세상에 나와 불사를 일으키고 불교를 위해서 일하는 것)가 아득하여 분별이 없으니
十佛普賢大人境	모든 부처와 보살이 대인의 경계로다(성인이다).
能仁海印三昧中	중생을 사랑하는 부처의 해인(고요한 바다에 만상이 하나하나 도장처럼 새겨짐. 불법을 뜻함) 삼매(지혜) 안에서
繁出如意不思議	헤아릴 수 없는 무궁한 법 뜻대로 꺼내와
雨寶益生滿虛空	중생에게 유익하게 온 누리에 법비(보배로운 법의 비) 내려
衆生隨器得利益	중생의 그릇 따라 갖은 이익 얻게 하네.
是故行者還本際	그런고로 수행자는 근본으로 돌아가야 하나니
叵息妄想必不得	망상을 버리지 않으면 절대 얻을 수 없다네.

　여기서 초발심 이야기가 나옵니다. 초발심을 낼 때가 바로 열반의 경지와 같다는 거죠. 이 이야기는 우리의 일상에서도 얼마든지 확인할 수 있습니다. 초발심 때보다 못한 경우가 비일비재하지 않나요? 공부를 시작할 때, 음악을 처음 들을 때, 그 첫 순간을 넘어서기가 무척 힘들죠. 특히 중

도에 초발심을 잊어버리고 샛길로 빠지는 경우가 많죠. '처음처럼'이라는 말이 괜히 나온 게 아닙니다. 그때 깨닫지 못하면 죽을 때까지 깨닫지 못합니다.

無緣善巧捉如意	까닭 없는 좋은 일 뜻대로 힘쓰면
歸家隨分得資糧	근본으로 돌아감에 좋은 밑천 얻으리.
以陀羅尼無盡寶	한없이 보배로운 참된 가르침으로
莊嚴法界實寶殿	법계를 장엄하게 하여 보전을 채워
窮坐實際中道床	끝내 실재에 앉아 중도를 깨닫나니.
舊來不動名爲佛	예부터 움직이지 않아 부처라 이름하네.

'무연선교(無緣善巧)'는 타인에게 선행을 베푸는 겁니다.

또 다른 수학자 이야기를 잠깐 하자면, 그리고리 페렐만이라는 러시아 수학자는 '푸앵카레 추측(우주의 모양을 추측한 것)'을 증명했습니다. 푸앵카레는 가우스 이래 최고의 수학자로 손꼽히는데, 그가 남긴 푸앵카레 추측은 이른바 '밀레니엄 난제' 중에 하나여서 이것을 증명하면 미국의 클레이 수학 연구소라는 비영리 단체에서 100만 달러를 줍니다. 그런데 페렐만이 그걸 안 받습니다. 게다가 수학계의 노벨상인 필즈상 수상자(2006)로 지명되었는데, 거기에도 나타나지 않았어요. 경제적으로 풍족했느냐 하면, 그렇지 않았습니다. 상트페테르부르크에 있는 아파트에서 어머니와 함께, 어머니가 받는 연금으로 살아요. 문학평론가 김우창이 '자유'라는 주제로 이 일에 대해 쓴 글이 있습니다. 그 글에서 페렐만은 자유로운 사람으로 묘사되는데 그가 자유로워지기 위해서 뭘 했느냐 하면 그저 돈을 안 받았을 뿐입니다. 돈을 안 받기 위해 애를 쓰거나 하지도 않았죠. 자본주의 사회에서 성공의 척도는 돈을 많이 버는 거죠. 돈을 벌지 못하면 무능한 자로 치부되잖아요. 그런데 페렐만은 돈을 받지 않음으로써 자유로워진 겁니다. 우리가 페렐만에 미치지 못하는 것은 그가 보여 준 탁월한 능력이 아니라, 그 반대로 그가 보여 준 무능함이라고 할 수 있죠. 여기서 거꾸로, 내가 왜 자유롭지 못한지가 보입니다. 자유로워지기 위해서 내려놓아야 할 것을 못 내려놓는 거죠.

또 다른 예로 사르트르도 노벨 문학상을 안 받았습니다. 명백한 거부였어요. 사르트르의 실존주의 철학을 이해한다면 이 일도 자연히 이해가 됩니다. 사르트르는 본질을 완전히 부정하지는 않지만 실존이 본질에 앞선다고 주장합니다. 예컨대 비겁한 인간이 있다 치면 본래 인간의 본질이 비겁해서가 아니라 스스로 비겁한 선택을 하니까 비겁해지는 거라고 봅니다. 그러니 우리가 자유롭지 못한 것은 자유롭지 못한 선택을 하기 때문인 것입니다. 여러분도 작은 걸 내려놓고 자유를 경험한 적이 있을 겁니다.

마지막으로 다시 한 번 이 구절을 봅시다.

一中一切多中一　하나 안에 일체 있고 일체 안에 하나 있으니
一卽一切多卽一　하나가 곧 일체요, 일체가 곧 하나라네.

윌리엄 블레이크라는 시인도 이와 비슷한 이야기를 했어요. 「순수의 예언」이라는 시에서 "한 알의 모래에서 세계를 보고 한 송이 들꽃에서 천국을 본다"라고 했죠. "하나의 티끌에 온 세상 머금었으니 온갖 티끌이 다 이와 같다네〔一微塵中含十方 一切塵中亦如是〕"와 똑같은 발상입니다. 블레이크의 시는 꽤나 까다롭습니다. 예를 들어 「굴뚝 청소부」 같은 시는, 굴뚝 청소 잘 하면 하나님이 잘 봐줄 거야, 하는 내용인데 단순하게 읽으면 순

응적으로 보이지만 실은 아동 노동 착취를 비판하는 시입니다. 의상의 화엄 철학을 알고 있으면 이런 맥락이 쉽게 보일 겁니다.

원주의 무위당 장일순도 그랬어요. 무위당의 무위(無爲)는 『도덕경』·『장자』에서 가져온 말이죠. 또 '좁쌀'이라는 호도 있습니다. 장일순은 "좁쌀 한 알에 우주가 담겨 있다"라고 했는데 이 또한 화엄 사상과 비슷한 맥락의 이야기입니다.

하나와 전체의 관계를 사유할 때 하나가 찰나의 순간으로 묘사되기도 하고 먼지나 티끌로 묘사되기도 합니다. 절묘한 부분은 먼지나 티끌 속에 온 우주가 들어 있다[一微塵中含十方]고 하면서 온 우주 속에 있는 먼지와 티끌 하나하나가 다 그렇다[一切塵中亦如是]고 하는 점입니다. 찰나의 순간 하나하나가 영원이라는 거죠. 어떤 일에 몰입할 때 일념의 순간이 영원과 맞닿아 있는 걸 감각적으로 느낄 수 있어요. 그것을 '일즉다다즉일(一卽多多卽一)'이라는 체계 속에서 이해할 수 있습니다. 우리가 살아가는 찰나의 한 순간 한 순간이 영원과 맞닿아 있고, 우리가 만나는 하찮은 사물 하나하나가 온 우주와 마주하고 있는 것이다, 이렇게 생각할 수 있습니다. 한 사람을 만나는 게 온 우주와의 대면인 것입니다.

물론 이런 사유가 인도나 동아시아에서만 있었던 것은 아닙니다. 「마태복음」에서 나사렛 예수가 한 마리 길 잃은 양을 찾아 나선다고 하죠. 그런데 여러분이 양치기 목동이라면 아흔아홉 마리 양을 놔두고 한 마리 양을 찾아 나서는 결단을 내릴 수 있겠습니까? 경제적인 측면에서 따지면 어리석은 짓이죠. 그런데도 나사렛 예수는 그렇게 합니다. 그 한 마리 양이 전체와 맞먹는 가치를 지닌다고 생각했기 때문입니다. 화엄의 세계관과 상통하는 면이 있습니다.

삼국 시대 도교 전통

만족할 줄 알면 욕을 당하지 않는다

처세와 군사 전략에 활용된 노자 사상

3장에서는 막고해(莫古解)와 을지문덕에 관한 자료, 그리고 「성덕대왕신종 명문」을 통해 삼국 시대의 도교를 살펴보겠습니다. 삼국 시대 도교에 관해서는 『삼국사기(三國史記)』와 『삼국유사』에 극히 적은 기록이 남아 있을 뿐입니다. 막고해는 『삼국사기』에만 등장하고 을지문덕은 『삼국사기』와 『삼국유사』 두 군데에 다 나옵니다. 아시다시피 을지문덕은 살수대첩으로 중국 수나라의 침략군을 상대로 초유의 대승리를 이끈 고구려의 장수죠. 또 막고해는 백제의 장수입니다. 그런데 이 두 사람이 노자 『도덕경』의 문구를 인용한 내용이 『삼국사기』와 『삼국유사』에 나옵니다. 전쟁을 수행하는 장수가 전쟁터에서 노자를 인용한 점이 이채롭습니다. 또 다른 자료인 「성덕대왕신종 명문」에도 『도덕경』을 인용한 글귀가 나옵니다.

『도덕경』이나 『장자』의 문구는 아니지만 당시의 도교 사상을 미루어 짐작할 수 있는 자료도 있습니다. 경주 감산사(甘山寺)에서 미륵보살상이 출토된 적이 있는데 이때 이 불상을 어떻게 조성하게 되었는지를 기록한 석각도 함께 발견되었습니다. 거기에 보면 김지성(金志誠)이라는 사람이 노자와 장자를 좋아하여 소요를 즐기고 무위를 즐겼다는 이야기가 나옵니다. 『도덕경』이나 『장자』를 직접 인용하진 않았지만 그런 취향이 있었음을 보여 주는 자료입니다. 이번 장에서는 기록으로 확인되는 내용을 중심으로 도교 사상을 살펴보겠습니다.

막고해와 을지문덕이 모두 인용한 구절은 『도덕경』 제44장에 나오는 "만족할 줄 알면 욕되지 않는다"입니다. 이를 통해 당시 장수들이 『도덕경』을 즐겨 읽었고 일상에서 노자와 관련된 시를 짓는다든지 군사적 결단을 내릴 때 노자를 활용했다는 사실을 짐작할 수 있습니다.

노자의 사상 하면 보통 무위(無爲)나 자연(自然)을 이야기하면서 현실과 상당히 거리를 두는 은둔적 삶을 지향한다고 보기 쉽습니다. 물론 그것도 노자 사상을 이해하는 한 가지 방식임이 틀림없습니다. 그러나 노자 사상은 처세나 군사 전략과도 밀접하게 연결될 수 있습니다. 앞으로 볼 자료들은 바로 노자가 그런 식으로 활용되었음을 보여 줍니다. 실제로 이렇게 도가를 이해한 학문이 중국 한나라 초기에 형성된 황로도학(黃老道學)입니다. 삼국 시대의 기록은 노자 사상을 새로운 측면에서 바라보는 데 도움이 될 것입니다.

백제 장군 막고해의 간언

다음은 『삼국사기』 24권 「백제본기」에 나오는 내용인데, "만족할 줄 알면 욕되지 않는다"라는 『도덕경』 제44장이 인용된 것을 볼 수 있습니다. 백제 장군 막고해(莫古解)가 태자에게 간하는 내용입니다.

근구수왕(近仇首王)은 근초고왕(近肖古王)의 아들이다. 앞서 고구려 국강왕(國岡王) 사유(斯由)가 친히 군대를 이끌고 침략해 왔다. 근초고왕은 태자를 보내 대항하게 했다. 태자가 반걸양(半乞壤)에 이르러 막 전투를 시작하려 할 때였다. 고구려 사람 사기(斯紀)는 본래 백제인이었는데 잘못하여 왕이 타는 말의 굽을 다치게 하였다. 죄를 물을까 두려워하여 고구려로 도망갔다가 이때 돌아와 태자에게 이렇게 말했다. "저들의 군사가 비록 많지만 모두 수를 채운 것으로 가짜 군사들입니다. 그중 날래고 용맹한 이들은 붉은 깃발을 든 부대입니다. 만일 그들을 먼저 깨뜨린다면 나머지는 공격하지 않아도 저절로 무너질 것입니다."

태자가 그 말을 따라 진격하여 크게 쳐부수고 달아나는 군사를 추격하여 수곡성(水谷城) 서북에 이르렀다. 그때 장수 막고해가 이렇게 간했다. "일찍이 도가의 말에 이르길, '만족할 줄을 알면 욕을 당하지 않고 그칠 줄을 알면 위태롭지 않다'라고 했습니다. 지금 얻은 바가 많은데 어찌 더 많은 것을 바라십니까?" 태자가 이 말을 옳게 여겨 추격을 중단하고는 마침내 돌을 쌓아 표시한 다음, 그 위에 올라 좌우를 돌아보며 이렇게 말했다. "오늘 이후에 누가 다시 이곳에 올 수 있겠는가?"

그곳 바위에 마치 말발굽처럼 생긴 자국이 있는데 사람들은 지금까지 그것을 태자의 말굽 자국이라고 부른다. 근초고왕이 재위 30년 만에 훙거(薨去)

하자 태자가 즉위했다.

—『삼국사기(三國史記)』, 「백제본기(百濟本紀)」, '근구수왕(近仇首王)', 375년**❶**

근구수왕은 근초고왕의 아들입니다. 근초고왕은 백제를 강력한 국가로 키운 왕 중의 한 명이죠. 유명한 칠지도〔七支刀: 백제에서 제작한 철제 칼로 일본의 국보로 지정되었음. 일본의 이소노카미 신궁(石上神宮)에 소장되어 있음〕도 근초고왕 때 제작된 것으로 추정합니다. 근초고왕이 왕위에 있을 때 고구려와 전투가 벌어졌습니다. 고구려 국강왕은 바로 고국원왕으로 이름이 사유(斯由)입니다. 그가 군대를 이끌고 침범해 오자 근초고왕이 태자를 보내 싸우게 하죠. 태자가 적기를 든 부대를 직접 진격해서 깨뜨리고는 패주하는 군대를 쫓아가 수곡성의 서북쪽에 이릅니다. 수곡성은 지금의 서울 지역이에요. 그때 장군 막고해가 이렇게 말하며 말립니다. "일찍이 도가(道家)의 말에 이르길, '만족할 줄을 알면 욕을 당하지 않고 그칠 줄을 알면 위태롭지 않다〔知足不辱 知止不殆〕'라고 했습니다. 지금 얻은 바가 많은데 어찌 더 많은 것을 바라십니까?" 그러자 태자가 그 말을 훌륭하다고 여겨 추격을 멈춥니다.

이 이야기는 장군 막고해가 『도덕경』의 구절을 인용하면서 태자를 설득하는 내용이죠. 말하자면 『도덕경』을 전쟁에 활용할 수 있음을 보여 주는 실질적 자료입니다. 실제로 노자 사상을 그런 방식으로 이해하는 견해가 예부터 있었고 지금도 있습니다. 마치 새로운 이야기인 양 여기는데 전혀 새로운 이야기가 아닙니다. 예컨대 전국 시대의 법가 사상가인 한비자는 노자 사상을 일종의 권모술수로 이해했습니다. 또 송대 성리학의 집대성자인 주희도 한나라 고조 유방의 모사(謀士)였던 장량(張良) 같은 이가 노자의 권모술수를 이용했다는 식으로 이야기합니다. 따라서 노자의 철학을 은둔의 철학이나 무위자연의 철학으로만 보는 것은 노자 사상을 상당히 좁게 보는 것입니다.

『도덕경』에 막고해가 인용한 '知足不辱 知止不殆(지족불욕 지지불태)'가 나오는 부분을 보겠습니다.

> 이름과 몸 중에 어느 것이 더 가까운가? 몸과 재물 중 어느 것이 더 중요한가? 얻는 것과 잃는 것 중에 어느 것이 더 괴로운가? 이 때문에 몹시 아끼면 크게 허비하게 되고, 많이 간직하고 있으면 크게 망한다. 만족할 줄 알면 욕되지 않고 그칠 줄 알면 위태롭지 않으니, 오래갈 수 있을 것이다.
>
> —『도덕경(道德經)』 제44장 ❷

"이름과 몸 중에 어느 것이 더 가까운가[名與身孰親]"를 보면 명(名)은 명예고 신(身)은 내 몸, 생명입니다. 보통 명예에 목숨을 바치는 것을 높이 평가합니다. 그런데 그런 통념을 확인이라도 하듯, "이름과 몸 중에 어느 것이 더 가까운가?"라는 질문을 던진 것은 '과연 의심할 여지 없이 그렇다고 할 수 있는가?' 하며 정색하고 되묻는 것입니다. 질문 안에 답이 내포되어 있는 셈이죠. 생명이 더 중요하다는 뜻으로 읽는 것이 정확한 독법입니다.

재물의 경우도 마찬가지입니다. "몸과 재물 중 어느 것이 더 중요한가[身與貨孰多]"에서 신(身)은 자신의 몸이고 화(貨)는 재물입니다. 앞에서는 명예와 생명을 비교하고 여기서는 몸과 재물을 비교합니다.

「백이 열전(伯夷列傳)」에서 사마천은 가의(賈誼)의 말을 인용해 "욕심 많은 자는 재물에 목숨을 바치고, 의리를 추구하는 자는 명예에 목숨을 바친다[貪夫殉財 烈士殉名]"라고 했는데 노자의 시각에서 보면 둘 다 어리석은 짓입니다. 가장 중요한 목숨은 바치는 게 아닙니다. 유가에서 주장하는 살신성인도 안 됩니다. 물론 유가에서도 무조건 목숨을 바치지는 않습니다. 당연히 의리도 지키고 목숨도 유지해야죠. 유가에서는 이 둘이 상충할 때 어떤 게 옳으냐를 따집니다. 명예, 몸, 재물 가운데 노자에게는 몸이 가장 중요합니다. 전쟁터에서는 두말할 필요도 없습니다.

"얻는 것과 잃는 것 중에 어느 것이 더 괴로운가[得與亡孰病]"에서 망(亡)은 잃어버리는 것입니다. 명예나 재물을 잃어버리는 것과 얻는 것, 어떤 것이 문제가 되는가? 명예나 재물을 많이 얻는 것은 사실 몸을 희생하는 것이고 오히려 그걸 잃어버리는 것이 가장 중요한 가치를 지키는 데 도움이 된다는 뜻입니다. 자신의 생명(여기서는 그것을 '몸'으로 표현했습니다)이 가장 중요한데 이 몸을 버리게 하고 정신을 소진시키는 것이 명예나 재물이라는 거죠. 따라서 몸을 보존하려는 시각에서 보면 명예나 재물은 없느니만 못하다는 얘깁니다. 욕망은 일정한 방향성이 있어서 자신을 돌아볼 줄 모릅니다. 그런데 노자는 바로 그 욕망이 가장 중요한 것을 앗아간다는 점을 돌아보게 합니다. 이는 일반적인 생각과 상당히 다르죠. 바로 이런 점이 노자의 통찰이 돋보이는 부분입니다.

마지막 구절은 "이 때문에 몹시 아끼면 크게 허비하게 되고, 많이 간직하고 있으면 크게 망한다. 만족할 줄 알면 욕되지 않고 그칠 줄 알면 위태롭지 않으니, 오래갈 수 있을 것이다[是故甚愛必大費 多藏必厚亡 知足不辱 知止不殆 可以長久]"입니다. 살아남기 위해서 어떤 게 필요한가? 지족(知足)과 지지(知止)가 필요하다는 것입니다. 욕망은 자신을 돌아볼 줄 모르기에 위태롭지만 자신을 돌아볼 줄 아는 지혜를 통해 위험에서 벗어날 수 있다는 말이죠. 이것은 적당한 수준, 곧 적절한 시점을 언제로 잡아야 하는지가 관건이라는, 굉장히 중요한 말입니다.

장구(長久)는 '오래가다'라는 의미인데요, '서바이벌'이라고 생각하면 됩니다. 전쟁터에서는 오래 살아남는 것, 곧 자신의 몸을 지키는 것이 가장 중요한 가치이겠지요.

보장왕이 도교를 따르다

앞서 보았듯이, 백제 장군 막고해는 이미 4세기경에 노자 텍스트를 어느 정도 이해하고 있었습니다. 실제로 전술을 펼칠 때 자신이 읽은 글을 활용해서 설득을 했다는 것은 그 글의 이해 수준이 상당히 높았음을 말해 줍니다.

그런데 백제와 달리 고구려와 신라에서는 도교가 훨씬 뒤늦게 받아들여졌습니다. 고구려의 경우, 643년 보장왕 때 도교와 관련된 사실이 기록되어 있는데 보장왕(寶臧王)은 고구려의 마지막 왕입니다.

> 보장왕(寶臧王)은 이름이 장(臧)이며 나라를 잃은 까닭에 시호가 없다. 건무왕(建武王)의 동생 대양왕(大陽王)의 아들이다. 건무왕 재위 25년에 개소문(蓋蘇文)이 왕을 죽이고 장을 세워 왕위를 계승하게 하였다. 신라가 백제를 정벌하려고 김춘추(金春秋)를 보내 군사를 요청하였으나 따르지 않았다. 2년(643년) 봄 정월에 아버지를 봉하여 왕으로 삼았다. 사신을 당에 들여보내 조공하였다.
>
> 3월에 개소문이 왕에게 이렇게 말했다. "삼교(三敎)는 비유하자면 솥발과 같아서 하나라도 빠트려서는 안 됩니다. 지금 유교와 불교는 나란히 흥행하는데 도교는 아직 성행하지 않으니 이른바 천하의 도술을 갖춘 것이 아닙니

다. 엎드려 청컨대 당에 사신을 보내 도교를 구하여 나라 사람들을 가르치게 하십시오." 대왕이 크게 옳다고 여겨 외교 문서를 보내 요청하니 당 태종이 도사 숙달(叔達) 등 여덟 명과 함께 노자 『도덕경』을 보내 주었다. 왕이 기뻐하고 사찰을 빼앗아 이들을 묵게 했다.

—『삼국사기(三國史記)』, 「고구려본기(高句麗本紀)」, '보장왕(寶臧王)', 643년❸

위의 내용을 보면 고구려의 권력자들이 불교가 흥행할 때 불교 세력과 그다지 우호적인 관계를 맺지 못했음을 알 수 있습니다. 보장왕이 도교를 받아들인 내용은 『삼국유사』에도 기록되어 있는데 『삼국유사』의 저자 일연은 불교 승려여서 보장왕이 도교를 받아들인 사건을 두고 『삼국사기』보다 훨씬 더 비판적으로 기술합니다. 물론 『삼국사기』의 저자 김부식(金富軾, 1075~1151)은 명분을 중시하는 유학자였으니 임금을 시해한 연개소문을 좋게 평가할 수 없었을 겁니다. 그런데 불교 쪽에서 보면 명분의 문제뿐만 아니라 불교 사원을 빼앗아서 도교를 유치한 셈이니 더더욱 좋게 볼 리 없었겠지요. 이런 점으로 미루어 볼 때 고구려에서는 종교를 통해 국가 이념을 확립했다기보다 오히려 종교적 갈등 때문에 국가 이념이 흔들린 상태였다고 할 수 있습니다.

『삼국유사』에서는 「고려본기」에 기록된 내용을 인용하여 다음과 같이 기술합니다.

「고려본기」에 다음과 같은 기록이 있다.

고려 말기 무덕(武德)·정관(貞觀) 연간에 나라 사람들이 오두미교(五斗米敎: 중국 후한 말기에 일어났던 도교의 일파로, 가입하는 사람에게 쌀 다섯 말을 바치게 했기 때문에 이러한 명칭이 붙게 되었음)를 다투어 신봉하였는데, 당 고조가 이 소식을 듣고 도사를 파견하여 천존상(天尊像)을 보내고 『도덕경』을 강의하게 하니 왕과 나라 사람들이 함께 들었다. 이때가 바로 제27대 영류왕(榮留王) 즉위 7년, 무덕 7년 갑신이었다. 그다음 해에 사신을 파견하여 당나라에 가서 불교와 도교를 구하니 당나라 황제가 허락하였다.

보장왕이 즉위하면서 역시 삼교를 함께 일으키고자 했는데 그때 총애하던 재상 개소문이 왕에게, 유교와 불교는 나란히 성행하나 도교[黃冠]가 아직 성행하지 않으니 특별히 당나라에 사신을 보내 도교를 구하자고 진언하였다.

그때 보덕화상(普德和尙)이 반룡사(盤龍寺)에 있었는데 그릇된 도[左道]가 정도에 필적하여 국운이 위태로워질 것을 걱정하여 여러 차례 간했으나 듣지 않았다. 마침내 신통력으로 방장(方丈)을 날려 남쪽의 완산주(完山州) 고대산(孤大山)으로 옮겨 가 살았다. 이때가 바로 영휘 원년 경술 6월이었다. 얼마 안 되어 고려가 망했다.

—『삼국유사(三國遺事)』, 「흥법(興法)」,

'보장봉로 보덕이암(寶藏奉老 普德移庵)'❹

「고려본기」는 곧 「고구려본기」입니다. 고구려를 고려라고도 했습니다. 이 기사를 보면, 보장왕이 도교를 들여오자 당시 반룡사에 있던 보덕화상이 그릇된 도(도교)가 정도(불교)에 맞서면 나라가 위태로워질 것이라고 간했다고 하죠. 그러나 왕이 듣지 않자 신통력을 발휘하여 방장을 날려서 완산주, 그러니까 지금의 전주 고대산으로 옮겨 가서 살았다는 내용이 나옵니다. 방장이란 불교의 종단을 대표하는 조사가 머무는 방, 곧 조실(祖室)을 뜻합니다. 조실의 사방이 1장(가로 세로 3미터)이라고 해서 방장(方丈)이라고도 하는 것이죠.

전설에 따르면, 석가모니의 제자 유마거사가 머물렀던 곳이 사방 1장 크기였는데 유마거사가 병이 나자 그를 문병하러 온 제자와 신도 3만 2,000명이 그 방에 다 들어갔다고 합니다. 기적이 일어난 셈이죠. 불교 경전에서 자주 보이는 이런 식의 비유는 해탈의 경지에 도달하면 시공간의 한계에 구애되지 않는다는 의미로 자주 쓰입니다. 2장에서 의상대사의 「화엄일승법계도」에서 살펴보았듯이, 하찮은 티끌 하나 안에 삼라만상이 들어있는데 삼라만상 전체를 이루는 티끌 하나하나가 다 그렇다고 했죠. 티끌하나 속에도 삼라만상이 들어가니까 사방 3미터 안에도 얼마든지 많은 사람이 들어갈 수 있다는 논리가 성립합니다.

다시 앞의 인용문으로 돌아가 보면, 일연은 보장왕이 쓸데없이 도교를 들여와서 나라가 망했다고 기술합니다. 이처럼 승려 계층은 도교가 도입되면 불교가 약화될 수 있으니 이를 부정적으로 보았고 유학자들은 왕을 시해한 자가 최고 권력자를 제 뜻대로 움직이니 역시 옳지 않다고 보았을 겁니다. 보장왕은 원래 임금이 될 사람이 아니었는데 연개소문이 옹립하여 허수아비 왕이 되었죠. 그러니 도교의 도입은 실제로는 연개소문의 권력을 공고히 하는 결과를 가져왔을 뿐, 왕에게 성공적인 사업이었다고 보기는 어렵습니다.

수나라 장수 우중문에게 보내는 을지문덕의 시

고구려의 도교 사상을 엿볼 수 있는 자료로 을지문덕(乙支文德)이 수나라 장수인 우중문(于仲文)에게 보내는 시를 들 수 있는데, 앞서 살펴보았던 백제 장군 막고해가 했던 말과 비슷한 내용이 나옵니다. 『삼국사기』의 「을지문덕 열전」에 다음과 같은 기록이 나옵니다.

문덕은 수나라 군사들에게 굶주린 기색이 있는 것을 보고 그들을 지치게 만들고자 싸울 적마다 쉽게 져 주었다. 그래서 우문술 등이 하루 동안 일곱 번 싸워 모두 이겼다.

우문술은 쉽게 이긴 것을 믿고서는 여러 의견을 무시하고 마침내 진군하여 동쪽으로 살수(薩水)를 건너 평양성에서 삼십 리 떨어진 곳에 있는 산에 의지하여 군영을 세웠다.

문덕이 우중문에게 시를 보냈다.

"신묘한 계책은 천문(天文)을 꿰뚫었고 절묘한 계산은 지리(地理)를 다하였네. 싸워서 이긴 공이 이미 높으니 만족할 줄 알아 그치기를 바라오〔神策究天文 妙算窮地理 戰勝功旣高 知足願云止〕!"

　　　　　　—『삼국사기(三國史記)』,「열전(列傳)」,'을지문덕(乙支文德)', 612년❺

　수나라는 30만 대군을 동원하여 고구려를 공격해 왔는데, 이른바 을지문덕의 살수대첩으로 살아 돌아간 자가 겨우 2,000여 명에 지나지 않았다고 합니다. 을지문덕은 장수인데 이름 '문덕'은 무력에 반대되는 말입니다. 장수의 이름이 무력과 상반되는 뜻이라는 점도 재미있습니다. 전쟁의 와중에 시를 지어 적장에게 보내고 전쟁을 승리로 이끄는 여유를 갖고 있었으니 이름값을 했다고 할 수 있겠죠. 그런데 을지문덕의 시에서 인용한 구절은 막고해가 인용했던 『도덕경』의 바로 그 구절입니다. 막고해나 을지문덕 같은 장수들이 『도덕경』을 읽고 그 내용을 자기 주장의 논거로 삼았다는 점에서 당시 많은 이들이 노자를 읽고 이해했다는 것을 알 수 있습니다.

성덕대왕의 지극한 도

삼국 시대의 도교 사상을 살펴볼 수 있는 또 다른 자료로는 성덕대왕신종(聖德大王神鐘)의 명문(銘文)이 있습니다. 성덕대왕신종은 이른바 '에밀레종'으로 알려져 있죠. 국립경주박물관에 소장되어 있고 원래 봉덕사에 있었다고 해서 봉덕사종이라고도 합니다. 그런데 봉덕사가 어디에 있던 절인지 정확한 위치를 아직 모릅니다. 성덕대왕신종이 주조된 것이 771년이니까 지금으로부터 1,200여 년 전의 종입니다. 동아시아 고대 동종 중에서 상원사 동종과 함께 가장 오래된 종으로, 당시로서는 첨단 기술이 집약된 결과물입니다. 이 종에 새겨진 글에 『도덕경』의 한 구절이 나옵니다. 효성왕이 부왕인 성덕왕의 덕을 기리고자 불사를 일으켜 종을 주조했는데 거기에 『도덕경』의 문구가 변형된 형태로 기록되어 있는 것이죠.

『삼국사기』「신라본기」에 보면 효성왕(孝成王) 때 『도덕경』이 전해졌다는 기록이 있습니다.

> 효성왕(孝成王)이 즉위했다. 휘(諱)는 승경(承慶)이다. 성덕왕의 둘째 아들이고 어머니는 소덕왕후다. …… 2년 …… 여름 4월에 당나라 사신 형숙(邢璹)이 노자 『도덕경』 따위의 문서를 가지고 와서 왕에게 바쳤다. 흰 무지개가 해를 꿰뚫었다. 소부리군(所夫里郡)의 물이 핏빛으로 변했다.
> ─『삼국사기(三國史記)』,「신라본기(新羅本紀)」, '효성왕(孝成王)', 737년❻

효성왕이 임금으로 즉위한 지 2년이 되던 해에 당나라에서 『도덕경』을 보내 온 것으로 되어 있습니다. 이 점으로 미루어 보아 성덕대왕신종의 명문을 새기기 전에 신라에 『도덕경』이 전해졌고 그것이 명문의 내용에 영향을 미쳤음을 알 수 있습니다. 성덕대왕신종은 한쪽에는 비천신상 문양이 있고 뒤에 명문이 새겨져 있습니다. 제가 몇 년 전 경주박물관에 간 적이 있는데 때마침 어느 박물관 연구팀이 와서 성덕대왕신종 탁본을 뜨고 있었습니다. 저는 성덕대왕신종에는 비천신상 문양만 있는 줄 알았다가 그제야 명문이 있다는 사실을 알게 됐습니다. 그 명문의 일부를 살펴보겠습니다.

> 무릇 지극한 도는 형상 밖의 것(形象之外: 형상 밖의 형상, 가장 큰 형상)을 포함하고 있는데, 아무리 살펴보아도 그 근원을 볼 수 없다. 태음(大音)이 천지 사이에 진동하고 있는데 아무리 들어도 그 소리를 들을 수 없다.
>
> —「성덕대왕신종 명문(聖德大王神鐘之銘)」, 771년❼

여기서 '형상지외(形象之外)'는 형상 밖의 것을 가리키는데 눈으로 보이지 않는 무형의 물건이라는 뜻입니다. 그리고 태음(大音)은 '가장 커다란 소리'라는 뜻인데 이 둘은 모두 『도덕경』에 나오는 말입니다. 이해를 돕기 위해 『도덕경』의 해당 구절을 몇 군데 살펴보겠습니다.

> 보아도 보이지 않는 것을 이(夷)라고 한다. 들어도 들리지 않는 것을 희(希)라고 한다. 손으로 잡아도 잡히지 않는 것을 미(微)라고 한다. …… 이것을 일러 형상 없는 형상, 물건 없는 물상이라 한다. 이것을 두고 아른거리지만 분간할 수 없는 상태인 홀황(惚恍)이라고 한다. 앞에서 맞이해 보았자 그 머리를 볼 수 없고 뒤를 따라가 보았자 그 꽁무니를 볼 수 없다.
>
> —『도덕경(道德經)』 제44장❽

'이(夷)'는 '평평하다'는 뜻입니다. 예를 들어 전경의 색과 배경색이 같으면 둘을 구분할 수 없겠죠. 그것이 이(夷)입니다. '희(希)'는 들리지 않는 것으로, 성덕대왕신종의 명문에 나온 '태음'에 해당합니다. 그리고 '미(微)'는 워낙 미세해서 손으로 잡을 수 없는 공기와 같은 존재를 뜻합니다. 요컨대 '희'와 '미'와 '이'는 모두 감각으로 붙잡을 수 없는 '도(道)'를 뜻합니다. 그리고 명문에서 '형상지외'라고 한 것은 바로 『도덕경』의 '형상 없는 형상', 곧 '무상지상(無狀之狀)'을 가리킵니다. 『도덕경』의 다른 곳에서는 이것을 일러 '대상(大象)'이라고도 합니다. 해당 구절을 보겠습니다.

최고의 도사는 도를 들으면 부지런히 실천한다. 중간쯤 되는 도사는 도를 들으면 있는 듯 없는 듯 여긴다. 수준 낮은 도사는 도를 들으면 크게 비웃는다. 비웃음을 당하지 않으면 도가 되기에 부족하다. 그 때문에 훌륭한 말에 이르기를, "밝은 도는 마치 어두운 듯하고 나아가는 도는 마치 물러나는 것 같고, 평평한 도는 오히려 치우친 듯 보이고 최고의 덕은 마치 골짜기처럼 낮다"라고 하였다. 아주 깨끗한 것은 더러운 듯하고 넓은 도는 마치 부족한 것처럼 보인다. 건실한 덕은 마치 각박한 듯하고 질박한 것은 마치 더러운 것처럼 보인다. 큰 네모[大方: 땅]는 모퉁이가 없고 큰 그릇은 채워지지 않는다. 큰 소리는 소리가 들리지 않고 큰 형상은 보이지 않는다.

—『도덕경(道德經)』 제41장❾

「성덕대왕신종 명문」에 나오는 "태음(大音)이 천지 사이에 진동하고 있는데 아무리 들어도 그 소리를 들을 수 없다"라는 문장은 바로 『도덕경』의 '태음희성(大音希聲)'을 풀이한 것입니다.

'태음희성'에서 '태음', 곧 '커다란 소리'에는 정치적 맥락이 담겨 있습니다. 커다란 소리란 어떤 소리를 말할까요? 음량의 크기를 측정하는 데시벨이 높은 소리일까요? 아닙니다. 성덕대왕신종이 훌륭한 종으로 평가받는 것은 여운이 길어서입니다. 한자에서 성운(聲韻)이라고 하면 '성(聲)'은 첫 소리를 말하고 '운(韻)'은 남아 있는 소리, 곧 여운(餘韻)을 말합니다. 종을 한 번 치면 처음에는 직접적인 타격음이 울리지만 타격이 끝난 뒤에 소리가 남아서 계속 울리죠. 성덕대왕신종은 이 남아 있는 소리가 압도적으로 긴 종입니다. 그런 의미를 이해한 상태에서 태음을 말하면, 태음은 소리가 들리지는 않지만 실제로 소리가 없지 않은 상태, 남아서 계속 울리는 상태를 말하는 것입니다. 정치적 맥락에서 해석하면 이미 죽은 성덕대왕의 정치적 교화라고 할 수 있는 성덕(聖德)이 그가 세상을 떠난 뒤에도 백성들에게 잊히지 않았음을 의미합니다. 그래서 종을 주조하여 이미 죽은 왕의 덕을 칭송하려 했고 이 종을 통해 들리지 않는 소리를 들리게 하는 거죠. 그런 의미에서 노자의 '태음희성'을 설명할 때 「성덕대왕신종 명문」을 활용하면 그 말이 의미하는 바를 정확히 짚어 낼 수 있습니다.

이와 같은 논리를 다른 개념에도 적용할 수 있습니다. '대상무형(大象無形)'도 마찬가지로 가장 큰 형상은 보이지 않는다는 뜻입니다. 보이는 모든 것은 보이지 않는 것의 일부죠. 가장 큰 것은 보이지 않습니다. 보이는 것의 근원은 보이지 않는 것입니다. 보이지 않는 게 무엇이냐? 바로 '도'입니다. 도는 뭐냐? 도를 소리로 표현하면 무성(無聲)이고 그릇으로 표현하면 만성(晩成), 채울 수 없는 것입니다. 또 모퉁이가 없는 모퉁이이고 무형의 형상입니다. 이처럼 앞에 '무(無)' 자가 붙으면 다 '도'가 될 수 있습니다. 일부에 해당하는 기능을 상실하는 대신 모든 가능성을 얻는 것, 그것이 '도'입니다.

장자식으로 얘기하면 음악을 연주하면 도가 깨지고, 연주하지 않으면

도의 상태 그대로 유지하는 것입니다. 존 케이지의 〈4분 33초〉 같은 음악이 바로 이 모티프를 활용한 것이죠. 피아니스트가 무대에 나와서 아무것도 연주하지 않고 가만히 있습니다. 그러면서 음악의 모든 가능성을 다 생각할 수 있는, 그런 조건을 만들어 가는 것이 바로 태음입니다.

4장

강수, 설총, 최치원
조강지처의 교훈과 화왕(花王)의 경계

신라의 유학자들

이번에는 강수(强首, ?~692), 설총(薛聰, 655~?), 최치원(崔致遠, 857~?)
이 세 유학자를 한꺼번에 살펴보겠습니다. 삼국 시대의 사상가들은 대부
분 『삼국사기』와 『삼국유사』에 기술된 내용을 중심으로 말씀드릴 테니 옛
날이야기를 읽는 기분으로 편안하게 보시면 됩니다.

이 장의 제목을 '조강지처의 교훈과 화왕(花王)의 경계'라고 달았는데,
'조강지처(糟糠之妻)'는 강수의 말에서 따왔고, '화왕의 경계'는 설총이 지
은 「화왕계(花王戒)」라는 이야기에서 따왔습니다. 조강지처는 본디 『후한
서(後漢書)』 「송홍전(宋弘傳)」에서 나온 말입니다. 중국의 고사가 『삼국사
기』나 『삼국유사』에서 새로운 방식으로 '버전업'되는 경우가 많습니다. 고
려 시대나 조선 시대에도 동일한 방식으로 고사성어를 빌려 오기도 했어

요. 그 일단을 보겠습니다.

조강지처 이야기의 주인공은 신라의 강수입니다. 설총의 「화왕계」는 다른 문헌에는 나오지 않고 오로지 『삼국사기』에만 나옵니다. 최치원은 당나라에서 유학했고 설총도 유학했다는 기록이 있지만 정확하지는 않습니다. 강수는 언제 태어났는지 알 수 없고 최치원은 언제 세상을 떠났는지 알 수 없습니다. "관(冠)과 신을 숲 속에 벗어 두고 떠나 어디에서 삶을 마쳤는지 알지 못한다"라고 전하죠. 신선이 되어 여전히 가야산에 살고 있다는 이야기가 있을 정도입니다. 그런데 최치원이 신선이 되었다고 말하는 사람은 최치원의 유학자적인 면모를 그다지 중시하지 않았다고 볼 수 있습니다. 연암 박지원의 「함양군 학사루기(咸陽郡學士樓記)」를 읽어 보면, 마치 최치원이 눈에 보일 듯이 생생하게 그려져 있습니다. 연암은 "세상에서는 고운(孤雲: 최치원의 자)이 도를 얻어 신선이 되었다고들 하는데 이는 고운을 제대로 알고 하는 말이 아니다"라고 했습니다. 최치원은 유학자이므로 신선이 되었을 리 없다는 말인데 완전히 타당한 지적이라고만 할 수는 없겠지요. 연암에게 유학자의 면모만 있지 않은 것처럼 최치원에게도 그 정도의 자유는 있다고 해야 하지 않겠습니까.

강수, 설총, 최치원 세 사람 가운데 최치원에 관한 기록이 제일 많습니다. 문집도 잘 보존되어 있고 양도 많아서 강수나 설총에 비해 이야기할 거리가 많습니다. 반면 강수와 설총의 이야기는 문집이 따로 없고 『삼국사기』와 『삼국유사』에 기록된 것이 전부입니다.

참고로 『삼국사기』는 『삼국유사』만큼 이야기가 풍부한데 상당히 정통적인 문장입니다. 그래서 고문을 익힌 사람이라면 그다지 어렵지 않게 읽을 수 있는데 『삼국유사』는 문장의 변칙이 많고 특이한 표현이 많이 나와서 좀 더 어렵습니다.

강수, 머리에 뿔이 난 유학자

강수(强首)의 '강'과 '수'는 이름이 아니라 별명으로, 머리(首)가 툭 튀어나왔다(强)고 해서 그렇게 불렸다고 합니다. 성은 임(任)씨라고 하는데 『삼국사기』 「강수 열전(强首列傳)」에서 강수 자신이 임나가량(任那加良) 사람이라고 했다는 말로 미루어 그렇게 추정합니다.

출생부터 살펴보겠습니다. 고대의 기록에는 흔히 성현의 용모가 특이하게 기록되어 있는데 강수도 보통 사람과 다르게 묘사되어 있습니다.

> 그 어머니가 꿈에 뿔 달린 사람을 보고 임신해서 강수를 낳았는데 머리 뒤쪽에 높이 솟은 뼈가 있었다. 석체(昔諦: 강수의 아버지)가 아이를 데리고 당시의 이른바 현자라고 하는 사람을 찾아가 "이 아이의 머리뼈가 이렇게 생겼는데, 어떻습니까?" 하고 묻자 그 현자가 이렇게 대답했다. "내가 들으니 복희씨는 호랑이와 같은 용모였고 여와씨는 뱀의 몸뚱이를 가졌으며 신농씨는 소머리였고 고요는 말의 입을 가졌다고 했으니, 성현과 같은 무리라서 그 모습이 또한 평범하지 않은 것이다." …… 아버지가 돌아와 그 아내에게 이르길, "이 아이는 범상한 아이가 아니니 잘 키우면 마땅히 장래에 국사가 될 것이오"라고 했다. **❶-1**

이 기록에 따르면 강수의 어머니가 꿈에 뿔 달린 사람을 보고 임신해서 뒤통수가 뿔처럼 튀어나온 아이를 낳았다고 합니다. 옛날 사람 중에 이런 사람이 있습니다. 바로 공자죠. 공자의 이름이 '구(丘)'입니다. 사마천의 『사기』 「공자세가」에 공자의 아버지 숙량흘과 어머니 안징재가 니구산(尼丘山)에서 빌어서 공자를 낳았는데, "나면서부터 정수리가 울퉁불퉁해서 이름을 구(丘)로 했다〔生而首上圩頂 故因名曰丘云〕"라는 이야기가 나옵니다. 혹자는 니구산의 구 자를 따서 이름을 지었다고 주장합니다만 아무튼 사마천의 기록을 따르면 공자도 머리 생김새가 울퉁불퉁했다고 볼 수 있습니다. 사마천은 공자를 직접 보지는 못했지만 전해지는 공자의 용모를 그대로 기술했겠죠. 그러니 강수의 용모가 공자와 비슷했다는 이야기가 됩니다.

이 기록에서 보듯이, 고대 성현들은 용모가 다 이상합니다. 복희씨가 범 모양이라는 말도 있고 복희씨와 여와씨는 형제간으로 두 사람 모두 인두사신(人頭蛇身: 사람 머리에 뱀의 몸뚱아리)이라는 이야기도 있습니다. 신화마다 조금씩 다르지만 어쨌든 이들은 보통 사람들이 아니죠. 복희씨는 처음으로 팔괘(八卦)와 서계(書契) 문자를 만든 사람이고 여와씨는 인류를 창조한 신으로 흙으로 사람을 빚어서 만들었다고 기술되어 있습니다.

후대로 갈수록 신화가 풍부해집니다. 그중 여와가 사람을 창조한 이야기가 아주 재미납니다. 처음에는 흙덩이를 하나하나 빚어서 사람을 만들었는데 시간이 많이 걸리니까 나중에는 새끼줄에 진흙을 묻혀 빙빙 돌리자 진흙 방울이 사방으로 떨어져 모두 사람이 되었다고 합니다. 매우 효율적인 인류 창조라 하겠습니다.

신농씨는 농사의 신인 동시에 태양신이기도 한데 인류에게 약초의 효능을 최초로 가르쳐 준 신으로 기술되어 있습니다. 신농씨는 약초의 효능을 알기 위해 하루에 70여 가지 독초를 맛보았다고 하는데 어느 날 단장초(斷腸草)라는 맹독성 독초를 씹었다가 죽었다고 합니다. 이렇게 모두가 인류를 위해 노력한 헌신적인 신들이었다고 하겠습니다.

다시 강수 이야기로 돌아가겠습니다. 강수는 용모가 이상했는데 이른바 현자라는 사람이 강수의 골상을 보고 성현과 같은 부류라고 했다는 겁니다. 현자가 이런 식으로 현명하게 이야기해 주자 그 이야기를 듣고 강수의 아버지가 집에 돌아와 이 아이를 잘 키우면 나라에서 으뜸가는 선비, 곧 국사(國師)가 될 것이라고 말합니다.

이처럼 강수는 유학자로서는 다소 신비로운 출생 내력을 지닌 셈인데 유학자의 출생이 이렇게 모호한 것도 아이러니입니다. 사실 공자도 출생이 모호한 구석이 있습니다. 앞의 인용문에서 보듯이 「강수 열전」은 공자의 출생이나 용모를 염두에 두고 지은 것임이 분명해 보입니다. 「강수 열전」에는 '야합(野合)'이라는 말도 나오는데 이것도 사마천의 「공자세가」에 나오는 말입니다. 아마도 김부식이 「강수 열전」을 지으면서 「공자세가」의 아이디어를 가져와 서사 구조에 포함시킨 것 같습니다.

유학과 불학 사이에서

이어서 강수가 성장한 이야기를 살펴보겠습니다. 먼저, 유학과 불학 사이에서 유학을 선택하는 이야기가 나옵니다.

성장한 뒤 스스로 글을 읽을 줄 알게 되었는데 글에 담긴 의리를 완전하게 이해하였다. 아버지가 강수의 뜻을 살펴보려고 이렇게 물었다. "너는 불교를 배울 것이냐, 유학을 배울 것이냐?" 강수는 이렇게 대답하였다. "제가 들으니 불교는 세상 밖의 가르침이라 합니다. 저는 인간 세상의 사람인데 어찌 불교를 배우겠습니까? 원컨대 유학의 도를 배우고 싶습니다." 이 아버지는 "네가 좋아하는 것을 따르라" 했다.

마침내 스승에게 나아가 『효경(孝經)』, 『곡례(曲禮)』, 『이아(爾雅)』, 『문선(文

選)』을 읽었는데, 얻어들은 것은 비록 얕고 하찮았지만 터득한 바가 갈수록 수준이 높아져 우뚝하게 당대의 영걸이 되었다. 마침내 벼슬길에 들어 여러 관직을 거쳐 당시에 널리 알려진 사람이 되었다. **❶-2**

여기서 강수는 불교를 '세상 밖의 가르침〔世外敎〕'이라고 규정하면서 자기는 세속의 사람이니 유학의 도를 배우고 싶다고 말합니다. 세외(世外)와 세간(世間)으로 불교와 유학을 구분한 셈인데 이는 불교와 유교의 지향을 가늠하는 중요한 기준이라고 할 수 있습니다. 강수는 유학의 가르침을 세속 윤리로 파악했는데 정확한 견해라고 하겠습니다. 거칠게 이야기하면, 유학의 가르침을 실천하고 싶다면 어디에 갈 필요가 없고 현재의 삶에 충실하면 됩니다. 그리고 현재의 삶은 내세의 삶, 곧 다른 무엇을 위한 수단이 아니라 그 자체가 목적입니다. 그런데 불교의 가르침을 따르려면 승려가 되는 것이 가장 좋습니다. 승려가 된다는 것은 세속의 인연을 끊는 것을 의미하죠. 세외라는 것이 우주 공간 너머를 뜻하지는 않습니다. 현재의 삶이 세간이고 현재의 삶이 끝난 다음에 있는 것이 세외입니다. 현세보다 내세의 삶을 더 중시하는 태도가 기본적으로 깔려 있는 거죠. 이런 인생관을 강조하는 종교는 많습니다. 천주교나 개신교도 세외교라고 볼만한 측면이 있습니다. 현재의 삶은 다음의 삶을 위한 과정에 지나지 않는다고 보니까요. 물론 불교를 비롯한 세외교가 단순히 그런 지향성만 가진 것은 아닙니다. 예컨대 불교에서는 혼자 깨닫는 것보다 중생을 제도(濟度)하는 것이 더 가치 있다고 이야기하는데 그런 측면에서 보면 단순히 세외교라고만 할 수는 없겠지만 그건 또 다른 이야기라고 해야겠지요.

대장간 집 딸과 사랑에 빠지다

이번에는 강수의 사랑 이야기입니다. 강수는 대장간 딸과 변치 않는 사랑을 나누었다고 합니다. 배우자 선택은 예나 지금이나 그 사람의 인격을 판단하는 가장 중요한 척도라고 할 수 있지요. 강수는 그 점에서 아주 매력적인 인물입니다.

> 강수는 일찍이 부곡(釜谷)의 대장간 집 딸과 야합(野合)했는데 사랑이 자못 두터웠다. 스무 살이 되자 부모가 읍내의 처녀들 중에 용모와 행실이 아름다운 자를 중매하여 그의 아내로 삼으려 했다. 강수는 두 번 장가들 수 없다는 이유로 사양하였다. 아버지가 노여워하며 이렇게 말했다. "너는 이 시대에 이름이 나 온 나라에 모르는 사람이 없다. 그런데 미천한 자를 아내로 삼는다면 또한 부끄러울 만하지 않은가?" 강수는 두 번 절하고 이렇게 말했다. "가난하고 미천한 것은 부끄러운 일이 아니지만 도를 배우고도 실천하지 않는 것은 참으로 부끄러운 일입니다. 일찍이 옛사람의 말을 들으니 '조강지처(糟糠之妻)는 당(堂)에서 내려가게 해서는 안 되고 가난하고 미천할 때 사귄 친구는 잊어서는 안 된다'라고 했습니다. 그러니 미천한 여자라고 해서 차마 버릴 수는 없습니다."❶-3

여기서 '부곡(釜谷)'이라는 지명이 나오는데, 이곳은 대장장이들의 집단 거주지였던 것으로 추정됩니다. 당시 대장장이는 천민이었기에 일반인들이 사는 읍내와 떨어진 곳에 모여 살았던 거죠. 그런데 강수가 그곳에 사는 대장간 집 딸과 사랑을 나누고 함께 산 겁니다. 또 대장간 집 딸과 '야합'했다고 나오는데 『사기』 「공자세가」에 보면 공자의 아버지 숙량흘이 안

씨 집안의 셋째 딸 안징재와 야합해서 공자를 낳았다고 나옵니다. 야합은 말 그대로 들에서 만났다는 의미인데, 이 말은 곧 사랑을 나누었다는 뜻이죠.

야합은 당시의 일반적인 풍습과 어울리지 않는 결합으로 대체로 신분을 넘어선 사랑을 표현한 경우라고 보면 됩니다. 물론 여러 가지 풀이가 있습니다. 일례로, 공자의 경우 어머니 안징재가 숙량흘을 만났을 때 14세가 안 되었고 숙량흘은 70세가 넘었다고 합니다. 그런데 남성은 64세가 넘으면 양기가 끊어지고 여성은 14세 이전이면 음기가 통하지 않으므로 둘이 결합해도 아이가 생기기 어려운데 공자를 낳았으니 야합이라고 했다는 설명이 있습니다만, 말이 안 되는 주장입니다. 남자가 64세가 넘으면 양기가 떨어진다는 이야기도 타당성이 없을뿐더러 여성의 경우도 반드시 14세가 되어야 음기가 통한다고 할 수는 없지요. 야합이라는 말을 문자 그대로 풀면 '들에서 사랑을 나누었다'라는 뜻이 되니 공자에 대한 불경이 되는 것 같아 이런저런 해석을 덧붙인 데에 지나지 않습니다. 오히려 공자의 탄생을 그런 식으로 기록한 것으로 보아, 그 당시 야합을 나쁜 행위로 보지 않았다는 것을 알 수 있습니다.

전통적인 맥락에서 봐도 야합은 그다지 나쁘지 않은 의미로 쓰였습니다. 예를 들어, "고구려 동명왕 주몽의 어머니 유화부인이 …… 북부여의 왕 해모수와 야합해서 주몽을 낳았다[東明柳花太后 …… 與北扶餘君解慕漱野合而孕]"라고 한 기록도 있고 "곰이 쑥과 마늘을 먹고 21일 되던 갑자일에 여자로 변해 환웅천왕과 야합해서 단군을 낳았다[熊食之 三七二十一甲子 化爲女 與天王野合而生檀君]"라는 기록도 있습니다.

아무튼 『삼국사기』의 기록을 따르면 강수는 대장간 집 딸과 만나서 서로 사랑이 자못 독실했는데 스무 살이 되자 강수의 부모가 고을의 여인 중에 용모와 행실이 반듯한 자를 중매해서 새 아내로 삼게 하려 합니다. 그런데 강수가 두 번 결혼할 수 없다고 사양합니다. 이것은 유교적 가치관에 부합하는 처신입니다. '조강지처'란 어려운 시절에 술지게미나 겨[糟糠] 따위로 남편을 뒷바라지한 아내, 곧 가난한 시절을 함께한 아내를 뜻합니다. 이런 아내는 집에서 쫓아내면 안 되고 가난한 시절의 친구는 잊어서는 안 된다는 말이 바로 '조강지처 불하당 빈천지교 불가망(糟糠之妻不下堂 貧賤之交不可忘)'입니다.

흔히 유가에서 여성의 정절을 강요했다고들 말합니다. 틀린 말은 아니지만 이 경우에서 보듯 유가에서 정절은 여성만이 아니라 남성에게도 똑같이 적용됩니다. 지키는 사람이 많지는 않았습니다만……. 물론 '한 남편만을 섬긴다'는 '일부종사(一夫從事)' 같은 조목은 남성 중심의 가부장제 사회에서 여성을 구속하기 위해 만든 이데올로기입니다.

맹자가 오륜의 하나로서 강조한 '부자유친(父子有親)'의 '친'이나 '친친인민(親親仁民)'의 '친친'은 본래 가부장제 이전의 모계 사회에서 유래한 관념으로 추정합니다. 『예기(禮記)』에도 은나라 시대에는 친친이 강조되었고 주나라에 이르러 '존존(尊尊)'이 중시되었다고 나옵니다. 본래 친친은 부자간이 아니라 어머니와 자식 간의 사랑을 가리킵니다. 친은 '몸에 직접 닿는다'는 뜻이죠. 예컨대 임신한 여성이 자신의 몸에 깃든 태아를 사랑하는 것이 친친입니다. 가장 강력한 사랑이죠. 이에 비해 아버지에 대한 자식의 사랑을 존존이라 합니다. 존귀한 사람을 존귀하게 여기는 것, 이것이 부자간의 사랑입니다만 사실 친친과는 사랑의 종류가 다르다고 하겠습니다. 주나라 후기에 이르러 존존 관념이 친친 개념으로 대치됩니다. 그 결과가 맹자의 '부자유친'이라고 할 수 있어요. 요컨대 원래는 '모자유친'이었는데 가부장제가 확립되면서 '친' 관념이 부자간에 성립된 것이죠.

사실 부자간에는 친친이 성립되기 힘듭니다. 친친이 성립되려면 어떤 아이가 자신의 자식이라는 점이 확인되어야 하는데 부자간에는 확인하기 어렵기 때문입니다. 이상한 이야기 같지만 지금도 마찬가지죠. 여자의 경우는 자신이 직접 아이를 낳으니까 자기 자식이라는 걸 확신할 수 있습니다. 그런데 남자의 경우는 설혹 배우자가 낳았다 하더라도 꼭 자기 자식인지 확신하기가 쉽지 않습니다.

그런데 가부장제가 확립되면서 여성을 보호한다는 명목으로 일정한 장소에 공간적으로 감금하고 '일부종사' 관념을 주입시켜 정신적으로 억압하면서 부자 관계를 확인하기가 쉬워졌죠. 그때부터 친친 관념이 부자간에도 적용될 수 있었다고 하겠습니다.

인류가 일부일처제를 제도화한 건 전체 인류 역사에서 아주 짧은 기간입니다. 인류 역사가 200만 년 되었다고 하는데 사냥의 역사는 50만 년, 농경의 역사는 1만 년밖에 안 된다고 추정합니다. 수렵·채집 시절의 가족 관계는 농경 시대와는 완전히 다를 수밖에 없는데 남녀 모두가 정착해서 가정을 꾸린 것은 그리 오래되지 않았어요. 정착은 여성 중심으로 이루어질 수밖에 없었고 가정의 형성 역시 여성이 중심이 될 수밖에 없었습니다. 수렵·채집을 주요 생존 수단으로 삼은 시대에 남자는 정착할 필요 없이 자기 먹을 것을 구하러 다니면 그만입니다. 그런데 여성은 아이를 낳아 키워야 하니까 일정한 곳에 정착할 수밖에 없습니다. 그런 상황에서는 가계의 기준이 어머니를 중심으로 세워질 수밖에 없겠죠.

중국 윈난 성의 모쒀족(摩梭族)은 지금도 모계 사회 전통을 지키며 살고 있습니다. 그들의 집에는 문이 네 개 있어요. 평시에는 집 안에 여자와 어린아이밖에 없습니다. 어린아이는 양육을 받아야 하니까 집 안에서 삽니다. 아이가 크면 남자는 쫓아내고 밤에만 들어올 수 있게 하죠. 모계 사회를 도식화한다면 아마도 이런 모습이지 않을까 싶습니다. 어찌 보면 굉장히 좋은 사회죠. 남자로서는 '이 아이가 내 아이'라는 걸 확인할 수 없으니 그 아이에게만 잘해 줄 수 없을 뿐 아니라 '부자유친'이 성립될 수 없습니다. 앞서 말씀드린 것처럼 가부장제가 성립되면서 여성의 모든 생활을 통제하게 되었는데, 일정한 거주 공간에 내실로 들어가는 문이 딱 하나면 남자는 아이가 자기 자식인지 확인할 수 있겠죠. 그때부터 부자유친이 가능해집니다.

일부종사 관념은 일종의 정신적 감금 장치인데 재미있는 것은 이 관념이 남성에게도 적용되는 경우가 있다는 점입니다. 강수의 경우가 그런 사례라고 할 수 있죠. 또 『춘향전』을 보면 춘향이가 이몽룡한테 일부종사 관념을 들이대는 장면이 있습니다. 내가 너에게 일부종사하니까 너도 나를 잊으면 안 된다, 라고 하면서요. 이 도령도 강수 아버지와 같은 생각을 할수 있었겠지만 춘향의 논리가 아주 정연해서 그 말을 따르지 않을 수가 없습니다. 만약 일부종사 관념이 완전히 일방적이었다면 아마도 모순이 심각해져서 견디지 못했을 겁니다.

생업을 돌보지 않고

이어서 강수가 평소 생업을 돌보지 않고 가난을 즐겼다는 내용이 나옵니다. 이는 안빈낙도(安貧樂道)에 부합하는 생활 태도라고 볼 수 있는데 이런 점도 유교적 가치와 부합합니다.

강수는 일찍이 생계를 도모한 적이 없었고 집안이 가난해도 기뻐하였다[家

貧怡如]. 왕이 담당자에게 해마다 신성(新城)의 곡식 일백 석을 하사하도록 하였다. 문무왕이 말하길, "강수는 문장 짓는 것을 스스로의 책임으로 여겼는데, 그가 편지로 중국과 고구려·백제 두 나라에 뜻을 온전히 전한 덕분에 우호를 맺고 공을 이룰 수 있었다. 우리 선왕께서 당나라에 군사를 청하여 고구려와 백제를 평정했던 것은 비록 무력으로 이룬 공이라고 하나 문장의 도움으로 말미암은 것이기도 하니 강수의 공을 어찌 소홀히 할 수 있겠는가?" 하고 사찬(沙湌)의 관직을 제수하고 녹봉을 올려 해마다 곡식 이백 석을 주었다. 신문대왕 때에 이르러 죽었다. **❶-4**

『논어』에 보면 "군자모도불모식(君子謀道不謀食)", 곧 "군자는 도를 추구하지 먹을 것을 추구하지 않는다"라는 구절이 나옵니다. 이 인용문에 나오는 '가빈이여(家貧怡如)'는 집안이 가난했는데도 기뻐했다는 뜻인데, 역시 『논어』에 나오는 '빈이락(貧而樂)'과 통합니다. 이 부분은 공자의 제자 안연과 비교한 대목으로 강수가 유학의 가치를 잘 지켰음을 알려 줍니다.

그런데 '가빈이여'나 '빈이락'을 거칠게 이해해서 군자는 경제에 관심이 없다고 해석하는데 꼭 그렇지는 않습니다. 맹자가 왕도정치를 이야기하면서 다섯 무(畝)의 택지에 뽕나무를 심고 산림을 잘 가꾸고 닭이나 돼지, 개 따위를 잘 키워야 한다는 이야기를 왜 했겠습니까. 군자는 백성들의 생업을 위해 '모식(謀食)' 합니다. 다만, 자기 개인의 먹을 것을 사적으로 추구하지 않는다는 뜻으로 이해해야 합니다.

사실 생계 문제를 근심하지 않는 삶의 태도는 가족의 시각에서 보면 한심하다고 여길 수 있지만 감명을 주는 면도 있습니다. 다행히 강수는 나라에서 녹봉을 넉넉히 주어 생활이 어렵지는 않았던 것으로 보입니다.

이처럼 강수는 출생이 공자와 비슷했고 사랑을 할 때나 재물에 욕심을 두지 않았던 점에서도 유교적 가치에 부합한 삶을 살았다고 할 수 있습니다. 비록 유학에 관한 강수의 독창적 견해는 전하지 않지만 이러한 실천을 두고 평가한다면 유학자로서 살았다고 볼 수 있겠지요.

「강수 열전」은 신문대왕대에 그가 세상을 떠나면서 마무리되는 듯하지만, 뒷이야기가 전합니다. 바로 강수의 아내 이야기입니다.

> 강수의 아내가 먹을 것이 부족하여 고향으로 돌아가려 하였다. 대신이 그 소식을 듣고 왕에게 청하여 곡식 백 석을 하사하게 했더니 강수의 아내는 사양하면서 이렇게 말했다. "저는 천한 사람인데 입고 먹는 것은 남편을 따라 나라의 은혜를 많이 받았습니다. 이제 혼자가 되었으니 어찌 감히 다시 후한 하사를 욕되게 하겠습니까?" 그러고는 마침내 받지 않고 돌아갔다.
>
> ─『삼국사기(三國史記)』, 「열전(列傳)」, '강수(强首)'[1-5]

어떻습니까? 강수가 매력을 느낄 만한 여자였지요? 이 대목에서 대장장이의 딸이었던 그녀가 강수의 신분이나 부유함이 아니라 그 내면을 사랑했음을 알 수 있습니다. 강수도 마찬가지였을 테고요. 이런 일이 종종 일어납니다. 프랑스 드골 대통령의 부인 이본은 남편이 죽은 뒤 남편의 유언을 따라 국가에서 나오는 대통령 연금을 거절하고 드골이 육군 대령이었을 때의 연금만으로 평생을 살았다고 하죠. 강수의 부인과 비슷한 처신이었다 하겠습니다.

설총, 화왕의 경계로 왕을 일깨우다

앞서 원효를 이야기하면서 말씀드렸듯이 설총은 원효의 아들입니다. 김부식은 『삼국사기』에서 "지금까지 학자들이 설총을 종주로 받든다"라고 썼습니다. 말하자면 승려의 후손이 유학의 종주(宗主)가 된 셈입니다. 설총과 관련된 기록은 『삼국사기』와 『삼국유사』에 모두 보이는데 이야기 자체가 참 재미있습니다. 『삼국사기』를 보겠습니다.

> 자는 총지(聰智)다. 할아버지는 담날나마(談捺奈麻)이고 아버지는 원효다. 원효는 처음에 불문에 들어가 불경을 다 익히고 이윽고 근본으로 돌아와 스스로 소성거사(小性居士)라 불렀다. 설총은 성품이 명민하여 나면서부터 도술을 알았다. 방언(方言)으로 구경(九經)을 읽어서 후학들을 가르쳤기 때문에 지금까지 학자들이 종주로 받든다. 또 글을 잘 지었지만 세상에 전하는 것은 없다. ❷-1

앞부분에 원효에 대한 기록이 짤막하게 나오는데 원효가 불경을 다 익히고 이윽고 '근본으로 돌아왔다[返本]'고 하는 건 어디까지나 김부식의 생각입니다. 한때 불교에 심취했다가 파계하고 세속으로 돌아온 것을 유학자의 시각에서 근본으로 돌아왔다고 본 겁니다. 원효가 들으면 웃겠지만 김부식이 유학자니 이렇게 볼 수 있는 거죠.

그런데 여기서 설총이 방언으로 구경을 읽었다고 했는데 구경은 유학의 아홉 가지 경전을 말합니다. 본래 한대에는 『시』·『서』·『역』·『예기』·『춘추』를 오경이라 하여 중시하다가, 당나라 시대에 『시』·『서』·『역』·『예기』에 『주례』와 『의례』를 추가하고, 『춘추』 해설서인 『좌씨전』·『공양전』·『곡

량전』을 추가하여 구경이라 불렀습니다. 통일 시기의 신라와 당나라는 문물 교류가 활발했으니 구경이 신라의 학자들에게 읽힌 것은 이상한 일이 아닙니다. 그런데 설총은 방언(方言), 곧 신라의 말로 구경을 읽고 그것을 전수한 셈입니다. 이는 아마도 최초의 유학 경전 번역으로 볼 수 있어 그 의미가 자못 크다고 하겠습니다. 다만, 기록이 너무 단편적이라 그 양상을 짐작할 수 없는 점이 아쉽죠. 그리고 글도 잘 지었다고 하는데 현재 전하는 것은 오로지 「화왕계(花王戒)」한 편밖에 없습니다. 『삼국유사』에도 이와 비슷한 기록이 있습니다.

> 설총은 나면서부터 명민하여 경서와 역사서에 두루 통달하였으니 신라 십현 가운데 한 사람이다. 방음(方音)으로 중국과 사방의 풍속과 물명(物名)에 통달하고 육경과 문학을 풀이하였으니, 지금까지 해동(海東)에서 경학을 공부하는 이들이 전수하여 끊이지 않게 되었다.
>
> ─『삼국유사(三國遺事)』, 「의해(義解)」, '원효불기(元曉不羈)'❸

『삼국사기』의 내용과 대체로 비슷한데 여기서는 구경이 아닌 육경으로 되어 있고 대신 문학(文學)이 추가되어 있습니다. 구경이든 육경이든 유가 문헌 전체를 가리키는 말이니 별 차이가 없는데 일연은 설총이 유학뿐 아니라 문학에도 밝았다고 전한 셈입니다. 사실 설총의 작품 「화왕계」는 문학적 비유와 유교적 가치가 조화를 이루고 있어 육경과 문학에 뛰어났다는 일연의 평가가 적절해 보입니다.

「화왕계」는 『삼국사기』에 실려 있습니다. 화왕(花王: 모란)이 아첨하는 미인(美人: 장미)과 충간(忠諫)하기 위해 찾아온 백두옹(白頭翁: 할미꽃) 두 사람을 두고 누구를 택할까 망설이는 모습을 보고 백두옹이 화왕에게 간언한다는 내용입니다. 이 이야기를 들어 설총이 신문왕을 깨우쳤다고들 말하죠. 그러면 「화왕계」를 읽어 보겠습니다.

꽃 중의 꽃 모란

신문대왕이 한여름 날 높고 밝은 방에 앉아 설총을 돌아보며 말했다. "오늘 은 며칠 동안 계속 내리던 비가 처음으로 그치고 훈훈한 바람도 조금 서늘 해졌소. 비록 맛있는 음식과 애절한 음악이 있다 하나 고상한 이야기와 재 미있는 농으로 울적함을 푸는 것만 못할 것이오. 우리 선생은 틀림없이 특 이한 이야기를 알고 있을 것이니 나를 위해 이야기해 주지 않겠소?"
설총이 대답했다. "예. 신이 듣건대 옛날 화왕이 처음 왔을 때 향기로운 정 원에 심고 비췻빛 장막을 둘러 보호하였는데 봄을 맞이하여 아름다움을 드 러내니 온갖 꽃을 능가하여 홀로 빼어났습니다. 이에 가까운 곳에서 먼 데 이르기까지 곱고 여린 꽃들이 달려와 찾아뵙지 않음이 없었으며 오직 때에 미치지 못할까 염려하였습니다."❷-2

신유학(新儒學)의 서막을 연 북송의 성리학자 주돈이(周敦頤)가 지은 수 필 가운데 연꽃을 사랑하는 까닭을 쓴 「애련설(愛蓮說)」이라는 글이 있습 니다. 이 글에 보면 도연명(陶淵明)은 국화를 좋아하고 세상 사람들은 모 란을 좋아하는데 주돈이 자신은 연꽃을 좋아한다고 합니다. 국화는 도연 명 같은 은일(隱逸)을 비유한 것이고 모란은 세상 사람들이 추구하는 부귀 라는 가치를, 연꽃은 선비의 정신을 상징합니다. 여기 나오는 모란도 부귀 를 상징합니다. 「화왕계」에서 화왕은 모란을 가리키는데 부와 귀를 다 차지한 사람이 왕이기 때문입니다.

정원(園)은 하나의 나라입니다. 말씀드린 것처럼, 이 나라의 왕은 모란입니다. 이 정원에는 할미꽃과 장미꽃도 있는데 이들은 각각 현인(賢人)과 여색(女色)을 비유합니다.

현자와 아름다운 여인이 경쟁하는 관계는 고대부터 흔히 보입니다. 『논어』에도 "아, 나는 덕을 여색처럼 좋아하는 사람을 아직 보지 못했다(吾未見好德如好色者也)"라는 구절이 있습니다. 공자 시대, 아니 그 이전부터도 덕을 지닌 사람, 곧 현자의 경쟁자는 아름다운 여인인 '색(色)'이었던 겁니다. 「화왕계」에서 덕(德)은 할미꽃, 색(色)은 장미로 비유합니다. 『논어』에 나오는 것처럼 "어진 사람이 어진 줄 알아보고 여색을 좋아하는 마음과 바꾸(賢賢易色)"면 훌륭한 겁니다. 설총은 「화왕계」를 통해 유학자라면 현인과 여색 가운데 현인을 선택해야 한다고 이야기한 것입니다.

장미의 아름다움, 할미꽃의 강직함

"홀연히 한 아름다운 여인이 붉게 빛나는 얼굴과 옥 같은 치아에 곱게 화장하고 아름다운 옷을 입고 가녀린 모습으로 와서 다소곳이 앞으로 나와 말했습니다.

'첩은 눈처럼 흰 모래톱을 밟고 거울처럼 맑은 바다를 바라보면서 봄비로 목욕하여 때를 씻어 내고 맑은 바람을 상쾌히 여기며 유유자적하니 이름은 장미라 합니다. 왕의 훌륭한 덕을 듣고 향기로운 휘장 안에서 잠자리를 모시고자 하니 왕께서는 저를 받아 주시겠는지요?'

이번에는 한 장부가 베옷에 가죽띠를 두르고 흰머리에 지팡이를 짚고 늙고 병든 것처럼 구부정한 모습으로 걸어와 말했습니다. '저는 서울 성 밖 큰길 가에 살면서 아래로 푸르고 아득한 들판의 경치를 내려다보고 위로 높고 우뚝한 산의 경치에 기대어 사는데 이름은 백두옹이라 합니다. 가만히 생각해 보니 좌우의 신하들이 바치는 물품이 비록 풍족하여 맛난 곡식으로 배를 채우고 차와 술로 정신을 맑게 하더라도 비단으로 싸매 둔 상자에 모름지기 기운을 북돋을 좋은 약과 독을 물리칠 아픈 침을 간직하고 있어야 합니다. 그래서 비록 명주나 마와 같은 좋은 옷감이 있다 하더라도 골풀과 새끼줄을 버릴 수 없으니 군자라면 궁핍할 때 이것들을 대신 쓰지 않을 수가 없다고 하는 겁니다. 잘 모르겠습니다만, 왕께서는 이런 뜻이 있으신지요?'

어떤 사람이 '두 사람이 왔는데 누구를 취하고 누구를 버리겠습니까?' 하고 물었습니다. 화왕은 '장부의 말 또한 도리에 맞지만 아름다운 여인은 얻기 어려우니(佳人難得) 어떻게 해야 할까?'라고 말했습니다. 장부가 나아가 말했습니다. '저는 왕께서 총명하셔서 도리를 아시리라 여겼기에 여기에 왔는데 지금 보니 아닙니다. 무릇 임금 된 이가 간사하고 아첨하는 자를 가까이 하고 정직한 이를 멀리하지 않는 경우가 드뭅니다. 이런 까닭에 맹자가 자신을 알아주는 임금을 만나지 못하고 삶을 마쳤고 풍당(馮唐: 중국 전한 시대의 은자)은 낭관(郞官)으로 숨어 있다가 백발이 되고 말았습니다. 옛날부터 이와 같았으니 전들 어찌하겠습니까?' 화왕이 '내가 잘못했다! 내가 잘못했다!' 했답니다."❷-3

여기까지가 「화왕계」입니다.

장미는 여색을 상징하고 백두옹, 곧 할미꽃은 현자를 상징합니다. 덕과 색을 상징하는 두 인물을 배치해 두 가치가 상충된다는 점을 드러내고 있습니다. 둘 다 선택할 수 있다면 좋을 텐데 그럴 수는 없다는 거죠.

화왕의 말 중에 '가인난득(佳人難得)'이라는 말이 나옵니다. 이 말은 본래『한서(漢書)』「외척전(外戚傳)」에 나오는데, 가인은 한 무제가 사랑했던 이 부인을 가리킵니다. 이 부인의 오라버니였던 이연년(李延年)이 한 무제 앞에서 이런 노래를 부릅니다.

> 북방에 아름다운 여인이 있으니
> 세상에 다시없는 사람이라네.
> 한 번 돌아보면 성이 무너지고
> 두 번 돌아보면 나라가 기우네.
> 어찌 성과 나라가 기우는 줄 모르리오마는
> 아름다운 여인은 다시 얻기 어렵기 때문이라네.
> 北方有佳人 絶世而獨立 一顧傾人城 再顧傾人國
> 寧不知傾城與傾國 佳人難再得

이 노래의 마지막 구에 '가인난재득(佳人難再得)'이라는 말이 나오지요. 이 노래를 듣고 무제가 정말 그런 여인이 있느냐고 묻자, 곁에 있던 평양 공주가 이연년의 누이 중에 절세미인이 있다고 귀띔합니다. 그렇게 해서 이 부인이 무제의 총애를 받게 되는데, 일찍 죽고 말죠.『고문진보』에 실려 있는 한 무제의 「추풍사(秋風辭)」는 이 부인을 그리는 시이기도 합니다.

다시 설총 이야기로 돌아가 보죠. 설총이 이 이야기를 신문왕에게 들려 준 것은, 왕이 덕 있는 사람을 등용해 나라를 다스려야 하는데 그렇게 하고 있지 못함을 은근히 경계하기 위해서입니다

이에 왕이 낯빛을 바꾸며 이렇게 말했다. "그대의 이야기에는 참으로 깊은

뜻이 있다. 청컨대 글로 써서 임금의 교훈으로 삼도록 하라." 마침내 설총을
발탁하여 높은 벼슬을 주었다.

—『삼국사기(三國史記)』,「열전(列傳)」, '설총(薛聰)'❷-4

결말을 보면 신문왕이 설총의 완곡한 표현을 제대로 이해했다는 것을
알 수 있습니다. 직간하는 신하도 있고 이처럼 은근히 돌려서 완곡하게 표
현하는 신하도 있어야겠죠.『논어』「자한」편에 보면 공자가 "강직하게 하
는 말을 따르지 않을 수 있겠는가마는 고치는 것이 중요하고 부드럽게 하
는 말을 듣고 기뻐하지 않을 수 있겠는가마는 속뜻을 아는 것이 중요하다.
기뻐하기만 하고 속뜻을 알지 못하며 따르겠다고 하고 실제로 고치지 않
으면 나도 어찌할 수 없다〔子曰 法語之言 能無從乎 改之爲貴 巽與之言 能無說
乎 繹之爲貴 說而不繹 從而不改 吾末如之何也已矣〕"라고 했는데 설총은 부드
럽게 말한 경우에 해당합니다. 그리고 신문왕은 적어도 '기뻐하기만 하고
속뜻을 모르는〔說而不繹〕' 우매한 군주는 면했다고 하겠습니다.

최치원, 당나라에서 문명을 떨치다

최치원은 일찌감치 당나라에서 유학한 유학자입니다. 그의 이름 '치원(致
遠)'도『논어』에 나오는 말입니다.「자장」편에 "비록 하찮은 도라도 반드
시 볼만한 것이 있지만 원대한 포부를 이루는 데 저해될까 염려하여 군자
는 하지 않는다〔雖小道 必有可觀者焉 致遠恐泥 是以 君子不爲也〕"라는 말이
나오는데 여기서 '원대한 포부를 이루다〔致遠〕'라는 구절을 따서 이름을 지
은 것이죠. 자는 '고운(孤雲)', 곧 '외로운 구름'이라는 뜻으로 만년에 신라

로 돌아온 뒤에 지은 듯합니다.

치원은 어려서부터 영민하고 배우기를 좋아하였다. 열두 살이 되었을 때 배를 타고 당나라에 가서 배우고자 했다. 그 아버지가 이르길, "십 년 안에 과거에 급제하지 못하면 내 아들이 아니다. 가서 힘쓰도록 하라" 하였다. 치원이 당나라에 이르러 스승을 따라 배우고 물음에 게을리함이 없었다. 건부 원년 갑오(874)에 예부시랑 배찬 아래에서 한 번에 과거에 합격하였다. 선주 율수현위에 제수되었고, 성적을 높이 평가받아 승무랑시어사내공봉이 되었으며, 자금어대를 하사받았다. ❹-1

아버지가 최치원을 당나라에 유학 보내면서 "십 년 안에 과거에 붙지 못하면〔十年不第〕 내 아들이 아니다"라고 말합니다. 여기서 '제(第)'는 '급제(及第)'의 '제'입니다. '차례 제' 자죠. 지금은 과거의 '장원'을 '壯元'으로 쓰는데 원래는 '문서 장(狀)' 자를 써서 으뜸으로 평가된 문서〔狀元〕를 뜻했습니다. 장원을 '압권(壓卷)'이라고도 합니다. '압권'의 '권'은 두루마리 답안지를 말하는데 일등 답안지가 맨 위에 놓이니까 다른 답안지들을 누르는〔壓〕 것이죠.

다행히 최치원은 아버지의 기대를 저버리지 않고 당나라에서 과거에 급제한 뒤 자금어대(紫金魚袋)를 하사받기에 이릅니다. 자금어대란 황제가 내려주는 어부(魚符)로 일종의 신표인데 자주색 비단에 금색 실로 물고기 모양의 수를 놓았다 해서 이렇게 부릅니다.

문장으로 황소를 토벌하다

최치원의 활약상을 보여 주는 가장 극적인 사건은 황소(黃巢)가 반란을 일으켰을 때 고변(高騈)의 종사관으로서 글을 써 보낸 일입니다.

> 그때 황소가 반란을 일으키자 고변이 제도행영병마도통이 되어 황소를 토벌했는데 최치원을 종사관으로 제수하여 서기(書記)를 맡겨 임무를 수행하게 하였다. 그가 지은 표·장·서·계가 지금까지 전한다.
> 28세가 되자 신라로 돌아갈 뜻을 가졌다. 희종이 그 뜻을 알고 광계 원년에 조서를 가지고 신라에 내빙(來聘)하게 하였다. 신라에 머물며 시독 겸 한림학사·수병부시랑·지서서감이 되었다.
> 치원이 스스로 서쪽에 유학하여 얻은 바가 많았다고 생각하여 돌아와서 자기의 뜻을 실행하려고 했으나, 말세여서 의심하고 시기하는 인사들이 많아 용납되지 않았다. 태산군의 태수가 되었다. ❹-2

고변을 따라 반란군 토벌에 나선 최치원은 글로써 황소를 토벌하는 일, 곧 격문(檄文)을 쓰게 됩니다. 이른바 「격황소서」[「토황소격문(討黃巢檄文)」] 인데 사륙변려문(四六騈儷文)으로 작성된 이 글은 최치원의 문집인 『계원필경(桂苑筆耕)』 11권에 수록되어 지금까지 전합니다. 당대의 명문들과 견주어 손색이 없는 글로, 반란의 수괴였던 황소가 이 글을 읽고 놀란 나머지 침상에서 떨어졌다는 일화가 전합니다. 믿기 어려운 이야기이지만 아마 "온 천하 사람들이 드러내 놓고 너를 죽이려 할 뿐만 아니라 땅속의 귀신들까지 이미 몰래 죽일 것을 의논했을 것이다[不惟天下之人皆思顯戮 抑亦地中之鬼已議陰誅]"라고 한 대목을 두고 전해진 이야기로 추정됩니다.

일찍이 함석헌이 이 대목을 인용하면서 5·16쿠데타 세력을 비판한 일이 있습니다. 1963년 8월호 『사상계』에 발표한 글 「꿈틀거리는 백성이라야 산다」에서 함석헌은 "최치원이 신라 때만 있고 지금은 없는 줄 아느냐. 지금도 세상을 망가뜨리는 놈은 '不惟天下之人 皆思顯戮 抑亦地中之鬼 已議陰誅'라 한다"라고 하며 5·16쿠데타를 반란이라고 대놓고 비판했습니다. 그런데도 쿠데타 세력이 버젓이 집권했으니 이 문장을 읽지 않았음이 틀림없다고 해야 할까요. 더 어이없는 건 최근에 어떤 사람이 함석헌이 군사 쿠데타를 정당화했다고 주장하는 글을 썼더라고요. 함석헌처럼 자신의 입장을 명확하게 밝히는 글을 써도 거꾸로 읽는 사람이 있다는 게 신기합니다.

최치원의 문장이 뛰어났다는 것은 「토황소격문」에서도 알 수 있지만, 당나라에 17년 동안 머무르며 나은(羅隱)이나 고운(顧雲)을 비롯한 당대의 문인들과 교유하며 높은 평가를 받기도 했습니다. 그 근거로 『당서(唐書)』 「예문지(藝文志)」에도 최치원이 지은 『사륙집(四六集)』과 『계원필경』 등의 책 이름이 기록되어 있습니다.

난세를 만나 소요자방(逍遙自放)하다

앞의 인용문에서 보다시피 최치원은 28세에 신라로 돌아오는데 신라에서는 쓰이지 못합니다. 최치원의 『고운집(孤雲集)』에서는 이때의 일을 "무협 중봉(巫峽重峯)의 나이에 베옷을 입고 중국에 들어갔다가 은하연수(銀河列宿)의 나이에 비단옷을 입고 동국으로 돌아왔다[巫峽重峯之歲 絲入中原 銀河列宿之年 錦還東國]"라고 화려하게 기록했지만 실상은 그렇지 못했습니다. 여기서 '무협중봉'은 중국 무산(巫山)에 있는 열두 봉우리를 가리키고 '은하열수'는 스물여덟 가지 별자리를 말합니다. 최치원이 12세에 중국에 갔다가 28세에 신라로 돌아왔다는 사실을 비유적으로 표현한 것입니다. 이처럼 자신의 뜻에 따라 신라로 돌아온 것처럼 기술되어 있지만 실제로 당시 당나라는 이미 기울고 있었고 최치원이 믿고 의지했던 막주(幕主) 고변도 몰락함에 따라 의지할 곳이 없어진 이유도 있습니다.

하지만 당시 신라 또한 이미 국운이 다했는지 각지에서 반란이 일어났고 조정에서는 통제가 불가능한 상황이었습니다. 최치원 같은 문인이 자신의 능력을 발휘할 만한 정치적 상황이 아니었던 거죠. 학자를 존중했던 헌강왕이 살아 있을 적에는 그래도 시독(侍讀) 겸 한림학사(翰林學士)가 되는 등 예우를 받았지만 헌강왕이 죽고 난 뒤에는 한직인 태산군(大山郡: 지금의 전라북도 태인)의 태수가 되었다가 천령군(天嶺郡: 지금의 경상남도 함양)과 부성군(富城郡: 지금의 충청남도 서산)의 태수를 지내는 등 주로 외직을 전전합니다.

전통 사회에서 유학자의 처세는 간단합니다. 치세를 만나면 벼슬길에 나아가 백성을 다스리고 난세를 만나면 일민(逸民)이 되어 은거하는 겁니다. 물론 조선 시대의 성리학자들에게는 제3의 길이 있었습니다. 산림처사가 되어 제자를 양성하며 후일을 기약할 수 있었으니까요. 하지만 최치원이 만났던 시대에는 아직 그런 조건이 마련되어 있지 않았습니다. 치세를 만나지 못해 은거의 길을 택했던 최치원에게서 도가적 면모가 보이는 까닭입니다.

최치원은 서쪽에서 당나라를 섬기다가 동쪽 고국으로 돌아온 뒤부터 계속 난세를 만나 머뭇거려 나아가기 어렵고 오도 가도 못 할 처지가 되어[屯邅塞

連], 움직이면 문득 허물을 얻게 되었다. 스스로 불우함을 상심하여 다시 벼
슬에 나아갈 뜻을 두지 않고 소요하면서 스스로 자유롭게 지냈다[逍遙自放].
…… 이를테면 경주의 남산, 강주의 빙산, 협주의 청량사, 지리산의 쌍계사,
합포현의 별장 같은 곳은 모두 그가 노닐던 곳이다.

최후에 가족을 데리고 가야산 해인사에 은거하면서 친형인 승려 현준 및 정
현사(定玄師)와 도우(道友)를 맺었다.

—『삼국사기(三國史記)』, 「열전(列傳)」, ‘최치원(崔致遠)’ **❹-3**

좌절한 지식인의 모습이 잘 기술된 대목입니다. 원문에 ‘둔전건련(屯邅
蹇連)’이라는 말이 나오는데 ‘둔전’은 본래『주역』둔괘(屯卦) 육이(六二) 효
사(爻辭)의 ‘둔여전여(屯如邅如)’를 줄인 말입니다. ‘둔여’는 어렵게 여긴다
는 뜻이고 ‘전여’는 머뭇거린다는 뜻으로 앞으로 나아가기 어려운 상황을
가리킵니다. ‘건련’도 건괘(蹇卦) 육사(六四) 효사의 ‘왕건래련(往蹇來連)’을
줄인 말로 나아가는 것도 어렵고 돌아오는 것도 어렵다는 뜻입니다.

이 당시 김부식이 본『주역』은『정씨역전(程氏易傳)』이나 주희의『주역
본의(周易本義)』가 아니라 왕필(王弼)의 주(注)와 공영달(孔穎達)의 소(疏)
로 짐작됩니다. 우리나라에서 가장 많이 읽힌 정이(程頤)의『정씨역전』과
주희의『주역본의』에서는 모두 ‘련(連)’ 자를 ‘연합하다’로 풀이하는데 이
풀이를 따르면 최치원이 오도 가도 못 하게 된 처지임을 비유한 이 대목
과 맞지 않습니다. 반면 왕필은 ‘왕건래련(往蹇來連)’을 ‘가는 것도 오는 것
도 모두 어렵다[往來皆難]’라고 풀이했고 공영달은 ‘련(連)’도 ‘난(難)’과 같
은 뜻이라고 했습니다. 연대를 따져보면『정씨역전』이 세상에 나온 것은
11세기 후반이고 주희의『주역본의』가 나온 것은 12세기 후반이니, 1145
년 무렵에『삼국사기』를 완성한 고려의 김부식이 읽을 수 있었던『주역』은

당나라 태종 때 왕필의 주에 공영달이 소를 붙여 완성한 『주역주소(周易注疏)』일 수밖에 없습니다.

'소요자방(逍遙自放)'에서 '소요(逍遙)'는 『장자』에 나오는 말입니다. 일반적으로 산책을 의미하는데 본래는 시간 개념이었습니다. 고대 중국에서는 하루를 24시간으로 나누지 않고 30수유(須臾)로 나누었습니다. 소요는 이 수유와 같은 것입니다. 그러니까 소요를 산책으로 풀이한다면 48분 정도 거니는 것을 뜻합니다. 물론 시간을 꼭 맞추려는 욕심을 부리면 소요가될 수 없겠지요. 단지 어떤 목적이 있어서 산책하는 것이 아니라는 뜻으로이해하면 됩니다. '자방(自放)'은 스스로 놓아 버리는 것을 말합니다. 소요와 마찬가지로 어떤 목적이 없으니 스스로 자유로워질 수 있는 것인데 본래 소요와 자방을 추구한 장자 같은 철학자에게는 이런 상황이 축복일지몰라도 세상을 다스리는 데 뜻을 두었던 유학자 최치원의 처지에서 보면좌절이 아닐 수 없습니다. 최치원의 마지막 종적은 알려지지 않았습니다. 그래서 몰년을 정확하게 비정할 수가 없습니다.

세상을 떠나 은거하며

최치원의 마지막 모습을 상상할 수 있는 그의 시 두 편을 살펴보겠습니다. 한 수는 가야산 독서당에 부치는 시이고 다른 한 수는 「입산시(入山詩)」입니다. 먼저 「제가야산독서당(題伽倻山讀書堂)」부터 보겠습니다.

「제가야산독서당(題伽倻山讀書堂)」
미친 듯 흐르는 물 첩첩산중을 울리니

지척에서도 사람의 말을 분간할 수 없네.

시비하는 소리가 귀에 닿을까 늘 두려워

짐짓 흐르는 물로 온 산을 두르게 했네.

狂奔疊石吼重巒 人語難分咫尺間 常恐是非聲到耳 故敎流水盡籠山

가야산 홍류동 계곡의 바위에 새겨져 있는 최치원의 시입니다. 원래 이 시를 바위에 새겼는데 글씨가 희미해지자 우암(尤庵) 송시열(宋時烈)이 해인사로 올라가는 암벽에 다시 새겼다고 합니다. 제목 그대로 가야산 독서당에 부쳐 쓴 시입니다. 세 번째 행 '常恐是非聲到耳(상공시비성도이)'가 최치원의 마음을 드러내는 핵심 구절입니다. 나를 비난하는 말이 올까 두렵다는 뜻인데 왜 이렇게 썼을까 생각하게 됩니다. 앞서 살펴보았던 『삼국사기』의 "움직이면 문득 허물을 얻게 되었다[動輒得咎]"라는 기록과 일치하는 내용으로 당시 신라의 지식인들이 얼마나 최치원을 시기했는지 엿볼 수 있는 대목입니다. 신라가 망한 데는 다 이유가 있었던 거죠.

시가 섬세한 느낌은 아니고 굉장히 거칠고 둔탁한데, 비록 세상을 피해 살았다고 하지만 웅혼한 기상이 느껴집니다. 「입산시」를 보겠습니다.

「입산시(入山詩)」

스님이시여, 산이 좋다고 말하지 마소.

산이 좋다면, 무엇 때문에 산에서 나오십니까?

시험 삼아 훗날 나의 종적을 살펴보시오.

한 번 산에 들어가면 다시 나오지 않으리다.

僧乎莫道靑山好 山好何事更出山 試看他日吾踪跡 一入靑山更不還

최치원의 시는 난해하여 읽기가 상당히 어려운데 그나마 이 시는 쉬운 편에 속합니다. 이 시에 나온 것처럼 최치원은 한 번 산으로 들어가 세상에 다시 나오지 않습니다. 그만큼 결연한 뜻이 엿보이죠. 앞서 말씀드렸던 연암 박지원의 글 「함양군 학사루기」는 "국사(國史)에는 고운이 벼슬을 버리고 가야산에 들어갔다가 어느 날 관(冠)과 신을 숲 속에 벗어 두고 떠나 어디에서 삶을 마쳤는지 알지 못한다〔國史 孤雲棄官 入伽倻山 一朝遺冠屨林中 不知所終〕"라고 최치원의 마지막을 묘사합니다.

이상으로 삼국 시대 유학에 대해 살펴봤습니다. 유학의 경우는 신라만 소개한 셈입니다. 백제도 왕인박사가 일본에 『논어』와 『천자문』을 전했다는 짤막한 기록이 있지만 자세한 내용을 짐작할 길이 없고 고구려의 경우도 마찬가지입니다. 기록이 부실해서 어쩔 수 없습니다. 신화나 설화도 고구려와 신라의 경우는 비교적 다양한 내용이 전하는데 백제 쪽은 역시 적습니다. 아무래도 신라 계열의 유학자인 김부식이 『삼국사기』를 편찬했고 신라 계열의 승려인 일연이 『삼국유사』를 편찬하다 보니 백제나 고구려 쪽의 자료는 상대적으로 소홀히 다루어진 게 아닌가 싶습니다. 그 때문에 삼국의 균형을 맞추지 못한 점은 아무래도 아쉽습니다만 삼국 시대 철학은 이것으로 마무리하겠습니다.

2부　　고려 시대
　　　　철학

고려는 태조 왕건이 불교를 국가이념으로 채택한 이래 정치, 사회, 경제, 문화 등 거의 모든 분야가 불교의 가르침을 근간으로 형성되었습니다. 평시에는 연등회나 팔관회 등 대형 불교행사를 열어 구성원들의 화합을 도모했고, 외침이 있을 때에도 팔만대장경을 비롯한 교장 편찬 사업을 일으켜 불교를 구심으로 국가적 위기를 타개하려 했습니다. 이처럼 불교가 중시되었기 때문에 상대적으로 유학을 비롯한 다른 사상은 부진을 면치 못했습니다.

　물론 광종이 과거제도를 시행하면서 유학자들이 조정의 요직에 등용되기도 했고, 성종대에 이르러서는 국자감을 정비하고 유학자 최승로(崔承老, 927~989)를 중용하여 정치제도나 교육 분야에서 일시적으로 유학이 약진한 시기가 있었습니다. 특히 최승로는 성종에게 올린 시무 28조 중에서 7개조에 걸쳐 불교를 억제하고 유학을 진흥해야 한다고 주장했는데, 이런 시도는 당시 점증하는 불교의 폐단을 막고 유학을 진흥하여 고려 사회 전반을 개혁하려 했다는 점에서 주목할 만합니다. 또 문종 시기의 최충(崔沖, 984~1068)은 이른바 구재학당이라는 사학을 열어 최승로 이후 침체에 빠졌던 유학을 다시 진흥하는 성과를 거두기도 했습니다.

하지만 유학 분야의 이런 성취는 모두 정치 제도나 교육 분야에 머물렀고, 우주와 인생에 대한 근본적인 질문을 던지는 깊은 사색의 단계에 이르지 못했습니다. 그 때문에 고려 중기까지의 유학은 당시의 주류 사상이었던 불교와 비교할 때 깊이와 너비 면에서 상대가 될 수 없었습니다.

또 도교 계열의 풍수도참 사상이 고려 초기에 성행했지만 역시 천도(遷都)와 관련된 문제 등 정치적 맥락이 우선시되어 학문적 체계를 수립하는 수준에 이르지는 못했습니다. 그 때문에 고려 시대는 불교 철학의 시대였다고 정리할 수 있습니다. 그런데 고려 말기에 이르러 이런 지평을 흔드는 철학사적 사건이 일어나는데 바로 성리학의 도입입니다. 성리학의 도입은 당시 신진 사류들의 절대적 지지를 받으면서 고려 사상계를 대번에 불교에서 유학으로 변모시켰습니다. 하지만 성리학의 도입은 고려 사회를 안정시키기보다 고려를 흔드는 방향으로 작용했습니다. 따라서 성리학의 도입이 고려 시대에 일어난 커다란 철학적 사건임은 분명하지만 고려 시대의 철학으로 성리학을 비중 있게 다루기는 어렵습니다. 따라서 고려 시대 전체를 관통하는 사상은 불교 철학으로 보는 것이 타당합니다. 그래서 먼저 고려 시대의 불교 철학자들의 삶과 사유를 만나 본 다음 유학자이자 문인이었던 이규보(李奎報, 1168~1241), 그리고 성리학자들의 사상을 살펴보겠습니다.

5장

균여

노래로 전한 불법(佛法)

불교 대중화와 종파 통합에 기여하다

삼국 시대에는 불교가 우세하긴 했지만 도교와 유교가 어느 정도 균형을 이룬 상태였습니다. 그에 비해 고려는 완전히 불교 국가였죠. 고려 시대를 이해하려면 불교 철학을 봐야 하는데 당시 불교는 단순히 하나의 종교라기보다 사회·경제 구조까지 장악하고 있었습니다. 사원 경제가 국가 경제의 규모에 필적할 정도로 팽창했고 불교를 장악하지 못하면 왕권을 안정적으로 유지하기가 힘들었던 때가 바로 고려 시대입니다.

고려는 지역 문벌, 호족이 지배하던 시대이기도 합니다. 왕은 호족 중에 세력이 가장 강한 자에 지나지 않았으므로 왕권이 토대기 미약했습니다. 그러니 불교를 통한 통치가 절실했겠지요. 고려 시대 후반기에 사원 경제가 비대해졌는데도 왕이 손을 쓸 수 없었던 속사정도 왕권의 토대가 약했던 것과 관련이 있습니다.

동아시아에서 고려의 독자성을 확인할 수 있는 시기는 고려 초인 광종 대(949~975)입니다. 광종은 즉위하면서 이른바 건원칭제(建元稱帝)를 통해 '광덕(光德)'이라는 연호를 세우고 황제국을 자처합니다. 그리고 노비안 검법으로 작은 규모의 노비 해방을 단행하죠. 국가가 노비를 풀어 주고 그들을 양민으로 대우한 것은 사회적으로 엄청난 진보라고 할 수 있습니다. 물론 귀족 세력을 약화시켜 왕권을 강화하기 위한 조치였지만, 고려 사회의 발전을 이끌어 냈다는 점에서 긍정적으로 평가할 수 있습니다.

그런데 그 광종이 귀의했던 승려가 바로 균여대사(均如大師, 923~973)입니다. 균여는 불교 대중화에 크게 기여했는데 이 점은 광종의 정책과 무관하다고 할 수 없습니다. 아무리 훌륭한 생각을 갖고 있다 하더라도 사회적 조건이 뒷받침되지 않으면 실행하기 어려운 법인데 균여는 광종의 개혁 시대를 만난 덕분에 자신이 바라는 바를 실현했다고 볼 수 있습니다.

균여는 여러 가지 면에서 의천(義天)과 비교되는 인물입니다. 균여는 불교 대중화를 위해 많은 활동을 했는데 왕족 출신인 의천은 대중 불교보다는 정통 불교를 추구했습니다. 대각국사(大覺國師)라는 시호를 받은 의천은 문종의 넷째 아들이자 선종과 숙종의 아우였죠. 게다가 송나라에서 유학한 정통파 승려입니다. 그런 점에서 신라의 원효와 의상처럼 고려 시대에는 균여와 의천이 비교될 수 있습니다. 훗날 의천이 균여를 강하게 비판하는데 비판의 논점이 얼마나 정확한지는 균여와 의천을 다 살펴보고 나서 판단하는 것이 좋겠습니다.

고려 시대는 다양한 종교가 공존하기 어려운 상황이었습니다. 고려가 불교 국가라는 말은 불교 이념으로 통치되었음을 뜻하지요. 예를 들어 송나라에서 화폐 경제가 발달한 모습을 본 의천은 고려에 돌아와 화폐 주조를 건의합니다. 요즘에 특정 종교에서 경제 정책에 대해 왈가왈부한다면 이상하게 여기겠죠. 근대 이후에는 정치와 종교가 분리되지만 근대 이전까지는 정교가 분리되지 않았기에 가능한 일이었습니다.

봉황새가 품에 안긴 지 6년 만에 태어난 늦둥이

균여와 의천이 신라의 원효와 의상처럼 비교된다고 말씀드렸습니다만 출신을 두고 말한다면 꼭 그렇지만은 않습니다. 원효와 의상은 둘 다 귀족 출신이었고 원효가 더 비중 있는 가문 출신이었습니다. 그런데 이번 경우는 다릅니다. 의천은 왕자였지만 균여는 그다지 알려지지 않은 집안 출신인 데다 출생에 얽힌 이야기가 좀 특이합니다. 출생이 유별나게 신비하다는 게 아니라 오히려 그 반대입니다. 사실 출생의 신비는 단군 신화, 고주몽 신화에서부터 줄곧 나오니까 오히려 상투적인 느낌마저 듭니다. 균여는 이들과 다르게 평범한 편입니다.

혁련정(赫連挺)이라는 사람이 1075년에 지은 『균여전(均如傳)』에 따르면 균여는 칠삭둥이로 태어났습니다. 균여의 어머니가 황금빛 봉황새가 품에 안기는 꿈을 꾼 지 6년이 지나서 60세에 임신을 했고 7개월 만에 균여를 낳았다고 합니다. 태몽이 신비롭다기보다는 6년이라는 상당히 긴 태몽기가 이채롭습니다. 율곡 이이도 용이 신사임당의 품에 안긴 꿈을 꾸고 태어났다고 하는데 용꿈이나 봉황새 꿈은 태몽으로 흔합니다. 저도 제 딸아이의 태몽을 꾸었는데 푸른 용 꿈이었어요. 그만큼 흔한 꿈입니다.

균여의 출생은 그다음이 좀 특이합니다. 아이가 너무 못생겨서 버려집니다. 참 인간적인 버림이라고 해야 할까요? 아이를 버릴 수밖에 없는 불가피한 사정을 들어 합리화할 수도 있을 텐데 단순하게 못생겨서 버렸다고 하니 어찌 보면 솔직합니다. 그다음 내용은 고주몽 신화에 나오는 이야기와 비슷합니다. 아이를 길거리에 버렸더니 새 두 마리가 날아와 날개로 아기의 몸을 감싸 보호했다고 합니다. 그것을 보고 늙은 부모가 부끄럽게 생각하고 아이를 다시 데려가 길렀다고 하죠.

하나를 들으면 열을 알다

고려는 불교 국가였기에 당시 많은 이들이 불교의 경문(經文)을 외우고 살았습니다. 균여는 강보에 싸여 있을 때부터 아버지가 입으로 들려주는 『화엄경』의 게송을 하나도 빠트리지 않고 외웠는데 하나를 가르쳐 주면 열을 알았다[聞一知十]고 합니다. '문일지십(聞一知十)'은 『논어』에 나오는 구절이죠. 공자의 제자 자공이 사람 품평하기를 좋아했는데 이걸 '자공방인(子貢方人)'이라고 합니다. 하루는 공자가 자공을 불러서 "너하고 안회하고 누가 더 낫냐?" 하고 묻습니다. 비교육적인 질문이지만 자공에게는 통하는 질문이었던 거죠. 자공이 얼른 대답하기를, "제가 어찌 안회와 견주겠습니까. 안회는 하나를 들으면 열을 알고 저는 하나를 들으면 둘을 알 뿐입니다" 했습니다. 이런 식으로 대답해서 공자를 기쁘게 하고 안회를 칭찬했으니 자공이 과연 말을 잘했다고 할 만합니다.

균여가 하나를 들으면 열을 아는 사람이었다는 이야기는 상징입니다. 어떤 실마리를 보고 다 알았다는 말입니다. 공자는 제자들을 가르칠 때 한 모퉁이를 들어 주면 나머지 세 모퉁이는 알아서 들 수 있어야 한다고 말합니다. 한 모퉁이를 들어 주었는데도 몰라서 하나하나 다 들어 주는 건 교육이 아닙니다. 길을 어떻게 가야 하는지 인도하면 알아서 가야 하는데 직접 데려다주는 건 과외 공부지 교육이 아니죠. 균여가 그만큼 사물의 이치를 알아서 깨우칠 정도로 뛰어났다는 이야기입니다. 그런데도 성장하면서 우여곡절을 겪습니다. 처음 출가했던 사찰의 스님이 마음에 들지 않았던 모양입니다. 그래서 몇 차례 옮기다가 자리를 잡습니다.

남악과 북악을 종합하다

균여의 업적으로 무엇보다 교학의 융합이 꼽힙니다. 균여가 활동하던 시기의 불교계는 화엄사를 중심으로 하는 남악(南岳)과 부석사를 중심으로 하는 북악(北岳)의 교법이 대립하고 있었습니다. 남악은 통일신라 말기에 후백제 견훤의 세력이었던 관혜(觀惠)를 조종으로 삼은 종파를 말하고, 북악은 고려 태조의 복전[福田: 귀의(歸依)를 받았다는 뜻]이 된 희랑(希朗)을 조종으로 삼은 종파를 가리킵니다. 이 두 종파는 자파의 가르침만 옳다고 주장하며 극심하게 대립하고 있었는데 이를 개탄한 균여가 명산과 절을 찾아다니며 화엄의 가르침을 널리 전파합니다. 그 결과 두 종파의 대립이 해소됩니다. 균여는 대체로 북악의 교법을 중심으로 수행하면서 남악의 가르침을 융합했는데 이후 균여의 가르침이 널리 받아들여져 승과시험[僧試]에서도 균여의 설을 정통으로 삼기에 이릅니다.

고려 광종은 964년에 개성에 귀법사(歸法寺)를 창건하고 균여를 주지로 삼습니다. 광종의 복전이 된 균여는 이후 왕명에 따라 불사를 받들고 민중을 교화하다가 973년 6월에 입적했는데 제자의 수가 3,000명에 이르렀다고 합니다. 제자 수 3,000명은 실제 가르친 제자의 수라기보다는 제자가 무척 많았다는 뜻으로 이해하면 됩니다. 유마거사 얘기를 하면서 잠깐 언급했지만 이 맥락에서 숫자는 법력을 상징합니다. 그만큼 균여의 영향력이 컸다는 것을 의미하죠.

혁련정은 균여가 입적한 지 100여 년 뒤에 균여의 전기를 지었는데 원제목은 『대화엄수좌원통양중대사균여전(大華嚴首座圓通兩重大師均如傳)』입니다. 여기서 '원통(圓通)'은 균여가 남북 양종을 통합했다는 뜻으로 쓴 것입니다. 이 전기가 없었더라면 의천 때문에 균여의 이야기가 전해지지 못할 뻔했습니다.

공과 색을 원만하게 융합하다

『반야심경(般若心經)』에 보면 '색즉시공 공즉시색(色卽是空 空卽是色)'이라는 말이 나오죠. '공(空)'과 '색(色)'은 대립되는 개념입니다. 균여는 이 가르침에 따라 대립되는 두 개념을 통합합니다. 또 80권에 이르는 『화엄경』을 대중에게 널리 가르치고 향찰을 능숙하게 구사하여 화엄의 뜻을 풀이했습니다. 그리고 향찰을 가지고 향가를 씁니다. 흔히 「보현십원가」로 불리는 「보현십종원왕가(普賢十種願往歌)」 11수가 그것인데, 「보현십원가」는 『삼국유사』의 향가와 더불어 국문학사에서 매우 중요한 자료입니다.

저도 향찰, 이두를 해석하지는 못하는데 다행히 양주동을 비롯한 그 분야의 전문가들이 풀이해 놓은 것이 있습니다. 그런데 그 풀이도 이해하기가 쉽지 않아 향찰에 대한 전문적인 식견을 갖추려면 상당한 훈련이 필요합니다. 그래도 아쉬운 대로 현대문으로 번역된 것을 보면 대략의 뜻을 짐작할 수 있습니다.

균여는 불경뿐만 아니라 제자백가에도 두루 통달했다고 합니다. 어찌 보면 당연합니다. 그 당시에는 혜초처럼 직접 천축국(인도)까지 가서 산스크리트어(범어)로 된 불경을 보지 않으면 중국을 통해 전해진 한문으로 쓰인 불교 경전을 봐야 했습니다. 당연히 제자백가 같은 문헌을 기본으로 읽은 뒤라야 불교 경전을 읽을 수 있었습니다. 그래서 한국 전통 불교를 이해하려면 산스크리트어보다 한문을 잘 알아야 합니다. 원효나 의상이 산스크리트어 대신 중국어로 음역된 불경을 보기 위해 제자백가에 자연히 통달해야 했던 것과 같은 이치입니다. 또 유가를 비판하면서 자기 이야기를 하니 유가 문헌을 안 보면 불교도 도교도 이야기가 안 됩니다. 그렇다고 유가 문헌을 잘 보는 사람이 많았던 것 같지는 않습니다만, 어쨌든 그걸 봐야 했습니다. 이렇게 유가, 제자백가를 다 보고 나서 불경을 보면 『화엄경』 같은 경전을 더 잘 해석할 수 있겠죠. 산스크리트어 자료는 지금에 와서 그 내용을 확인하기 위해 참고로 보는 것이고요.

균여의 화엄 사상을 한마디로 표현하면 '성상융회(性相融會)'라고 할 수 있습니다. '성(性)'은 일체만유의 본성으로서 공(空)입니다. '상(相)'은 만유 각각의 모습, 모양입니다. 곧 만상 속에 포함되어 있는 개별 존재의 모습입니다. 본질과 겉으로 드러난 모습을 통합한 개념이죠. 조선 성리학 개념으로 비유하면 이기론의 범주와 비슷합니다. 이(理)는 정신이고 기(氣)는 물질입니다. 물질만 가지고는 삶이 유지가 안 되니 정신이 필요한데 물질을 떠난 정신은 또한 기만입니다. 그러니 정신과 물질은 적절히 조화를 이루어야 합니다. 이를 불교식으로 표현하면 성상융회겠죠.

원효도 의상도 이처럼 융합이라는 특징을 가지고 있지만 균여가 특히 주목되는 이유가 있습니다. 고려 시대는 귀족이 지배하는 시대였죠. 그런 시대에 균여는 귀족 불교가 아닌 대중 불교를 널리 선양하여 화엄의 가치를 전파했다는 점에서 주목될 만합니다.

토착 신앙과의 융합

균여는 불교 내부의 각기 다른 교학을 통합하는 데 머물지 않고 토착 신앙과 불교를 융합하는 성속무애(聖俗無碍)의 대통합을 지향했습니다. '성(聖)'은 불교의 승려 계층을 말하고 '속(俗)'은 비승려 집단, 곧 대중을 가리킵니다. 토착 신앙과의 관계를 중요시하고 성속에 구애됨 없이 교설을 전파했으니 당시 민중들에게 불교를 전파하기 위해 특별한 노력을 했다고 평가할 수 있습니다. 이러한 방식으로 불교를 수행했으니 균여의 사상은 자연히 서민적이고 세속적인 경향을 띱니다. 한마디로 성상융회 사상은 성과 속은 물론이고 불교와 비불교, 사제와 비사제, 동방과 서방, 남녀나 귀천까지 융합하려는 강력한 통합 사상이라 할 수 있습니다.

균여 이후에 활동한 의천은 균여의 이러한 화엄 사상을 강하게 배척합니다. 단지 이론적으로만 비판한 것이 아닙니다. 당시 의천은 불사를 일으키는데, 일종의 불교 대장경 사업으로 교장(敎藏)을 편찬하면서 의식적으로 균여의 저술을 제외하고 제자들에게도 읽지 못하게 했습니다. 상당히 속 좁은 태도죠. 그래서 하마터면 균여의 저술이 제대로 전해지지 못할 뻔했습니다. 하지만 의천이 활동했던 시기와 달리, 무신의 난 이후에는 균여의 화엄 사상이 환영받았고 그 덕분에 당시에 조판된 고려대장경 안에는 균여의 저술이 포함되었습니다.

보현보살의 노래

균여가 지은 향가인 「보현십원가(普賢十願歌)」를 살펴보겠습니다. 「보현십원가」는 혁련정의 『균여전』에 실려 있습니다.

석가세존을 모시는 가장 중요한 보살이 문수보살(文殊菩薩)과 보현보살(普賢菩薩)인데 보현보살의 열 가지 소원[十願]을 균여가 노래로 지은 것이 바로 「보현십원가」입니다.

보현보살은 문수보살과 함께 일체 보살 가운데 으뜸입니다. 중생의 목숨을 연장해 주는 덕을 가져서 보현연명보살 또는 연명보살(延命菩薩)이라고도 합니다. 오래 살게 해 달라는 기도에 보답해 주는 보살인 거죠. 또 널리 중생을 이롭게 하는 바람을 수행하는 것이 의무인데 이를 보현의 행원(行願), 곧 십대원(十大願)이라고 합니다. 십대원의 구체적인 내용은 아래와 같습니다.

첫째, 모든 부처께 예배·공양하고[禮敬諸佛], 둘째, 모든 부처를 우러러 찬탄하고[稱讚如來], 셋째, 모든 부처를 널리 공양하며[廣修供養], 넷째, 스스로의 업장을 참회하고[懺悔業障], 다섯째, 남의 공덕을 따라서 기뻐하며[隨喜功德], 여섯째, 부처께서 설법해 주시기를 청하고[請轉法輪], 일곱째, 부처께서 이 세상에 오래 머무르시기를 청하고[請佛住世], 여덟째, 항상 부처를 따라 배우고[常隨佛學], 아홉째, 항상 중생에게 순응하며[恒順衆生], 열째, 두루 모든 것을 가지고 회향하는 것[普皆廻向]. 이 열 가지에 대해 균여가 하나하나 노래를 붙인 것이 지금까지 전해 오는 「보현십원가」입니다. 이 노래는 한자로 표기되어 있지만 사실 향찰 향가입니다. 이것이 향가냐 아니냐 하는 논란이 있습니다만 국문학계에서는 대체로 향가로 인정합니다. 참고로, 우리나라 고대 문학 형식인 향가 가운데 현재까지 전하는 것은 『삼국유사』에 나오는 14수와 『균여전』에 나오는 11수가 전부인데 향가를 해독하려면 한문과 향찰과 이두 모두를 알아야 하니까 상당히 까다롭습니다.

「보현십원가」 가운데 일부를 읽어 보겠습니다.

「보현십원가」 기일(其一)

「禮敬諸佛歌」	「예경제불가」
心未筆留	ᄆᄉᄆᆡ 부드루
慕呂白乎隱佛體前衣	그리술본 부텨 전(前)에
拜內乎隱身萬隱	저누온 모ᄆᆞᆫ
法界毛叱所只至去良	법계(法界) ᄆᆞᆺᄃᆞ록 니르가라
塵塵馬洛佛體叱刹亦	진진(塵塵)마락 부텨ㅅ찰(刹)이
刹刹每如邀里白乎隱	찰찰(刹刹)마다 뫼시리슬본
法界滿賜隱佛體	법계(法界) ᄎᆞ샨 부텨
九世盡良禮爲白齊	구세(九世) 다아 예(禮)ᄒᆞᇝ져
歎日 身語意業无疲厭	아으 신어의업무피염(身語意業无疲厭)
此良夫作沙毛叱等耶	이에 브즐 ᄉᆞᆺ다라
	(양주동 해독)

마음의 붓으로

그리온 부처 앞에

절하는 몸은

법계(法界) 없어지도록 이르거라.

티끌마다 부첫 절이며

절마다 뫼셔 놓은

법계(法界) 차신 부처

구세(九世) 내내 절하옵저.

아아, 신어의업무피염(身語意業无疲厭)

이리 종지(宗旨) 지어 있노라.

(김완진 현대 역)

「보현십원가」 기사(其四)

「懺悔業障歌」	「참회업장가」
顚倒逸耶	전도(顚倒) 이라
菩提向焉道乙迷波	보리(菩提) 아은 기를 이바
造將來臥乎隱惡寸隱	지슬누온 모디는
法界餘音玉只出隱伊音叱如支	법계(法界) 나목 나니잇다
惡寸習落臥乎隱三業	모딘 비홋 디누온 삼업(三業)
淨戒叱主留卜以支乃遣只	정계(淨戒)ㅅ주(主)루 디니누곡
今日部頓部叱懺悔	오늘 주비 돈부(頓部)ㅅ 참회(懺悔)
十方叱佛體閼遣只賜立	시방(十方)ㅅ 부텨 알곡샤셔
落句 衆生界盡我懺盡	아으 중생계진아참진(衆生界盡我懺盡)
來際永良造物捨齊	래제(來際) 기리 조물사(造物捨)져

(양주동 해독)

전도(顚倒) 여의여

보리(菩提) 향(向)한 길을 몰라 헤매어

짓게 되는 악업(惡業)은

법계(法界) 넘어 나 있다.

악(惡)한 버릇에 떨어지는 삼업(三業)

정계(淨戒)의 주(主)로 지니고

오늘 부중(部衆) 바로 참회(懺悔)

시방(十方) 부처 증거하소서.

아아, 중생계진아참진(衆生界盡我懺盡)

래제(來際) 길이 조물(造物) 버릴지어다.

(김완진 현대 역)

첫 수는 몸과 마음을 다하여 부처를 경배하는 내용으로 온 세상이 부처의 가르침으로 가득 차고 영원히 절하면서 부처를 우러러 받들겠다는 다짐을 표현하고 있습니다. 두 번째 수는 온 세상에 죄가 가득하니 부처를 경배하면서 참회하여 죄를 버리게 해 달라는 소망을 노래하고 있습니다.

요컨대 어렵게 불법을 공부하지 않더라도 정성을 다해 부처를 섬기면 지은 죄를 용서받을 수 있다는 쉽고 간단한 내용을 담고 있습니다. 나머지 노래 여덟 수도 이와 크게 다르지 않습니다.

의천의 균여 비판

균여의 업적은 사제 집단에 국한된 불교를 당시 대중에게 다가갈 수 있는 쉬운 불법으로 전수한 데 있다고 할 수 있습니다. 『균여전』을 지은 혁련정은 균여를 이렇게 평가합니다. "『화엄경』의 십만 게송이 인도에서 일어나게 된 것은 오로지 용수보살로 말미암은 것이었고, 우리나라에서 처음 불리게 된 것은 오로지 의상대사 덕분이요, 고려에서 비로소 널리 불리게 된 것은 오로지 균여대사 덕분이다."

그런데 의천은 「시신참학도치수(示新參學徒緇秀)」라는 글에서 균여를 이렇게 비판했습니다. "말은 문장을 이루지 못하고 이치는 변통이 없어서 우리 조사의 도를 황폐케 하고 후생들을 현혹함이 이보다 더 심할 수 없다 [語不成文 義無通變 荒蕪祖道 熒惑後生者 莫甚於斯矣]." 당시로서는 의천의 이러한 시각이 당연할 수도 있지만 긴 안목으로 본 것은 아니라고 하겠습니다. 「보현십원가」 같은 향가는 우리에게는 너무나 소중한 자료인데 의천은 균여의 그런 면모를 살피지 못한 듯합니다. 물론 지금도 상반된 견해가 공존합니다. 동국대 역경원의 경우 균여대사를 높이 평가하고 의천의 균여 비판이 협애한 태도라는 입장입니다.

의천이 균여를 "말은 문장을 이루지 못하고"라는 식으로 평가한 것은 당대의 관점이 아니면 내리기 어려운 평가입니다. 만약 지금의 관점에서 『논어』 문장이 틀렸다거나 성서에 나온 글이 문법에 맞지 않는다고 이야기하면 말이 안 됩니다. 그것들이 문법의 기원이니까요. 의천은 당대 사람이고 균여의 손자뻘 되니까 자기 기준을 가지고 균여를 비판했겠죠. 지금도 문학에서 가장 강한 비판이 문장이 시원치 않다는 평가인데, 길게 보면 창작 활동을 평가할 때 그런 기준을 일률적으로 적용하는 것은 한계가 있다고 봅니다.

또 '이치가 변통이 없다, 우리 조사의 도를 황폐케 한다'는 것은 정통적인 불법을 추구하는 사람의 시각에서 하는 이야기입니다. 번역을 예로 들면, 원전의 정통성을 강조하는 시각과 번역어가 대중에게 얼마나 잘 이해될 수 있는지를 강조하는 입장이 있습니다. 둘 다 일리가 있습니다. 대중에게 잘 읽힌다 해도 소크라테스 아닌 소크라테스를 읽어 봐야 무슨 소용이며 아무리 원전의 정통성에 입각한다 하더라도 대중이 읽을 수 없다면 무슨 의미가 있겠습니까? 둘 사이에서 접점을 찾아야겠죠. 어쨌든 불법을 어떻게 전달하는지가 관건인 거죠.

균여는 이두나 향찰을 통해 백성들에게 불법을 전파했습니다. 지금 우리에게 이두나 향찰로 지어진 글은 한문으로 쓰인 글보다 더 어렵게 다가오지만 입으로 옮겨지면 그 양상이 달라집니다. 한문으로 된 글은 한문을 아는 소수의 사람 외에 대중이 읽기 어렵습니다. 그러니 말로 읽어 주는 설법이 대중에게는 대단히 효과적인 수단이 되겠죠. 이러한 균여의 활동을 의천이 비판했다면 그것은 의천이 정통파의 시각에서 국가 이데올로기로서의 불교를 중시했기 때문이라 볼 수 있습니다.

한편 균여가 다수 대중의 지지는 받았을지언정 정통 불교 교육의 측면에서 보면 상대적으로 의천만큼 경전을 제대로 이해하지 못했다고 이해할 수도 있습니다. 그런데 이런 지점은 아직 제 나름의 기준을 세워서 이야기하기가 어려운 부분이 있습니다. 그러니 아쉽지만 최종 결론은 다음 기회로 미뤄야겠습니다. 다만, 좀 더 긴 안목을 갖고 불교 대중화를 위해 노력한 균여의 탁월성에 주목하는 태도가 필요하지 않나 싶습니다.

6장

의천

일심(一心)에 모든 것이 갖추어져 있다

천태종을 창종하다

대각국사(大覺國師) 의천(義天, 1055~1101) 하면 흔히 천태종(天台宗)의 창시자로 알려져 있습니다. 고려에서 천태종을 처음 창종했다는 뜻입니다. 그런데 천태종은 원래 수나라 시대에 『법화경(法華經)』의 가르침을 중심으로 지의선사(智顗禪師)가 용수보살을 시조로 삼아 창종한 불교 종파입니다. 천태사에서 창종했다고 해서 천태종이라고 불렀는데, 당시 천태종은 중국의 열세 개 불교 종파 가운데 교세가 가장 성대했습니다. 사실 의천이 천태종을 창종했다고 하지만 천태종이 이때 처음 고려에 들어온 것은 아닙니다. 삼국 시대 때 백제의 현광법사(玄光法師)가 중국에서 천태학을 배워 백제에 전파했고 신라에서는 연광법사(緣光法師)가 천태학을 전파했다고 합니다. 통일신라 때는 물론이고 고려 시대 초기까지 천태종이 널리 읽히고 전파되었다는 기록도 남아 있습니다.

고려 광종 때에는 오히려 중국 측에서 남부 지역에서 천태교학을 펼치고자 하는데 서적이 부족하다며 고려에 책을 보내 달라고 요청하기도 했습니다. 이른바 고려본 불경이 중국으로 역수출된 경우죠. 당시로서는 이런 일이 그다지 신기하지 않았습니다. 의천도 송나라로 갈 때 불경을 다수 들고 가서 그 지역 스님들에게 전달했는데 이는 고려에서 불사를 일으켜 불경을 인쇄하고 널리 반포하는 일이 익숙했고 그만큼 불교 경전의 이해 수준이 높았다는 뜻이기도 합니다. 의천은 4,700여 권의 불경을 조판해서 교장(敎藏)을 간행했습니다. 교장은 말하자면 그 당시 동북아시아 지역에 현존하던 불경과 연구서를 종합한 방대한 자료인 셈입니다. 이것만 봐도 고려의 불경 출판이 최고 수준에 도달했음을 알 수 있습니다.

이처럼 고려 시대에 이미 천태의 교학이 널리 알려져 있었지만 일정한 종파를 형성하지는 못했기에 천태종이 창종되지 않은 상태였다고 볼 수 있습니다. 그런 상태에서 의천이 송나라에 가서 천태학을 배우고 거기서 깊은 감명을 받고 고려에 돌아와 천태종을 창종한 것이죠. 그리고 의천은 분열되어 있던 교학을 통합하고자 시도합니다. 물론 교학을 통합하는 일은 이전에 균여도 시도한 적이 있지만 균여가 화엄종의 일파인 북악을 중심으로 남악을 융합하려 했다면, 의천은 천태교학을 중심으로 여타 종파를 통합하려 했다는 점에서 차이가 있습니다.

교학을 통합하는 일은 왕권의 안정과 관련이 있습니다. 같은 왕이라도 조선 시대 왕과 고려 시대 왕은 그 위상이 다릅니다. 조선 시대 왕은 왕에 필적하는 집단이 전혀 없었죠. 사대부 세력이 강성했다고는 하지만 왕과 비교할 때 권력 면에서 차이가 컸습니다. 문인 사대부의 정치 참여가 본격화되었다고는 해도 무인 관료를 견제하는 정도였고 그것도 어디까지나 왕의 권위를 빌려 간접적으로 행사하는 형식이었습니다. 이와 달리 고려 시대에는 각 지역에서 할거하던 문벌 귀족이 왕권에 대항할 만한 수준의 세력을 갖추고 있었는데 그런 호족 세력 중에서 제일 강한 자가 왕이었다고 생각하면 됩니다. 그래서 왕권의 안정을 추구하기 위해 국사(國師)를 모셨고 왕실의 공식 인정하에 전국 사찰의 총본산이라 할 수 있는 복전 사찰을 따로 만들었던 것입니다. 그리고 균여와 의천의 교학 통합은 둘 다 왕권을 안정시키는 데 어느 정도 기여했습니다.

다만, 균여는 『균여전』에서 보았듯이 출신 자체가 의천과 달리 보잘것없었습니다. 균여는 변씨 성을 가진 아버지와 어머니 밑에서 태어났는데 워낙 얼굴이 못생겨서 버려졌을 정도로 화려한 배경과는 거리가 있었습니다. 그러다 광종에게 인정을 받아 전국 규모의 사찰을 지휘하는 지위에 올랐죠. 그에 비해 의천은 왕족 출신입니다. 11세에 출가하여 13세에 승통(僧統)이라고 하는, 요즘으로 치면 한 종파의 종정 역할을 맡았습니다. 아무리 법력이 뛰어나고 총기가 있다 해도 열세 살짜리가 종정 역할을 한다는 건 다른 배경이 작용하지 않으면 어렵겠죠. 왕이 인정했기에 가능했다고 볼 수 있습니다.

이렇듯 의천은 균여와는 종파도 다르고 출신 배경도 다릅니다. 그런데 당시 균여의 교학은 승시에 정식 과목으로 채택되어 균여의 견해만 승과의 답안으로 인정되고 나머지는 배척되었어요. 그래서 천태종을 통해 새로운 교학을 완성하고자 한 의천에겐 균여의 발자취가 너무 크게 느껴진 게 아닌가 싶습니다. 의천으로서는 광종대의 국사였던 균여대사를 전면적으로 비판하지 않고는 새로운 교학을 수립하기가 쉽지 않아 보였을 겁니다. 그 때문에 다소 무리한 면이 있지 않았나 싶습니다.

가장 큰 문제는, 의천이 지나치다 싶은 언사를 쓰면서까지 균여를 비판했는데 그 비판의 초점이 이론적으로 분명하지 않다는 점입니다. 그래서 지금까지도 의천의 균여 비판이 적절한지를 두고 논쟁이 계속되고 있습니다. 이 문제가 왜 불교학자들 간에 논쟁이 되느냐 하면 두 사람 다 화엄종 계열이기 때문입니다. 의천도 천태종을 창종하기 전에는 화엄학을 공부했고, 그가 천태종을 창종한 까닭도 천태의 근본 사상인 '회삼귀일(會三歸一: 『법화경』의 요지 중 하나로 석가모니의 가르침은 세 가지로 나누어지지만 이것은 모두 방편일 뿐 근본적으로는 하나의 진리인 법화로 통일된다는 뜻)'과 '일심삼관(一心三觀: 일심에 모든 것이 갖추어져 있다는 것을 세 가지 측면으로 나누어 주시하는 수행법)'의 교의가 '선(禪)'과 '교(敎)'를 일치시키는 논리이므로 국가 통합에 도움이 된다고 생각했기 때문입니다. 의천의 균여 비판이 타당한지에 대해서는 뒤에서 자세히 살펴보겠습니다.

의천의 사적(事跡)

의천은 지금의 개성에 있는 영통사(靈通寺)에서 출가했기에 거기에 대각국사비(大覺國師碑)가 있고 경북 칠곡에도 대각국사비가 있습니다. 순천 선암사에는 조선 순조 시대에 도일 스님이 그린 의천의 초상이 있습니다. 그 외에 의천의 사적을 살필 수 있는 자료로 흥왕사대각화상묘지(興王寺大覺和尙墓誌)와 선봉사대각국사비(僊鳳寺大覺國師碑) 등이 있습니다.

영통사 비문은 원래 고려 시대 명장인 윤관(尹瓘)이 지었는데 김부식이 그걸 다시 썼어요. 윤관은 문무겸전했다고 하지만 문장에서는 당대 최고의 문장가인 김부식에게 상대가 안 됩니다. 김부식이 지은 영통사 비문은 2,300여 자에 달하고 대부분 판독 가능합니다. 반면 경북 칠곡에 있는 비문은 닳아서 보이지 않습니다. 김부식이 지은 「대각국사비명」에는 이런 기록이 있습니다.

> 국사는 성인의 도를 태어나면서부터 터득한 생지자(生知者)라고 할 수 있다. 어떻게 그런 줄 아는가. 어릴 적부터 배움에 뜻을 두고 세속의 어지러운 욕망에 조금도 흔들리지 않았고 도덕이 쇠퇴하고 학문이 황폐해지는 시대에 홀로 그런 세태를 거슬러 옛 성인을 따랐기 때문이다. **❶-1**

여기서 '성인의 도'와 '배움'은 다 유가의 내용입니다. 배움은 불교의 깨달음과 다릅니다. '배움'은 유학자가 쓰는 용어이고 '도덕'이나 '학문'도 그렇습니다. 김부식이 유학자여서 유학의 용어를 쓴 거죠. 이런 표현으로 의천의 면모를 정확하게 드러냈다고 할 수는 없겠지만 최대의 찬사를 바친 것만은 분명합니다.

누가 출가하여 복덕의 밭을 일굴 것인가

의천의 아버지 문종이 의천이 11세가 되었을 때 왕자들을 모아 놓고, "누가 출가하여 복덕의 밭을 일굴 것인가?" 하고 묻습니다. 그러자 의천이 출가할 뜻이 있다고 이야기합니다. 계속해서 김부식의 「대각국사비명」을 읽어 보겠습니다.

> 대각국사 후(煦)는 자가 의천(義天)이다. 송나라 철종 황제의 이름을 피해 자(字)로 행세했다. 문종이 어느 날 여러 왕자들에게 이렇게 말했다. "누가 스

님이 되어 복전의 이익을 지을 것인가?" 왕후(王煦)가 일어나 말했다. "제가 출세간의 뜻을 가지고 있으니 왕께서 명하시는 대로 따르겠습니다." 그러자 문종이 "좋다" 했다. 마침내 스승을 따라 출가하여 영통사에 머물렀다. 왕후는 성품이 총명하고 지혜롭고 배우기를 좋아하여 처음에는 화엄의 교학을 닦아서 다섯 가지 교학을 바로 통달하였고 유학도 두루 섭렵하여 정밀하게 알지 못함이 없었다. 호를 우세승통(祐世僧統)이라 하였다.

— 김부식(金富軾), 「대각국사비명(大覺國師碑銘)」 **❶-2**

이상의 내용은 『고려사(高麗史)』 「열전」에도 똑같이 기록되어 있습니다.

여기서 대각국사(大覺國師)라는 호칭은 왕후(王煦), 곧 의천이 죽은 뒤 그의 형인 숙종이 내린 시호입니다. 대각(大覺)은 본래 『장자』에 나오는 말인데 한자 '覺'을 '잠에서 깨어나다'의 뜻으로 쓸 때는 '교'로 읽고 '깨닫다'의 뜻으로 쓸 때는 '각'으로 읽습니다. 인생이라는 꿈에서 깨어나는 것이 대각(大覺)입니다. 그런데 불교에서 대각이라고 하면 곧 부처를 가리킵니다. 『고려사』 「열전」에는 대각이라는 시호를 의천에게 붙이려 하니까 신하들이 크게 반발하는 내용이 나오는데 뒤에서 읽어 보겠습니다.

「대각국사비명」에 기록된 것처럼 의천은 영통사에서 출가하여 구족계(具足戒)를 받습니다. 구족계란 출가한 비구, 비구니가 지켜야 할 계율을 말하는데, 분파에 따라 다르지만 보통 비구승은 250계, 비구니는 300여 계를 지켜야 한다고 합니다. 그것만 지키면 성불한다는 거죠. 그런데 의천식으로 말하면 하나만 지키면 됩니다. 그 하나가 바로 일심(一心)입니다. 일심에 모든 것이 갖추어져 있다는 것이 의천의 종지입니다. 이렇게 출가한 의천은 고려에서 승통을 지내며 편안하게 살려고 하지 않았습니다.

구도를 위한 밀항

다음은 『고려사』 「열전」에 나오는 글인데 의천이 송나라로 밀항하는 전말이 기록되어 있습니다.

> 왕후(王煦)가 송나라에 가서 불법을 구하기를 바랐는데 왕(선종)이 허락하지 않았다. 선종이 재위하셨을 적에 자주 요청하였으나 재신(재상을 비롯한 대신)들과 간관(왕에게 간언을 하는 관원)들이 절대로 안 된다고 했다. 2년 4월에 왕후가 몰래 제자 두 사람과 함께 송나라 임녕(林寧)의 상선을 따라 떠났다. 왕이 어사 위계정(魏繼廷) 등에게 명령하여 길을 나누어 배를 타고 추격하게 했으나 미치지 못했다. 할 수 없이 예빈승(禮賓丞) 정근(鄭僅) 등을 송나라에 보내 바다를 무사히 건넜는지 안부를 물었다.❷-1

4월이면 초파일이 있는 달입니다. 당시 고려에는 연등회니 팔관회니 하는 엄청난 불사가 있었죠. 그런 연등 행렬이 온 세상을 밝히던 날에 이런 일이 일어납니다. 간관이나 재신들은 왜 의천이 송나라로 유학 가는 걸 반대했을까요? 이때가 1085년입니다. 아시다시피 고려는 거란으로부터 세 차례 침략을 받았습니다. 1차로 993년에 소손녕(蕭遜寧)이 침략해 옵니다. 그때는 서희(徐熙)라는 탁월한 문무겸전의 장군이 있어서 땅 뺏으러 온 자들과 담판을 지어 영토를 지켰을 뿐 아니라 탁월한 외교술을 발휘하여 강동육진을 얻어 압록강 연안까지 고려의 영토를 넓혔습니다. 강동육진에는 흥화진(興化鎭: 압록강변)과 귀주도 들어가죠.

그 뒤 1010년에는 거란의 성종이 직접 40만 대군을 이끌고 쳐들어옵니다. 이때는 개경까지 함락됩니다. 압록강을 건너온 거란군이 흥화진을 포위, 공격하지만 양규(楊規)를 비롯한 고려 장수들이 후방을 끊임없이 공격하고 보급로를 끊는 바람에 거란군은 되돌아갈 수밖에 없었어요. 그런데 돌아가는 거란군의 배후를 양규가 목숨을 바쳐 끝까지 추격하죠.

1018년에 거란이 3차 침입을 합니다. 이때는 10만 대군을 몰고 왔는데 불과 몇 천 명만이 살아서 돌아갔다고 합니다. 이때 바로 그 유명한 강감찬의 귀주대첩이 있었죠. 그러니 1085년이라고 하면 꽤 시간이 흘렀지만 여전히 긴장이 지속되고 있던 시기입니다. 거란이 여전히 북쪽에서 송나라, 고려와 대치하고 있는 상황이었으니까요.

원래 거란은 고려와는 가능하면 마찰 없이 화친을 하고 송나라를 차지하려는 야심을 갖고 있었습니다. 그런데 고려는 발해가 거란에게 멸망당했기 때문에 거란에 적대적이었어요. 942년에는 거란의 태종이 화친을 맺고자 낙타 50필을 고려에 선물로 보냈는데 태조 왕건이 만부교(萬夫橋) 밑에서 낙타를 굶겨 죽입니다. 화친하지 않겠다는 뜻을 명백하게 보인 것이니 사이가 좋았을 리 없겠죠. 그 뒤를 이어 세 차례나 전란이 더 일어나는 등 거란이 송나라를 여전히 위협하고 있는 상태였던 것입니다.

이건 좀 다른 방향의 이야기입니다만, 흔히 송나라가 문약해서 망했다고들 하지만 송나라는 그렇게 약한 나라가 아니었습니다. 거란이 발호하고 몽골이 쳐들어오는 등 워낙 강한 상대가 침략해 온 탓에 역부족으로 망한 겁니다. 송나라는 전쟁에서 처음으로 대포를 사용했고 악비(岳飛)나 문천상(文天祥) 같은 인재가 많은 나라였습니다. 하지만 거듭된 전란으로 국력이 약해졌어요. 특히 그중에서도 말을 가장 잘 다루는 몽골족한테 망했습니다.

이처럼 국제 정세가 어지러운 상황에서 의천이 송나라로 가겠다고 하니까 신하들이 반대한 것은 물론이고 형인 선종도 반대합니다. 왕의 입장에서 보면 후(의천)는 굉장히 중요한 아우였습니다. 다른 아우는 경쟁자인데 의천은 이미 출가했으니 왕권에 도전할 가능성이 없죠. 그러니 무조건 우호적인 관계가 됩니다. 예를 들어 당나라 태종은 황제권에 위협이 된다 싶은 사람들은 다 제거했습니다. 자기 형부터 시작해서 아우들까지 다 죽였죠. 겨우 살아남은 이가 이원영인데 그가 남쪽에 가서 등왕각 짓고 신선이 되겠다고 하니 그냥 놔둬도 황제권에 도전하지 않겠다 싶어서 죽이지 않았던 거죠.

의천은 이렇듯 왕과 신하들이 송나라행을 반대하니까 할 수 없이 밀항을 합니다. 1085년 4월, 의천의 나이 31세 때입니다. 다 버리고 간 겁니다. 그런데 갈 때 불경을 다수 가져갔습니다. 당시 고려의 불경 간행은 세계적인 수준이었기에 중국에 가져가면 크게 환영받으리라는 계산도 있었겠죠.

송나라 철종의 극진한 예우

『고려사절요(高麗史節要)』를 보면 의천이 송나라에 간 때가 원풍(元豐) 8년이라고 나오는데 이때는 북송의 유학자 정명도(程明道, 1032~1085)가 세상을 떠난 해입니다. 또 왕안석을 등용해 신법을 시행했던 신종이 세상을 떠나고 철종이 즉위한 해이기도 합니다. 철종은 고려에서 스님이 왔다고 하니까 양걸(楊傑)을 관반사(館伴使)로 보내 영접케 합니다. 양걸은 당시 송나라 불교계에서 가장 중요한 인물 중 한 사람이었습니다.

의천은 양걸의 인도를 받아 철종을 만납니다. 철종은 의천이 오자 극진하게 대우했는데, 송나라 입장에서 보면 외교적으로 고려와 화친을 할 필요가 있었습니다. 고려와 송나라가 친한 이상, 거란이 아무리 강대하다 한

들 송나라와 고려를 동시에 치는 전쟁을 수행하지는 못할 테니까요.

> 왕후(王煦)가 도착하자 수공전(垂拱殿)에 초빙하여 만나 객례로 대우했다. 총애하는 수(예우하는 정도)가 악례(渥禮: 『한비자』에 나오는 말. 임금의 총애가 땀이 흥건할 정도로 진함. 굉장히 두터운 은혜를 베풂)에 이르렀다. 왕후가 여러 지방을 돌아다니며 불법을 물어 보기를 청하자 철종이 조칙을 내려 양걸(楊傑)을 관반(館伴: 같이 잠자는 사람)으로 삼아 오나라 지역(중국 남부)의 여러 절에 이르렀는데, 모두가 맞이하고 전별하기를 왕의 신하에게 하듯이 했다.❷-2

어쨌든 철종은 고려의 왕자이자 불교를 대표하는 승통이 왔다고 하니 꽉 잡으려 합니다. 말씀드린 것처럼 고려가 거란의 침입을 세 차례나 격퇴한 군사 강국이라고 보았기 때문입니다.

'대각국사'로 추증되다

다음은 의천이 47세에 세상을 떠난 뒤 왕이 대각국사라는 시호를 내리는 과정입니다.

> 왕후가 위독해지자 왕이 총지사(摠持寺)로 가 병문안을 했다. 이윽고 왕후가 죽자 왕이 대각(大覺)이라는 시호를 내리려 하자 중서문하성이 상주(上奏)하기를, "대각한 사람은 부처입니다. 부처의 호칭을 참람되이 쓰는 것은 왕후의 뜻이 아닙니다" 했는데 왕이 따르지 않았다. 정당문학 이오(李頫)가 이렇게 말했다. "왕후는 임금에게 골육지친이지만 예를 낮추어야 합니다. 출가

한 사람인지라 상복(喪服)도 없습니다. 그러나 왕후의 재능과 행실이 모두 뛰어나 요나라와 송나라에 이름이 무겁게 알려졌으니 국사로 추증하고자 하면 복종하지 않을 수 없을 것입니다." 이렇게 하여 왕이 여러 신하들과 함께 검은 관을 쓰고 소복을 입고 사흘 동안 조회를 하지 않았다. 부의를 두텁게 내려 마침내 대각국사라고 시호를 추증하고 문도들에게 교지를 내려 조의를 표시했다.

—『고려사(高麗史)』,「열전(列傳)」, '대각국사 후(大覺國師 煦)' **❷-3**

왕이 의천에게 대각이라는 시호를 내리려 하자 중서문하성이 반대합니다. 대각은 곧 부처를 가리키는 말인데 이 호칭을 쓰는 것은 참람하다는 이유에서입니다. 일리가 있는 지적인데 왕이 따르지 않자 이오가 의천은 이웃나라에까지 널리 알려졌으니 국사로 추증하면 신하들이 따르지 않을 수 없을 것이라는 방안을 제시합니다. 이렇게 해서 의천은 고려의 부처가 됩니다.

동아시아 불교의 집대성

의천이 한국 불교에 가장 크게 기여한 점은 천태종을 창종한 것이라고 할 수 있습니다. 하지만 앞서 보았듯이 이미 백제 때부터 천태학이 전파되어 있었습니다. 비록 의천이 창종하여 한때 고려 불교 전체를 통합하여 천태종의 위상이 높아졌지만 조선 세종기에 이르면 천태종이 거의 해체될 징도로 세력이 약화됩니다. 따라서 실제적으로 의천의 가장 중요한 업적은 교장을 편찬하고 간행한 데서 찾아야 할 것입니다.

교장은 1085년에 의천이 송나라에 갔다가 1086년 귀국하면서 가지고 온 3,000권의 불경뿐만 아니라 귀국 후 10년에 걸쳐 수집한 송나라, 거란, 일본의 불교 경전을 포함해 총 4,700여 권의 경전을 복원하여 간행한 것입니다. 당시 동아시아 여러 지역의 불경을 모두 모았다고 할 만큼 방대한 규모였어요. 한마디로 교장은 당시 고려 불교의 자신감을 보여 준 사업이라고 할 수 있습니다.

천태종 개창과 화폐 주조

의천의 또 다른 업적은 왕실 불교를 확립했다는 점입니다. 의천은 왕족이었던 만큼 누구보다 왕실의 입장에서 기타 불교를 통합하는 데 힘을 기울였습니다. 또 왕족으로서 국가 경제 정책에 간여하는데 이는 아직 정교 분리가 이루어지지 않은 사회여서 가능한 일이었죠.

고려의 불교계에는 크게 보아 왕실 중심의 화엄종과 문벌 귀족 중심의 법상종(法相宗)이 있었고 여기에 지눌의 선종(禪宗)을 비롯한 제3의 종단이 있었는데 종단 사이의 갈등과 대립이 날이 갈수록 심해집니다. 왕실 입장에서는 문벌 귀족 세력을 억제하고 화엄종을 중심으로 통합할 필요가 있었겠죠. 의천은 천태종을 중심으로 화엄종을 통합할 수 있다고 보고 국가적 지원을 얻어냅니다. 그 후 화엄종 중심으로 천태종을 개창해서 불교계의 판도가 바뀝니다. 원효에게 '국사'라는 칭호와 '화쟁대사'라는 시호를 내리게 한 사람도 의천입니다. 원효의 화쟁론도 통합의 논리였다는 이야기는 이미 말씀드렸습니다. 왕족으로서 왕권을 안정시키고자 하는 절실함이 있었기에 의천이 통합을 주도했던 것으로 보입니다.

또 이러한 노력의 일환으로 의천은 화폐 주조를 상소합니다. 사실 고려는 성종대에 이미 철전(鐵錢)을 주조하여 화폐경제를 시도합니다만 얼마 안 되어 유명무실해집니다. 그러다가 숙종대에 다시 주조하는데 그 계기를 만든 사람이 의천입니다. 의천은 화폐를 이용하면 운반이 편리할 뿐 아니라 그 이전까지 화폐 대용물로 사용했던 쌀이나 베〔布〕와 달리 아전들이 협잡을 부릴 수 없고, 나라에서 관리의 녹봉을 돈으로 지급하면 관리들이 백성들에게 녹미(祿米)를 독촉하는 일도 사라져 백성들이 편안해지며 미곡을 비축하여 흉년에 대비할 수 있다고 주청합니다. 재미있는 것은 의천이 돈이 어떤 물건인지를 규정한 대목입니다. 한번 읽어 보겠습니다.

> "돈이라는 물건은 몸은 하나지만 뜻은 네 가지를 포함하고 있습니다. 첫째, 전(錢)이라 한 것은 바탕이 둥글고 모난데 둥근 것은 하늘을 본뜬 것이고 모난 것은 땅을 본뜬 것이니 만물을 덮어 주고 실은 채로 돌고〔轉〕 돌아 쉼이 없음을 말합니다. 둘째, 샘〔泉〕이라고 한 것은 돈이 유통되어 마치 다함이 없는 샘물과 같음을 말합니다. 셋째, 포(布)라고 한 것은 민간에 퍼져서 상하에 두루 펼쳐져 영원히 막히지 않음을 말합니다. 넷째, 칼〔刀〕이라 한 것은 통행되면 아름다운 이로움이 있어 빈부를 나누며 날마다 써도 무디어지지 않음을 말합니다."
>
> ─『대각국사문집(大覺國師文集)』권12❸

의천은 '구를 전(轉)' 자로 화폐의 기능을 표현했는데 돈이라는 것을 천지 사이에 굴러다니는 것, 곧 끊임없이 유통되는 물건이라고 보았던 기죠. 또 돈을 샘에 비유하기도 했는데 화폐는 끝없이 새로운 가치를 샘솟듯 만들어 낸다는 점에 착안한 것이죠. 돈 자체는 낡고 닳아도 그 가치는 불변하잖아요. 화폐의 기능과 가치를 정확하게 꿰뚫어 본 것입니다.

물물교환과 화폐경제 사이의 차이점에 대해선 애덤 스미스가 간명하게 이야기했죠. 화폐가 없던 시대에는 물물교환밖에 없었는데 제약이 많이 따릅니다. 우선 다른 사람이 가지고 있는 물건을 내가 원해야 할 뿐 아니라 그 사람도 내가 가지고 있는 물건을 원해야 교환에 합의할 수 있겠죠. 그런데 화폐는 그 자체에 가치가 있다기보다 다른 물건과 교환할 수 있는 교환가치를 가지고 있죠.

송나라에서 화폐의 효용성을 목격한 의천은 고려에 돌아온 뒤 숙종에게 화폐를 주조하도록 건의합니다. 사실 화폐를 주조하려면 화폐경제에 필요한 조건, 곧 경제 규모가 어느 정도는 되어야 하는데 당시 고려의 경제가 그런 단계에 도달했다고 추정됩니다. 당장 먹고살기 힘든 상태면 화폐유통을 통해 경제 구조를 바꾸기가 어렵겠죠. 돈이란 건 먹을 수도 없고 입을 수도 없는 것이니까요.

또 다른 측면에서 화폐 주조는 왕권을 안정시키는 데 효과적인 수단이었다고 볼 수 있습니다. 화폐를 주조할 권한은 왕실에 있었으므로 국가 경제를 장악해 귀족 세력을 억제하면 왕권이 안정될 수 있고, 아전들의 중간 착취를 줄이면 농민들의 삶이 안정되는 효과가 있었을 겁니다.

균여와 의천

마지막으로, 균여와 의천의 사상을 비교해서 살펴보겠습니다.

균여와 의천의 사상에는 모두 화엄 사상이 깔려 있습니다. 또 두 사람 모두 불경뿐만 아니라 제자백가에 두루 통달했습니다. 먼저, 균여는 교학을 독창적으로 재해석한 측면이 있습니다. 민중 지향적 성격인 향가로 교법을 전했으니까요. 대중 교화에 관심을 기울여 발문까지 포함해서 총 11수의 「보현십종원왕가」를 지어 화엄의 실천행을 민중에게 권장했습니다. 「보현십종원왕가」는 당시 백성들이 담벼락에 써 붙일 정도로 널리 알려졌고 고려의 문인 최행귀(崔行歸)가 한시로 번역하여 중국에까지 알려졌습니다.

균여의 사상은 '성상융회(性相融會)'로 요약되는데 공(空)을 뜻하는 성(性)과 색(色)을 뜻하는 상(相)을 원만하게 융합한 이론입니다. 한마디로 이상과 현실 세계를 융합하려 했다고 볼 수 있습니다. 균여의 사상이 민중 지향적이고 독창적이라고는 하나 당시 승시에 채택되었으니 교학으로서의 엄밀함도 갖추고 있었다고 봐야 합니다.

의천은 그 반대인가? 그게 좀 의심스럽습니다. 의천은 교장을 편찬하는 등 정통 문헌을 중시하는 한편, 교설뿐 아니라 실천적 수행을 아울러 강조했습니다. 이를테면 의천의 불교 사상으로 유명한 교관겸수(教觀兼修)는 불교 교리 체계인 교(教)와 실천 수행법인 지관(止觀)을 함께 닦아야 한다는 주장입니다. 의천은 균여를 두고 이 두 가지가 모두 결여되어 있다고 비판합니다. 그런데 의천이 균여대사의 교설에 실천적 수행이 결여되었다고 한 비판은 쉽게 납득하기 어렵습니다. 이른바 보살행이 중생과 함께하는 것이라면 마땅히 균여처럼 해야 실천행일 텐데요. 실천성을 강조하면서 균여를 비판하니 의천의 논리가 잘 이해되지 않는 것입니다. 그리고 교리 측면에서 보더라도 균여의 교설에서 실천 수행법에 대한 견해가 취약하다고 볼 수 없다는 것이 불교학자 대부분의 견해입니다.

앞 장에서 이야기했지만, 의천은 균여를 두고 "말은 문장을 이루지 못하고 이치는 변통이 없어서 우리 조사의 도를 황폐케 하고 후생들을 현혹함이 이보다 더 심할 수 없다"라고 하면서 균여의 교설을 완전히 부정했습니다. 일본 학자 사토 아쓰시는 "의천의 균여 비판은 균여의 저술에서 출처가 불분명한 점을 문제 삼은 것일 뿐"이라고 주장합니다. 이 주장은 이해가 됩니다. '향가 등을 통해 대중 불교를 추구했지만 내용 면에서 전통적인 불교 문헌에서 찾을 수 없는 것이 있다'는 식의 비판은 설득력이 있죠.

교장을 편찬하면서 의천은 상당량의 문헌을 직접 읽고서 간행할지 말지를 판단했을 겁니다. 그런 식으로 불교 문헌에 정통한 의천이 보니 균여대사의 저술에 정통성이 부족하다고 이야기할 수는 있었겠죠. 의천이 그 많은 문헌을 어떻게 다 볼 수 있느냐고 의심할 수 있는데, 사실 여부를 지금 확인할 수는 없지만 불가능한 것은 아닙니다. 주희가 『대학』을 읽는 일을 두고 한 말이 있습니다. 처음 읽을 때는 십 분[十分: 100퍼센트]의 공이 들고, 두 번째 읽을 때는 팔구 분, 그 후에는 육칠 분이면 되고, 나중에는 저절로 『대학』이 마음속에 있게 되어 책 자체가 필요없게 된다고 이야기했어요. 이미 머릿속에 들어 있는 이야기가 나오면 읽는 데 속도가 나겠죠. 율곡 이이도 한 번에 열한 줄씩 읽었다고 하고 명말 청초 학자인 왕부지는 열두 줄씩 읽었다고 하는데, 이미 알고 있는 내용이니까 가능한 일입니다. 의천이 수많은 불경을 읽고 내용을 기억하고 있었다면 균여의 교설을 보고 '이거 듣도 보도 못 한 거 아니냐'는 식으로 반응할 수 있다는 거죠.

한편 최근의 불교 연구자들은 의천을 전통의 계승자가 아니라 새로운 사상을 추구한 사람으로 간주하는 경향이 있습니다. 그 때문에 의천의 균여 비판은 균여로 대표되던 신라 화엄 사상의 전통에 대한 의도적 비판이라고 봅니다. 하지만 의천의 균여 비판이 논리적으로는 타당하지 않다고 보는 견해가 우세한데, 저는 이 견해가 참고할 만하다고 생각합니다.

7장

지눌

부처의 빛이 온 누리를 비추다

선교일치를 추구하다

지눌(知訥, 1158~1210)은 흔히 한국 선불교의 중흥조로 일컬어지지만 사실상 한국 선문(禪門)의 개조(開祖)라 할 정도로 선불교의 대표자입니다. 지눌이 활동할 당시 고려의 불교계는 교종과 선종의 대립이 심각했는데 처음으로 선불교의 입장에서 불교를 통합했기 때문입니다.

교종은 석가모니 세존이 제자들을 가르친 말씀을 연구하고 그 가르침에 따라 수행하는 겁니다. 남아 있는 말씀이 경전이 되고 그 경전을 외우면 되니까 다른 공부와 큰 차이가 없습니다. 그런데 치명적인 약점이 있습니다. 중국이나 고려나 일본에 있는 중생들은 혜초처럼 인도에 갔다 온 사람들의 기록을 받아 적어 전수하는 식으로 공부할 수밖에 없었다는 점이죠.

요즘도 비슷합니다. 예를 들어서 우리 현실에 기반하지 않고 다른 지역의 풍토에서 자란 생각은 '오리지널리티'가 그쪽에 있죠. 여기서 아무리 열심히 해봤자 그쪽에서 아니라고 하면 이쪽은 다 무너집니다. 지금은 세계의 중심이 따로 있다고 할 수 없지만 여전히 자기들이 세계의 중심이라고 생각하는 사람들이 있어요. 그런 상황을 바꿀 수 있는 방법은 그 가르침을 자기 내면으로 끌어들이는 것입니다. 불교의 경우 선(禪)이 그런 역할을 했습니다.

지눌부터 시작되는 선종은 한국 선불교 역사의 대부분을 차지합니다. 물론 지눌 이전에 선종이 없었던 것은 아닙니다. 신라 법랑선사(法朗禪師)가 중국 선종의 4대 조사인 도신(道信, 580~651)으로부터 선종을 전수받아서 선덕왕(善德王, 재위 632~647) 때 신라에 전파한 기록이 있습니다. 그러나 선종은 신라 때는 세력을 얻지 못하고 고려 시대에 이르러 세력을 확장하다가 지눌에 이르러서 선(禪)이 교(敎)까지 통합하기에 이릅니다. 선문, 곧 조계종이 한국 불교의 정통으로 자리 잡고 가장 강력한 세력으로 성장한 것은 지눌에서 시작되었다고 할 수 있습니다. 한마디로 지눌은 인도에서 태동했던 석가모니불의 가르침을 고려 때부터 시작된 선종의 역사 속으로 가져와서 다시 깨달음의 밭을 일구었다고 할 수 있죠.

지눌은 시호가 '불일보조(佛日普照)'입니다. 흔히 보조국사(普照國師) 지눌이라고 하죠. 보조(普照)는 '온 누리를 비추다', 불일(佛日)은 '부처의 태양'이라는 뜻입니다. 깨달음의 빛이 온 누리를 비춘다는 뜻이죠. 앞서 말씀드린 대로 지눌은 한국 선문의 실질적인 개조라고 할 수 있는데 그 핵심은 '중생의 본성은 부처와 조금도 다를 바 없다'는 생각입니다. 그러니 굳이 중생이 인도로 가지 않아도 되고 석가모니의 가르침을 경전을 통해 읽지 않아도 깨달을 수 있다는 것입니다. 본성이 같으니까요. 이것이 바로 선(禪)의 종지(宗旨)입니다. 본성을 어떻게 드러내고 어떻게 자성(自性)을 깨닫고 수양을 통해 그것을 어떻게 유지해 나가느냐 하는 것이 선의 가르침입니다. 그 가르침이 보편적으로 받아들여지려면 수많은 과정을 거쳐야 합니다.

지눌은 보조국사라는 시호도 있지만 스스로 목우자(牧牛子: 소 치는 사람)라는 별칭을 썼습니다. 이른바 『목우자수심결(牧牛子修心訣)』로 널리 알려진 『수심결(修心訣)』의 저자이기도 합니다. 이 책에서도 역시 선문에서 가장 강조하는 수행법을 이야기합니다. 내용을 간단히 소개하면 우선 세상이 고해(苦海), 곧 고통의 바다라는 걸 깨달아야 한다고 강조합니다. 석가모니불이 초전법륜(初轉法輪: 석가모니가 보리수 아래서 깨달음을 얻은 뒤 수행자들에게 처음으로 전해 준 가르침)이라고 해서 처음으로 가르침을 전할 때 고집멸도(苦集滅道: '고'는 생로병사의 괴로움, '집'은 '고'의 원인이 되는 번뇌의 모임, '멸'은 번뇌를 없앤 깨달음의 경계, '도'는 그 깨달음의 경계에 도달한 수행. 사제(四諦)라고도 함)를 이야기하면서 삶이 고(苦)라고 했죠. 우선 이 생각에 공감할 수 있어야 불교의 가르침에 입문할 수 있습니다. 지눌은 30년 수행을 끝내고 나서도 자신이 마치 원수와 함께 사는 것 같았다고 말합니다. 마음에 일어나는 미움을 없애지 못했다는 뜻입니다. 수십 년의 수행으로도 미움을 없애지 못할 만큼 삶이 고통스럽다는 거죠. 괴로움에서 벗어나려면 발버둥을 쳐야 하는데 그 방법은 스스로 부처가 되는 겁니다. 부처는 깨달은 자인데 깨달았다는 건 고통에서 벗어나는 것, 편안해지는 것이죠. 부처가 어디에 있느냐? 중국이나 인도에 있는 게 아니라 내 마음이 바로 부처라는 거죠. 굉장히 관념적으로 들립니다만 맞는 말입니다. 결국 미움은 미워하는 상대가 아니라 나에게 있다는 점을 생각해 보면 내 마음을 깨치는 수밖에 달리 방법이 없습니다.

전남 순천 송광사에 보조국사비가 있습니다. 그 비문은 김부식의 손자

김군수(金君綏)가 지었는데 지눌의 출가에서 시작해 여러 차례의 깨우침이 기록되어 있습니다. 보조국사 지눌 하면 이른바 '돈오점수(頓悟漸修)'라는 말이 떠오르죠. 돈오점수가 진정한 깨달음의 경지냐 아니냐 말이 많은데, 앞으로 살펴보겠지만 지눌의 삶과 부합하는 면이 있습니다. 지눌은 두 번의 깨달음을 통해서도 완전하게 마음이 편해지지 않았고 마지막 세 번째 깨달음을 통해 마음이 편해졌다고 스스로 이야기합니다. 그의 삶 자체가 돈오점수였습니다. 돈오점수에 대한 평가와 상관없이 지눌은 자신의 삶과 일치하는 불교적 사유를 펼친 것입니다. 그런 내용이 비문에 나와 있습니다.

선불교의 종지

지눌을 이해하려면 우선 선종에 대한 기본적인 이해가 필요합니다. 그런데 선종은 그 유래가 불분명합니다. 한국 불교가 거의 다 선종인데 이게 불분명하다니 무슨 소리냐 싶겠죠. 흔히 선은 달마대사(達磨大師)에서부터 시작되었다고 이야기하고 달마 이전에는 어떠했는지 알 수 없습니다. 그런데 선문에는 부처의 제자 마하가섭(摩訶迦葉) 이래 28대까지 계보가 정리되어 있습니다. 후대에 꿰맞춘 거죠. 따라서 이 계보를 믿는 학자는 거의 없습니다. 하지만 선문에서는 이런 걸 따지는 게 별 의미가 없습니다. 그런 식의 가르침을 넘어서려는 것이 선이니까요. 논의의 수준 자체가 다르다고 해야겠지요.

선불교의 종지는 '교(敎) 밖에 따로 전하는 것, 문자에 의지하지 않고 각자의 마음을 바로 가리켜 마음의 성품을 보아 부처를 이룬다(敎外別傳 不

立文字 直指人心 見性成佛'입니다. 교과서에서 선에 대해 설명할 때 '염화미소(拈花微笑)', '교외별전(敎外別傳)', '불립문자(不立文字)'와 같은 가르침이라고 하죠. '염화시중(拈華示衆)'에 관한 내용은 다 아실 거예요.

어느 날 범왕이 영취산에 올라 석가세존에게 꽃을 바치고 가르침을 여쭈었다. 석가세존은 사자좌에 올라 꽃을 들고 손가락으로 만지면서 아무 말도 하지 않았다. 앉아 있던 사람들 중 누구도 그 뜻을 알아차리지 못했는데 존자(尊者) 마하가섭만이 미소로 답했다. 세존이 이르시길 "이제 정법(正法)을 너에게 부탁하겠다. 가섭아, 이를 후세에 전하도록 하라"라고 하였다.

이게 선의 시작입니다. 석가세존이 웃기만 하고 전해 준 것이 없죠. 그러니까 교외별전, 가르침 없이 따로 전해 주는 것이 선이에요. 불립문자, 언어문자로 전달되는 게 아니라는 거죠. 인용한 이야기는 『대범천왕문불결의경(大梵天王問佛決疑經)』이라는 경전에 전하는데 불교학자들은 이 경전이 후세에 만들어진 위경(僞經)이라고 말합니다. 그러니 선불교는 시작부터 성립하지 않는다고 이야기하는 학자들도 있습니다. 그러나 선의 종지를 이해하고서 본다면 그것이 위경이든 아니든 상관없습니다. 『대범천왕문불결의경』이 진짜든 가짜든 거기서 말하는 불립문자, 곧 가장 중요한 진리는 언어로 전달되지 않는다는 뜻만은 바꿀 수 없기 때문입니다.

따져 보면 우리가 역사적 사실이라고 알고 있는 많은 것이 진실이 아닌 경우가 많습니다. 베토벤이 어느 날 산책하다가 〈f단조 소나타(열정)〉를 연주하는 장님 소녀를 만났다는 이야기도 연대기 맞지 않아요. 베토벤이 〈f단조 소나타〉를 아직 작곡하지도 않았는데 누가 그걸 연주할 수 있겠습니까? 뉴턴과 사과나무도 근거 없는 이야기입니다. 또 갈릴레오 갈릴레이가 종교재판에서 자신이 잘못했다고 인정한 뒤에 "그래도 지구는 돈다"라고 했다는 말도 근거가 없습니다. 그렇지만 그 내용을 잘 살펴봐야죠. 결국에는 만유인력의 법칙이 사과나무 비유를 통해 설명되니까요. 〈f단조 소나타〉가 얼마나 뛰어난 작품인지, 얼마나 많은 사람에게 감동을 주었는지 그 일화를 통해서 알 수 있어요. 그게 진짜냐 가짜냐는 이 이야기가 전해 주는 맥락을 파악하고 나면 중요하지 않게 됩니다. 깨닫는 자는 거짓을 통해서도 깨달을 수 있고, 못 깨닫는 자는 진실로도 미망에 빠져듭니다. 그게 선입니다.

선불교의 법통

서기 527년 양 무제(梁武帝) 대통(大通) 원년 9월 21일, 달마가 중국 광주에 도착합니다. 당시 중국은 남조와 북조로 나뉘어 엄청나게 혼란스러운 상황이었습니다. 그중에 남조의 양나라 무제는 불교에 심취한 황제였습니다. 성리학자들은 무제를 혹세무민한 군주라고 비판하지만 사실 그는 굉장히 인자한 군주였어요. 주희의 『사서집주』에도 무제 이야기가 나오는데 불교의 영향으로 채식을 했다고 해요. 고기를 먹지 않았어요. 심지어 종묘에서 제사 지낼 때는 어쩔 수 없이 희생소를 써야 하는데 차마 소를 죽일 수 없어 밀가루로 소, 양, 돼지를 만들어서 제사를 지냈어요. 얼마나 대단한 불법의 수호자입니까?

그런데 그때 마침 인도에서 고승이 왔다는 소식을 듣고 모셔 오라고 해요. 그 사람이 달마입니다. 무제는 달마에게 지금까지 자기가 불타의 가르침을 얼마나 훌륭하게 실천해 왔는지 이야기하고 자기 공덕이 어느 정도

되느냐고 묻습니다. 그런데 달마가 무제에게 아무짝에도 쓸모없는 짓을 했다고 해요. 화가 난 무제가 달마를 쫓아냅니다. 나중에는 후회하고 다시 달마를 부르러 가는데 때는 이미 늦어서 달마는 돌아오지 않습니다. 그 후 달마는 소림굴에 들어가 9년 동안 면벽 수도를 했다고 하죠.

달마가 이렇게 수행하고 있을 때 신광(神光)이라는 스님이 자기 마음속에 끊임없이 번뇌가 일어나니까 달마를 찾아갑니다. 번뇌를 없앨 방법을 묻기 위해서죠. 그가 바로 선종 2대 조사인 혜가(慧可)입니다. 혜가라는 법호는 달마가 지어 준 겁니다. 신광이 밖에서 사흘 밤낮을 앉아서 기다리는데 눈이 와서 온몸에 쌓일 정도가 되어도 달마는 벽만 쳐다보고 돌아보지도 않아요. 그 과정에서 왼손잡이였던 신광이 오른팔을 잘랐다고 해요. 그러고 나니 달마가 가르침을 줍니다. 신광이 마음의 번뇌를 물리칠 수가 없다고 하자 달마는 마음을 가져오라고 해요. 그런데 마음이 어디에 있는지 찾을 수 없죠. 신광은 어디에 있는지 찾을 수도 없는 마음 때문에 번뇌하고 괴로워했나, 하는 순간 깨달았다고 해요. 이 가르침을 받고 나자 그의 오른팔이 다시 살아났다고 합니다.

혜가가 깨우치자 의발(衣鉢)이 전수됩니다. 의발이란 법의(法衣)와 공양 그릇(鉢)으로, 스승이 제자에게 의발을 전수했다는 것은 법을 전수한 제자를 인가(印可)했음을 뜻합니다. 한 제자에게만 인가하고 그 징표로 의발을 전하는 거예요. 그런데 선문이라는 것이 물질적인 것으로 전수가 확인되는 건 아니죠. 마음에서 마음으로 전수하는 거잖아요. 그래서 의발의 전수가 끊깁니다. 5대 조사 홍인(弘忍)이 혜능(慧能)한테 더는 의발을 전수하지 말라고 하죠. 그래서 실제로 선문이 시작되는 건 육조 혜능 때부터라고 합니다. 달마에서 시작되긴 했지만 선에 걸맞은 가르침이 전해진 것은 이때부터라고 보는 거죠.

선종의 3대 조사 승찬(僧璨)의 화두는 마음의 번뇌였어요. 평생 동안 화두를 살펴보며 그걸 깨치는 선문의 수행법을 간화선(看話禪)이라고 하죠. 승찬은 나병에 걸려 온몸에 물집이 생겼고 그 고통을 이기지 못해서 혜가를 찾아가 이 죄가 어디서 왔느냐고 묻습니다. 그러자 혜가가 달마와 비슷한 이야기를 합니다. "죄를 가져와라. 가져오면 가르쳐 주겠다." 그 순간 승찬은 죄라는 것의 실체가 없다는 사실을 깨달았다고 합니다.

승찬이 다시 도신(道信)에게 불법을 전합니다. 도신은 승찬이 불법을 펼때 열두 살이었다고 해요. 승찬이 연 법석(法席)에 수많은 제자가 앉아 있었는데 그중 도신이 가장 어린 제자였어요. 도신이 승찬에게 물었어요. "부처의 마음이 뭡니까?" 승찬이 다시 "지금 너의 마음은 어떠하냐?" 하고 물으니 도신이 "저는 지금 마음이 없습니다" 해요. 승찬이 "너의 마음도 없는데 부처의 마음인들 있겠느냐?" 하자 그 이야기를 듣고 도신이 깨달았다고 합니다. 우리는 들어도 깨닫지 못하는데 이 사람들은 깨닫는 거죠. 깨달음이 전수되는 과정을 보면 비슷합니다. 어떻게 깨달았는지 논리적으로 따지기 시작하면 깨달음과 자꾸 멀어지고 못 깨닫습니다.

다시 불법이 홍인에게 전수되는데 홍인도 어렸을 때 도신을 만났다고 합니다. 도신이 홍인에게, "성이 뭐고 이름이 뭐냐?" 하고 묻자 홍인은 "성은 불성(佛姓)이고 이름은 공(空)입니다"라고 답합니다. 보통 '불성' 하면 '性' 자를 쓰는데 성(姓)으로 비유한 거죠. 이런 일화와 함께 도신이 홍인에게 의발을 전수합니다.

혜능은 어려서 아버지를 잃고 늙은 어머니를 모시고 있었는데 어느 날 저잣거리에 갔다가 주점에서 어떤 사람이 『금강경(金剛經)』 읽는 소리를 들어요. 당시 홍인이 황매산에서 법을 전하고 있었고 홍인에게 설법을 들은 사람이 『금강경』을 읽고 있었던 겁니다. 그런데 『금강경』 소리를 들은 혜능이 깨달음을 얻습니다. 그 후 혜능이 황매산으로 홍인을 찾아갑니다. 홍인은 혜능이 큰 그릇인 줄 알아보았지만 다른 제자들이 있으니 모른 체하고 혜능에게 잡일을 시켜요. 나중에 법통을 물려줄 때가 되었다고 생각한 홍인이 제자들을 불러 놓고 그동안 깨달은 바를 게송으로 지으라고 합니다. 그때 수제자 신수(神秀)가 나와서 "사람의 몸이라는 것은 보리지혜, 반야의 지혜가 깃드는 나무이고……"라는 식으로 게송을 씁니다. 홍인은 신수에게 "문턱에 이르렀으되 아직 이를 넘지 못했다"라고 평합니다. 그다음에 혜능이 나와서 "반야라고 하는 것은 본래 몸이 없고……"라고 씁니다. 홍인이 그걸 보고 혜능이 깨달았음을 알아챕니다. 그런데 다른 제자들이 혜능을 해칠까 봐 마치 혜능을 인정하지 않는 것처럼 게송을 지우게 합니다. 그러고는 밤에 혜능을 불러 의발을 전수하고 이후에는 의발을 전수하지 말라고 합니다. 그날 밤으로 혜능이 절을 떠났는데 다음 날 의발이 혜능에게 넘어간 것을 안 제자들이 격노하여 혜능을 추적했으나 잡지 못했다고 합니다. 이것이 선문의 의발 전수 과정입니다.

지눌의 전기를 살펴보기 전에 선의 기본적인 내용을 이해하도록 『육조단경』에 나오는 두 가지 가르침을 먼저 알아보겠습니다.

육조 혜능의 가르침

모든 경 및 문자와 소승, 대승과 십이 부의 경전(十二部經: 불경의 내용이나 기술 형식에 따라 열두 가지로 분류한 것)은 모두 사람으로 말미암아 있게 된 것이니 지혜의 본성에 연유한 까닭으로 세울 수 있는 것이다. 내가 만약 없다면 지혜로운 사람과 일체 만법이 본래 없어서 있지 않을 것이다. 그러므로 온갖 법이 본래 사람으로 말미암아 일어난 것이요, 일체 경서도 사람으로 말미암아 있다고 말한 것이다. **❶-1**

일체의 경서 및 문자는 소승불교니 대승불교니 하는 것을 말합니다. 혼자 타고 가면 소승, 여럿이 함께 가면 대승이라고 하죠. 그런데 논란의 여지가 있습니다. 자기도 못 건너가는데 어떻게 남을 데려가겠습니까? 그러니 대승이 무조건 옳고 소승이 그르다고 할 수는 없습니다.

사람으로 말미암는다는 것이 무슨 뜻인지는 이어지는 대목에 나옵니다. '견성성불(見性成佛)'이라는 말 아시죠? 자기 마음속에 있는 불성을 보면 부처가 된다는 뜻입니다.

> 그러므로 깨치지 못하면 부처가 곧 중생이요, 한 생각에 깨치면 중생이 곧 부처임을 알아야 할 것이다. 그러므로 일체의 만법이 다 자기의 몸과 마음에 있다는 것을 알아야 할 것이다. 그런데 어찌하여 자기의 마음을 따라 진여의 본성을 단박에 드러내지 못하는가? 『보살계경(菩薩戒經)』에 이르기를 "나의 본래 근원인 자성(自性)이 청정하다"라고 하였다. 마음을 알아 자성을 보면 스스로 부처의 도를 이룰 것이니 바로 활연히 깨쳐서 본래의 마음을 도로 찾을 것이다.
>
> —『육조단경(六祖壇經)』, 「견성(見性)」 **❶-2**

부처와 중생의 구분은 깨달음 여부죠. 그런데 깨달음의 주체가 되는 마음은 부처나 나나 똑같이 가지고 있다는 겁니다. 결국 깨닫느냐 못 깨닫느냐는 자기의 몸과 마음에 달린 것이니 따로 부처에게 찾아가서 가르침을 구할 것이 아니라는 뜻입니다. 본래 청정한 자성이 나에게 있으므로 그것을 깨치는 순간 바로 부처가 되는 겁니다. 만약 부처가 그렇게 하지 못했다면 부처도 중생에 지나지 않습니다. 이처럼 선의 종지는 부처나 나나 똑같은 자성을 가지고 있다는 데서 출발합니다.

이제, 지눌의 수행법을 살펴보겠습니다.

지눌의 수행법: 돈오점수와 정혜쌍수

지눌의 수행법은 '돈오점수(頓悟漸修)'와 '정혜쌍수(定慧雙修)'입니다. '돈오(頓悟)'는 단박에 깨치는 것을 말합니다. '점수(漸修)'는 조금씩 수행한다는 뜻입니다. '정(定)'은 '선정(禪定)'입니다. 산스크리트어로 '사마디(samādhi)'이고 '삼매(三昧)'로 음역한 것을 한문으로 번역한 것이 선정(禪定)입니다. 정(定)은 마음이 안정된 상태, 마음이 산란하지 않고 고요하게 머물러 있는 상태, 혹은 그러한 수련에 들어간 상태를 말합니다. '혜'는 '지혜(知慧)'입니다. 팔리어로 'paññā', 산스크리트어로 'prajñā', 한문 음역으로 '반야(般若)'죠. 선정은 돈오와 관련된 수행 방법이고 점수는 지혜와 관련된 수행 방법입니다. 정혜쌍수는 대번에 깨치는 선정의 수행인 돈오와, 깨우쳤다 해도 계속해서 지혜를 쌓아가는 점수의 과정을 함께 닦아가야 한다는 지눌의 가르침입니다.

그런데 이 수행법이 800년 뒤에 일대 논란이 됩니다. 1993년 입적한 우리 시대의 스님으로 해인사 조실이었던 성철(性徹)이 『선문정로(禪門正路)』라는 책에서 지눌을 격렬하게 비판하면서 시작된 논란입니다. 성철의 주장은 다음과 같습니다. 첫째, "돈오(頓悟)는 견성(見性)이며 구경각(究竟覺)이요 성불(成佛)일 뿐, 닦음이 더 필요한 깨침은 아니다." 지눌은 돈오를 안 했기 때문에 점수, 점수 하는 것이라는 말입니다. 둘째, "따라서 돈오점수란 이단사설(異端邪說)에 불과하다"라고 비판하면서 "몹쓸 나무가 자라났으니 뽑아 버려야 한다"라고 표현합니다. 그러면서 돈오돈수(頓悟頓修) 설을 제기합니다.

지눌과 성철 사이에 800년이라는 시차가 있기는 하지만 성철은 해인사 쪽이고 지눌은 송광사 쪽으로 같은 승가(僧家)지만 이론 대립이 있습니다. 성철이 돈오의 투철한 의미를 추구한 것은 분명해 보입니다. 하지만 주의 해야 할 점은, 지눌의 삶과 돈오점수 과정이 부합하는 측면이 있다는 겁니다. 삶과 수행 방법이 일치했는지 않았는지 살펴보면 돈오점수가 의미 있는 수행인지 아닌지 확인할 수 있겠죠.

'성철(性徹)'은 법호인데 철두철미하다는 뜻이에요. 성(性)은 불성을 뜻합니다. 불성을 철두철미하게 추구해서 돈오의 경지에 이르렀다면 그 자체로 존중해야겠죠. 하지만 돈오돈수가 맞느냐, 돈오점수가 맞느냐는 여전히 학문적으로 옳고 그름을 따질 수 있는 문제는 아닙니다. 성철이 옳을 수도 있고 그 반대일 수도 있습니다.

이 정도 되면 의천이 균여를 비판했던 일처럼 논란을 피해 갈 수 없습니다. 이쪽도 옳고 저쪽도 옳을 수는 없고 둘 다 틀렸을 수는 있습니다. 두 고승의 이야기를 듣고 내가 깨닫지 못했다면 법문이 문제일 수도 있고 내가 문제일 수도 있어요. 자신의 오른팔을 끊은 혜가만큼의 절실함이 있다면 같이 따져 볼만하겠지요. 그러니 각자가 깨침을 얼마나 절실하게 생각하느냐에 달려 있다고 볼 수 있습니다.

불가와의 인연

앞에서 송광사에 보조국사비가 있다고 했지요? 이제 그 비명에 쓰인 내용을 정리하면서 지눌의 삶을 살펴보겠습니다.

지눌의 아버지는 정광우(鄭光遇)인데 고려 시대 성균관인 국자감(國子監)의 학정(學正)이었습니다. 학정은 정9품 말단직인데, 이 직책은 고려 시대 과거 중에서 조선의 문과에 해당하는 예부시(禮部試)를 통과한 사람이 맡았습니다. 그러니 지눌의 아버지는 유학을 공부한 사람이었다고 추정할 수 있습니다. 유학자가 자식을 불가에 출가시켰으니 특별한 사연이 있겠지요. 정광우는 본래 자식을 출가시킬 마음이 없었는데, 아들이 병에 걸려 죽게 되자 불전에 기도하면서 병만 낫는다면 자식을 부처에게 바치겠다고 약조합니다. 그런데 병이 나아요. 그래서 약속대로 출가시키죠. 지눌의 입장에서 보면 애초 자기 의사와 상관없이 불교가 모태신앙이 되어 버린 셈입니다. 원하지도 않았는데 태어나자마자 출가해야 한다거나 신부가 되어야 한다면 어떨까요? 지금의 시각에서 보면 모태신앙이 꼭 좋은 것만은 아닌데 불교 나라 고려에서는 태어나자마자 부처의 점지를 받았다는 남다른 의미가 있었습니다. 엄청난 인연인 거죠.

혼란의 시대를 살다

여러 차례 언급했듯이 고려 시대는 불교가 정치, 사회, 경제, 문화의 제도 전반을 총괄하던 때였죠. 이런 상황이 오래 지속되면 본래 석가모니의 가르침과 상관없이 문제가 생길 수밖에 없습니다. 선종과 교종의 대립도 선종이 성장하면서 점차 격렬해집니다.

그뿐만 아니라 무신의 난으로 고려 왕실의 힘도 약해진 시기였어요. 지눌이 13세 때(의종 말 명종 초) 문신에 대한 반감으로 정중부, 이의방이 중심이 되어 이른바 무신의 난을 일으켰고 그 후 정변이 계속되면서 살육이 일상화되는 시기가 이어집니다. 그러다 명종 26년에 최충헌(崔忠獻)이 권력을 장악하는 데 성공해 무신정권을 수립합니다. 지눌의 나이 38세 때의 일입니다. 당시 승려들은 안으로는 선과 교가 대립·갈등하고 밖으로는 왕실의 편에 서서 무신들과 대치하는 일에 동원되는 등 자신들의 본분을 넘어서는 일에 자주 연루되었습니다.

지눌이 13세 때 무신의 난이 있었다고 말씀드렸는데 그때 이미 출가한 상태였다는 주장도 있습니다. 비문에 "연보팔세(年甫八世)에 출가했다"라고 되어 있는데 '팔세(八世)' 앞에 있는 '보(甫)' 자를, '거듭 재(再)' 자로 봐서 '재팔(再八)'로 하면 열여섯이 됩니다. '연보팔세'에서 '보'는 '사내 보', '남자 보'입니다. 그래서 여덟 살에 출가했다는 주장도 있고 열여섯에 출가했다는 주장도 있는데, 연보팔세를 문자 그대로 해석하면 열여섯이 아니라 여덟 살이 맞겠죠.

어쨌든 최충헌이 권력을 장악한 때에 지눌은 38세였습니다. 교종은 왕실을 중심으로 성장했죠. 균여도 광종의 귀의 복전이었고 의천은 형인 선종의 복전이었어요. 그런데 무신들이 집권하더니 선종을 키우기 시작합니다. 육조 혜능까지 이어지는 순수한 선가의 전통만으로 불교가 설명되면 오죽 좋겠습니까마는 이렇듯 세속의 논리가 만만치 않습니다.

물론 불교만 그런 건 아닙니다. 어느 날 갑자기 신부들이 장가를 못 가게 된 이유도 자꾸 자식한테 재산을 물려주니까 계율이 만들어진 거죠. 천주교에서 본래부터 사제의 결혼이 금지된 것은 아닙니다. 서기 386년 시치리오 교황 때에 사제들이 교회 재산을 빼돌려 가족들에게 주는 일이 생기자 결혼을 금지했고, 그 뒤로도 여러 차례 결혼을 허용하기도 하고 금지하기도 하다가 11세기 그레고리오 7세에 이르러 사제 결혼 금지 조치를 강화하여 오늘에 이르렀다고 합니다.

아무튼 무신정권 입장에서는 왕실을 지지하던 교종보다는 수행을 중시하며 비교적 중립적인 태도를 보인 선종을 우대했겠죠. 게다가 교종과 관계된 승려들이 이자겸의 난에 가담해 왕실 편에 서서 무신들과 대치하기도 하고 이의방을 잡는 데 승려 2,000명이 동원되기도 했어요. 물론 불교국가에서 승려의 본분은 지금과 달랐다고 봐야 합니다. 그러니 정교가 분리된 근대적 시각만으로 평가할 문제는 아니죠. 어쨌든 선과 교가 대립·갈등하고 있었는데 무신이 정치권력을 장악함에 따라 선종이 우위를 점하게 되는 상황이 벌어집니다.

명리의 길을 버리고 수행을 택하다

지눌은 25세 때(명종 12년, 1182) 보제사(普濟寺)에서 승과에 급제하지만 명리(名利)의 길이라고 하며 그걸 버립니다. 그러고는 보제사 담선법회(談禪法會)에 참석해 정혜결사(定慧結社)를 맺습니다. 요즘 무차선회(無遮禪會)라는 것이 자주 열리는데 여기서 '차(遮)'는 차단(遮斷), 곧 '가로막는다'는 뜻입니다. 무차선회는 가로막는 장벽 없이 여는, 선에 대한 법회입니다. 성철이 지눌의 이론을 비판하면서 무차법회를 연 적이 있었죠.

불교는 깨달음의 종교입니다. 그러나 깨달음이 불교의 전유물일 수는 없습니다. 무차선회는 누구에게나 열어 놓는다는 점에서 프로와 아마추어

가릴 것 없이 참여하는 일종의 오픈 대회라고 할 수 있습니다. 종정, 사미 승, 보살 할 것 없이 계급장 떼고 깨달음에 대해 이야기할 수 있는 매력적인 자리입니다.

꼭 이런 형식의 무차선회는 아닙니다만 담선법회가 이와 비슷합니다. 지눌이 그 자리에서 정혜결사를 맺었다고 합니다. '사(社)'를 맺는다는 것은 특정한 사람을 중심으로 특정한 수행 방법을 선언하고 오로지 수행에 매진함으로써 당시의 어려움을 극복하겠다는 의지를 표명한 겁니다. 일종의 조직체를 만든 거죠. 이때 사람들이 너무 많이 모이자 지눌은 스스로 감당할 수 없다고 여기고 전남 나주의 청량사(淸涼寺)로 가서 은거합니다. 거기서 육조 혜능의 『육조단경(六祖壇經)』을 읽고 깨닫습니다. 첫 번째 깨달음[心機一轉]입니다.

지눌은 "육식(六識)의 뿌리인 육근(六根: 눈·코·귀·혀·몸·뜻)이 보고 듣고 냄새 맡고 맛보고 만져 보고 깨달아 진여자성(眞如自性)을 알지만 진여자성은 밖에서 보고 듣고 더럽혀지는 것이 아니다"라는 구절에서 깨달음을 얻었다고 합니다. 육식(六識)은 눈으로 받아들인 지식, 코로 냄새 맡은 지식, 귀로 들은 지식, 혀로 맛본 지식, 몸으로 느낀 지식, 의념(意念)으로 알게 된 지식을 말합니다. 진여자성은 인간의 본성, 불성인데 아무리 밖에서 오염된 것이 들어와도 그 자체는 자유자재하고 있는 그대로 찬란히 빛나고 물들지 않는 것이죠. 아무리 악행을 저지르고 타락한 이라 해도 진여자성이 있고 희망이 없는 사람은 없다는 거죠. 이것이 지눌의 첫 번째 깨달음입니다.

당시 선종과 교종의 대립 양상은 서로 상대의 이론이나 수행 방법을 무시하고 정통성을 부정하는 지경에까지 이릅니다. 선종에서는 교 밖에 따로 전하는, 곧 교외별전의 심법(心法)을 내세우면서 경전의 문자와 이론을 무시했고 교종에서는 경전의 법문만이 부처의 참된 가르침일 뿐 선은 중국에 와서 성립된 한 종파에 불과하다며 정통 불교로 인정하지 않았어요. 이렇게 서로가 우열을 다투며 시비를 일삼습니다.

이런 상황에서 지눌은 '선이든 교든 모두 부처로부터 비롯되었는데 어찌 서로 미워하는가?' 하고 의심하며 그 근원을 밝히려 합니다. 그래서 화엄종장(華嚴宗匠)들을 일일이 방문해서 교종의 수행 방법을 묻습니다. 그런데 모두가 교리를 말할 뿐 '마음이 곧 부처'라는 선지(禪旨)와는 거리가 있어서 수긍할 수 없었다고 합니다.

지혜는 중생의 몸에 있다

그러고 나서 두 번째 심기일전이 나옵니다. 스스로 선종을 추구했지만 『화엄경』의 「여래출현품(如來出現品)」을 읽으면서 "여래의 지혜가 중생의 몸 가운데 있건만 어리석은 범부는 스스로 알지 못하도다"라는 구절에 이르러 크게 깨닫습니다. 『화엄경』의 뜻이 선의 종지와 같다는 것을 깨달은 거죠. 교와 선을 통합할 수 있는 실마리를 『화엄경』에서 찾아낸 겁니다. 결국 선교를 일치시키려는 지눌의 노력이 교에 해당하는 불교 경전을 연구하는 방면에서도 의미 있는 성과를 거둡니다.

또한 "몸은 지혜의 그림자요, 국토 또한 그러하다. 지혜가 깨끗하면 그림자도 맑아, 크고 작은 것이 서로 용납됨이 인드라망(因陀羅網)과 같다"라는 문구에 이르러 책을 덮고 깨달았다고 합니다. 인드라는 원래 힌두교의 신인데 불교의 신으로 바뀌면서 제석천왕이 되었죠. 제석천왕은 부처의 수호신입니다. 제석천이 사용하는 그물이 인드라망이에요. 이 그물에는 그물코마다 보석이 달려 있어 서로 비추어 줍니다. 인드라망은 모든 존재가 인연으로 인해 일어난 것으로 보는 '인연생기(因緣生起)'의 불교적 세계관을 가장 잘 말해 주는 비유입니다. 다시 말해 하나하나의 모든 법은 다른 사물에 의해 존재가 드러나는 것이지 각자 자성이 따로 있지 않다는 이야기입니다. 지눌은 결국 『화엄경』도 선의 조사들이 이야기하는 바와 같은데 어째서 근원이 같음을 추구하지 않고 각각 쟁론을 일으켜 세월만 허비하고 있는가 하고 묻습니다.

이 일을 계기로 지눌이 선교일치의 실마리를 보았다고 해서 이를 제2차 심기일전이라고 합니다. 이 정도 되면 부질없이 스스로 쟁론을 일으키거나 선의 입장에서 교를 비난하거나 하는 일은 없어질 법한데 이게 쉽게 안 됩니다.

「정혜결사문」을 선포하다

1190년에 지눌은 몽선화상(夢船和尙)과 함께 팔공산 거조사(居祖寺)로 옮긴 뒤 결사를 약속한 동지를 모아 사명(社名)을 정혜(定慧)라 하고 「권수정혜결사문(勸修定慧結社文)」을 선포합니다. 이 결사문에서 지눌은 마음을 올바로 닦음으로써 미혹한 중생이 부처로 전환될 수 있으며 그 방법은 정(定)과 혜(慧)를 함께 닦는 정혜쌍수라고 주장합니다. 이 주장은 한 부처의 가르침이 선교양종·정혜이파(定慧二派)로 분열되어 정과 혜가 한마음 위에 통일될 때 온전한 불교 공부가 된다는 점을 망각한 채 서로 시비를 일삼고 상대를 적으로 여겨 왔던 당시 불교계 수행법에 대한 문제의식에서 나온 것입니다.

이처럼 두 번의 깨달음이 있었지만 아직 끝나지 않았습니다. 마지막 세 번째 깨달음이 남아 있습니다.

김군수가 찬한 「불일보조국사비명(佛日普照國師碑銘)」에 따르면, 지눌은 지리산 상무주암(上無住庵)에서 홀로 수행하다가 송나라 대혜종고(大慧宗杲, 1089~1163)의 『어록(語錄)』 중 "선은 고요한 곳에 있는 것도 아니고 시끄러운 곳에 있는 것도 아니며, 날마다 인연에 따라 응접하는 곳에 있는 것도 아니고 생각하고 분별하는 곳에 있는 것도 아니다. 그러나 고요한 곳, 시끄러운 곳, 날마다 인연에 응접하는 곳, 생각하고 분별하는 곳을 마음에 두지 않고 참구해야만 한다[禪不在靜處 亦不在鬧處 不在日用應緣處 不在思量分別處 然 第一不得捨却靜處鬧處 日用應緣處 思量分別處叅]"라는 문구에 이르러 세 번째 깨달음을 얻습니다. 대혜종고는 간화선의 창시자로, 성리학 집대성자인 주희와 함께 남송의 사상계를 양분한 인물입니다.

지눌은 그 순간에 대해 "내가 보문사 이래로 10여 년 동안 비록 뜻대로 수행을 쌓아 헛되이 보낸 적이 없었지만 여전히 정견(情見: 미워하는 감정)을 잊어버리지 못한 채 어떤 물건이 가슴에 걸려 마치 원수와 함께 있는 것 같았다. 지리산에서 『대혜보각선사어록』을 얻어 보았는데 …… 홀연히 눈이 열려 비로소 모든 일이 내 마음 안의 일임을 알게 되었다. 내가 여기서 깨달은 뒤에 자연히 가슴에 물건이 걸리지 않고 원수가 같은 곳에 있지 않게 되어 바로 편안해졌다[予自普門已來 十餘年矣 雖得意動修 無虛廢時 情見未忘 有物礙膺 如讐同所 至居智異 得大慧普覺禪師語錄 …… 忽然眼開 方知 皆是屋裡事 予於此契會 自然物不碍膺 讐不同所 當下安樂耳]"라고 기술합니다. 이 일이 지눌의 세 번째 심기일전입니다.

성철은 지눌이 이때도 견성(見性)한 것은 아니었다고 주장했죠. 앞에서 말했듯이 돈오(頓悟)는 단번에 깨치는 것을 뜻합니다. 이른바 성리학에서도 단번에 깨친다는 이야기를 합니다. '일조활연관통(一朝豁然貫通)'이라고, 어느 날 갑자기 (활연히) 관통하는 겁니다. 그런 예는 많습니다. 운동의 기술을 익히는 것도 마찬가지입니다. 야구공을 칠 때 처음에는 공이 안 보이다가 연습하다 보면 보이는 순간이 있죠. 피아노 연주도 그렇습니다. 왼손, 오른손 따로 치다가 어느 순간 자유자재로 칠 수 있게 됩니다. 그런 게 활연관통입니다. 성리학에서의 수행도 이와 마찬가지입니다.

그런데 돈오란 이런 수행 없이도 가능하다는 거죠. 돈오와 상반되는 점수(漸修)는 조금씩 닦아 나가는 것이죠. 유가에서의 수행은 점수밖에 없습니다. 범인(凡人)도 수양을 하면 성인이 될 수 있고 성인도 수양을 하지 않으면 타락합니다. 그러니 죽을 때까지 수양해야 합니다. 그래서 유가에서는 수양론이 힘을 얻습니다. 한나라 때 유학은 경전의 자구 해석에 머물러 수양론이 설 자리가 좁아집니다. 어차피 수양을 해 봤자 성인이 되지 못한다고 생각했어요. 그래서 교화, 곧 왕화(王化)의 힘을 입어야 한다고 보았습니다. 그게 지배 논리로 가죠. 그런데 내가 직접 하겠다고 하면 달라집니다. 그게 사대부의 논리입니다.

따라서 '단번에 수행한다'는 돈수(頓修)는 유가의 논리로는 설명이 안 됩니다. 『맹자』에 '알묘조장(揠苗助長)' 일화가 나오죠. 송나라의 어떤 사람이 곡식 싹이 자라지 않는 게 답답해서 싹을 뽑아 올려 줍니다. 자라는 걸 도와준 겁니다[助長]. 농사를 짓다 보면 뽑아 올려 주고 싶은 마음이 어찌 안 생기겠습니까? 제초제나 비료를 안 쓰면 잘 자라지 않잖아요. 그런데 유가에서는 뽑아 올리는 조장을 경계합니다. 조장을 하면 안 되고 의리를 쌓아서 조금씩 조금씩 길러야 한다는 '집의소생(集義所生)', 이것이 바로 호연지기(浩然之氣)를 기르는 방법입니다. 오늘도 선행을 쌓고 내일도 쌓아서 필연적으로 올바른 도리에 이르러야 하는 것이지 어느 날 갑자기,

우연히 돌발적으로 선을 실천하게 되는 게 아니라는 거죠. 점수는 유가에서 '학당이점(學當以漸)', 곧 '배움은 마땅히 조금씩 앞으로 나아가야 한다'는 말로 설명할 수 있습니다. 또 맹자가 말했듯이 물의 흐름은 '바로 앞의 웅덩이를 채우지 않으면 나아가지 않는다〔不盈科不行〕'는 것입니다. 이게 학(學)이죠. 학(學)은 성인이든 안연이든 퇴계든 누구에게나 똑같습니다.

그런데 '각(覺)'은 학(學)과 다릅니다. 성철은 갑자기 되는 거라고 그랬죠. 그러면서 지눌은 그렇게 하지 못했다고 했어요. 돈오와 점수를 따로 이해하는 건 전혀 문제 될 것이 없습니다. 그런데 성철이 말한 돈오돈수(頓悟頓修)에서는 수(修)가 모호합니다. 단번의 깨달음은 있어도 단번의 수양은 없기 때문입니다. 그래도 지눌은 '점수'라고 했으니 희망이 있는데 '돈수'라고 하면 어물쩍 넘어가기 어려운 지점이 있습니다. 우선 말이 안 되거든요. 하지만 선의 특징은 그런 말에 얽매이지 않는 데 있으니 빠져나갈 구멍이 없는 것은 아니라고 하겠습니다.

중생에게는 다 자성(自性)이 있다고 하죠. 그런데 자성을 볼 수 있는 사람이 있는 반면에 그러지 못하는 사람이 있다면 그게 자성이 맞느냐고 따질 수 있습니다. 그런데 수행 영역에 가 있는 사람이 그랬다고 하면 존중할 수밖에 없어요. 물론 성철의 주장을 존중한다 해도, 같은 이유로 지눌의 가르침을 존중하지 않을 이유는 없습니다.

송광사에서 입적하다

지눌의 법력이 널리 알려지자 모여드는 수행자의 수가 점차 많아집니다. 그래서 지눌은 수우(守愚)에게 낙동강 이남에 새로운 결사의 도량을 찾게 하고 그곳으로 옮겨 갔는데, 그곳이 바로 송광산 길상사, 곧 현재의 조계산 송광사(松廣寺)입니다. 이후 지눌은 송광사에서 10여 년 머물다가 입적합니다. 송광사 「보조국사비명」을 읽어 보면서 당시의 상황을 살펴보겠습니다.

송광산 길상사로 옮겨 가 수행자들을 인도하여 불법을 열기를 11년 동안 하였다. 때로는 불도를 이야기하고 때로는 선을 수행하며 두타행을 편안하게 받아들였는데 한결같이 불법에 의거하였다. 사방의 스님과 백성들이 소문을 듣고 몰려들어 울연히 큰 무리를 이루었다. …… 얼마 뒤 3월 20일에 병에 걸려 8일 만에 삶을 마쳤는데 자신의 죽음을 미리 알고 있었다. 하루 전날 욕실에 들어가 목욕했는데 모시는 이가 게송을 청하고 이어서 질문하자 대사가 조용히 대답하였다. 한밤중이 되자 마침내 방장에 들어 문답하기를 처음과 같이 하였다. 막 날이 밝아올 무렵 대사가 오늘이 며칠이냐고 물으니 3월 27일이라고 답하였다. 대사가 법복을 갖추어 입고 세수하고 양치한 다음 이렇게 말했다. "이 눈은 조사(祖師)의 눈이 아니고 이 코도 조사의 코가 아니며 이 입도 어머니가 낳아 주신 입이 아니고 이 혀도 어머니가 낳아 주신 혀가 아니다." 법고를 쳐서 대중을 모은 뒤 육환석장(六環錫杖: 고리가 여섯 개 달린 수행자의 지팡이)을 짚고 선법당에 이르러 축향하고 자리에 올라 설법함이 평시의 모습과 같았다. …… 주장자(拄杖子: 선사들이 좌선하거나 설법할 때 사용하는 지팡이. 육환석장은 그중의 하나)를 몇 번 내리치고, "천 가지 만 가지가 모두 이 속에 있다"라고 한 다음 법상에 걸터앉아 움직이지 않더니 고요히 입적하였다. 문도(門徒)들이 향등(香燈)을 베풀고 7일간 공양을 올렸는데 얼굴빛이 생시와 같았고 수염과 머리카락은 조금씩 자랐다. 다비(茶毘) 후 유골을 수습했는데 오색이 찬란하였다. 사리(舍利)는 큰 것은 30과(顆)를 얻었고 작은 것은 무수하였다. 수선사(修禪社) 북쪽 기슭에 사리부도(舍利浮屠)를 세웠다. 임금이 소식을 듣고 크게 슬퍼하였다. 시호를 불일보조국사(佛日普照國師)라 하고 탑호를 감로(甘露)라 하였다. 세수는 53세, 법랍은 36년이었다.

—김군수(金君綏), 「보조국사비명(普照國師碑銘)」 ❷

　지눌은 평생을 도량에서 수도하고 선교를 일치시키기 위해 노력했습니다. 그리고 상당한 효과를 거두었어요. 그뿐만 아니라 자신의 수행 방법인 돈오점수라는 말에 걸맞은 삶을 살았다고 할 수 있습니다. 무엇보다 한국 불교 선종이 있게 한, 곧 조계종이 있게 한 스님이라는 점에서 오늘날까지도 영향력 있는 불교 사상가라고 평가할 수 있습니다.

8장

이규보

시·거문고·술을 좋아한 삼혹호(三酷好) 선생

고려 최고의 문장가

이번에는 고려 시대 최고의 문장가인 이규보(李奎報, 1168~1241)를 살펴보겠습니다. 이규보는 스케일이 굉장히 큰 문장가인데 삶은 그다지 순탄하지 않았습니다. 최씨 무신정권이 권력을 장악한 상황에서 비로소 출세했고 그 벼슬도 본인이 적극적으로 노력해서 얻은 것입니다. 이른바 '삼혹호(三酷好) 선생'이라고 해서 시·거문고·술을 좋아하고 은둔적 삶을 추구했는데 자신의 의지와는 정반대의 삶을 살았습니다. 이런 경우 자기 분열의 고통이 있기 마련인데 글에서도 그런 점이 엿보입니다. 이규보의 문장은 한쪽 입장만 대변하지 않고 늘 허를 찌르죠.

이른바 글쟁이는 글로 구원을 받습니다. 음악 하는 사람은 음악으로 구원받고 축구 선수는 축구로 구원받듯이 이규보도 마찬가지였습니다. 문인으로서 그가 왕조 국가에서 왕의 신하로 충성을 다했다면 문제가 되지 않습니다. 민주주의 사회에서 민주주의의 원칙을 지키면서 살아가는 것과 같으니까요. 그 시대의 가치를 충실히 따랐다, 거스르지는 않았다는 의미에서 그렇습니다. 그런데 왕조 사회에서 왕이 아니라 무신에게 충성했다는 것은 그야말로 무력을 가진 자에게 문인이 굴복한 것입니다. 고려 시대 최고의 문장가가 무(武)를 위해 봉사했다면 자신이 생각한 대로 살았던 게 아닙니다. 실제로 그는 무신정권에 충성을 다하는 와중에도 목숨을 잃을 뻔한 순간을 여러 차례 경험합니다. 일순간에 삶이 망가질 수 있었고 실제로 망가진 적도 있습니다.

다만, 이 시대는 무신정권기인 동시에 외침의 위협에 노출되어 있던 시대였죠. 이규보 문장에서 전통적으로 유명한 건 「진정표(陳情表)」입니다. 원래 「진정표」는 중국 진(晉)나라 때 이밀(李密)이라는 처사가 관직에 임명되자 할머니를 봉양해야 한다며 관직을 사양하면서 올린 글이에요. 그런데 이규보는 중국에 고려를 침략하지 말아 달라고 구걸하는 내용의 「진정표」를 썼어요. 그야말로 무릎 꿇고 읍소하는 내용으로 아주 굴욕적인 글입니다. 그 글이 나라를 구했다고는 하는데 굳이 새겨 가면서 읽을 필요까지는 없을 듯해 소개만 하고 넘어가겠습니다. 누구나 그렇겠지만 힘이 약해 굴복하긴 하지만 민족의 자존감을 세워야겠다는 생각을 하겠죠. 글 쓰는 사람은 글로 자존감을 세울 텐데요, 이것이 이규보가 고구려의 찬란한 업적을 노래한 장편서사시 『동명왕편(東明王篇)』을 지은 까닭입니다.

이규보의 의식은 두 가지로 나뉩니다. 우선, 강대국의 위협에 굴복할 수밖에 없는 상황에서 자의식을 내려놓는 경험을 합니다. 글 쓰는 사람으로서는 굴욕이죠. 사마천이 『사기』를 남기기 위해 치욕을 참았다고 하지만 치욕은 치욕입니다. 얼마나 치욕적인지 글에 다 남겼습니다. 오죽했으면 하루에 아홉 번 내장이 뒤틀리고 늘 등줄기에 식은땀이 흘렀다고 했겠어요. 이규보도 마찬가지입니다. 사마천이 『사기』를 저술하여 굴욕적인 처지를 돌파했던 것처럼 『동명왕편』 같은 민족 서사시를 지어서 민족의 찬란한 역사를 재구성함으로써 자존감을 회복하는 계기로 삼았어요.

또 본인 스스로도 최씨 무신정권이 원하는 글을 쓸 수밖에 없었지만 날카로운 풍자와 해학을 통해 무인 권력 집단에 저항도 하고 탁월한 필력으로 시대를 넘어 지금까지 읽힐 만한 작품을 창작했습니다. 그의 글에는 질곡이라고 할 수밖에 없는, 무신정권 시대 문인 관료가 겪는 고충이 드러나 있습니다. 자신의 삶은 굴욕적이었지만 그것을 발판으로 뛰어난 작품을 써냈으니 스스로를 어느 정도 용서할 수 있지 않았을까요?

제가 참고한 연보 같은 자료는 아들 이함(李涵)을 비롯한 후손이 정리한 것이어서 아무래도 아버지 비판을 할 수 없었으리라는 점을 감안하고 봐야 합니다. 이와 반대로, 이규보가 무신 권력에 순응한 점을 비판적으로 바라보면서 비겁한 인물이라고 정리한 전기들도 있는데 거기에도 편견이 작동하고 있습니다. 이규보의 진면목을 보려면 이 두 가지 편견을 걷어내고 봐야 합니다.

은자에서 무신정권 시기에 지제고가 되기까지

생애는 굵직한 사항만 정리하면서 살펴보겠습니다.

본관은 황려(黃驪), 자는 춘경(春卿), 호는 백운거사(白雲居士)입니다. 만년에는 시·거문고·술을 좋아해 스스로 삼혹호 선생이라 불렀습니다. 술을 얼마나 좋아했느냐 하면 평생 동안 딱 하루만 술을 안 마셨다고 합니다. 평생에 단 한 번 흐트러졌다는 주태상(周太常)하고 자신을 비교하는데 주태상은 한나라 때 태상 벼슬을 했던 주택(周澤)을 말합니다. 이규보는 평생 단 하루만 빼고 나머지는 술에 절어 살았다고 스스로 말합니다.

16세부터 사마시에 응시하는데 계속 낙방의 고배를 마십니다. 해마다 보는데 계속 낙방합니다. 문장을 잘 못 썼다는 건 말이 안 되고, 그 당시 과거 급제에 필요한 전형적인 문장을 못 쓴 겁니다. 안 썼을 수도 있고 못 썼을 수도 있습니다. 요즘도 고시 보는 사람은 그 시험에 맞는 사람이 합격하지 문학적 재능이 풍부한 사람이 합격하지는 않죠. 물론 이쪽도 잘하고 저쪽도 잘할 수 있지만 방향이 달라서 서로 저촉되는 부분이 있습니다. 문학의 정신과 고시 보는 목적이 일치하기란 어렵지 않겠습니까? 이규보가 사마시 시험에 급제하지 못한 것은 초창기 글쓰기 스타일이 자유분방하고 기존 과거 시험 형식에 맞지 않았기 때문이라고 보는 게 설득력이 있습니다.

이규보는 19세 때부터 현자로 이름 높았던 강좌칠현[江左七賢: 이인로(李仁老)·오세재(吳世才)·임춘(林椿)·조통(趙通)·황보항(皇甫抗)·함순(咸淳)·이담지(李湛之)의 모임]의 시회(詩會)에 출입합니다. 강좌칠현은 중국 진(晉)나라 시대의 죽림칠현(竹林七賢)에 비견되는 인물들로 고려 사회에서 인정을 받았던 은자들입니다. 그런데 이들 중 오세재가 이규보를 초청해서 강좌칠현의 시회에 갑니다. 이규보는 이들 가운데서 오세재를 가장 존경했습니다. 이처럼 19세 때부터 당대의 고사(高士)들과 함께할 정도였으니 과거 시험 불합격 운운은 한마디로 우스운 이야기죠.

사실 진의 죽림칠현도 은자라고는 하지만 은자로서 존경받기 위힌 조건을 갖춘 사람은 거의 없었습니다. 이들이 은둔적 삶을 스스로의 지향으로 내세웠던 것은 맞습니다. 요즘도 보통 은퇴자 설문조사를 하면 삶에서 후회하는 것 1위가 '일 좀 덜 할걸'이라잖아요. 귀농을 꿈꾸는 것도 은둔적 삶을 지향하는 심리에서 비롯된 것으로 이해할 수 있습니다. 정말로 세상의 명리를 다 버리고 은둔할 수 있다면 얼마나 좋을까요? 이규보의 초창기 삶은 그와 비슷했어요. 문제는 그런 은둔적 삶을 누구나 지향하지만 실제로 그럴 수 있는 사람은 극히 드물다는 사실입니다. 그게 세속의 삶이죠. 그러다 보니 은둔하고 싶은 욕망을 왜곡시켜서 이야기하는 경향이 예나 지금이나 있습니다.

은자에는 여러 가지 유형이 있어요. 원래 '은둔(隱遁)'은 간단합니다. 사람이 없는 데로 가는 겁니다. 주역의 둔괘(遯卦)가 은둔을 상징하는 괘인데 위에 하늘[天, ☰]이 있고 아래에 산[山, ☶]이 있는 괘입니다. 저 하늘 끝 멀리 산이 있죠. 멀리 있는 산속에 들어가 숨는 게 은둔입니다. 가 버리면 아무도 찾아오지 않으니까 외롭죠. 그래서 못 가는 겁니다. 그런데 실제로는 안 가면서 가는 척하는 자들이 '작은 은둔자는 산에 숨고[小隱 隱於山] 큰 은둔자는 저잣거리에 숨는다[大隱 隱於市]' 하고 핑계를 대면서 은둔하지 않습니다. 북악산에 가면 대은암(大隱岩)이라는 바위가 있습니다. 거기서 남곤 같은 사람들이 놀았습니다. 그런 사람들은 은자가 아니죠. 한명회는 가기 싫으니까 강남에 가서 압구정을 지었는데 한양의 지척에 살면서 은둔했다고 하죠. 가려면 남명 조식처럼 지리산에 가든지 해야지 진짜 은둔이라 할 수 있지요. 백거이도 마찬가지입니다. 백거이는 소은(小隱)은 너무 힘들고 대은(大隱)은 은둔이 아니니까 자신은 중은(中隱)이라고 해서 관직 속에 숨는다고 했는데, 이 또한 터무니없는 이야기입니다. 동방삭(東方朔)은 익살꾼인데 조은(朝隱)이라고 해서 조정에 숨는다고 했죠. 한국식으로 말하자면 청와대에 숨는 거죠. 동방삭이야 우스갯소리를 한 것이니 빼 준다 치더라도 이중에서 소은 빼고는 다 가짜들입니다. 저잣거리에 숨네〔市隱〕, 땅에서 물에 잠기네〔陸沈〕 별소리 다 하지만 은둔하지 않으면서 은자의 풍모를 흉내 내고 싶어 하는 가짜들입니다. 진짜 은자라면 최치원처럼 한 번 산에 들어갔다가 다시는 나오지 않아야 합니다.

요즘도 은둔한답시고 시골 가서 농사짓다가 아무도 찾아오지 않으니까 외로워서 다시 돌아오는 가짜 은자들이 있습니다. 정신은 욕망의 도시에 있고 몸은 한적한 시골에 있어 봤자 외로움만 커지니 가짜 노릇 안 하는 게 좋죠. 모두 이규보에게 걸리면 신랄하게 비웃음을 당할 겁니다. 이규보가 강좌칠현을 보는 시선도 그랬습니다. 그런 가짜 은자들의 내심을 이규보가 예리하게 찌르니까 결국 그 사람들과 관계가 안 좋아지고 미치광이 소리를 듣게 됩니다.

어쨌든 1189년(명종 19, 22세)에 사마시에 네 번째로 응시해 수석으로 합격합니다. 그 이듬해에는 예부시에 응시해서 동진사(同進士)로 급제합니다. 그런데 급제했다고 해서 반드시 관직이 배정되는 것은 아닙니다. 이규보도 관직을 받지 못하자 25세 때 개경의 천마산(天磨山)에 들어가 시문을 짓는 등 은둔 생활을 합니다. 은둔하고 싶지 않은데 은둔한 겁니다. 불러주지 않으니까요. 그래서 『장자』를 읽으면서 '무하유지향(無何有之鄕:『장자』에 나오는 이상향)'을 동경하면서 세상을 관조하는 태도를 가집니다. 이런 것이 글 속에 다 솔직하게 드러납니다. 그래서 탁견인 거죠. 은자는 고담준론을 이야기하며 청빈한 삶을 살고 세속에 있는 사람은 더러움에 물든다는 식의 상투성으로 나눌 수 없는, 인간의 녹록지 않은 삶이 이규보의 글 속에 드러나는데 지금 우리의 삶에 견주어 봐도 고개가 절로 끄덕여지는 글입니다.

나중에 최충헌 정권이 확립되자 유력자에게 관직을 구하는 편지를 씁니다. 자기소개서를 쓴 겁니다. 한유(韓愈)나 유종원(柳宗元)도 전부 자기 소개서를 썼습니다. 한유는 천하에 명마는 늘 있지만 명마를 알아보는 백락(伯樂)은 늘 있지 않다면서 「잡설(雜說)」이나 「위인구천서(爲人求薦書)」에 자기를 알아 달라고 썼고, 「여한형주서(與韓荊州書)」를 쓴 이태백도 마찬가지였습니다. "생불용봉만호후(生不用封萬戶侯)요, 단원일식한형주(但願一識韓荊州)라", 그러니까 "태어나서 만호후(만 호 가구를 거느리는 벼슬)에 봉해지는 것은 필요 없고 다만 한 번 한형주(당시 형주자사였던 한조종을 가리킴)를 알기를 원한다"라고 하면서 처절할 정도로 굴욕적으로 썼지만 한형주가 안 만나 주고 벼슬도 안 줍니다. 요즘도 비슷합니다. 결과를 미리 알면 좋겠지만 그걸 모르니 어쩔 수 없이 고개를 숙이고 치욕적인 글을 쓸수밖에 없는 경우도 있습니다.

이규보도 그 빛나는 재능을 가지고 자기소개서를 쓰지만 그게 통하지 않습니다. 그런데 32세 때 최충헌 쪽에서 부릅니다. 시 잘 쓰는 사람들을 모아 보라고 해서 불려 나가는데 거기서 최충헌을 칭송하는 시를 쓰고 나서 발탁됩니다. 자신의 입신양명을 위해 글을 쓴 겁니다. 자기분열이 없을 수 없겠죠. 자신이 추구하는 내면의 가치에 비추어 볼 때 굴욕이 아닐 수 없습니다. 그렇게 하지 않으려면 '무하유지향'을 동경하면서 자기 삶을 해치는 것이 전혀 없는 곳에 가서 안빈낙도를 실천해야 하는데 안빈낙도는 아무나 할 수 있는 게 아닙니다. 공자 제자 중에도 안연이나 원헌 정도밖에 못 했습니다. 보통 사람들에겐 실현 가능성이 없는 거죠. 어쨌든 그런 자기모멸감이 글 속에 고스란히 담겨 있습니다.

1215년(고종 2)에는 우정언(右正言) 지제고(知制誥)로서 참관(參官)이 됩니다. 참관은 직급 자체가 낮아서 자기 견해가 필요 없고 시키는 대로 하는 관직이죠. 참판(參判)이면 판결할 때 자기 의견을 낼 수 있어요. 그리고 그 위에 있는 판서(判書)는 결정권자입니다. '지제고'에서 '고(誥)'는 권력자가 백성들에게 포고하는 것이고 '제(制)'는 '저술(著述)'과 같습니다. 지배자가 백성들에게 포고하는 글을 짓는 일을 담당한 것이죠. 그래도 무신정권 아래서는 문인으로서 가장 높은 위치에 오른 겁니다.

1217년(고종 4) 2월 우사간(右司諫)이 되었지만 그해 가을에 최충헌에 대해 비판적인 글을 썼다고 하는 부하의 무고로 정직당하고 3개월 뒤에는 좌사간(左司諫)으로 좌천됩니다. 그 이듬해에는 집무상 과오를 범한 것으로 단정, 좌사간에서마저 면직됩니다. 충성을 다했는데도 권력자의 손에 의해 한순간에 모든 것이 날아갈 수 있다는 걸 경험하죠. 맹자의 말처럼 사람이 준 벼슬은 사람이 빼앗아갈 수 있습니다. 이규보도 그런 걸 뼈아프게 느꼈을 겁니다.

1219년(고종 6)에 다음 무신정권 지배자인 최이(崔怡)의 도움으로 중벌은 면하게 되어 계양도호부(桂陽都護府) 부사(副使) 병마검할(兵馬黔轄)로 부임합니다. 다음해에 최충헌이 죽자 최이가 이규보에게 귀경하라고 하여 그 후에는 최이를 위해 일합니다. 그 뒤 10년간은 최씨 정권의 전성기이기도 하거니와 이규보가 고관으로서 확고한 기반을 다진 시기입니다.

1230년(고종 17)에는 사건에 휘말려 위도(蝟島)에 유배되었다가 8개월 만에 위도에서 풀려나와 그해 9월부터 산관(散官)으로 있으면서 몽골에 보내는 국서(國書) 작성을 전담했습니다. 국서는 최씨의 정권 보전책으로서 강화(講和)를 위한 중요한 수단이었고 이규보는 이 정책에 적극적으로 참여합니다. 이때부터 부침 없이 만년까지 평온한 삶을 누립니다. 그런 평온한 삶을 누린 것은 무신정권에 충성을 다한 결과로 봐야 하니 문인 관료로서는 참기 어려운 일이었겠죠.

자기분열을 치유하기 위한 글쓰기

안으로는 왕이 아닌 무신이 지배하고 밖으로는 외침에 시달리는 이중의
어려움이 겹쳐진 역사적 조건에서 이규보 같은 문인 관료가 무엇을 할 수
있었을까요? 생각해 보면 다른 게 없습니다. 이규보처럼 감수성이 예민한
사람은 자신의 처지를 돌아보고 자아의 분열을 경험합니다. 그걸 달래기
위해서는 뭔가 빠져야 할 대상이 필요합니다. 시와 술과 거문고를 굉장히
좋아한 이유도 그런 자기분열을 치유하기 위해서였겠죠.

　아무튼 운자(韻字)만 던져 주면 바로 시를 지었다고 해요. 말을 하느니
시를 쓰는 거죠. 이규보 자신이 술을 쉬지 않고 마셨으며 평생에 단 하루
만 안 마셨다고 했는데 그걸 시로 써 놓았으니 한 번 읽어 보겠습니다.

> 「어느 날 하루 술 마시지 않고 장난삼아 짓다〔一日不飲戲作〕」
> 그대는 옛날 주태상(周太常)을 보지 못했나.
> 일 년 삼백오십구 일 재계하여 맑았다네.
> 또 지금의 이춘경(李春卿)을 보지 못했나.
> 일만 팔십 일을 지나 오늘 요행히 술이 깼다네.
> 태상의 아내는 되지 마라.
> 한번 엿보면 재계를 범했다고 성낸다.
> 춘경의 아내도 되지 마라.
> 취해 거꾸러져서 그대와 함께하지 않는다네.
> 저쪽은 맑고 이쪽은 미친 것이 혹 다르다 해도
> 둘 다 아내와는 함께하지 않는다네.
> 도리어 양홍(梁鴻)의 아내 되어

베 치마 나무 비녀 부끄러워하지 않고

어진 것이 서로 비슷하고 기쁨도 넉넉하여

눈썹 가지런히 밥상 듦만 못하다.

君不見昔時周太常 一年三百五十九日齋而淸 又不見今時李春卿

閱歲一萬八十日今日幸而醒 莫作太常妻 一窺怒犯齋

莫作春卿婦 醉倒不與偕 彼淸我狂雖或異 於婦均是生不諧

不如却作梁鴻妻 不恥布裙與荊釵 賢相敵歡有餘 擧案與眉齊

　춘경(春卿)은 이규보의 자(字)입니다. 1년 360일 가운데 359일을 재계
한답시고 아내와 해로하지 못한 주태상이나 술 마신다고 거꾸러져 아내와
해로하지 못하는 이규보 자신이나 마찬가지라는 거죠. 자기를 내던지면
서 주태상을 치는 겁니다. 후한(後漢) 사람 주택은 태상이 되자 직언을 잘
했는데 하루는 병이 나서 재궁(齋宮)에 누워 있었더니 아내가 그를 걱정하
여 들여다보며 어디가 어떻게 아프냐고 물었습니다. 그러자 주택은 크게
성을 내며 아내에게 재금(齋禁)을 범했다는 죄를 물었다고 합니다. 그래서
사람들이 주택의 엄격한 성품을 두고 말하기를, "세상에 태어나 운명이 기
구하여 태상의 아내가 되었구나. 태상은 1년 360일에 359일 동안 재계한
다"라고 했는데 그때부터 남편과 해로하지 못하는 여인을 '태상의 아내〔太
常妻〕'라고 불렀습니다.

　양홍(梁鴻)은 '거안제미(擧案齊眉)'라는 고사에 등장하는 인물입니다. 양
홍의 아내 맹광(孟光)이 밥상을 올릴 때 밥상과 눈썹을 가지런히 해서 바
쳐 올렸다는 이야기입니다. 양홍과 양홍의 아내가 서로 현명한 정도가 비
슷하여 함께 사는 재미가 넉넉했다는 뜻으로, 거안제미는 상대를 공경하
는 태도를 말합니다. 양홍의 아내 맹광은 굉장히 못생긴 여자였어요. 반면

양홍은 아주 잘난 사람이었습니다. 맹광이 결혼을 안 하려고 하니까 부모가 왜 그러느냐고 물어요. 그러자 맹광이 양홍처럼 훌륭한 남자가 아니면 시집가지 않겠다고 해요. 양홍이 그 이야기를 듣고 맹광에게 장가갑니다. 장가가고 나서 보니까 맹광이 안 그런 여자인 줄 알았는데 용모를 화려하게 꾸며요. 그래서 양홍이 화가 나서 이레 동안 말을 안 해요. 이에 맹광이 베옷을 입고 일하자 그 모습을 본 양홍이 "내 아내답다"라고 하며 잘 지냈다고 합니다.

앞에서 신라의 유학자 강수가 대장간 집 딸하고 결혼해서 살았다고 했죠. 강수가 출세하자 아버지가 이제 마누라를 바꾸라고 하는데 안 바꾸죠. 나중에 강수가 죽고 나서 나라에서 녹을 주니까 강수의 아내는 그 녹을 받을 수 없다고 합니다. 강수가 사람을 알아본 거죠. 또 『사기』「관안 열전」을 보면 안영(晏嬰)이 밥을 먹을 때 육고기를 두 가지 이상 먹지 않고, '첩불의백(妾不衣帛)'이라고 첩(妾)이 비단옷을 입지 않았다고 합니다. 고를 때 그런 사람을 고른 것이죠.

이 시에서 이규보는 스스로 청렴하게 살지도 못하면서 사람들한테 자꾸 그런 삶을 강요하는 위선을 꼬집습니다. "나 엉망인 건 맞는데 사실 너는 더 엉망이야. 나는 술에 빠져 몸을 망쳤지만 너는 명예욕에 빠져 정신을 망쳤어", 그런 거죠. 신랄합니다.

이어서 유명한 「슬견설」을 읽어 보겠습니다.

어떤 손이 나에게 이렇게 말했다.

"어제 저녁에 어떤 불량한 사람이 큰 몽둥이로 돌아다니는 개를 쳐 죽이는 것을 보았다네. 그 광경이 너무 비참하여 슬픈 마음을 금치 못했네. 그래서 이제부터는 맹세코 개나 돼지의 고기를 먹지 않기로 했다네."

그래서 나는 이렇게 대꾸했다.

"어제 어떤 사람이 불이 이글거리는 화로를 끼고 앉아 이[虱]를 잡아 태워 죽이는 것을 보고 나는 슬픈 마음을 금할 수 없었네. 그래서 맹세코 다시는 이를 잡지 않기로 했다네."

그랬더니 손은 실망한 태도로 이렇게 말했다.

"이는 미물이 아닌가? 나는 큰 짐승이 죽는 것을 보고 비참한 생각이 들어서 말한 것인데, 그대가 이런 말로 대꾸하니 나를 놀리는 것이 아닌가?"

그래서 나는 이렇게 대답했다.

"무릇 혈기가 있는 것은 사람에서부터 소·말·돼지·양·곤충·개미·벌에 이르기까지 삶을 원하고 죽음을 싫어하는 마음은 다 같은 것이네. 어찌 큰 것만 죽음을 싫어하고 작은 것은 그렇지 않겠는가? 그렇다면 개와 이의 죽음은 같은 것이네. 그래서 그것을 들어 꼭 맞게 대답한 것이지 어찌 놀리는 말이겠는가? 그대가 나의 말을 믿지 못하겠거든 그대의 열 손가락을 깨물어 보시게. 엄지손가락만 아프고 그 나머지는 안 아프겠는가? 한 몸에 있는 것은 대소와 지절(支節)을 막론하고 모두 혈육이 있기에 그 아픔이 같은 것일세. 더구나 각기 기(氣)와 숨[息]을 받은 것들인데 어찌 저것은 죽음을 싫어하고 이것은 죽음을 좋아할 리 있겠는가? 그대는 물러가 눈을 감고 조용히 생각해 보게나. 그리하여 달팽이 뿔을 쇠뿔과 같이 보고 메추라기[斥鷃]를 큰 붕새[大鵬]와 같은 존재로 보게나. 그런 뒤에야 내가 그대와 함께 도(道)를 말할 것이야."

—『동국이상국집(東國李相國集)』, 「슬견설(蝨犬說)」❶

슬(蝨)은 사람의 머리칼이나 옷에 기생하는 이입니다. 견(犬)은 개입니다. 이와 개에 관한 이야기예요. 개가 죽는 것이나 이가 죽는 것이나 마찬가지라는 겁니다. 척안(斥鷃)은 소택지에 사는 작은 메추라기입니다. 대붕(大鵬)도 척안도 『장자』에 나옵니다. 『장자』에 보면, 붕새가 구만 리 장천을 솟아올라 남쪽으로 날아가니까 척안이 그걸 보고 저놈 이상하다, 하고 비웃습니다. "우리는 날아 봤자 이쪽 나무에서 저쪽 나무로 옮겨 가고 때로는 거기도 못 가 땅에 떨어지고 말지만, 하여튼 이것도 나는 것이다. 그런데 저놈은 대관절 무엇 때문에 저렇게 높이 난단 말이냐?" 하고 당당하게 이야기합니다. 자기가 붕새인 줄 알고 도취했다가는 이렇게 장자에게 한 방 맞습니다.

도의 입장에서 보면 개나 이나 사람이나 다 같은 겁니다. 이 글에 그런 생각이 잘 드러나 있죠. 세상 사람들은 청렴한 걸 좋아해서 주태상을 높이 받듭니다. 자신은 그렇게 살지도 못하면서 위선을 떠는 겁니다. 마찬가지로 개가 참 불쌍하다면서 위선을 떠는 꼴을 보고 이규보가 "그럼 이는 안 불쌍해?" 하면서 꼬집는 겁니다.

이것과 통하는 예를 하나 들어보겠습니다. 제가 최근에 한국철학사상연구회 학술대회에서 여성철학 전공자들의 발표를 들은 적이 있습니다. 그 중 양효실의 발표문에 2003년에 노벨 문학상을 수상한 남아프리카공화국 출신 작가 존 쿳시의 소설 『엘리자베스 코스텔로』를 인용한 대목이 나오는데, 인상 깊은 부분이 있어서 소개할까 합니다.

소설의 주인공 엘리자베스 코스텔로는 육고기를 먹지 않는 채식주의자이자 동물보호론자입니다. 어떤 사람(개라드)이 이렇게 물어요.

개라드: 당신의 채식주의는 도덕적 확신에서 나온 겁니까?
엘리자베스: 아니요. 나의 영혼을 구하기 위해서 하는 겁니다.
개라드: 그런 행동을 삶의 한 가지 방식으로 존중합니다.

엘리자베스: 저는 가죽 구두를 신고 가죽 지갑을 들고 다니는 사람입니다.

개라드: 고기를 먹는 것과 가죽을 입는 것 사이의 차이를 나는 구분할 줄 압니다.

엘리자베스: 음란의 정도 차이에 지나지 않지요.

엘리자베스의 채식을 두고 상대가 이타적인 동기에서 채식을 하는 것이냐고 묻자 엘리자베스는 그게 아니라 자신을 위한 행동이라고 대답합니다. 상대가 다시 다원주의 입장에 서서 그런 것도 삶의 한 가지 방식이라고 인정하자 엘리자베스는 그런 태도를 부인합니다. 자신은 동물의 고기를 먹지는 않지만 가죽 구두와 가죽 지갑을 들고 다닌다고요. 엘리자베스는 죽어 가는 동물을 보고 괴로워하는 피해자이기는 하지만 자신도 가해자라는 사실을 잘 알고 있습니다. 그래서 괴로워합니다. 자신이 말하지 못하는 자를 대변한다고는 하지만 그게 결국 아무 소용도 없다는 것을 이미 알고 있는 겁니다. 이런 예민한 감수성 때문에 두 개의 자신을 경험하고 고통받는다는 점에서 이규보의 자기모멸과 맞닿은 지점이 있다고 하겠습니다.

만약 이규보가 엘리자베스를 만난다면 대화가 어떻게 진행될까요? 아마 이럴 겁니다.

엘리자베스: 나는 동물의 고기를 차마 먹을 수 없습니다.

이규보: 당신의 영혼을 구하기 위해서 그렇게 하는 거군요.

엘리자베스: 이런 행동도 삶의 한 가지 방식으로 존중받아야 힐 겁니다.

이규보: 당신은 가죽 구두를 신고 가죽 지갑을 들고 다니네요?

엘리자베스: 고기를 먹는 것과 가죽을 입는 것은 차이가 있습니다.

이규보: 음란의 정도 차이에 지나지 않지요.

흔히 동물 보호를 주장하는 사람들이 타인의 동물 학대를 비난하는 경우가 많은데 그러기 전에 자신이 가죽 지갑이나 가죽 구두를 사용하지 않는지 돌아봐야 할 겁니다. 물론 동물 학대는 옳은 행동이 아니며 금지되어야 마땅하지만 그렇지 않은 사람이 특별히 도덕적으로 우위에 있다고 생각한다면 엘리자베스나 이규보가 비웃을 겁니다.

다음으로 「칠현설」을 읽어 보겠습니다.

선배들 중 글로 세상에 이름난 모모 등 일곱 사람이 스스로 한때의 호걸이라 생각하여 마침내 서로 어울려 칠현(七賢)이라 하니 아마도 진(晉)나라의 죽림칠현을 흠모한 것이리라.

함께 모일 적마다 술을 마시고 시를 짓는데 곁에 다른 사람이 없는 것처럼 하더니〔旁若無人〕 세상에서 비웃는 사람이 많아지자 기가 조금 꺾였다.

그때 내 나이 열아홉이었는데 오덕전(吳德全: 오세재)이 망년우(忘年友)로 삼아 그 모임에 갈 때마다 나를 데리고 갔다. 그 뒤 덕전이 동도(東都: 지금의 경주)에 놀러 갔을 때 내가 다시 그 모임에 나갔더니 이청경(李淸卿: 이담지)이 나를 지목해 이렇게 말했다.

"자네의 오덕전이 동쪽으로 놀러가 돌아오지 않으니 자네가 그를 보충하겠는가?"

나는 바로 이렇게 대답했다.

"칠현이 무슨 조정의 벼슬이라도 됩니까? 어찌 그 궐석을 보충한단 말입니까? 혜강(嵇康)·완적(阮籍) 뒤에 그 자리를 이은 사람이 있었다는 말은 듣지 못했습니다."

자리에 있던 이들이 내 말을 듣고 모두 크게 웃었다. 또 시를 짓게 하면서 춘(春) 자와 인(人) 자를 운(韻)으로 지정하기에 내가 바로 이렇게 지었다.

자랑스럽게도 대나무 아래 모임에 참여하여	榮參竹下會
흔쾌히 항아리 안의 봄을 들이키네.	快倒甕中春
알 수 없구나, 칠현 중에	未識七賢內
누가 오얏씨에 구멍을 뚫었는지.	誰爲鑽核人

이렇게 시를 짓자 모두들 성내는 기색이 있었다. 그래서 나는 바로 거만한 태도로 술에 크게 취해 나와 버렸다. 내가 젊었을 때 이처럼 미치광이 같았기 때문에 세상 사람들은 모두 나를 광객(狂客)으로 지목했다.

—『동국이상국집(東國李相國集)』,「칠현설(七賢說)」❷

인용문에 '방약무인(旁若無人)'이라는 표현이 나오는데,『사기』「형가 열전」의 형가(荊軻)와 고점리(高漸離) 이야기에 나오는 말입니다. 형가는 칼잡이, 고점리는 축(筑)을 연주하는 악사입니다. 형가가 진(秦)나라의 왕 영정(嬴政)이 시황제가 되기 전 그를 암살하려다가 실패하죠. 나중에 고점리가 친구의 원수를 갚고자 진왕을 축으로 내려쳐서 죽이려 했는데 역시 실패합니다. '방약무인'은 이 형가와 고점리가 술판을 벌여서 놀 때 고점리는 축을 켜고 형가는 이에 맞추어 춤을 추며 곁에 다른 사람이 없는 듯이 행동했다는 데서 나온 말입니다.

「칠현설」은 중국 진나라의 죽림칠현의 과실을 비꼬면서 그들을 흠모하는 고려의 강좌칠현, 해좌칠현을 풍자한 글입니다.

이규보가 19세 때 오세재가 그 재주를 알아보고 그를 시회에 부릅니다.

이 정도면 오세재의 권위에 의지할 법한데 이규보는 그러지 않습니다. 어느 날 오세재가 경주 지역으로 유람을 가고 나서 이청경이 이규보를 모임에 끼워 주겠다고 하죠. 그러자 칠현이 무슨 조정의 관직이라도 되느냐, 칠현 중에 한 명 빠졌다고 보충해 넣는 게 말이 되느냐고 비웃습니다.

죽하회(竹下會)는 진(晉)나라 죽림칠현의 모임을 일컫는 말입니다. 죽림칠현은 진나라 초기에 노장학을 숭상하여 죽림에 모여서 청담(淸談)을 일삼던 완적(阮籍)·완함(阮咸)·혜강(嵇康)·유영(劉伶)·산도(山濤)·왕융(王戎)·상수(向秀) 일곱 명의 선비를 가리킵니다. 이들 가운데 왕융의 집에 오얏나무가 있었는데 그 오얏 맛이 기가 막혔어요. 그 씨를 다른 사람이 가져가서 심을까 봐 왕융이 오얏을 먹고 나서 씨에 죄다 구멍을 뚫었다고 해요. 이규보가 그 일을 두고 "은자 좋아하네, 세상을 버렸다고 자처하는 자들이 오얏씨에 구멍이나 뚫고 있냐?" 하고 비판한 겁니다. 천하를 도외시한다고 하는 자들의 소갈머리가 왜 그리 좁으냐는 거죠. 세속의 모든 욕망을 던져 놓고 은둔합네 하지만 그런 사소한 욕망에 집착하는 꼴을 못 봐 주겠다는 겁니다. 그러니까 그 자리에 있던 사람들이 전부 노여워하는 기색을 보입니다. 『맹자』에 나라를 양보한 자가 국 한 그릇 때문에 섭섭해 한다는 말이 있어요. 그런 뜻이 이 글에서 보입니다. 촌철(寸鐵)입니다. 세상 사람들이 존경하는 이름난 사람들을 문장으로 대놓고 비판하는 겁니다. 이게 시죠.

버지니아 울프는 1882년생인데 1941년 3월 28일 11시 45분에 죽었어요. 울프가 찼던 시계가 11시 45분을 가리킨 채 멈춰 있어서 그렇게 추정합니다. 11시쯤에 남편에게 편지 써 놓고 주머니에 돌을 넣고 우즈 강에 들어가서 안 나왔죠. 울프는 자기 안에 유령이 있다고 했어요. 어느 유명 남성 소설가에 대한 비평을 쓰는데 유령이 나와서 속삭이더래요. 욕하지 말고 잘 써야 한다고. 그 유령은 이른바 '가정의 천사'라는 거죠. 속삭이는 그 천사를 버지니아 울프가 목 졸라 죽였다고 해요. 죽이지 않으면 자기가 목이 졸려 죽을 테니까 그렇게 했다고 기술합니다. 여기서 죽음은 실제 죽음이 아니라 작가로서의 죽음을 말합니다. 글을 쓴다는 것은 그런 것과의 싸움이죠. 싸우지 않으면 노예가 됩니다. 「칠현설」도 그렇습니다. 당대의 모든 사람이 존경하는 은자들을 시로써 치는 겁니다.

부끄러움을 읊다

같은 맥락의 시를 몇 편 더 읽어 보겠습니다.

> 「쥐를 놓아주며〔放鼠〕」
> 사람은 하늘이 만든 걸 훔치고
> 너는 사람이 훔친 걸 훔친다.
> 다 같이 먹고살려고 하는 일인데
> 어찌 너만 나무라겠니.
> 人盜天生物 爾盜人所盜 均爲口腹謀 何獨於汝討

세상에, 쥐에게 연민을 느끼다니요! 정약용도 모기를 주제로 「증문(憎蚊)」이라는 시를 지었습니다. 정약용은 모기를 미워했거든요. 여름밤 잠 못 이루는 사람의 처지에서 생각해 보면 모기는 도저히 용서할 수 없는 존재입니다. 하물며 먹을 것을 훔쳐 가는 쥐야말로 경쟁자가 아닙니까? 그런데 이규보는 이 시를 통해 자기보다 못한 존재에 대한 연민을 드러냅니다. 백석의 시 중에도 추운 날 거미를 밖으로 내몰고 괴로워하는 대목이 있는데 모름지기 말 못 하는 것들의 슬픔과 고통을 느낄 줄 아는 감수성이 있어야 시를 짓는 게 아닌가 싶어요. 그런데 이규보는 한 걸음 더 나아가 세상 사람들이 비난하는 쥐새끼를 통해 자기 잘못을 들여다보고 부끄러워합니다. 쥐의 죄는 용서할 수 있지만 자신의 죄는 용서할 수 없다는 암시가 깔려 있습니다. 이런 자기모멸이 이규보의 문학 전반에 깔려 있습니다. 자신을 내던지지 않고서는 말 못 하는 존재를 대변할 수 없는 것이죠.

「쥐를 놓아주며」에 이어 벼루, 책상, 거문고를 그리는 다른 시들을 보겠습니다. 벼루, 책상, 거문고는 이규보가 좋아하는 사물들인데 모두 부끄러움에 대해 이야기합니다. 이 시들을 감상하며 이규보 이야기를 마치겠습니다.

「벼루에게〔小硯銘〕」
벼루야, 벼루야.
네가 작다 하나 그것은 너의 부끄러움이 아니다.
네 비록 한 치의 웅덩이에 지나지 않으나
나의 무궁한 뜻을 쓰게 한다.
내 비록 육 척의 장신이나
모든 일은 너를 빌려 이룬다.
벼루야, 나는 너와 함께 돌아갈 것이니
삶도 죽음도 너로 말미암으련다.
硯乎硯乎 爾麼非爾之恥 爾雖一寸窪 寫我無盡意
吾雖六尺長 事業借汝遂 硯乎吾與汝同歸 生由是死由是

「부러진 책상에게〔續折足几銘〕」

고달픈 나를 붙들어 준 이는 너요,

절름발이가 된 너를 고쳐 준 자는 나다.

같이 병들었는데 서로 구제했으니

그 공로는 누구 몫일까.

扶翁之憊者爾乎 醫爾之躄者翁乎 同病相救 孰尸其功乎

「거문고에 부침〔琴銘〕」

나의 거문고는 곡조가 없으니

무엇이 상(商)이고 무엇이 궁(宮)인지.

거문고는 대저 무슨 물건이며

소리는 어디서 나오는 것이냐.

물방울같이 맑은 그 소리는

돌 사이 여울에서 전해진 것인가.

바람같이 서늘한 그 소리는

소나무 바람에서 빌려 온 것인가.

만약 맑은 소리를 여울로 부쳐 보내고

서늘한 소리를 소나무에게 돌려준다면

다시 고요하고 쓸쓸하여

텅 빈 데로 돌아갈 것이다.

我琴無調 孰商孰宮 琴是何物 聲從何沖

其泠泠溜溜者 傳聲於石瀨乎 其瑟瑟颰颰者 借韻於松風乎

若以泠泠者付乎瀨 瑟瑟者還于松 則其復寥乎寂乎 反於大空者乎

「내 얼굴에게〔面箴〕」

마음에 부끄러움이 있으면

네가 반드시 먼저 부끄러워하는구나.

빛은 주홍빛으로 붉어지고

땀은 물같이 방울지네.

사람을 대하면 고개 들지 못하고

비스듬히 숙이고 피하는구나.

마음이 하는 짓이

너에게 옮겨 가네.

모든 군자는

의리를 행하고 예의를 갖춰

마음에 떳떳하게 하여

너를 부끄럽게 하지 마라.

有愧于心 汝必先恥 色頳若朱 泚滴如水 對人莫擡 斜回低避

以心之爲 酒移於爾 凡百君子 行義且儀 能肆于中 毋使汝愧

9장

안향, 백이정, 우탁

새로운 학문, 고려를 흔들다

고려 말 신진 세력의 등장

고려 말은 불교의 시대에서 유교의 시대로 바뀌는 사상적 전환기입니다. 유교는 적어도 고구려 소수림왕 이전, 그러니까 6, 7세기 이전에 도입되었고 신라에서는 강수, 설총, 최치원 같은 유학자가 배출되기도 했습니다. 물론 고려 시대에도 유학을 공부하는 학자들은 많았고 그들이 관리로서 국가 통치의 한 축을 담당하기도 했습니다. 하지만 철학 사상으로서 유교의 역할은 거의 존재하지 않았다고 할 정도로 미미했습니다.

이처럼 고려는 전반적으로 불교의 시대였지만 말기에 이르러 상황이 변하기 시작합니다. 선종 때나 숙종 때처럼 이른바 대각국사 의천 같은 승려들이 활동하던 시기에는 불교가 고려의 국가 통치 이념으로서 제 역할을 했다면 그 후 무신의 난을 거쳐 고려 말기에 접어들면 불교가 더는 국가 통치 이념의 역할을 하지 못하고 도리어 국가 경제를 파탄 내는 주범이 되고 맙니다.

'이판사판(理判事判)'이라는 말이 있죠. 막다른 데 이르러 어찌할 수 없게 된 지경을 말하는데, 이판승(理判僧)은 참선을 통해 수행하는 승려를 가리키고 사판승(事判僧)은 사찰을 관리하는 승려를 말합니다. 조선 시대에 와서 숭유억불(崇儒抑佛) 정책을 추진하자 승려는 곧 천민으로 전락합니다. 그래서 아무도 승려가 되려 하지 않았죠. 승려가 된다는 것은 곧 인생의 막다른 선택으로 여겨졌습니다. 이판사판이라는 말이 부정적으로 쓰인 데는 이런 배경이 있습니다.

고려 시대에는 이와 정반대였습니다. 불교를 우대하니까 누구나 승려가 되려 했어요. 사제가 되겠다는 건 이 세상에 태어나서 자기를 넘어서는 가치, 종교적 가치를 추구하며 살겠다는 것을 의미합니다. 그러자면 속세와의 인연을 끊고 진리의 길로 가야 합니다. 서양에서도 종교인들은 많은 희생을 치르고 신부나 목회자의 길을 갔죠. 불교도 마찬가지입니다. 깨달음이라는 것은 꿈에서 깨어나는 것, 꿈속에서 누린 모든 것을 버리는 거죠. 그대로 누리려면 꿈에서 깨어나면 안 됩니다. 마찬가지로 이 현실을 깨고 해탈하려면 현세에서 누리고 있던 걸 버려야 합니다. 그런데 깨달음의 길을 걷는 일은 숭고하지만 대다수 사람들이 승려가 된다면 나라가 제대로 운영되기 힘들겠죠. 결국 생산에 종사하는 사람들보다 놀고먹는 사람이 더 많아질 테니까요.

고려 말에 이런 상황이 옵니다. 사람들 대다수가 승려가 되어 입신양명하려고 했습니다. 현세에서 누리던 것을 버리고 깨달음의 세계로 가기보다 현세에서 누리던 걸 더 누리기 위해서요. 그러다 보니 불교 자체가 국가 차원의 문제가 됩니다. 불교 이념의 장점보다 단점이 드러나기 시작한 겁니다. 윤회설, 전생, 내세, 이런 것들이 좋은 방향으로 설명되면 인간에게 선행을 촉구하는 방식으로 쓰이지만 거꾸로 현세에서 누리는 부당한 권리를 합리화하는 도구로 쓰이기도 하죠. 지금 훌륭한 일을 하면 내세에 좋은 사람으로 태어난다는 논리를 거꾸로 뒤집으면 현세의 부귀가 전생에 좋은 일을 했기에 주어졌다는 식으로 합리화되는 겁니다. 양면성이 있습니다. 말기에는 이렇듯 부정적인 면이 드러나는데 불교 조직도 부패하고 아예 무신정권에 가담해 정치세력화하기도 하죠.

혼란기에는 새로운 인물들이 나오기 마련입니다. 불교 쪽에서도 나옵니다. 예컨대 신돈(辛旽, ?~1371) 같은 인물은 불교 쪽 개혁가라고 할 수 있습니다. 물론 한쪽에서는 요승이라고 하고 한쪽에서는 개혁가라고 하는 등 평가가 엇갈립니다. 어쨌든 신돈은 실패했습니다. 신돈의 실패 이후 고려는 더는 불교를 통해 유지되기 어려워집니다. 이런 상황에서 주자학을 공부한 신진 그룹이 등장합니다. 안향(安珦, 1243~1306), 백이정(白頤正, 1247~1323), 우탁(禹倬, 1262~1342) 등이 그들입니다.

안향은 아버지가 의술을 익힌 사람입니다. 본래 중인 계층이었던 거죠. '신진'이라는 말을 그래서 씁니다. 귀족 세력이 아닌 신진 세력은 구시대와 다른 새로운 가치관을 요구하죠. 이들이 새로운 학문 도입에 앞장선 데에는 그런 이유가 있습니다.

문제는 이들의 생각을 직접 엿볼 수 있는 기록이 남아 있지 않다는 겁니다. 백이정은 호를 상당(上黨)이라고도 하고 이재(彝齋)라고도 하는데 『이재선생실기(彝齋先生實記)』라는 책이 남아 있습니다. 백이정의 사상을 살펴볼 수 있겠구나 싶어서 봤더니 백이정에 관한 짤막한 이야기들을 후세에 모아 놓은 것이었어요. 따라서 백이정의 사상이 어땠는지 구체적으로 알 수 있는 자료는 『고려사』의 기록이 전부라고 할 수 있습니다.

우탁은 호를 역동(易東)이라 했는데 역(易)은 『주역』을 말합니다. 동쪽의 『주역』을 연 사람이라는 의미로 역동이라 한 만큼 『주역』에 조예가 깊었다고 합니다. 우탁의 경우는 그래도 살펴볼 자료가 조금 있습니다. 시조두 편을 남겼는데 그중 한 편이 유명한 「탄로가(嘆老歌)」입니다.

안향의 활동 내용은 『고려사』에 비교적 자세히 나와 있습니다. 안향이성리학을 도입하면서 어떤 관점에서 학문을 바라보았는지, 공맹 유학과성리학의 차이를 어떻게 봤는지 알려면 당사자의 글이 풍부하게 남아 있어야 하는데 많지가 않습니다. 다만, 주자의 호가 회암(晦庵)인데 그걸 따라서 회헌(晦軒)이라고 붙인 것으로 보아 주자학에 상당히 조예가 있었을것으로 추정할 뿐입니다.

새로운 학문이 그 전의 유학과 어떻게 다른지 살펴보면서 안향 등에 대해 이야기를 이어 가도록 하겠습니다.

성학(聖學)의 시작

유학의 역사에서 송대의 성리학이 시작되면서 공맹(孔孟)이 직접적으로중시되는 유학이 시작되었다고 해도 과언이 아닙니다. 그 이전 당나라 시대까지는 오경(『주역』·『시경』·『서경』·『예기』·『춘추』) 중심의 유학이었어요.오경에 『논어』와 『맹자』는 들어가지 않습니다. 『논어』와 『맹자』를 가장 중요한 텍스트로 본 것은 성리학이 시작되면서부터입니다. 한대(漢代)에는『예기』와 『춘추』가 중시되었는데 이 두 문헌이 한나라의 국가 통치 이데올로기를 정당화해 주는 역할을 했기 때문이에요. 『예기』는 성립 시기가 한나라 시대까지 내려오기 때문에 한대의 예법이 편입되어 있습니다. 그래서 송대의 학자들은 『예기』에서 『대학』과 『중용』을 비롯한 일부의 내용만 높이 평가합니다. 또 『춘추』는 공자가 노나라 역사서 『춘추』에 가탁해서 쓴 것이어서 공자의 직접적인 말씀으로 보지 않습니다. 그래서 주희는 『춘추』의 주석을 남기지 않았죠. 상대적으로 『춘추』를 덜 중시했다는 말입니다. 그러다 송나라에 접어들면서 사서, 곧 『대학』·『논어』·『맹자』·『중용』을 '사자(四子)' '사서(四書)' '사자서(四子書)'로 부르면서 중시하기 시작합니다.

한나라, 당나라 시대까지는 성인이 남긴 경전을 한 자 한 자 풀이하는 것이 유학자들의 과제였어요. 그도 그럴 수밖에 없는 것이 진(秦)나라 때 벌어진 분서갱유(焚書坑儒) 탓에 전해 내려오던 경전 자체가 소실되어 버렸거든요. 당연히 소실된 경전을 복원해야 했겠죠. 그런데 복원해 놓고 보니 이미 몇백 년이 지난 고어(古語)여서 읽을 수가 없었어요. 최남선의 글은 예외지만, 지금 우리도 100년 전에 쓰인 대다수의 글은 읽기가 꽤 힘듭니다. 그러니 200년 정도 지나면 같은 문자 문화권이라 하더라도 거의 못 읽습니다. 이런 고어로 된 텍스트를 풀이하는 것이 훈고학(訓詁學)입니다. 한 글자 한 글자 따지고 뜻풀이를 하면서 경전 본래 모습을 복원하는 데 힘을 기울이다 보니 경전에 나오는 뜻이 나의 삶과 어떻게 결부되어 있는지 깊이 생각할 겨를이 없었습니다. '이렇게 저렇게 말했다'가 중요하지 '실천을 통해 나도 똑같은 성인이 되어야겠다' 하는 생각을 할 단계가 아니었던 겁니다.

송나라 때 이른바 성학(聖學), 신유학이 나오면서부터 사대부들이 배워서 스스로 성인이 되고자 합니다. 그 전까지는 성인의 말씀을 공부하는 게 학자들의 역할이었어요. 주돈이(周敦頤)가 처음 이 이야기를 합니다. "배워서 성인이 될 수 있습니까?" 하고 스스로 묻죠. 그리고 간단하게 "된다"

하고 답합니다. '학(學)'이라는 것은 유가의 방법입니다. '각(覺)'이 아닙니다. 각은 깨달음이죠. 유가에서는 배우면 된다고 합니다. 이게 희망을 주죠. 각은 될지 말지 알 수 없죠. 보조국사 지눌도 두 번 깨달음을 얻었는데도 원수와 같이 지내는 것 같았다고 했잖아요. 깨달을 수 있다고 해서 누구나 된다는 이야기는 아니죠. 그런데 학은 무조건 됩니다. 하루아침에 되는 게 아니라 조금씩 조금씩 되는 거죠. 그러니 '돈오(頓悟)'는 있어도 '돈학(頓學)'은 없습니다. 같은 방법으로 공부하면 누구나 된다는 확신이 '학'에 있는 겁니다. 과학이라는 근대 학문도 이와 마찬가지입니다. '사이언스'도 나만 아니라 다 된다는 겁니다. 객관적인 거죠. 어쨌든 학을 강조하는 것이 송나라 때부터 비로소 의미를 갖기 시작합니다.

'배워서 성인이 될 수 있다'는 명제는 주자학의 학문관을 단적으로 드러내는 표현입니다. 그 이전까지 성인은 태어나면서부터 모든 것을 아는, 곧 생지(生知)의 자질로서 하늘의 뜻에 의해 태어나는 것이며 개인의 노력이나 학문적 작업을 통해 도달할 수 있는 경지가 아니라고 보았어요. 그런데 성리학이 일어난 뒤의 유학자들은 모두 같은 이야기를 합니다. 율곡이나 퇴계도요. 율곡이 『격몽요결(擊蒙要訣)』 서문에 쓴 "인생사세 비학문 무이위인(人生斯世 非學問 無以爲人)이라"는 구절만 봐도 그렇습니다. '사람이 이 세상에 태어나서 학문이 아니면 사람이 될 수 없다'는 뜻인데 사람이 되는 것도 학을 통해서, 배우는 것을 통해서 가능하다는 겁니다.

'소년이로학난성'이라는 시구를 아시죠? 주희가 지었다고 전해지는 「우성(偶成)」이라는 시에 나오는 구절입니다.

「우연히 지어 봄〔偶成〕」
소년은 늙기 쉬우나 배움을 이루기는 어렵다.

일 분 일 초를 가벼이 여기지 마라.

못가의 봄 풀이 채 봄 꿈에서 깨어나기도 전에

섬돌 앞의 오동나무는 이미 가을 소리를 낸다.

少年易老學難成 一寸光陰不可輕 未覺池塘春草夢 階前梧葉已秋聲

또 이런 시도 있습니다.

「권학문(勸學文)」

오늘 배우지 않아도 내일이 있다 말하지 말고

올해 배우지 아니하여도 내년이 있다 이야기하지 마라.

세월은 나를 기다려 주지 않으니

아, 늙었구나, 이게 누구의 허물인가.

勿謂今日不學而有來日 勿謂今年不學而有來年

日月逝而歲不我延 嗚呼老矣 是誰之愆

『맹자』에 보면 안연이 순임금 이야기를 했다는 대목이 나옵니다. 안연이 "순은 누구고, 나는 누구인가" 하면서 "순임금처럼 행동하면 순이 되는 거다" 하죠. 저나 나나 똑같은 사람이고, 순임금이어서 훌륭한 게 아니라 순임금처럼 행동하니까 훌륭하다는 이야기입니다. 우리는 같은 행동도 누가 하느냐에 따라 훌륭하다, 아니다 판단하죠. 그런데 안연은 행동을 기준으로 판단하는 겁니다. 순처럼 행동하면 나도 성인이 될 수 있다는 거죠.

앞에서 송대 이전에는 성인이란 태어나면서부터 모든 걸 아는 생지(生知)의 존재로 간주했다고 말씀드렸습니다. 그러면 공자는 어떻게 생각했을까요? 공자는 생이지지(生而知之), 학이지지(學而知之), 곤이지지(困而知

之)를 차례로 이야기합니다. 생지(生知), 곧 나면서부터 아는 것이 최고요, 다음이 학지(學知), 배워서 아는 것, 그다음이 곤지(困知), 배우지 못해서 막히니까 차차 배워 가면서 아는 것입니다. 마지막으로 "곤이불학(困而不學)이면, 민사위하의(民斯爲下矣)라", 곧 "막히는데도 배우지 않으면 하등의 사람이다"라고 했죠.

'배움'에 확신이 있는 것입니다. 생지가 제일 좋다고는 하지만 공자 자신은 생지가 아니라고 했죠. 공자가 생지가 아니면 생지는 없는 겁니다. 물론 후세 유학자들은 공자를 생지의 성인이라고 했는데 그건 신격화예요. 다른 종교와 비슷하게 기적 같은 걸 인정하는 방식으로 유학을 보는 맥락이 없는 건 아닙니다. 그러나 그런 접근은 공맹의 정신과 거리가 있습니다. 하늘의 뜻에 따라 태어나는 생지는 유학에서는 부정될 수밖에 없습니다. 수양론이 필요 없어지니까요. 유학은 개인의 노력이나 학문적 자각을 통해 성인이 될 수 있다고 보는 데서 출발합니다.

한당의 유학: 수양론의 부재

이렇듯 송대 성리학이 나오기 전에는 배워서 성인이 되는 것은 불가능하다고 봤어요. 그러다 보니 기껏해야 성인이 남긴 경전을 외우고 문자를 익히는 데 골몰할 수밖에 없었죠. 학자는 깨달음을 얻는 사람이 아니라 창조된 것을 하나하나 풀이해 나가는 사람이었던 것이죠.

한나라 유학을 국교로 만든 사람이 동중서(董仲舒, 기원전 179?~104?)인데 그는 "백성들에게는 떳떳한 덕이 없고 왕의 교화를 기다려 덕을 이룬다〔民無常德 德于王化〕"라고 했습니다. 동중서가 이 명제를 제시한 이래 성인이 타고나는 것임을 의심한 사람은 아무도 없었습니다. 백성들에게는 닦을 덕이 없다는 거죠. 대신 왕이 덕을 갖고 있어요. 백성들은 왕의 교화를 입어서 덕을 이루는 겁니다. 수양이 아니고 누가 와서 구원해 줘야 하죠.

어쩌면 스스로 노력해서 성인이 된다는 것은 꿈일지도 몰라요. 굉장히 매력적이지만 실현되기 어려운 일이거든요. 그런데 송대 유학자들은 그렇게 생각하지 않았습니다. 동중서는 덕을 가진 이가 왕이라고 했는데 송대 유학자는 '내'가 그 덕을 가지고 있다고 봤습니다. 오히려 나 아니면 안 된다, 나를 구원할 자는 나밖에 없다고 생각한 겁니다.

성인이 타고난다고 전제하면 유학 사상의 가장 중요한 부분인 개인 수양론이 사라지고 맙니다. 유학의 본령은 내가 노력해서 수양하면 성인이 될 수 있다는 것이니까요. 그 본령이 『대학』과 『중용』에 나오는 '신독(愼獨)'입니다. 홀로 있을 때 삼가는 것이에요. 어떤 사람이 나를 감시하고 있다고 쳐요. 그게 왕이건 공권력이건 CCTV건 간에 그것 때문에 올바르게 행동하지는 않는다는 거죠. "『시경』에 이르기를, 네가 실(室: 사방이 막힌 곳)에 있는 것을 보니 집구석에도 부끄럽지 않다(詩云相在爾室 尙不愧于屋漏)"라고 했어요. 『중용』에서는 이 시구를 들어 신독을 비유적으로 설명하고 있는데 여기서 실(室)이란 아무도 보는 사람이 없는 방 안을 말합니다. 그리고 옥루(屋漏)는 방 한쪽 구석을 말합니다. 독(獨)의 상태는 아무도 지켜보는 이 없는 곳, 오직 나밖에 없는 공간을 설정한 것으로 어떠한 법률적 강제나 보상이 없는 상태를 말합니다. 그런 상태에서 방구석에도 부끄러움이 없는 것, 곧 나 자신에게 부끄러운 일을 하지 않고 올바르게 행동하는 것이 바로 신독입니다.

동중서처럼 백성에게는 덕이 없다고 하면 스스로의 힘으로 도덕적으로 완성된 존재가 될 수 없습니다. 그렇다면 누군가 구원해 주길 기다려야겠죠. 실제로 유럽 중세가 그랬어요. 칸트에 와서야 비로소 '스스로의 힘으로 한다'는 도덕 법칙을 이야기했는데 그게 정언명령이죠. 종교나 국가 권력을 부정하고 오로지 도덕 법칙에 의지해서 선을 실천하도록 인간에게 요청하는 겁니다. 칸트의 정언명령 제1법칙, '네 의지의 준칙이 언제나 동시에 보편타당한 입법의 원리가 될 수 있게 행위하라'는 명제는 보편타당한 도덕 원리를 행위의 준거로 제시했다는 점에서 공맹 유학에서 강조하는, '내가 바라지 않는 것을 남에게 베풀지 마라〔己所不欲 勿施於人〕'와 비슷합니다. 또 행위의 결과가 유익하든 무익하든 행위 자체가 선(善)이므로 무조건 수행이 요구된다는 점에서 신독의 수양론과 상통하는 지점이 있습니다.

그런데 이러한 유학의 수양론이 한대 유학에서 사라집니다. 그래서 한대의 유학은 인간 자체를 수동적인 존재로 보았다는 비판을 받습니다. 그때까지의 학술은 육경고문에 대한 훈고라는 좁은 틀 속에 갇힐 수밖에 없었고 어떤 창조적인 작업도 불가능했습니다.

게다가 당나라 태종은 국가 이론으로 유학을 활용하려고 공영달(孔穎達, 574~648)에게 『오경정의(五經正義)』를 편찬하게 했는데 『오경정의』라는 정전(正典) 외에 다른 해석을 할 수 없도록 일체의 이설을 배제합니다. 그 결과 철학적 사색이 부진해지고 유가 정신이 위축되고 말았죠. 텍스트의 권위에 얽매이면 철학적 사색은 사라지기 마련입니다. 본래 어떤 철학이든, 사상이나 종교도 마찬가지입니다만 그 철학을 교조화하는 것이 바로 그 철학의 적(敵)입니다. 실존주의 철학을 교조화한 것이 실존주의의 적인 것처럼요. 이설의 배제는 결국 유가 정신의 부진을 불러오게 됩니다.

또 다른 문제는 유학이 경전이나 외우고 문자를 익히는 수준에 머물러서는 우주와 인생의 문제를 고민하는 도가나 불교의 사유와 대결할 수 없다는 점입니다. 대결이 목적은 아니지만 다른 사상과 비슷한 수준에서 이야기할 수 없으니 부진하다고 볼 수밖에 없었어요. 그러던 것이 송대에 이르러 상황이 바뀝니다. 고려 말기에도 비슷한 상황이 조성됩니다.

새로운 학풍의 출현

당나라 말기까지 유학 사상은 학문의 주류에서 밀려나고 문장으로 남아 있었어요. 그 대신 노장 사상과 불교가 사상계의 주류를 차지했죠. 노장과 불교가 인간의 생로병사와 우주의 본원을 탐색하는 차원 높은 철학적 사유를 전개할 때 유가 학자들은 침묵했습니다. 심지어 유학자들도 불교나 도교의 문헌을 탐독하며 스스로 유학을 열등한 것으로 인정합니다. 그러다가 『대학』, 『중용』, 『주역』 등을 재해석하면서 다시 유학 내부의 철학적 사유가 열리기 시작합니다. 주희가 『대학』과 『중용』을 중시한 이유가 여기 있습니다. 주희는 인간의 삶과 우주의 문제를 논의하는 데 『대학』과 『중용』이라는 텍스트를 효과적으로 활용합니다.

주희가 선택한 방법은 훈고를 넘어선 창의적 해석, 곧 유학의 경전을 재해석하는 작업이었습니다. 그리고 유학의 암흑기를 종식시키고 부흥시키는 데 성공합니다. 기송지학(記誦之學: 기억하고 암송하는 학문)을 비판하고 유가 문헌을 실천적인 측면에서 완전히 재해석함으로써 수양론을 복원하죠.

이른바 한당 시대의 『오경정의』를 바탕으로 송대에 완성된 『십삼경주소(十三經注疏)』의 전통과 송대에 시작된 사서 중심의 '사서오경'의 전통은 대부분 같은 문헌을 대상으로 형성되었지만, 경전의 해석에서 큰 차이가 있습니다. 정이와 주희라는 두 거인에 의해 송대의 새로운 경전 해석 방식이 형성되는데 한당대의 그것과는 완전히 다른 방식입니다. 같은 『논어』와 『맹자』라도 완전히 다르게 보는 것입니다. 예를 들어 『중용』에 "연비어천(鳶飛於天) 어약우연(魚躍于淵)", 곧 "솔개가 날아서 저 높은 하늘가에 다다르고 물고기는 깊은 연못에서 뛰논다"라는 대목이 있는데 『대학』의 작자와 성리학자들은 이 구절을 "천리(天理)는 저 깊은 물속에서 헤엄치는 물고기나 하늘 높이 나는 새에게나 똑같이 드러나는 것이다" 하는 식으로 이해했습니다. 그런데 한대 유학자들은 이 구절을 '솔개는 물고기를 잡아먹는 놈이다. 솔개는 하늘 멀리 사라져 버리는 놈이니까 물고기들이 마음대로 뛰어논다. 폭정을 저지르는 벼슬아치들이 사라지니까 백성들이 마음껏 편하게 산다'라는 뜻으로 보았어요. 해석하는 방식이 완전히 다르죠.

그중에서도 송학은 "이윤이 가졌던 뜻에 뜻을 두고 안자가 배웠던 것을 배운다〔志伊尹之所志 學顏子之所學〕"라는 혁명적인 선언으로 지나간 성현들에게 도전장을 던집니다. 이윤은 탕왕을 도와 혁명을 일으켜서 천하를 새롭게 한 사람이고 안자는 공문 최고의 제자 안회입니다. 이 말은 나도 공맹이 되겠다는 선언과 같죠. 이 주자학을 고려에 도입한 사람이 안향, 백이정, 우탁 등입니다.

유학의 부진을 가슴 아파하다

아래 글은 안향이 지은 시인데 고려 말, 사회의 사상적 상황을 잘 보여 줍니다.

「느낀 바 있어 짓다[有感]」

향등 걸린 곳곳마다 부처한테 기도하고

집집마다 노래하며 귀신에게 기도하는데,

몇 칸 안 되는 공자의 사당에는

인적 없이 가을 풀만 무성하구나.

香燈處處皆祈佛 絃管家家競祀神 唯有數間夫子廟 滿庭秋草寂無人

아래 인용문은 『회헌실기』에 나오는 기록으로 안향이 유학의 지향을 직접 해설한 의미 있는 대목입니다.

성인의 도는 단지 일상생활에서 마땅한 도리를 실천하는 것일 뿐이다. 자식으로서 어버이에게 효도하고 신하로서 임금에게 충성하고 예로써 집안을 다스리고 신의로써 벗을 사귀고 '경(敬)'으로 자신을 닦고 모든 일을 반드시 '성(誠)'으로 할 따름이다.

—『회헌실기(晦軒實記)』, 「유국자제생문(諭國子諸生文)」❶

율곡 이이의 『격몽요결』 서문이 연상될 정도로 유가의 지향을 간명하게 보여 주는 대목입니다. 여기서 일상생활의 도는 중용의 도를 말합니다. 『중용』을 보면 "도라는 것은 잠시도 떠날 수 없는 것이다. 떠날 수 있으면 도가 아니다[道也者 不可須臾離也 可離 非道也]"라고 했습니다. 또 중용의 도를 '비이은(費而隱)'이라고 표현하는데 비(費)는 아주 넓고 큰 확장 개념, 은(隱)은 은미하다는 뜻으로 작고 가까운 것을 말합니다. 그래서 '비이은'은 크면서 작고 넓으면서 좁고 쉬우면서 어렵고 어려우면서도 쉬운 것으로, 하나이면서 둘이고 둘이면서 하나라고 설명합니다. 잠시도 떠날 수 없다고 한 것은 중용의 도가 일상생활 속에 있다는 뜻이고, 쉬우면서 어렵다는 것은 필부의 어리석음과 불초함으로써도 쉽게 알고 쉽게 실천할 수 있지만 지극한 부분에 이르러서는 성인도 알 수 없는 게 있고 성인도 실천할 수 없는 것이 있다는 뜻으로 한 말입니다.

이어지는 대목에서 중용의 도와 가장 가까운 실천 개념으로 '충서(忠恕)'가 제시됩니다. 충과 서를 설명할 때 『시경』에 나오는 시 「벌가(伐柯)」를 인용해요. "도끼 자루를 베네. 도끼 자루를 베네. 그 베는 법칙이 멀리 있지 않다네〔伐柯伐柯 其則不遠〕" 하는 시예요. 도끼 자루를 만들려면 자루 길이만큼 나무를 베어 내야 하죠. 길이는 내가 가진 도끼를 기준으로 삼으면 됩니다. 그러니 크게 고민할 필요가 없습니다. 이와 마찬가지로 다른 사람과 관계를 맺을 때 어떻게 해야 올바른가 하는 기준도 나에게 있다는 겁니다. 『논어』에 "내가 바라지 않는 것을 남에게 베풀지 마라〔己所不欲 勿施於人〕"라는 말이 나오죠. 나에게 비추어 보면 남도 바라지 않을 것임을 당연히 알 수 있다는 거죠. 이와 같은 취지의 말을 『중용』에서는 "충과 서는 도와의 거리가 멀지 않다. 내가 원하지 않는 것을 남에게도 베풀지 마라〔忠恕違道不遠 施諸己而不願 亦勿施於人〕"라고 합니다. 결국 다른 사람을 어떻게 대하는 것이 올바른지 알기 위해서는 나에게 물어 보면 된다는 겁니다. 중용의 도를 실천하는 것은 이렇게 쉬운 일입니다. 이런 일은 필부, 곧 평범한 지성을 가진 사람이라면 누구나 실천할 수 있는 거죠.

그런데 다시 지극함에 이르러서는 성인도 할 수 없는 것이 있다고 합니다. 성인도 할 수 없다니 맥이 좀 빠지죠. 하지만 우리가 타인을 완전하게 이해할 수 있다고 생각하는 것은 오만일 수 있습니다. 그런 점에서 의미 있는 지적입니다. 아무리 상대를 배려해도 과연 상대의 마음을 다치게 하지 않을 수 있는지 확신할 수 없는 지점이 있기 때문입니다.

충(忠)은 본래 대상이 자기 자신입니다. 자기 자신에게 진실한 것이 충입니다. 그리고 그런 마음을 다른 사람에게 그대로 미루어 가는 것이 서(恕)입니다. 다시 말해 내가 바라면 저 사람도 바랄 것이고 내가 싫으면 저 사람도 싫을 것이라는 감정의 동일성을 전제로 성립되는 실천 방법입니다. 그런데 이런 동일성을 너무 강조한 나머지 내가 상대를 완전하게 이해할 수 있다고 착각해선 안 되겠죠. 제아무리 성인이라도 근본적으로 안 되는 부분이 있습니다. 한 사람이라는 개체는 완전한 이해가 불가능할 정도로 큰 존재이기도 하니까요.

헤르타 뮐러라는 루마니아 작가가 있습니다. 2009년 노벨 문학상 수상자죠. 이 작가의 노벨상 수상 연설이 『헤르타 뮐러에게 다가가기』라는 비매품 소책자에 실려 있는데 거기에 오스카라는 루마니아 출신 시인 이야기가 나옵니다. 오스카는 구소련 시절에 정치 탄압을 받고 강제 노동 수용소인 시베리아에 보내집니다. 그가 길에서 주운 석탄 조각을 먹을 것과 바꾸려고 어느 집 문을 두드립니다. 그 집 여주인이 오스카를 들어오게 해서 수프를 주는데 이 사람이 수프를 먹으면서 콧물을 흘리자 여주인이 고급 아마포 손수건을 건넵니다. 온정을 베푼 거지요. 그때 손수건을 받는 순간, 오스카가 자존감을 다쳤다는 이야기가 나옵니다. 그 여주인은 더러운 행색의 낯선 사람에게 최선의 배려를 했지만 그가 마음에 상처를 입는 것을 어떻게 할 수 없었던 거죠.

이처럼 어려운 처지에 빠진 사람을 아무리 극진하게 배려해도 그 사람의 마음을 완전무결하게 어루만지기는 어렵습니다. 그렇다고 그런 배려를 포기할 수는 없죠. 그 여주인이, 운이 좋으면 당신도 고향으로 돌아갈 수 있을 테고 내 아들도 집으로 돌아올 수 있겠죠, 라고 합니다. 그 여인의 아들도 먼 유형지에 가 있었던 모양이에요. 만약 오스카가 그런 배려나 환대를 받을 수 없다면 멀리 떠나 있는 그녀의 아들도 누군가로부터 환대를 받을 가능성이 없는 거죠. 아니, 가능성의 문제가 아니라 애초에 그런 환대를 생각조차 할 수 없겠죠. 이 여인이 자기 아들을 생각하는 마음은 충(忠)이라 할 수 있고 그 마음을 미루어 오스카를 배려한 행위는 서(恕)를 발휘한 것이라 할 수 있습니다. 하지만 오스카의 마음이 다치는 것을 막을 수는 없었죠. 충(忠)과 서(恕)가 잘못된 배려여서가 아니라 인간은 다른 사람의 도움을 받을 때 그 배려가 아무리 따뜻하고 극진하다 해도 자기 존재에 대한 연민을 느끼지 않을 수 없는 존재이기 때문입니다.

다시 안향으로 돌아가겠습니다. 안향이 "자식으로서 어버이에게 효도하고 신하로서 임금에게 충성하고 예로써 집안을 다스리고 신의로써 벗을 사귀고 '경(敬)'으로 자신을 닦고 모든 일을 반드시 '성(誠)'으로 할 따름이다"라고 했는데 여기서 경(敬)은 자신의 자존감을 지키는 것입니다. '예'는 상대를 존중하는 건데 이것이 곧 자기를 존중하는 방법입니다. 자기를 낮추면서 자존감을 살리는 겁니다. 이것도 헤르타 뮐러의 이야기에서 실마리를 찾을 수 있습니다.

헤르타 뮐러가 박해를 받아 망명하자 뮐러의 어머니가 경찰서에 잡혀가 취조를 받습니다. 어머니가 말귀를 잘 못 알아들으니 경찰관이 미친 듯이 날뛰었다고 해요. 어머니가 울자 경찰이 밖에서 문을 잠그고 나가 버렸대요. 그 후 손수건을 꺼내서 눈물을 훔치던 어머니가 그 손수건으로 경찰서 안을 청소해요, 깨끗하게. 나중에 헤르타 뮐러가 그 이야기를 듣고 놀라서 왜 경찰서를 청소해 주었냐고 물었대요. 어머니가 하는 말이, 남자용 큰 손수건을 가져갔더라면 좋았을걸, 했답니다. 뮐러의 어머니가 깨끗하게 청소한 것은 경찰서라는 더러운 장소만이 아닙니다. 그 경찰관들은 독재자의 하수인으로 정신이 더러워진 자들이죠. 그런 이들까지 이 어머니는 손수건으로 감싸 안은 겁니다. 그 어머니가 돌아간 뒤 취조실에 들어선 경찰관들의 표정이 어땠을지 궁금합니다. 자신을 위협한 자들을 위해 깨끗하게 청소해 주는 이런 것이 바로 경(敬)입니다. 자기를 낮추어서 상대를 높이고 결국 자신의 존엄성도 유지하는 거죠. 인간을 존엄하게 할 수 있는 것은 오로지 인간밖에 없습니다. 돈이나 권력 따위가 아니라요.

그리고 "모든 일을 반드시 '성(誠)'으로 할 따름이다"라고 했는데 성은 진실성, 거짓 없는 태도를 말합니다. 성(誠)은 『중용』뿐 아니라 『대학』에서도 특별히 강조되는 덕목인데 가장 중요한 것은 자기 자신을 속이지 말라는 '무자기(毋自欺)'입니다. 단순히 타인은 속일 수 있지만 나는 속일 수 없다는 뜻이라기보다 나를 속이지 않은 뒤에야 비로소 남을 속이지 않을 수 있다는 수양론의 맥락으로 이해해야 정확합니다. '자기이기인(自欺而欺人)'이라는 말처럼 사람들은 '먼저 자신을 속인 다음에 남을 속이기 마련'이거든요. 짤막한 글이지만 안향이 유학에 얼마나 조예가 깊었는지 충분히 엿볼 수 있는 문장입니다.

안향의 유학자적인 면모

『고려사』「안향 열전」은 1,196자로 내용이 상당히 자세하여 안향의 생애 전반을 살펴보기에 충분합니다. 비록 학문에 대한 기록은 소략하여 유학에 대한 그의 조예를 살펴보기는 어렵지만 그가 유학의 진흥을 위해 얼마나 진력했는지 충분히 엿볼 수 있습니다. 「열전」의 일부를 보겠습니다.

안향의 처음 이름은 유(裕)였는데 나중에 향(珦)으로 바뀝니다. 그래서 『고려사』「열전」에도 안향으로 기록되어 있습니다. 그런데 조선 문종 이후에는 문종의 이름이 향(珦)이었기 때문에 임금의 이름을 피해서 향(向)으로 기록하거나 처음 이름을 따라 안유(安裕)로 적기도 했습니다.

그의 아버지 안부(安孚)는 고을 아전으로 의업(醫業)을 배워서 과거를 보아 급제해 벼슬이 밀직부사에까지 이르렀다가 치사(致仕: 나이가 많아 벼슬을 사양하고 물러남)하였다고 합니다.

유가 경전을 보면 매우 오래된 문헌인데도 신비주의적 요소가 거의 없습니다. 『논어』나 『맹자』는 말할 것도 없고 『시경』이나 『서경』도 그렇습니다. 『논어』에 보면 고을 사람들이 푸닥거리를 하면 공자가 조복을 입고 사당 앞에 서 있었다고 해요. 주희의 풀이를 따르면 조상신들이 놀랄까 봐 그렇게 했다고 합니다. 무속과는 거리를 둔 것이죠. 순자의 경우는 더더욱 무속과 관련된 일체의 신비주의를 부정했어요. 이런 데서도 유학의 특징이 드러납니다.

안향의 전기나 우탁의 전기에도 이와 비슷한 이야기가 나옵니다. 안향은 충렬왕 원년(1275)에 상주 판관(判官)으로 파견되었는데 당시 무당 세 명이 여러 사람을 현혹했다고 합니다. 공중에서 사람이 부르는 소리를 지어 내고 그 소리가 은은하게 울려 나오는 것이 마치 길을 비키라고 호령하는 것 같아서 사람들이 제사를 지냈고 그런 행동을 하는 수령조차 있었다고 합니다. 그런데 안향이 부임해서 그 무당들을 붙잡아서 곤장을 치고 칼을 씌워 놓았더니 무당들이 귀신의 말이라고 하면서 자기들을 붙잡아 두면 화를 면치 못할 거라고 위협합니다. 그런데 며칠이 지나 무당들이 용서해 달라고 빌어서 놓아 주었더니 그제야 요망한 귀신이 없어졌다고 하죠. 유학의 입장에서 무속을 부정하는 내용입니다.

안향은 충선왕을 따라 원나라에 가서 비로소 주자학을 접하고 받아들이기에 이릅니다. 그 당시는 고려가 원나라의 간섭을 심하게 받아 자주국의 위상이 흔들리던 시기였습니다. 충렬왕 때부터 전통적으로 써 오던 조(祖)와 종(宗)을 쓰지 못하고 왕이라는 호칭을 쓰게 된 것이나 '충' 자를 붙이게 된 것은 원나라 간섭의 결과입니다. 또 원나라 공주를 고려 왕의 비로 들여 고려를 원나라의 부마국으로 삼았죠. 그런데 당시 충선왕이 원나라에서 정해 준 공주와 잠자리를 같이하지 않자 원나라 쪽 승상이 황제의 말을 전하며 "왜 공주를 가까이하지 않는가?" 하고 따집니다. 그에 대해 아무도 대답을 못 하고 있었는데 안향이 나서서 "안방에서 일어나는 일을 신하로서 어찌 알 수 있겠느냐?"라고 이야기해서 난처한 상황을 모면했다는 기록이 전합니다.

원나라에서 돌아온 안향은 양현고(養賢庫)를 설치합니다. 양현고의 '고(庫)'는 금고(金庫)의 고입니다. 인재를 양성하기 위한 기금을 마련한 거죠. 그러고는 유학자들을 양성하기 시작합니다. 구체적으로 말씀드리면 섬학전(贍學錢), 곧 '학문을 넉넉하게 하는 돈'이라는 명목을 만들어 조정의 신료들에게 일정액을 각출하게 합니다. 안향이 상당한 영향력을 미쳤다는 것을 알 수 있습니다.

> "재상의 직임은 인재 교육보다 우선하는 일이 없는데 지금 양현고가 완전히 탕진되어 선비를 양성할 수 없다. 청컨대 6품 이상의 관원들은 각각 은 한 근씩, 7품 이하 관원들은 베를 차등 있게 내게 하여 양현고에 귀속시켜 그 본전은 남겨 두고 이자만을 가져다 쓰도록 하되, 그 이름을 섬학전(贍學錢)이라고 하기 바란다."❷-1

안향이 이렇게 섬학전을 각출할 것을 신하들에게 요구하자 대부분의 신하들이 그에 따르고 충선왕도 비용을 보태 줍니다. 그런데 밀직 벼슬을 하던 고세(高世)라는 자가 스스로 무인임을 자부하며 돈을 내놓지 않으려 하자 안향은 공자의 도를 내세워 이렇게 말합니다.

> "부자(夫子: 공자)의 도(道)는 만세의 법도다. 신하는 임금에게 충성하고 자식은 어버이에게 효도하며 아우는 형에게 공손해야 한다는 것은 누구의 가르침인가? 만일 '나는 무인인데 어찌 수고롭게 돈을 내어 그대들 문인의 생도를 양성한단 말인가!'라고 한다면 이것은 공자를 무시하는 것이니, 그래도 좋단 말인가?"❷-2

또 남은 돈으로 박사 김문정(金文鼎)을 중국에 보내 공자와 70제자〔七十子: 공자의 유명한 제자 70명〕의 초상화와 함께 제기(祭器), 악기, 육경을 비롯한 서책을 사 오게 했다고 합니다. 유가의 대표적인 성현들을 존숭하는 이런 전통은 신라 성덕왕 때 김수충(金守忠)이 당나라에 가서 공자와 공문십철, 그리고 72제자의 도상을 가져와 국학에 안치한 것이 효시였는데, 고려 시대에 이르러서도 숙종 때까지는 유지되다가 이후에는 유명무실해진 것으로 보입니다. 그런 상황에서 안향이 거의 사라졌던 전통을 복원한 것입니다.

그 이후 조선의 성균관에서도 공자의 제자 72현을 줄곧 종향(從享)해 왔습니다. 물론 지금의 성균관에서는 공자의 제자 72현을 종향하지는 않고 있습니다. 지금은 공자가 중심에 있고 바로 앞에 안자, 맹자, 증자, 자사 네 명의 아성(亞聖)에 해당하는 사람들이 위치하고 있고 그 외에 송나라 시대의 정호와 주희, 그리고 우리나라의 성현 열여덟 명을 종향하고 있어요. 말씀드린 것처럼 조선 시대까지 공자 제자 72현까지 종향하다가 광복 이후 1949년에 전국유림대회의 결의에 따라 이들이 중국인들이고 우리나라 학자들이 그들의 이름이나 활동을 꼭 아는 것도 아니라고 하여 종향을 중단했습니다.

회암을 따라 회헌이라 자호하다

안향은 늘그막에 항상 회암(晦庵)의 초상화를 걸어 두었다고 합니다. 그를 사모하여 자기 호를 회헌(晦軒)이라 지었다고 하는데 회암은 주희, 주자의 호(號)입니다. 여러 유학자들이 회(晦) 자가 들어가는 호나 자를 많이 썼습니다. 주희(朱熹)의 이름 '희(熹)'는 '밝다'는 뜻이고, 호 '회(晦)'는 '어둡다'는 뜻인데 안향은 주희의 호를 따른 것입니다. 주자를 얼마나 경모했는지 알 수 있습니다.

안향은 64세 때에 첨의중찬으로 벼슬을 마치고 세상을 떠납니다. 시호는 '문성(文成)'이었습니다. 그의 장례식이 치러진 날에 7관12도[七官十二徒: 고려 시대의 주요 교육 기관인 국자감과 열두 개의 사학(私學)을 통틀어 이르는 말]의 여러 학생들이 소복을 입고 길가에 나와 제사를 지냈다고 합니다. 『고려사』「안향 열전」에서는 안향의 성품을 다음과 같이 기술하면서 높이 평가했습니다.

> 안향은 사람됨이 장중하고 자상하여 사람들이 모두 존경하였으며 재상의 자리에 있을 때에는 계책을 잘 만들어 내고 옳은 판단을 잘 내려서 동료 관원들도 그의 말이라면 순순히 듣고 공손히 대하였으며, 감히 논쟁하지 않았다. 늘 유학의 진흥과 인재의 양성을 자신의 임무로 여겼다.
>
> ―『고려사(高麗史)』, 「안향 열전(安珦列傳)」 ❷-3

백이정의 주자학 도입

백이정(白頤正)의 본관은 남포(藍浦)이고 자는 약헌(若軒), 호는 이재(彝齋)이며 안향의 문인입니다. 1275년(충렬왕 1)에 문과에 급제한 이래 충선왕때 첨의평리(僉議評理)로 상의회의도감사(商議會議都監事)를 겸했고 뒤에 상당군(上黨君)에 봉해졌습니다.

『고려사』「백이정 열전」에 따르면, 백이정은 1298년에 충선왕을 따라 원의 연경(燕京)에 가서 10년 동안 머물면서 성리학을 연구했고 고려로 돌아올 때 성리학 서적과 주자의 『가례(家禮)』를 가지고 왔다고 합니다. 그리고 충선왕을 올바르게 보좌하기 위해 노력했지만 충선왕이 그의 말을 따르지 않자 물러나 후학을 양성했는데, 이제현(李齊賢)과 박충좌(朴忠佐)가 맨 먼저 그에게 나아가 배웠고 이곡(李穀)·이인복(李仁復)·백문보(白文寶) 등의 문인도 백이정에게 배웠다고 합니다.

『고려사』「백이정 열전」에 나온 백이정에 관한 기록은 이것이 전부입니다. 여기서 주자학과 관련된 기록으로 "성리학 서적과 주자의 『가례』를 가지고 돌아왔다"라는 내용이 있는데, 이 정도 기록만으로 그가 주자학에 얼마나 조예가 깊었는지를 밝히기는 어렵습니다. 어쨌든 가계나 벼슬 관련 기록, 후학 양성, 이제현이나 이곡이 백이정의 문인이었다는 걸 보면 주자학에 조예가 있었음은 분명합니다.

그런데 주자학을 최초로 도입한 사람이 백이정이냐, 안향이냐 하는 논란이 있습니다. 앞서 안향이 주자학을 처음 도입했다고 했는데 방금 살펴봤듯이 『고려사』에는 백이정도 주자의 학문을 도입한 것으로 기록되어 있습니다. 연대로 보면 안향이 더 빠르긴 합니다. 백이정은 1298년에 충선왕을 따라 원나라 연경에 가서 10년간 머물면서 성리학을 접하고 고려에 도입한 것으로 되어 있는데, 역시 같은『고려사』에 1291년 무렵에 이미 안향이 원나라에 가서 주자학을 접한 것으로 되어 있습니다. 그러니 안향이 더 앞선다고 봐야 합니다. 그렇지만 큰 차이라고 할 수는 없죠. 그 당시 10년 정도면 거의 같은 시기라고 봐야 합니다.

해동 역학의 창시자, 우탁

우탁(禹倬)은 호가 역동(易東)이고, 여든한 살까지 장수했다고 합니다. 그가 남긴 기록으로는 시조 「탄로가(嘆老歌)」가 유명하죠. 모두 세 수로 이루어진 시조인데 일부만 읽어 보겠습니다.

> 「탄로가(嘆老歌)」
> 한 손에 가시 들고 또 한 손에 막대 들고
> 늙는 길 가시로 막고 오는 백발 막대로 치려 했더니
> 백발이 제 먼저 알고 지름길로 오더라.

「탄로가」는 작자가 분명히 알려진 시조로는 가장 오래된 작품입니다. 이 시조 말고도 같은 주제를 노래한 시조 한 수가 더 전하는데 국문학에서 초기 시조를 연구하는 데 중요한 자료입니다.

우탁의 본관은 단산(丹山: 지금의 단양)이고 자는 천장(天章) 또는 탁보(卓甫), 호는 백운(白雲) 또는 여동 선생(易東先生)이리고도 힙니다. 신조들이 고려조에서 계속 벼슬길에 나아간 명문의 후예였습니다. 1278년(충렬왕 4)에 향공진사가 되었고『역론(易論)』과『역설(易說)』을 비롯한 많은 저술이

조선 초까지 전해졌다는 기록이 있습니다만 지금은 남아 있지 않습니다.

우탁은 '역동(易東)'이라는 호에서 짐작할 수 있듯 『주역』의 대가로 알려져 있습니다. 『주역』은 유가 경전 중에서 가장 난해한 텍스트로 한마디로 '때[時]의 철학'이라고 할 수 있습니다. 서양에서 중요한 철학적 주제 가운데 하나는 '나는 누구인가'입니다. 그에 비해 동양에서는 '때'가 중요한 철학적 주제 중에 하나였습니다. '나는 어느 때, 어떤 위치에 있는가? 그러니나는 어떤 일을 해야 하는가?' 이게 중요합니다. '나는 누구인가'라는 질문만큼이나 동양에서는 '지금, 이때, 무엇을 해야 하는가'가 중요했어요. 맹자가 공자를 두고 '성지시(聖之時)'라고 했죠. 때에 맞게 행동하는 것, 지금내가 무얼 해야 하는가를 아는 것이 가장 중요한 철학적 주제라는 것입니다. 『주역』은 그 이야기를 하는 책입니다. 그런 분야에서 우탁이 상당히 진전을 보였다고 추측되는데 아쉽게도 저술이 전하지 않으니 자세한 내용은알 수 없습니다.

우탁과 당고개 서낭

『고려사』에는 우탁이 영해(寧海) 팔령(八鈴)과 연관된 설화가 나옵니다. 「우탁 열전」의 기록을 보면 다음과 같습니다.

> 우탁이 과거에 급제해서 영해의 사록(司錄)으로 갔는데 영해에 요신(妖神)인 팔령신의 사당이 있었다. 백성들이 속아서 영험하다 믿고 제사를 매우 두터이 지냈다. 우탁이 부임하자마자 방울을 쪼개 바다에 던졌더니 결국 나쁜 제사가 끊어졌다. **❸-1**

우탁이 경북 영덕군의 영해에 부임했는데 이곳에 신에게 제사 지내는 '팔령'이라는 사당이 있었고 주민들이 '팔령신'을 극진히 모시고 있었다고 합니다. '팔령신'이란 이름 그대로 '여덟 방울신'입니다. 이들에게 재물을 바쳐 제사를 지내지 않으면 화를 입는다고 해서 주민들이 힘겹게 재물을 바쳐야 했는데 우탁이 그 모습을 보고 여덟 개의 방울을 부수어 바다에 빠뜨려서 없애려 했어요. 여덟 신 중에 일곱을 없애고 나머지 하나를 없애려 하자 요괴가 살려 달라고 싹싹 빌었답니다. 그런데 이 요괴를 보니 눈이 멀고 호호백발의 할미여서 살려 주었는데 이 신이 바로 당고개 서낭이 되었다고 합니다. 영해에 지금도 '영해 별신굿'이라는 민속이 전해지는 것으로 보아 그 당시에는 이런 굿거리가 더 많았으리라 추정됩니다.

말하자면 우탁은 팔령신이 혹세무민하고 있다고 본 겁니다. 무당 굿거리가 반드시 악습이라고 할 수는 없지만 유학에서는 이런 별신에게 제사 지내는 것을 부정합니다. 우탁이 유학을 기준으로 세워 그런 굿거리를 폐지했다고 이해할 수 있습니다. 이 일화는 우탁이라는 역학자가 각지의 지역신보다 우월한 능력을 가지고 있었다는 걸 보여 주기도 합니다. 이를테면 의상대사가 부석사를 창건할 때 신의 힘을 빌려 돌을 들었다가 놓았다는 이야기처럼 우탁의 설화가 이어졌다고 보시면 됩니다.

계속해서 『고려사』 「우탁 열전」을 살펴보겠습니다.

우탁은 단산 사람이다. 아버지 천규(天珪)는 향공진사(鄉貢進士)였다. 여러 차례 승진하여 감찰규정(監察糾正)이 되었을 때 충선왕이 숙창원비(淑昌院妃)와 간통하는 사건이 일어났다. 우탁은 흰 옷을 입고 도끼를 들고서 나를 죽여 달라고 하며 짚으로 만든 자리를 등에 지고 대궐로 나아가 상소했는데, 임금의 측근 신하였던 전소(展疏)가 우탁이 올린 상소문을 읽지 못하자 우탁이 목소리를 높여 "그대는 근신으로 임금의 그릇된 정치를 바로잡지 못하고 악행을 미리 맞이함[逢惡]이 이 지경에 이르렀으니 그 죄를 아는가?" 하고 소리를 지르니 좌우에 있던 신하들이 두려워 벌벌 떨고 왕은 부끄러운 기색을 보였다. 그런 뒤에 물러나 예안현에서 벼슬을 그만두었다. 나중에 충숙왕이 그의 충의를 가상히 여겨 두 번 불렀지만 나가지 않았다. ❸-²

충선왕의 간통을 간한 대목에서 우탁의 성품이 얼마나 강직했는지 잘 알 수 있습니다. 본래 '간(諫)'이란 아랫사람이 윗사람의 잘못을 바로잡는 것인데 우탁은 아예 목숨을 걸고 간한 겁니다. 왕의 측근을 꾸짖는 대목은 본래 『맹자』에 나오는 말로 "임금의 잘못을 키우는 것은 죄가 작지만 임금의 잘못을 미리 맞이하는 것은 죄가 크다[長君之惡其罪小 逢君之惡其罪大]"라고 한 데서 유래한 것입니다. 곧 임금이 먼저 잘못을 저질렀는데 신하가 그 잘못을 바로잡지 않고 따라가는 것은 '장군지악(長君之惡)'으로 오히려 죄가 작고, 임금이 잘못을 아직 저지르지도 않았는데 임금의 내심에 있는 나쁜 마음을 끄집어내는 '봉군지악(逢君之惡)'은 죄가 크다는 뜻입니다. 이런 일화들을 통해 우탁이 무속을 타파하고 임금의 잘못에 대해 강직하게 반대하는 등 유학의 이념을 충실히 실천했다는 걸 알 수 있습니다.

이제 우탁의 학문에 대해 살펴보겠습니다.

우탁은 경사(經史)에 통달했는데 역학에 더욱 깊어서 점을 치면 적중하지 않는 경우가 없었다. 정이(程頤)의 『역전(易傳)』이 처음 동방에 전래되었을 때 아는 사람이 없었다. 우탁이 문을 닫고 한 달 남짓 연구하여 마침내 이해하였다. 생도들에게 가르치니 이학(理學)이 비로소 시행되었다. 관직이 성균좨주(成均祭酒)까지 이른 뒤에 치사했다. 충혜왕 3년에 세상을 떠났다. 나이가

81세였다.

—『고려사(高麗史)』, 「우탁 열전(禹倬列傳)」**❸-3**

정이의 『역전』은 주희의 『주역본의(周易本義)』와 함께 우리나라에서 가장 많이 읽힌 주역 해설서입니다. 흔히 『주역전의대전(周易傳義大全)』이라고 이름 붙인 합본을 읽는데, '전(傳)'은 정이의 『역전』을 가리키고 '의(義)'는 주희의 『주역본의』를 가리킵니다. 그런데 주희의 『주역본의』는 정전을 이해한 상태에서 읽어야 하는 책이어서 결국 두 가지를 동시에 다 읽어야 합니다. 정이의 『역전』은 내용이 상당히 난해합니다.

사실 『주역』이라는 책 자체가 창조적입니다. 64괘가 있고 64괘의 효 하나하나를 다 합하면 384개가 되는데 그 하나하나가 다 때[時]를 나타내는 작은 이야기입니다. 그 이야기가 또 큰 이야기와 이어져 있는데 그 이야기가 말이 되고 하나하나의 수리 법칙이 작용하는데 그게 또 말이 됩니다. 옛사람이 어떻게 이렇게 엮었나 싶을 정도로 감탄할 만한 상상력의 결과물이 『주역』입니다. 상상력을 즐기면서 읽는 것이 『주역』을 제대로 읽는 방법이에요.

『역전』 서문에서 정이는 "내가 전하는 것은 『주역』의 말[辭]이다"라고 합니다. 『주역』에는 중요한 것이 여러 가지가 있습니다. 첫째, '상(象)'이 중요합니다. 상은 이미지입니다. 그다음으로 ' 말[辭]'이 중요하고, 다음으로 '수(數)'와 '점(占)'이 중요해요. 어떤 행동이 옳은지 그른지를 판단할 때는 점(占)을 중시하고, 『주역』을 통해 서사(敍事)를 하고자 하는 사람에게는 말[辭]이 중요하고, 『주역』을 통해 미래를 예측하려고 하는 사람에게는 수(數)가 중요하고, 『주역』을 통해 기물을 제작하려는 사람에게는 상(象)이 중요하죠. 이중 가장 중요한 것은 이미지에 해당하는 상(象)과 말에 해당하는 사(辭)입니다. 사실 인간의 삶을 일정한 수의 조합으로 파악하려고 하는 것은 상당히 무모하죠. 그 때문에 『주역』의 점사(占辭)는 때로 모호하기 짝이 없지만 어쨌든 그 구조 안에서는 말이 됩니다.

동방에 처음으로 『주역』이 전래되자 우탁이 그것을 연구해서 『역론』과 『역설』이라는 저술까지 남겼다고 하는데 그 내용이 전해지지 않으니, 역동 우탁이 어떤 방식으로 『주역』을 보았는지 알 수 없어서 안타깝습니다.

10장

이제현

붓을 들어 나라를 지키다

충선왕의 총애를 받은 고려의 문신

앞서 살펴본 것처럼 성리학은 고려 말에 안향, 백이정이 도입했지만 구체적인 내용을 다룰 만한 자료는 별로 없습니다. 이제현(李齊賢, 1287~1367)에 이르러서도 크게 달라지지는 않습니다만 그래도 문장으로 성리학적 가치를 드러내는 부분이 있습니다. 이제현은 충선왕을 따라 원나라 연경에 가서 중국 학자들과 교류하고 고려로 돌아온 백이정의 제자입니다. 이제현의 제자로는 가정(稼亭) 이곡(李穀, 1298~1351)과 목은(牧隱) 이색(李穡, 1328~1396)이 있습니다. 이곡은 이색의 아버지로, 백이정에게 배우기도 했습니다. 학맥은 이렇게 이어졌는데 이제현 역시 문장은 뛰어났지만 성리학자로서는 특별히 거론할 내용이 많지 않습니다. 안향이나 백이정도 문집이 있다고는 하나 직접 저술한 것이 거의 없고 대부분 『고려사』에 단편적으로 전하는 기록이거나 후세에 다른 학자들의 글 속에서 가려 뽑아 모아 놓은 것이어서 그들의 사상을 더듬어 보기에는 자료가 태부족입니다. 그래도 이제현의 경우『익재난고(益齋亂藁)』,『역옹패설(櫟翁稗說)』이라는 상당히 비중 있는 작품집이 전하는 덕에 어느 정도 면모를 살펴볼 수는 있습니다.

이제현이 살았던 때의 고려는 원나라로부터 극심한 간섭을 받았습니다. 당시 고려가 국가의 독립성은 유지하고 있었으니 완전히 복속된 나라라고 볼 수 없지만 근대를 기준으로 보면 대등한 주권국가는 아니었어요. 중국은 중세까지 동아시아 질서의 중심에 있던 강력한 국가였죠. 그렇다고는 하나 중국의 역사도 순탄치는 않았습니다. 이민족이 일부 지역이라도 차지한 때가 절반이 넘으므로 한족(漢族)의 역사가 수천 년 동안 공고하게 이어졌다고 볼 수 없습니다. 어쨌든 한족의 역사는 완전히 단절되지 않고 이어진 반면, 다른 민족의 역사는 중원을 한두 차례 차지하기는 했지만 지속되지는 못했습니다. 그 차이가 분명히 있습니다.

원나라는 몽골제국 중에서 쿠빌라이가 중국을 차지하고 세운 나라입니다. 몽골은 고려를 자기 지배하에 두려고 고려의 왕을 몽골의 공주와 정략결혼을 시켰어요. 그런 연유로 고려 충선왕(忠宣王, 1275~1325)은 원나라 세조(世祖) 쿠빌라이의 외손자가 됩니다. 충선왕은 고려 왕으로 있는 것보다 원나라에서 벼슬을 하며 지식인들과 교류하고 원나라 황실을 왕래하면서 영향력을 행사하는 데 더 관심을 가졌던 사람입니다. 원나라 인종 때 중국에 가서 무종을 원의 황제로 즉위시키는 데 결정적인 공을 세울 만큼 원나라에서 활동한 기간도 깁니다. 또 고려의 왕위는 자기 아들에게 물려주고 상왕으로 있으며 국내 정치에 영향력을 행사했죠. 충선왕은 연경에 만권당(萬卷堂)을 지어 놓고 원나라의 지식인들과 교유를 하는데 그중에는 서예로 유명한 조맹부(趙孟頫, 1254~1322) 같은 사람도 있었어요. 이들과 교류하자니 그에 맞설 만한 고려의 문신이 필요해집니다. 그래서 이제현을 부릅니다.

말씀드렸듯이 충선왕은 원나라 황제의 권력 승계 문제에 개입합니다. 그가 7대 황제 무종과 8대 황제 인종의 즉위에 공을 세우면서 그들의 재위 기간에는 원나라 조정으로부터 극진한 예우를 받지만, 인종이 죽고 그 아들이 즉위하고 나서는 정치적 입지를 잃고 유배를 가기도 합니다. 그런 상황에서 충선왕과 동고동락한 신하가 바로 이제현입니다. 이제현은 굉장히 복잡한 심태(心態)를 가질 수밖에 없었을 겁니다. 아마도 우리가 같은 처지에 놓였더라도 비슷했겠지요. 지금도 마찬가지입니다. 주권을 인정받지 못하면 외교관계가 성립되기 힘들죠. 한국은 주권국가로서 다른 나라와 교류를 하고 있지만 여전히 한국에 영향력을 미치는 나라들이 있습니다. 북한은 북한대로, 남한은 남한대로요. 국가 간에 긴장이 조성되었을 때 주권국가로서 강대국과 늘 대등하게 맞설 수 있다면 좋겠지요. 하지만 힘의 차이가 너무 클 때는 신중한 외교 전략이 필요합니다.

고려도 이와 비슷한 처지에 놓여 있었다고 할 수 있습니다. 서희처럼 뛰어난 외교 전략가들이 나오거나 강감찬이나 양규 같은 일당백의 장수들이 나온다면 외교적으로 푼다든지 전쟁을 승리로 이끈다든지 하겠죠. 그렇지 않으면 강대국의 간섭을 피할 방법이 마땅치 않습니다. 이규보도 무신정권에 협력할 수밖에 없었고 무신정권을 칭송함으로써 편안한 생활을 누렸습니다. 몸은 편안했겠지만 정신은 한없이 고달팠다는 게 글 속에 드러납니다. 이제현도 마찬가지입니다. 고려는 원나라의 부마국(駙馬國)이었어요. 고려로서야 당연히 그런 상황에서도 독립국의 자존감을 유지하고자 했겠죠. 그러나 궁벽한 산골에 들어가 사는 선비가 아니라면 그런 정신은 유지하기가 힘들 겁니다. 이제현처럼 고려와 원나라를 왔다 갔다 하면서 생존을 도모해야 하는 상황이라면 더더욱 그런 '정신 승리법'으로는 버틸 수 없었겠지요.

이제현은 충선왕을 도와 원나라에서 활동할 때 조맹부 같은 학자들과 교류하면서 명성을 쌓고 식견을 넓힐 기회를 얻었어요. 하지만 충선왕이 유배당하자 노심초사하면서 충선왕을 구하기 위해 글을 짓기도 하고 원나라가 고려를 완전히 복속시키려 하자 부당하다고 호소해서 막기도 합니다. 한마디로 처신하기 어려운 시대를 살았던 겁니다.

우리 근대사도 그렇게 순탄치 않았죠. 근대사에서 독립 상태를 유지했던 시기가 얼마 되지 않습니다. 일제가 강점하기 전에는 청나라의 간섭을 받았죠. 자주권을 가진 상태였다고 하지만 갑신정변(甲申政變, 1884) 이전까지는 청나라의 영향 아래에 있었어요. 박은식의 『한국독립운동지혈사(韓國獨立運動之血史)』를 보면 독립운동의 시작을 갑신정변으로 봅니다. 갑신정변의 적은 일본이나 미국이 아니고 청나라였어요. 그래서 청나라 군인 1,500명이 들어와서 창덕궁에 있던 정변파를 공격한 거죠. 갑신정변은 삼일천하로 끝났지만 청나라의 간섭을 끊어 버리는 계기는 됩니다. 그런데 그 후부터 일제의 강점에 이르기까지 조선은 독립국의 위상을 유지한 시기가 거의 없었습니다.

애국사관을 가진 사람들이야 과거의 역사에서 좋은 것만, 영광의 역사만 기억하고 싶어 하겠죠. 그러다 보니 자기 나라의 굴욕적 상황을 다 덮고 넘어갑니다만 그럴 수는 없어요. 우리가 우리의 역사를 자랑스러워하려면 오욕의 역사도 끌어안아야 합니다. 마찬가지로 일본인들이 일본의 역사를 자랑스러워하려면 이웃 나라를 착취한 역사, 군위안부 같은 만행의 역사도 끌어안고 철저하게 반성해야 합니다. 자랑스럽지 않은 건 빼 버리고 자랑스러운 것만 자기 역사라고 하는 건 말이 안 되죠. 상속을 받으면서 부채는 안 받고 돈만 받겠다는 것과 같은데 그건 도둑놈 심보입니다.

우리 근대사에서 청나라의 간섭에서 벗어난 기간이 불과 삼일 동안의 정변 기간이었고 그 후 일제의 식민지가 되는 비극이 뒤따랐습니다. 그 뒤에도 미국과 소련의 영향에서 벗어나지 못하잖아요. 그래서 김구(金九)는 신탁이라든지 미국과 소련의 영향력 안에서 나라를 유지하려는 자들을 미쳤다고 비난했어요. 『백범일지』에 굉장히 격렬하게 반대하는 말이 나옵니다. "나는 공자, 예수, 석가의 도를 알아서 그들을 성인으로 존중하지만 비록 그들이 만든 천당이나 극락이 있다 하더라도 우리 민족이 세운 나라가 아니면 가지 않겠다"라고 해요. 구원 같은 것 필요 없고 오로지 민족 자주를 하겠다는 거죠. 그 당시 맥락에서 절실했던 겁니다.

이제현이 살았던 시대 상황도 이와 비슷했다고 할 수 있습니다. 그런 시대에는 특정 상황에 구애되지 않고 영원히 지속될 만한 가치가 무엇인지 골몰하게 되겠죠. 그 어떤 자가 지배하더라도 통할 수 있는 보편적 가치 말입니다. 고려 말 불교가 사회의 모순을 해결하는 데 역부족이기도 했지만 속국 상태에서든 자주국 상태에서든 유지될 수 있는 새로운 가치에 목말라 있었다고 볼 수 있습니다. 영원불멸의 가치를 추구하는 성리학의 이(理)가 바로 그런 상황을 타개하는 데 이론적 기반을 제공해 줄 수 있었기 때문에 당시의 지식인들에게 받아들여졌던 것입니다.

한유와 주돈이에 견주다

이제현의 제자 이색은 자기 스승을 두고 '도덕의 으뜸, 문장의 종주'로 높였는데, 제자가 스승을 평가한 것이므로 과장되었다고 의심할 수도 있습니다. 조선 시대 문인들은 대체로 이제현이 뛰어나다고는 하지만 이규보의 문장에는 못 미친다고 평가했습니다. 조선 시대에 이제현의 문집인 『익재집(益齋集)』이 중간(重刊)되는데 서문을 쓴 임상원(任相元, 1638~1697)은 "이규보는 상당히 호방하고 규범을 턱 넘어서는 문장이고, 이제현은 단아한 문장을 구사했다"라고 했습니다. 또 제자 이색의 문장도 함께 거론하면서 이제현의 문장은 웅대함에서는 이규보나 이색만 못했지만 잘 다듬은 옥과 같아서 품격만은 두 공보다 낫다고 평가했습니다. 그러니 이색이 자기 스승이라는 이유만으로 이제현을 터무니없이 '도덕의 으뜸, 문장의 종주'로 과장했다고 할 수는 없겠습니다. 이색이 쓴 이제현의 묘지명을 읽어보겠습니다.

> 명성은 천하에 넘쳐흘렀고[名溢域中] 몸은 해동에 살았는데 도덕의 으뜸이요, 문장의 종주였다. 태산북두[北斗泰山]와 같은 존경은 창려(昌黎)의 한유(韓愈)와 같았고 광풍제월(光風霽月)의 기상은 춘릉(春陵)의 주돈이(周敦頤: 자는 무숙)와 같았다.
>
> ─『익재난고(益齋亂藁)』,「묘지명(墓誌銘)」(이색)❶

"명성은 천하에 넘쳐흘렀고[名溢域中]"에서 '명(名)'은 명예, 명성, 명망이죠. '역중(域中)'은 '천하'라는 뜻도 있고 '한 지역'이라는 뜻도 있지만 여기서는 천하로 보는 것이 타당합니다. 『도덕경』에 '역중유사대(域中有四大)'라는 말이 나오는데 "천하에 큰 것이 네 가지 있다"라는 뜻입니다. 당시 이제현이 고려뿐 아니라 중국 전역에서 활동했기 때문에 천하에 이름이 넘쳤다고 표현한 겁니다. 실제로 이제현은 중국의 서북쪽 끝인 감숙성

돈황에도 가고 동남쪽인 절강성 항주, 파촉 지역에도 갔습니다. 충선왕을 따라 이 모든 곳을 여행했으니 온 천하를 주유했다고 할 수 있습니다.

또 '북두태산(北斗泰山)'이라는 말이 나오는데 당나라의 유종원이 한유를 두고 '문장의 태산북두'라고 했습니다. 한유는 유종원의 묘지명을 쓰면서 유종원은 자신의 글을 빌리지 않더라도 그 문장만으로 세상에 반드시 전해질 것이라고 평가했습니다. 두 사람 모두 후세에 당송팔대가로 꼽혔으니 유종원이나 한유 모두 다른 사람의 평가를 기다릴 필요가 없는 문장가였다고 해야겠지요. 그러니 이색이 자신의 스승을 한유에 견준 것은 그의 문장이 당대의 평가를 기다리지 않을 정도로 뛰어났다는 맥락으로 이해할 수 있습니다.

'광풍제월(光風霽月)'에서 '광풍'은 맑은 바람이라는 뜻이고 '제월'은 비갠 뒤 밝게 빛나는 달을 뜻합니다. 본래 '광풍제월'은 주돈이의 인품을 상징하는 말입니다. 주돈이는 송학(宋學)의 개조라 할 수 있는 성리학자로 「애련설」, 『통서(通書)』, 『태극도설(太極圖說)』을 지었습니다.

여담입니다만, 주돈이와 함께 북송오자(北宋五子: 북송의 주돈이·소옹·장재·정호·정이 다섯 학자를 일컫는 말)로 손꼽히는 정호·정이 형제도 주돈이에게 배웠습니다. 이 두 학자가 일찍이 "옛날 주무숙(周茂叔: 주돈이)에게 배울 때 늘 안자(顏子: 안회)가 좋아한 학문이 무엇인지 찾게 해서 깊이 생각한 적이 있다"라고 쓴 적이 있는데, 그들의 제자들은 자기 스승들이 주돈이에게 배웠다는 사실은 쏙 빼놓고 자기 스승들만 높였어요. 추종자들이 원래 이렇습니다.

주돈이의 인품을 '광풍제월'로 비유한 사람은 북송의 시인 황정견(黃庭堅)인데 광풍제월은 마음에 욕심이 없다는 것을 표현한 말로 청렴한 삶을 뜻합니다. 요즘 같은 자본주의 시대에 청렴한 사람은 도리어 무능하고 한

심한 사람으로 치부되는 경향이 있죠. 지금 안자나 주돈이 같은 사람이 있다면 다들 혀를 끌끌 찰 겁니다. 하지만 조선 시대의 성리학자들은 이런 삶을 동경했습니다. 예컨대 담양에 가면 양산보(梁山甫)가 은거했던 소쇄원이 있습니다. 양산보는 조광조(趙光祖)의 제자였는데 1519년 기묘사화로 스승이 희생되자 고향에 내려가 소쇄원을 지었습니다. 소쇄원 안에 광풍각과 제월당이란 건물이 있는데 이 두 건물의 방은 딱 두 사람이 누울 수 있는 너비입니다. 세간이 들어갈 공간이 없어요. 공간 자체가 그러하니 정말로 맑게 살 수밖에 없겠죠. 이 또한 주돈이의 정신세계를 반영한 것입니다.

주돈이가 지은 「애련설」에 '향원익청(香遠益淸)'이라는 말이 나옵니다. '연꽃 향기는 멀어질수록 맑아진다'는 뜻인데 물리적으로 멀어진다면 향기가 진해질 리 없습니다. 여기서 '향기가 멀리 간다'는 말은 그만큼 군자의 덕이 오래 전해진다는 의미입니다. 요컨대 이색은 자기 스승의 문장은 한유에 견주고 인품은 주돈이에 견주어 '문장의 종주요, 도덕의 으뜸'이라고 평가한 것입니다.

56년간의 관직 생활

이제현은 81세까지 살면서 무려 56년 동안 관직을 맡았습니다. 충렬왕 14년(1287)에 태어났는데 연보를 살펴봐도 전형적인 천재형 인물입니다. 15세에 성균시에 장원 급제하는 등 뛰어나게 영리했는데 그때 이미 "과거 공부는 작은 재주라서 덕(德)을 크게 기르기에는 부족하다"라고 했다고 합니다.

충숙왕 원년(1314), 이제현의 나이 28세 때에 백이정이 원나라에서 돌아오자 맨 먼저 그에게 나아가 주자학을 배웠습니다. 앞에서 말했듯이 그 당시 충선왕은 충숙왕에게 왕위를 물려주고 자신은 원나라 수도에 머물면서 만권당을 짓고 원나라 명사들과 교유하고 있었습니다. 충선왕은 늘 고려 사람 중에 당대의 중국 학자들과 교류할 만한 인재가 없다고 한탄했는데 이제현의 문장이 뛰어나다는 이야기를 듣고 그를 부릅니다. 당시 이름난 학자였던 요수(姚燧)·염복(閻復)·원명선(元明善)·조맹부 등이 모두 만권당에 모여 함께 교유하고 있었는데 이제현도 합류하게 된 것입니다.

34세 때는 충선왕이 참소를 받자 울분을 이기지 못하여 시 세 수를 짓고 「명이행(明夷行)」을 짓습니다. 또 충선왕이 토번(吐蕃)에 유배되었을 때는 원나라 승상 배주(拜住)에게 글을 올려 충선왕을 돌아오게 해달라고 요청하여 충선왕은 토번보다 형편이 나은 타사마(朶思麻)라는 곳으로 옮겨 갑니다.

37세 때는 원나라가 고려에 정동성(征東省: 원나라가 일본 원정을 명분으로 고려에 설치한 행정기구. 원정 실패 후 고려의 내정 간섭 기구로 변질됨)을 설치하여 고려를 복속시키려 하자 원나라에 가서 도당(都堂)에 요청하여 복속 시도를 중단시킵니다. 이때 이제현이 들고 나온 논리가 『중용』의 '구경장(九經章)'입니다. '구경장'은 "무릇 천하의 국가를 다스리는 데는 아홉 개의 바꿀 수 없는 법칙이 있다. 자기 몸을 닦는 것, 어진 사람을 존중하는 것, 어버이를 사랑하는 것, 대신들을 공경하는 것, 군신들을 자기 몸처럼 아끼는 것, 백성들을 자식처럼 사랑하는 것, 온갖 기술자들(百工)을 오게 하는 것, 멀리 있는 사람을 회유하는 것, 제후들을 품는 것이다(凡爲天下國家 有九經 曰 修身也 尊賢也 親親也 敬大臣也 體群臣也 子庶民也 來百工也 柔遠人也 懷諸侯也)"라는 내용입니다. 이제현은 그중에 '멀리 있는 사람을 회유하는 것

〔柔遠人〕'이라는 구절을 근거로 들어 "'그 나라는 그 나라에 맡기고 그 백성은 그 백성으로 살게 하는 것〔國其國 人其人〕'이 성경(聖經)의 뜻에 맞으므로 고려를 복속하는 것은 옳지 않다"라고 주장하여 마침내 원나라의 직접적인 지배를 중단시킵니다. 가히 붓으로 침탈을 저지했다고 할 만한데 원나라의 관학이 주자학이었기 때문에 주자학의 명분론에 입각하여 부당한 간섭을 중단하도록 요구하여 의도한 바를 관철시켰던 겁니다.

이제현은 그 후 고려로 돌아왔는데 공민왕이 왕위에 오르고서 그를 우정승(右政丞)에 임명합니다. 그때 그의 나이 65세였습니다. 67세에 정승을 사임하고 고시관인 지공거(知貢擧)가 되어 목은 이색 등을 선발합니다. 70세에는 최고위직인 문하시중(門下侍中)이 되었다가 71세에 관직에서 물러납니다.

76세에 홍건적(紅巾賊)이 고려의 수도인 송도(개경)를 함락시켜 공민왕이 남쪽으로 피란하자 상주로 달려가 왕을 배알하고 눈물을 흘리며 국가의 위난을 탄식하고 난을 수습하는 데 진력했다고 합니다. 그 후 일 년이 지나도록 공민왕이 송도로 돌아오지 않자 신하들을 이끌고 가서 환도하라고 간하여 왕이 따랐다고 합니다.

79세에는 공민왕이 신돈을 총애하자 극력으로 간했지만 왕이 듣지 않습니다. 그 이후 신돈이 권력을 탐하다가 죽음을 당하고 나자 왕이 "익재(益齋)의 선견지명은 누구도 따를 수 없다"라고 했다 합니다.

81세로 세상을 떠납니다. 시호는 문충공(文忠公)이었습니다.

유학자로서 주 무왕과 당 태종을 비판하다

이제현은 원나라에 머물 때 세 차례에 걸쳐 각지를 여행합니다. 1316년에는 충선왕을 대신해 서촉(西蜀)의 명산인 아미산(峨眉山)까지 갔다 옵니다. 원나라 서쪽 끝까지 갔다 온 셈입니다. 1319년에는 충선왕이 절강성 지역을 시찰할 때 따라갔고 1323년(충숙왕 10) 유배된 충선왕을 만나 위로하기 위해 감숙성의 타사마에 다녀옵니다. 그러다 비간(比干)의 묘소를 지나면서「비간묘(比干墓)」라는 시를 짓습니다.

비간은 은나라 주왕(紂王)의 숙부이자 선왕(宣王)의 왕자여서 흔히 왕자 비간으로 불립니다. 은나라의 마지막 임금 주(紂)는 주지육림(酒池肉林)의 주인공입니다. 술로 연못을 만들고 육고기로 숲을 만들었고 흥청망청 연회나 베풀면서 호사스럽게 살다가 망했다고 합니다. 사실 '주지육림' 같은 일은 주왕만 한 것이 아니라 잘 다스리는 사람도 했습니다. 주공(周公)이 하면 '유상곡수(流觴曲水)'처럼 훌륭하다고 평가받고 패망하면 '주지육림'이 되는 거죠. 이 주왕이 자기 숙부인 비간을 죽입니다. 비간은 주왕의 실정을 바로잡기 위해 늘 바른말로 간했습니다. 그러자 주왕이 너는 성인인가 보다, 내가 들으니 성인의 심장에는 구멍이 일곱 개가 있다더라, 어디 일곱 개가 있는지 보자, 하면서 '부심(剖心)'이라고 심장을 갈라서 비간을 죽입니다. 비간이 목숨을 걸고 간한 것이고, 후대의 유학자들은 말할 것도 없고 임금들도 비간이 훌륭하다고 말합니다. 모름지기 간한다면 그렇게 직간해야겠지요. 그런데 당사자에게 직간을 하면 죽이려 들죠.

「비간묘」에서 이제현은 그 점을 딱 꼬집습니다. 나중에 무왕이 주왕을 쳐부수고 천하를 차지한 다음, 비간의 묘소를 지날 때 제사를 지내 비간을 위로합니다. 한참 뒤에 당나라 태종도 정관(貞觀) 연간(627~649)에 비간의 묘소를 지나다가 제문을 지어 제사를 지냅니다. 무왕에게도 직간한 사람이 있었고 당나라 태종에게도 직간한 신하가 있었죠. 그런데 자기한테 직간한 자는 안 좋아하고 예전에 직간한 비간은 잘했다고 하죠. 나한테 안 좋은 이야기를 하는 사람은 나의 스승이고 나한테 좋은 이야기를 하는 자는 나를 해치는 도적이다, 이런 말을 하면서도 막상 자기한테 직간하면 싫어합니다. 이제현도 그런 권력의 이중성을 꼬집습니다.

이 무덤은 위주(衛州) 북쪽 십 리쯤에 있다. 주 무왕이 만든 봉분이고 당 태종도 정관 연간에 이곳을 지나다가 친히 제문을 올려 제사 지냈는데, 비석에 새겼던 글자들은 모두 없어졌으나 몇 글자는 알아볼 수 있다. 이 두 임금이 다른 시대의 신하를 이토록 잊지 못한 것은 그의 충정을 장하게 여기고 그의 죽음을 불쌍히 여긴 탓이 아니겠는가? 그러나 무왕은 은나라를 쳐부순 뒤에 백이(伯夷)를 가벼이 여겼고 태종은 요동(遼東)을 정벌할 때 위징(魏徵)을 의심했으니 어찌 된 일인가? 내가 이 시를 짓는 까닭은 또한 『춘추』에서 현자를 책비(責備)하는 도리를 따른 것이다. ❷-1

주 무왕이 은나라를 정벌할 때 백이·숙제가 목숨 걸고 말립니다. 아버지가 돌아가신 지 한 달이 안 되었는데 전쟁을 일으키는 것은 불효이고 신하로서 임금을 치는 것은 불충이라고 말하면서요. 그런데 무왕은 결국 은나라를 멸망시키고 주나라를 세웠습니다. 그러자 백이·숙제는 "폭력으로 폭력을 바꾸고서도 부끄러워할 줄 모른다"라고 비판하고는 주나라 곡식을 먹는 것을 수치로 여겨 수양산에 들어가서 나오지 않았는데 무왕이 그들을 부르지 않습니다. 비간이 주왕에게 간한 것은 가상히 여기면서 백이·숙제가 자기에게 간하는 것은 받아들이지 않은 셈이니 이중적이죠.

당 태종을 보좌했던 위징도 보통 신하가 아닙니다. 위징은 당나라 태종 이세민(李世民)의 형인 건성(建成)의 신하였어요. 건성은 이연(李淵)의 맏아들이었죠. 위징이 보니 이세민이 아무래도 야욕이 있어 보여서 그를 죽이려고 합니다. 당시에는 왕권이 태자에게 상속되는 게 정당하니까 태자 건성을 황제로 옹립하려고 위징이 이세민을 없애려 한 겁니다. 그런데 뜻대로 안 됩니다. 결국 이세민이 건성을 죽이고 승자가 되어 자신을 죽이려 했던 위징을 없애려 하는데 위징이 이에 굴하지 않습니다. 그러자 이세민이 위징을 신하로 받아들입니다. 위징의 가치를 알아본 태종도 보통 사람은 아닙니다.

당 태종의 신하가 된 위징은 고비마다 직간을 하면서 태종의 문제를 바로잡습니다. 예를 들어 태종이 자기가 아끼던 여자가 죽자 궁궐에서 바로 보이는 곳에 무덤을 조성해요. 그리고 매일같이 궁궐 높은 누대에 올라 위징에게 "저기 헌릉 보이지?" 하면서 자기가 총애했던 여자를 그리워합니다. 위징은 "신은 나이가 들어 눈이 어두워서 잘 안 보입니다", 그럽니다. 태종이 "저기 있는 저 헌릉이 안 보인단 말이오?" 하니, 위징이 "아, 헌릉이요? 소릉 이야기하는 줄 알았죠" 합니다. 소릉은 태종의 어머니 무덤이에요. 위징은 너는 어머니는 안중에도 없고 여자 생각만 하느냐는 식으로 꼬집은 거죠. 그러자 태종이 부끄러워했다고 합니다. 나중에 태종이 요동 정벌을 하려고 하는데 위징은 나라가 망하는 길이라고 반대합니다. 그런데 기어코 정벌을 합니다. 정벌하는 과정에서 태종은 위징을 의심하고 위징이 죽고 난 다음에는 그의 무덤에 가서 비석을 넘어뜨려요. 그러고는 후회합니다

이처럼 옛날 폭군에게 강직하게 했던 이는 칭찬하면서 자기에게 강직한 말을 하는 사람은 참지 못합니다. 아마 맹자가 이들을 봤다면 무왕은 훌륭

하다 하지만 태종은 훌륭하다고 하지 않을 겁니다. 태종은 권모술수를 비롯해 온갖 수단을 다 썼으니까요.

어쨌든 이제현은 무왕이나 태종이 훌륭하다고 봤어요. 그러나 보통의 군주라면 이 정도가 허물이 될 수 없지만 무왕은 성왕으로 칭송받는 군주고 태종도 후세에 명군으로 칭송받는 만큼 책비(責備)를 위해 「비간묘」를 지었다고 합니다. 현자일수록 작은 허물이라도 지적하여 완벽하기를 요구하는 뜻이 곧 '책비'입니다.

주나라 무왕이 은나라 신하의 무덤 만들어 준 것은
충언으로 간하다 죽은 것을 슬퍼해서인데,
어찌하여 화양으로 말을 돌려보낸 후에는
포륜(蒲輪: 황제의 수레)으로 고사리 캐던 사람(백이·숙제)에게 사과하지 않았는가.
본래 분노와 욕심은 양지(良知: 맹자가 말한, 본래 타고난 뛰어난 지혜)를 가리니
나이 들어 사람으로 하여금 어긋난 일을 하게 했구나.
비간의 무덤에 제사 지낸 것은 좋은 일이나
위징의 비석은 왜 넘어뜨렸나.

—『익재난고(益齋亂藁)』,「비간묘(比干墓)」②-2

무왕과 당 태종 모두 비간이 간하다가 죽은 것은 칭찬하면서 왜 자기에게 직접 간한 백이·숙제나 위징은 비간처럼 존중하지 못했느냐며 꼬집습니다. 당 태종은 가장 뛰어난 군주 중 한 명으로 알려져 있고 후세 군주들이 그처럼 되기를 원하는 인물이기에 이렇듯 그의 문제를 직접 드러내는 것은 쉬운 일이 아닙니다. 적어도 자신을 상대와 대등하게 바라볼 수 있는

스케일이 있어야 가능하겠죠. 글이나 그림을 평가할 때에도 권위에 눌려서 자기 안목으로 직접 보고 판단하기가 쉽지 않은 것처럼 많은 사람이 떠받드는 인물을 편견 없이 비판하기란 더욱 어려운 법입니다.

1949년 아시아인 최초로 노벨 물리학상을 받은 사람이 유카와 히데키(湯川秀樹)인데 형제가 네 명이었습니다. 그중에서 둘째 형이 교토대 교수였던 가이즈카 시게키(貝塚茂樹)로, 중국 사상을 전공한 갑골학의 대가입니다. 유카와는 형을 통해 동양 사상에 관심을 갖게 되었고 『장자』의 혼돈(混沌, 渾沌) 설화를 읽으면서 영감을 받아 물리학에서 중간자를 예측했다고 합니다. 결국 유카와의 계산 결과가 관측을 통해 입증되어 노벨상을 받았어요. 그래서인지 유카와는 걸핏하면 동양 고전을 이야기하며 이태백의 「춘야연도리원서(春夜宴桃李園序)」나 장자와 혜시가 농담한 것이 어떻다 하는데, 제가 읽어 봤더니 맥락을 제대로 짚은 것 같지는 않았습니다. 솔직히 노벨 물리학상을 받아서 유명인이 되면 고전을 이렇게 제멋대로 이야기해도 먹히는구나 싶은 생각까지 들었습니다.

그런데 독서라는 게 참 재미있는 것이, 어떤 책을 읽으면서 내용을 잘못 이해하거나 전혀 엉뚱한 상상을 하다가 거기서 큰 수확을 얻을 수도 있습니다. 독서는 아니지만 비슷한 예로 갈릴레이가 성당에서 설교를 듣고 있는데 재미가 없어서 천장에 매달린 샹들리에가 왔다 갔다 하는 걸 봅니다. 그런데 추의 진동이 크든 작든 왕복하는 시간은 똑같다는 걸 발견하고서 추로 움직이는 시계를 고안합니다. 이렇듯 완전히 엉뚱하게 딴 짓을 하다가 유익한 결과를 얻을 수도 있어요. 그러니 고전을 엉터리로 읽는다 해도 읽지 않는 것보다는 낫다고 할 수도 있습니다.

어쨌든 모든 사람이 그 사람의 권위에 눌려서 아무 이야기도 하지 않을 때 자기만의 눈으로 대상을 보려고 하는 태도는 굉장히 중요합니다.

암흑의 시대를 가다: 「명이행(明夷行)」

「명이행(明夷行)」은 충선왕이 억울하게 모함을 받아 끌려갔을 때 이제현이 지은 글입니다. '명이(明夷)'는 『주역』에 나오는 괘 이름입니다. 주역의 괘는 모두 상(象)을 담고 있는데 상과 상이 결합해서 여러 가지 이야기를 만들어 냅니다. 예를 들어 둔괘(䷂)는 물(☵)과 우레(☳)의 두 상을 결합하여 '어려움'을 이야기합니다.

『주역』에는 어려움에 해당하는 괘가 세 가지 나옵니다. 둔난(屯難), 곤난(困難), 건난(蹇難)이 그것입니다. 곤난(困難)은 곤괘(困卦, ䷮)인데 위에 못(☱)이 있고 아래에 물(☵)이 있는 모양입니다. 못 아래에 물이 있다는 것은 못에서 물이 다 빠져 버린 상태를 비유합니다. 물이 있어야 살 수 있는 존재라면 살아갈 수 없는 조건에 놓인 거죠. 이게 곤입니다. 아주 안 좋습니다. 길흉으로 따지면 분명 흉(凶)에 해당합니다.

그런데 『주역』에서 빛나는 부분은 오히려 이런 안 좋은 상황을 형통(亨通)으로 해석하는 역설의 논리입니다. 이를테면 '처곤이형(處困而亨)' 같은 논리가 그러합니다. 군자는 곤(困)의 상황에 처했을 때 오히려 형통한다는 뜻입니다. 이게 군자의 길(吉)이에요. 곤(困)이 없다면 군자나 소인이나 다 똑같습니다. 곤에 처하면 군자와 소인이 구분됩니다. 군자는 항심(恒心)을 가지고 있기에 영달할 때나 곤궁할 때나 자신이 가진 가치관이나 행동에 변함이 없습니다. 하지만 항심이 없는 소인은 곤궁하면 바로 넘칩니다. 그래서 곤궁하지 않으면 군자와 소인이 구분되지 않습니다. 미묘하죠.

곤괘와 반대로, 아래에 못(☱)이 있고 위에 물(☵)이 있으면 넘치는 겁니다. 넘치면 '절(節)' 해야 하죠. '절'은 절약(節約), 조절(調節)이라는 뜻입니다. 넘치면 넘치지 않게, 부족하면 부족하지 않게 하는 것입니다. 때로는 채우기도 하고 덜어 내기도 해야 한다는 말입니다.

또 다른 어려움인 둔난(屯難)은 아래에 우레(☳)가 있고 위에 물(☵)이 있어요. 물은 건너가기가 어려운 것이니까 험난함을 뜻합니다. 그리고 우레는 움직임을 의미합니다. 우레는 맨 밑에 양(一)이 하나 있는데 이 양이 움직이는 모양을 뜻합니다. 곧 생기, 생명의 움직임입니다. 험난한 가운데 생명이 움직이는 거죠. 생명이 처음 탄생하는 순간, 처음의 어려움이 둔난이에요. 정지해 있는 물건을 움직일 때도 처음 움직이는 순간에 가장 큰 힘이 필요하죠. 일단 움직이기 시작하면 더 적은 힘으로도 움직일 수 있습니다. 둔난은 멈춤과 움직임 사이에 있는 어려움입니다. 둔(屯)은 글자 자체가 땅(一) 아래에 풀(屮)이 있는 모양이죠. 풀이 지표면을 막 뚫고 나오는 순간을 기호화한 글자입니다. 처음 뚫기가 어렵지 일단 뚫고 나오면 쉽습니다. 뚫고 나오면 몽괘(蒙卦)가 됩니다. 이렇듯 『주역』의 스토리텔링은 꼬리에 꼬리를 물고 이어집니다. 사유의 실타래가 끊임없이 이어지는 것이 기가 막힐 정도로 신기합니다.

마지막으로, 건괘(蹇卦)가 있습니다. 건(蹇)은 '절름발이'라는 뜻으로 걸어가기 어려운 상태, 앞으로 나아가기 힘든 상태를 나타냅니다. 건괘는 위에 물(☵)이 있고 아래에 산(☶)이 있어요. 산은 높은 고개, 넘어가기 험한 대상을 비유한 것입니다. 그래서 걸어가기가 어렵습니다. 산 위에 있는 물도 건너가기 어려운 대상이라는 점에서 마찬가지죠. 그래서 건난(蹇難)은 앞에 험한 장애물이 가로놓여 있어서 나아가기 어려운 형국을 뜻합니다.

이제현의 시 「명이행」의 명이(明夷) 또한 어려운 시대를 비유한다는 점에서 앞의 세 괘와 비슷한 맥락을 지니고 있습니다. 명이괘는 위에 땅(☷)이 있고 아래에 불(☲)이 있는 모양입니다. 명이의 명(明)은 불덩어리예요. 이 불덩어리가 어디에 있느냐에 따라 여러 가지 이야기가 만들어집니다.

예를 들어 여괘(旅卦)는 위에 불(☲)이 있고 아래에 산(☶)이 있는 모양입니다. 산 위에 불이 있는 것이니 산불을 뜻합니다. 산불이 나면 불길이 이리저리 옮겨 붙으면서 번지므로, 여행하는 사람의 무리(旅)로 비유하여 괘 이름을 지은 겁니다. 그리고 아래에 땅(☷)이 있고 위에 불(☲)이 있으면 진괘(晉卦)인데 이건 땅 위의 불덩어리, 곧 태양이 떠오르는(晉) 모습을 뜻합니다. 이때 진(晉)은 나아간다는 뜻입니다. 그리고 해가 높이 떠올라서 밑에 하늘(☰)이 있고 위에 불(☲)이 있다면 대유괘(大有卦)입니다. 밝은 태양이 하늘 꼭대기에 떠 있는 거예요. 이것은 천하를 다스리는 천자의 밝은 덕을 상징합니다. 『주역』은 이런 식으로 이야기가 진행됩니다. 해를 기준으로 이야기하면, 해가 떠올라서 땅 위로 올라가는 진괘, 하늘 높이 해가 올라간 대유괘, 그리고 해가 땅 밑으로 떨어진 것이 명이괘입니다. 불이 저 하늘 높이 떠 있으면 멀리까지 밝게 비출 수 있는데 땅 밑에 떨어져 있으면 어떨까요? 세상이 캄캄하겠죠. 곧 불(☲)이 아래에 있고 땅(☷)이 위에 있는 것이 명이괘입니다. 명(明)은 태양을 뜻하고 이(夷)는 무너졌다는 뜻입니다.

이제현이 말한 '명이(明夷)'에서 밝음을 뜻하는 명(明)은 누구를 가리킬까요? 당연히 충선왕이죠. 자기가 모신 임금이 무너졌다는 겁니다. 이런 식의 비유는 나중에 명나라가 망하고 난 뒤 청나라에 출사하지 않고 명나라의 유신으로 남았던 황종희(黃宗羲, 1610~1695)도 썼습니다. 중국의 루소로 불리는 황종희가 지은 책 중에 『명이대방록(明夷待訪錄)』이 있습니다. 이 책의 제목에서 명이(明夷)는 『주역』의 괘 이름이기도 하고 '명나라가 망했다', '문명 세계가 망했다'라는 뜻이기도 합니다. 문명 세계가 망한 그 시절에 미래의 군주가 방문하기를 기다린다는 뜻입니다. 여러 가지 의미가 절묘하게 녹아 있는 제목입니다.

이제 이제현의 「명이행」을 읽어 보겠습니다.

「명이행(明夷行)」

양주(楊朱)는 일찍이 길에 갈래가 많다고 울었고

공자[魯叟]도 기린이 때 모르고 나왔다 탄식했네.

큰 닭이 아직 울지 않으니 밤이 어찌 이리 긴가.

집 잃은 개[喪狗]처럼 혼자 서서 갈 곳을 잃었네.

옛날 우리 임금님 원나라에 처음 갔을 때는

두 번이나 붉은 해 도와 함지(咸池)에 오르게 했지.

공 이루고 물러나지 않음[功成不退]은 옛사람이 경계한지라.

앉아서 서백(西伯)을 본받아 명이(明夷)를 완상하네.

왕실이 미약한데 어찌 모구(旄丘)에만 머물러 있고

이미 늙었는데 어찌 도구(菟裘)를 경영하지 않았는가.

참승(驂乘)이 망배(芒背)로 되었다는 옛말을 들었더니

곡돌(曲突)이 초두(焦頭)보다 낫다는 걸 지금 깨달았네.

요순의 읍양은 천고에 으뜸인데

성 이름을 무슨 일로 요수성(堯囚城)이라고 했을까.

창랑(滄浪) 물 맑은데 귀를 씻지 않았으니

책 속의 허유(許由) 대하기가 부끄럽구나.

楊朱曾哭路多岐 魯叟亦嘆麟非時 荒鷄未鳴夜何其 喪狗獨立迷所之

憶昔吾君初入相 兩扶紅日上咸池 功成不退古所誡 坐令西伯玩明夷

式微胡爲寓旄丘 已老曷不營菟裘 古聞驂乘致芒背 今悟曲突賢焦頭

唐虞揖讓冠千古 有城底事名堯囚 滄浪水淸耳不洗 羞向塵編對許由

양주(楊朱)는 전국 시대 도가 사상가로 주로 묵적(墨翟: 묵자)과 대비되는데 「명이행」에서는 양주를 노수(魯叟)와 대비합니다. 노수는 '노나라의 늙은 선생'이라는 뜻으로 공자를 가리킵니다. 공자가 기린(麒麟)이 때가 아닌 때에 나왔다고 했죠. 기린이란 동물은 성인이 다스리는 세상에 나타나는 짐승인데 공자가 살았던 춘추 시대는 대혼란기였으니 기린이 나타날 때가 아니라는 겁니다.『주역』뿐만 아니라 대부분의 유가 문헌에는 이렇듯 때를 중시하는 내용이 들어 있습니다.

공자가 남쪽 초나라로 가다가 진나라와 채나라 사이에서 곤경을 겪잖아요. 그때의 이야기가『논어』에도 기록되어 있고『순자』에도 기록되어 있습니다. 사실『맹자』에도 기록되어 있는데 바로 그때라고 이야기하지 않았을 뿐입니다.『장자』에도 기록이 있고『묵자』에도 기록되어 있습니다. 그중에 내용을 가장 잘 전달하는 건『순자』입니다.『순자』「유좌(宥坐)」편에 이런 기록이 있습니다. 공자가 7일 동안 밥을 지어먹지 못하자 자로가 화가 나서 공자한테 따집니다. "선생님, 선생님이 덕을 쌓고 인을 실천한 지가 이렇게 오래되었는데 도대체 어째서 이렇게 곤궁하게 살아야 합니까?"

흔히 "하늘은 선을 실천하는 사람에게는 복을 주고 불선을 저지르는 사람에게는 재앙을 내린다〔爲善者 天報之以福 爲不善者 天報之以禍〕"라고 하지요.『명심보감(明心寶鑑)』에 나오는 말인데『노자』에도 비슷한 말이 나옵니다. 보통 이런 식의 권선징악을 방편으로 삼아 착한 일을 하면 복을 받는다고 사람을 설득하잖아요. 그런데 착한 일 한다고 복 받지 않습니다. 착한 일은 복 받기 위해서 하는 게 아니라 해야만 하는 일이에요. 그런데 선행에 걸맞은 보상은 해야 합니다. 그것이 정의죠. 선행을 안 하고 복 받으려는 건 도둑놈 심보예요. 어쨌든 복 받기 위해서 착한 일 하는 건 아닌 겁니다. 그런데 자로는 그렇게 알고 있는 거죠. 그러자 공자가 자로에게

네가 참 모른다, 옛날 왕자 비간 봐라, 직간하다가 죽었지 않느냐, 합니다. 이제현의 「비간묘」에서도 봤듯이 비간이 주왕에게 직간하다 죽었잖아요. 만약 선을 행하는 사람이 복을 받는다면 비간이 죽어야 할 이유가 없습니다. 이어서 공자는 걸왕에게 간하다가 죽은 관용봉(關龍逄)을 봐라, 충신이라고 해서 보상받는 게 아니다, 하면서 이야기를 죽 합니다. 백이·숙제는 잘못을 저질러서가 아니라 오히려 정의를 지켰기 때문에 굶어 죽었죠.

그런데 순자는 공자가 어려움에 처할 수밖에 없었던 이유를 아주 논리적으로 이야기합니다. 사람이 태어나서 어질고 어질지 못한 것은 재능에 달린 것이고[賢不肖才], 어떤 사람이 자기를 알아주는 군주를 만나고 만나지 못하는 것은 때에 달린 것[遇不遇時]이라 어떻게 할 수 없다고 합니다. 공자도 못 만났고 맹자도 못 만났어요. 공맹이 못 만났는데 하물며 그보다 못한 사람이 꼭 만난다고 어떻게 보장할 수 있겠습니까? 꼭 만난다고 기필(期必)하는 게 어리석은 거죠. 그런데 해야 할 것을 하고 하지 말아야 할 것을 하지 않는 것은 사람에게 달려 있다[爲不爲人], 곧 인간이 할 수 있는 유일한 것은 어떤 일을 하느냐 하지 않느냐의 선택일 뿐이라는 겁니다. 순자가 이 점에서는 공자의 정신세계, 멘탈리티를 완전히 이해한 겁니다. 만나고 만나지 못하는 것은 때에 달린 것이기에 개인이 어떻게 할 수 없습니다. 그러나 하거나 하지 않는 것은 오직 나에게 달려 있어요.

이걸 칸트식으로 이야기하면 인간이 할 수 있는 게 뻔합니다. 우선 하고 싶은 것을 합니다. 욕망에 따르는 겁니다. 그런데 하고 싶다고 해서 다 할 수 있는 게 아닙니다. 능력이 있어야 하죠. 그러니 하고 싶은 것을 하되 그 중에서 할 수 있는 것만 할 수 있습니다. 여기서 마지막으로 걸리는 게 있습니다. 하고 싶고 할 수 있다 하더라도 하지 말아야 할 마땅한 이유가 있는 것은 하지 말아야 합니다. 이게 도덕이에요. 인간의 행위라는 건, 하고 싶고 할 능력도 되고 하지 말아야 할 마땅한 이유가 없어야, 곧 모든 조건이 다 맞아야 할 수 있는 겁니다. 그게 도덕에 부합하는 행동입니다.

「명이행」을 다시 보겠습니다. "큰 닭이 아직 울지 않았다"라는 것은 아직 세상이 캄캄하다는 겁니다. 그리고 '집 잃은 개', 상구(喪狗)가 나오는데 이건 공자를 '상가지구(喪家之狗)'라고 한 데서 유래한 말입니다. 여기서는 길 잃은 개를 말합니다. 사마천의 『사기』 「공자세가」를 보면, 자로가 선생님을 찾아서 헤매고 있는데 어떤 사람이, 저 동문 밖에 어떤 사람이 서 있는데 이마는 요임금 같고 가슴은 문왕 같고 허리는 우임금 같더라, 풍채는 그렇게 훌륭한데 행색은 꼭 집 잃은 개〔喪家之狗〕 같더라, 하죠. 그 사람이 바로 공자예요. 자로가 공자에게 그 이야기를 전하자 공자는 우임금, 요임금 같은 소리는 다 실없고 '상가지구'는 자기에게 꼭 맞는 말이라고 합니다. 이제현도 집 잃은 개 신세라 어디로 가야 할지 아득하다고 합니다.

이어서 충선왕의 공적을 이야기하죠. 충선왕이 원나라에 처음 갔을 때 두 번이나 붉은 해를 도와 함지에 오르게 했다고 합니다. 붉은 해는 원나라 황제를 가리킵니다. 함지(咸池)는 세상의 동쪽 끝에 있다는 상상의 못인데 태양이 여기서 몸을 씻고 난 후 떠오른다는 전설이 있어요. 요컨대 해가 함지에 오른다는 말은 임금이 된다, 황제가 된다는 뜻입니다. 이제현은 충선왕이 두 번이나 원나라 황제를 만들었다, 그렇게 영광의 시대가 있었지만 결국 공을 이루고 물러나지 않음은 옛사람이 경계한 것이라고 이야기합니다. '공성신퇴(功成身退)'는 본래 『노자』 제9장에 나오는 '공수신퇴(功遂身退)'를 한 글자만 바꾸어서 표현한 겁니다. 공을 이루고 나면 물러나야 하는데 충선왕이 물러나지 않아서 불행을 당했다고 안타까워한 것입니다.

다음 행에서, "앉아서 서백(西伯)을 본받아 명이(明夷)를 완상하네"라고 했는데, 서백은 주나라 문왕입니다. 문왕이 명이의 시대에 캄캄한 감옥 안에 갇혀 있으면서 『주역』을 풀이했거든요.

이어서 "왕실이 미약한데 어찌 모구에만 머물러 있느냐"라고 질책합니다. 모구(旄丘)는 높은 언덕인데 『시경』 「패풍(邶風)」의 '모구'라는 시에 나오는 말입니다. 이 시는 북쪽 오랑캐에게 쫓긴 여(黎)나라 임금이 위나라로 피신해 있는데도 위나라가 도와주지 않은 것을 질책하는 내용입니다. 여기서는 충선왕이 어려움에 처해 있는데 도와주는 이가 없다고 슬퍼하는 뜻으로 쓴 것입니다.

계속해서, "이미 늙었는데 어찌 도구(菟裘)를 경영하지 않았는가" 하고 노래합니다. 도구는 노나라 은공(隱公)이 은거하던 곳으로, 늙어서 돌아가 살 곳을 말합니다. 충선왕이 이제는 마땅히 갈 곳조차 없는 처지가 되었다고 한탄한 것이죠.

그리고 "참승이 망배로 되었다"라는 이야기를 하는데, 참승(驂乘)은 임금을 모시고 수레에 함께 타는 것을 말하고 망배(芒背)는 등에 가시를 진다는 말로, 가까이 있는 사람이 언젠가 자기를 해칠지 모른다는 뜻입니다. 곁에 있는 신하가 반란을 일으킬지 모른다고 경계한 옛말이 있는데도 자신이 깨닫지 못했다고 자책하는 겁니다.

또 "곡돌이 초두보다 낫다"라는 말이 나옵니다. 곡돌(曲突)은 굴뚝을 굽어지게 만든다는 말이고 초두(焦頭)는 불을 끄다가 머리를 검게 그을린 사람을 가리킵니다. 곡돌은 『한서(漢書)』에 나오는 '곡돌사신(曲突徙薪: 굴뚝을 굽어지게 하고 아궁이 근처의 땔나무를 다른 곳으로 옮김)' 고사에서 유래한 말입니다. 옛날 어떤 사람이 어느 집을 지나가다가 굴뚝이 곧게 세워져 있고 옆에 땔나무가 쌓여 있는 모습을 봅니다. 이 사람이 집주인에게 굴뚝을 굽어지게 만들고 땔나무를 멀리 치워 두지 않으면 불이 날지 모른다고 충고 합니다. 그런데 집주인이 그 말을 안 들어요. 나중에 과연 불이 납니다. 사람들이 와서 불을 꺼 주자 집주인은 불을 끄다가 머리를 검게 그을린 사람들에게 고마워합니다. 그런데 정작 '곡돌사신' 하라면서 미리 화재를 경고해 준 사람에게는 고마워할 줄 모릅니다. 이 구절은 애초에 재앙에 대비하라고 일러 준 사람의 가치를 늦게야 깨달은 충선왕의 딱한 처지를 비유한 겁니다.

이어서 요임금, 순임금 이야기를 하면서 요가 비록 천하를 선양했지만 사실은 천하를 탐낸 자취가 있기 때문에 요수성(堯囚城)이라는 명칭이 있게 되었다고 풍자합니다. 그러곤 허유(許由)를 등장시켜 창랑(滄浪)의 물에 귀를 씻지 않아 허유 보기가 부끄럽다고 시를 마무리합니다. 『장자』를 비롯한 여러 문헌에 요임금이 허유를 찾아가 천하를 바치려 하자 허유가 더러운 말을 들었다고 창랑의 물에 귀를 씻어 내는 이야기가 전합니다. 충선왕이 권력을 탐하지 않았다면 허유처럼 천하라는 막대한 이익의 유혹을 뿌리쳤을 텐데 그렇게 하지 못했죠. 고사를 들어 충선왕의 처신을 에둘러 비판한 셈인데, 충선왕을 잘 보필하지 못한 자신에 대한 질책과 후회이기도 합니다.

쓸모없는 늙은이의 하찮은 이야기: 『역옹패설』

이제현의 저술 중에 『역옹패설(櫟翁稗說)』이라는 이야기책이 있는데 '상수리나무 같은 늙은이의 하찮은 이야기'라는 뜻입니다. '패(稗)'는 돌피라는 식물로 맛있는 곡식이 아닌 잡초입니다. '역(櫟)'은 『장자』에 나오는 상수리나무로 쓸모가 없어서 오래 사는 나무를 가리킵니다. 그러니 '역옹(櫟

翁)'은 그저 오래 살고 싶은 하찮은 늙은이라는 뜻이고 '역옹패설(櫟翁稗說)'은 하찮은 사람의 하찮은 이야기라는 뜻이에요. 그러나 이 책을 읽어보면 결코 이제현이 하찮은 사람이 아니고 그 말 또한 하찮은 이야기가 아니란 걸 금방 알 수 있습니다.

이 책에서 이제현은 고려가 원의 간섭을 받고 있는 상황을 국가적 치욕이라고 보고 공식적인 외교 관계에서 몽골어를 사용해서는 안 된다고 이야기합니다. 또 무신의 난으로 고려의 정통성이 약화되고 반문화적 풍조가 조성되었다고 비판합니다.

아울러 한유나 이백 같은 중국 시인들을 평가하면서 동시에 정지상(鄭知常)을 비롯한 고려의 시인들도 비평하여, 우리 고전 문학을 살펴보는 데 매우 귀중한 자료를 제공해 줍니다.

아래는 『역옹패설』을 지은 내력을 이야기하는 서문으로, 역(櫟) 자와 패(稗) 자를 풀이한 것입니다.

지정(至正: 원나라 혜종의 연호) 연간 임오년(1342, 충혜왕 3)에 여름비가 줄곧 달포를 내려 집에 들어앉아 있는데 찾아오는 사람이 아무도 없어 답답함을 견디지 못해 벼루를 들고 나가 처마에서 떨어지는 빗물을 받아, 친구들 사이에 주고받은 편지 조각을 이어 붙여서 그 편지 뒤에 생각나는 대로 쓰고 말미에 '역옹패설(櫟翁稗說)'이라고 적었다. 櫟(역) 자에 樂(락) 자를 붙인 까닭은 본래 글자의 소리[聲]를 따른 것이지만 쓸모없어서 베어지는 해로움을 멀리하는 것은 나무로서는 즐거움[木樂]이 되므로 樂(락) 자를 붙인 것이다. 내가 일찍이 벼슬에 종사하다가 스스로 물러나 옹졸함을 지키면서 호를 역옹(櫟翁)이라 했는데 쓸모가 없어져 오래 살까 하는 바람에서다. 稗(패) 자에 卑(비) 자를 붙인 까닭 역시 소리를 따른 것이지만 뜻으로 살펴보면 돌피

〔稗〕는 곡식〔禾〕 중에 비천한 것이기 때문이다.

내가 젊어서는 글 읽을 줄 알았으나 장성한 뒤에 배움을 버렸다. 지금은 늙었지만 오히려 잡글 쓰기를 좋아하여 부실함이 마치 비천한 돌피와 같다. 그래서 기술한 것을 패설(稗說)이라 한 것이다.

—『익재난고(益齋亂藁)』, 「역옹패설서(櫟翁稗說序)」❸

서문에서 재미있는 부분은 『역옹패설(櫟翁稗說)』의 역(櫟) 자의 뜻을 풀이한 대목입니다. "櫟(역) 자에 樂(락) 자를 붙인 까닭은 본래 글자의 소리〔聲〕를 따른 것이지만 쓸모없어서 베어지는 해로움을 멀리하는 것은 나무로서는 즐거움〔木樂〕이 되므로 樂(락) 자를 붙인 것이다"라고 했는데, 이는 『장자』에서 아이디어를 가져오고 『설문해자(說文解字)』의 문자 해설 방식을 적용하여 글자를 풀이한 내용입니다. 『장자』 「인간세」 편에 역사수(櫟社樹)가 나오는데 이 나무는 둘레가 백 아름을 헤아리고 높이가 산을 내려다 볼 정도로 엄청나게 큰데 쓸모가 없어서 베이는 해를 입지 않습니다. 장석이라는 목수가 "배를 만들면 가라앉고, 관(棺)이나 곽(槨)을 만들면 빨리 썩고, 그릇을 만들면 쉽게 부서지고, 대문이나 방문을 만들면 수액이 흘러나오고, 기둥을 만들면 좀이 먹으니 이 나무는 쓸모없는 나무다. 쓸 만한 구석이 없어서 이처럼 수를 누릴 수 있는 것이다"라고 하죠. 이제현은 이런 맥락을 취해 '역옹'이라 자호한 까닭을 자신도 이 나무처럼 쓸모가 없어져 오래 살까 하는 바람을 가지고 있다고 이야기한 겁니다. 장자가 이야기하는 '쓸모없음의 쓸모〔無用之用〕'를 기약한 셈입니다.

『역옹패설』에 나오는 이야기 몇 가지를 더 소개하겠습니다. 「사슴의 보은」이라는 글이 있는데 사냥꾼의 화살에 맞은 사슴이 쫓겨 오자 서신일(徐神逸)이란 이가 숨겨 준 뒤에 신인(神人)의 보은을 받아 잘살게 되었다는 이야기입니다. 한반도 전역에 널리 퍼져 있는 나무꾼과 선녀 이야기와 비슷한 플롯인데 일종의 유형 설화라고 할 수 있습니다. 우리나라의 어느 영문학자가 국제학술대회에서 나무꾼과 선녀 이야기를 한국의 설화로 소개한 적이 있는데 그때 각국의 학자들에게서 항의가 빗발쳤다고 해요. 다 자기 나라 이야기라고 주장하더랍니다. 아마도 범세계적으로 유포된 설화인 듯한데 그만큼 인간 세상에서 보은(報恩)이라는 덕목이 보편적 가치라는 걸 확인할 수 있습니다.

같은 가치를 담고 있는 「거북의 보은」이라는 이야기도 실려 있습니다. 통해현(通海縣)에서 한 거북이 포구(浦口)에 들어왔다가 조수가 빠져 바다로 나가지 못하게 되자 사람들이 잡아먹으려고 했는데 현령으로 있던 박세통(朴世通)이 거북을 바다에 놓아 줍니다. 역시 신인의 보은으로 박세통은 삼대가 재상이 되었다고 합니다.

「한광연의 청렴」은 한광연(韓光衍)이 음양설(陰陽說)을 무시하고 집을 지었는데 귀신들이 그의 청렴을 존경해서 해치지 않았다는 이야기입니다.

또 「유천우의 효심」은 문도공(文度公) 유천우(兪千遇)가 죄에 걸릴 뻔했는데 김인준(金仁俊)이 그의 효심에 감동하여 죄에 연루시키지 않았다는 이야기입니다.

이제현은 서문에서 스스로 이런 이야기들을 패설, 곧 하찮은 이야기라고 했지만 고려의 신하이면서 동시에 원나라의 신하일 수밖에 없었던 이제현의 복잡한 심리 구조를 염두에 둔다면 그가 이런 이야기를 통해 효심, 청렴, 보은 따위의 변치 않는 가치를 찾아내려 한 것은 답답한 현실을 돌파하기 위한 문학적 몸부림이었다고 이해할 수 있습니다.

11장

정몽주

혁명과 절의 사이에서

절의로써 성리학자의 실천을 보여 주다

목은(牧隱) 이색(李穡), 포은(圃隱) 정몽주(鄭夢周, 1337~1392), 야은(治隱) 길재(吉再)를 삼은(三隱)이라고 하죠. 삼은에 야은 길재를 빼고 도은(陶隱) 이숭인(李崇仁)을 넣기도 합니다만 길재를 포함하여 그렇게 부른 지가 오래되어서 이의가 있다 하더라도 바꾸기는 어렵습니다. 다만, 이색과 정몽주, 이숭인은 같이 묶일 만한데 길재는 전기를 살펴보면 다르게 볼 수 있는 측면이 있습니다. 정몽주는 목숨을 바쳤고 이색은 정몽주 일파로 지목되어 유배지를 전전하다가 배탈이 나서 죽습니다. 이숭인도 정몽주 일파로 지목되어 죽음을 당합니다. 따라서 이들은 고려 왕조에 목숨을 바쳤다는 점에서 한데 묶을 수 있습니다. 반면 목숨을 바치거나 생명의 위협을 받지는 않았던 길재는 태조 이성계(李成桂)가 보살펴 주기도 했고 이방원

(李芳遠)이 벼슬을 내렸는데도 두 왕조를 섬길 수 없다며 낙향해서 후학을 양성합니다. 그러니 고려 말 삼은에 대한 이의가 타당한 면이 있습니다. 그렇다 하더라도 지금 이 시대에 삼은에 대해 왈가왈부하는 것은 적절해 보이지 않습니다. 그렇게 말한 옛사람의 권리를 침해하는 것이니 그런 정도의 이설이 있다고 알아 두면 충분하겠습니다.

앞에서 말씀드렸듯이, 고려 말, 조선 초기에 수입된 새로운 철학은 주자학입니다. 그 주자학을 이색과 정몽주가 얼마나 깊이 있게 연구했는지를 지금 살펴보기는 어렵습니다. 정몽주의 경우, 『주자집주(朱子集註)』 강해가 뛰어났다는 기록이 있긴 하지만 주자학과 관련한 직접적인 저술은 전하지 않고 시문만 남아 있습니다. 그러니 다른 시대, 다른 철학을 기준으로 삼는다면 이색이나 정몽주를 철학자 그룹에 넣기도 어렵습니다.

그런데 주자학, 성리학이니까 이들을 철학자로 분류하는 게 가능하기도 합니다. 성리학은 본디 이론보다 실천을 더 중시하는 학문이죠. 그런 정신이 고려 말뿐만 아니라 조선 시대 전체를 관통했다고 보시면 됩니다. 남명 조식 같은 대유학자도 "이론은 정주리학(程朱理學)에서 다 밝혀 놓은 것이고 이제 선비들에게 남은 것은 실천이다. 실천궁행(實踐躬行)이 올바른 선비의 모습이다"라고 얘기했어요. 남명은 퇴계(退溪)와 고봉(高峰)이 8년 동안 서신을 주고받으면서 펼친 사단칠정(四端七情) 논쟁을 긍정적으로만 보지 않았어요. 급기야 이황에게 그만하라고 권합니다. 그런 식으로 이론에 천착하는 것은 선비에게 칭찬받을 만한 일은 아니라고 했어요. 이것도 실천궁행을 더 중요하게 여긴 성리학이니까 가능한 이야기입니다.

송나라 이후 성리학은 새로운 해석이 여지를 찾기보다 그 정신에 걸맞게 선비들이 실천하고 그 이론을 자기 삶으로 받아들이는 것이 필요하다고 보았어요. 물론 그런 연유로 이후의 성리학에서 독창적인 이론을 찾아

보기 어렵게 된 점은 아쉽습니다. 그나마 퇴계 이황이 제기한 사단칠정 이기호발론(理氣互發論)이 가장 독창적인 이론이라고 할 수 있습니다.

요컨대 이색과 정몽주를 성리학의 실천 지향적 측면에서 바라보면 성리학적 가치에 맞게 살았던 학자들이라고 할 수 있습니다.

동방 이학의 비조

이 장의 제목을 '혁명과 절의(節義) 사이에서'라고 붙였는데 아이러니합니다. 혁명을 일으킨 쪽은 신진 세력이에요. 신진 세력에는 정몽주와 이색도 포함됩니다. 고려 시대의 구세력이라고 하면 불교를 중심으로 왕실을 유지하려고 하거나 원나라를 중심에 둔 세력이죠. 이색이든 정몽주든 원나라가 이미 중원에서 물러나는 상황인 걸 알고 친명(親明)을 주장했습니다. 그런 면에서는 이성계, 조준, 남은, 정도전 모두가 같은 생각을 갖고 있었어요. 다른 점은 이색과 정몽주는 고려 왕실의 체제 안에서 해결하려고 했다면 이성계와 정도전을 중심으로 한 그룹은 고려 왕실을 뒤엎고 새로운 왕조를 통해 새 시대를 열려고 했다는 점이죠.

정도전과 정몽주는 다섯 살 차이예요. 정도전이 정몽주 제자라고 할 정도로 둘이 가까운 사이였습니다. 젊은 시절 정몽주가 정도전을 만났을 때 정도전에게 『맹자』를 읽으라고 던져 주는데 이 책이 정도전이 추구한 역성혁명론의 기초가 됩니다. 그런데 결국 정도전은 조선을 개국한 혁명파가 되었고 정몽주는 고려의 멸망을 막기 위해 목숨을 바친 절의파가 되었죠. 당시에 이색이나 정몽주의 실천을 둘러싼 조선 시대의 평가는 상당히 대조적입니다. 왜냐하면 혁명 세력의 시각에서 보면 그들은 새 시대를 가로막는 방해 세력이죠. 어떻게든 죽여야 하는 겁니다. 그래서 죽였습니다.

그런데 새로운 왕조를 세워 놓고 보니 정몽주 같은 충신이 필요해집니다. 왜? 왕조를 유지하기 위해서죠. 이런 이중적 필요 탓에 평가가 극과 극으로 왔다 갔다 해요. 정도전이 조선 왕조를 개창하고 주도 세력으로 활약할 당시, 정몽주는 간신이라는 평가를 받습니다. 신진 세력에게 정몽주는 구왕조 세력에 붙어 있는 간신배로 보인 거죠. 하지만 정몽주가 고려 왕조에 붙어서 사리사욕을 추구한 건 아니니까 간신배라는 평가는 부적절합니다. 자신의 왕에게 충성한 사람에게 어떻게 간신이라는 이름을 씌울 수 있겠습니까? 또 역적이라는 말도 고려 왕조가 있을 때나 가능하니까 말이 안 되죠. 어쨌든 조선 초기에는 이색이든 정몽주든 혁명 반대 세력으로 봤기에 낮게 평가했습니다.

그런데 조선 태종대에 극적인 반전이 일어납니다. 그리고 그 반전이 뒤집히지 않고 조선조 500년간 이어집니다. 정몽주는 56년이라는 짧다면 짧은 생애를 살았지만 그가 목숨을 바쳐 보여 준 절의는 500년을 관통해서 빛났죠. 지금도 그 문제를 낮춰 볼 수 없는 측면이 있습니다. 신뢰는 어느 시대에나 중요한 가치이고 배신은 늘 비난받기 마련이니까요.

『포은집(圃隱集)』맨 앞에는 판각으로 찍은 정몽주의 초상화가 수록되어 있습니다. 보통 문집에는 초상화 같은 걸 넣지 않고 바로 글이 나오죠. 초상화의 제목은 '동방이학지조(東方理學之祖)'입니다. 거기에 이런 글이 남아 있습니다.

홍무 22년 기사년에 공양왕이 새로 즉위했다. 그때 선생(정몽주)이 국기에 큰 공로가 있다고 해서 도형(圖形)을 새기고 전각을 세우도록 명했다. 이때 선생의 나이 52세였다. 자손들이 그 도형을 집안 사당에 간직하고 있다가 뒤에 모사해서 임고(臨皐)와 숭양(崧陽) 두 서원에 봉안했다. 지금 또 그것을 모사하여 목판에 새겨 연보 낸 앞에 두어서 학자들로 하여금 책을 열자마자 엄숙히 우러러보고 사모하는 마음을 일으키도록 했다.

—『포은집(圃隱集)』, 「유상(遺像)」❶

공양왕은 고려의 마지막 왕으로, 이성계 세력이 우왕과 창왕은 왕씨가 아니고 신돈의 자식이라고 하며 몰아내고 세운 왕이죠. 공양왕은 이성계와 정몽주가 세웠는데 결국 이성계에게 폐위당합니다. 이성계가 공양왕을 몰아내는 데 마지막 걸림돌이 바로 정몽주였습니다.

1392년 개성에서 일어난 일

1392년 공양왕 4년 4월 4일, 정몽주가 하인 한 명을 데리고 고려의 수도 개경 선지교(善池橋)를 지나고 있었습니다. 여기에는 여러 가지 복잡한 사정이 있습니다. 정몽주가 세력을 규합해서 이성계 일파를 제거하려고 하던 차에 이성계가 낙마해서 다리를 다쳐 벽란도(碧瀾渡)에 드러눕습니다. 아들 방원이 정몽주의 계획을 눈치 채고 이성계를 급히 개경으로 돌아오게 합니다. 사정을 살피려고 정몽주가 이성계에게 문병을 가죠. 그때 이방원도 함께 만납니다. 그러고는 돌아오는 길에 선지교를 지나다가 이방원의 문객으로 있던 자객에게 살해당합니다. 그때 정몽주가 흘린 피의 흔적이 아직도 남아 있다고들 해요. 그리고 정몽주가 죽은 뒤 다리에서 대나무가 자라나서 다리 이름을 '선죽교(善竹橋)'로 고쳤다고 합니다.

정몽주는 피살되기 전에 「단심가」를 남겼죠. 정몽주가 이방원을 만났을 때 이방원이 「하여가」를 지어 정몽주의 뜻을 묻습니다. 정몽주를 정말로 죽일지 말지를 판단하기 위해서였죠. 뜻은 뻔합니다. 이런들 어떻고 저런들 어떠냐는 건데, 이걸 이방원의 정신세계라고 봐서는 안 되겠지만 나중에 한 나라의 임금이 되는 사람의 인생관으로는 문제가 있죠. 이런 인생관으로는 통치가 안 됩니다. 그런데 돌아온 대답이 「단심가」였죠. 타협의 여지가 전혀 없었던 겁니다. 이방원은 결과를 돌이킬 수 없다는 걸 알고 정몽주를 죽입니다. 익히 아시겠지만 두 시조를 한번 읽어 보겠습니다.

「하여가(何如歌)」
이런들 어떠하리 저런들 어떠하리.
만수산 드렁칡이 얽혀진들 어떠하리.
우리도 이같이 얽혀서 백 년까지 누리리라.

「단심가(丹心歌)」
이 몸이 죽고 죽어 일백 번 고쳐 죽어
백골이 진토 되어 넋이라도 있고 없고
임 향한 일편단심이야 가실 줄이 있으랴.

공양왕 4년 4월 4일 개경에서 이런 일이 있었고, 결국 그로부터 석 달 보름 정도 뒤인 1392년 7월 17일에 개성의 수창궁(壽昌宮)에서 조선 태조 이단(李旦)의 즉위식이 거행됩니다. 이성계가 이름을 단(旦)으로 바꾸죠. 이성계(李成桂)는 장군의 이름이니 불러도 되는데 사람은 같지만 이단은 임금 이름이니까 부르면 안 됩니다. 이모, 이 아무개로 불러야 합니다. 중국 주나라 무왕의 동생이자 성왕의 숙부였던 주공(周公)의 이름이 이성계와 같은 단(旦)입니다. 주공의 성이 희(姬)씨여서 본래 주공을 희단(姬旦)이라고 불렀는데 조선 시대에는 단이 태조의 이름이어서 희단이라고 부르지 못하고 희조(姬朝)라고 바꿔 불렀습니다. 단(旦)과 조(朝)는 음은 다르지만 뜻은 같습니다.

심지어 『맹자』 같은 경전을 읽을 때에도 그렇게 했습니다. 『맹자』에 보면 '단단이벌지(旦旦而伐之)'라는 구절이 나옵니다. '매일 아침마다 밤새 자라난 선심(善心)의 싹을 쳐 버린다'는 뜻인데 이 구절을 읽을 때 조선 시대 지식인들은 단(旦) 자를 아침 조(朝) 자로 바꾸어서 읽었어요. '조조이벌지(朝朝而伐之)'로요. 어떤 『맹자』 책에는 '□□而伐之'로 단단(旦旦) 자리에 네모 칸이 들어가 있는가 하면 단단(旦旦) 두 글자 위에 조조(朝朝)라고 쓴 종이 조각을 붙인 책도 본 적이 있습니다.

고려나 조선이나 임금 이름은 대체로 외자로 썼습니다. 다 그렇지는 않지만 중국에서도 그런 경우가 많았습니다. 문장을 지을 때 임금 이름을 넣어서 지으면 처벌을 받았습니다. 왕이 두 글자 이름을 쓰면 글 지을 때 피해야 할 글자가 많아지니까 한 글자로 짓고 평소에 잘 쓰지 않는 어려운 글자를 씁니다. 조선 시대 왕들의 이름 글자가 어려운 까닭이 이런 데서 연유한 겁니다.

왕의 이름이나 호칭을 잘못 쓰다 죽음을 당한 예는 아주 많습니다. 청나라 때 어떤 고시관이 '방기천리유민소지(邦畿千里惟民所止)'라는 『대학』의 구절을 시험 문제로 냈어요. (본래 『시경』에 나오는 구절로 문왕을 예찬하는 시입니다. 문왕이 다스리는 도읍지 천 리가 오직 백성들이 가서 머물 곳이라는 뜻이죠.) 옹정제(雍正帝) 때 일인데 옹정제가 그 고시관을 처형합니다. '惟民所止'에서 惟와 止 위에 亠와 一을 붙이면 雍正이 되는데 惟와 止를 쓰면 옹정제의 목을 치는 모양이라고 해석한 겁니다. 살벌하기도 하거니와 터무니없는 일이죠. 그런데 그런 의도가 있었는지 없었는지는 알 수 없지만 실제로 이런 식으로 글을 지어서 풍자하기도 했습니다. 알아보면 잡아 죽이고 못 알아보면 당하는 겁니다. 이런 예는 많습니다. 수많은 저술에서 임금을 모독하는 것으로 간주될 만한 글자를 뽑아내면 되니까요. 책이 두껍다면 더 쉬울 수 있습니다. 그러니 전통 사회에서 글을 쓴다는 건 위험한 일일 수밖에 없었습니다.

어쨌든 기사년(己巳年, 1389, 창왕 2)에 이성계, 심덕부(沈德符), 정몽주 등이 공양왕을 추대했는데 공양왕은 4년간 재위하다가 폐위되어 여기저기 유배지를 전전하다가 이성계의 지시로 사약을 받고 죽습니다. 그러고는 태조 이단이 즉위하고 정도전이 「즉위교서(卽位敎書)」를 씁니다. 거기에 왕도를 표방하는 이야기가 나옵니다. 혁명은 혁명이거든요. 그런데 혁명을 여는 입장에서 볼 때 정몽주같이 끈질긴 방해자는 용납할 수가 없는 거죠. 그래서 죽입니다. 그런데 정도전의 왕도론과 역성혁명론은 『맹자』에 기반하고 있고 정도전에게 『맹자』를 읽으라고 권한 사람은 정몽주이니 역사의 아이러니라 할밖에요.

정몽주의 삶

정몽주(鄭夢周, 1337~1392)의 전기를 먼저 살펴보겠습니다. 본관은 영일(迎日), 경상도 영천 출생입니다. 초명은 몽란(夢蘭)인데 어머니가 꿈에 난초 화분을 잡고 있다가 떨어뜨린 꿈을 꾸었대요. 또 다른 태몽이 용 꿈이었다고 해서 몽룡(夢龍)이라고도 불렀습니다. 몽주는 성인이 되었을 때의 이름으로, 아버지가 꿈에 주공을 보고 나서 지었다고 하는데 신빙성은 떨어집니다. 자는 달가(達可), 호는 포은(圃隱)입니다. 정몽주의 과거 시험과 관련된 기록은 화려합니다. 1357년(공민왕 6) 감시(監試)에 합격하고 1360년 문과에 장원하여 1362년 예문관의 검열·수찬이 됩니다.

그 당시 상례 제도가 문란해져 사대부들이 모두 백일 단상(短喪)을 치렀다고 하죠. 그런데 정몽주 홀로 부모의 상에 여묘(廬墓)를 살아서, 1366년 나라에서 정려(旌閭: 효자·충신·열녀 등이 살던 동네에 세운 붉은 칠을 한 정문)를 내렸습니다. 『주자가례(朱子家禮)』에 따라 시묘살이를 한 거죠.

이듬해에는 예조 정랑으로 성균박사를 겸임합니다. 당시 고려에 전해진 『주자집주』를 사람들이 많이 읽었는데 그 가운데서도 정몽주의 강설이 사람의 의표를 찌르게 뛰어났다고 합니다. 나중에 명나라에서 송나라 때 유학자인 호병문(胡炳文)의 『사서통(四書通)』이 전해지면서 정몽주의 생각과 서로 맞아떨어지는 것을 보고 모두 탄복했다고 합니다.

동시대 인물인 이색은 정몽주를 높이 여겨 '동방 이학(理學)의 시조'라고 했습니다. 여기서 이학은 성리학을 가리킵니다. 이(理)가 뭐냐? 선지교 사건과 관련이 있습니다. 정몽주가 선지교에서 피살되었는데 말하자면 목숨을 바친 셈입니다. 그런데 무엇에 목숨을 바쳤냐 하면 '절의(節義)'에 목숨을 바쳤어요. 절의가 바로 이(理)입니다. 이(理) 자는 왼쪽에 임금 왕(王) 자가 있는데 원래는 구슬 옥(玉) 자였어요. 그래서 이(玉+里)는 구슬의 결을 의미합니다. 그 앞에 다른 말을 붙여서, 예컨대 '주리(腠理)'라고 하면 살결을 말합니다.

만물에는 다 이(理)가 있어요. 나뭇잎에 잎맥이 있듯이 다 결이 있다는 겁니다. 사람 피부에는 살결이 있고 자연에는 천리(天理)가 있습니다. 『장자』에 포정(庖丁)이라는 백정이 나옵니다. 포정은 천리에 따라 소를 잡은 덕분에 19년 동안 칼을 바꾸지 않아도 되었다고 하죠. '이'는 공간을 차지하지 않고 보이지도 않습니다. 그런데 그 사이로 포정의 칼이 지나가는 겁니다. 그래서 칼날이 손상되지 않아요. 그런 맥락입니다.

또 옥에는 옥의 '이'가 있습니다. 옥은 보물이죠. 예를 들어 박옥(璞玉)이 있다고 하죠. 박(樸) 자를 쓰면 가공하지 않은 통나무를 가리키고 나무 목(木) 대신 구슬 옥(玉)을 넣으면 박(璞), 가공하지 않은 옥, 곧 돌 속에 있는 옥을 말합니다. 돌하고 섞여 있는 옥은 쪼아 내서 다듬어야 하는데 결을 알아야 다듬을 수 있겠죠. 옥인(玉人)은 그 결을 봅니다. 우리는 못 봅니다. 옥의 결을 보지 못하는 사람이 다듬으면 옥이 깨져 버리죠.

그런데 이 옥은 나라를 가리키기도 합니다. 『맹자』에 나오는 비유예요. 제(齊)나라 선왕(宣王)에게 맹자가 이렇게 말합니다. "지금 여기 옥이 있다 칩시다. 왕이 직접 다듬을 겁니까? 옥인을 불러서 다듬을 것 아닙니까? 여기 나라가 있습니다. 그럼 나라를 다스리는 전문가인 현자를 불러서 다스려야지, 임금 당신 마음대로 하면 되겠습니까?" '이'는 결국 옥의 결을 다스리는 것이기도 하고 내 마음을 다스리는 수양이기도 하고 나라를 다스리는 올바른 정치이기도 한 겁니다. 나라가 하나의 옥인 셈이죠. 잘 다스리려면 현자가 다스려야 한다는 거죠. 현자는 '이'를 아는 사람으로, 도리나 절의처럼 보이지 않는 것으로 나라를 다스리는 겁니다. 지금도 마찬가지지만 윤리는 보이는 게 아니잖아요. 있는 것도 아니고요. 보이지 않지만 있어야 할 것이 윤리도덕입니다.

앞에서 말씀드린 양산보가 지은 소쇄원에는 대문도 없고 담도 없습니다. 그렇다고 해서 대문, 담이 없는 것이냐? 있습니다. 아무나 드나들 수 없도록 만드는, 보이지 않는 장치가 있죠. 그걸 다스리는 게 '이'입니다.

새로운 나라 조선은 성리학의 나라입니다. 따라서 이(理)를 아는 현자의 모델이 필요해요. 그리고 거기에 부합하는 인물을 찾다 보니까 정몽주가 있었죠. 그래서 태종 이방원은 자기가 정몽주를 죽였지만 다시 복권시킵니다. 연보를 따라가다 보면 그런 과정이 보입니다.

문과 무를 겸비하다

정몽주는 태상소경(太常少卿)과 성균관 사예·직강·사성 등을 역임하고 1372년 서장관(書狀官)으로 임명됩니다. 말하자면 외교 전문가 겸 문헌 전문가가 된 거죠. 서장관이 되어 명나라에 다녀오던 중 풍랑으로 파선되는 사고를 당합니다. 이 사고로 일행 열두 명이 물에 빠져 죽고, 정몽주는 13일 동안 사경을 헤매다가 명나라 선박에 구조되어 이듬해에 귀국합니다.

정몽주는 외교 전문가답게 외교 수행력이 탁월했습니다. 고려 말에 왜구가 자주 출몰해서 경상도뿐 아니라 내륙까지 쳐들어오는 일이 잦아집니다. 고려 말기인 1300년 초에 일본은 어느 정도 통일이 되어 막부가 들어섭니다. 막부 쪽에서는 중국, 고려와 정식 수교를 해서 세련된 외교를 맺고 협력하기를 원했어요. 걸핏하면 쳐들어가서 빼앗아 오는 건 한계가 있었기 때문이죠. 그런데 왜구들이 말을 안 듣습니다. 왜구는 정규군이 아니라 해적이거든요. 이렇게 왜구가 마음대로 움직이니 막부로서는 곤란한 상황이었죠. 고려로서도 손 놓고 마냥 있을 수 없어 화친을 도모하고자 나흥유(羅興儒)를 일본에 파견했는데 감금을 당하는 등 어려운 상황이 생깁니다. 그랬는데 정몽주가 외교 사절로 가서 왜구의 단속을 요청하고 왜구에게 잡혀간 고려인 수백 명을 귀국시키는 등 상당한 성과를 거둡니다. 사실 아무도 안 가려고 하는 상황에다가 반대파가 죽으라고 보낸 셈인데, 가서 사명을 다하고 돌아온 것입니다. 또한 이성계를 따라 함경도에 가서 전장을 누비기도 합니다. 그러니 문무를 겸비했다고 할 만합니다.

중국에 명나라가 들어서고 고려와 외교 관계를 맺은 초기, 상황이 가장 어려울 때 정몽주가 사신으로 갑니다. 고려 말에 고려의 신진 세력인 친명 파들의 세력이 강해지지만 고려 조정은 이들의 뜻대로 움직이지 않습니다. 그래서 고려와 명나라 간에 때로 문제가 생깁니다. 고려 쪽에서는 주원장이 사신으로 보낸 사람을 곤장을 때려 주검을 만들어서 돌려보내는 일도 있었고, 명나라 쪽에서는 고려의 세공(歲貢)을 증액하거나 5년간의 세공이 약속과 다르다며 고려 사신을 유배 보내는 등 국교 관계가 몹시 안 좋은 상태였습니다. 그러던 중에 주원장의 생일을 축하하는 사신을 보내야 하는데 아무도 안 가려고 합니다. 주원장이 고려의 사신을 그 자리에서 처형한 적이 있었거든요. 결국 정몽주가 사신으로 명나라에 가게 됩니다. 가서 명나라가 일방적으로 늘린 세공을 면제받고 돌아옵니다. 일부러 사지로 몰아넣은 거나 다름없었는데 멀쩡하게 살아 돌아온 겁니다. 대단한 역량이 있었다고 할 수 있습니다.

이때 명나라에서 돌아온 뒤 문하평리(門下評理)를 거쳐 영원군(永原君)에 봉군되었으며, 그 후 또 명나라에 사신으로 가는 길에 올랐는데 그사이 다시 국교가 악화되어 요동에서 되돌아옵니다. 이후 삼사좌사·문하찬성사·예문관대제학 등을 역임합니다.

1389년(공양왕 1)에는 이성계와 함께 공양왕을 맞이해서 왕으로 세웁니다. 그러고 나서 몇 년 지나 1392년(공양왕 4)에 이성계의 권력이 날로 커지고 조준·남은·정도전 등이 이성계를 왕으로 추대하려는 계획을 세웁니다. 정몽주가 그런 사정을 알고 기회를 보아 이들을 제거하려던 중에 명나라에서 돌아오던 세자 석(奭)을 마중 나갔던 이성계가 황주에서 사냥하다가 낙마하여 벽란도에 드러눕는 일이 생기죠. 이 기회에 정몽주는 먼저 이성계의 우익(羽翼)인 조준 등을 제거하려고 합니다. 그런데 이를 눈치챈 이방원이 급히 이성계를 개경으로 돌아오게 하는 한편, 정몽주를 제거할 계획을 꾸밉니다. 정몽주도 이를 알고 정세를 엿보려고 이성계에게 문병을 갑니다. 그런데 문병 후 귀가하던 도중에 선죽교에서 이방원의 문객 조영규(趙英珪) 등에게 격살되죠. 이것이 바로 정몽주를 조선 시대 사림의 정신적 지주가 되게 한 사건입니다.

역신에서 충신으로

정몽주는 1405년(태종 5) 권근(權近)의 요청에 의하여 대광보국숭록대부 영의정부사 수문전대제학 감예문춘추관사 익양부원군(大匡輔國崇祿大夫領議政府事修文殿大提學監藝文春秋館事益陽府院君)으로 추증됩니다. 역신, 간신이었다가 충신으로 바뀐 거죠. 정몽주를 죽인 태종이 그렇게 하라고 했습니다. 절의란 폄훼될 수 없는 가치입니다. 그러나 아무에게나 나라를 위해 목숨 바치라고 하면 곤란하겠죠. 고려 왕조의 충신으로서 정몽주가 한 역할은 그 가치가 높지만 조선 왕조에서는 그것을 이데올로기로 활용합니다. 물론 활용할 만한 가치가 있었기 때문이죠. 조선 시대에도 충신은 많았지만 정몽주를 넘어서는 사람이 없습니다. 우선 정몽주는 무인 이성계에게 굴복하지 않았죠. 그런데 조선의 수많은 공신들은 무인에게 굴복한 자들입니다. 애초에 비교가 안 됩니다. 물론 조선 시대에는 세조에 저항한 사육신이 있으니 정몽주와 동격으로 이야기할 만한 사람들이 있습니다. 그런데 조선 초기 공신들은 권력과 자신의 영달을 위해 일한 자들이니 정몽주와 같은 등급으로 이야기할 수는 없습니다.

정몽주는 중종 연간(1517)에 태학생(太學生) 등의 상서(上書)에 따라 문묘에 배향되는데 묘비석에 고려의 벼슬만 기록하고 시호를 적지 않았어요. 그런데 사실 태종이 이미 문충공(文忠公)이라는 시호를 내렸죠. 문(文)자는 문과 급제하면 붙일 수 있어요. 아무리 뛰어나다 해도 문과 급제자가 아니면 못 붙입니다. 충(忠) 자는 임금의 허락을 받아야 내릴 수 있는데 태종이 이 글자를 내렸습니다. 그런데 충 자를 내린 태종이 바로 충신을 죽인 이방원이니 참 아이러니합니다. 태종이 왕이 되기 전이라면 충신을 살해한 자일 뿐일 텐데, 왕이 되고 나면 그런 일과 상관없는 존재가 됩니다.

쉬우면서도 정취가 뛰어난 정몽주의 시

이제 정몽주의 시와 관련된 글과 그의 시 몇 편을 읽어 보겠습니다.

먼저 「포은선생시권서(圃隱先生詩卷序)」부터 읽어 보겠습니다. 이 글을 쓴 권채(權採, 1399~1438)라는 조선 초기 문인은 성리학의 실천궁행, 절의 면에서는 높이 평가되지 못했지만 문장으로는 당대에 손꼽히는 인물이었습니다. 그래서 「포은선생시권서」를 쓰게 된 겁니다.

> 문은 도(道)를 싣는 도구다. 그 때문에 『시경』·『서경』·『예기』·『악기』 등에 나오는 위엄 있는 글에는 모두 지극한 도가 붙어 있다. 하·은·주 삼대 이전에는 문장이 도와 일체였는데 삼대 이후에는 문장이 도와 나뉘어 둘이 되었다. 『시경』에 나오는 삼백 편의 시는 '사무사(思無邪)'라는 한마디 말로 덮어 말할 수 있다. 공자의 문장은 천리(天理)의 유행(流行)이 아님이 없으니 이른 바 '훌륭한 덕이 있는 자는 반드시 훌륭한 말을 한다[有德者必有言]'라는 것

이다. 그래서 문과 도는 애초부터 두 가지 귀결이 없다.

한(漢)·위(魏) 나라 이후로 문으로 세상에 이름을 날린 자로, 왕필(王弼)·서막(徐邈)·완적(阮籍)·유령(劉伶)·조식(曹植)·포신(鮑信)·심약(沈約)·사령운(謝靈運)이 있고, 그 뒤 당송(唐宋)간에 이르러서는 유우석(劉禹錫)·유종원(柳宗元)·소식(蘇軾)·황정견(黃庭堅)의 무리가 있었다. 그러나 풍월을 읊조리고 물상을 모사하는 데 지나지 않아 변려문(騈儷文)을 그럭저럭 답습하는 데 뛰어났을 뿐이고 도에 대해서는 거의 들은 게 없었다. 그 때문에 그 문장은 간혹 취할 만한 것이 있다 해도 그 행실을 공평하게 고찰해 보면 논할 만한 게 없으니 이른바 '훌륭한 말을 하는 자가 반드시 훌륭한 덕을 지니고 있는 것은 아니다[有言者不必有德]'라는 것이다. 그리하여 문장과 도리가 처음으로 갈라져 둘이 되었다.

우리 동방의 예악문물(禮樂文物)은 중화와 방불하여 문학을 공부한 유자들이 없었던 때가 없었다. 그러나 재능과 덕망이 모두 뛰어나 명실이 상부한 이가 얼마나 되겠는가. 오천(烏川) 사람 포은 정문충공이 고려 말에 태어나니 타고난 자품이 아름답고 학문이 깊었는데 그 학문은 가만히 알고 마음속으로 융화하는 것을 요체로 삼고 궁행실천을 근본으로 삼아 성리의 학문을 동방에 창도하였으므로 당시의 명현들이 모두 받들고 따랐다. 이를테면 목은 이색 같은 이는 포은이 강학한 것을 두고 횡설수설(橫說竪說)이 이치에 합당하지 않음이 없었다고 일컬었고 도은(이숭인)은 그 인품을 논하되 매양 달가(達可: 정몽주)의 탁월함을 일컬었으니 선생의 학문과 재능을 알 만하다. 그 행적을 살펴보면 중원에 혁명이 일어난 초기와 나라의 앞날에 어려움이 많은 시절을 맞이하여 서쪽으로는 중국에 조공하고 동쪽으로 일본에 사신으로 가 어려움을 피하지 않았고 나라를 걱정하여 집안을 잊었으니 공적이 탁월하여 동쪽의 백성들에게 끼친 은혜를 모두 고찰할 수 있다. 고려의 국운이 막 끝나고 하늘이 조선을 열어 준 시기를 맞이하여 자기 한 몸으로 오백 년의 종사(宗社)를 홀로 감당하여 끝내 칼날을 밟아 큰 절개를 온전히 지켜 늠름한 충의의 기상이 타오르는 태양과 빛을 다투었으니, 참으로 이른바 사직의 신하라 할 만하다. ……

—『포은집(圃隱集)』, 「포은선생시권서(圃隱先生詩卷序)」(권채)❷

'문장은 도를 싣는 도구'라는 이른바 '문이재도(文以載道)'론은 조선 시대 내내 문장을 평가하는 기준이 되었다가 영·정조 시대에 이르러 연암 박지원, 청장관 이덕무가 출현하면서 비로소 흔들립니다. '문이재도'는 문장이란 모름지기 도를 실어야지 신변잡기나 재미있는 이야기, 소설 따위를 쓰는 게 아니라는 문장관이죠. 물론 과거 공부를 위한 문장도 부정합니다. 이색 같은 경우도 스스로 과거 시험을 보기 위해 썼던 시나 문장은 자기 문집에 싣지 않고 버립니다. 자신의 뜻과 달리 어쩔 수 없이 썼던 글들이고 후세에 모범이 될 만하지 않아 부끄럽다고 하면서요. 단지 그 방법이 아니면 부모를 모실 수 없어서, 어쩔 수 없었다고 해요.

『논어』에 공자가 『시경』의 시 삼백 편을 두고 "한마디로 사무사다"라고 했다는 데서 유래한 말이 '사무사(思無邪)'입니다. 사무사는 시인의 생각에 부정함이 없다는 뜻입니다. '시'란 자기가 본 대로, 느낀 대로 쓰는 것이라는 거죠. 그런데 현재 전해지는 『시경』에서 보이는 '사무사'는 그런 뜻이 아니라 '아, 부정함이 없을지어다!' 정도의 뜻이라서, 공자가 『시경』을 단장취의(斷章取義)해서 자기 마음대로 해석한 게 아닌가 하는 생각이 들기도 합니다. 그렇다 하더라도 공자의 말이 『시경』의 본래 뜻보다 더 높이 평가되니 마음대로 해석했다 해도 어쩔 수 없습니다. 또 공자가 '사무사'라고 인용한 시가 현재 전해지는 『시경』의 시가 아니라 산일(散逸)된 시일 수도 있습니다. 만약 그렇다면 확인할 길이 없으니 그런 뜻으로 쓰인 시가 있었다고 생각할 수밖에 없습니다.

어떤 문헌을 엉뚱하게 해석할 수도 있는데 그 해석이 문헌학적으로 정확하게 이해하는 것보다 나을 수 있습니다. 니체가 그리스 비극을 엉터리로 해석했다고 해서 논쟁이 있었습니다. 사실 문헌학자가 니체보다 더 정확하게 이해했을 겁니다. 니체도 고전문헌학으로 교수를 하긴 했지만 근본적으로는 철학자니까요. 그런데 잘못 해석했다 해도 문헌에 얽매이는 학자가 도달할 수 없는 새로운 사유를 담을 수 있습니다. 그렇다고 문헌학이 하위에 있다는 뜻은 아닙니다. 설혹 고리타분하게 문헌만 따진다 해도 그런 사람이 있어야 창조적인 사람들이 기댈 언덕이 있으니까요. 공자 또한 고대의 문헌을 중시하는 태도를 끝까지 지켰습니다.

권채는 이 서문에서 삼대 이전의 문장은 높이 평가하면서도 위진 이후 당송간의 문장에 대해서는 음풍농월하는 수준에 지나지 않았다고 비판하는데 이는 성리학의 시각으로 내린 평가입니다. 천리를 추구하는 이학자 입장에서는 바람, 구름, 달, 이슬 따위만 읊조려서는 안 되고 그 속에 자리한 보이지 않는 이치를 드러내 밝혀야 한다고 생각한 거죠.

이어서 정몽주의 시 두 편을 보겠습니다.

「봄의 흥취〔春興〕」
봄비 가늘어 물방울을 이루지 못하고
한밤중에 조금씩 소리가 난다.
눈이 다 녹아 남쪽 시내 넘쳐나면
풀싹이 부쩍 자라나리라.
春雨細不滴 夜中微有聲 雪盡南溪漲 草芽多少生

두보의 시 중에 「춘야희우(春夜喜雨)」라는 게 있습니다. 그 시는 '호우지시절(好雨知時節)'이라는 구절로 시작하는데 이 첫 구절부터 확 몰아치는 게 있어요. 호우(好雨)는 때맞춰 내리는 단비예요. "좋은 비는 때를 알아 봄이 되면 내리네. 바람 따라 밤에 몰래 왔다가 아무 소리 없이 촉촉이 만물을 적시네〔好雨知時節 當春乃發生 隨風潛入夜 潤物細無聲〕." 두보의 「춘야희우」의 비는 소리가 나지 않지만 정몽주의 「봄의 흥취」에 내리는 비는 아주 약간 소리가 납니다. 물방울을 이루지 못하는 가는 봄비가 내리는데 아주 희미한 소리가 나는 거죠. 방 안에 가만히 앉아 봄비 소리에 귀를 기울이며 초목이 자라는 모습을 상상하는 정몽주의 모습이 눈에 보이는 듯합니다. 이와 비슷한 정서를 맹호연의 시 「춘효(春曉)」에서도 찾아볼 수 있습니다. "봄잠에 취해 새벽인 줄 몰랐더니 곳곳에서 새 지저귀는 소리 들리네. 밤사이 비바람이 몰아쳤으니 꽃이 얼마나 떨어졌을까〔春眠不覺曉 處處聞啼鳥 夜來風雨聲 花落知多少〕." 역시 시인이 눈을 감고 소리를 들으며 자연 사물의 변화를 노래한 점에서 비슷합니다.

정몽주의 시를 한 수 더 읽어 보겠습니다.

「음주(飮酒)」
나그넷길 봄바람에 미친 듯 흥이 나니
좋은 길을 만날 때마다 술잔을 기울인다.
집으로 돌아가 돈 다 썼다 부끄러워 마라.
그래도 새로운 시 비단 주머니에 가득하다네.
客路春風發興狂 每逢佳處卽傾觴 還家莫愧黃金盡 剩得新詩滿錦囊

「봄의 흥취」와는 사뭇 다른 정서가 느껴지시죠? 술을 거나하게 마신 선비가 술값으로 가진 돈을 다 썼지만 시를 지었으니 행복하다는 말입니다. 글이 쉽지요. 어려운 글자도 없고 이제현처럼 고사를 많이 쓰지도 않습니다. 그런데도 두보나 맹호연의 시가 연상될 만큼 시인의 정서가 잘 전달됩니다.

후세의 평가

정몽주에 대한 후세의 평가는 대체로 그를 '동방 이학의 비조'로 꼽는 내용이 많습니다. 이긍익(李肯翊)의 『연려실기술(練藜室記述)』에 이런 기록이 있습니다.

> 공의 강설(講說)은 활발해서 보통 사람의 생각보다 월등했다. 그래서 듣는 사람들이 자못 의심했는데 뒤에 운봉(雲峯) 호씨(胡氏)의 학설을 얻어 보게 되자 공의 이론과 부합하므로 모든 학자들이 탄복했다. 이색이 일컫기를, "달가(達可)의 논리는 이치에 마땅하지 않음이 없다"라고 하여 동방 이학(東方理學)의 조(祖)라 추대하였다.
>
> ─『연려실기술(練藜室記述)』, 「고려수절제신부(高麗守節諸臣附)」 ❸

이덕무의 『청장관전서(靑莊館全書)』에도 이와 비슷한 기록이 보입니다.

> 조광조(趙光祖)는 김굉필(金宏弼)에게 배우고 굉필은 김종직(金宗直)에게 배웠는데 종직의 학문은 그의 부친인 숙자(叔滋)에게 받은 것이다. 숙자는 길재(吉再)에게 배웠는데 길재의 학문은 정몽주에게서 받은 것이니 몽주는 참

으로 동방 이학(東方理學)의 시조다.

—『청장관전서(靑莊館全書)』,「한죽당섭필 하(寒竹堂涉筆 下)」❹

『명종실록』에도 이렇게 나옵니다.

문충공은 동방 이학(東方理學)의 시조이니 그의 문장과 충렬은 후세의 본보
기가 될 만하다. 지금 사우를 세우고 서원을 설치하는 것은 마땅한 일이다.

또『선조실록』에도 기대승의 글로 이렇게 기술되어 있습니다.

기대승이 아뢰기를,
우리나라의 학문을 보면, 기자(箕子) 때의 일은 서적이 없어 상고하기 어렵
고 삼국 시대에는 천성(天性)이 순수하고 아름답긴 했으나 아직 학문의 공은
없었으며 고려 시대에는 학문을 하긴 했으나 다만 문장을 중시했습니다. 그
러다가 고려 말에 이르러 우탁·정몽주 이후로 처음 성리에 관한 학문을 알
게 되었는데 급기야 세종조에 이르러서 예악과 문물이 찬란하게 일신되었
습니다.
동방의 학문이 전해진 차례를 말하자면 정몽주가 동방 이학(東方理學)의 조
(祖)로, 길재가 정몽주에게서 배우고 김숙자(金叔滋)는 길재에게서 배우고
김종직(金宗直)은 김숙자에게서 배우고 김굉필(金宏弼)은 김종직에게서 배
우고 조광조(趙光祖)는 김굉필에게서 배웠으니, 본래 학문에 연원이 있습니
다.

그런데 율곡 이이는 이와 다르게 평가했습니다. 율곡의 인물 평가는 대

단히 엄정합니다. 웬만한 인물이라도 문제가 있다고 혹평하는 경우가 많습니다. 그런데 그냥 혹평하는 게 아니라 사실에 대한 검토가 상당히 정확하고, 일방적으로 칭찬하거나 폄하하지 않는 균형을 갖추고 있습니다. 정몽주에 대해서도 냉정하게 평가합니다.

> 묻건대, 우리 조선조의 학문은 또한 어느 시대에 시작되었는가. 전왕조(고려) 말기에 시작되었다. 그러나 권근의 『입학도설』은 어긋나는 내용이 많고 정몽주가 이학의 조종이라고 불리고 있지만 나의 기준으로 살펴본다면 사직을 편안하게 한 신하이지 유자는 아니다. 그러니 성리학은 조정암(趙靜菴: 조광조)에게서 처음 일어나 퇴도(退陶: 이황) 선생에 이르러 이미 유자의 면모가 갖추어졌다. 그러나 퇴도는 성현의 언어를 그대로 따라 실천한 이로 독창적인 견해가 보이지 않는다. 화담의 경우 독창적인 견해는 있지만 다 보지는 못하고 한 모퉁이만 보았다.
>
> ─『율곡전서(栗谷全書)』, 「어록 상(語錄 上)」 ❺

이 문장은 나중에 조광조의 학문을 살펴볼 때 다시 보겠습니다. 여기서 정암 조광조에 대한 율곡의 견해까지는 타당하다고 봅니다. 하지만 퇴계에 이르러 유학자의 모양이 이미 갖추어졌지만 퇴계는 성현의 언어를 따라서 스스로 독창적으로 본 것 같지는 않다고 한 대목은 따져 볼 여지가 있습니다. 사실 율곡이야말로 주자의 견해를 정확하게 이해한, 어떤 면에선 주자의 언어를 그대로 따랐던 사람이라고 볼 수 있습니다. 심지어 주자의 글에 나타난 논리적 모순으로 보이는 난해처(難解處)까지 율곡의 탁견으로 해결되기도 합니다. 율곡은 논리정연하게 성리학의 요체를 꿰뚫으면서도 주자학의 아킬레스건까지 건드린다는 점에서 조선 성리학의 완성자라고 할 만합니다. 그런데 율곡이 퇴계를 '스스로 독창적으로 본 것[自見處] 같지는 않다'고 하는데, 오히려 퇴계야말로 주자학의 논리에 따라 명쾌하게 설명하기 어려운 견해가 많았다는 점에서 독창적인 견해를 가졌다고 생각할 수도 있습니다. 물론 퇴계가 잘못 보았을 수도 있습니다. 구체적인 이야기는 퇴계의 사상을 이야기할 때 따져보기로 하겠습니다.

어쨌든 정몽주를 동방 이학의 비조로 보는 평가는 조선 왕조 전체를 관통해서 정몽주의 위상이 어느 정도였는지를 말해 줍니다. 실천궁행을 중시하는 성리학의 특징으로 볼 때, 이 평가는 나름의 타당성이 있습니다.

3부   조선 시대
철학(상)

삼국 시대, 고려 시대를 거쳐서 조선까지 왔습니다. 고려가 불교의 나라였다면 조선은 성리학의 나라입니다. 앞서 말씀드렸던 것처럼 성리학은 고려 말기에 도입되어 조선의 건국 이념이 되었는데 이 성리학이 조선 왕조가 개창된 이래 500년을 지배했습니다.

전통 사회에서는 바로 전대의 왕조(王朝)를 '승국(勝國)'이라고 했습니다. 그러니까 조선 시대 학자들은 고려를 호칭할 때 고려라고 하지 않고 승국이라고 불렀습니다. 우리 왕조가 이긴 나라, 우리 왕조가 극복한 나라라는 뜻이죠. 조선이 고려보다 더 뛰어난 나라라는 뜻인데 결국 그 이전 왕조가 가진 문제점을 극복하고 새롭게 세운 나라가 조선이라는 말입니다. 자국 문화에 대한 자부심을 드러내는 표현이죠.

지금은 다른 나라를 전통 방식으로 호칭하지도 않고 조선을 그런 식으로 부르지도 않습니다. 그 대신 조선에 '망국'이라는 딱지를 붙이는 경우가 많죠. 우선 우리한테 복받치는 게 있어서 그렇습니다. 다른 나라의 침략에 맞서 싸우다 져서 망한 게 아니고 나라를 팔아먹었으니까요. 매국노 다섯 명이 있잖아요. 물론 조선이 멸망한 이유를 그들에게만 전가할 수는 없습니다만 그 다섯 명의 죄과를 잊어서는 안 되겠죠.

조선은 일본과 싸운 전력이 있죠. 임진왜란 말입니다. 임진왜란도 조선의 입장에서 임진년에 왜국(倭國)이 쳐들어왔다는 표현입니다. 그래서 어떤 역사학자들은 임진왜란 말고 '삼국전쟁'으로 부르자고 제안하기도 합니다. 조선과 일본, 명나라까지 모두 전쟁에 가담했기 때문인데 일리가 있습니다. 지금 우리 시대가 조선이 아닌데 조선의 시각에서 굳이 일본을 낮추어 임진왜란이라고 부를 객관적 이유는 없겠지요. 하지만 그런 호칭에 대한 저항이 대단히 커서 자칫하다가는 본의 아니게 친일파로 비난받을 수 있습니다. 물론 그런 현상 자체가 아직 우리가 일본 콤플렉스를 극복하지 못했다는 방증이기도 합니다.

조선은 임진왜란에서 지지는 않았지만 그렇다고 해서 승리했다고 보기도 어렵습니다. 왜냐하면 조선의 영토 안에서 전쟁이 일어났고 그 전쟁의 직접적 피해자는 중국이나 일본의 백성이 아니라 조선의 백성이었으니까요. 그런데 왕조의 존속을 기준으로 따지면 조선이 이겼다고 할 수 있습니다. 조선이라는 왕조의 정체성은 전쟁 이후에도 그대로 유지된 반면, 일본과 중국은 망하거나 통치자가 교체되었거든요. 명나라는 원병을 파견해서 조선에 영향력을 행사했는데 결국 전쟁으로 입은 인적·물적 손실이 워낙 커서 망하고 맙니다. 일본은 정권이 완전히 교체되었죠. 그러니 침략전쟁을 주도했던 도요토미 히데요시 입장에서 보면 패한 전쟁인 셈입니다.

임진왜란에서 이겼든 패했든 싸우긴 했으니 어떤 결과가 나오더라도 이해할 수는 있습니다. 병자호란 때도 마찬가지입니다. 청나라가 쳐들어오자 한강 이남으로 피신했죠. 결국 꺾이고 말았지만 졌다는 이유만으로 비난하기는 어렵습니다. 저항을 했으니까요.

망한 나라 조선이라는 말에서 이 '망함'은 그러한 전쟁 없이 매국적 행위와 그에 버금가는 여러 가지 과실로 나라가 쓰러졌다는 의미입니다. 그

망한 나라의 이데올로기가 성리학이죠. 요즘은 많이 줄어들었습니다만 성리학 때문에 조선이 망했다는 식의 이야기를 심심치 않게 들을 수 있었습니다. 흥선대원군이 천주교를 비판하면서 고려는 불교 때문에 망했고 조선은 성리학 때문에 망할 지경이 되었는데 천주교도 다를 게 뭐냐고 한 적이 있습니다. 깊이 새길 만한 말은 아니지만 이 말에서도 역시 조선은 성리학 때문에 망하게 되었다는 입장이 엿보입니다.

그런데 조선을 망한 나라라고 규정한다면 안 망한 나라는 있는지, 얼마나 존속하다가 망했는지 물어 봐야 공정하겠지요. 조선은 세계 역사에서 유례를 찾기 힘들 정도로 단일 왕조가 오랫동안 유지되었습니다. 다른 나라는 왕조의 명칭은 같아도 지배 세력이 교체된 경우가 대부분인데 조선은 오로지 이씨가 지배했습니다. 그러니 '이씨 조선'이라고 부르는 것을 꼭 비칭(卑稱)이라고 할 수만은 없습니다.

조선은 1392년에 세워져서 1910년 경술국치까지 500년 이상 유지되었습니다. 중간에 여러 차례 위기가 있었지만 다 극복하고 계속 이어진 겁니다. 그러니 조선을 망한 나라라고 쉽사리 규정하기도 힘들지요. 따라서 성리학을 망국의 학문이라고 규정하기도 힘듭니다.

성리학 때문에 조선이 망했다고 규정하려면 망하기 이전의 조선은 무엇으로 유지되었는지 따져 봐야 합니다. 말할 것도 없이 성리학입니다. 앞에서 말씀드렸듯이 성리학의 '이(理)'는 본디 옥(玉)의 결이라고 했죠. 옥(玉)은 절차탁마, 곧 수양의 대상인 사람의 몸 안에 있는 보석이기도 하고, 나라를 상징하기도 합니다. 옥의 결을 잘 다듬어 보배로 만들 듯이 현자가 마땅한 도리로 나라를 다스리는 이념이 성리학입니다. 이때의 현자는 사대부를 말합니다.

얼마 전 '실학박물관'에 다녀왔는데, 거기에 실학을 부각시키기 위해 성리학을 비판하는, 다음과 같은 글이 있더군요.

> 학문은 여전히 농민들의 현실 생활과는 동떨어진 사장학(詞章學)이 아니면
> 주자학적인 성리학(性理學)이나 형식적인 예학(禮學) 속에서 잠자고 있었습
> 니다. 이러한 학풍을 반성하고 국가의 총체적 개혁과 대외개방을 지향하려
> 는 새로운 학풍이 일어났는데, 이것이 곧 실학(實學)입니다.

성리학은 흔히 공리공담(空理空談)으로 치부되죠. 이 글에서도 문장을
숭상하는 사장학도 실생활에 도움이 되지 않는 것이라고 비판하고 예학
또한 형식에 치우쳤다고 비판합니다. 성리학, 사장학, 예학을 한 묶음으로
보고 불필요한 학문으로 취급합니다. 한마디로 이런 학문들은 밥 먹는 데
도움이 안 된다는 겁니다. 밥은 왜 먹는지도 생각해 보아야 할 텐데 말이
지요.

성리학(性理學)은 인간의 심성[性]과 의리[理]를 연구하는 학문입니다.
요즘 용어로 바꾸면 철학입니다. 그중에서도 형이상학이죠. 물론 철학
(哲學)이라는 말은 동아시아의 고유어가 아니라 'philosophy'의 번역어
입니다. 1862년 일본의 한학자 니시 아마네(西周)가 네덜란드에 밀항하
여 법학, 철학, 경제학 등을 공부하고 돌아와서 1874년에 후쿠자와 유키
치(福澤諭吉)와 함께 『명육잡지(明六雜誌)』를 발행했는데, 이때 철학이라
는 번역어를 처음 썼습니다. 그러니 철학이 뭔지 알려고 철학이라는 낱말
을 백날 분석해 봐야 신통한 결론을 얻기 힘듭니다. 번역어니까요. 오히려
philosophy가 무슨 뜻인지 알아야 철학이 뭔지 알 수 있겠죠. philosophy
는 그리스어 'philos'와 'sophia'가 합해진 말로 '지혜[sophia]를 사랑한다
[philos]'는 뜻입니다.

그럼 동아시아 사회에는 지혜를 사랑하는 전통이 없느냐? 그럴 리가 있겠습니까. 일일이 말씀드릴 수는 없습니다만 제자백가의 학문이 모두 철학이고 그 이후에 나온 한당의 훈고학이나 송대의 성리학, 명대의 양명학이 모두 철학입니다.

흔히 서양은 앞선 시대의 철학을 비판하여 극복한 데 비해, 동아시아 사회에서는 비판보다는 계승에 치중했다고 말합니다. 하지만 이것도 편견입니다. 묵자가 공자를 비판하고 노자나 장자도 공자를 비판합니다. 유가 내부에서도 순자는 자사와 맹자를 묶어서 비판했죠. 성리학은 한당의 훈고학을 비판했고 왕수인은 주자학을 비판했고 청대의 대진은 주희와 왕수인 둘 다를 비판했습니다.

아무튼 성리학도 철학의 한 종류입니다. 성리학의 '이(理)'는 보이지 않는 것입니다. 보이지 않는 것을 '형이상(形而上)'이라고 하죠. '형이하(形而下)'는 보이는 것이고요. 보인다, 안 보인다는 건 측정할 수 있느냐, 없느냐로 따집니다. 눈에 보이지 않더라도 측정할 수 있으면 보이는 것과 다를 바 없습니다. 형이하입니다.

말씀드렸듯이 성리학은 철학이고 형이상학(形而上學, metaphysics)에 해당하는 학문입니다. 그리고 사장학은 요즘 용어로 바꾸면 문학이겠고 예학은 일종의 문화예술이라고 할 수 있을 텐데, 이런 게 다 쓸모없는 것처럼 기술되어 있습니다. 실학에 대한 논란은 차치하고라도 이런 걸 빼 버린 실학이 꿈꾸는 세상이 있다면 그게 뭔지 상상이 안 됩니다.

이런 점만 보더라도 성리학을 제대로 평가하려면 좀 더 기다려야 할 것 같습니다.

조선은 어떤 나라인가

조선이 어떤 나라인지를 알려면 조선 이전의 왕조, 중국의 여러 나라, 일본과 비교해 봐야겠죠. 저는 조선을 '문(文)의 나라'라고 보는데, 말 그대로 무(武)의 나라가 아니라 문의 나라라는 뜻입니다. 조선의 정궁(正宮)인 경복궁의 정문에 해당하는 문이 광화문(光化門)인데, 광화문의 광(光)은 덕의 빛입니다. 그러니까 사람의 빛이에요. 덕을 가진 존재가 사람이니까요. 원래 불 화(火) 자가 있고 그 밑에 사람 인(人) 자가 있는 '炎' 자가 빛 광(光) 자의 본자(本字)입니다. 갑골문자에서 빛 광 자는 아예 불꽃 모양 밑에 사람이 있는 모양으로 그린 글자입니다.

어떤 사람에게서 빛이 난다면 실제로 보이는 빛이 아니고 덕의 빛이 나는 것입니다. 흔히 성자를 그릴 때 배광(背光)이니 후광(後光)이니 두광(頭光)이니 하는 빛을 그려서 성스러움을 표현하는데, 이런 것들이 빛 광 자의 형상이라고 할 수 있습니다.

광화(光化)의 화(化)는 교화(敎化)한다, 다스린다는 말입니다. 덕으로 다스린다는 거죠. 또 창덕궁 정문은 돈화문(敦化門)이고 창경궁의 정문은 홍화문(弘化門), 덕수궁 정문은 본디 인화문(仁化門)이었습니다. 돈화문은 "대덕돈화 소덕천류(大德敦化 小德川流)"라는 『중용』의 구절을 따서 붙인 것이고 인화문도 덕의 으뜸이 인(仁)이니 '덕으로 다스린다'는 뜻입니다. 궁궐의 남문, 정문에는 전부 화(化) 자를, 그 앞에는 덕(德)을 갖다 붙인 겁니다. 모두 덕으로 다스린다는 의미죠.

그러면 덕이 뭐냐? 문덕(文德)입니다. 무력(武力)의 반대는 문덕이지 문력(文力)이 아닙니다. 물리적인 힘이 '역(力)'이고 문은 '역'이 아니니까요. 그러니 역의 반대는 덕입니다. 일례로, 왕조의 시호를 결정할 때도 조(祖)

와 종(宗)이 있죠. 조와 종을 결정하는 방식은, 사마천 『사기』에 따르면 "조 유공 종유덕(祖有功 宗有德)"이라고 해서 무공이 있는 사람들에게는 '조'를 붙이고 문덕이 있는 사람들에게는 '종'을 붙입니다. 유가에서는 종 자가 조 자보다 가치 판단에서는 상위에 있습니다.

이제 조선을 문의 나라라고 일컫는 것이 이런저런 조건에 부합하는지 살펴보겠습니다.

성리학은 무엇인가

유학의 전통을 보면 처음에 공맹 유학(孔孟儒學)이 있었습니다. 공맹 유학은 원시 유학, 근원 유학이죠. 이때 처음으로 유학의 텍스트가 형성되었는데 진나라가 들어서자 분서갱유가 일어나 유가 문헌이 다 불태워집니다. 한나라 시대에 그 문헌들을 복원하려고 애쓰면서 훈고학(訓詁學)이 나옵니다. 경전이 소실되었으니 경전 자체를 복원하는 일이 가장 중요한 과제였겠죠. 그래서 한 글자 한 글자 따지는 훈고학이 발달한 겁니다. '훈고(訓詁)'에서 고(詁)는 '옛말'입니다. 경전의 옛말을 정확하게 풀이하기 위해 훈고학이 발달하는 것은 당연합니다.

그런데 한 글자 한 글자 따지는 데만 치중하다 보니 글 속에 담긴 내용을 자신의 삶과 연결시키는 데 소홀해집니다. 앞에서 살펴보았듯이 고려의 이제현 같은 유학자들은 그런 태도를 비꼬았죠. 무왕이 비간의 묘소에 가서 비간의 충간은 칭찬하고 선양하는데 자기 시대의 현자였던 백이 숙제가 간하는 건 안 들었잖아요. 그러니까 실천이 안 되는 겁니다. 이제현은 성리학자로서 그런 점을 비판한 것입니다.

이러한 훈고학의 경향이 한대부터 유학의 주류가 되었다가 당나라 때에 이르러 이른바『오경정의(五經正義)』가 편찬되면서 경전을 통일합니다. 간단히 말씀드리면『오경정의』는 당 태종의 명령으로 공영달을 비롯한 수십 명의 유학자가 편찬한 유학 오경의 주석서입니다.『정의』를 편찬한 것은 문자 그대로 이게 올바른 뜻〔正義〕이고 나머지는 옳지 않다고 배제하기 위해서입니다. 어떤 이들은 훈고학 시대에 다양한 견해를 존중하는 풍토가 있었다고 하는데 꼭 그렇지는 않습니다. 국가에서『오경정의』라는 하나의 견해를 세운 것에는 통합의 논리보다 배제의 논리가 들어 있다고 보아야 합니다. 이렇게 경전을 통일해 놓으니 새로운 해석이 나오기 어렵겠지요. 그러다 결국 유가의 수양론이 의미를 잃어버립니다. 내가 직접 성인의 말씀대로 살면서 성인이 되겠다는 포부가 사라지고 마냥 글자만 따지고 앉아 있는 거죠. 암송이나 하고 과거 시험이나 보다 보니 유학 본래의 수양론이 위축될 수밖에 없었습니다.

이 훈고학을 비판하면서 성리학이 일어납니다. 비판의 출발은 고전의 재해석입니다. 같은『논어』라고 해도 한당 시대 훈고학자들이 읽은『논어』와 송나라 이후 성리학자들이 읽은『논어』는 다른 책이라고 봐야 할 정도입니다. 같은 공자 말씀인데 완전히 다르게 읽습니다. 목적 자체가 다르기 때문이죠. 지금도 그렇습니다. 아무리 훌륭한 고전이라도 입시 공부를 위해 배우면 결론은 뻔합니다. 시험을 보기 위해 읽는 셰익스피어나 조이스는 셰익스피어, 조이스가 말하고자 하는 것과 아무 상관이 없죠.『오경정의』라고 하는 통일된 경전은 과거 시험을 보려고 읽는 책이었기에 근본적으로 유학의 정신을 익히는 데 한계가 있을 수밖에 없었습니다.

그런데 성리학자들이 등장해 스스로 성인이 되기 위해 성리학을 공부한다고 하면서 고전을 완전히 새롭게 해석합니다. 앞으로 우리가 살펴볼 서경덕, 이황, 조식, 이이 등도 전부 성인이 되기 위해서 성리학을 공부했습니다. 이이는 은거하지 않고 적극적으로 벼슬길에 나아갔으니 서경덕이나 조식과 달랐다고 하겠지만 성인이 되는 데 학문의 목적을 두었던 것은 마찬가지입니다. 사실 이이는 과거 시험에서 아홉 번이나 장원급제를 해서 이름이 나긴 했지만 과거 공부는 공부가 아니라고 했습니다.

이렇듯 성리학자들은 과거 공부를 위해 경전의 뜻을 아는 것은 올바른 학문이 아니고 경전에 담긴 뜻을 실천하여 스스로 성인이 되어야 한다고 생각했습니다. 배워서 성인이 되는 것이야말로 학문의 진정한 목적이라고 본 것이지요. 그런데 이런 생각이 기존의 정치 권력을 위협합니다. 왜냐하면 유학에서 이야기하는 성인은 내면으로는 덕이 충실한 사람이고, 밖으로는 왕을 통해 천하를 다스리는 사람이었기 때문입니다. 곧 성인이 된다는 것은 내면을 수양하는 데 그치지 않고 밖으로 백성들을 다스리는 통치를 담당함으로써 완성되는 겁니다. 이것이 바로 성인이 되겠다는 학문이 새로운 시대를 열어젖힌 까닭입니다.

성리학은 공리공담이고 체제 수호 철학인가

성리학은 한마디로 도덕 이론입니다. 어떤 일을 해야 하는가, 하지 말아야 하는가를 판단하는 이론이죠. 물론 도덕만 중시하는 도덕주의는 위험합니다. 도덕주의는 내가 내세우는 도덕 이외의 것들은 인정하지 않는 독단으로 빠질 위험이 있죠. 실제로 독단에 빠져서 도덕을 내걸고서 사람을 죽이기도 합니다. 그러나 도덕 자체는 중요합니다. 그러니 도덕 이론 자체를 공리공담이라고 한다면 할 말이 없습니다.

성리학은 체제 수호 철학인가? 이것도 성리학의 일면만 본 것입니다. 원래 조선 시대 유학은 주자학(朱子學)이었죠. 주자학이 곧 성리학인데, 성리학의 집대성자가 주희(朱熹)라는 철학자여서 주자학이라고 합니다. 또 북송 시대의 정호(程顥, 程明道), 정이(程頤, 程伊川)의 정(程) 자를 따고 남송의 주희(朱熹)의 주(朱)를 따서 정주학(程朱學)이라고도 하고, 인간 심성과 천리에 대해 연구한다고 해서 성리학(性理學)이라고도 하고, 송나라 시대의 학문이라고 해서 송학(宋學)이라고도 하고, 불교나 도교의 도와는 다른 유학의 도를 연구하는 학문이라는 뜻에서 도학(道學)이라고도 합니다. 또 '새로운 내용의 유학'이라는 뜻에서 신유학(新儒學, Neo-Confucianism)이라고도 하는데, 주자학이 이전 시기의 훈고학적 유학을 비판하면서 새로운 학술 경향을 열어서 붙여진 이름입니다. 그런데 이 주자학은 주희가 생존해 있었을 때에는 위학(僞學)이라고 비판받고 금지되었다가 주희가 세상을 떠난 뒤에 비로소 해금되었습니다.

성리학은 사대부(士大夫)의 학문입니다. '사(士)'란 한마디로 독서인입니다. 따라서 누가 유가 경전을 잘 아는가, 누가 성인의 뜻을 더 잘 아는가가 중요합니다. 귀족이라고 해서 사대부가 되는 게 아닙니다. 성리학은 사대부 중심의 학문인데, 주희가 살았던 남송 시대까지도 귀족이 권력을 장악하고 있었기 때문에 사대부와 귀족 사이에 충돌이 일어납니다. 처음엔 사대부가 패합니다. 주희도 패했죠. 한차주(韓侘冑)라는 재상이 황제에게 아뢰어 황제가 성리학을 가짜 학문, 위학이라고 금지시킵니다. 주희가 이에 항의하는 상소를 올리려 했는데 제자들이 말려서 그만둡니다. 그 상소문이 남아 있지 않아 알 수 없지만 아마도 제자들이 내용을 읽어 보고 위험하다고 판단했겠죠. 그래도 주희가 올리겠다고 하니까 점을 쳐 보고 올리라고 합니다. 『주역』으로 점을 쳐 봤더니 둔괘(遯卦)가 나옵니다. 둔은 은

둔, 곧 '숨어야 한다'는 의미의 괘예요. 그래서 주희는 상소문을 올리지 않고 불태웠다고 합니다.

이렇게 탄압을 받았던 주자학이 조선의 건국 이념으로 채택됩니다. 체제 수호 철학이 된 셈이죠. 앞서 말씀드렸듯이 주자학이 처음부터 체제 수호 철학이었던 것은 아닙니다. 처음에는 오히려 탄압받았고 주희가 죽을 때까지 위학의 금지가 풀리지 않았어요. 이런 측면을 같이 봐야 합니다.

조선은 덕치의 나라인가

광화문이니 인화문이니 하는 문 몇 개가 있다고 해서 덕치의 나라라고 할수는 없죠. 조선의 제도가 실제로 덕치에 부합하는 방향으로 설계되었는지 살펴봐야 합니다.

덕치(德治)는 유가의 이상입니다. 덕으로 다스린다는 것은 물리적 힘을 행사하지 않고 다스리는 것입니다. 얼마나 좋습니까. 물론 덕은 왕조 시대에 통치자에게 필요한 것이니 지금 그 시대로 돌아가자고 할 수는 없습니다. 어쨌든 문덕(文德)으로 다스릴 수 있다면 그게 바로 이상적인 정치일 겁니다. 그런 통치를 꿈꾼 이들이 유가 학자들이고 그들의 대표가 바로 공자, 맹자입니다.

맹자가 이야기한 왕도(王道)와 패도(覇道)의 차이점을 살펴보면 덕치가 무엇인지 쉽게 이해할 수 있습니다. 맹자가 이야기하기를, 패도는 '이력가인자패(以力假仁者覇)', 곧 '힘을 가지고 인을 가장하는 것'입니다. 반면 '이덕행인자왕(以德行仁者王)', '자신의 덕을 가지고 인정을 펼치는 이가 왕'입니다. 이런 정치가 유가의 꿈이죠. 공자도 마찬가지입니다. 덕치를 가능하게 하는 건 인간 본성에 대한 신뢰입니다. 맹자가 성선설을 이야기하잖아요. 맹자는 인간 본성에 대한 여러 다른 견해를 모두 물리치고 모든 사람의 본성은 선하다고 이야기해요. 거꾸로 이야기하면 이렇게 선한 본성을 가진 인간을 물리적인 힘, 폭력으로 다스려서는 안 되는 거죠. 공자는 성선을 이야기하지는 않았지만 덕치주의자이니 당연히 인간의 본성을 선하게 바라봤을 겁니다.

맹자가 모델로 제시한 것은 주나라 시대의 왕도입니다. 공맹이 다 주나라 시대가 왕도 정치의 시대라고 말하죠. 공자는 "나는 주나라를 따르겠다〔吾從周〕"라고 이야기합니다. 『사기』 「공자세가」를 보면 공자는 "그 선조가 송나라 사람이다〔其先宋人也〕"라고 공자의 혈통을 밝혀 놓았습니다. 그래서 이 혈통을 중심에 놓고 공자 사상을 은나라 문화와 연결하려는 시도가 있는데, 이건 아닌 것 같아요. 핏줄이 어떻든 간에 『논어』에 나온 공자가 부정되면 공자라고 할 수 없으니까요. 공자가 송나라 후손이고, 송나라는 다시 은나라 후손이라는 식으로 공자의 가계를 밝혀낼 수 있을지 몰라도 공자 사상을 이해하는 데 별 도움이 안 됩니다. 공자는 명백히 주나라의 왕도를 지향한 인물이니까요.

주나라의 왕도와 한나라의 문치

공맹이 모두 주나라의 왕도를 지향했지만 이들이 그런 시절을 만났나요? 못 만났죠. 공맹은 왕도를 펼칠 기회를 도무지 얻지 못했습니다. 공맹 이후 여러 나라에서 왕도를 시도했습니다. 공맹과 가장 가까운 시대에 왕도에 근접한 정치를 지향한 나라가 한나라입니다. 한나라는 무력으로 천하를 차지했지만 문치를 지향했어요. 어느 정도 성취를 보여 주기도 했고요. 한 고조 유방(劉邦)과 육가(陸賈)의 시서(詩書)에 관한 이야기, 그리고 숙손통(叔孫通)이 한나라 의례를 제정한 이야기가 있죠.

유방은 원래 이름이 계(季: 막내라는 뜻)였는데, 황제가 되고 나서 이름을 방(邦: 나라 방)으로 바꿨죠. 한나라 초기에 유방은 황제의 권위를 누리지 못했습니다. 유방은 원래 시정의 무뢰배 출신이었어요. 유방의 라이벌이었던 항우(項羽)가 초나라의 유서 깊은 귀족 가문 출신이었던 점과 대조적입니다. 당시 항씨 집안은 전통 있는 귀족 가문인 데다 천하의 신망을 얻고 있었습니다. 항우는 초나라를 다시 세워서 천하를 차지하기에 충분한 배경이 있었고, 항우 개인의 힘도 역발산기개세(力拔山氣蓋世: 힘은 산을 뽑을 만큼 매우 세고 기개는 세상을 덮을 만큼 웅대함)라고 할 정도였죠. 마지막 순간에 사면초가로 몰려 패퇴할 때까지는 평생 전쟁에서 단 한 번도 진 적이 없을 정도로 전쟁의 신이라 할 만했습니다. 게다가 굉장한 호남아, 쾌남아였죠.

그런데 유방은 이렇다 할 배경이 없는 평민 출신이었습니다. 그의 친구 번쾌(樊噲)는 개백정이었어요. 유방은 평민 중에서도 천한 신분이었고 일정한 거처 없이 이리저리 몰려다니는 무리 가운데 한 명이었습니다. 그런 유방이 유학자를 좋아했을 리가 있겠습니까? 초창기에는 유학자를 만나면 모욕을 주려고 유건을 빼앗아 거기에다 오줌을 누고는 했어요. 무례했죠. 그런데 황제가 되고 나서 이름도 바꾸고 달라지려고 애를 씁니다. 황제는 그냥 사람이 아니거든요. 그런데 아무리 해도 폼이 안 나는 거예요. 부하들과 같이 잠을 자는데 부하들이 황제의 배 위에 다리를 걸치고, 술만 먹으면 황제 앞에서 칼을 들고 싸우고 욕을 합니다. 천하를 통일했고 황제는 됐는데 조정이 난장판인 거죠.

진(秦)나라 말기에 못 살겠다고 봉기한 진승(陳勝, 陳涉)은 원래 대규모 토목공사에 징발된 노예들을 끌고 가다가 기일에 못 맞추게 되자 그냥 반란을 일으키는 고농(雇農: 자기 땅을 가지고 있지 못하여 지주나 부농에게 고용살이하는 농민) 출신입니다. 반란을 일으킨 후 지금의 허난 성 화이양(淮陽)인 진성(陳城)을 점령하고서 스스로 왕이 되죠. 그런데 진승은 신분 상승에 따른 혼란을 적절한 방식으로 재편하지 못해서 패망했다고 볼 수 있습니다. 이쪽은 왕이고 황제를 꿈꾸는데, 옛날 친구들이 맞먹자고 드니까 막 죽였어요. 그러니 흔들릴 수밖에 없습니다.

그런데 유방의 경우 육가(陸賈)라는 유학자가 간합니다. 육가는 외교가로 활동하면서 한나라에 대항하여 반란을 일으킨 여러 지역을 안정시키는데, 군대를 보내지 않고 혼자 조용히 가서 해결합니다. 육가만 봐도 인재가 얼마나 중요한지 알 수 있습니다. 육가는 유방에게 늘 시서(詩書)를 이야기하며 유학을 진흥하라고 간합니다. 유방은 내가 말 위에서 천하를 차지했는데, 시서 따위가 왜 필요하냐고 묻습니다. 그러자 육가가 말 위에서 천하를 차지할 수는 있지만 말 위에서 천하를 다스릴 수는 없다고 하죠. 그런데 놀랍게도 유방이 이 말을 받아들입니다. 이 점이 유방과 항우의 차이입니다. 아무리 올바른 얘기를 해도 항우는 안 듣습니다. 자기가 똑똑하니까요. 항우는 개인의 지혜만 가지고 천하를 차지하려고 했으니 될 리가 없는 거죠. 유방은 결국 육가의 말을 받아들여서 유학자를 불러 한나라의 문치의 틀을 만들기 시작합니다.

그때 숙손통(叔孫通)이 유방에게 옵니다. 숙손통은 유학의 시각에서 보면 변절자예요. 숙손통은 본래 진나라의 박사였는데 진나라가 패망하니까 도망 가서 항량(項梁)에게 갔다가, 항량이 죽으니까 다시 항우에게 가고, 나중에 항우가 죽으니까 유방에게 갑니다. 열 번 정도 주군을 바꿉니다. 『삼국지』에 보면 가후(賈詡)가 주군을 막 바꿉니다. 동탁 밑에 있다가 조조에게 가고, 그러다 사마씨에게 충성하죠. 그런데 가후가 선택한 주군들은 모두 최고 권력자가 되었어요. 안목이 있긴 있는 겁니다. 그렇게 해야 살아남지, 순욱(荀彧)처럼 순진하게 한 사람에게 충성을 다하면 죽습니다. 조조가 천하를 차지하고 황제가 되려 하니까 책사인 순욱이 반대를 하죠. 순욱은 어디까지나 한나라의 신하였거든요. 그런데 그 충성스러웠던 순욱에게 조조가 빈 도시락을 보내자, 순욱이 그 뜻을 짐작해서 굶어 죽습니다.

숙손통은 유방의 명령에 따라 한나라 예법을 제정했습니다. 그러면서 노나라에 가서 선비들을 불러 모읍니다. 노나라는 공자의 고국이죠. 또 주공의 맏아들 백금(伯禽)이 봉해진 곳입니다. 노나라에 전해진 주나라의 전통 속에서 공자가 나온 거죠. 숙손통이 노나라에 가서 서른 명의 유자를 불러 한나라의 예악을 정비하려 하는데, 이 서른 사람 중에 두 명이 안 갑니다. 이들이 숙손통에게 "당신은 섬기는 사람만 열 번을 바꿨다, 당신 같은 사람과 일할 수 없다"라고 하며 가기를 거부합니다. 나머지 스물여덟 명은 가서 협력합니다. 말하자면 당시 지식인 중에 15분의 1 정도만 빼고 나머지는 자기를 팔았다고 할 수 있습니다.

한나라는 이렇게 해서 문치의 토대를 어느 정도 다집니다. 한나라가 망한 뒤로 무력으로 천하를 차지한 자가 여럿 있었지만 오래가지 못합니다. 그게 다 한나라처럼 문화 정책을 성공시키지 못했기 때문이라고 볼 수 있습니다. 한나라 이전인 주나라의 경우, 시(詩)·서(書)·역(易)을 가지고 천하를 다스렸습니다. 『주역(周易)』은 '주나라 시대의 역'이라고 해서 앞에 '주(周)' 자가 붙은 것인데, 사실 『시경』과 『서경』도 '주시(周詩)', '주서(周書)'입니다. 『시경』은 주나라 초기부터 춘추 시대에 이르는 시를 수록한 문헌입니다. 그 이전 상나라 시대의 시가 수록되어 있기는 하지만 그것도 주나라 시대에 기록된 것들입니다. 그리고 『서경(書經)』도 주나라 시대부터 기록되기 시작한 거예요. 여기에 주나라 이전인 요임금, 순임금의 나라인 하나라, 상나라의 역사가 기록되어 있지만 그 역시 주나라 시대에 기록된 것입니다. 그러니 『서경』도 사실은 주서(周書)입니다. 주나라는 현재를 말하는 시, 과거의 역사인 서, 미래의 비전을 제시하는 역, 이 세 가지를 가지고 천하를 다스린 겁니다. 그렇게 해서 서주와 동주 합해서 800년간 왕조가 유지되었죠.

한나라는 『예기(禮記)』와 『춘추(春秋)』를 가지고 다스렸다고 할 수 있습니다. 『예기』에는 한유의 학설이 많이 포함되어 있는데 한대 각 지역의 예법을 다 끌어다 모은 문헌입니다. 그래서 앞뒤가 안 맞는 경우가 많습니다. 안 맞으면 어떻습니까. 천하는 넓고 각자 사는 방식이 다르니 통일할 필요가 없는 거죠. 『춘추』는 공자가 예언을 했다는 식으로 해석합니다. 사실 공자는 예언 같은 걸 하는 인물이 아닌데도, 주나라 다음에 한나라가 들어설 것이라고 예언했다고 해석하는 거죠. 그렇게 재해석을 해서 『춘추』, 『예기』, 이 두 텍스트를 가지고 천하를 다스린 겁니다. 그래서 전한, 후한 합해서 400년 갑니다. 그다음에 들어선 위나라, 동진, 서진은 얼마 못 가서 망합니다. 한나라의 정통성이 얼마나 강력했는지는 이후의 왕조가 얼마나 단명했는지를 비교해 보면 알 수 있습니다.

문자의 나라, 조선

한나라를 비롯해 유가의 왕도 이념을 가장 분명하게 내세우고 그에 걸맞은 정책을 가장 오랫동안 추진했던 나라를 들라고 하면, 그게 바로 '조선'이라는 것이 제 견해입니다. 문의 나라라고 할 때, 문은 '문자'를 뜻하죠. 그렇다면 문자의 양이 어느 정도 되느냐를 따져 봐야겠죠.

조선은 문자에 모든 걸 걸었던 나라입니다. 군대를 양성해서 목숨 걸고 싸우자, 이게 아니고 문자에 목숨을 건 겁니다. 『조선왕조실록』의 문자량이 거의 5,000만 자에 달합니다. 중국 25사(중국 역대 왕조의 정사인 25개 사서를 통칭하여 일컫는 말)를 다 합해도 3,000만 자 정도에 지나지 않습니다. 그런데 『승정원일기』나 『일성록』은 『조선왕조실록』을 만들기 위한 사초, 사료인데, 지금 남아 있는 『승정원일기』의 문자량이 3,242책, 2억 4,250만 자에 달합니다. 단일 기록물로는 세계 최다 분량입니다. 『승정원일기』와 『조선왕조실록』 둘 다 유네스코 세계기록유산에 등재되었죠. 그 밖에 『훈민정음』, 『조선왕조의궤』, 『동의보감』까지 모두 세계기록유산으로 등재되었습니다. 이것만으로도 조선이 문자의 양에서 압도적인 나라였다는 걸 알 수 있습니다. 중국의 문헌을 전부 합하면 당할 수 없지만, 조선이라는 작은 나라의 사회경제적 조건을 고려하면 문자량에서 대적할 만한 나라가 없다고 해야 할 겁니다. 이상하다고 할 정도로요.

그런데 조선이 겪었던 문자 수난의 역사는 이루 말할 수 없습니다. 『조선왕조실록』의 경우, 조선 전기에는 춘추관과 충주, 전주, 성주, 이 네 곳에 사고(史庫)를 두어 보관했는데 임진왜란으로 전주 사고를 제외한 모든 사고가 불타 버립니다. 그러자 사람이 쉽게 접근할 수 있는 곳에 보관하면 안 되겠구나 싶어서 그 뒤로는 다섯 군데, 곧 춘추관, 묘향산, 태백산, 오대산, 마니산으로 나눠 옮겨서 보관합니다. 그런데 이번에는 기마 민족이 산을 타고 침략해 와서 불태워 버립니다. 이렇게 병자호란 때 피해를 입으면서 강화도 마니산에 보관했던 실록을 정족산 서고로 옮겨 두죠. 정조 때는 외침이 아래에서도 올라오고 위에서도 내려오고 하니까 왕실 관련 서적을 안전하게 보관하려고 강화도에다 외규장각을 세웁니다. 경험으로 볼 때 섬에 보관하는 것이 가장 안전하다고 생각했던 것입니다.

조선 왕실 도서관을 규장각(奎章閣)이라 했는데, 여기서 규(奎)는 문장성(文章星), 곧 문장을 주관하는 별을 말합니다. 따라서 규장각은 문장각(文章閣)이라는 뜻입니다. 그런데 이번에는 병인양요 때 프랑스 군대가 바다로 쳐들어와서 외규장각의 서적을 약탈해 가고 나머지는 불태웁니다. 이런 고난을 겪으면서도 조선은 문자를 지키기 위해 모든 걸 다 걸었습니다. 그러니 문을 가장 중시했던 것은 틀림없는 사실이죠.

문을 기록하는 직책인 조선의 사관 제도도 특이합니다. 사관들이 자기 목에 칼이 들어오는 상황에서도 직필을 지켰을까요? 그렇지는 않았을 겁니다. 하지만 임금이 아니라 사관이 직접 후임자를 결정하도록 한 제도가 있었기에 권력의 간섭을 최소화했다고 할 수 있습니다. 현직 사관이 후임 사관을 지명할 수 있게 해놓아서 외압에 흔들리지 않고 공정하게 기록할 조건을 갖추어 둔 거죠. 모든 사관이 공정했을까 하는 의구심이 들기도 하지만 제도적으로 공정성을 보장했던 것만은 분명합니다.

또 사관이 기록한 내용을 임금이 보지 못하도록 해서 최고 권력자의 눈치를 보지 않고도 쓸 수 있었습니다. 그러니 사관이 한 번 기록한 것은 고칠 수가 없습니다. 사실 누구나 그런 기록을 보고 싶어 하죠. 세종 같은 명군도 보려고 했는데 안 보여 줬어요. 물론 세종답게 보지는 않았습니다. 연산군은 봤어요. 그러고는 세조를 좋지 않게 기록했다는 이유로 사관 김일손을 참수하고, 그 스승이었던 김종직을 부관참시했죠. 연산군이 폭군으로 지목되고 임금 자리에서 쫓겨난 건 다 이유가 있는 겁니다. 연산군 같은 폭군만이 아니라 현명한 군주로 칭송받는 정조의 경우도 사초에 손을 댔기 때문에 과오를 저질렀다고 할 수 있습니다. 자신의 아버지 사도세자의 비행을 기록한 것으로 짐작되는 부분을 삭제해 버렸거든요. 그 점에서 정조는 해서는 안 될 일을 했다고 할 수 있습니다.

고전의 일상화, 경연 제도

조선에서 고전을 일상화한 점은 경연(經筵) 제도로 짐작할 수 있습니다. 경연 제도란 임금이 조강, 중강, 석강, 이렇게 하루에 세 번 『논어』·『맹자』·『주역』·『시』·『서』를 갖다 놓고 신하와 같이 읽는 겁니다. 신하가 가르치는 대로 임금이 공부를 하고, '문난(問難)'이라고 해서 어려운 대목을 묻죠. 이게 경연이에요. 한밤중에도 야대(夜對)라고 해서 경연을 연 경우가 많았습니다. 모든 임금이 경연에 착실하게 참석했느냐 하면 그건 아닙니다. 세종은 매우 성실했고 중종이나 정조도 경연에 열심이었는데 인조는 농땡이였다고 하죠. 사실 인조는 생각지도 못하다가 어느 날 갑자기 임금이 되다 보니 공부를 안 한 겁니다. 본래 왕이 될 가망이 없는 사람이 왕이 되기 위한 공부를 하기는 쉽지 않겠죠. 반면 정조는 직접 경연을 주관하는 바람에 신하들이 오히려 피곤해 할 정도였다고 합니다.

　이러한 경연 제도가 조선처럼 수백 년 동안 지속된 나라는 없습니다. 기적 같은 일입니다. 중국에서도 그렇게 오랫동안 지속되지 않습니다. 이탈리아 선교사 마테오 리치가 명나라 때 중국 땅에 왔는데, 황제가 사서삼경을 펴놓고 신하들과 공부하는 모습을 보고 충격에 빠졌다고 하죠. 그런 일 자체가 일어나기 힘든 것이니까요. 여기서 미루어 보면 조선은 분명 문을 지향하는 나라였다고 할 수 있습니다.

12장

정도전

조선 왕조의 설계자

새 왕조를 설계하다

이번에는 정도전(鄭道傳, 1342~1398)을 살펴보겠습니다. 정도전은 사실 '조선 왕조의 설계자'라는 타이틀에 부합한 인물인데도 조선 시대 내내 비판받았습니다. 지금도 그런 경향이 있으니 참 아이러니합니다. 정도전은 사후의 라이벌인 정몽주와 비교되어 더욱 평가절하된 측면이 있습니다.

어쨌든 정도전은 『조선경국전(朝鮮經國典)』을 편찬함으로써 조선의 제도와 관련된 전반적인 기틀을 입안했을 뿐만 아니라 직접 경복궁을 설계하기도 했습니다. 또 1392년 4월 4일 정몽주가 피살되고 같은 해 7월 17일 개경 수창궁에서 태조 이성계가 이름을 '단'으로 바꾸고 즉위할 때 「즉위교서(卽位敎書)」도 썼습니다.

이렇듯 정도전은 조선 왕조의 설계자라고 해도 손색이 없지만 그의 삶은 순탄치 않았습니다. 고려 왕조를 위해 목숨을 바친 이색, 정몽주, 이숭인 같은 이들과 막역한 사이였지만 정도전은 새 왕조 개창에 참여했고, 다른 사람들은 고려를 위해 목숨을 바치거나 고통을 겪었죠. 후세에 와서 이색, 정몽주, 길재가 '삼은'으로 불리면서 고려의 충신으로 존중받는데 이렇게 되면 그들과 정반대의 길을 걸어갔던 정도전이 비판받는 논리가 성립됩니다.

앞서 얘기했듯이, 정몽주가 처음부터 충신으로서 존중받지는 않았습니다. 새로운 왕조를 열려고 하는 혁명 세력에게는 반혁명 세력이니까 간신으로 몰려 죽습니다. 그러다 조선이 들어서고 난 뒤, 정몽주를 제거하는 데 직접적인 역할을 했던 태종(이방원)에 의해 고려의 충신으로 복권되죠. 정몽주가 충신이 된다면 정도전은 오히려 구왕조인 고려의 역신이 됩니다. 이런 아이러니한 상황 때문에 정도전에 대해 올바른 평가를 내리기 힘들었다고 할 수 있습니다.

간혹 조선 시대 역사를 보면서 분개하기도 합니다만 너무 감정적으로 바라볼 필요는 없습니다. 지금은 조선 시대가 아니니까요. 세조의 왕위 찬탈과 단종의 시해 과정을 보면 화가 나죠. 하지만 역사적 사실로서 객관적으로 거리를 두고 볼 필요가 있습니다. 그래야 공정하게 평가할 수 있습니다. 정도전도 마찬가지입니다.

정도전의 제자이자 동료였던 권근(權近)이 쓴 『삼봉집(三峯集)』 서문에 이런 내용이 있습니다.

> 선생의 저술 중에 『학자지남도(學者指南圖)』('지남'은 '올바른 방향을 가리키다'라는 뜻, 남쪽은 문명의 방향) 몇 편이 있는데, 의리가 정밀하고 분명하게 눈앞에 있는 것 같아서 앞선 시대의 현인들이 아직 말하지 못한 것을 다 말했다.

—『삼봉집(三峯集)』, 「삼봉집서(三峯集序)」(권근)❶

　권근은 정도전을 정몽주, 이숭인 등과 나란히 열거하면서 이단을 물리치는 데 세운 공이 크다고 평가했습니다. 사실 정몽주나 이숭인의 성리학 관련 문헌은 거의 남아 있지 않아서 사상의 전모를 살피기가 어렵지만, 정도전은 『불씨잡변』을 비롯한 주요 문헌이 남아 있습니다. 그러므로 권근이 앞선 시대의 현인들이 말하지 않은 것을 정도전이 말했다고 높이 평가한 것을 과장이라고 보기는 어렵습니다.

역성혁명의 주도자

정도전은 역성혁명(易姓革命)의 주도자죠. 역성혁명의 이론적 근거는 『맹자』에 나옵니다. 맹자의 왕도론은 거꾸로 뒤집으면 혁명론입니다. 유가에서 탕왕과 무왕은 맹자에 의해 최초의 혁명을 일으킨 사람으로 정당화되는데, 정도전이 바로 고려와 조선의 왕조 교체에 맹자의 시각을 적용하여 재해석한 사람입니다. 정도전은 혁명을 일으킨 신진사대부 세력의 핵심 인물이었죠. 그런데 왕도를 향한 숭고한 의식의 발로라기보다 자기 이익과 맞아떨어지는 길을 선택한 것입니다. 그러니 맹자의 혁명론을 근거로 내세운 것은 당연한 수순이었겠죠. 어쨌든 후세 유학자들이 평가하듯이, 정도전은 혁명의 정당성을 입증해 줄 만한 내용을 내걸었고 그 내용을 충분히 실현했다고 할 수 있습니다. 신숙주가 저술한 「삼봉집후서」에 보면 이런 내용이 있습니다.

선생은 태양의 수레바퀴(왕권)를 손수 굴려 온 우주를 깨끗하게 씻어내 우리 동방의 억조창생(億兆蒼生: 수많은 백성)을 구제했다. 나라를 여는 시초에 무릇 커다란 규모는 모두 선생이 도와 결정한 일이다. 당시 영웅호걸들이 함께 일어나 구름처럼 (이성계를) 좇았지만 선생과 견줄 자는 없었다.

—『삼봉집(三峯集)』, 「삼봉집후서(三峯集後序)」(신숙주)❷

태양의 수레바퀴를 직접 굴렸다는 표현에서 조선이라는 나라를 창업하는 데 정도전이 실질적인 역할을 수행했음을 알 수 있습니다. 커다란 규모를 세운 것은 모두 정도전의 공로라는 표현도 마찬가지입니다.

다음으로 정도전이 고려의 공양왕에게 올린 상소문을 살펴보겠습니다. 이 글을 보면 정도전이 성리학의 이념에 비추어서 고려 왕조를 개혁하려고 노력했다는 것을 알 수 있습니다. 따라서 그를 고려의 역신으로 쉽게 몰 수 없는 지점이 있습니다.

주나라 말기에 귀신(神)이 유신(有莘)이라는 곳에 나타나자 태사였던 과(過)가 이렇게 말했습니다. "국가가 흥성할 때는 사람의 말을 듣고 국가가 망하려고 하면 귀신의 말을 듣는다." 주나라가 과연 망했습니다. 이를 기준으로 말하자면, 부처를 섬기고 귀신을 섬기는 일은 이로움은 전혀 없고 해로움만 있다는 것을 알 수 있습니다. 엎드려 바라건대, 전하께서는 거듭 담당자에게 명령하셔서 사전(祀典: 나라에서 공식적으로 지내는 제사에 대한 기록)에 기록된 것들 이외에 중외(中外: 나라 안팎)의 음란하고 괴이하고 아첨하고 모독하는 일을 모두 금지하시면 국가의 재용이 절약되어 함부로 낭비하는 일이 없을 것입니다.

—『삼봉집(三峯集)』, 「상공양왕소(上恭讓王疏)」❸

이 상소는 고려 말 사원 경제가 국가 경제를 흔들 정도로 폐단이 심했던 불교를 비판한 내용입니다. 『삼봉집』에는 이와 비슷한 내용의 상소가 굉장히 많이 수록되어 있습니다. 정도전은 이처럼 여러 차례 자기 직분을 수행했으나 받아들여지지 않습니다. 그러니 결국 나라를 새로 세워야겠다고 생각하게 된 겁니다.

덕치를 꿈꾸다:「문덕곡」

이제 정도전이 남긴 글을 통해 그의 생각을 하나하나 살펴보겠습니다.

「문덕곡(文德曲)」은 태조가 즉위하고 난 뒤에 정도전이 태조에게 바친 노래로 개언로(開言路), 보공신(保功臣), 정경계(正經界), 정예악(定禮樂), 네 개의 장(章)으로 구성되어 있습니다. 무인 출신인 태조 이성계에게 문덕을 바란다는 글을 올린 겁니다.

'개언로(開言路)'는 언로를 열라는 의미입니다. 맹자가 제나라 선왕에게 이런 이야기를 한 적이 있습니다. 임금에게 옥이 있다, 그럼 누구에게 옥을 다듬게 할 거냐, 임금이 직접 다듬을 것이냐, 아니면 옥을 다루는 전문가에게 맡길 것이냐. 임금이 전문가에게 맡긴다고 대답하죠. 그러자 맹자가 다시 이런 이야기를 합니다. 임금에게 나라가 있다, 그럼 나라를 누구에게 다스리게 할 거냐, 옥을 전문가에게 맡기는 것처럼 나라를 현자에게 맡겨야 하는데 임금이 직접 다스리려고 하니, 이는 나라를 옥보다 하찮게 여기는 것이다, 라고 하죠.

맹자의 이야기는 임금이 현자의 말을 듣고 나라를 다스리면 왕도가 가능하다는 겁니다. 임금이 꼭 현자일 필요는 없습니다. 임금은 자신의 현명함으로 나라를 다스리는 게 아니라 현자들의 말을 듣는 사람인데, 그렇게 하려면 언로를 열어야 합니다. 임금이 절대적인 권력을 가지고 있는 시대에 언로가 열리지 않으면 아무것도 할 수 없겠죠.

'보공신(保功臣)'은 공신들, 곧 조선 왕조를 유지하는 데 물리적 힘을 보탰던 사람들을 보호하라는 이야기예요. 자기를 포함해서요. 한나라 유방이 천하를 차지한 뒤에 공신들을 차례대로 죽인 전례가 있는데, 그걸 경계해서 올린 것 같습니다. 물론 정도전의 바람대로 되지는 않았습니다.

'정경계(正經界)'는 토지의 경계를 바로잡다, 곧 토지를 고르게 분배하는 것입니다. 토지를 경작하는 사람들에게 땅이 골고루 돌아가게 해야 한다는 유가의 이상을 추구한 것입니다. 불교의 사원 경제가 비대해지니까 사원으로 부가 집중되는 것을 막으려는 전략적 의도와 공정한 분배라는 이상을 함께 표현한 것입니다.

'정예악(定禮樂)'은 예악을 제정한다는 뜻입니다. 유학자의 이상은 예악으로 나라를 다스리는 것입니다. 유학자로서 무력이나 형벌에 의지하지 않고 예악으로 다스리는 것이 문명의 조건이라고 생각한 것은 당연합니다.

이중 '개언로장(開言路章)'을 한 번 읽어 보겠습니다.

「문덕곡」 '개언로장'

법궁(法宮)이 유엄심구중(有嚴深九重)하시니

일일만기분기총(一日萬機紛其叢)하샷다.

군왕이 요득민정통(要得民情通)하샤

개언로달사총(開言路達四聰)하시다.

개언로군불견(開言路君不見)가

아후지덕(我后之德)이 여순동(與舜同)하샷다.

아으 아후지덕이 여순동하샷다.

풀이하면 다음과 같습니다.

나라를 다스리는 궁궐이 구중궁궐보다 더 깊으니

하루에 수많은 일을 다 다스린다.

군왕이 백성들의 사정을 잘 듣고자

언로를 열어 사방에서 듣는 것을 이루셨다.

언로가 열려 있는 것을 그대는 보지 못했는가.

우리 임금의 덕이 순임금과 같으시다.

아! 우리 임금의 덕이 순임금과 같으시다.

『중용』에 나오는 것처럼 순임금이 순임금된 까닭은 '호찰이언(好察邇言)', 곧 신분이 낮은 사람의 말을 잘 들었기 때문입니다. 본래 '言[말]'은 음파를 나타내는 기호[三]와 입 구(口) 자가 위아래로 배치된 글자인데, 입[口]이 아래에 있다는 점에 주목해야 합니다. 곧 '言'은 아래에 있는 사람의 말이 위로 올라가는 모양을 그린 글자입니다. 그러니 말이 통한다는 것은 아랫사람의 말이 윗사람에게 전달되는 걸 뜻합니다. 임금이 아래의 이야기를 잘 들어서 백성들의 사정을 잘 알 수 있게 하려면 언로를 열어야 한다는 것이 「문덕곡」 '개언로장'의 취지입니다.

언론의 중요성은 예나 지금이나 같습니다. 지금 한국 사회는 주류 언론이 권력과 자본의 편에 서 있어서 낮은 사람의 말을 전하는 데는 관심이 없는 듯합니다. 정도전이 보면 개혁의 대상이라고 생각할 겁니다.

왕도를 표방하다: 「즉위교서」

앞서 정도전이 태조의 「즉위교서」를 썼다고 했지요. 그중에서 일부를 살펴보겠습니다.

> 홀아비, 과부, 고아, 의지할 곳 없는 노인(鰥寡孤獨)은 왕도 정치를 베풀 때
> 가장 먼저 보살펴야 할 사람들이니, 마땅히 불쌍히 여겨 돌보아야 할 것이
> 다. 해당 지역의 관청에서는 굶주리고 궁핍한 사람을 구휼하고 부역을 면제
> 해 주도록 하라.
>
> —『태종실록』 원년(1392)

여기서 말한 '환과고독(鰥寡孤獨)'을 비롯한 대부분의 내용이 『맹자』에
나옵니다. 특히 맹자가 왕도 정치를 이야기하면서 약자를 우선시하는 정
책을 펼쳐야 한다고 주장한 내용을 그대로 따왔다고 볼 수 있습니다. 『맹
자』에 보면 제나라 선왕이 맹자에게 왕도 정치가 무엇이냐고 묻는 대목이
나옵니다. 맹자의 대답은 이렇습니다.

> 늙어서 아내 없는 것을 '홀아비(鰥)'라 하고, 늙어서 남편 없는 것을 '과부
> (寡)'라 하고, 늙어서 자식 없는 것을 '홀로 사는 사람(獨)'이라 하고, 어려서
> 부모 없는 것을 '고아(孤)'라 합니다. 이 네 부류는 천하에서 가장 가난하고
> 하소연할 곳 없는 사람들입니다. 문왕께서 왕도 정치를 펴실 때 이 네 부류
> 를 먼저 보살폈습니다. 『시경』에도 그때의 일을 "부자들은 괜찮지만 이 외로
> 운 사람들이 가엾다"라고 기록되어 있습니다.
>
> —『맹자(孟子)』, 「양혜왕 하(梁惠王 下)」❹

맹자가 말한 네 부류의 사람들이 이른바 '환과고독(鰥寡孤獨)'입니다. 여기서 '환(鰥)'은 본디 물고기의 일종입니다. 홀아비는 근심과 걱정 때문에 밤에도 눈을 감고 편안히 잠들지 못하는 것이 마치 물고기와 같다는 뜻에서 쓴 말입니다. 그렇다고 해서 나머지 세 부류, 곧 과부, 홀로 사는 노인, 고아가 편히 잠든다는 뜻은 아닙니다. 이들도 잠 못 이루기는 마찬가지일 테고 오히려 홀아비는 그중 사정이 가장 나은 편이겠지요.

「즉위교서」에서 정도전이 『맹자』의 이 대목을 인용했으니 명백하게 왕도를 천명한 셈입니다. 정도전은 조선 왕조를 개창하면서 때에 따라 혁명론과 왕도론을 수용했습니다. 그런 점에서만은 맹자의 후예라고 해도 크게 손색이 없습니다. 그리고 왕도 정치를 제도적으로 뒷받침하기 위해서 『조선경국전(朝鮮經國典)』을 편찬합니다.

『조선경국전』에서 '인정(仁政)'에 대해 이야기한 부분을 보겠습니다.

『주역』에서 이렇게 말했다. 성인의 가장 중대한 보물이 무엇이냐? 임금 자리(位)다. 천지의 가장 큰 덕이 무엇이냐? 생(生)이다. 무엇을 가지고 임금의 자리를 지킬 것인가? 인(仁)이다. …… 아래 백성들은 지극히 약하지만 힘으로 그들을 겁줄 수는 없다. 지극히 어리석지만 아무리 지혜롭다 하더라도 속일 수 없다. 백성들의 마음을 얻으면 그들이 승복하고 얻지 못하면 백성들이 떠난다. 떠나고 나아가는 사이에 호발(毫髮: 가늘고 짧은 털. 곧 아주 작은 것)의 차이도 용납할 수 없다. 그러나 그 마음을 얻는다는 것은 사사로운 뜻으로 구차히 할 수 있는 것이 아니니, 도리를 어기고 명예를 구한다고 해서 이룰 수 있는 것이 아니다. 또한 인이라고 말할 뿐이다. 임금이 천지가 만물을 생성하는 마음을 자기 마음으로 삼아서, 남에게 차마 하지 못하는 정치를 베풀어 천하사방 국경 안에 있는 사람들로 하여금 모두 기뻐하면서 부모처럼 우러러보게 하면 안부존영(安富尊榮)의 즐거움을 길이 누려서 위태롭거나 망하거나 뒤집히거나 실추되는 재앙이 없을 것이다. 그러니 인(仁)으로써 임금 자리를 지키는 것이 또한 마땅하지 않은가.

—『조선경국전 상(朝鮮經國典 上)』,「정보위(正寶位)」❺

정도전이 편찬한 『조선경국전』에 나오는 이 대목의 내용을 보더라도 그의 정치적 지향이 문치와 왕도에 있다는 점이 명백하게 드러납니다. 국가 운영의 주요 정책을 입안하면서 인정(仁政)을 가장 중요한 가치로 표명하고, 그 근거를 『맹자』뿐만 아니라 『주역』에서도 끌어왔습니다. "천지의 가장 큰 덕은 삶[天地之大德曰生]"이라고 한 대목을 인용한 데서 알 수 있듯이, 정도전은 『주역』의 궁극적 주제가 생명이라고 보았습니다. 곧 천지가 만물을 살리는 것을 가장 중요한 가치로 여기는 것처럼 훌륭한 군주는 백성들의 삶을 보장해 주는 인정(仁政)을 베풀어야 한다는 것이죠. 결국 유가 문헌을 성리학적 관점에서 재해석함으로써 새 왕조의 정당성을 확보한 것입니다. 정도전이 충신이냐, 역신이냐를 따지기 전에 그의 정치적 지향이 이처럼 장대한 스케일을 가지고 있다는 점을 염두에 두어야 합니다.

불교를 비판하다: 『불씨잡변』

정도전의 저술 중에 『불씨잡변(佛氏雜辨)』을 뺄 수 없는데 불교의 윤회설과 인과설, 비인륜성을 비판한 글입니다. 이것과 비슷한 글로 당나라 말기에 한유가 쓴 「논불골표(論佛骨表)」를 들 수 있는데, 『불씨잡변』은 「논불골표」보다 훨씬 더 세련된 내용과 형식을 갖추고 있습니다. 하지만 불교를 깊이 있게 알고 제대로 비판했다고 보기는 어렵습니다.

> 불교에서는 인륜을 우연히 만난 관계로 본다. 자식이 그 어버이를 어버이로
> 여기지 않고, 신하가 그 임금을 임금으로 여기지 않는다. 은혜와 의리를 하
> 찮게 여겨 지친(至親)을 길 가는 사람으로 여기는 것이다.
>
> —『삼봉집(三峯集)』, 「불씨잡변(佛氏雜辨)」 ❻

원래 불교는 이래야 합니다. 국가를 위해, 임금을 위해 부처를 믿는 게
아니잖아요. 그런데 정도전은 불교를 따르면 부모를 부모로 여기지 않고
임금을 임금으로 여기지 않게 된다고 비판합니다. 사실 성리학은 이런 점
에서 굉장히 착실하죠. 절대로 일상을 떠나지 않습니다. 정도전의 불교 비
판은 좀 일방적인 면이 있습니다. 유가의 도덕론을 가지고 불교의 인과설
을 비판하는 것은 대논쟁감입니다.

불교의 인과설은 양면성이 있습니다. 우선 악한 일을 저지르면 재앙을
받고 착한 일을 하면 잘 산다는 인과응보는 권선징악이라는 점에서 사람
들에게 선행을 촉구하는 역할을 합니다. 하지만 흔히 잘나가는 사람을 보
고 "전생에 나라를 구했나 보다" 하고 농담하는 것처럼 윤회설과 결합되면
이상한 결론을 끌어낼 수 있습니다. 현세의 길흉화복을 전생의 결과로 이
야기하는 것은 문제가 있습니다. 지금 누리는 부와 권력이 전생에 쌓은 선
업 덕분이라고 하면 부당한 권력이나 부가 정당화될 수 있으니까요.

정도전은 음양오행론에 근거해서 불교의 이 같은 인과응보설을 비판합
니다. 어떤 사람이 뛰어나거나 그렇지 않은 이유는 모두 타고난 기질의 청
탁(淸濁)에 따른 것이지, 전생의 업보와는 상관없다는 거죠. 그런데 불교
의 인과응보설이나 정도전의 음양오행설 모두 근거가 부족하기는 마찬가

지입니다.

다만, 성리학은 선행에 대한 보상을 이야기하지 않는다는 점이 독특합니다. 인간이 선하게 살아야 할 이유는 보상에 있는 것이 아니라 마땅히 그렇게 살아야 하기 때문이라는 거죠. 이런 점은 현대 사회에도 시사점을 던져 줍니다. 보상에 근거한 선행은 한계가 있습니다. 실제 보상 시스템 속에서 하는 도덕적 행위는 가치와 지속성이 떨어진다는 실험 결과도 있어요. 두 집단을 대상으로 한쪽은 착한 일을 할 때마다 보상을 하고, 한쪽은 보상을 안 하는 실험을 했습니다. 결국 나중에 선행을 해도 보상을 안 한 쪽은 선행이 유지된 반면, 보상을 받은 쪽은 보상이 없으면 선행을 안 하더라는 거죠. 개인이 지속적으로 도덕적 행위를 하기 바란다면 보상을 하지 말아야 한다는 결론이 나오죠. 얼핏 생각하면 행동에 걸맞은 보상을 하는 것이 정당하다고 생각하기 쉽습니다. 그런데 그렇지 않은 측면도 있습니다. 나라를 위해 목숨을 바친 사람이 있다면 나라가 그에게 보상을 해 주는 것과는 별개로, 그가 과연 보상을 바라고 그 일을 했는지 생각해 볼 필요가 있습니다. 사회제도적으로 어떻게 이 사회에 기여하는 사람을 많이 만들 것인가 하는 전략과 상관없이, 인간에게 떳떳하고 일관된 행위를 기대하려면 어떻게 해야 하는지를 생각해 보자는 겁니다.

불행한 최후와 역사의 평가

정도전은 왕조가 교체되는 격동의 시기를 살면서 태조를 도와 조선을 개국하는 데 누구보다 중요한 역할을 했을 뿐 아니라 왕조의 비전을 제시하고 직접 경복궁까지 설계했던 인물로, 역사의 중심에 서 있었던 풍운아라고 할 만합니다. 하지만 세자 책봉 문제로 이방원과 대립하다가 결국 희생되고 맙니다. 태조에게는 왕비가 두 명 있었는데, 이방원은 신의왕후 한씨 소생이었고 세자 방석은 신덕왕후 강씨 소생이었습니다. 신의왕후 쪽 세력이 훨씬 강했지만 정도전은 태조의 뜻에 따라 방석을 밀었죠. 결국 이일로 1398년에 이방원이 이른바 '왕자의 난'을 일으켜 정도전을 죽입니다.

『태조실록』에 정도전의 졸기(卒記)가 실려 있는데 다음과 같은 내용이 보입니다.

> 개국할 즈음에 술을 마시면 종종 이렇게 이야기하곤 했다. "한나라 고조가 장자방(張子房)을 이용한 것이 아니라 장자방이 한 고조를 이용한 것이다." 임금을 도울 만한 일은 모의(謀議)하지 않은 것이 없었기에 마침내 큰 공(功)을 이루어 상등의 공훈을 세울 수 있었다.
> 그러나 도량이 좁고 시기심이 많았을 뿐 아니라 겁도 많아서 반드시 자기보다 나은 사람들을 해쳐, 묵은 감정을 보복하고자 하여 임금에게 사람을 죽여 위엄을 세우라고 권하였으나 임금이 듣지 않았다.
> —『태조실록』 14권, 7년(1398, 병인) 8월 26일(기사)

태조가 걸핏하면 정도전을 두고 자신의 장자방(張子房, 張良)이라고 했어요. 하지만 정도전은 한 고조가 장자방을 이용한 것이 아니라 장자방이 한 고조를 이용한 거라고 말하면서, 자신이 태조를 선택하여 새로운 나라를 세웠다고 암시합니다.

졸기에 기술된 정도전의 성격을 보면 사관이 정도전을 좋게 평가하지 않은 듯합니다만 그의 공훈은 인정하지 않을 수 없었던 모양입니다.

정도전은 태종 이방원에게 역신으로 지목되어 제거당한 뒤로 조선 시대 내내 반역자로 취급되었습니다. 정몽주가 이방원에 의해 충신으로 복권된 일과 대조적이지요. 정도전은 정조대에 이르러서 재평가되기 시작합니다. 정조는 『삼봉집』에 수록된 정도전의 경세에 관한 글을 높이 평가하여 『삼봉집』을 재간행하기에 이릅니다. 또 1865년 대원군이 경복궁을 중건할 때 조선 왕조를 창건한 공과 경복궁을 설계한 공로를 인정하여 정도전을 복권시키고 '문헌(文憲)'이라는 시호도 내립니다.

정몽주와 정도전은 지금까지도 계속 라이벌 관계입니다. 정몽주는 고려 왕실에 목숨을 바쳤는데 조선의 충신이 되었고 정도전은 고려 왕조를 뒤엎은 주체였는데 복권되기 전까지 조선 시대 내내 역신으로 비판받았습니다. 정몽주는 과연 충신이고 정도전은 과연 역신인가? 쉽게 결론을 내기 어렵습니다. 거꾸로 볼 필요도 있겠죠. 권력자들이 어떻게 이 두 사람을 이용했는가 하는 문제는 또 다르겠지요.

『삼봉집』에는 정도전이 피살되기 직전에 지었다고 하는 절명시가 실려 있습니다.

「스스로 웃다〔自嘲〕」
조존(操存), 성찰(省察) 두 공부에 힘을 기울여
성현이 남긴 말씀〔聖賢黃卷〕 저버리지 않았건만
삼십 년 동안 해온 고된 일이
송현 정자 술 한 잔에 끝내 허사로 되었구나.
操存省察兩加功 不負聖賢黃卷中 三十年來勤苦業 松亭一醉竟成空

조존(操存)과 성찰(省察)은 성리학의 공부 방법입니다. 존양성찰(存養省察)이라고도 하는데, 미발시(未發時)의 공부가 존양 혹은 조존이라면 기발시(旣發時)의 공부가 성찰입니다. 곧 조존 혹은 존양은 아직 마음이 움직이지 않았을 때 올바른 마음을 함양하는 것이고, 성찰은 이미 행동으로 옮긴 뒤에 자신의 행위가 옳았는지 반성하는 것입니다.

두 번째 행은 성현의 가르침을 저버리지 않고 조존과 성찰 공부를 게을리하지 않았다는 뜻입니다. 황권(黃卷)은 황벽나무[黃柏, 黃檗] 즙으로 물들인 책을 말하는데, 책에 좀이 슬지 않게 하기 위해 약품 처리를 한 것입니다.

결국 삼십 년 동안 성리학 수양 공부를 게을리하지 않았고 행실도 조심해 왔는데 송현방 정자에서 술 마시다가 삶을 마감하게 되었다는 겁니다. 말구에 모든 일이 허사로 되었다고 스스로 읊었지만 그 이후 조선이 성리학의 나라가 되었으니 정도전의 꿈이 허사가 되었다고만 할 수는 없겠습니다.

13장

조광조
내 임금을 요순으로 만든다

'이(理)'에 목숨을 바치다

조선 시대 유학자들은 정몽주를 동방 이학의 조종이라고 했습니다. 정몽주는 절의를 위해서 목숨을 바쳤죠. 이학(理學)의 '이(理)'가 정치적으로는 절의를 뜻합니다. 그 때문에 절의를 중시하는 사림파 기준으로 보면 정몽주를 동방 이학의 조종으로 높이는 것이 타당한 면이 있습니다. 하지만 정몽주는 '이'에 관한 글을 남긴 게 없습니다. 시문만 남아 있죠. 그래서 이런 평가에 반대하는 주장도 없지는 않습니다. 대표적인 경우가 율곡 이이입니다. 이이는 정몽주를 뛰어난 문인이고 충신이라고 평가하지만 성리학자로 보기는 어렵다고 했습니다. 정몽주가 성리학에 관해 쓴 글이 없다는 것이 그 이유입니다.

사림파 전통을 기준으로 정몽주를 이학의 조종이라고 평가하는 것도 무시할 수는 없습니다. 왜냐하면 '이'를 성리학적 관점에서 얼마나 이론적으로 잘 규명해 내는가 하는 것도 중요하지만 실천을 통해서 '이'를 확보해 내는 것도 성리학이 지향하는 학문 정신이기 때문입니다. 성리학의 근본 정신이 경전의 내용을 암송하고 외우는 데 주력하는 것이 아니라 경전의 내용을 내 삶 속으로 끌어들여서 실천하는 것에 있다고 볼 때 목숨을 바쳐서 가치를 지켰다는 점은 대단한 실천이라 할 수 있습니다.

유가에서 학문의 목적으로 가장 중시하는 게 수기치인(修己治人: 나를 수양하고 세상을 다스림)입니다. 기본적으로 자기를 수양하는 학문이 중요하지만 궁극적으로는 치인(治人)이라는 목적을 이루어야 완전한 학문이 됩니다. 물론 치인의 수단으로 수기(修己)를 하는 건 아닙니다. 어쨌든 수기와 치인이 유학의 지향이라고 하면, 수기만 있고 치인이 없다면 반쪽짜리 학문이 되고 치인만 하고 수기가 없다면 유학에서는 학문으로 인정하지 않습니다. 그런데 이 두 가지를 동시에 추구한 사람이 있습니다. 바로 정암(靜庵) 조광조(趙光祖, 1482~1519)입니다.

정암 조광조는 실제로 '이'에 목숨을 바치기도 했거니와 훗날 인물 평가에 인색한 이이조차도 동방의 이학이 정암 조광조로부터 시작되었다고 이야기합니다. 조광조는 요순(堯舜)의 이상 정치를 선망하는 데 그치지 않고 직접 자기 임금을 요순으로 만들고 자기 백성을 요순의 백성으로 만들겠다고 나선 사람입니다. 조광조 전까지 이런 인물들은 정몽주처럼 제거되거나 불행히 정쟁에 희생되고 말았습니다. 정도전도 마찬가지였죠. 왕도를 표방하는 것까지는 좋았는데 구체화시키는 데까지는 역량이 미치지 못했던 겁니다. 조광조는 실제로 그 이상을 향해 나아갑니다. 비록 목숨을 잃었습니다만 결국 그로 인해 조선 유학 전체를 관통하는 사림파의 정치적 장악력이 강화되는 계기가 만들어집니다. 조광조라는 유학자의 삶을 통해서 조선이라는 나라의 특징을 살펴볼 수 있을 만큼 그의 삶이 훗날 조선의 사대부에게 끼친 영향이 컸습니다.

지금이야 왕이 별건가 싶죠. 하지만 왕이 어떤 존재인지 알려면 태국에 가 보면 안다고 합니다. 왕 앞에서는 총리라 하더라도 기어 다닙니다. 일반인과 완전히 다른 존재인 거죠. 당연히 조선 시대의 왕도 그런 존재였습니다. 조광조가 그 왕을 상대로 어떤 정치를 구현하려고 했을까요? 『정암집(靜菴集)』에 실려 있는 「사간원에서 양사(대사헌과 대사간)의 파직을 청하는 계문 1」에서 한 대목을 살펴보겠습니다. 무엇을 통해서 조선을 다스리는가? 임금의 권위, 국왕의 명령에 따라 다스리는 나라인가 아닌가를 생각하게 하는 내용입니다.

> 언로가 통하느냐 막히느냐는 국가의 가장 중대한 관건입니다. 언로가 통하면 나라가 다스려지고 편안하고 언로가 막히면 어지러워지고 망합니다. 그 때문에 임금이 언로를 넓히기 위해 힘을 기울여 위로는 공경(公卿)들과 백집사(百執事)로부터 아래로는 여항(閭巷: 閭는 25가구가 사는 작은 마을, 巷은 5가구가 사는 작은 골목)에서부터 시정(市井)의 백성들에 이르기까지 그들로 하여금 모두 말을 할 수 있게 해야 합니다. 그러나 말을 해야 하는 책임이 없으면 스스로 그 말을 다 하지 못합니다. 그 때문에 간관(諫官)을 두어서 그것을 담당하게 하는 것입니다. 그가 하는 말이 간혹 지나친 경우가 있다 하더라도 모두 마음을 비우고 넉넉히 받아들여야 합니다.
>
> ─『정암집(靜菴集)』, 「사간원청파양사계 1(司諫院請罷兩司啓一)」❶

조선 시대 초기에는 언로를 틀어막으려고 합니다. 언로를 막은 세력은 임금이라기보다 재상의 권력을 가진 자들, 조광조 같은 사림파 유학자들의 등장을 달가워하지 않았던 훈구 세력, 곧 조선의 공신 그룹입니다. 공신 그룹이 대토지 소유자가 되고 자신의 부정과 비리가 임금에게 알려지기를 원치 않는 거죠. 그들이 입을 틀어막으려고 간관의 직책을 없애려 하는데 조광조가 이런 글을 올려 막습니다. 언로가 소통되어야 정치가 잘된다는 이야기이죠. 유사한 요소가 있긴 하지만 그렇다고 해서 이것과 현대 민주주의 제도를 견주는 일은 무리가 있습니다.

어쨌든 조선은 중세 시대고 당시는 '무력'이냐 '말[言]'이냐의 싸움이었습니다. 언로는 '말'입니다. 동시대 일본의 경우는 '칼,' 곧 힘이 우선시됩니다. 조광조가 이야기하는 것은 힘의 우위가 아니라 말을 가지고 소통하자는 거죠. 대화로 소통을 한다는 것은 두 쪽 다 승복할 수 있는 논리를 제시하기 전에는 한쪽이 다른 쪽을 이기지 못함을 뜻합니다. 조광조는 그런 점을 명확히 지적합니다.

> 재상(宰相)은 옳다 하고 대간(臺諫)은 그르다 합니다. 재상은 어떤 일을 두고 시행할 만하다 하고 대간은 시행해서는 안 된다고 합니다. 하는 것이 옳다[可]는 의견과 해서는 안 된다[否]는 의견이 충분히 개진된 뒤에 일이 올바른 곳으로 돌아갑니다. 조정에서 화합한 이후에 지극한 정치[至治]가 나올 수 있습니다.
>
> ─『정암집(靜菴集)』, 「시독관시계 3(侍讀官時啓三)」❷

이 글은 「시독관으로 있을 때의 계문 3」으로 시독관(侍讀官)은 임금을 모시고 경전을 읽어 주는 신하입니다. 임금에게 경전을 읽어 주면서 이렇게 간한 것이죠. 조정에서 국사를 두고 옳다 그르다 논쟁하는 것은 당연한 일이고 그런 절차를 통해서 일이 올바르게 이루어진다고 말하고 있습니다. 그리고 그것이 바로 지치(至治: 지극한 정치), 곧 요순의 정치가 베풀어 질 수 있는 조건이라는 말입니다. 이처럼 조광조는 나라를 다스리는 데 가장 중요한 조건이 언로가 보장되는 것이라고 보았습니다.

도학의 개창자

아래 시는 조광조가 죽기 직전에 쓴 절명시입니다.

> 임금을 어버이처럼 사랑하였고
> 나라를 내 집처럼 근심하였네.
> 밝은 해가 세상을 굽어보니
> 충정을 밝게 비추리.
> 愛君如愛父 憂國如憂家 白日臨下土 昭昭照丹衷

애군(愛君), 임금을 사랑한다고 했죠. 이때의 임금은 조광조가 섬겼던 중종 개인이라기보다 나라로 이해해야 합니다. 전통 사회 지식인들이 충군이니 애군이니 우국이니 하는 건 충국(忠國), 애국(愛國), 우국(憂國)과 같은 말입니다. 나라를 걱정해서 충성하는 것입니다. 개인적인 차원에서라면 자기를 죽이려는 임금을 사랑하는 건 이상하죠.

『중종실록』의 조광조 졸기를 보면 사약을 마시는 장면이 나옵니다. 그런데 한 번에 죽지 않아서 여러 차례 마시고 죽었다[多飮乃死]고 합니다. 당시는 먹으면 바로 죽는 독약 같은 걸 구하기 힘들었던 시대입니다. 공식적으로 목숨을 빼앗기 위해 사약을 내리는데 죽지 않아서 열 그릇 이상 마신 사람도 있어요. 항간에 조선 왕 독살설이 많은데 음식에 약을 타서 죽였다느니 독약을 약이라고 속여서 먹였다느니 하는 이야기들은 근거가 약합니다.

지난번에 정도전의 졸기를 봤는데 이번에는 조광조가 죽을 때 사관이 어떻게 기록했는지 살펴보겠습니다. 정도전 졸기는 사관이 정도전의 공로를 높이 평가해 놓고 마지막에 사람이 좀 비겁하고 시기심이 많았다는 식으로 안 좋게 써놓았어요. 그런데 조광조에 대해서는 그런 얘기가 없습니다. 오히려 임금이 아주 몰인정하다고 비난합니다. 그 전에 도탑게 사랑하던 일에 비하면 같은 임금에게서 나왔다고 믿기 어려운 처사라고 기록했어요. 사관이 당대의 임금을 비난하는 맥락의 글을 쓴 것입니다. 이것은 조선 시대 사관이라는 제도적 장치가 만든 결과입니다.

어쨌든 조광조는 역신으로 몰려 죽습니다. 정말 그랬는지는 알 수 없습니다만 이른바 주초위왕(走肖爲王) 사건을 조작해서 죽였다고 합니다. 궁정 뜰 나뭇잎에 꿀로 주초위왕 네 글자를 쓴 뒤에 이것을 벌레들이 갉아먹게 해요. 그러면 글자 모양이 나타나는데 그게 바로 주초위왕인 거죠. 주(走)와 초(肖)를 합치면 조(趙) 자가 되잖아요. 조씨가 왕이 된다, 조광조가 왕이 된다는 조짐으로 해석하게 만든 것입니다. 그런데 유학자들이 이런 허황된 이야기를 사실로 믿고 죽였다고 볼 수는 없습니다.

이 사건은 조광조를 제거하기 위한 조작의 일단에 지나지 않습니다. 조광조를 제거한 데는 다른 목적이 있는 겁니다. 그게 뭐냐? 말씀드렸다시피 조광조가 성리학 정신에 입각하여 수기와 치인을 실천하니까 훈구 공신 세력은 물론이고 자기 임금, 그 임금을 비호하는 세력과도 싸우게 됩니다. 그 과정에서 희생됩니다. 죽이려면 명분이 필요하니까 역도로 몰았고 그러기 위해서 주초위왕 사건을 조작한 것으로 보입니다.

조광조는 자신의 임금이었던 중종에게 역도로 지목당해 죽었지만 한참 뒤 또 다른 임금에게는 충신으로 인정받습니다. 숙종이 조광조를 충신으로 칭찬하는 시를 씁니다. 마치 이방원이 정몽주를 간신으로 몰아 죽여 놓고 자신이 임금이 된 뒤 복권해 준 일과 비슷하죠. 숙종이 지은 어제시(御製詩)가 『정암집』에 실려 있습니다.

지금 선생이 쓴 글을 읽어 보니 도덕이 밝게 빛남을 더 잘 알겠다. 조정의 신하들이 모두 우러러 받들고 촌늙은이 또한 존경했다. 남은 일은 예(藝)에 노니는 것이니 아름답구나, 굳센 필세여.
　　―『정암집(靜菴集)』, 「숙종어제(肅宗御製)」, '독정암집유감(讀靜菴集有感)'❸

다음으로 이이가 조광조를 평가한 글을 읽어 보겠습니다. 이이의 인물 평은 까다롭습니다. 비판의 칼날을 피해 갈 수 있는 사람은 제갈공명이나 조광조 정도밖에 없었습니다.

우리 동방에서 도학을 창명(倡明)하고 요순군민(堯舜君民)을 자기 책임으로 여겼던 이로는 정암(靜菴)만 한 사람이 없다.
　　―『율곡전서(栗谷全書)』, 「연보(年譜)」❹

이 글의 앞부분은 정몽주와 관련된 것으로 정몽주가 동방 이학의 조종이라고 하나 실제로는 시인이고 문인이지, 유학자로 보기에 곤란하다는 내용입니다. 위 문장에서 이이가 말한 '동방(東方)'은 중국의 동쪽인 조선을 가리킵니다. 그런데 중국을 중심에 놓고 동쪽에 붙어 있는 나라라는 의미로 '동방'을 낮추어 쓴 것은 아닙니다. 이이 이전의 문장에는 중국을 가리킬 때 천조(天朝)니 황조(皇朝)니 하는 식으로 명나라를 높이고 조선을 낮추는 식으로 글을 썼는데, 이이의 문집에는 천조나 황조라는 표현은 몇 군데밖에 나오지 않고 대체로 중국은 중조(中朝), 조선은 아조(我朝)로 표현했습니다. 학문적 자신감이 뒷받침되니까 글쓰기에서도 자주적인 태도를 드러낸 것입니다. 그래서 우리 동쪽 나라라는 뜻으로 '동방'을 썼다고 볼 수 있습니다.

'요순군민(堯舜君民)'이라는 표현이 나오는데 자기 임금을 요임금, 순임금 같은 성군으로 만들고 자기 백성을 요순의 백성으로 만든다는 뜻입니다. 조광조가 추구했던 지치(至治)의 이념을 이렇게 표현한 것이죠. 또 다음과 같이 이야기한 적도 있습니다.

> 성리학은 조정암(趙靜菴: 조광조)에게서 처음 일어나 퇴도(退陶: 이황) 선생에 이르러 이미 유자의 면모가 갖추어졌다. 그러나 퇴도는 성현의 언어를 그대로 따라 실천한 이로 독창적인 견해가 보이지 않는다. 화담의 경우 독창적인 견해는 있지만 다 보지는 못하고 한 모퉁이만 보았다.
>
> —『율곡전서(栗谷全書)』,「어록 상(語錄 上)」**❺**

이처럼 이이는 도학, 곧 성리학이 비로소 조광조에게서 시작되었다고 기술하고 있습니다. 그리고 퇴계는 독창적인 견해가 별로 없고 화담 서경덕의 경우 이론의 독창성은 있으나 일부만 그렇다고 평가했습니다. 그럼 누가 다 봤다는 걸까요? 이이 자신입니다. 그런데 과연 이이가 다 보았을까요? 제가 생각하기에는 그렇다고 할 만합니다. 이이는 심성론과 이기론을 성공적으로 결합했다는 점에서 조선 성리학의 완성자라고 해도 손색이 없습니다. 이이 이후에는 성리학이 고착화되어 독창적인 사유가 막히고 지배 이데올로기의 역할이 강화됩니다.

이이는 이황이 성현의 언어, 곧 주자의 이론을 따라 모방했다고 평가했어요. 하지만 이이야말로 주자의 논리 구조를 가장 잘 이해하고 그에 따라 이론 체계를 수립했다고 할 수 있습니다. 그런 점에서 앞선 시대의 사상적 맥락을 정확하게 간취해서 자신의 이론을 전개한 뛰어난 학자라고 할 만합니다. 그 반대로 주자의 이론을 잘못 이해함으로써 새로운 성취를 보여준 사람도 있습니다. 제가 보기에 이황은 주자의 이기론을 잘못 이해한 점이 있습니다. 그런데 오히려 그 점 덕분에 독창적 이론이 탄생하기도 합니다. 자세한 이야기는 이황과 이이의 철학을 강의할 때 말씀드리겠습니다.

어쨌든 여기서는 그 까다로운 이이가 조광조를 도학이 시작된 사람이자 자기 임금을 요임금, 순임금으로 만들고 자기 백성을 요임금, 순임금의 백성으로 만들겠다고 한, 그야말로 전형적인 성리학자로 보고 있습니다.『장자』에 나오는 이야기지만 유가는 내성외왕(內聖外王: 안으로는 성인의 덕을 갖추고 밖으로는 임금의 지위를 갖춘 사람)의 학문으로, 성인이 되어 천하를 다스리는 왕이 되는 것이 유학자의 꿈이라고 할 수 있습니다. 그런데 문인인 유학자는 성인이 될 수 있을지언정 왕이 될 수는 없죠. 그러면 어떻게 하느냐? 자기 시대의 임금을 성인으로 만드는 수밖에 없습니다. 문제는 이것이 지극히 어려운 일이라는 것입니다.

조광조는 중종을 성인으로 만들려고 얼마나 노력했는지 모릅니다. 이른바 요순의 정치라고 하는 건 지치(至治)입니다. 지극히 어진 자가 백성들을 사랑하는 정치를 펼치는 게 지치(至治)고, 그것이 이상적인 정치입니다. 이상의 정치를 말로 하기는 쉽지만 실현하려고 하면 쉽지 않습니다. 무력하기 때문입니다. 우리가 민주주의를 포기한 적이 없는데도 무력함을 느낄 때가 있잖습니까? 그렇다고 포기한 건 아니잖아요. 때로 이상과 어굿나는 방향으로, 거꾸로 가기도 합니다. 그렇다고 거기에 동의한 건 아니죠. 조광조는 임금의 인정을 받아서 유가의 이상인 지치를 할 수 있는 조건이 되었다고 생각하자 자신의 모든 걸 바쳐서 실현하려고 합니다.

사화의 시대와 사림파 유학자들

이 시대는 사화(士禍)의 시대입니다. 사화에 희생된 사람이 조광조뿐만은 아닙니다. 연산군대부터 명종대에 이르기까지 이른바 4대 사화가 일어나 신진 사류(士類)들이 희생당합니다.

사실 조선 시대는 정도전, 권근, 변계량(卞季良) 같은 훈구파 유학자들이 국가를 경영하는 데 중요한 역할을 했고 이들은 왕조의 기반을 다진 공로가 있습니다. 하지만 시간이 흐르면서 이들 훈구파 유학자들이 점차 세력화되면서 중앙 권력을 독점합니다. 그리고 국가에 기여한 공로를 보상받아 공신으로 책봉된 다음, 자신의 신분이나 왕에게서 얻어 낸 이권을 활용해 대지주, 대토지 소유자가 됩니다. 기득권층이 된 거죠. 결국 고려 말구왕조의 권력자들이 타락했던 것처럼 훈구파도 도덕적으로 타락하고 권력을 남용하기 시작합니다.

15세기에 접어들면 훈구파에 의한 무차별적 토지 겸병(兼倂: 남의 토지 따위를 합치어 가지는 것)이 지속되면서 대토지 소유자의 수가 많아집니다. 이 때문에 중소 지주들이 망하고 갈등이 생깁니다. 심지어 훈구파가 겸병한 토지의 면적이 워낙 넓어서 임금보다 더 많은 땅을 가진 게 아니냐는 비난이 쏟아지기도 합니다. 세력이 커져서 몇 명이 힘을 합치면 왕권까지 위협할 정도가 되었던 거죠. 그러니 왕의 입장에서는 어떻게든 견제 세력을 만들려고 했을 겁니다. 그래서 공신 세력 중심의 훈구파에 반대해 온 사림파가 주목을 받습니다. 사림파는 서울에 근거지가 있다기보다 주로 재지(在地), 곧 지방에 근거가 있는 유학자들이고 대지주가 아니라 중소 지주들이었습니다.

마침내 성종(재위 1469~1494) 시대에 김종직(金宗直)을 비롯한 중소 지주 출신 신진 유학자들을 등용해서 기존의 공신 세력을 견제하는 성과를 거둡니다. 그런데 성종대의 사림은 중앙으로 진출하기는 했지만 훈구파 유학자들의 거센 반발 때문에 일단 물러납니다. 이때만 해도 보복이 참혹하지는 않았습니다. 사림파가 패했다고는 하지만 논리에서는 이기고 무력에서 진 거였죠.

그다음 임금이 연산군입니다. 연산군에게 인간적인 동정심을 갖기도 하죠. 그런데 기록을 존중하는 입장에서 보면 연산군은 임금이 되어서는 안될 인물이었습니다. 국가 권력을 사사로운 원한을 해결하는 수단으로 활용한, 정치인으로서는 자격이 없는 사람이었거든요. 어쨌든 연산군의 집권과 공신 관료들이 사림파를 공격하는 시기가 맞아떨어지면서 비극이 일어납니다.

김종직의 제자인 김일손(金馹孫)이 성종 때 춘추관 사관으로 있으면서 사초에 김종직이 지은 「조의제문(弔義帝文)」을 삽입합니다. 그런데 연산군 대에 『성종실록』을 편찬하면서 당시에 실록청 당상관으로 있던 훈구파 이극돈(李克墩)이 「조의제문」이 세조의 왕위 찬탈을 비방한 글이라면서 연산군에게 고발합니다. 「조의제문」은 항우에게 시해당한 초나라 의제(義帝)를 애도하는 글입니다. 기원전 206년에 시해당한 초나라 의제를, 1,600년도 더 지난 뒤에, 그것도 중국이 아닌 조선의 유학자가 왜 애도하겠습니까? 다른 이유가 없습니다. 조선 땅에서 일어났던 왕위 찬탈 사건을 염두에 둘 수밖에 없습니다. 사실은 초나라의 의제가 아니라 세조가 죽인 단종을 애도하기 위해 목숨을 걸고 쓴 것이겠죠.

그런데 성종대에는 이 글이 문제되지 않았는데 연산군 시대에는 빌미가 됩니다. 사실 김일손이 세조의 찬탈을 사초에 기록할 때 훈구파 이극돈의 비행도 기록합니다. 이극돈은 김일손이 자신의 비리를 기록한 것을 알고 앙심을 품고 보복하려고 했죠. 그런데 우리의 비리를 기록했으니 죽여야 한다, 이럴 수는 없잖아요. 그래서 왕권에 기대서 왕을 모독했다는 죄를 뒤집어씌워 죽인 겁니다. 연산군 4년 1498년, 김일손 등을 죽이고 김종직을 부관참시하는 등 비이성적인 대응으로 사림파를 탄압하는 무오사화(戊午士禍)가 일어납니다. 무오사화는 유자광(柳子光) 중심의 훈구파에 의해 신진 사류가 죽음을 당한 사건이죠. 우리야 부관참시를 관념으로만 알고 있지만 이 당시 부관참시라는 건 인륜도덕을 완전히 짓밟는 너무나도 끔찍한 만행이었습니다.

그러면서 이른바 4대 사화가 일어납니다. 연산군 시대에만 사화가 두 차례 일어납니다. 뒤에 일어난 갑자사화(甲子士禍, 1504, 연산군 10) 때는 성종대에 윤필상(尹弼商), 이극균(李克均), 김굉필(金宏弼) 등이 연산군의 생모였던 윤씨를 폐서인하는 데 찬성했다는 이유를 들어 죽이고, 정여창(鄭汝昌)을 비롯해서 이미 죽은 이들은 부관참시하고 그들의 가족과 제자들까지도 처벌합니다. 그걸 뒤집은 게 중종반정(中宗反正)입니다. 중종반정으로 훈구파 세력이 죽고 사림파 세력이 확 일어납니다. 그때 조광조가 나와서 강력한 개혁을 추진합니다. 끝내 실패하고 말았지만요.

종종 때 일어난 사화가 조광조가 희생된 기묘사화(己卯士禍, 1519, 중종 14)입니다. 남곤(南袞), 홍경주(洪景舟), 심정(沈貞) 등의 훈구파가 조광조를 비롯한 신진 사류를 역모로 몰아 죽입니다. 남곤조차 조광조가 희생당한 걸 애석하게 여겼다고 하죠. 어디까지 믿어야 할지 모르겠지만 남곤 본인은 자기의 죄과를 알았다고 합니다. 나중에 집안에서 문집을 출판하려고 하니까 스스로 다 불태워 버립니다. 내가 사류를 몰아 죽였으니 후세에 나 같은 자의 글을 누가 읽겠느냐, 하면서요. 그래도 일부의 문집이 남아서 지금까지 전해지고 있습니다.

명종 때에는 을사사화(乙巳士禍, 1545, 명종 원년)가 일어나죠. 이 사화는 중종의 첫 번째 계비 장경왕후(章敬王后)의 친정인 대윤(大尹)과 윤지임(尹之任)의 딸인 두 번째 계비 문정왕후(文定王后)의 친정인 소윤(小尹)이 벌인 외척 간의 권력투쟁입니다. 표면적으로는 윤씨 외척 간의 싸움이었지만 내막은 사림파에 대한 훈구파의 공격이었습니다. 이런 과정을 거쳐서 사림이 탄압을 받고 결국 일시적으로는 세력을 잃습니다. 사실 논리적으로는 말이 안 통하니까 칼을 휘두른 겁니다. 그런데 조선은 칼로 다스려지는 사회가 아닙니다. 칼로 상대를 죽이긴 했지만 그건 논리의 패배를 의미하죠. 그 때문에 다음 시대는 완전히 사림의 시대로 바뀝니다.

이런 사화의 시기를 살았던 유학자들의 삶 속에서 조광조가 빛나는 이유가 있습니다. 목숨이 왔다 갔다 하는 위험한 상황인데도 조정에 나아가서 이상의 실현을 위해 자기가 할 일을 다한 겁니다. 그런 조광조가 희생당하고 나니까 사림이 주춤합니다. 안 나가죠. 성리학을 배우는 것이 화근의 씨앗이다, 이런 말까지 나올 정도였어요. 성리학 공부를 했으니 공부한 대로 말을 하지 않으면 안 되고 말을 하면 죽으니까요. 그러니 사림이 뜻을 접고 향촌에 은거하면서 공부에 매진합니다. 그러다 보니 성리학이 이론적으로 심화되는 시기가 옵니다.

도학 정치의 시작

도학 정치란 성리학적 명분을 중시하는 정치입니다. 명분이라는 게 뭐냐? 유학의 경전에 기록된 내용을 있는 그대로 현실 정치에서 실현하는 것이죠. 그러면 다음과 같은 문제가 생깁니다. 당시 조선의 동북지역 변경에 야인 속고내(速古乃)라는 자가 있었는데 이자가 여진(女眞)과 합세하여 자주 침범해 옵니다. 이 일을 근절하기 위해 함경도 관찰사와 병조판서가 의논한 끝에 속고내를 생포할 계략을 꾸며 중종에게 허락을 받습니다. 그런데 조광조가 반대하고 나섭니다.

> 조정에서 의논하기를, 장차 몰래 군대를 보내서 야인 속고내를 기습하려고 했다. 장수를 보낼 때에 임박해서 장수들과 재상들이 조정에 빙 둘러 임금을 모시고 이미 의견을 통일하였다. 그때 선생(조광조)이 밖에서 들어와 이렇게 말했다. "이 계획은 저휼(狙譎: 원숭이를 키우는 자가 원숭이를 속이는 것)과 비슷하니 왕자(王者)가 오랑캐를 대하는 태도가 아닙니다. 당당한 국가가 도적의 술책을 시행하려고 하니 신이 적이 부끄럽습니다." 중종이 여러 사람의 의논을 물리치고 선생의 말을 따랐다.
>
> ―이이(李珥), 「정암조선생묘지명〔靜菴趙先生墓誌銘〕」❻

요즘은 국익을 내세우면 다 됩니다. 국가가 도덕만으로 유지되는 줄 아느냐고 할지 모르지만 조광조는 국가에서 공식적으로 오랑캐를 진압하려는 계책을 논의하는 걸 비판합니다. 유학의 경전에 나온 내용대로 하면 부득불 조광조처럼 할 수밖에 없습니다. "한 가지라도 불의(不義)한 일을 행하거나 한 사람이라도 죄 없는 사람을 죽여서 천하를 구한다 하더라도 이런 일은 하지 않는다[行一不義 殺一不辜 而得天下 不爲也]." 이게 맹자의 정의론입니다. 누가 이런 일을 하지 않느냐 하면, 백이, 유하혜, 이윤, 공자 같은 사람들이 하지 않는다고 하죠. 이 사람들이 추구한 도는 각각 다르지만 이 점에서만은 같다는 겁니다.

물론 공리주의자들이 하는 얘기는 다릅니다. 작은 것을 희생해서 큰 이익을 얻는 게 옳다고 하죠. 최대 다수의 최대 행복이 선이라고 계산하면서요. 유가 입장에서 보면 공리주의는 도덕이 아니라 술책입니다. 아마 칸트도 공리주의자들은 도덕이 뭔지도 모르는 자들이라고 이야기할 겁니다. 도덕의 결과가 이로운 것이라고요? 아니라는 거죠. 도덕은 도덕적인 것이지 이로운 게 아닙니다. 물론 궁극적으로는 이롭겠죠. 천하를 위해 한 사람을 죽일 필요가 있다고 하면서 한 사람 한 사람씩 죽이면 누가 무사하겠습니까? 그렇게 하면 공리적으로도 불리하리라고 저는 생각합니다.

경전대로 실천하는 것은 엄청나게 어려운 일입니다. 무기를 녹여서 쟁기와 보습을 만들라고 한 성서의 구절을 실천하는 것과 그 가치를 말로만 하는 것 사이에는 굉장히 큰 간극이 있죠.

가톨릭대 출신으로 사제의 길을 걷던 사람이 병역을 거부한 일이 있었어요. 그전에는 보통 여호와의증인 같은 소수 종교인들이 병역을 거부했죠. 미국에서 국민 의례가 만들어진 게 1892년인데 여호와의증인 신도들이 국민 의례를 거부했어요. 그러자 미국 사회에서 이들의 자녀들을 학교에서 쫓아냈어요. 그러고는 다시 그 부모들을 의무교육을 위반했다면서 처벌했습니다. 자기들이 아이들을 쫓아냈으면서 그 아이들의 부모들에게 죄를 뒤집어씌운 것입니다. 그런데 성서에 나와 있는 대로 실천하라고 하면 여호와의증인이 정당하게 평가받을 수도 있습니다.

병역을 거부한 그 학생도 같은 생각을 했겠지요. 김수환 추기경이 생존해 있을 때인데 아무도 대답을 못 했어요. 성서가 틀렸다고 할 수도 없고 군대 가지 말라고 할 수도 없고요. 복잡합니다. 국가가 정한 기준에 동의하지 않기 때문에 병역을 거부하는 사람을 억압하는 일은 생각해 볼 필요가 있습니다.

사실 조선의 조정에서 속고내를 기습해서 치자는 계획은 그를 회유해서 오게 한 다음에 몰래 사로잡는 것이었어요. 그러자 조광조가 치사한 계책이라고 합니다. 어떻게 보면 계략과 술수를 써서 큰 이득을 얻을 수 있는데 그걸 거부한 거죠. 율곡이 이 일을 기록했는데 조광조만 그랬을까요? 율곡도 그랬을 겁니다. 아무리 임금이 시키고 나라에 이익이 되어도 정도(正道)가 아닌 건 아닌 거죠.

지치의 이상

유가 정치의 이상을 구현하기 위해서는 그 이상에 동조하는 새로운 지식인이 필요합니다. 그러려면 판을 새로 짜야 합니다. 새로운 인재 풀(pool)이 필요하다는 뜻입니다.

지금도 마찬가지입니다. 예전에 교육부총리를 지냈던 인사에게 들은 이야기입니다. 국무위원 24명이 모여 회의를 하는데 두 명 빼고 전부 한 대학 출신이었답니다. 동창회나 다름없었던 겁니다. 두 명은 군 출신인가 그랬고 총리도 그 대학 출신이었죠. 그런데 이건 문제가 있으니 바꿔야 한다고 말했다가 욕을 엄청 들었다고 합니다. 다들 우수하니까 국무위원씩 됐겠지만, 사실 그래서는 안 되죠. 얼마 전에 한 여성 법관이 퇴임하면서 장래에 남성 법관이 거의 없어지고 여성들이 대부분 법관이 되더라도 절대 여성들만으로 대법원 법관을 채우지 말기를 바란다고 했다는데, 마찬가지 얘기입니다. 세상에는 인재가 많고 그 인재를 배출하는 그룹이 있기 마련이죠. 그런데 그 인재는 어떤 선을 타고 있습니다. 개혁을 하려면 그런 구조를 바꾸지 않으면 안 되겠죠. 그대로 두면 결국 그 집단의 이익에 복무할 게 뻔하니까요.

조광조는 인재 등용책으로 현량과(賢良科)를 설치하는데 알성시(謁聖試)라고 하는 새로운 형태의 과거 시험 제도를 신설하여 직접 인재를 등용하려고 합니다. 혁신은 어떻게 가능할까요? 조광조가 생각한 방법은 기존 라인에 속하지 않는 사람을 등용하는 것입니다. 기득권 세력이 이미 고시관(考試官)을 비롯한 과거 제도 전반을 장악하고 있었기에 기존의 인재 등용 방식으로는 새로운 인재를 뽑는 데 한계가 있었습니다. 기득권 세력의 인재도 인재라고 할 수 있겠지만 엄밀하게 말하면 권력의 하수인이겠죠.

조광조는 중종이 성균관을 찾아서 친히 주관한 알성시에서 "공자 시대의 이상 정치를 구현하려면 어떻게 해야 하는가"라는 책문에 대한 답으로 자신의 도덕 정치, 이상 정치에 대한 의견을 개진합니다. 「알성시책(謁聖試策)」에 그 내용이 실려 있습니다.

> 공자께서 나라를 다스리는 방법은 단지 도를 밝히는 것[明道]일 뿐이라고 말씀하셨습니다. 배우는 방법은 근독(謹獨)이라고 말하는 데 지나지 않습니다. 삼가 명도(明道)와 근독을 가지고 전하에게 바치고자 합니다.
>
> ―『정암집(靜菴集)』, 「알성시책(謁聖試策)」❼

한마디로 도를 밝히지 못하는 국가는 국가답지 못하다는 겁니다. 근독(謹獨)은 신독(愼獨)입니다. 삼갈 신(愼) 자를 삼갈 근(謹) 자로 바꾼 겁니다. 송나라 휘종 황제 이름이 조신(趙愼)이어서 주자가 이를 피하려고 신(愼) 자 대신 같은 뜻을 가진 근(謹) 자로 바꾸어서 쓰곤 했는데 조선의 유학자들은 주자를 따라 근독(謹獨)이라고 씁니다. 말씀드렸듯이 신독은 홀로 있을 때에 삼가라는 겁니다. 도덕적 기대 수준이 가장 높은 단계라고 보시면 됩니다. 보상과 상관없이 오직 나를 위해서 도덕적 실천을 하는 거죠. 조광조는 이렇게 하기 위해서는 인재들을 등용해서 그 인재들부터 명도와 근독에 힘쓰게 하면 결과적으로 나라가 바뀐다고 말합니다. 새로운 인재 등용책을 통해서 인재의 풀을 바꾸려고 한 거죠. 지금도 그래야 하지 않을까요? 기득권에 복무한다면 뛰어난 능력을 가지고 있어도 그 능력을 세상이 바뀌지 않는 쪽으로 쓸 테니까요.

소격서 혁파

소격서(昭格署)는 도교 기관입니다. 조광조는 소격서를 없애야 한다고 주장하는데 민간에 있는 도교 사원이나 관제묘(중국 삼국 시대의 장수 관우를 모시는 사당)를 다 허물라고 한 건 아닙니다. 조광조는 그런 쪽에는 관심이 없었습니다. 한유도 마찬가지였죠. 한유도 당대의 스님들과 절친하게 지냈으면서도 「논불골표」에서 불교를 격렬하게 비판했습니다. 황제 때문입니다. 부처의 진신사리를 만지면 극락왕생할 수 있는 복을 얻는다고 하니까, 황제가 아무도 만지지 말고 자기만 만지겠다고 합니다. 한심한 노릇이죠. 한유는 백성들이 불교를 신봉하고 부처에게 기도하는 건 문제가 아니라고 보았습니다. 조광조도 마찬가지입니다. 백성들은 그럴 수 있습니다. 구복신앙이라는 건 없어지지 않아요. 하지만 임금이 개인적인 복락을 얻기 위해서 신선에게 구복을 하는 건 옳지 않다고 합니다. 조광조가 강력하게 상소하여 소격서 혁파를 결국 관철시키는데 이 문제가 중종의 심기를 건드립니다.

> 사교(邪敎)에 빠져 아첨하고 받들어 자기 귀신이 아닌데 치성을 드리고, 자기 조상이 아닌데 제사를 극진히 하는 것은 백성들을 사랑하는 일도 아니고 하늘에 믿음을 얻는 일도 아닌데, 도리어 황당무계한 곳에 헛된 보답을 바라고 오래 살기를 기원하니, 그 또한 비루합니다. …… 축원하고 기도함이 어둡고 번거로워 음험한 귀신이 간특함을 빚어내니 이것이 바로 임금의 계책이 착하지 않다고 하는 것입니다. 아래 백성들이 무엇을 본받겠습니까.
>
> ―『정암집(靜菴集)』, 「홍문관청파소격서소(弘文館請罷昭格署疏)」[8]

이처럼 과격한 상소를 올려 결국 소격서를 혁파합니다. 사실 조광조를 도학 군자로 볼 때 이건 당연한 주장입니다. 그런데 현실 정치에서는 달라집니다. 역사학자들은 조광조와 중종의 관계가 소격서 혁파로 금이 갔다고 봅니다. 논리로 임금을 꺾은 거죠. 그 결과 중종이 조광조를 부담스럽게 여기게 되었고 끝내 그를 죽입니다. 역신이라는 모함도 임금의 재가가 없으면 성립할 수 없으니까요.

좌절된 개혁

알성시와 더불어 조광조의 개혁 정책 가운데 주목할 만한 것으로 향약(鄕約) 조직의 정비를 들 수 있습니다. 향약은 중종 때 조광조의 건의로 실시

된, 말하자면 향촌의 자치 규약입니다. 중앙에 있는 권력층을 중심으로 국가를 운영하는 것이 아니라 지방에 있는 농민들을 비교적 느슨한 조직으로 연결하는 형태인데, 향촌 사회를 중심으로 국가를 운영하려는 의도에서 비롯된 정책입니다. 농경 사회를 기반으로 한 유가의 철학과 딱 맞아떨어지는 부분이 있죠. 농민 없는 유가는 생각할 수 없습니다. 근대 이후 이 나라에서 유교적 덕목이 힘을 잃어버린 건 농촌 사회가 해체되면서부터입니다.

또 훈구파 유학자들의 비리를 공격하고 부당한 포상을 삭제하기도 했습니다. 실제 100여 명이 넘는 공신들이 국가에서 주는 경제적 이로움을 다 누리는 식으로 자기들끼리 포상을 나눠 먹었던 겁니다. 그래서 조광조가 훈구파의 공훈을 삭제하는데, 어떻게 보면 중종이 조광조를 이용해서 훈구파 세력을 약화시키고 그 목적을 이룬 뒤에 그를 죽였다고 볼 수도 있습니다.

조광조의 개혁은 정치적으로는 훈구파의 과도한 국가 권력 독점을 막고 주자학 이념에 걸맞은 사회를 구현하기 위한 노력의 일환이었습니다. 왕권을 위협할 정도로 권력이 커진 훈구파의 세력을 약화시키는 것은 임금으로서도 바라는 바였어요. 그런데 잘한다 잘한다 했더니 임금 자신도 걸리는 겁니다. 임금이 원치 않았던 소격서 혁파도 그중 하나입니다. 이 지점에서 중종에 대한 평가가 달라질 수밖에 없습니다. 결국 조광조의 개혁은 훈구파 세력의 격렬한 저항에 부딪쳤을 뿐 아니라 중종이 그를 부담스럽게 여기면서 기묘사화라는 비극으로 종결되고 맙니다.

조광조의 죽음

이번에는 『중종실록』에 기록된 조광조의 졸기를 보겠습니다. 국사편찬위원회 홈페이지에 가면 『조선왕조실록』을 열람할 수 있습니다. 검색도 가능합니다. 조광조의 졸기는 중종 14년 12월 16일 두 번째 기사에 나와 있는데 조광조의 죽음에 대해 상당한 분량을 할애하고 있습니다. 내용을 살펴보면 조광조에게 죽음을 내린 중종의 처사를 비난하는 논조입니다. 특히 평소에는 대간[臺諫: 조선 시대 감찰 임무를 맡은 대관(臺官)과 국왕에 대한 간쟁(諫諍) 임무를 맡은 간관(諫官)의 합칭]이 어떤 사람을 가혹하게 처벌해야 한다고 주장해도 받아들이지 않던 중종이, 조광조의 경우에는 대간이 죄를 무겁게 하자는 이야기를 하지 않았는데도 갑자기 사사(賜死)했다고 기록하고는 마치 두 임금에게서 나온 일 같다고 기술합니다.

> 사신은 논한다. 대간(臺諫)이 조광조의 무리를 논하되 마치 물이 더욱 깊어가듯이 아직 드러나지 않았던 일을 날마다 드러내어 사사하기에 이르렀다. 임금이 즉위한 뒤로는 대간이 사람의 죄를 논하여 혹 가혹하게 벌주려 하여도 임금은 반드시 유난하고 평번(平反: 죄를 여러 차례 신문하여 공평하게 판결함)하였으며 임금의 뜻으로 죽인 자가 없었는데, 이번에는 대간도 조광조를 더 죄주자는 청을 하지 않았건만 문득 이런 분부를 하였으니, 시의(時議)의 실제가 무엇인지를 짐작해서 이렇게 분부하게 된 것이 아니겠는가? 전일에 좌우에서 가까이 모시고 하루에 세 번씩 뵈었으니 정이 부자처럼 아주 가까울 터인데, 하루아침에 변이 일어나자 용서 없이 엄하게 다스렸고 이제 죽인 것도 임금의 결단에서 나왔다. 조금도 가엾고 불쌍히 여기는 마음이 없으니, 전일 도타이 사랑하던 일에 비하면 마치 두 임금에게서 나온 일 같다.

또 사신은 논한다. 조광조의 죽음은 정광필(鄭光弼)이 가장 상심하여 마지않았으며, 남곤(南袞)까지도 매우 슬퍼하였다. ……

조광조는 온아(溫雅)하고 조용하였으므로 적소(謫所)에 있을 때 하인들까지도 모두 정성으로 대접하였으며 분개하는 말을 한 적이 없었으므로 사람들이 다 공경하고 아꼈다. 의금부 도사(義禁府都事) 유엄(柳渰)이 사사(賜死)의 명을 가지고 이르니, 조광조가 유엄에게 가서 스스로 "나는 참으로 죄인이오" 하고 땅에 앉아서 묻기를 "사사의 명만 있고 사사의 글은 없소?" 하매, 유엄이 글을 적은 쪽지를 보이니, 조광조가 "내가 전에 대부(大夫) 줄에 있다가 이제 사사받게 되었는데 어찌 다만 쪽지를 만들어 도사에게 부쳐서 신표로 삼아 죽이게 하겠소? 도사의 말이 아니었다면 믿을 수 없을 뻔하였소" 하였다. ……

"죽으라는 명이 계신데도 한참 동안 지체하는 것은 옳지 않은 일이 아니겠소? 그러나 오늘 안으로만 죽으면 되지 않겠소? 내가 글을 써서 집에 보내려 하며 분부해서 조처할 일도 있으니, 처치가 끝나고 나서 죽는 것이 어떻겠소?" 하기에 유엄이 허락하였다. 조광조가 곧 들어가 조용히 뜻을 죄다 글에 쓰고 또 회포를 썼는데 "임금을 어버이처럼 사랑하였고 나라를 내 집처럼 근심하였네. 밝은 해가 세상을 굽어보니 충정을 밝게 비추리[愛君如愛父憂國如憂家 白日臨下土 昭昭照丹衷]" 하였다. 또 거느린 사람들에게 이르기를 "내가 죽거든 관을 얇게 만들고 두껍게 하지 마라. 먼 길을 가기 어렵다" 하였다. 자주 창문 틈으로 밖을 엿보았는데 아마도 형편을 살폈을 것이다. 글을 쓰고 분부하는 일을 끝내고 드디어 거듭 내려서 독하게 만든 술을 가져다가 많이 마시고 죽으니 이 말을 들은 사람들이 다 눈물을 흘렸다. ……

또 사신은 논한다. 당시의 언론으로서는 정해진 의논이 있어 이의가 없었으나 혹 평번(平反)하자는 논의가 있고 심정(沈貞)의 무리도 더욱 심하게 하지는 않을 뜻을 보여 가혹한 의논이 없을 듯하였는데, 아부하는 자들이 위의 뜻을 맞추려고 팔을 걷어붙이고 나서서 날마다 새로운 의논을 내어 반드시 조광조를 죽이고야 말게 하였다.

—『중종실록』 권37, 14년(1519, 기묘) 12월 16일(병자)

이처럼 조광조의 졸기는 조광조를 높임으로써 중종을 원망하는 내용을 싣고 있습니다. 특히 사사하라는 명만 있고 사사에 대한 글이 없느냐고 조광조가 묻는 대목을 기술한 점이나 조광조의 절명시를 실은 점에서 간접적으로 억울한 죽음이라는 평가를 내린 셈입니다.

이이의 평가처럼 우리나라 도학을 처음으로 개창한 유학자 조광조의 개혁은 이렇게 막을 내렸습니다. 그 이후에도 사화가 여러 차례 일어나 이황 같은 경우도 형이 사화에 연루되어 목숨을 잃고 자신도 삭탈관직되는 어려움을 겪었습니다. 사림들은 조정에 나가는 게 어려운 상황이 계속되자 주로 지방에서 은거하는 길을 택합니다. 조광조의 제자 양산보가 기묘사화 뒤에 담양으로 내려가 소쇄원을 짓고 은거했듯이, 벼슬을 버리고 은거해서 학문에 정진하는 과정을 거쳐 화담 서경덕이나 남명 조식, 회재 이언적, 퇴계 이황 같은 조선 시대를 대표하는 성리학자들이 나타납니다. 그런 계기를 만든 사람이 조광조라고 할 수 있습니다.

14장

서경덕

줄 없는 거문고를 타다

독자적인 기철학 체계 수립

한국 철학사에서 대중적으로 가장 많이 알려진 성리학자를 꼽는다면 화담 (花潭) 서경덕(徐敬德, 1489~1546)을 들 수 있습니다.

철학사의 수많은 질문들 사이에서 새로운 질문을 만들어 내고 거기에 납득할 만한 해답을 제시하는 건 지극히 어려운 일입니다. 그런데 서경덕 은 그 지점에서 현대 학자들뿐만 아니라 이이로부터 자기 스스로 터득한 자견(自見), 창견이 있다는 평가를 받았습니다. 그만큼 서경덕은 우리나라 에서 가장 독창적인 성리학자로도 꼽히는 인물입니다.

이이는 조광조를 가장 높이 평가했고 이황을 그다음으로 평가했지만, 독창적 견해를 기준으로 따지면 이황보다 서경덕을 높이 평가했습니다.

근래에 조정암, 퇴계, 화담 세 선생의 학설을 살펴보았는데, 조정암이 가장 높고 퇴계가 그다음이고 화담이 또 그다음이다. 정암과 화담의 학설 중에는 자득지미(自得之味: 스스로 터득한 맛, 독창적인 견해)가 많고 퇴계는 의양(依樣: 선현들의 학설을 그대로 따름)한 맛이 많다.

—『화담집(花潭集)』, 「유사(遺事)」(이이)❶

앞으로 자세히 살펴보겠지만 조선 성리학에서 이(理)와 기(氣)의 관계를 서경덕처럼 설명한 사람이 없었고 기를 이야기하면서 서경덕처럼 도가적인 요소까지 포괄하는 경우도 드뭅니다.

성리학은 유가의 계승자입니다. 그런데 유가의 계승자라면 순수하게 공자, 맹자, 순자류의 유학만 계승하면 되지만 성리학에는 도가의 영향을 받은 우주론이 굉장히 큰 비중으로 들어가 있습니다. 또 인식론에서는 불교 이론을 받아들인 부분이 많습니다. 성리학은 이런 식으로 다양한 사유를 종합해서 나온 새로운 유학이고, 그 때문에 신유학이라고 부르기도 합니다. 신유학은 한당 유학과 다를 뿐만 아니라 본래의 공맹 유학과도 다릅니다. 차이가 있다면 공맹 유학을 준수하면서 새로운 세계관을 포용하고 수용했다는 점이겠죠.

유학을 중심에 두고 내용적으로는 도가나 불교의 이론을 많이 끌어들였기 때문에 어떤 이들은 성리학이 불교나 도교와 다를 게 무엇이냐고 이야기합니다. 실제로 성리학의 우주론이나 인생론에 불교나 도교의 질문 거리가 많이 들어와 있습니다. 이를테면 유가의 인생론이라고 하는 것은 본디 부모와 나, 나와 형, 나와 아우의 관계에서 내가 어떻게 행동하면 옳은가, 이런 질문에만 대답하면 됩니다. 일상생활 속의 도리가 무엇인지가 유가의 가장 중요한 질문이지, 부모의 부모의 부모는 누구인가, 하는 식의 근원적인 질문은 안 던졌습니다. 그런데 성리학에서 이런 질문들이 나오기 시작합니다. 본디 이런 질문은 도가적인 것이죠. 도가의 도는 "도는 하나를 낳고, 하나는 둘을 낳고, 둘은 셋을 낳고, 셋은 만물을 낳는다(道生一 一生二 二生三 三生萬物)", 곧 도는 만물을 낳는다(道生萬物)는 식입니다. 유가에서 생활 속의 도가 무엇인가, 할 때의 도와 완전히 다르죠. 그런데 유가에서 모든 현상과 사물의 근원을 '도'라고 제시하는 도가의 입장을 받아들입니다. 그 때문에 성리학은 공맹 유학이나 한당 유학과 달리 우주가 어떻게 탄생했는지까지 이야기합니다.

인생론에 대해서는 불교식 질문을 던집니다. 유학은 욕망을 어떻게 조절할지에 대한 질문을 던지지, 욕망의 근원이 어디에 있는지에 대해서는 질문을 던지지 않았습니다. 이를테면 하지 말아야 할 마땅한 이유가 있다면 하지 말아야 한다, 이게 유학의 극기복례(克己復禮)입니다. 나의 사욕을 이기고 예(禮)로 돌아간다는 거죠. 이 이야기는 나의 사욕을 따르면 하지 말아야 할 것을 하게 된다는 겁니다. 곧 욕망을 그대로 따르면 다른 사람과의 관계에서 불화가 생길 수밖에 없고, 그 불화가 정당화될 수 있는 마땅한 이유가 없다면 부정한 욕망이므로 추구해서는 안 됩니다. 그런 부정을 피해 가는 게 극기복례입니다. 거기서 끝입니다. 그런데 성리학에서는 불교의 영향으로 욕망의 근원에 대한 질문을 던집니다. 우리의 삶은 생로병사의 과정을 거치는데 고통은 근원적인 것이죠. 인간 존재, 실존적 존재의 근원에 고통이 있는 겁니다. 성리학에서 이런 질문을 던지기 시작하죠.

그렇다면 성리학과 도교나 불교의 차이가 무엇이냐고 의문을 제기할 수 있습니다. 우주와 인생의 문제를 논하는 성리학의 주제는 거의 90퍼센트 이상이 불교와 도교에서도 다루고 있는 내용입니다. 어쩌면 99퍼센트일 수도 있습니다. 그런데 바로 1퍼센트의 차이가 유가냐 아니냐를 결정합니다. 침팬지와 사람의 DNA가 1퍼센트밖에 차이가 안 난다고 하죠. 그런데 그 1퍼센트가 불교와 도교의 차이나, 불교·도교와 유교의 차이와 비교가 안 될 정도의 엄청난 차이를 만듭니다. 전체에서 1퍼센트, 2퍼센트, 혹은 10퍼센트의 차이가 가치의 문제라면 서로 전혀 다른 사상이 될 수밖에 없습니다. 만약 내용적으로도 같고 지향하는 바도 같다면 서로 싸울 필요가 없겠죠. 정도전이 『불씨잡변』이니 하는 이론서를 통해 불교를 비판할 일도 없었을 테고요. 그런데 바로 그 지향에서 차이가 있습니다.

화담은 드물게 회재(晦齋) 이언적(李彦迪) 같은 철학자와 상반된 길을 걸었습니다. 이언적은 망재(忘齋) 손숙돈(孫叔暾)과 망기당(忘機堂) 조한보(曹漢輔) 사이에서 벌어졌던 '태극론(太極論)' 논쟁에서 오간 글을 보고 그 속에 도가적 요소가 있으면 그걸 쳐내는 역할을 합니다. 적(寂), 멸(滅), 허(虛) 같은 글자가 나올 때마다 유가의 용어가 아니라고 하면서 손숙돈과 조한보의 논의가 순수하지 못하다는 식으로 비판합니다. 이언적이 그만큼 성리학 이론에 정통했다는 것을 말해 줍니다. 일단 손숙돈과 조한보는 유교인지, 불교인지, 도교인지 구분이 안 된 상태에서 개념 논쟁을 하는데, 이언적은 다 구분을 합니다. 해당 분야의 고전을 섭렵해야 가능한 일입니다. 이렇듯 이언적은 성리학의 순수성을 확보하기 위해 움직입니다.

서경덕의 경우도 남아 있는 글을 읽어 보면 워낙 스케일이 크고 다양한 내용을 다룬 점을 볼 때 읽지 않은 문헌이 거의 없는 것 같습니다. 하지만 『화담집』은 아주 단출합니다. 그런데 단출한 문집 속에 사서오경이나 제자백가가 다 녹아 있다고 할 정도로 풍부한 사유를 전개합니다. 이언적은 자신이 아는 유가 이론과 어긋나는 것을 쳐내는 작업을 하면서 주지학의 순정, 순혈주의를 강조했습니다. 지금 보면 문제가 있지만 시대적 맥락 속에서 보면 타당한 점이 있습니다. 그런데 서경덕은 다릅니다. 상대의 논의를 포용하면서도 넘어서려고 하는 게 보입니다.

서경덕은 '기'를 주로 이야기합니다만 실제 '기'가 성리학의 '이'와 동일한 층위에서 이야기되고 있습니다. 서경덕이 말한 '기'는 계산이 되고 양으로 환원될 수 있는 개별의 '기'가 아니라 전체로서의 '기'이므로, 성리학자들이 추구했던 '이'의 세계와 크게 다르지 않습니다. 서경덕이라고 해서 '이'를 중시하지 않았던 것은 아닙니다. 「무현금명(無絃琴銘)」이라는 글을 통해서 살펴보겠습니다만, '줄 없는 거문고를 타다(無絃琴銘)'에서 줄이 없다는 것은 무형을 말하고 이것은 '이'를 이야기하는 겁니다. 「무현금명」을 보면 화담이 격물이라고 하는 주자학의 인식론을 얼마나 투철하게 실천했는지 알 수 있는데, 앉아서 천하를 내다본 장대한 스케일이 있습니다. 앉아서 어떻게 천하를 볼까 싶겠지만, 맹자는 앉아서 천 년 간의 동짓날을 다 계산할 수 있다는 표현을 통해서 그것이 가능하다고 암시했습니다.

화담의 「천기(天機)」라는 시를 읽어 보겠습니다.

벽에 하도낙서(河圖洛書: 「하도」는 황하(黃河)에서 나온 그림으로, 복희가 이것을 가지고 팔괘를 만들었다고 함. 「낙서(洛書)」는 낙수(洛水)에서 나온 글로, 우가 이것을 가지고 「홍범구주(洪範九疇)」를 만들었다고 전해지는데 모두 우주의 원리를 담고 있는 도판으로 간주되었음)를 붙여 놓고(壁上糊馬圖) 삼 년 만에 휘장을 걷었다(三年下董幃). 혼돈의 시작을 거슬러 생각해 보니(遡觀混沌始) 음양오행을 누가 발휘했던가. 변화가 일어나는 곳마다 환하게 천기(天機)를 보니 태일(太一)이 동정(動靜)을 주관하네. …… 만물은 각기 형체를 이루니 흩어져 온 세상에 가득하다. 꽃과 풀은 절로 붉고 푸르고, 새와 짐승은 스스로 달리고 나니 누가 시켰는지 알 수 없다네.

—『화담집(花潭集)』, 「천기(天機)」❷

서경덕이 문 닫아 걸고 격물 공부하는 내용이 여기 나옵니다. "벽에 하도낙서를 붙여 놓고[壁上糊馬圖], 삼 년 만에 휘장을 걷었다[三年下董幃]"에서 보면 문 닫아 걸고 3년 동안 공부하다가 문 열고 나선 겁니다. 한나라의 동중서(董仲舒)가 '삼년불규원(三年不窺園)'이라고 해서 3년 동안 문밖을 내다보지 않았다고 하죠. 얼마나 철두철미하게 공부했는지 알 수 있습니다. 문 닫아 걸고 공부하면서 그 안에서 혼돈까지 다 본다[遡觀混沌始]는 말은 이런 얘기입니다. 혼돈(混沌, 渾沌)은 『장자』「응제왕」편에 나오는 혼돈입니다. 혼돈은 눈도 없고 귀도 없고 코도 없는, 중앙의 임금이에요. 남쪽의 임금 숙(儵), 북쪽의 임금 홀(忽)이 혼돈의 땅에 갔더니 혼돈이 잘 대해 주자 숙과 홀이 이를 고맙게 여겨서 혼돈에게 구멍을 뚫어 줍니다. 사람의 얼굴에는 일곱 개의 구멍이 있어서 보고 듣고 말을 하는데 혼돈은 구멍이 없었던 겁니다. 그래서 하루에 한 개씩 뚫어 주었더니 7일 만에 혼돈이 죽습니다. 혼돈은 보고 듣고 말하지 못하는 상태, 아무것도 구분이 안 되는 상태를 말합니다. 그래서 사물의 처음, 만물의 시원을 뜻하는 말로 쓰입니다. 서경덕의 「천기」는 3년 동안 문 닫아 걸고 방 안에 있으면서 혼돈의 시초를 거슬러 살펴보았더니 비로소 세상의 이치를 환하게 알게 되었다는 일종의 오도시(悟道詩: 진리를 깨달은 기쁨을 노래한 시)라고 할 수 있습니다.

도학자들의 출현

사화를 피해 향촌에 은거한 사람들이 어떻게 살았는지 상상해 보려면 담양의 소쇄원에 가 보면 됩니다. 소쇄(瀟洒)는 물 뿌리고 소제한다는 뜻인데 깨끗한 마음을 나타내는 말입니다. 앞서 소쇄처사 양산보(梁山甫, 1503~1557)가 조광조의 제자였다고 말씀드렸습니다. 양산보는 15세 때 서울로 올라와 조광조에게 수학하다가 17세 때 기묘사화가 일어나서 스승인 조광조가 희생되자 고향인 담양에 내려가서 소쇄원을 짓고 기준(奇遵: 기대승의 숙부), 박소(朴紹: 박세채의 고조), 정황·정환 형제, 이충건·이문건 형제 등과 함께 어울립니다.

소쇄원의 특징 중 하나가 대문이 없다는 겁니다. 다리만 건너면 바로 본채와 연결됩니다. 다른 곳에 오곡문(五曲門)이 있기는 하지만 뻥 뚫려 있어서 외부인을 차단하는 문짝이 없습니다. 담도 야트막해서 안이 다 들여다보일 뿐 아니라 담이 끊긴 곳이 많습니다. 이를테면 나무 한 그루가 서 있으면 나무 좌우로 담이 끊겨 있습니다. 원래 있던 나무를 베어 내거나 하지 않은 겁니다. 소쇄원 중앙에 시내가 흐르는데, 담이 징검다리처럼 시내를 건너가도록 만들었어요. 이렇듯 자연과 함께하는 사대부들의 삶을 그대로 보여 주는 공간이 소쇄원이라 할 수 있습니다. 대문 없는 집, 야트막한 담, 징검다리 담, 대숲 등은 사대부들이 자연을 어떻게 받아들였는지를 잘 보여 줍니다.

또 소쇄원에는 제월당(霽月堂)과 광풍각(光風閣)이 있는데, 방은 두 사람이 누울 만한 공간만 있고 나머지는 마루예요. 특히 광풍각이 그렇습니다. 저는 그걸 보고 『장자』「소요유」 편의 두 번째 이야기가 생각이 났습니다. 요임금이 허유에게 천하를 바치는 대목입니다. 허유는 천하를 쓸 데가 없다고 하면서 생쥐가 황하의 물을 마시지만 배를 채우면 그만이고, 뱁새가 깊은 숲 속에 둥지를 틀지만 나뭇가지 하나면 족하다고 하면서 거절합니다. 소쇄원에도 그와 같은 정신이 깃들어 있다고 할 수 있습니다.

광풍각에서 딱 몸을 뉠 정도의 작은 공간을 뺀 나머지 공간은 무한의 우주입니다. 전체 우주와 함께하는 삶이 이런 식으로 표현된 것이죠. 이런 삶은 도가적 세계관에서도 찾아볼 수 있고 불교적 세계관과도 유사합니다. 사방 한 장밖에 안 되는 유마거사의 방에 몇만 명이 들어와 앉았다는 이야기도 유사한 정신세계를 보여 줍니다.

17세기 영국의 철학자 홉스는 사람들이 밤이 되면 대문을 걸어 잠그는 이유는 뭐냐, 이웃을 어떻게 생각하기에 그러느냐고 딴죽을 걸었습니다. 또 집 안에서 금고를 잠그는 이유는 뭐냐, 가족도 못 믿는 게 사람의 본성이다, 라고 이야기합니다. 홉스가 소쇄원을 봤다면 뭘 믿고 대문이 없을까, 하고 생각할지 모르겠습니다. 여러분도 실수로 문을 잠그지 않고 나갔는데 돌아와 보니 별일 없었던 경험이 있을 겁니다. 대부분 아무 일이 없습니다. 세상이 험해서가 아니라 우리가 그렇게 사는 겁니다. 저도 물론 잠그고 잡니다만 안 잠그고 자도 괜찮습니다. 사실 외부의 침입으로 일어나는 범죄보다 내부에서 일어나는 범죄가 더 많지 않을까요? 외부에 대한 적개심을 불태우는 건 우리의 정신세계가 그만큼 좁다는 걸 보여 줍니다. 대문이 없는 건 가져갈 게 없어서라고 얘기할 수도 있겠지만, 그것만으로는 설명이 안 됩니다.

제월당의 제월(霽月)도 비 갤 제(霽) 자예요. 제월은 비가 온 후 달이 밝게 떠 있는 모습이고, 광풍(光風)은 맑은 공기를 뜻합니다. 제월과 광풍 둘 다 사람의 깨끗한 성품을 가리킵니다. 이런 정신세계가 사화를 겪으면서 은거의 길을 택한 사림과 유학자들의 삶을 통해 드러난다고 생각하시면 됩니다. 소쇄원은 조광조의 제자였던 양산보가 살았던 곳이지만 화담 서경덕 또한 그에 걸맞게 살았던 학자라고 이야기할 수 있습니다.

소요자의 삶

박연폭포, 황진이, 화담 서경덕을 송도삼절(松都三絶)이라고 하죠. 그만큼 서경덕은 일반 대중에게도 널리 알려진 인물입니다. 서경덕과 황진이 사이에 여러 가지 이야기가 얽혀 있는데, 이처럼 민담이나 설화, 노랫말에 들어 있는 유일한 성리학자가 서경덕일 겁니다. 조선 시대를 통틀어 성리학의 태산북두라고 하는 율곡 이이나 퇴계 이황은 노랫말이나 민담, 설화에 초청하기에는 너무 무거운 인물들이죠. 그에 비하면 서경덕은 언제든지 초대해서 함께할 수 있는 이미지를 가지고 있습니다.

황진이와 서경덕은 스승과 제자이기도 합니다. 황진이가 서경덕을 유혹하려다가 실패하고 서경덕의 도덕에 감화된다는 이야기가 있는데, 실화라기보다 서경덕에 대한 당시 민간의 신뢰를 보여 주는 일화로 각색이 된 것이 아닌가 합니다. 한편 지족선사(知足禪師)라고 하는 스님이 있습니다. 『도덕경』에 나오는 지족자부(知足者富)에서 딴 법호인데 노자의 풍류를 지닌 스님이죠. 이 지족선사는 황진이의 유혹에 견디지 못하고 파계했다고 합니다. 이 또한 전해 오는 이야기로 사실인지 아닌지 알 수 없습니다. 다만, 그 당시 불교와 성리학의 대표자 간의 대결 구도에서 서경덕이 우월한 정신세계를 갖고 있었음을 상징적으로 표현한 이야기로 볼 수 있습니다.

어쨌든 이런 서경덕도 사마시를 봐서 급제를 하긴 합니다. 그러나 벼슬길에 나아가진 않습니다. 과거에 응시한 이유는 연로한 어머니가 있어서 호구지책을 위해 최소한의 자격을 갖추어야 했기 때문입니다. 그러나 역시 벼슬은 화담의 뜻과 맞지 않았습니다.

당시 도학자들이 성학(聖學)을 공부한다는 것은 자기가 배운 대로 실천을 해야 한다는 뜻이었습니다. 기존 한당 유학자들은 경전을 공부한다고 해서 자기가 배운 텍스트에 맞춰 살 필요가 없었어요. 텍스트에 대해 책임을 질 필요가 없었던 거죠. 그런데 송나라 유학에서는 자기가 읽은 글 그대로 실천하도록 요구한단 말이에요. 그러니 도학자들이 기존 정치 세력의 부패나 문제점을 이야기하지 않을 수 없습니다. 그것 때문에 성학을 공부한 사람들이 사화를 겪을 수밖에 없는 위험한 시대가 지속됩니다. 그래서 결국 은거를 선택합니다. 사실 은거는 모든 걸 버리는 일입니다. 유학의 기본은 세상에 나아가서 자신의 뜻을 펼치는 것이죠. 그런데 그것이 차단되니까 안 나갑니다. 그 대신 제자들을 가르쳐서 훗날을 기약하게 되죠.

삼처사로 이름을 얻다

당시 화담 서경덕은 대곡(大谷) 성운(成運), 남명(南冥) 조식(曺植)과 함께 삼처사(三處士)로 이름을 날렸습니다. 조식은 나라에서 여러 차례 벼슬을 내렸지만 사양하고 나아가지 않았습니다. 불러도 오지 않으니까 명종 때 아예 단성 현감으로 제수했는데, 이때 유명한 「을묘사직소」를 올려 당시의 실정을 비판합니다. 성운은 본디 출사하여 관직을 맡았으나 자신의 형이 을사사화에 연루되어 죽자 은거를 결심합니다. 이후 조정에서 계속 벼슬을 내렸지만 속리산에 들어가 나오지 않았습니다. 성운의 문인으로 최흥림(崔興霖), 김덕민(金德敏: 윤휴의 외조부), 임제(林悌: 허목의 외조부) 등이 있는데 임제가 재미있는 인물입니다.

임제는 평양감사로 제수받아 임지로 가다가 황진이 묘소를 지니면서 시를 짓고 제사를 지냅니다. 그런데 이 일로 사대부가 어찌 기생의 무덤에 제사를 지내느냐고 비난을 받고 관직을 박탈당합니다. 사대부의 체신을 구기는 놈이라며 비난하는 자들은 평생 고루하게 사는 거고 임제 같은 사람은 자유인으로 사는 거죠. 하고 싶은 얘기 다 하고 사랑도 하면서 말입니다. 임제 정도 되어야 사랑을 이야기할 수 있겠지요. 그러니까 천재적인 자질을 발휘했던 것 같습니다.

유학은 기본적으로 치인을 염두에 두고 있는데 당시 사람들은 현실에서 배제되어 있었습니다. 그러니 얼마나 괴로웠을까요. 보통 그렇게 되면 망가지기 십상인데 이 양반들은 안 망가집니다. 『연암집(燕巖集)』에 화담 서경덕, 토정(土亭) 이지함(李之菡), 남명 조식, 동주(東洲) 성제원(成悌元)이 가야산 해인사에서 여러 차례 만나는 이야기가 나옵니다. 이들은 당대의 명망 있는 성리학자들이지만 벼슬은 없는 처사(處士)들이죠. 본래 『맹자』에 나오는 처사는 무자격자를 말합니다. 맹자는, 성현의 도가 쇠약해지니까 자격 없는 선비들이 제멋대로 논의한다. 그래서 양주와 묵적의 무리가 세상에 나왔다고 하면서 처사를 안 좋은 뜻으로 씁니다. 하지만 조선 시대 사람들이 처사라고 자칭하면 자격 없는 사람이라고 스스로를 낮추는 것이기도 하고 세상에 나가서 정치할 뜻이 없다는 말이기도 합니다. 그렇다면 사대부로서 백성들을 생각하는 마음이 없었는가? 그건 아니에요. 아무 벼슬도, 아무 자격도 없는 사람이 민생에 대한 이야기로 밤을 새웁니다. 그런 내용이 박지원의 『연암집』에 나옵니다.

송시열의 문집에는 또 이런 내용이 있습니다.

조남명(曺南冥), 서화담(徐花潭), 이토정(李土亭)은 모두 세상의 명현들이다. …… 성동주(成東洲)가 일찍이 보은을 다스릴 때에 남명, 토정, 화담이 모두 먼 데서 찾아왔다. 침상을 마주하고 밤새도록 이야기를 나누었는데, 영의정 이준경(李浚慶)이 그 이야기를 듣고 말하기를, "응당 그때에 덕성(德星)이 하늘에 나타났을 것이다" 했다.

—『송자대전(宋子大全)』, 「대곡성선생묘갈명(大谷成先生墓碣銘)」❸

남명 조식은 김해에 머물다 산청으로 옮겨 가서 살았죠. 그러니 지리산 자락에 있었어요. 토정 이지함은 서울 출신입니다. 지금도 마포구 합정동 근처에 토정로가 있습니다. 서경덕은 개성에 살고 있었고요. 그런데 세 사람이 충청도 보은까지 가서 성제원을 만납니다. 말미에 나오는 이준경은 영의정을 지냈고 굉장히 중용적인 인물로 평가가 높습니다. 특히 인재를 등용하는 데 탁월한 안목을 발휘했는데, 영의정 때 자신의 아들이 홍문관 관리로 추천되자 명단에서 삭제한 일로 유명합니다.

도가 취향

서경덕의 글을 읽어 보면 도가 취향이 농후합니다. 이언적은 주자학이 아니다 싶으면 가능한 한 배제하려고 하는데 서경덕은 적극적으로 수용합니다. 성리학이 도가 사상의 계승자이기도 하다는 것을 새삼스럽게 일깨워 주는 거죠. 물론 계승하기는 하지만 실제로 도가와 같은 길을 가지는 않습니다.

서경덕이 지은 「산에 살다」라는 시를 읽어 보겠습니다.

> 「산에 살다[山居]」
> 화담에 풀로 엮은 집 한 채
> 물 뿌리며 소제하니 신선의 거처로구나.

산봉우리 문을 열면 눈앞에 있고
……
그 가운데 소요자가 있으니
맑은 아침이면 글 읽기를 좋아하는구나.
花潭一草廬 瀟洒類儦居 山簇開軒面 …… 中有逍遙子 淸朝好讀書

　　서경덕이 살았던 집 뒤에 화담이라는 못이 있었는데 그 이름을 따서 호를 화담이라고 했습니다. "신선의 거처"라느니, "소요자"니 하는 말에서도 도가 취향이 보입니다. 회재 이언적에게서는 이처럼 은둔적 삶을 지향하는 시를 찾아볼 수 없습니다.

투철한 격치 공부

격물치지(格物致知)는 주자학에서 가장 중시하는 인식론이자 공부 방법인데, 지식을 끌어 모아서 공부하는 게 아니고 일종의 통찰을 발휘하는 겁니다. 예를 들어서 『주역』에서는 상(象)과 수(數)를 중시하는데, 이때 상은 모양, 이미지이지만 겉으로 드러나는 이미지가 아니라 뼈대, 곧 본질을 보는 겁니다. 상(象)이라는 글자 자체는 코끼리 뼈를 그린 상형 문자입니다. 돼지 시(豕) 자도 그렇고요. 『한비자』에 보면 상(象) 자에 대한 풀이가 나오는데, "사람들이 살아 있는 코끼리를 보기가 어렵기 때문에 죽은 코끼리의 뼈를 구한 다음 그림을 그려서 살아 있는 코끼리를 상상한다〔人希見生象也 而得死象之骨 案其圖以想其生也〕"라고 했습니다.

　　아무튼 사물의 겉모습을 관찰하는 데 그치는 것이 아니라 내부의 본질까지 꿰뚫어 보는 것이 격물치지입니다. 격물(格物)은 '사물에 나아가다'라는 뜻이고, 치지(致知)는 '앎을 분명히 하다'라는 뜻이에요. 그런데 사물의 겉모습을 안다고 해서 아는 게 아니죠. 물(物)은 만져지는, 공간을 차지하고 있는, 질량을 갖고 있는 것(물건)입니다. 반면 사(事)는 물(物)과 물(物)의 관계예요. 사람과 사람 사이의 일도 사(事)에 해당합니다. 거기에 나아가 앎을 극진히 한다는 뜻인데, 사물의 겉모습만 보아서는 안 되고 배후에 있는 사물의 본모습까지 보아야 하고 그렇게 하려면 다른 사물과의 관계까지 파악해야 한다는 것이 격물치지의 핵심입니다. 이것이 주자학 이후로 유가의 기본 인식론이 됩니다.

이 인식론에 따라 공부를 가장 세게 하려고 했다가 실패한 사람이 왕수인(王守仁, 王陽明)입니다. 왕수인은 주자가 '즉물이궁리(卽物而窮理)'해야 한다, 곧 사물에 나아가 그 이치를 궁구해야 한다고 하니까 그대로 따라합니다. 물론 격물 앞에 거경(居敬)이 있습니다. 이치를 궁구할 때 경을 실천해야 한다는 말이죠. 그런데 이것은 과학적 인식론으로 보면 맞지 않습니다. 객관적 이치를 연구하는 데 왜 경(敬)이 필요하겠습니까? 물의 끓는 점을 측정할 때 마음을 엄숙하게 먹으면 온도가 올라가고 나태하게 하면 온도가 내려가는 게 아니잖아요. 우선 이(理)의 범위를 넓게 잡아야 합니다. 이(理)는 사물의 객관적인 이치이기도 하지만 주자학에서는 필연의 법칙이자 당연의 법칙, 그리고 도덕 원리이기도 하거든요. 그걸 궁리하는 거죠. 그 때문에 거경이라는 정신적 긴장이 요구되는 겁니다.

왕수인은 주자가 강조한 거경궁리(居敬窮理)의 공부 방법을 일단 받아들여서 궁리를 합니다. 대상을 대나무로 정했어요. 대나무 앞에 가서 친구하고 둘이 밤낮으로 쳐다보면서 궁리를 하다가 친구는 3일 만에 쓰러지고 왕수인은 7일 동안 버팁니다. 그런데 결국 즉물궁리는커녕 이상한 게 보이고 해서 실패하죠.

　제가 양명학 전공자에게 왕수인이 정말 그렇게 무식하게 공부하다가 실패했느냐고 물어보았더니, 원래 저질 체력이어서 그랬다고 합니다. 왕수인은 무인 출신이지만 어린 시절부터 병약했다고 해요. 그런데 7일 밤낮을 견뎠다면 보통의 정신력은 아닌 거죠. 7일 밤낮으로 목숨을 바쳐 궁리한 왕수인과 달리 서경덕은 3년을 했습니다. 3년 동안 천천히 먹고 마시고 하면서 궁리했던 거죠. 문인 사대부는 평소에 목숨 바칠 일이 없습니다. 나라가 망할 때나 나서는데, 그것도 자세히 따져 보면 지금 우리가 생각하는 국가나 민족을 위해 나서는 게 아닙니다. 조선 후기까지 유학자들이 의병운동을 했지만 지금 우리나 김구가 이야기하는 민족주의에 입각한 항거는 아닙니다. 유학자들에게 나라라고 하는 것은 왕조이기도 하고 중화(中華)의 도(道)이기도 한 겁니다. 중화의 세계가 무너지니까 가만히 있을 수 없었던 겁니다. '의병'의 '의'가 우리가 생각하는 '의'와는 다르다는 걸 이해해야 합니다.

　어쨌든 사대부는 그런 순간에 목숨을 걸지 하루하루 즉물궁리를 하느라 목숨을 걸지는 않습니다. 왕수인은 아무래도 무인 출신이라 그런지 거기에 목숨을 걸었어요. 주자학의 방법론과 안 맞죠. 그래서 다른 길을 찾습니다. 진리는 밖에 있는 게 아니라 안에 있다는 식의 새로운 학문, 심학(心學)을 주창했죠. 왕수인의 학문에 대해서는 조선의 양명학자를 다룰 때 다시 말씀드리겠습니다.

　서경덕은 왕수인과는 달리 격물치지를 투철하게 했어요. 그래서 앞에서 살펴보았듯이 하도낙서 같은 도판을 풀로 벽에 붙여 놓고 연구를 하는 겁니다. 그걸 3년 동안 하고 나서 발을 걷었다고 했지요. 이런 소질은 타고난 것 같습니다. 남계(南溪) 박세채(朴世采)의 문집에 보면 화담의 어린 시절 격물 일화가 나옵니다. 종달새가 어떻게 나는가를 궁구한 거예요.

> 화담은 집안이 아주 가난했다. 어린 시절 부모가 봄이 되면 논밭에 가서 나
> 물을 캐어 오게 했는데 매일 늦게 돌아왔고 나물 또한 광주리에 차지 않았
> 다. 부모가 이상하게 여겨 물으니, 이렇게 대답했다. "나물을 캐고 있는데
> 새 한 마리가 날고 또 날았습니다. 오늘은 땅과 일 촌 정도 떨어지고 다음날
> 이 촌이 되었습니다. 또 그다음 날이 되니 세 치 정도 되었습니다. 조금씩
> 위를 향해 더 높이 나니, 저는 이 새가 나는 것을 보고서 가만히 그 이치를
> 생각해 보았지만 어째서 그런지 알 수 없었습니다. 이 때문에 매일 늦게 돌
> 아온 것입니다. 나물 또한 그래서 광주리에 차지 않았습니다." 그 새의 속명
> 은 종종조(從從鳥: 종달새)라고 하는데 봄이 되면 지기(地氣)가 위로 올라가기
> 때문에 그때그때마다 그 기가 이르는 바를 따라 높이 날기도 하고 낮게 날
> 기도 하는 것이다. 화담이 이치를 궁구하게 된 힘이 여기에 근원하고 있으
> 니 기이한 일이다.
>
> —『남계집(南溪集)』, 「기소시소문(記少時所聞)」❹

서경덕이 어린 시절부터 격물에 소질이 있었다는 걸 짐작케 하는 일화
입니다. 서경덕은 종달새가 조금씩 높이 나는 이유를 알아내지 못했다고
했지만 박세채가 보충한 설명을 보면 성리학자들이 자연을 이해하는 방식
을 알 수 있습니다. 새가 나는 현상을 직접 관찰하고 이야기한다는 점에서
과학적 관찰에 가깝지만, 기(氣)를 원인으로 설명하는 걸 보면 과학과는
거리가 있습니다. 아무튼 당대 지식으로서는 나름대로 합리적인 결론을
내놓은 것입니다.

소리 없는 거문고

서경덕의 정신세계를 살펴볼 수 있는, 거문고를 주제로 한 철학시 두 수를 읽어 보겠습니다. 거문고는 거문고인데 현이 없는 무현금(無絃琴)입니다.

> 거문고인데 줄이 없다[琴而無絃]. 체(體)는 그대로 두고 용(用)을 없앤 것이다[存體去用]. 그러나 정말 용을 없앤 것이 아니다. 고요함이 움직임을 머금고 있기 때문이다. 소리가 나는 데에서 듣는 것은 소리가 없는 가운데 듣느니만 못하다. 보이는 가운데 즐기는 것은 보이지 않는 가운데 즐기는 것만 못하다. 보이지 않는데 즐겨야 비로소 환하게 볼 수 있고 소리 없는 가운데에서 들어야 비로소 미묘한 소리를 들을 수 있다. 밖에서 구하는 것은 유(有)의 세계이고 안에서 깨닫는 것은 무(無)의 세계다. 다만, 그 가운데에서 즐길 뿐이니 어찌 거문고 줄 위에서 공부하랴!
>
> ─『화담집(花潭集)』, 「무현금명 1(無絃琴銘一)」**❺**

거문고가 있는데 줄이 없다[琴而無絃]는 겁니다. 그러면 정말 줄이 없는 거문고를 갖다 놓고 이야기하는 거냐? 그건 아닙니다. 거문고도 없습니다. 체(體)라고 하는 것은 현상의 배후에 있기 때문에 보이거나 들리지 않습니다. 보이지 않고 들리지 않는 것을 보여 주기 위해 거문고를 빌려 말하는 것일 뿐입니다. 그래서 "정말 용을 없앤 것이 아니다[非誠去用]"라고 합니다. 용(用)은 작용입니다. 작용은 현상이니까 보이고 또 들립니다. 거문고를 연주해서 소리가 나는 것은 작용인데, 그 소리가 나게 하는 것은 거문고 본체에 있다는 겁니다. "고요함이 움직임을 머금고 있다[靜其含動]"는 말이 그런 맥락입니다. 소리 없는 가운데 소리를 듣고 보이지 않는 가운데 봐야 제대로 듣고 제대로 본다고 한 것은, 사물의 겉모습만 보고 들어서는 안 되고 본질을 꿰뚫어 봐야 한다는 겁니다. 이것은 앞서 말씀드린 것처럼 주자학의 격물치지론에 입각한 관점입니다. 또 한 수 읽어 보겠습니다.

> 거문고의 줄을 쓰지 않고 줄의 줄(絃絃)을 쓰는 것이다. 율려(律呂: 음계) 밖에 있는 궁상(宮商: 소리의 높낮이)을 쓰는 것이다. 나는 하늘의 근원을 터득한지라 음을 가지고 즐기는데, 소리의 소리를 즐긴다. 귀로 듣는 것이 아니라 마음으로 듣는 것이다. 저 자기(子期: 백아의 거문고 연주를 듣고 감탄했던 종자기)가 어떻게 내 거문고 소리를 듣겠는가.
>
> ─『화담집(花潭集)』,「무현금명 2(無絃琴銘二)」[6]

본래 무현금은 동진(東晉)의 도연명(陶淵明)이 줄 없는 거문고를 갖다 놓고 거문고를 즐겼다는 고사에서 비롯된 것인데, 무현금은 아니지만 더 오래된 이야기가 『장자』에도 나옵니다. 『장자』에 소문(昭文)이라는 거문고 명인이 나옵니다. 그런데 소문이 악곡을 연주하면 한 곡만 듣게 되지만 악곡을 연주하지 않으면 모든 곡을 듣게 된다고 했습니다.

실제로 이런 음악이 현대에 작곡된 적이 있습니다. 존 케이지의 〈4분 33초〉라는 곡입니다. 3악장 구성의 악보가 있는데 사실 악보에는 아무것도 기록되어 있지 않습니다. 그저 아무것도 '연주하지 마라'는 뜻인 'TACET(라틴어로 소리 없음을 뜻하는 음악 용어)'라고 적혀 있을 뿐입니다. 연주하지 않는 연주가 시작되었을 때 처음 몇 초 정도 관객이 기다리다가 나중에 웃고 떠들고, 그러다가 다시 조용해지고 시끄러워지기를 반복하다가 난리가 납니다. 그날 청중들은 수많은 음악을 들었을 겁니다. 이 곡 또한 실제 피아니스트가 한 곡을 연주하면 그 한 곡만 살아 있고, 연주하지 않으면 모든 곡이 다 살아 있다는 데서 착안한 겁니다. 서경덕이나 장자의 뜻과 비슷합니다. 평소에는 절대 들을 수 없는 음악을 그때 듣는 거죠. 그게 아니더라도 연주회에 가서 연주가 시작되기 전 침을 꿀꺽 삼키면서 기다리는 그 순간이야말로 가장 아름답게 들리는 음악일 수 있습니다.

바람은 어디에서 오는가: 태허의 발견

다음은 부채 이야기입니다. 부채를 흔들면 바람이 생기죠. 지금이야 바람을 측량할 수 있지만 성리학자들은 바람을 유기이무질(有氣而無質), 곧 기(氣)만 있고 질(質)은 없다고 보아서 만져지거나 측량되지 않는 것이라고 했습니다. 그러면 이 바람은 도대체 어디서 생기는 것이냐? 이게 철학적 주제입니다. 『중용』에 지풍지자(知風之自), 곧 '바람의 유래를 알다'라는 말이 있습니다. 바람이 어디서 불어오는지를 안다는 뜻도 되지만 대관절 바람이 어디서 어떻게 생기는지를 안다는 뜻이기도 합니다. 곧 만물의 근원을 안다는 뜻입니다. 이에 대한 화담의 추론이 이 시에 실려 있습니다.

　아래의 시는 김안국(金安國)이 선물로 보낸 부채에 감사하며 화담이 지은 시예요. 화담이 31세 때, 한성부 판윤으로 있던 김안국이 천거했는데 안 나갑니다. 당시 과거 시험을 보지 않고 은거하던 학자들이 많으니까 조정에서 인재를 등용하기 위해 중앙의 관리들과 지방 수령에게 학행이 뛰어난 이들을 추천하게 했는데, 서경덕은 120명 중에서 1등으로 추천되었어요. 그런데 사양하고 나가지 않았습니다.

묻노니 부채를 흔들면 바람이 생기는데 바람은 어디에서 나오는가. 만약 부채에서 나온다고 말할 것 같으면 부채 안에 어찌 바람이 있을 수 있겠는가. 부채에서 바람이 나오지 않는다고 말할 것 같으면 필경 바람은 어디에서 나온단 말인가. 바람이 부채에서 나온다고 해도 말이 되지 않고, 부채에서 나오지 않는다고 해도 말이 되지 않는다. 만약 허(虛)에서 바람이 나온다고 하면 도리어 부채와는 상관이 없고, 또 허가 어찌 스스로 바람을 만들어 낼 수 있겠는가. 내 생각에 이렇게 말하는 것은 옳지 않다. 부채가 바람을 움직일 수는 있지만 바람을 만들어 낼 수는 없다. 바람이 고요하고 맑은 상태로 태허(太虛)에서 쉬고 있을 때에는 아지랑이[野馬]나 티끌[塵埃]이 일어나는 것도 보이지 않는다. 그러나 부채를 흔들자마자 바람이 바로 움직인다. 바람이라는 것은 기이고, 기는 천지 사이에 가득 차 있다. 마치 물이 계곡에 가득 차 있는 것처럼 빈틈이 없다. 저 바람이 고요하고 담담한 때에 이르러서는 다만 바람이 모이고 흩어지는 모양이 보이지 않을 뿐이다. 그러니 기가 어찌 빈 곳을 떠난 적이 있겠는가.

—『화담집(花潭集)』,「사김상국(안국)혜선(謝金相國(安國)惠扇)」❼

이처럼 서경덕은 부채를 예로 들어 바람을 설명하면서 부채에서 바람이 생기는 것이 아니라 부채가 태허의 상태에 있는 기를 움직여서 바람이 생기는 것이라고 풀이합니다. 기가 하늘과 땅 사이에 빈틈없이 가득 차 있는 것을 가정한 것인데, 마치 물이 계곡에 가득 차 있는 것과 같다고 보았습니다. 여기서 눈여겨보아야 할 부분은 서경덕이 태허(太虛)를 이야기하면서 허(虛)와 구분하고 있다는 점입니다. 허가 바람을 만들어 낼 수 없다고 이야기한 데서 알 수 있듯이 텅 빈 상태에서는 어떤 변화도 일어날 수 없습니다. 허와 달리 태허는 텅 빈 것이 아니라 기가 가득 차 있는 상태를 말합니다. 가득 차 있는 기가 부채를 흔들면 바람으로 나타난다는 거죠. 따라서 서경덕이 말하는 태허즉기(太虛卽氣)는 온 우주가 기로 가득 차 있는 상태를 가리킨다고 이해할 수 있습니다. 그리고 이 기(氣)를 다시 음과 양으로 나누어서 이해하는데, 온천을 설명하는 글에서 음양에 대한 견해를 엿볼 수 있습니다.

온천은 왜 뜨거운가: 음양론

음양론은 모든 사물을 음과 양 두 가지로 나누어 분류하는 이론입니다. 이를테면 하늘, 아버지, 남성, 선, 동물, 가벼운 것, 뜨거운 것 등은 양이고, 땅, 어머니, 여성, 악, 식물, 무거운 것, 차가운 것 등은 음으로 분류합니다. 이런 분류를 따르면 땅속에 있는 물은 음 속에 있는 음물로 차가울 수밖에 없는데, 온천은 땅속에서 솟아나는 샘인데 뜨겁습니다. 이 현상을 화담이 어떻게 설명하는지 살펴보겠습니다.

> 하늘은 양(陽)을 주로 하고 땅은 음(陰)을 주로 한다. 불은 뜨겁고 물은 차가운 것, 이것이 본성이다. 불의 경우에 차가운 것이 있다는 이야기는 들은 적이 없는데, 물에 간혹 따뜻한 것이 있는 것은 어째서인가. 소강절(邵康節: 소옹(邵雍), 강절은 자, 북송 시대 유학자로 『주역』을 응용한 수리철학을 창안함)은 이렇게 말했다. "일기가 나뉘어 음양이 되고 음양이 절반씩 섞여 형과 질이 갖추어진다." 음과 양이 치우치면 성(性)과 정(情)이 나오는 것이다. 이런 이치를 안다면 물이 따뜻한 것을 이상하게 여길 것이 없다. 하늘에 처음부터 음이 없는 것이 아니고 땅에 처음부터 양이 없는 것이 아니다. 얼음은 얼음이 있

는 곳에 머물고 불은 불이 있는 곳에 머문다. 또 하늘의 양기는 늘 땅의 빈 곳에 관통되어 있어서 땅이 그 양기를 받지 않을 수 없다. 그래서 말하기를, 하늘은 하나로서 가득 차 있고 땅은 둘로서 비어 있다. 양기가 땅속에 온축되어 있다가 기가 혹 한 부분으로 폭주해서 양기가 쌓여 끓어오르면, 샘의 수맥이 그 양기가 증발하는 힘을 입어서 뜨거워지는 것이다.

—『화담집(花潭集)』, 「온천변(溫泉辨)」⑧

우리는 지열이나 마그마와 같은 화산 활동에 의해 땅속에서 흘러나오는 샘이 온천이라는 사실을 알고 있지만 이 당시는 이걸 관측하거나 입증할 수 없었습니다. 그래서 음과 양의 범주를 새롭게 적용하여 온천을 설명한 겁니다. 우선 차가운 불은 없는데 뜨거운 물이 있는 이유는 뭐냐, 하고 기존의 음양 이론으로 설명되지 않는 현상에 대해 의심을 품습니다. 과학적인 태도죠. 과학이라면 새로운 이론을 만들 때 기존의 이론을 분명하게 이해하는 과정이 선행되어야 하는데, 서경덕도 마찬가지로 기존의 음양 이론으로는 설명되지 않은 현상을 발견하고 합리적 원인을 찾아본 겁니다. 근대 과학처럼 정확하지는 않지만 그래도 그 당시 알고 있던 지식으로 적절하게 설명했다는 점에서 과학적이라고 평가할 만합니다.

"하늘은 하나로서 가득 차 있고 땅은 둘로서 비어 있다〔天一而實 地二而虛〕"라는 말이 나오는데, 『주역』「설괘전(說卦傳)」에 나오는 "하늘은 하나, 땅은 둘〔天一地二〕"이라는 해설과 양을 실(實)로, 음을 허(虛)로 보는 『주역』의 일반적인 원리를 응용한 표현입니다. 이런 대목을 보면 서경덕이 『주역』에 정통했을 뿐 아니라 주역의 세계관을 응용하여 자연을 이해하고 설명하는 수준에 이르렀다는 점을 알 수 있습니다. 『주역』에서는 양기를 나타내는 양효 여섯 개를 그려서 하늘(건괘, ☰)을 나타내고, 음효 여섯 개를 그려서 땅(곤괘, ☷)을 나타냅니다. 천일이실(天一而實), 지이이허(地二而虛)의 일(一)과 이(二)는 숫자이기도 하지만 양효와 음효를 그린 것이기도 합니다. 양효(—)는 둘 사이가 채워져 있고, 음효(--)는 둘 사이가 비워져 있죠. —는 유(有)고, --는 무(無)인데 정확히 말하면 두 선 사이에 빈 부분이 무(無)예요. 사실 유(有)는 보이는 거니까 —로 표시해서 보여 주면 되는데, 무(無)는 보이지 않으니까 보여 줄 방법이 없습니다. 그래서 착안한 방법이, 있는 것과 있는 것 사이에 보이지 않는 것을 그려서 무(無)를 보여 주는 것입니다. 그래서 양을 실(實)이라고 하고 음을 허(虛)라고 한 겁니다. 이 글에서 서경덕은 땅은 음이고 비어 있기 때문에 양기가 들어갈 틈이 있다고 봅니다. 그래서 땅의 빈 틈[虛]에 양기가 들어 있다가 샘을 건드리면 온천이 솟아 나온다는 거죠.

기일원론(氣一元論): 유물론적 세계관

바람이나 온천에 대한 설명이 가능했던 것은 서경덕이 자신의 기철학을 바탕으로 대상을 사유했던 덕분입니다. 서경덕이 펼친 기철학의 일단을 살펴보겠습니다.

태허(太虛)는 담담하여 형체가 없다. 부르기를 하늘보다 앞선 이[先天]라고 한다. 태허라는 놈의 크기는 밖이 없고[其大無外], 그보다 앞선 시작이 없고[其先無始](태허보다 앞서서 존재하는 것은 없다), 그 유래는 궁구할 수 없다. 태허의 담연허정(湛然虛靜: 맑고 고요함)한 세계는 기의 근원이다. 밖이 없을 만큼 큰 공간에 가득 차 있고 충실하게 꽉 차 있고 빈틈이 없어 용납할 수 있는 조금의 공간도 없다. 그렇지만 움켜쥐면 비어 있고 붙잡아도 없다. 그렇지만 가득 차 있으니 없다고 말할 수 없다. 이 경지에 도달하면 소리를 귀로 들을 수 없고 맡을 수 있는 냄새도 없다. 천명의 성현들이 말하지 않았고, 주돈이나 장재(張載: 북송 시대의 유학자로 태허를 만물의 근원으로 삼는 기철학 체계를 수립하였음)는 인도하긴 했지만 말하지 않았으며, 소옹(邵翁)은 한 글자 쓰지 못했던 부분이다. 성현들이 한 말을 주워 거슬러 고찰해 보면 『주역』에서 이른바 고요히 움직이지 않는다고 한 것이고, 『중용』에서 이른바 성은 스스로 이룬다고 한 것이다. 담담한 본체를 말하자면 일기(一氣)라 하고, 혼연한 전체를 말하자면 태일(太一)이라 한다. 주돈이가 이를 어떻게 할 수 없어 단지 조금 말을 해서 무극이태극(無極而太極)이라 했으니, 이것이 바로 하늘보다 앞선 세계다. 기이하지 않은가. 기이한 가운데 기이하다. 신묘하지 아니한가. 신묘한 가운데서도 신묘하다. 갑자기 약동하고 갑자기 열리니, 누가 그렇게 하게 하는가. 스스로 그런 것일 뿐이다.

—『화담집(花潭集)』, 「이기(理氣)에 관하여[原理氣]」[9]

태허(太虛)는 서경덕이 이야기하는 기의 가장 근원적인 표현입니다. 비어 있는데 기로 가득 차 있는 상태죠. 그리고 태허는 밖이 없다고 표현합니다. 그런데 사실 밖이 없다는 것은 상상할 수가 없습니다. 칸트도 이렇게 이야기합니다. "우리는 시간적으로는 처음을 이야기할 수 없고, 공간적으로는 가장 큰 것을 이야기할 수 없다." 아무리 처음을 상상해도 다시 그 이전을 상상할 수 있으므로 처음이 어느 때라고 상상할 수 없고, 아무리 큰 것을 상상하더라도 다시 그 밖을 상상할 수 있으므로 밖이 없는 것은 상상이 안 된다는 거죠. 하지만 상상할 수 없다 하더라도 '밖이 없다'는 형이상학적 규정을 통해 가장 큰 사물을 표현할 수 있고, '안이 없다'는 표현을 통해 가장 작은 사물을 표현할 수 있습니다. 또 가장 오래된 사물을 '그보다 앞선 존재가 없다'는 식으로 표현할 수 있죠. 실제로 그런 사물이 있는 것을 보고 하는 말이 아니라 그렇게 규정하는 거죠. 만물만사의 근원이 되려면 그 정도의 논리적 조건을 충족시켜야 하니까요. 또 상상할 수 없어야 존재의 근원이 될 수 있습니다. 그래서 붙잡아도 잡히지 않고, 귀로 소리를 들을 수 없고, 눈으로 모습을 볼 수 없다고 한 겁니다. 감각으로 포착하는 순간, 한정된 조건에 놓이기 때문에 가능성이 축소됩니다. 그러니 뭐라고 표현할 수 없는 게 어찌 보면 당연한 겁니다. "천명의 성현들이 말하지 않았고, 주돈이나 장재는 인도하긴 했지만 말하지 않았으며, 소옹은 한 글자 쓰지 못했다"라고 한 것이나, "주돈이가 이를 어떻게 할 수 없어 단지 조금 말을 해서 무극이태극이라고 했다"라고 한 것은 바로 그런 불가형용(不可形容)을 지적한 것입니다.

마지막으로 "갑자기 약동하고 갑자기 열리니, 누가 그렇게 하게 하는가. 스스로 그런 것일 뿐이다"라고 했는데, 이이가 서경덕에게 자득지미가 있다고 한 것은 바로 이런 대목을 두고 한 말입니다. 이 구절은 태허일기를 움직이게 하는 원인이나 절대자가 따로 있지 않고, 태허 그 자체가 움직일 뿐이라는 뜻이죠. 주자 계열의 성리학자라면 이 대목에서 이(理)가 등장할 텐데, 서경덕은 이(理)를 끌어오지 않고 바로 태허일기가 자생자화(自生自化)한다고 본 것입니다. 따라서 서경덕의 우주론을 기일원론으로 정리하는 것은 타당한 견해라 할 수 있습니다.

삶과 죽음의 경계를 넘어서다

서경덕은 58세로 세상을 떠납니다. 그때 곁에 있던 제자가 지금 선생의 마음이 어떠한지 물으니까 "죽고 사는 이치를 안 지 오래되었는지라 마음이 편안하다"라고 이야기합니다. 「연보」의 끝부분을 살펴보겠습니다.

> 선생은 58세 되던 명종 원년 7월 7일에 화담 서재에서 역책(易簀)하셨다. 선생은 갑진년 겨울부터 줄곧 병으로 누워 계셨다. 이날에 병이 위독해져 모시는 제자로 하여금 업고서 못가로 나가, 목욕을 하고 돌아와서 한 식경(食頃: 밥을 먹을 동안이란 뜻으로 잠깐 동안을 이름)쯤 있다가 마침내 돌아가셨다. 임종에 문하에 있던 어느 제자가 이렇게 여쭈었다. "지금 선생님 마음이 어떠신지요?" 선생이 말씀하셨다. "죽고 사는 이치를 안 지 오래되었는지라 마음이 편안하다." 8월에 화담 뒤편 언덕에서 장례를 치렀다.
>
> ―『화담집(花潭集)』, 「연보(年譜)」[10]

이때가 1546년 명종 원년입니다. 원문에 역책(易簀)했다고 기록하고 있는데 유학자의 죽음을 일러 역책이라고 합니다. 본래 『예기』에 나오는 말인데 공자의 제자 증삼이 죽기 전에 대자리를 바꾸었다(易簀)는 뜻입니다. 증삼이 병이 위독해서 막 죽으려 할 때, 곁에 모시고 있던 동자가 증삼이 누워 있던 대자리를 보고 대부의 대자리 같다고 하니 증삼이 즉시 바꾸라고 합니다. 아들 증원이 병이 급하니 우선 그냥 두시고 차도가 있을 때 바꾸자고 하니, 증삼이 말하길 "네가 나를 생각하는 것이 저 동지기 니를 생각하는 것보다 못하다"라고 하고는 바꾸게 합니다. 그렇게 대자리를 바꾸고 자리에 다시 누웠는데 편안하게 눕지 못한 채로 세상을 떠납니다. 증삼은 죽는 순간에도 예를 지킨 것입니다. 공자의 제자 중유(자로)도 화살에 맞아 죽기 전에 갓끈이 끊어지니까 갓끈을 바로 매고 죽었다고 하죠. 이를 결영(結纓)이라고 합니다. 그래서 자로 같은 무인이 죽을 때는 결영이라 이르고, 증자 같은 학자가 죽을 때는 역책이라 이릅니다. 올바른 도리를 지키면서 세상을 떠나는 것이죠. 역책이라는 말을 쓰는 건 유학자로서 한 점 부끄러움 없이 살다가 세상을 떠났다는 의미이기에 영예입니다. 예학의 대가 사계(沙溪) 김장생(金長生)이 죽을 때도 역책이라는 말을 썼습니다.

이처럼 서경덕은 죽음을 앞두고 초연한 태도를 보여 주었는데, 군자의 죽음이라 할 만합니다. 임종(臨終)이란 말은 지금도 흔히 쓰지만 본래 군자의 죽음을 뜻하는 표현입니다. '군자왈종(君子曰終) 소인왈사(小人曰死)'라고 해서 군자가 죽는 것을 종(終)이라 하고, 소인이 죽는 것을 사(死)라고 합니다. 유학의 사생관이 반영된 표현인데, 유학의 입장에서 바라보면 삶[生]은 내가 어떻게 결정할 수 없습니다. 원해서 태어나는 것도 아니고 인간의 능력을 넘어서 있죠. 다만, 어떻게 살다가 죽을 것인지는 내가 결정할 수 있다고 봅니다. 그래서 어떻게 죽느냐가 특히 중요합니다. 서경덕은 마음이 편안하다고 말하고 죽었다고 하는데, 이는 흔치 않은 일입니다. 『월든』의 작가 헨리 데이비드 소로도 편안하게 죽었다고 합니다. 죽음을 맞이할 때 체온이 서서히 식어가는 것도 자연스럽게 받아들이겠다고 했고 실제로 그렇게 죽었어요. 곁에서 소로의 죽음을 지켜본 친구가 그렇게 편안하게 죽는 사람을 본 적이 없다고 했습니다. 아마 서경덕의 죽음도 그랬을 겁니다. 서경덕은 삶과 죽음의 경계를 성리학적 방식으로 넘어선 인물이라고 할 수 있습니다.

15장

이언적

세계의 근원에 대한 질문을 던지다

적극적인 출사

이언적(李彦迪, 1491~1553)은 경상북도 경주 출신입니다. 호는 회재(晦齋)·자계옹(紫溪翁)이고 외가인 경주 손씨가 살던 양좌촌(良佐村), 현재의 양동마을에서 태어납니다. 외숙부였던 손중돈(孫仲暾)이라는 인물은 그 당시 유림의 대표로 굉장히 명망 있는 학자였습니다. 당시 양동마을에는 뛰어난 인물 세 명이 나온다는 전설이 내려오고 있었는데 이언적이 외가에서 태어나는 바람에 그 세 명 중 한 명이 되었다고 합니다. 말하자면 손씨에서 나올 큰 인물의 운명을 가로챈 셈이죠. 이언적이 세상에 널리 알려진 다음, 양동마을에서 시집간 딸은 절대 친정에 와서 해산하지 못하게 하는 금지령을 내렸다고 해요. 비록 사돈 간이라 하더라도 주어진 인재의 몫을 빼앗기는 건 용납이 안 된다는 거죠. 물론 어디까지나 재미난 전설일 뿐입니다만.

회재 이언적과 화담 서경덕의 차이점은 일단 출처(出處)에서 찾을 수 있습니다. 서경덕은 혼란의 시대를 피해 은거하는 길을 택했습니다. 앞서 말씀드린 것처럼, 서경덕은 31세 때 전국에서 추천한 120명의 선비 중에서 1등으로 천거를 받았는데 관직에 나아가지 않습니다. 43세 때 어머니가 연로하고 먹고살 방책이 없어서 할 수 없이 과거 시험을 보고 사마시에 급제하는데 출사하지 않았어요. 이언적은 다릅니다. 24세에 과거에 급제하고 난 뒤 국가의 요직을 두루 거칩니다. 서경덕과 달리 적극적인 출사를 통해 나라의 문제를 바로잡아 보려 했는데, 결국 뜻을 이루지 못하고 만년에 고난을 겪었습니다.

이언적은 1491년(성종 22)에 태어나서 1553년(명종 8)에 세상을 떠났는데, 태어난 지 얼마 안 되어서 사화가 일어났고 결국 사화에 연루되어 유배지에서 돌아오지 못한 채 세상을 떠났습니다. 8세 때 무오사화(1498), 14세 때 갑자사화(1504), 29세 때 기묘사화(1519), 55세 때 을사사화(1545)가 일어났으니 그야말로 4대 사화를 다 겪으면서 어려운 시대를 산 인물입니다. 그 와중에도 중요한 논쟁을 펼치고 주자학의 한국적 전개를 보여주는 수준 높은 저술을 남겼습니다.

이언적의 정치적 숙적은 김안로(金安老, 1481~1537)입니다. 김안로를 찾아보시면 조선 시대 중기의 권신(權臣)으로 나올 겁니다. 권신이라고 하면 권력을 장악하고 국정을 좌우했던 신하라는 의미로 쓰이는 말이죠. 학문이나 덕행이 아니라 그 사람이 누렸던 권력을 기준으로 한 부정적 평가라 할 수 있습니다.

김안로는 정계에서 불사신처럼 계속 살아납니다. 조선 시대를 배경으로 하는 사극에 김안로가 없으면 이야기 전개가 안 될 정도로 자주 등장하는 인물이기도 하죠. 문정왕후와 라이벌 관계를 형성했던 복성군(福城君)의 친모 경빈 박씨(敬嬪朴氏)를 무고해서 죽인 장본인이기도 합니다. 중종의 첫 번째 계비인 장경왕후가 세자(인종)를 낳자마자 죽습니다. 그러자 경빈 박씨가 자기 소생인 복성군을 세자로 만들려고 애를 쓰는 가운데 흉측한 사건이 일어납니다. 세자의 생일날 누군가 쥐를 잡아서 네 다리와 꼬리를 자르고 눈을 지지는 등 온갖 해코지를 해서 동궁의 은행나무에 매달아 놓은 겁니다. 이 사건을 작서지변(灼鼠之變)이라 합니다. 결국 경빈 박씨와 복성군이 의심을 받고 귀양 가서 사약을 먹고 죽는데, 나중에 김안로의 아들 김희(金禧)가 조작한 사건으로 결론이 납니다. 김희는 장경왕후의 딸인 효혜공주(孝惠公主)와 결혼한 부마(駙馬)였습니다. 아들이 부마였으니 김안로는 중종과 사돈 간이었던 거죠.

조선 시대에는 이런 식으로 왕위 계승을 둘러싼 대립이 종종 일어나는데, 그 과정에서 외척의 권력 개입이 빈번해지고 그 결과 왕권이 약화되는 부작용이 일어납니다. 혼인 관계에 따라 왕의 측근이 된 외척이 권력을 농단하기 시작하면 왕권의 정통성이 흔들릴 수밖에 없기 때문입니다.

조선은 유교 국가이고, 유교적 종법 윤리의 근간은 혈통입니다. 혈통의 친소 관계에 따라 종법을 세우고 그 종법으로 나라를 다스린 게 주나라 제도예요. 이후 상속을 비롯한 중요한 권리의 순위를 정할 때 종법을 기준으로 삼았습니다. 특히 조선 시대의 경우 혈통의 친소를 기준으로 제례나 상례를 만들었어요. 예를 들어 어버이가 돌아가시면 삼년상을 치르는데, 이때는 참최(斬衰)라고 상복 아랫단을 잘라 너덜너덜하게 입고, 모친상에는 자최(齊衰)라고 해서 아랫단을 자르지만 기운 상복을 입습니다. 이촌 산에는 자최 일년복을 입고, 육촌 이내의 근친일 경우에는 대공(大功) 9개월복을 입고, 그다음으로 소공(小功), 시마(緦麻), 이런 식으로 친소에 따라 차이가 나도록 상복을 입죠. 모든 게 혈통의 친소 관계로 결정됩니다. 그런데 혈통을 기준으로 수립된 사회질서는 혈통에 문제가 생기면 해결이 안됩니다. 조선에서 이런 문제가 막 불거지기 시작했던 때가 이언적이 살았던 시기였다고 할 수 있습니다.

자옥산에서 성리학 연구에 전념하다

이언적은 주자의 호에서 영향을 받아 스스로 호를 회재(晦齋)라 했습니다. 주자는 이름이 밝을 희(熹)이고, 자를 원회(元晦), 호를 회암(晦庵)이라고 했습니다. 이름은 밝다〔熹〕는 뜻이고 자는 어둡다〔晦〕는 뜻을 써서 음양의 조화를 추구한 겁니다.

이언적이 벼슬을 그만두고 고향에 돌아가서 경주 옥산(玉山)에 독락당(獨樂堂)을 짓고 산 적이 있는데, 그곳이 바로 지금 경주 안강에 있는 옥산서원 부근입니다. 옥산서원에서 북쪽으로 500미터쯤 올라가면 독락당이 있습니다. 이언적은 이곳에서 은거하며 옥산을 자옥산(紫玉山)으로 이름 붙이고 스스로 자옥산인(紫玉山人)이라고 했는데, 이 또한 자양(紫陽)이라는 주자의 호를 따른 것입니다. 자양은 지명입니다. 주자가 오죽 그리웠으면 이걸 따라 했을까 싶습니다. 이것만 봐도 조선 시대 유학자들이 송나라 유학자들에게 어떤 감정을 가졌는지 대략 짐작할 수 있습니다.

일본의 오규 소라이(荻生徂徠)는 주자학을 독자적인 방향으로 전개한 에도 시대의 유명한 유학자입니다. 이 사람은 물무경(物茂卿)이라는 중국식 이름으로 창씨개명을 할 정도로 중국 유학을 숭모했고, 교토 쪽으로 이사를 가면서 서쪽으로 와서 중화의 나라에 조금이라도 더 가까워졌다고 기뻐했습니다. 추사 김정희와 그 제자들도 소동파를 좋아해서 지금 우리 입장에서 보면 사대주의자가 아닌가 싶을 정도로 숭모했습니다. 이것은 힘이 센 나라에 대한 사대라기보다 문화에 대한 열망 같은 것이죠.

회재는 을사사화로 유배되어 적소(謫所: 귀양지)였던 평안도 강계(江界)에서 63세로 세상을 떠날 때까지 거듭된 사화의 시대를 살았습니다. 서경덕은 사화가 일어나거나 말거나 이미 자유로운 상태였기에 문제가 안 되는데, 회재는 출사해서 조정에 있었습니다. 아무리 좋은 뜻을 품고 있어도 시대가 안 따라 주면 어떻게 해도 욕을 먹게 되어 있습니다. 이언적은 을사사화 때 좌찬성·판의금부사라는 중요한 직책을 맡아 사림과 권력층 간신 사이에서 억울한 사림의 희생을 막으려고 노력했지만 결국 뜻을 이루지 못합니다. 우리는 그런 경우에 윤봉길, 안중근 같은 의혈인들의 영웅적인 행위를 기대합니다. 개인이 역사를 어떻게 하겠습니까마는 "장부가 집을 나서면 돌아오지 않는다(丈夫出家 生不還)"라고 마지막으로 쓴 다음, 폭탄을 던졌던 일제 강점기의 의인들은 개인의 자격으로 역사를 바꾸려고 했죠. 이언적에게 그런 걸 기대했는지 모르겠지만, 이이는 사류들이 죽음을 당하는데 이언적이 중요한 자리에 있었으면서도 이를 막지 못했다고 비판합니다.

저도 연구를 할 때 그런 경우가 있습니다. 연구 인물이 한 점 흠 없는 사람이라면 얼마나 좋겠습니까? 그런데 안 그렇습니다. 잘나가다가 이상한 데로 빠집니다. 예컨대 우리나라 근대 문학과 역사 분야에서 탁월한 족적을 남긴 최남선 같은 경우도 초기에는 일제에 저항하면서 『소년』이라는 잡지를 만들어 봉건과 제국주의를 타파하는 선각자의 길을 갔습니다. 그런데 결국 나중에 일제에 협력합니다. 그런 인물을 어떻게 평가할지 큰 고민거리가 아닐 수 없습니다. 이런 경우는 사실을 중심으로 기술하는 게 필요합니다. 용납하고 말고의 문제보다 객관적으로 평가하는 것이 중요하기 때문입니다.

이언적을 평가할 때도 같은 기준을 적용해야겠지요. 조선을 볼 때도 객관적인 시각으로, 예를 들어 서양의 한 나라라고 가정하고 한 걸음 물러서서 보면 사화도 왕권과 신권의 갈등으로 바라볼 수 있습니다. 우리 조상님들, 하는 시각으로 보면 객관적인 평가를 내리기 어렵습니다. 왕이 날로 커 가는 신하들의 권력을 견제하고 정치적 돌파구를 마련하기 위해 새로운 정치 세력을 끌어들이는 과정에서 사화가 일어났다고 볼 수 있습니다.

특히 초창기 사화는 왕권을 강화하는 수단으로 볼 수 있습니다. 봉건 사회, 중세인 조선에서 땅은 모두 왕의 것입니다. 나라님이라는 말은 나라의 주인이라는 뜻이죠. 그런데 신하들이 왕의 것을 차지하고 백만 평, 이백만 평 되는 대토지를 소유합니다. 특히 태종 이후 세조에 이르기까지 이 산에서 저 산까지, 이 계곡에서 저 계곡까지 손으로 가리키는 곳이 모두 공신의 땅이라고 할 정도로 어마어마한 토지를 차지합니다. 왕으로서 그런 신하들을 그냥 두고 볼 수 없겠죠. 그렇다고 아무 명분 없이 죽일 수 없으니까 싸움을 붙이는 겁니다. 한쪽이 너무 강해지면 다른 쪽을 불러서 견제하는 식으로요. 이것을 왕권을 장악해 가는 과정이라고 보면, 세조도 그렇게 대응한 왕으로 볼 수 있습니다.

어쨌든 이언적은 사화의 시대를 살았고, 1514년(중종 9) 문과에 급제하여 이조 정랑, 사헌부 장령, 밀양 부사를 거쳐 1530년에 사간(司諫: 임금에게 직접 자기 의견을 말할 수 있는 자리)이 됩니다. 이때 김안로의 등용을 반대하다가 관직에서 쫓겨납니다. 김안로는 자기 아들을 장경왕후의 딸인 효혜공주와 결혼시켜 외척이 된 뒤, 조카딸, 손녀딸까지 왕과 가까운 이들에게 시집을 보냅니다. 왕권이 흔들리지 않는 한 쫓겨나지 않을 조건을 만들어 둔 것입니다. 그런데 나중에 문정왕후를 폐출하려다가 발각되어 죽음을 당하죠. 이처럼 김안로는 강력한 권력을 가지고 왕위 계승에까지 개입한 인물인데, 회재는 그런 김안로에게 대항하다가 쫓겨납니다. 이황은 이언적의 행장을 쓰면서 김안로가 복귀하고 싶어 했지만 이모(이언적) 때문에 어쩌지 못했다는 식으로 이 이야기를 자세히 기록합니다. 이이와 달리 이황은 이언적이 할 만큼 했다고 본 것이죠. 이이는 그래 봤자 이언적은 사림의 죽음을 막지 못했고 왕에게 직간을 하지 못했다고 평가했습니다.

현재 남아 있는 서원 중에서 가장 풍광이 좋은 데를 들라고 하면 우선 경상남도 산청의 덕천서원(德川書院)을 들지 않을 수 없습니다. 덕천서원은 지척에 지리산 봉우리가 우뚝 솟아 있어서 4월에도 정상의 눈이 보일 정도입니다. 그 앞에 덕천강이 흐릅니다. 이 덕천강이 굽이진 곳에 산천재(山天齋)라고 하는, 남명 조식이 은거하며 제자들에게 강학하던 곳이 있습니다.

덕천서원 다음으로 풍광이 좋은 곳을 들라면 청도에 있는 자계서원(紫溪書院)과 경주에 있는 옥산서원(玉山書院)을 꼽을 수 있습니다. 옥산은 지리산처럼 준령이라는 느낌은 안 들지만 산이 아주 예쁩니다. 옥산에서 발원하는 물길을 서원 안으로 끌어들여서 지나가게 했는데, 서원 내의 경관도 운치가 있고 바로 앞에 시내가 흐르는데 달 보면서 술 마시기에 기가 막힌 곳이 많습니다. 옥산서원 경내에는 무변루(無邊樓)라는 누대가 있는데 무변(無邊)은 주변이 없다, 끝이 없다는 뜻입니다. 실제의 공간은 그렇게 넓지 않은데 이름은 끝이 없다는 뜻입니다. 성리학자들이 온 우주를 가리키는 말로 즐겨 쓴 표현입니다. 옥산서원은 현판을 한석봉이 썼고 그 외에도 독락당을 비롯해 볼만한 곳이 많은데, 관직에서 쫓겨난 이언적이 성리학 연구에 전념했던 곳입니다.

양재역 벽서 사건에 연루되다

김안로 일당이 패망한 뒤 이언적은 다시 불려 나가 홍문관 교리를 지내고 전주 부윤으로 나가기도 했는데 지방관으로서 행정 실무도 잘 처리했다고 합니다. 이후 이조 판서·예조 판서·형조 판서 등 요직을 두루 거친 뒤 1545년(명종 즉위년)에 좌찬성이 되기에 이릅니다. 이때 윤원형(尹元衡) 일파가 을사사화를 일으키자 선비들을 심문하는 추관(推官)에 임명되었으나 결국 자기 뜻을 이루지 못하자 스스로 관직에서 물러납니다. 그러고는 1547년(명종 2) 윤원형 일당이 조작한 양재역(良才驛) 벽서(壁書) 사건에 무고하게 연루되어 강계로 유배되었고 그곳에서 많은 저술을 남긴 후 세상을 떠났습니다.

양재역은 지금의 서울 양재역 사거리입니다. 양재역 옆에 말죽거리가 있는데 말[馬]에게 죽을 끓여 먹였다고 해서 유래한 이름입니다. 역(睪)은 바꾼다[易]는 뜻이죠. 말[馬]을 바꾸어 타면 역(驛) 자가 되고, 말[言]을 바꾸면 번역(飜譯)의 역(譯) 자가 됩니다. 1547년 양재역에 "여주(女主)가 위에서 정권을 장악하고 간신 이기(李芑) 등이 아래에서 권력을 농단하고 있어, 나라가 곧 망할 것을 선 채로 기다리는 노릇이니, 어찌 한심하지 않은가[女主執政于上 奸臣李芑等弄權於下 國之將亡 可立而待 豈不寒心哉]"라고 쓰인 벽서가 나붙은 사건이 일어납니다. 당시에 문정대비(文定大妃)가 수렴청정을 하고 있었죠. 이언적은 이 사건에 연루되어 57세의 나이에 강계로 귀양을 갔다가 끝내 돌아오지 못한 채 63세의 나이로 유배지에서 세상을 떠납니다.

망재·망기당과 벌인 태극 논쟁

조선 시대 성리학의 성격을 심성론과 우주론의 결합이라는 특징에서 찾는 다면, 우주론과 관련된 주제를 두고 논쟁을 벌여 주자학적 개념을 본격적으로 확립하기 시작한 사람이 바로 이언적입니다. 우주론이라고 해도 인간을 비롯한 만물, 모든 존재의 근원에 대한 질문을 던졌기에 심성론과 연결되는 단초를 열었다고 할 수 있습니다.

그런데 이 논쟁은 이언적이 먼저 벌인 것이 아닙니다. 본래 이언적의 외숙부였던 망재(忘齋) 손숙돈(孫叔暾)이 경주 지역의 학자였던 망기당(忘機堂) 조한보(曺漢輔)와 편지를 주고받으면서 무극과 태극에 관해 논쟁하고 있었는데, 이언적이 그 편지를 보게 됩니다. 당시에는 선비들 간에 편지가 오가면 당사자들만 읽어 보고 끝내는 것이 아니라 주변의 다른 선비들에게 편지를 공개했습니다. 일종의 학술 토론을 편지글 형식을 빌려서 한 거죠. 이렇게 망재와 망기당이 학술 논쟁을 하는데 이언적이 참여해서 두 학자의 견해 중에 주자학 이론과 일치하지 않는 부분에 대해서 비판합니다. 자기 외숙인 손숙돈의 주장은 육구연(陸九淵: 1139~1192, 남송 시대 유학자로 아호사에서 주희와 논쟁을 벌임. 호는 상산. 주희의 격물설에 반대하고 심학을 주장함)의 심학에서 나온 것으로 순정하지 못하다는 표현을 쓰면서 상당히 강하게 비판하고, 망기당의 견해는 주돈이의 본지와 비슷하지만 역시 도가나 불교의 이론을 빌려 온 것이라고 비판합니다. 주자학 이론을 근거로 당시 학자들의 견해를 비판, 교정하는 역할을 한 셈인데, 이언적이 주자학을 충분히 이해하고 개념을 정확히 알고 있지 않았다면 불가능한 일입니다. 결국 두 사람의 동의를 얻어 내고 외숙이 자문하는 식으로 이언적에게 되물어 가면서 자기 주장을 조정했으니, 주자학이 이론적으로 자리를 잡아가는 데 이언적이 굉장히 중요한 역할을 했다고 할 수 있습니다.

이 논쟁은 이후 퇴계 이황과 고봉 기대승의 '사단칠정 논쟁', 율곡 이이와 우계 성혼 사이의 '인심도심 논쟁'이 연이어 일어날 실마리를 제공합니다. 이언적은 이 논쟁을 통해 존재에 대한 근원적인 물음을 제기했고 결과적으로 이 논쟁이 무르익어 인간 심성과 이기의 문제를 결합하는 주제가 등장할 수 있게 된 것입니다. 따라서 이언적은 조선 시대 성리학의 이론 전개에 주춧돌을 놓은 사람이자 주자학의 한국화에 길을 낸 인물이라고 할 수 있습니다.

서경덕이 주로 '기'를 중심으로 자신의 철학 체계를 수립했다면 이언적은 '이'를 중심으로 학문을 전개합니다. 서경덕의 기철학은 이이가 제기한 이통기국론(理通氣局論: 이는 어디에나 통하는 보편적인 존재이며 기는 제한적 존재라는 주장)의 형성에 영향을 주고, 이언적은 이황의 이기호발설(理氣互發說) 형성에 직접적인 영향을 끼칩니다.

그러면 태극 논쟁의 진행 과정을 구체적으로 살펴보겠습니다. 이언적은 1517년 손숙돈과 조한보 사이에 '무극태극 논쟁(無極太極論爭)'이 일어나자 손숙돈에게 조언하면서 '이'를 중시하는 견해를 제시하여 두 학자의 견해를 모두 비판합니다. 망재 손숙돈과 망기당 조한보 두 사람은 유학자라고는 하지만 호만 봐도 도가적 색채가 짙습니다. 망재(忘齋)라는 호는 '잊어버리는 집'이라는 뜻입니다. 망기당(忘機堂)이라는 호는 '기심(機心)을 잊어버리는 집'이라는 뜻으로 도가의 용어입니다. 기(機)는 기계(機械)예요. 한자에서 기(器)와 기(機)를 구분해서 쓰는데, 기(器)는 무언가를 담는 도구를 말하고 기(機)는 기계 장치를 말합니다. 그럼 기심(機心)이 뭔가? 이것은 본래 『장자』「우언」 편에 나오는 기계지심(機械之心)을 말합니다. 인간의 욕망은 두 가지로 나눌 수 있습니다. 하나는 생존하기 위해 필요한 자연스러운 욕망입니다. 다른 하나는 생존과 상관 없이 인위적으로 만들어진 과도한 욕망, 남과의 비교를 통해서 형성된 욕망인데 이를 기심(機心)이라고 합니다. 따라서 망기(忘機)라는 말은 이런 과도한 욕망을 잊어버린다는 뜻입니다. 도가에서는 이렇듯 잊을 망(忘)을 강조합니다.

물론 망(忘) 자를 유가에서 쓰지 않는 건 아닙니다. 『논어』식으로 이야기하면 공자가 '발분망식(發憤忘食) 낙이망우(樂以忘憂)' 했다고 하죠. 한번 흥미를 일으키면 밥 먹는 것을 잊어버리고 즐거움으로 근심을 잊었다는 겁니다. 공자는 다분히 마니아 기질이 있었거든요. 그런데 이런 특이한 경우를 제외하고는 잊어버리라고 강조하지 않습니다. 오히려 잊지 말아야 한다[不忘]고 강조합니다. 역시 『논어』에 "월무망기소능(月無忘其所能)", 곧 달마다 나에게 없는 것이 무엇인지 잊지 말아야 한다는 말이 나옵니다. 물론 이 말은 공자가 아니라 제자 자하가 한 말이지만 공자도 다르지 않습니다. 이처럼 유가에서 망(忘)을 이야기하는 건 특이한 경우일 뿐입니다.

손숙돈과 조한보가 호에 쓴 망(忘)은 망아(忘我)의 뜻으로, 도가의 영향을 받은 겁니다. 유가에서는 망아가 아니라 도리어 나를 세우는 것, 확고하게 깨닫는 것을 강조합니다. 망재와 망기당은 유학자라고는 하나 도가적 풍모가 강했던 사람들이고, 이는 당시 영남 지역 학자들의 풍모였다고 할 수 있습니다. 그런데 이언적이 그들의 논쟁에 가담해서 두 사람의 주장에 담긴 도가적 요소를 비판한 것이 태극 논쟁의 줄기입니다.

독자적인 학문 세계

이언적은 만년에 유배 생활을 하는 동안 『구인록(求仁錄)』(1550), 『대학장구보유(大學章句補遺)』(1549), 『중용구경연의(中庸九經衍義)』(1553), 『봉선잡의(奉先雜儀)』(1550) 등을 짓습니다. 『구인록』(4권)은 유교 경전의 핵심 개념인 인(仁)에 대한 이언적의 집중적인 관심을 보여 주는 저술입니다. 인은 공자가 특별히 강조한 덕목으로 『논어』에만 108번 나옵니다. 그 이전의 문헌인 『서경』에는 다섯 번, 『시경』에는 겨우 두 번밖에 안 나오니 인을 크게 강조하지 않았던 거죠. 공자가 인을 강조한 이후 맹자는 인의예지의 사덕(四德)을 모두 강조했는데, 이후 다시 인을 사덕 중 으뜸으로 강조하기 시작한 것은 북송의 성리학 시대부터입니다. 성리학에서는 인 속에 다른 모든 덕목이 다 포함되어 있다고 보았어요. 이언적은 유교의 여러 경전과 송대 도학자들의 학설을 연구하여 인의 본체와 실천 방법을 저술로 남겨 유학의 근본정신을 확인하고자 했습니다.

이언적의 저술 중에서 『대학장구보유(大學章句補遺)』와 『속대학혹문(續大學或問)』은 주희의 『대학장구(大學章句)』(주희가 고본 『대학』의 장과 구를 조정하고 빠진 부분을 보충해서 펴낸 책)와 『대학혹문(大學或問)』(주희가 『대학』의 요지를 문답 형식으로 정리하여 풀이한 책)을 넘어서려고 했다는 점에서 이언적의 독자적인 학문 세계를 보여 주는 중요한 저술입니다. 이언적은 주희가 『대학장구』에서 제시한 체계를 개편했고, 특히 주희가 역점을 두었던 「격물치지보망장(格物致知補亡章)」을 인정하지 않고 독자적인 해석을 시도합니다. 쉽게 말하면 『대학장구보유』는 주자가 새롭게 결정해 놓은 『대학장구』를 인정하지 않고 이언적이 개작을 한 겁니다. 이걸 굉장히 독창적이라고들 평가하는데 이 당시만 해도 주자의 저술에 대한 개작이 허용되는 분위기였으니 그 의미를 과장할 필요는 없습니다. 이때는 주희의 견해를 고쳤다고 해서 잡아가지는 않았습니다. 후대에 윤휴(尹鑴) 같은 이는 별로 고친 것도 없는데 사문난적(斯文亂賊)으로 몰렸습니다. 사실 윤휴는 학문적으로 보면 사문난적이라 할 수 없습니다. 오히려 주희의 해석과 다른 점을 찾기 어려울 정도로 비슷하거든요. 사문난적이라는 용어는 원래 유교에서 어긋나는 언행을 한 사람을 일컫는 말이었지만 정치적으로 악용되었어요. 요즘 말로 바꾸면 빨갱이쯤 됩니다. 이런 용어는 정치적 견해가 다른 사람을 제거하기 위한 빌미로 활용되었을 뿐입니다. 그걸 학술적으로 주자학을 비판하는 데 동원하는 건 난센스죠.

이(理)의 철학자

이언적은 거경궁리(居敬窮理: 거경은 경을 통해 자신의 내면을 성찰하는 수양 공부이고, 궁리는 밖에 있는 사물의 이치를 궁구하는 격물 공부)를 중심으로 학문을 전개합니다. 당연히 거경궁리는 회재가 독창적으로 제시한 방법이 아닙니다. 거경(居敬)은 주자가 이야기했지만 그 전에 정이가 말했고, 『논어』에도 보이고 『주역』에도 비슷한 말이 보입니다. 다만, 조선의 현실을 배경으로 거경의 의미를 새롭게 부각한 것이 이언적의 학문적 공로라 할 수 있어요. 학문 방법으로 거경궁리를 강조하면서 '이(理)'를 절대적 원리로 높이고 '기(氣)'를 하위에 놓는 것이 이른바 조선 시대의 주리철학인데, 이언적이 그 출발점에 있다고 할 수 있습니다.

그런데 '주기'니 '주리'니 하는 구분을 최근 학계에서는 인정하지 않는 추세예요. 본래 일본학자 다카하시 도루(高橋亨)가 주기파, 주리파로 조선 성리학을 구분하면서 '주기파'로는 서경덕, 이이, 기대승을, '주리파'로는 이언적, 이황으로 계보를 정리했죠. 그런 분류가 전적으로 타당하다고 할 수는 없지만 일본 학자가 했다는 이유만으로 부정할 필요는 없습니다. 물

론 다카하시는 일본에서 황도유학(皇道儒學: 신도와 유학을 결합하여 일본 제
국주의의 정당성을 제공하려 한 일본 유학)을 제창한 인물로 나라를 위해 목숨
을 바친다는 식의 충효일치 관념을 유교로 설명한, 유교의 죄인입니다. 나
라를 위해 목숨을 바치는 건 유교와 별 상관이 없는 이념입니다. 오히려
유교는 걸핏 하면 도를 이야기하는데, 그 안에 나라가 잘 보이지 않는다
는 데에 문제가 있어요. 그런 유교를 이념으로 내세워 나라를 위해 희생하
자는 식으로 이야기하는 것은 유교 전통을 제멋대로 해석하거나 아예 무
시한 결과로밖에 볼 수 없습니다. 게다가 조선 유학을 두고 중국 주자학에
종속되었다느니, 당쟁으로 분열만 거듭했다느니 하는 식으로 악의적으로
해석한 것은 학문적으로 용납할 수 없는 과오라 할 수 있습니다.

하지만 주리, 주기의 구분은 일면 타당한 점이 있습니다. 이렇게 구분
해서 조선 유학이 잘 보이는 지점이 있으면 여러 해석 가운데 하나로 남겨
두면 됩니다. 때로 다카하시의 주리, 주기식의 구분을 긍정하면 친일로 간
주하는 경우도 있는데, 그럴 필요는 없습니다. 일본인이 벚꽃을 좋아한다
고 해서 우리가 벚꽃을 싫어할 이유가 없는 것처럼, 제국주의 일본학자의
주장이라고 해서 타당한 측면이 있는 간편한 구분법을 배척할 이유도 없
습니다. 물론 주리, 주기 구분법만으로 조선 유학이 다 설명되지는 않습니
다. 하지만 서경덕을 주기 철학자, 이언적을 주리 철학자로 보는 것도 하
나의 분류입니다. 사실 주리, 주기식의 구분은 무슨 대단한 학문적 통찰의
결과는 아닙니다. 누구나 서경덕의 저술을 읽으면 주기라고 생각하고, 이
언적의 글을 읽으면 주리라고 구분할 수 있는 정도의 간단한 방법이죠.

태극 논쟁의 기원

간단히 '태극 논쟁'이라고 했지만 정확하게는 무극태극(無極太極) 논쟁입니다. 본래 태극(太極)이라는 용어는 『주역』에 나오지만 무극(無極)은 『노자』와 『장자』에만 보일 뿐 유가 문헌에는 나오지 않습니다. 그리고 유학자 중에서 무극과 태극을 처음으로 연결시켜 우주론을 전개한 사람은 「태극도설(太極圖說)」을 남긴 북송의 주돈이입니다.

주돈이는 〈태극도(太極圖)〉를 그리고 「도설」을 붙였는데, 이 도설은 분량이 겨우 249자밖에 안 되는 짧은 글이지만 성리학 존재론의 기본 교과서라고 할 수 있습니다. 이황의 『성학십도』에도 맨 처음에 「태극도설」이 나옵니다. 사실 이 도설은 도가의 〈태극도〉를 모방한 것이지만, 「태극도설」 덕분에 유가는 비로소 번듯한 존재론을 갖게 되었어요. 존재라는 게 무(無)와 상대가 되는 말인데 그전까지 유가에서는 이런 차원의 논의가 없었습니다. 『주역』 「계사전(繫辭傳)」을 보면 "역(易)에 태극이 있는데 이것이 양의(兩儀)를 낳고 양의는 사상(四象)을 낳고 사상은 팔괘(八卦)를 낳는다〔易有太極 是生兩儀 兩儀生四象 四象生八卦〕"라고 하면서 만물이 유전하는 생성론이 전개된 부분이 유일합니다.

그런데 주돈이가 「태극도설」에서 존재론을 이야기하면서 태극과 무극을 연결하여 '무극이태극(無極而太極)'이라고 했는데, 여기서 말 이을 이(而) 자를 어떻게 보느냐가 문제가 되어 남송 시대 주희와 육구연 사이에 논쟁이 일어납니다. 「태극도설」의 내용은 잠시 후에 본격적으로 살펴보겠습니다만 우선 간단히 소개하면, 맨 앞에 무극이태극(無極而太極)이 나오고 이어서 다음 구절이 나옵니다. "태극이 움직여서 양을 낳는다〔太極動而生陽〕. 움직임이 극에 달하면 고요하게 되고〔動極而靜〕 고요하게 되면 음을 낳는데〔靜而生陰〕 고요함이 극에 달하면 다시 움직인다〔靜極復動〕. 한 번 움직이고 한 번 고요해지는 것이〔一動一靜〕 서로 그 뿌리가 되어서〔互爲其根〕 음과 양으로 나뉘어서〔分陰分陽〕 양의가 확립된다〔兩儀立焉〕. 양이 변하고 음이 합쳐져서〔陽變陰合〕 수화목금토의 오행을 낳는다〔而生水火木金土〕." 이렇게 무극이태극(無極而太極)에서 만물이 발생하는 이야기까지 죽 이어집니다. 어쨌든 '무극이태극', 이 대목을 어떻게 해석하느냐에 따라서 육구연류로 가느냐, 주자류로 가느냐가 갈립니다. 어느 쪽이 옳은지 판단하기가 쉽지 않습니다. 주돈이한테 물어 보면 좋겠지만 물론 그럴 수는 없고요.

주희나 회재 같은 '이'의 철학자는 '무극이태극'을 무극이 곧 태극이다, 무극이면서 태극이다, 이렇게 해석합니다. 당연히 말 이을 이(而) 자를 그렇게 풀이할 수 있으니 '무극이면서 태극이다'라고 해석하는 게 이상하지 않습니다. 그런데 주희 생존 당시에 논쟁을 촉발하게 된 사연은 이렇습니다. 남송의 홍매(洪邁)가 편찬한 『사조국사(四朝國史)』(북송의 신종, 철종, 휘종, 흠종 4대 황제의 일을 기록한 역사서)의 「유림전(儒林傳)」에 주돈이의 「태극도설」을 수록했는데, 거기에는 '무극이태극(無極而太極)'이 아니라 '자무극이위태극(自無極而爲太極)'으로 되어 있습니다. 자(自)와 위(爲)가 첨가된 거죠. '자무극이위태극(自無極而爲太極)'은 '무극으로부터 태극이 되었다'라고 해석할 수밖에 없습니다. 태극 앞에 무극이 있는 셈이죠. 이렇게 되면 유학의 이론이 될 수 없고 도가나 불교의 이론과 같아집니다. 그래서 문제가 됩니다.

주희가 「유림전」에 있는 내용을 고치려고 합니다만 받아들여지지 않습니다. 한 번 기록된 역사는 고치지 못하게 하는 게 역사가들의 임무일 텐데, 어쨌든 『사조국사』의 내용은 바뀌지 않았습니다. 그렇다고 『사조국사』

의 기술이 옳다고만 할 수도 없습니다. 이 기록을 두고 주희는 육구연과 논쟁하면서 강하게 이의를 제기합니다. 만약 「태극도설」의 여러 판본 중에서 '자무극이위태극'으로 기록된 판본을 하나라도 제시하면 『사조국사』의 기록도 인정하고 태극 앞에 무극이 있다고 주장한 육구연의 견해에 승복하겠다고 합니다. 그런데 누구도 '자무극이위태극'으로 기록된 판본을 제시하지 못했어요. 그리고 그 뒤에 편찬된 『송사』 「주돈이전」에는 '무극이태극'으로 기록되었습니다.

그럼 게임이 끝난 것인가? 그것도 아닙니다. '자무극이위태극'을 주희처럼 무극이면서 태극이다, 이렇게 해석하는 건 불가능하지만 '무극이태극'을 '자무극이위태극'으로 해석하는 건 가능하기 때문입니다. 그렇다면 문헌상으로는 육상산(陸象山, 육구연)류가 우세한 셈이 됩니다. 그러나 문헌이 아무리 중요하다 해도 철학적 사유가 어느 쪽이 더 정밀한가 하는 문제와는 별개입니다. 이후 이 문제는 중국과 조선에서 여러 차례 재론되었고 현대에도 논란 중입니다.

존재에 대한 근원적인 물음의 시작

이언적과 두 학자 간의 태극 논쟁을 이해하기 위해서 먼저 주돈이의 「태극도설」을 살펴보겠습니다. 주돈이의 「태극도설」은 〈태극도〉라는 그림에 붙인 해설인데, "무극이면서 태극이다(無極而太極)"로 시작하는 249자의 짧막한 글이지만 당시는 물론 지금까지도 이론이 분분할 정도로 난해합니다. 그러나 송대의 우주론을 체계적으로 이해하는 데 가장 중요한 문헌이기도 합니다.

「태극도설」에는 유학은 물론이고 노장 사상과 불교, 전통적 음양오행론과 새롭게 이해한 『주역』의 음양론이 통합되어 있습니다. 한마디로 인간과 자연, 인간과 세계에 대한 근원적 물음을 던지고 그것을 풀이한 것이 「태극도설」이라고 할 수 있습니다. 곧 존재하는 모든 것의 근원에 무엇이 있는지 고민하고 사색한 존재론이 「태극도설」의 핵심 내용인 셈입니다.

「태극도설」에서 주돈이는 우주의 근원을 '무극이면서 동시에 태극'이라는 말로 정의합니다. 이어서 이 태극이 움직여서 음양이 생기고 다시 오행(五行)과 사계절의 운행이 일어난다는 식으로 우주의 탄생과 만물의 발생을 이야기합니다. 주돈이의 이 같은 우주관은 기존의 우주관인 음양오행론이 삼라만상의 변화를 단순한 순환의 연속으로 보면서 유형의 사물을 또 다른 유형의 것으로 설명하는 방식이나, 별다른 논리적 설명 없이 "도(道)가 하나를 낳고 하나가 둘을 낳고 둘이 셋을 낳고 셋이 만물을 낳는다"는 식으로 만물의 생성을 평면적으로 설명하는 방식을 넘어섰다는 점에서 진일보했다고 평가할 수 있습니다.

그러나 주돈이 사상의 독창성은 우주의 생성을 이야기하는 부분보다는 오히려 인간의 문제를 이야기하면서 더욱 분명하게 드러납니다. 「태극도설」 후반부에서 주돈이는 "오직 사람만이 태극과 오행의 빼어남을 얻어 형체가 이루어지면 정신이 지혜를 발휘한다" 하고 새로운 이야기를 전개하면서 인간을 태극과 오행의 진수를 완전하게 얻은 유일한 존재로 규정합니다. 이러한 주장은 그가 말하고 있는 것처럼 인간의 내부에 갖추어져 있는 정신의 지각 능력을 근거로 삼아서 제기된 것입니다.

요컨대 주돈이는 기존의 우주론이 지닌 일체의 인간적 가치를 초월하는 성격을 극복하고, 우주론을 축으로 삼으면서도 인간적 가치 속에 그것을 끌어들였다고 할 수 있습니다. 바로 이 점이 주돈이가 단순히 기존의 존재

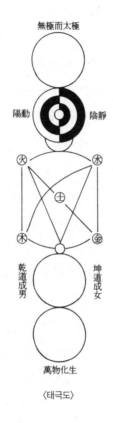

〈태극도〉

론적 사유를 수용하는 데에 그치지 않고 그것들을 극복하여 새로운 형태의 존재론을 수립할 수 있었던 가장 중요한 이유라고 할 수 있습니다. 그 때문에 「태극도설」의 핵심 내용은 비록 그 속에 우주나 세계에 대한 이해가 들어 있다 하더라도 중심은 바로 인간 주체를 드러내 밝히는 데에 있다고 할 수 있습니다.

이(理)의 영원성을 강조하다

이제 이언적이 주돈이의 「태극도설」을 어떻게 이해했는지 살펴보겠습니다. 이언적이 망기당의 편지를 읽고 보낸 첫 번째 답신을 살펴보면 태극을 이(理)로 파악하고 있다는 점을 알 수 있습니다.

> 지무 가운데[至無之中] 지유가 있다[至有存焉]. 그래서 무극이태극(無極而太極)이라고 한 것이다. 이(理)가 있은 뒤에 기(氣)가 있다. 그래서 태극이 양의(兩儀)를 생성한다고 한 것이다. 그렇다면 이가 비록 기에서 떠나지 않지만 실로 기를 섞지 않고 말한 것이니, 하필 영명한 근원이 독립해 있는 것을 본 뒤에야 비로소 이 이(理)가 없지 않다고 말할 수 있겠는가. 솔개가 날고 물고기가 뛰는 이치가 상하에 밝게 드러나 예부터 지금까지 우주에 가득 차 조금의 간격도 없고 잠시의 끊어짐도 없으니, 어찌 다만 온갖 변화가 다한 것을 보고 마침내 이 극(極)의 본체를 가리켜 사라졌다고 할 수 있겠는가. 삼황(三皇)이 비록 없어져도 이 극(極)은 삼황과 함께 없어지지 아니하고, 오제(五帝)가 비록 사라져도 이 극은 오제와 함께 사라지지 않고, 삼황이 비록 망해도 이 극은 삼황과 함께 망하지 않는다. 천지보다 앞서 우뚝 서 있지만 그 시작을 볼 수 없고, 천지가 사라진 뒤에도 존재하지만 그 끝을 볼 수 없다.
>
> ─『회재집(晦齋集)』, 「답망기당 제1서(答忘機堂第一書)」❶

맨 처음에 지무지중(至無之中)에 지유존언(至有存焉)이라고 했는데, 지무(至無)와 지유(至有)라는 표현은 「태극도설」의 첫 문장 '무극이태극'을 풀이한 것입니다. 애초에 주희는 무극이태극을 무형이유리(無形而有理)라고 풀이했어요. 만물의 근원은 형체가 없기 때문에 무극(無極)이라 했고,

형체는 없지만 이치가 있기 때문에 태극(太極)이라고 했다는 거죠. 그런데 이언적은 무극이태극을 다시 지무(至無)와 지유(至有)라는 표현을 써서 지무(至無) 속에 지유(至有)가 있다고 풀이한 겁니다. 지극한 유(有)는 이(理)의 영원성을 강조하기 위한 표현이고, 이(理)가 보이지 않기 때문에 지무(至無)라고 표현한 것이죠. 물론 지무(至無)와 지유(至有)는 이언적이 처음 쓴 말은 아니고 주희가 이(理)를 설명하면서 "천하의 이(理)는 지허(至虛) 속에 지실(至實)이 있고, 지무(至無) 속에 지유(至有)가 있다[天下之理 至虛之中 有至實者存 至無之中 有至有者存]"라고 말한 적이 있습니다. 다만, 주희의 저술에는 이런 표현이 보이지 않고 제자들이 주희 사후에 정리한『주자어류(朱子語類)』에 기록되어 있습니다. 이언적은『주자어류』를 물론 읽었을 겁니다. 주희가「태극도설」을 풀이할 때는 이런 표현을 쓰지 않았는데, 이언적이 이를 채택해서 '무극이태극'을 풀이한 것을 보면 주자학 텍스트를 거의 섭렵했음을 알 수 있습니다.

앞서 말씀드린 것처럼 이 부분에서 두 가지 관점이 부딪치는데요, 예를 들어 육구연은 무(無)에서 유(有)가 나온다고 주장하면서 이 대목을 무극에서 태극이 나온다고 풀이했습니다. 그런데 주희나 이언적은 어떻게 무에서 유가 나올 수 있느냐고 묻습니다. 고대 그리스의 아리스토텔레스도 진정한 무에서는 유가 나올 수 없다는 비슷한 이야기를 합니다. 아무튼 이런 입장에 서면 무에서 유가 나왔다고 주장하는 사람과는 대화가 안 됩니다. 주희나 이언적은 어쩔 수 없이 무에서 나왔다고 했지 실제로는 무에서 유가 나올 수 없다고 이야기합니다. 우리도 둘 중에 하나를 선택해야 합니다. 우리가 무한이라고 할 때도 말 그대로 무한이냐, 아니면 측정 불가능하니까 수사로써 무한이라고 하느냐를 따져 봐야죠. 무한하다고 하려면 측량치를 가지고 있어야 하는데 무한은 실제로 측량할 수 없다는 게 문제죠. 그런 부분을 인정하는 쪽이 도가나 불교의 이론입니다. 반면 유학에서는 인정하지 않습니다. 그래서 유학의 관점에 선 주희나 이언적은 육상산이나 왕수인이 유학을 끌고 도가나 불교 쪽으로 가 버렸다고 비판합니다. 심지어 유학의 배신자라고까지 비난합니다.

계속해서 『회재집』「망재와 망기당의 무극태극논변 뒤에 쓰다〔書忘齋忘機堂無極太極說 後〕」를 보면서 이언적의 견해를 살펴보겠습니다.

> 삼가 망재(忘齋)의 무극태극변(無極太極辨)을 살펴보건대, 그 주장은 육상산(陸象山)에게서 나온 것 같고, 옛날 주자가 이것을 상세하게 분변했으므로 내가 감히 군더더기를 붙일 것이 없다. 그러나 망기당(忘機堂)이 망재에게 보낸 답서 같은 경우는 오히려 주렴계(주돈이)의 뜻에 근본을 둔 것 같지만 그 주장이 너무 높고 고원하다. 그가 중용의 이치에 대해 말한 것도 자못 깊고 넓어서 그 요령을 얻었으니 매우 비슷하고 가깝다고 할 수 있다. 그러나 그 사이가 지나치게 고원하여 우리 유가의 주장에 어긋나는 것이 없을 수 없기 때문에 내가 그 점에 대해 말하려 한다.**❷-1**

이 대목을 읽어 보면 이언적은 자신의 외숙인 망재 손숙돈의 견해가 육구연에게서 나왔고 그에 대해서는 일찍이 주자가 논변했기 때문에 굳이 말을 보태지 않겠다고 정리합니다. 그리고 망기당의 견해는 주돈이의 견해에 근거하고 있지만 지나치게 고원하다고 비판합니다. 이어서 구체적으로 어떤 문제가 있는지 이야기합니다.

> 이른바 무극이태극이라고 말한 것은 이 도가 아직 사물이 있기 이전에 실로 만물의 근거가 됨을 형용한 것이다. 이것이 바로 주돈이가 도체(道體)가 밝

게 드러나는 본모습을 분명하게 보고 용감하게 곧장 앞으로 나아가 사람들이 감히 말하지 못했던 도리를 말함으로써 후세 학자들로 하여금 태극의 묘〔太極之妙〕가 있음과 없음에 속하지도 않고 구체적인 사물에 떨어지지도 않는다는 것을 밝게 깨닫게 한 것이다. 참으로 수많은 성인들이 전하지 못한 비결을 얻은 것이니 어찌 태극 위에 다시 이른바 무극이라는 것이 있겠는가. 이 이치가 비록 지극히 높고 지극히 묘하지만 그 실체가 깃들어 있는 곳을 구한다면 또한 지극히 가깝고 지극히 실한 데 있는 것이다. 만약 이 이치를 강구해서 밝히고자 하면서 한갓 어둡고 허원(虛遠)한 곳으로 달려가 다시 지극히 가깝고 지극히 실한 데에서 찾지 않으면 이단(異端)의 공적(空寂)에 빠지지 않는 경우가 아직 없다.❷-2

이언적은 먼저 주돈이가 무극이태극이라고 표현한 것은 태극은 만물이 있기 이전에 만물의 근거가 되는 것이기 때문이라고 설명합니다. 그러고는 이 표현이 "태극의 묘〔太極之妙〕가 있음과 없음에 속하지도 않고 구체적인 사물에 떨어지지도 않는다는 것을 밝게 깨닫게" 하고자 해서라고 풀이합니다. "있음과 없음에 속하지 않는다〔不屬有無〕"라는 말은 태극이 보이지 않는다고 해서 결코 '없는' 것이 아니며, 그렇다고 해서 '있는' 것도 아니라는 뜻입니다. 그리고 "구체적인 사물에 떨어지지도 않는다〔不落方體〕"라는 것은 태극이 '있다' 하더라도 만물처럼 구체적인 모양이 '있는' 것이 아니라는 뜻입니다. 이어서 태극 위에 무극이 있는 것이 결코 아니며, 태극이 있는 곳을 찾자면 지극히 가까운 곳에서 찾아야지 멀리서 찾아서는 안 된다고 주장합니다. 그러고는 멀리서 찾으면 이단이 공적, 곧 불교에 빠지게 된다고 비판합니다.

지금 망기당의 주장을 자세히 살펴보면, 그가 "태극이 곧 무극"이라고 한 것은 옳지만 그가 "어찌 있음과 없음을 말하고 안팎을 나누어 이름이나 수를 헤아리는 하찮은 일에 얽매이겠는가?" 하고 말한 것은 잘못이다. 또 "대본(大本)을 얻으면 일상생활에서 온갖 변화에 대응하고 일마다 달도(達道)가 아님이 없다"라고 한 것은 옳지만, "대본과 달도가 혼연히 일체이니 어디서 다시 무극(無極), 태극(太極)과 유중(有中), 무중(無中)이 다르다고 말하겠는가?" 하고 말한 것은 잘못이다.❷-3

이 부분은 망기당이 무극태극을 『중용』에 나오는 대본(大本)과 달도(達道)를 가지고 풀이한 대목을 비판한 내용입니다. 여기서 대본(大本)은 희로애락의 감정이 아직 움직이지 않은 미발 상태, 곧 중(中)를 가리키고, 달도는 희로애락의 감정이 모두 움직여서 중절(中節)한 상태인 화(和)를 가리킵니다. 그런데 망기당은 희로애락의 감정이 모두 움직여서 화(和)를 이루면 굳이 안팎을 구분할 필요가 없다고 했습니다. 안은 대본, 곧 중(中)을 가리키고, 밖은 달도인 화(和)를 가리킵니다. 그 구분이 별 의미가 없다는 것이죠. 이어지는 대목에서 이언적은 비판의 근거를 제시합니다.

이 태극의 이(理)는 비록 고금을 꿰뚫고 상하에 통하여 혼연히 일치된다고 말하지만, 그 정조(精粗)와 본말(本末), 내외(內外)와 빈주(賓主)의 구분은 그 가운데 찬연하여 조금의 차이도 있을 수 없는데, 어찌 함부로 이름이나 수를 헤아릴 것이 없다 하겠는가. 그 본체가 내 마음에 갖추어지면 비록 대본과 달도가 애초에 두 가지 결과가 없다 하나 그 가운데에 체(體)와 용(用), 동(動)과 정(靜), 선후(先後)와 본말(本末)이 있어 구분하지 않을 수 없는데, 어찌 혼연히 일체가 되면 차례를 따질 것이 없게 되어 반드시 멸무(滅無)의 지

경에 빠진 뒤에 이 도의 극치가 될 수 있겠는가.❷-4

앞에서 망기당이 안팎을 나눌 필요가 없다고 했는데 이언적은 이런 태도는 옳지 않다고 지적합니다. 왜냐하면 대본과 달도는 두 가지 이치가 없지만 대본은 근본이고 달도는 작용이므로 체용, 동정, 선후, 본말을 구분하지 않을 수 없다는 겁니다. 이언적의 견해에 따르면 대본은 본(本), 정(靜), 선(先)이고 달도는 말(末), 동(動), 후(後)가 됩니다. 망기당처럼 이런 구분을 도외시하면 멸무(滅無)의 경지, 곧 도가나 불교의 입장에 빠지게 되므로 옳지 않다고 합니다.

> 망기당 평생 학술의 오류는 공허(空虛)에서 잘못된 것이며 그 병의 근원이 있는 곳은 내가 편지에서 찾을 수 있었다.
> 그가 태허의 본체는 본래 적멸하다 하여 멸(滅) 자를 가지고 태허의 본체를 풀이했는데, 이것은 결단코 우리 유학의 이론이 아니다. 상천(上天)의 일은 소리도 없고 냄새도 없으니 적(寂)이라 일컫는 것은 괜찮지만 지극히 고요한 가운데 이른바 한결같이 끊임없는 작용이 있어서 화육(化育)의 유행이 상하에 밝게 드러나는데, 어찌 멸(滅) 자를 적(寂) 자에 붙일 수 있겠는가.❷-5

이어서 이언적은 망기당 평생 학술의 오류는 모두 공허한 것을 추구한 데서 오는 병통이라고 강하게 비판합니다. 그 근거로 망기당이 멸(滅) 자를 가지고 태허의 본체를 풀이한 것을 들어 그런 주장은 결단코 유학의 이론이 아니라고 합니다.

> 한나라 이후로 성인의 도가 막히고 사악한 주장이 유행하여 그 재앙이 인륜

을 갉아먹고 천리를 없애는 데 이르러 지금까지 그치지 않는 까닭은 한 가지로 이 멸(滅) 자의 해가 아님이 없으며, 망기당 평생의 학술과 언어가 위에서 말한 잘못에 이른 것도 모두 이 멸 자에서 나왔으니, 내가 또한 분변하지 않을 수 없다.

―『회재집(晦齋集)』, 「서망재망기당무극태극설 후 (書忘齋忘機堂無極太極說 後)」❷-6

이 대목이 나오기 전까지 망기당의 오류를 지적한 이언적의 주장은 일단 주자학 텍스트에 대한 망기당의 부정확한 이해를 비판한다는 점에서 정당하다고 할 수 있습니다. 하지만 결론은 주자학을 옹호하고 도가나 불교를 배척하고 있어 지금 보면 오히려 아쉬운 점이 있습니다. 이어지는 내용도 문헌을 정확하게 이해하려는 학문적 태도라기보다 주자학에 대한 호교적 태도로 보입니다. 물론 이언적의 이러한 태도 역시 당시 조선의 현실을 염두에 두고 이해해야겠기에 지금 우리가 일방적으로 비판할 문제는 아닙니다.

16장

이황

도덕과 욕망 사이에서

한국 철학사의 대표 주자

이번에는 퇴계(退溪) 이황(李滉, 1501~1570)을 살펴보겠습니다. 지금과 가장 가까운 전통 사회는 조선이고 조선의 지배 이데올로기는 성리학이었죠. 그 성리학 분야에서 한국적 특성을 가장 잘 드러낸 학자가 바로 이황입니다.

율곡 이이와 함께 여러 면에서 한국 성리학의 대표 주자라 할 이황은 우리가 매일 만나는 인물이기도 합니다. 날마다 쓰는 지폐에 이황의 초상화가 그려져 있죠. 사실 돈과 가장 거리가 먼 인물이 지폐에 새겨진 이유를 잘 모르겠습니다. 일본의 경우 후쿠자와 유키치, 이토 히로부미(1963년부터 1984년까지 21년간 1000엔 지폐의 초상 인물이었음), 나쓰메 소세키 등이 대표적인 지폐 인물들인데 이들은 일본의 근대를 만든 사람들이니 그럴 만합니다. 반면 이황 같은 경우는 우리의 근대와 별 상관이 없고 더욱이 돈과는 어울리지 않는 성리학자입니다. 그래서 돈 쓸 때마다 죄송한 마음부터 듭니다.

사실 이황이 우리에게 해 준 건 없습니다. 나라를 구한 것도 아니고 경제를 발전시켜 잘살게 해 준 것도 아닙니다. 그럼 뭘 했느냐? 그냥 말과 행실이 일치했던 겁니다. 그런데 지금의 가치관으로는 말과 행실이 일치한 사람이 뭔 도움이 되느냐고 할 겁니다. 현대 한국인들이 정말 이런 사고방식을 가지고 있다면 이황이라는 인물을 결코 이해할 수 없습니다. 결국 나라를 구해서 생존을 보장해 주거나 경제를 발전시켜서 물질적 삶을 풍요롭게 해 주는 게 아니라 정신을 채워 주는 사람에게는 고마워할 줄 모른다는 이야기가 되니까요. 거꾸로 생각해 보죠. 지금 이 나라에서 말과 행실이 일치해서 우리의 존경을 받을 만한 사람이 얼마나 될까요? 잘 생각나지 않는다면 우리는 조선 시대 사람들보다 정신적으로 더 황폐한 세상에 살고 있다고 해도 할 말이 없습니다.

이황은 그를 주인공으로 한 청소년 판타지 소설이 나올 정도로 대중적 인지도도 높습니다. 사실 이황이 쓴 글을 읽어 보면 그렇게 따분할 수가 없는데 이황 이름을 걸면 예술의전당 같은 데서 강의를 해도 사람들이 많이 모입니다.

게다가 이황은 한국 철학사에서 차지하는 비중이 대단히 큽니다. 한국 철학사에 등장하는 수많은 철학자 한 명 한 명이 현재 우리의 삶에 어떤 영향을 미치는지를 연구하기는 대단히 어렵습니다. 없어도 철학사 연결에 문제가 없는 인물도 있습니다. 그런데 이황은 없으면 앞뒤 연결이 안 됩니다. 한국 철학사의 본류를 형성할 만큼 비중이 큰 사람이기 때문이죠.

지금까지도 영남학파니 기호학파니 하는데 영남학파의 대표자가 이황입니다. 그런데 현재의 영남이 전통 사회의 영남과 다를뿐더러 우리가 전통 사회에 살고 있는 것도 아니니까 지금의 영남 지역을 중심으로 이황을 대표자라고 이야기하는 것은 타당하지 않습니다. 어디까지나 조선 시대를 기준으로 이황을 영남학파의 대표자로 이해할 필요가 있습니다.

서경덕이나 이언적 이전까지는 서울을 비롯한 중앙의 요직에는 조선을 세운 훈척 관료들이 대지주로서 세력을 형성하고 있었고 사림은 대부분 재지 사족(在地士族)이었습니다. 재지 사족은 역사학계 용어인데, 지방에 근거지를 두고 있는 중소 지주 계층을 가리킵니다. 이황도 안동 지역의 재지 사족입니다. 당시의 재지 사족들은 서울로 가서 벼슬하는 것은 자신의 학문적 성취에 도움이 안 될뿐더러 수양에는 오히려 해가 된다고 부정적으로 생각하는 경향이 많았습니다.

이황이 활동했던 시기는 주자학이 도입된 지 200년 정도 지난 시점으로 조선의 주자학자들이 중국 주자학을 이해하는 수준을 넘어서 중국 주자학에서 다루지 않았던 세밀한 부분까지 설명했고 그게 상당한 수준의 성취를 보입니다. 그래서 이때를 한국적 주자학이 만개한 시기라고 합니다. 조광조 같은 경우 성리학적 가치를 정치적으로 실현하는 데 중점을 두었죠. 서경덕이나 이언적 같은 경우는 성리학의 이기론에 대한 이해가 중국 학자들의 수준에 도달할 정도로 정밀했습니다. 이황의 시대에 접어들면 중국 주자학의 주제를 넘어서 이기론이라고 하는, 우주론을 설명하는 체계를 가지고 인간 심성의 여러 문제를 해결하려는 독자적인 영역을 마련했다고 할 수 있습니다.

주자학의 철학사적 의미

조선조의 건국 이념인 주자학은 중국 송나라 시대의 주류 학문으로 북송의 주돈이, 소옹, 장재, 정호, 정이 등 다섯 학자를 거쳐 남송의 학자 주희가 집대성한 학문입니다. 주희는 스스로 창안한 개념 없이 주돈이, 소옹, 장재, 정호, 정이 등이 이야기한 개념을 자신의 해석 체계 속에 넣어 완결된 구조를 만들어 냅니다. 그런데 아무리 구조가 완결적이라고 해도 다른 사상이나 다른 사람의 생각에 공감을 불러일으킬 수 없다면 무슨 소용이겠습니까? 그런 거라면 빨리 덮는 게 낫습니다. 요즘 소개되는 철학자들중에도 그런 학자들이 많습니다. 철학사를 보면 어떤 철학이 중요하고 어떤 철학이 주변인지 알 수 있습니다. 중심과 주변으로 나누자는 게 아니라 어떤 것이 긴요한 부분을 장악했는지를 알 수 있다는 말입니다. 사물을 이해할 때 중심과 주변이 중요하잖아요. 연구하는 사람들에게는 연구의 역사가 있는데, 80년대에 중요하다고 해서 죽어라 공부했던 철학자들이 지금은 이름조차 기억이 안 나는 경우가 많습니다. 물론 20년, 30년이 지났어도 여전히 중요한 철학자들이 있죠.

주희는 자기완결성과 함께 당대 사유의 중심 역할을 했던 철학자이기에 동아시아 중세 철학에서 가장 큰 비중을 차지합니다. 주희는 불교와 도교의 이론을 수용하여 생활윤리 수준에 머물렀던 유학을 인생과 우주 전체를 통합적으로 설명하는 장대한 이론 체계로 발전시킵니다. 그리고 이전 한당 유학에서 방기되었던 실천의 문제를 다시 제기함으로써 유학의 장점인 수양론을 다시 본궤도에 올립니다. 그 과정에서 불교와 도교에 비해 취약했던 우주론과 인식론을 재무장하고 유가의 용어와 사유 체계로 탈바꿈시킨 게 '이기론'입니다. 이기론의 구조를 보면 불교와 도교의 세계관과 유사한 면이 많습니다. 그렇다 해도 성리학적 독자성은 분명히 있으니 불교·도교와 같다고 할 수는 없습니다.

이기론: 세계를 인식하는 새로운 방법

이황의 철학을 이해하기 위한 전 단계로 성리학의 형이상학 체계를 이해해야 합니다. 성리학이 발생하기 이전의 유학에서는 음양(陰陽)이니 오행(五行)이니 하는 몇 가지 전통적 범주를 가지고 천지만물을 설명해 왔습니다. 본래 음과 양은 복잡하고 다양한 세계를 인식하기 위해 사물을 분류하는 데서 비롯된 체계입니다.

언어는 분류의 산물이잖아요? 어떤 사물에 A라는 명칭을 붙였다는 것은 A 아닌 것이 아닌 것을 말하는 거죠. A라고 하는 순간, A 이외의 모든 것을 배제해 버리는 겁니다. A가 아닌 모든 것과 차별되는 A를 따로 떼어 내는 거죠. 이게 분류의 기본입니다. 사물을 인식하려면 어떤 방식으로든 분류를 해야 합니다. 예를 들어서 우리가 이 세계를 가장 잘 이해하려면 이 세계에 있는 만물의 개수만큼 분류하면 됩니다. 그런데 그렇게는 못 합니다. 사람 수만 70억인데 어떻게 다 분류하겠어요. 그래서 그중에 대표적인 몇 개의 범주를 가지고 분류하는데, 그런 분류 체계 가운데 전통 사회에서 가장 강력했던 게 성리학의 이기론(理氣論)입니다.

성리학 이전에는 음양과 오행의 체계를 가지고 분류해 왔습니다. 하지만 음양이나 오행만으로는 설명되지 않거나 음양의 체계가 너무나 단순해서 사건이나 사물을 이해하는 데 도움이 안 되는 경우가 많습니다. 누가 밖에서 문을 두드렸다, 그러면 남자 아니면 여자겠지, 이렇게 이야기하면 상황을 이해하는 데 별 도움이 안 되는 단순한 진술이 되겠죠. 오행도 마찬가지입니다. 다섯 가지 범주로 나누어서 동서남북과 중앙을 오행에 배속시키기도 하고 춘하추동의 사계절을 목, 화, 금, 수에 배치한 다음, 목, 화, 금, 수에 해당하는 날짜 중에서 일정한 날짜 수를 빼서 토에 배속시켜 전체를 오행으로 맞추기도 하고, 인의예지신을 오행에 배속시키기도 하는 등 다양한 방식으로 오행을 이야기합니다. 그런데 실제 세계의 모습을 이해하는 데 얼마나 도움이 되는지, 또 모순 없이 일관성 있게 설명할 수 있는지가 문제가 됩니다. 게다가 세계의 구체적인 모습을 알아 갈수록 그런 이론으로 설명할 수 없는 영역이 자꾸 생깁니다. 그렇게 보면 음양오행만으로 세계를 설명하기가 어려워집니다.

본래 음양과 오행의 기원은 다릅니다. 음양은 아시다시피 『주역』이라는 문헌에 근거하고 오행은 『서경』에 최초의 용례가 보입니다. 이 두 분류 체계가 각각 따로 역할을 하다가 전국 시대에 이르면 음양과 오행이 결합합니다. 그러다가 한나라 시대에 이르러 동중서 같은 유학자가 음양오행과 유가 사상을 결합해서 자연과 인류을 통합적으로 설명하기 위해 새로운 체계를 만들긴 합니다. 그런데 역시 현상마다 다른 이론으로 설명하는 수밖에 없었습니다. 과학적 관찰을 바탕으로 보편성을 획득하고 일관된 이론으로 설명하는 게 아니라 그때그때의 경험에 따라 이야기를 지어내는 방식이다 보니 맞지 않는 경우가 생깁니다. 그런 상황을 일거에 바꾼 게 이기론입니다.

이기론은 전통 사회에서 세계를 인식하고 분류하기 위해 만든 체계 중에서 완전한 형태의 범주라고 할 수 있습니다. 꼭 사실 세계와 부합하는 것은 아니지만 인간이 마주치는 대상의 대부분을 설명할 수 있을 정도로 논리적 일관성을 가지고 있습니다. 이기론을 가지고 설명할 수 없는 게 뭐가 있을까 싶을 정도니까요.

이(理)와 기(氣)의 개념

앞서 말한 것처럼, 주자학은 동시대의 불교와 도교의 이론을 빌려 이전의 유학이 생활윤리 규범에 머물렀던 데에서 한 걸음 더 나아가 형이상학적 토대를 구축했습니다. 주자학에서 우주와 인생을 설명하는 데 가장 중요한 개념이 이(理)와 기(氣)입니다. 이(理)가 본체와 정신, 본질, 목적 등에 해당한다면 기(氣)는 현상과 신체, 물질, 도구, 수단 등에 해당한다고 할수 있습니다. 이기론은 주자학에서 세계를 설명하는 가장 중요한 개념으로, 존재론뿐만 아니라 윤리학 또는 인간학, 심성론과 수양론, 학문 방법론에 이르기까지 거의 모든 분야에 걸쳐 탁월한 설명력을 가지는 중세의 범주 체계입니다.

이기론은 우선 우리 눈에 보이고 감각되는 모든 것을 기의 작용으로 설명합니다. 전체로서의 기가 있고 개별로서의 기가 있지만 어쨌든 계산할 수 있거나 모양이 상상되는 건 전부 '기'입니다. 보이는 것으로 환원할수 있다면 '기'입니다. 소리는 보이지 않지만 보이는 그래프로 환원할 수있으니 '기'입니다. 만져지는 건 당연히 다 '기'입니다. 하고 싶다, 이것도 '기'입니다. 뭘 하고 싶다고 구체화되기 때문입니다. 육체가 있기에 생기는 것들은 전부 '기'입니다.

'이'를 흔히 정신이라고 하는데, 영어 spirit에 해당하는 용이를 번역한 일본 근대어를 그대로 쓴 겁니다. 원래 '정'과 '신'은 다릅니다. 정(精)에는 쌀 '미(米)' 자가 있죠. 알맹이가 있는 겁니다. 신(神)은 보이지 않습니다.

성리학 전공자 중에 정신이라는 말을 쓰면 안 된다고 하는 사람도 있습니다. 왜 그렇게 주장하는지는 알겠지만 중세의 용어를 설명하려면 어쩔 수 없이 근대어로 바꾸어야 합니다. 그렇게 하지 않고 그냥 '이'는 '이'다, 이렇게 하면 설명에 아무런 도움이 안 됩니다. '이'는 본질, 목적에 해당하는 개념입니다. 존재의 근원에 있는 최상위의 존재에 해당하고 '이'에 의해 모든 사물이 나오고 조직됩니다. '이'가 직접 만들어 내는 건 아니지만 '이'가 없으면 '기'가 존재할 수 없습니다.

이(理)와 기(氣)의 관계

기(氣)는 일기, 음양, 오행, 만물 등 다양한 모습과 형태를 지니고 차별적인 모습으로 나타나는데, 물리적으로 존재하는 모든 사물은 기의 응집 또는 변형일 뿐이며 만물의 생성과 소멸도 기의 이합집산으로 설명합니다. 곧 기가 모이면 사물이 생성되고 흩어지면 사물이 소멸하죠.

일기라고 할 때와 음양이라고 할 때는 차원이 달라집니다. 일기는 추상 개념으로 아무런 성질이 없지만 음양은 구체적인 성질을 가진 것으로 설명하기 때문입니다. 음양과 만물 또한 차원이 다릅니다. 만물은 구체화된, 만져지는 사물을 이야기하는 것이고 음양이라고 하면 만져지는 사물은 아닙니다. 아무튼 기는 주자학 내에서는 차별을 규명해 주는 개념입니다. "왜 다르지?" "기가 달라서." "이 사람과 저 사람이 어떻게 다른가?" "기질이 달라." 이런 식입니다.

그런데 '이(理)'는 같습니다. '이'는 '기'와 반대로, 같은 것을 설명하는 범주 체계입니다. 이(理)는 존재하는 모든 사물의 근거라고 할 수 있습니다. 모든 사물은 기에 의해 설명될 수 있지만 그것들은 제멋대로 있는 것이 아니라 일정한 질서를 갖추고, '있어야 할 모습'으로 있습니다. '있어야 할 모습을 갖추게 하는 것', 그것이 바로 이(理)입니다. 이는 우주와 만물의 근거이며 우주가 우주로 있어야 할 모습을 부여해 주는 원리이자 본질입니다. 개별적으로 말하면 이는 개개의 사물이 개개의 사물다운 특징을 갖게 하는 원리에 해당하는 개념입니다.

이런 이와 기의 개념상의 구분은 조선에서 그다지 논쟁 거리가 되지 않습니다. 기존 주자학의 체계에서 충분히 정의되는 개념이기 때문입니다. 문제는 이와 기의 관계를 인간의 심성에 적용하면, 도덕은 '이'에 해당하고 욕망은 '기'에 해당한다고 분류할 수 있습니다. 그런데 욕망 중에 도덕과 부합하는 사단(四端)이 있고 그렇지 않은 비사단(非四端)이 있습니다. 그렇다면 지향이 다른 이런 욕망을 어떻게 볼 것인지가 문제가 됩니다. 기존의 이기론에서 이 문제에 대해 충분히 설명하지 않았기 때문입니다. 조선의 주자학자들이 해명하고자 한 것은 바로 이런 문제입니다.

또 이와 기는 뚜렷하게 구별되는 개념이지만 이 둘의 관계는 때로 복잡한 사색을 필요로 할 만큼 미묘하고 까다롭습니다. 그런데 그것을 한마디로 표현한 것이, 둘은 떨어지지도 않고 섞이지도 않는다는 '불리부잡(不離不雜)'이라는 명제입니다. 불리부잡은 주자학에서 이와 기의 관계를 설명하는 가장 중요한 명제로, 이와 기는 물리적으로는 동시에 존재하면서도 논리적으로는 분명히 구분된다는 점을 확인해 줍니다. 하지만 심성론 영역에서는 여러 가지 미해결의 문제를 지니고 있었는데, 이런 문제를 본격적으로 논의한 것이 이황의 심성론이라 할 수 있습니다.

사림의 명망을 한 몸에 받다

이황은 1501년에 태어났습니다. 1501년에 태어난 사람 중에 성리학자로
는 남명 조식이 있습니다. 1570년에 퇴계가 세상을 떠나는데 동시대 라이
벌이었던 조식은 이황과 같은 해에 태어나 1572년에 세상을 떠납니다. 또
문정왕후 윤씨가 1501년생이고 1565년에 세상을 떠납니다. 1536년생인
율곡도 이황과 동시대를 살았습니다.

이황이 58세 때 율곡이 이황을 찾아와 이틀 동안 이야기를 나눈 적이 있
습니다. 율곡이 당시 스물셋이었는데 이황의 제자 중에는 마흔이 넘은 제
자도 있었어요. 이황이 이이를 아주 극진하게 대우하니까 이이보다 나이
가 많은 제자들은 기분이 안 좋았겠죠. 이이가 시를 쓰고 떠났는데 그 시
가 보통이 아니었나 봐요. 그래서 어느 나이 많은 제자가 말하기를, 사람
은 시원치 않은데 시는 참 좋네요, 그랬답니다. 이황은 짧게, 시가 사람만
못하다, 했어요. 제자의 이야기도, 이황의 이야기도 모두 음미해 볼만합니
다.

이황과 조식과 이이는 어떤 시대를 살았을까요? 장경왕후 윤씨가 낳은
사람이 인종이고 인종(재위 1544~1545)은 임금이 된 지 8개월 만에 죽습
니다. 그리고 문정왕후 윤씨 소생인 명종(재위 1545~1567)이 임금이 됩니
다. 장경왕후의 동생은 윤임(尹任)이고, 문정왕후의 동생은 윤원형(尹元衡)
이죠. 사극에 자주 나오는 이른바 대윤과 소윤입니다. 같은 파평 윤씨인데
권력을 장악하려고 서로 싸웠어요. 임금이 요청하는데도 이황이 왜 출사
를 안 했을까? 당시 조정에 누가 있었나를 보면 알 수 있습니다. 갈 수 없
는 상황인 거죠. 가면 이전투구에 휘말릴 게 뻔하니까요. 우리는 그런 어
지러운 상황을 평정하는 영웅의 출현을 바라지만 이황은 그런 면모를 보

여 주지 않습니다. 자기를 지키죠.

명종이 즉위하지만 나이가 어려서 문정왕후가 수렴청정을 합니다. 조선은 왕의 나라이자 남성의 나라입니다. 그런데 수렴청정은 그 왕의 권위에 의지하여 여자가 나라를 다스리는 겁니다. 남성의 나라에서 여성이 나라를 다스리는 것은 부담스러운 일이 될 수밖에 없습니다. 그런 상황에서는 사대부의 대표자라고 할 수 있는 사림의 명망가를 조정으로 불러들여서 명예로운 직책을 맡기는 것이 좋은 방법이 될 수 있습니다.

당시 유학자 중에서 가장 많은 사람들에게 추천을 받고 가장 많은 권력자들이 간곡하게 출사하기를 요청했던 사람이 바로 이황입니다. 심지어 이이조차 여러 차례 이황에게 조정으로 나와 달라고 부탁합니다. 이이가 이황에게 나와 달라고 쓴 편지를 보면 이황이 너무하지 않았나 싶은 생각이 들 정도입니다. 이이는 이황에게 온 나라의 사람에게 인정받는 학자이므로 자기 이름이 더럽혀지더라도 나서야 한다고 이야기합니다. 이이만이 아닙니다. 애초에 문정대비가 원하기도 했고 명종도 철이 들면서 이황을 계속 불렀습니다. 아예 안 간 것은 아니고 잠시 가기도 했습니다. 성균관 대사성이나 홍문관 대제학 등 명예직이었지만 금방 그만두고 고향 안동으로 내려오곤 합니다. 안 가니까 주가가 자꾸 올라갑니다. 찾아오지 않아서 안 가는 것과 찾아왔는데도 안 가는 것에는 엄청난 차이가 있습니다. 불러도 오지 않으니까 당시 임금 명종은 도산(陶山)에 사람을 보내 그 경관을 기록하게 하여 병풍으로 만들어서 내전에 두고 감상을 했습니다. 심지어 후대에도 영조와 정조가 화공을 보내 도산서원의 그림을 그려 오게 하기도 했습니다. 이 정도가 되니 도산에 성인이 있다는 식이 되고 이황은 일단 평가를 넘어서는 인물이 됩니다.

어지러운 정국을 수습하기 위해 이황 같은 유학자의 명망이 필요했을 겁니다. 요즘도 그런 경우가 있죠. 기본적으로 노사 갈등은 해결이 어려운 사안입니다. 각자의 목적이 다르니까요. 그런데 중재해서 타결이 되게 만드는 사람이 있고 더 나은 조건으로 협상을 해도 안 되는 사람이 있습니다. 그게 명망의 차이죠. 서경덕과 조식 같은 유학자도 그런 상황이었기에 명망이 높아진 겁니다. 그러나 비중에서 퇴계와 차이가 있습니다. 물론 조식의 풍모는 이황과는 또 다른 매력이 있습니다만 당시 조선이라는 중세 국가의 체제 내에서 공인된 권위로 이야기하자면 이황이 가장 무거웠다고 할 수 있습니다.

혼란기를 살다

이황은 혼란기였던 연산군 시대에 태어나 중종, 인종, 명종, 선조의 오대에 걸친 정치적 격동기에 활동합니다. 태어나기 3년 전에 무오사화(1498), 4세가 되던 해에는 갑자사화(1504)가 일어났죠. 특히 19세 되던 해에는 정암 조광조가 희생당한 기묘사화(1519)를 직접 목격했을 뿐만 아니라, 45세 때 일어난 을사사화(1545)에는 자신의 형이 연루되어 죽음을 당하고 자신도 삭탈관직당합니다. 형제가 사화에 희생된 셈입니다.

이황의 형제애는 남달랐다고 합니다. 어렸을 때 둘째형이 손가락을 베었는데 이황이 울었대요. 어머니가 형은 안 우는데 너는 왜 우느냐고 하니, 손가락을 베었는데 어찌 안 아플 수 있겠냐고 했답니다. 그 형제가 사화에 희생을 당해서 그때부터 출사를 완전히 단념했다고 봐야 합니다. 출사하지 않는다고 써 놓은 글은 없습니다만, 충분히 그 이유를 짐작할 수 있습니다.

시대는 조선 사회가 흔들릴 정도의 혼란기였습니다. 실제 이황, 조식, 이이가 세상을 떠난 지 얼마 안 되어 임진왜란이 일어나 조선 사회가 막대한 타격을 입습니다. 이이는 틀림없이 화란이 일어나리라고 예측을 했고 불행히도 그 예측이 맞아떨어졌습니다. 조식은 그런 일을 미리 대비했다고 할 수 있고요. 예언을 한 게 아니에요. 유학자는 예언을 하지 않습니다. 나라 꼴을 보고 그렇게 될 수밖에 없다고 예측했는데 그것이 적중했던 겁니다.

치열한 학문적 열정

이황은 평생 동안 도산에서 학문을 연구하고 강학합니다. 치열한 학문적 열정은 동시대 많은 학자들의 귀감이 되었고 그 자신이 높은 학문적 성취를 이루는 원동력이 됩니다. 이황의 학문적 축적은 저술뿐만 아니라 당시 학자들과 교환한 편지글에 남아 있습니다. 그중 정유일(鄭惟一)에게 보낸 편지에서 주자학에 대한 그의 치열한 탐구심을 엿볼 수 있는데 잠깐 보겠습니다.

> 내가 몇 달 동안 병으로 누워 있으면서 주자의 글을 한 번씩 보았다. 그 말 중에 간절하고 통렬하여 읽는 사람에게 절실하게 도움이 되는 부분을 만날 때마다 세 번 반복해서 살피고 읽어 보지 않은 적이 없었는데, 마치 바늘이 내 몸을 찌르는 것 같았고[如針箚身] 잠이 확 깨는 것 같았다[如痲得醒].
>
> —『퇴계집(退溪集)』, 「정자중에게 보내는 편지[與鄭子中]」❶

이황이 주자의 글을 어떻게 대했는지 엿볼 수 있는 대목입니다. 사실 독서가 이 정도 되어야지 글을 제대로 읽었다고 할 수 있겠죠. 바늘로 찌른다는 표현이 나오는데, 롤랑 바르트 같은 사람은 사진을 이야기할 때 푼크툼(punctum)이라는 표현을 썼습니다. 푼크툼은 사진을 볼 때 화살에 맞은 듯한 전율을 느끼는 것인데 이황은 주자의 글을 읽으면서 그런 느낌을 받았나 봅니다. 또 글을 읽는 순간, 잠이 확 달아나는 느낌은 여러분도 경험해 보셨을 겁니다.

대표적인 저술로 『성학십도(聖學十圖)』, 『계몽전의(啓蒙傳疑)』, 『주자서절요(朱子書節要)』와 다량의 서간문을 들 수 있는데 대부분 『퇴계집』에 실려 있습니다.

사단칠정 논쟁

이황의 철학 사상 중에서 가장 중요한 내용은 동시대의 젊은 학자 기대승(奇大升, 1527~1572)과의 논쟁을 통해 형성되었고 이것이 이른바 사단칠정 논쟁(四端七情論爭)입니다. 줄여서 사칠 논쟁이라고 하는 이 논쟁은 조선 주자학의 역사적 성격을 가늠하는 중요한 철학적 전환을 일으켰다는 점에서 한국 철학사에서 아주 중대한 사건의 하나입니다.

논쟁 자체가 상당히 극적으로 시작됩니다. 1558년에 시작된 논쟁 당시 퇴계는 58세, 고봉은 32세였습니다. 지금 58세면 젊은 편에 속하지만 그 당시에는 오십이 넘어 부모상을 당하면 나라에서 지팡이를 줄 정도로 원로로 대우받았습니다.

성균관의 기록을 보면 이황이 젊은 시절 두 차례 학생으로 들어가 공부를 한 적이 있고 출사한 뒤에는 성균관 대사성을 맡기도 했습니다. 성균관의 최고 책임자인 대사성은 요즘으로 치면 국립대 총장 격이지만 그 당시에는 국립대가 성균관 하나밖에 없었습니다. 이황이 대사성을 하고 있을 때 기대승은 막 성균관에 들어온 학생이었는데 이 두 사람이 논쟁을 한 겁니다. 굉장하죠. 지금 같으면 만나 주기나 하겠습니까? 이때 처음 이황과 기대승이 만났지만 바로 논쟁이 시작된 것은 아닙니다. 이듬해에 이황이 안동으로 내려가고 기대승은 광주 월봉서원 쪽으로 내려가 있는 동안에 기대승이 이황이 수정한 〈천명도(天命圖)〉를 보고 편지를 보내 이의를 제기하면서 논쟁이 시작됩니다. 이황이 편지를 쓰면 서울에 있는 제자 정유일에게 보내고 거기서 다시 호남의 기대승에게 갑니다. 그런 식으로 편지가 전국을 돕니다. 이언적의 '무극태극 논쟁'도 외삼촌이었던 손숙돈과 망기당 조한보 사이에 오간 편지글을 보고 이언적이 개입하면서 삼자 간의 논쟁으로 발전했죠. 마찬가지로 이황과 고봉이 주고받은 서신을 주변의 학자들이 다 보는 겁니다.

두 사람 사이에 주고받은 편지글은 200통이 넘습니다. 물론 논쟁과 관련된 것들은 각각 열 통이 채 안 됩니다만 이런저런 이유로 주고받은 편지는 200통이 넘습니다. 조선 시대 주자학자들은 편지를 쓰면서 일생을 마쳤다고 해도 과언이 아닙니다. 『퇴계집』의 경우도 절반 정도가 서간문입니다. 주희의 문집인 『주자대전(朱子大全)』도 편지글이 전체의 절반이 넘습니다. 그 정도로 편지가 중요한 수단이었습니다.

편지로 논쟁을 하는 것은 요즘으로 말하면 학술대회에서 발표를 하는 거라고 보시면 됩니다. 편지가 전국을 돌면 당대 학자들이 거기에 자기 견해를 반영해서 새로운 견해가 나오고 하는 겁니다. 논쟁은 장장 8년간 지속되다가 조식이 그만하라고 해서 중단되는데, 왜 그만두라고 했는지는 조식을 공부할 때 말씀드리겠습니다.

아무튼 8년간의 논쟁을 통해 두 사람은 각자의 학문적 견해를 정리하는 성취를 보여 주었지만 서로의 견해를 일치시키는 데 이르지는 못합니다. 이황이 기대승의 이의 제기를 받아들여 자신의 주장을 일부 조정하지만 견해를 완전히 바꾸지는 않습니다. 마지막에는 기대승이 이황의 견해에 승복하는 것처럼 모양새를 갖춥니다. 하지만 그저 "선생님 말씀이 맞습니다" 하는 정도로 물러섰지 실제로는 견해가 다르다는 것을 확인합니다.

그런데 이 논쟁은 당시에도 특별한 사건이었습니다. 한쪽은 임금이 불러도 안 가는 사람으로 온 나라 사림의 명망을 한 몸에 입고 있었고 한쪽은 과거에 막 급제한 신참 학자였거든요. 이황은 한참 어린 후배가 날카롭게 문제를 제기하는데 한 치의 권위도 내세우지 않고 기대승에게 극존칭을 쓰면서 겸허한 태도로 논쟁을 펼칩니다.

사실 논쟁은 본격적으로 주자학이 수입되어 연구된 결과, 기존 주자학 이론으로 설명하기 어려운 난점이 노출되자 그것을 해결하기 위해 전개한 측면이 큽니다. 그 때문에 조선 주자학의 전개 양상을 한눈에 파악할 수 있는 논쟁이라고 할 수 있습니다.

사단과 칠정의 개념

사단(四端)은 맹자가 성선설의 근거로 제시한 인간의 심리 현상의 일부로 네 가지 착한 마음을 말합니다. 맹자는 측은지심(惻隱之心), 수오지심(羞惡之心), 사양지심(辭讓之心), 시비지심(是非之心)을 각각 인(仁), 의(義), 예(禮), 지(智)의 단서(端緒)라고 설명하죠. 남을 불쌍히 여기고, 부끄러워할 줄 알고, 양보할 줄 알고, 옳고 그름을 판단할 줄 아는 마음은 아주 특수한 딜레마에 빠지지 않는 한 좋은 마음입니다. 예컨대 측은지심과 수오지심이 부딪칠 때라든가, 시비지심에 따르자니 사양지심에 어긋난다든가, 또 반대일 경우에 어떤 마음을 따르는 것이 옳은가, 어떤 기준이 상위의 도덕 규범인가 하는 식으로 논의할 때 모순되는 측면이 있을 수 있지만 대체로 사단은 도덕적 기준에 부합하는 선한 마음이라고 할 수 있습니다.

그에 비해 칠정(七情)은 『예기』 「예운(禮運)」 편에서 인간의 감정을 통칭하여 '희(喜), 노(怒), 애(哀), 구(懼), 애(愛), 오(惡), 욕(欲)'의 일곱 가지로 지칭한 데서 비롯되었습니다. 그런데 주자학자들이 문제 삼은 것은 대체로 『중용』에서 언급한 '희(喜), 노(怒), 애(哀), 낙(樂)'의 네 가지 감정입니다. 네 가지로 나누든 일곱 가지로 나누든 인간의 감정 일반을 통칭했다는 점에서는 동일한 것으로 보면 됩니다.

논쟁의 발단

퇴계가 서울에 있을 때 이웃집에 추만(秋巒) 정지운(鄭之雲)이라는 학자가 살았어요. 정지운이 동생을 가르치기 위해 〈천명도〉를 작성합니다. 요즘 프레젠테이션을 할 때 이미지를 활용하는 것과 마찬가지인데, 시각화해서 보여 주면 이해도가 높아집니다. 성리학도 도표나 그림으로 그려서 보여 주는 게 상당히 효과가 있었겠죠. 그래서 〈천명도〉라고 하는 그림을 그립니다. 이런 방식은 조선 주자학의 특징이기도 한데, 조선 시대에는 주자학을 연구하는 것뿐만 아니라 다른 사람에게 주자학을 전파하기 위해 교육 자료를 만들다 보니 「입학도설」, 「천인심성합일지도」, 「성학십도」 같은 도표가 많이 나옵니다. 그중 하나가 정지운의 〈천명도〉예요.

본래 정지운은 〈천명도〉를 그리면서 이렇게 해설을 붙였습니다. "사단은 이(理)에서 발한 것이고 칠정은 기(氣)에서 발한 것이다〔四端發於理 七情發於氣〕." 그런데 이황이 읽어 보고는 "사단은 이(理)가 발한 것이고 칠정은 기(氣)가 발한 것이다〔四端理之發 七情氣之發〕"로 고치도록 합니다. 정지운이 '발어리(發於理)'라고 표현한 것을 이황이 '이지발(理之發)'로 고친 것인데, 사실 의미는 다를 게 없고 구문상의 차이가 있을 뿐입니다. 그런데 그 차이가 중요해집니다. '발어리(發於理)'라고 하면 '이(理)에서 발한다'는 뜻이니까 '이(理)'가 주체가 되지 않는데, '이지발(理之發)'이라고 하면 '이(理)가 발한다'는 뜻이 되므로 이(理)가 주체가 됩니다. 곧 '~에서 움직인다'고 하면 상대적으로 이가 적극적 역할을 하지 않는 것이고, '~가 움직인다'고 하면 이가 적극적으로 움직이는 주체가 되는 거죠. 여기서 문제가 생깁니다. 기대승이 이황이 수정한 표현을 보고 편지를 보내 문제를 제기합니다. '이(理)'가 어떻게 발(發)하느냐고요.

그 편지에 이황이 답신을 보내면서 사단칠정 논쟁이 전개됩니다. 사단칠정 논쟁은 이황과 기대승 두 학자의 개인적 관심사에서 비롯된 것처럼 보이지만 실제로는 당시의 학계에 이기론과 심성론에 대한 두 가지 상이한 해석 방식이 공존하고 있었기 때문에 일어난 것입니다.

기대승의 주장

기대승은 "사단과 칠정은 다 같이 정(情)이므로 사단이 칠정을 벗어나 존재할 수 없다"라고 주장합니다. 주자학의 인성론에 따르면 사단과 칠정은 당연히 둘 다 정(情)입니다. 인의예지는 성(性)이고 인의예지의 실마리인 사단(四端)은 정(情)이에요. 마음이거든요. 마찬가지로 칠정도 구체적인 심리 현상에 해당하니까 정입니다. 그러니 기대승이 사단의 정과 칠정의 정은 따로 뗄 수 없다고 하는 겁니다.

그러고는 이황과 같이 사단과 칠정을 이의 발동과 기의 발동으로 나누면 이와 기를 두 가지로 나누는 오류를 범하게 된다고 비판합니다. 이황처럼 사단은 이가 움직인 것[理之發], 칠정은 기가 움직인 것[氣之發]이라고 나누면 가르치기 쉬울지 모르지만 범주를 착각한 것이라는 말이죠. 사단은 칠정 속에 포함된 것이므로 사단과 칠정을 상대적 개념으로 대응하여 논의할 수 없다, 사단은 칠정 중에서 선한 마음만 가린 것이다, 사단과 칠정을 분리하면 문제가 생긴다는 것이 기대승의 주장입니다. 곧 범주 오류라는 말이죠.

기대승은 이어서 현상 세계에서는 이와 기를 나눌 수 없다는 주자학의 기본 원칙을 제시합니다. 현상에서 이와 기를 뗄 수 있다고 하면 현상과 본질의 관계가 없어져 버리기 때문에 설명력이 떨어지겠죠. 또 이는 약하고 실질적인 모습이 없다고 말함으로써 이를 기에 내재된 원인 정도로 봅니다. 만약 기대승이 이 입장을 그대로 지킨다면 이의 무작용성을 근거로 이황의 전제가 오류라고 입증할 수 있습니다.

이황의 반론 1

이황은 기대승의 주장을 일부 수긍하는 한편 자신의 의견과 다른 점을 반박합니다. 사단과 칠정이 다 같은 정이라는 점에는 동의합니다. 그러나 다 같은 정이라 하더라도 나아가서 말하는 바가 다르니 당연히 구별해야 한다고 주장합니다. 그러면서 이발(理發)과 기발(氣發)로 나누어 사단칠정을 설명할 수 있다고 주장합니다. 주자가 성을 본연지성(本然之性)과 기질지성(氣質之性)으로 구분하고 각각 이(理)와 기(氣)로 나누어 설명했다고 하면서, 성(性)을 그렇게 설명할 수 있다면 정(情)도 마찬가지 방법으로 설명할 수 있다고 주장합니다.

여기서 본연지성과 기질지성이 문제가 되는데요, 좀 까다롭습니다. 본연지성은 천지지성(天地之性)이라고도 합니다. 원래 성(性)은 이(理)와 같은 것인데, 성이라는 명칭은 이가 기 속에 들어와 있을 때만 성립합니다. 원래는 천리(天理)예요. 천리는 우주 전체의 이입니다. 그런데 이가 개별 기에 들어가면 그걸 성이라고 합니다. 개별 기가 개[犬]라면 개의 성이 되고, 소[牛]라면 소의 성이 되고, 사람이라면 사람의 성이 되는 겁니다. 그런 성이 본연의 천리에서 왔다고 하여 그걸 기준으로 부르는 명칭이 '본연지성'이고, 성이 기질 속에 놓여 있는 것을 기준으로 부르는 명칭이 '기질지성'입니다. 같은 성인데도 나눠서 이야기한 거죠. 그런 식으로 이야기하면 같은 '정'인데도 선한 쪽을 기준으로 사단이라고 하고 그렇지 않은 쪽을 칠정이라고 할 수 있다고 주장합니다. 상대화하는 겁니다.

이황의 이 같은 주장은 일관성 면에서는 설명력이 떨어집니다. 왜냐하면 고봉식으로 보면, 감정이 있다면 그 속에 선한 감정, 혹은 선도 악도 아닌 상태도 있다고 보니까 설명에 일관성이 있습니다. 하나의 기준으로 설명하는 게 더 쉽죠. 이황은 그걸 상대화해서, 이원화해서 봅니다. 나누어서 설명을 하려면 선이 있고 악이 있다고 상대화해야 하죠. 그런데 실천적 측면에서 보면 상대화하는 게 좀 더 간편하고 설득력이 있을 수 있습니다. 반드시 그렇지는 않지만 도덕을 위협하는 긴장이 없는 상태에서 올바른 행동을 하도록 요구하는 것보다 도덕적인 행위를 위협하는 대상이 있는 상태에서 올바른 행동을 요구하는 편이 더 쉬울 수 있잖아요. 이황은 자기 시대를 그렇게 본 거죠. 그래서 상대화하는 쪽으로 나아갑니다.

이황의 반론 2

이어서 퇴계는 사단은 인, 의, 예, 지에서 발생하지만 칠정은 외물에 감촉되어 발출된다고 주장합니다. 사단과 칠정의 발생 내원을 구분함으로써 이 둘을 완전히 나누려고 시도한 것입니다. 그리고 주자도 사단과 칠정을 각각 '이'가 발하고 '기'가 발한다고 말한 적이 있다는 점을 들어 자신의 입론에 무리가 없다고 자신합니다.

이황의 논리 또한 주자학 체계를 수용한 결과입니다. 인간의 본성이 인의예지이고, 이 인간 본성이 선이라고 하면 그것이 그대로 드러나는 것이 사단(四端), 굴절되어 나타나는 것이 칠정(七情)이다, 이런 식으로 하면서 발생 내원을 구분한 것이죠. 칠정은 감정이고 희로애락이니까 견물생심, 곧 외부에 보기 좋고 먹기 좋은 게 있으면 그로 인해 내게 감촉되어 일어나는 욕망이고, 사단은 나의 내면에서 움직이는 도덕심이라는 거죠. 그런데 완전하게 설명이 되는 건 아닙니다. 사단이라는 것도 외부의 상황을 보고 감촉되어 일어난다고 설명할 수 있기 때문이죠. 그렇게 보면 발생 내원이 둘 다 밖에 있다고 할 수 있어요. 기뻐하고 노여워할 만한 일이 밖에 있어서 노여워하고 기뻐할 수도 있고, 또 상대를 아끼고 보살피고 사랑하는 것도 대상이 밖에 있어서 그렇다는 식으로도 설명이 가능한 거죠. 따라서 이황의 입장이 완전하다고 할 수는 없습니다.

하지만 도덕의 근거는 내면에 두고 욕망의 근거는 밖에 두는 방식은 나름대로 설득력이 있습니다. 인간은 도덕적인 존재고, 욕망은 인간이 외부 환경에 의해 자신의 도덕적 주체성을 상실했기 때문에 일어나는 것이라고 보는 겁니다. 이황은 이런 견해를 확립하려고 합니다. 그래서 주자가 사단과 칠정을 각각 이가 발하고 기가 발한 것이라고 말한 대목을 뒤져서 찾아냅니다. 『주자대전』의 양이 굉장히 많은데도 정말 주자가 이런 말을 했는가 싶어 찾아보았더니 딱 한 군데가 있어요. 어쨌든 주자학 체계 내에서 주자 텍스트를 갖고 이야기하는 상황이었으니까 고봉에게는 상당히 불리한 증거가 됩니다. 하지만 고봉은 주자가 어쩌다 우연히 말한 것이지 주자의 본의라고 볼 수 없다고 주장합니다. 나중에 인심도심 논쟁을 펼친 이이는 주자가 그랬다면 주자도 잘못 본 거라고 좀 더 강하게 주장합니다.

기대승의 재반박

이황의 반론에 대해 기대승이 재반박을 합니다. 사단과 칠정이 서로 대응하는 개념이 아니라 칠정 중에서 중절(中節)한 것이 사단이라고 주장하죠. 곧 칠정이라는 인간의 심리 현상은 선한 경향을 지니는 '사단'과 그렇지 않은 '비사단'으로 구분해야 한다고 합니다. 중절은 절도에 맞다는 뜻입니다. 절은 감정을 조절하는 겁니다. 절도에 꼭 맞는 게 사단이고 맞지 않으면 칠정이라는 거죠. 어떤 감정이 절도에 맞다면 그건 선입니다. 그런데 절도에 맞지 않다면 악일 수도 있고 반드시 선이라고 할 수는 없겠지만 악이 아닐 수는 있다는 거죠. 기대승은 이 견해만은 끝까지 주장해서 관철시킵니다.

기대승은 이황처럼 사단과 칠정을 나누어 그리면 사단과 칠정의 차이점을 설명하기는 편하겠지만 두 개의 정과 두 개의 선이 있는 것으로 의심하게 되어 옳지 않다고 주장합니다. 굉장히 날카롭고 정확한 지적입니다. 선(善)도 유래가 두 개고 불선(不善)도 유래가 두 개라면 사람의 마음이 두 개란 말이냐? 이렇게 문제를 제기하면 이황의 주장이 흔들립니다.

그러고는 주자가 성을 기질과 본연으로 나눈 것은 성이 놓여 있는 곳과 유래를 기준으로 말한 것이므로, 실제로 이와 기를 별개의 사물로 나누어 본 것이 아니라고 주장합니다. 특히 성의 경우는 이런 식으로 본연지성과 기질지성으로 나누어도 무리가 없지만 정의 경우는 무조건 성이 기질에 포함된 뒤에야 비로소 말할 수 있는 것으로, 이와 기를 겸하여 선악이 있는 것이므로 나누어서는 안 된다고 비판합니다.

사실 기질지성과 본연지성을 설명하기가 어렵습니다. 전통 유학자들도 기질지성과 본연지성이 두 개의 성인 것으로 착각한 경우가 많습니다. 본연지성과 기질지성은 같은 성을 가리키는 다른 용어일 뿐입니다. 이를테면 금성은 하나인데 저녁별을 개밥바라기라 하고 새벽별은 샛별이라고 하죠. 그렇다고 별이 두 개인 것은 아닙니다. 저녁에 보면 개밥바라기, 새벽에 보면 샛별인 것뿐입니다. 인간의 본성도 하나죠. 인간에게 이런 본성이 있고 저런 본성이 있다고 하면 그건 이미 본성이 아닙니다. 인간의 성을 세 개, 네 개, 그 이상으로 나누는 것과 다를 게 없습니다. 그러므로 두 개로 하면 논리적으로 일관된 설명을 하기가 어렵습니다. 그래서 기대승은 주자가 이지발(理之發), 기지발(氣之發)이라고 한 적이 있을지라도 그건 어쩌다 우연히 한 번 쓴 것이지 본의는 아니라고 주장한 것입니다.

이황의 견해 조정

이어서 기대승이 이황처럼 사단과 칠정을 각각 이발(理發), 기발(氣發)로 나누면 '이 없는 기 없고, 기 없는 이 없다'라는 주자학의 근본 명제를 부정하게 된다고 지적하자 이황이 그 지적에는 승복해서 자신의 견해를 약간 조정합니다. 그렇게 해서 사단은 '이(理)가 발하고 기(氣)가 따라오는 것〔理發而氣隨之〕'이고 칠정은 '기(氣)가 발하고 이(理)가 타는 것〔氣發而理乘之〕'이라고 수정합니다. 사단이 이(理)가 발하는 것이라는 견해는 그대로 두고, 기(氣) 없이 이(理)만 따로 발하는 게 아니라 기(氣)가 따라온다는 식으로 수정합니다. 칠정 또한 기(氣)가 발하지만 이(理)가 타고 있다는 식으로 수정하여, 역시 이(理) 없는 기(氣)가 있게 된다는 지적을 피해 갑니다. 이황은 끝까지 이(理)를 기(氣) 위에 놓으려고 하는 거죠. 수(隨)와 승(乘)이라는 글자에서 알 수 있듯이 이(理)는 타고〔乘〕, 기(氣)는 따라가는〔隨〕 존재입니다. 이런 표현에서 이황이 존재론적 차원에서 이가 기보다 우월하다고 생각했음을 알 수 있습니다. 다만, 이와 기가 같이 움직인다고 이야기하여 이가 단독으로 움직일 수 없다는 지적만 받아들여서 조정한 것입니다.

어쨌든 이황은 이와 기가 동시에 작용하는 것으로 자신의 견해를 조정했지만 이발(理發) 자체를 부정하는 고봉의 기대를 만족시키지는 못하죠. 기대승이 보기에 모든 것은 기발(氣發)이에요. 따라서 이황이 이발을 그대로 유지했다는 점에서 처음의 견해와 본질적으로 다르지는 않습니다.

사단칠정 논쟁에 대한 평가

사칠 논쟁에서 누가 논리적으로 타당한 주장을 펼쳤느냐고 묻는다면 기대 승의 손을 들어줄 수밖에 없습니다. 그러나 당시 조선 사회에서 사대부의 도덕적 실천을 촉구하는 효과적인 방법이 무엇인가 하는 문제를 같이 고려한다면 조금 다르게 볼 수 있습니다. 특히 주자학의 이념적 지향을 포괄적으로 적용하면 이황처럼 사단과 칠정을 나누는 방식이 제한적으로 인정될 수 있습니다. 선행과 악행은 모두 인간에 기원을 두고 있지만 악행을 상대화하는 것이 선행의 실천을 촉진하는 효과를 가져오기도 하니까요.

기대승의 주장은 주자학의 이기론과 사단칠정을 개념적 차원에서 정확하게 이해했고 논리적으로도 타당했기에 나중에 이이의 지지를 받습니다. 이기론의 기본 명제인 이기의 불가분리성을 만족시켰거든요. 이기가 떨어질 수 없다는 거죠. 사단과 칠정의 범주에 대한 분석도 주희의 심성론 체계와 일치합니다. 칠정 속에 사단이 포함된다고 보는 것이 명쾌하고 설명력도 강합니다. 따라서 주자학의 논리적 구조를 정확하게 이해하고 그것을 심성론에 적용하면 기대승의 입론이 정확하다고 볼 수 있습니다.

퇴계 철학의 독창성

한편 이황의 경우는 주자학의 이념적 지향을 고려한다면 충분히 이해할 수 있습니다. 주자학에서 격물의 대상은 물리적 법칙이 아니라 당연지리(當然之理)입니다. 물(物)에 나아가서 이치를 궁구한다고 해서 격물궁리(格物窮理)라고 하는데, 물(物)은 물리적 대상이기도 하지만 사(事)가 포함되어 있습니다. 그래서 '이(理)'도 물리(物理)만이 아니라 '사리(事理)'가 포함되어 있는데, 사실 주희는 물리보다 사리를 더 우선적으로 추구했습니다. 사물당연지리(事物當然之理), 곧 당위입니다. 필연지리(必然之理)와 당연지리(當然之理)를 연속적으로 파악하는 것이 주자학의 특징입니다. 우리는 쉽게 필연지리와 당연지리는 다르다고 판단하지만 주자학에서는 그렇게 보지 않습니다. '이'라고 하면 소이연지리(所以然之理)를 말하는데, 이때의 연(然)은 현상입니다. 어떤 현상이 그런 모습으로 나타나는 까닭, 이치, 원인이 소이연지리입니다. 이런 식으로 어떤 현상이 반드시 어떤 원인에 의해 일어난다고 하면 기계적인 필연을 말하는 것입니다.

그런데 주자학에서는 그런 필연과 소당연지칙(所當然之則)을 연결시킵니다. 소당연지칙은 마땅히 그렇게 해야 할 규칙, 소당연지리(所當然之理)입니다. 칙(則)은 법칙, 규칙으로 반드시 그렇게 해야 할 도덕적 규칙(원칙)인데 이것이 소이연지칙과 같다고 보는 겁니다. 결국 필연과 당연을 같다고 파악하는 겁니다. 이런 입장에서 바라보면 이황의 견해도 이해할 수 있습니다. 도덕적 표준을 객관적 현상 속에서 찾을 수 있다고 보는 거죠.

현대 사회에서도 이와 유사한 시도가 많습니다. 어떤 사람이 자기 견해를 정당화하기 위해 자연계에서 그와 동일한 사례를 찾아서 입증하는 경우가 있습니다. 진화론에서 사회진화론을 끌어내는 경우도 비슷하죠. 또 동물계에서 일어나는 특정 현상을 가지고 인간 사회를 설명하는 경우도 있습니다. 가장 흔하게는, 진화론을 왜곡한 거지만, 적자생존을 가지고 인간 사회의 경쟁이나 약육강식 같은 비인간적인 상황을 설명하는 경우도 있지요.

그와 반대로 진화론이나 자연계의 어떤 현상을 근거로 인간이 이타적인 존재라고 주장하는 경우도 있습니다. 인간이 이타적 동물이라고 주장하는 진화론자들도 있고 인간은 이기적 존재라고 주장하는 진화론자들도 있죠. 문제는 이기적이라고 주장하는 진화론자들의 경우, 이타심도 이기적 동기로 설명하기 때문에 이타와 이기의 개념 차이가 불분명해진다는 점입니다. 이타적인 행위를 하는 것도 결국 이기적 동기에서 비롯된다고 설명하면 애초에 이기와 이타의 차이가 없어지겠죠. 더 이상한 경우도 많습니다. 진화심리학자들의 주장 중에 "왜 인간은 도덕적으로 행동하는가?" 이런 질문을 던지고는 "그게 생존 또는 진화에 도움이 되기 때문이다" 이런 식으로 대답하는데, 다른 학자는 "왜 인간은 다른 사람에게 폭력을 휘두르는가?" 이렇게 질문하고는 "그게 생존 또는 진화에 도움이 되기 때문이다" 이렇게 대답합니다. 인간이 상반된 행동을 하는데 동기는 같다고 설명을 하는 거죠.

어쨌든 주자학자들은 우리가 도덕적으로 올바른 행동을 해야 한다는 것이 단순히 공허한 이념이 아니라 객관적 사물 세계에서도 엄연하게 드러나는 이치라는 식으로 확인하고 싶어 합니다. 그 명제를 충실하게 따르고자 한 사람이 이황입니다. 이렇듯 이황은 이(理)를 강화하는 쪽으로 주자학을 전개한 학자라고 할 수 있습니다. 이런 시도는 결국 이황이 마주했던 당시 조선의 사회적 혼란상을 주자학 이론을 재구성함으로써 극복하기 위한 것이었다고 할 수 있습니다. 이황에게 당시 조선 사회의 주류라 할 수 있는 중앙의 권력자들은 악행의 대표자로 보였고, 이황은 그런 권력과 거리를 두는 방식으로 심성론을 재구성하려고 했습니다. 기대승의 논리에 따르면 사단이 칠정에 포함되므로 상대화할 수가 없습니다. 그런데 이황은 이 둘을 상대화함으로써 오히려 도덕적 긴장을 유지할 수 있고 그것이 구체적인 실천을 촉구하는 데 도움이 된다고 본 것입니다.

현대 중국의 천라이(陳來) 같은 주자학 전공자는 한국의 주자학을 기술할 때 이이보다 이황에 더 주목하는 경향이 있습니다. 이이의 경우에는 중국 주자학과 차이가 크지 않기 때문에 특징을 이야기하기가 쉽지 않지만 이황의 주자학은 중국 주자학의 본류와 상당히 다른 면모를 보인다고 이야기한 적이 있습니다. 주자학을 당시 조선의 상황에 맞게 재구성하려고 한 이황의 시도를 독창적으로 평가한 것으로 이해할 수 있습니다.

어쨌든 이황의 입장은 강력한 비판자인 이이에 의해 다시 그 문제점이 드러납니다. 하지만 그런 비판을 통해서 이황의 견해를 더 정확하게 이해할 수 있는 측면이 있으므로 이이를 공부할 때 이황과 비교하는 내용도 포함하고자 합니다.

17장

이이

조선 주자학의 완성자

사람답게 살기 위한 학문

이번에는 율곡(栗谷) 이이(李珥, 1536~1584)의 삶과 철학을 살펴보겠습니다. 이이는 이황과 함께 우리에게 아주 익숙한 철학자이기도 하고 5천 원권의 주인공이기도 합니다. 5만 원권에는 어머니 신사임당이 그려져 있죠.

제가 이이를 '조선 주자학의 완성자'라고 했는데 학설의 완결성이라는 면에서 그렇게 평가한 겁니다. 역사적으로 볼 때 조선에서 성리학이 가장 발달한 시기는 이황과 이이의 시대입니다. 사실 개인 수양을 가장 중요한 가치로 여기는 유학의 특성상, 퇴계 이황을 성리학의 완성자라고 해도 손색이 없습니다. 성균관 대사성, 홍문관 대제학 같은 명예직을 맡으면서 잠시 관직 생활을 하기도 했지만 생애의 대부분을 도산에서 제자들을 가르치고 수양에 매진하면서 살았으니 성리학적 가치를 누구보다 잘 실천했다고 할 수 있으니까요. 하지만 이론의 완결성을 두고 말하자면 아무래도 이이를 꼽지 않을 수 없습니다.

이이의 삶은 이황과는 사뭇 다릅니다. 이이는 성리학자로서 일찍이 우계(牛溪) 성혼(成渾)과 논쟁을 벌이면서 '기발이승일도설(氣發理乘一途說)'이나 '이기지묘(理氣之妙)', '이통기국(理通氣局)' 같은 명쾌한 논리를 전개하는 한편, 경세가로서 적극적으로 관직에 나아가 누구보다 탁월한 역량을 발휘했던 인물입니다.

우리가 가장 쉽게 이이의 사상을 접할 수 있는 책이 『격몽요결(擊蒙要訣)』입니다. '배워서 성인이 된다'는 말은 『격몽요결』에 나오는 문구입니다. 격몽은 칠 격(擊) 자에 어리석을 몽(蒙) 자입니다. 몽(蒙)은 몽매하다, 어리석다, 어리다는 뜻이죠. 그래서 격몽은 몽매한 사람, 어린 사람이 아직 껍데기에 갇혀서 세상을 제대로 못 보는 걸 깨뜨린다는 뜻이고, 요결은 중요한 비결이라는 뜻입니다. 격몽은 본디 계몽(啓蒙)과 함께 『주역』에 나오는 말입니다. 여기서 몽매한 사람이란 왕이기도 하고 장래에 사대부가 될 사람이기도 합니다. 사대부는 경전을 읽고 통치를 예비하는 사람으로 대부분 벼슬을 하죠. 물론 사(士)라고 해서 반드시 대부(大夫: 벼슬의 품계에 붙이는 칭호)가 된다는 보장은 없습니다. 과거에 급제한 다음, 나라에서 일정한 직책이 주어져야 대부가 되어 비로소 나라를 다스릴 수 있는 자리에 오르는 겁니다.

그런데 조선 시대에는 관직에 나아가는 사람들만 사대부로 일컬어졌던 게 아닙니다. 이황과 동시대에 쌍벽을 이룬다고 해도 좋을 또 다른 유학자인 남명 조식은 이황과 달리 성균관 대사성 같은 명예직조차 한 적이 없습니다. 여러 차례 조정에 추천되었지만 아예 안 갔습니다. 그런데 사대부로서 나라를 다스리는 이야기 외에 한 것이 없다고 합니다. 그러니까 조식처럼 백성들을 다스리는 목민관 역할을 하지 않으면서도 사대부의 이상은 버리지 않고 계속 간직한 사람들도 많았습니다.

이이의 저술 중에서 왕을 대상으로 쓴 것이 『성학집요(聖學輯要)』입니다. 성(聖)은 성인을 말하는데 그 당시 왕인 선조를 가리킵니다. 이이가 임금을 깨우치기 위해 쓴 학습서가 『성학집요』라면, 어린아이 같은 초학자들을 대상으로 학문의 요지를 전달하고 장래에 사대부가 될 사람을 가르치려고 만든 책이 『격몽요결』입니다.

『격몽요결』의 서문 첫머리에 다음과 같은 내용이 나옵니다.

> 사람이 이 세상에 태어나서 학문이 아니면 사람이 될 수 없다. 이른바 학문이라는 것은 또한 이상하거나 별도로 존재하는 사물이 아니다. 단지 어버이가 되어서는 마땅히 자식을 사랑하고, 자식이 되어서는 마땅히 어버이를 사랑하고, 신하가 되어서는 마땅히 임금을 정성으로 모시고, 부부가 되어서는 마땅히 서로 구별하고, 형제간에는 마땅히 서로 우애하고, 어린 사람이 되어서는 마땅히 어른을 공경할 것이고, 벗들 간에는 마땅히 신의로써 사귀어야 한다.
>
> —『격몽요결(擊蒙要訣)』, 「격몽요결서(擊蒙要訣序)」❶

학문의 목적이 어디에 있느냐? 성인이 되는 데 있죠. 『격몽요결』의 첫 번째 장인 「입지장(立志章)」에도 같은 내용이 나오는데 잠시 후에 살펴보기로 하고 여기서는 우선 서문을 보겠습니다. 서문에서는 사람이 이 세상에 태어나 학문이 아니면 사람이 될 수 없다고 했습니다. 사람이 되기 위한 방법, 사람답게 살아가기 위해 학문을 한다는 말입니다. 그럼 어떻게 사는 것이 사람답게 사는 것이냐? 간단합니다. 부모와 자식 간에, 군신 간에, 형제간에, 붕우 간에 마땅한 도리를 실천하는 것입니다. 모두 일상을 떠나지 않습니다.

유가는 천명(天命)과 인사(人事)를 통합하는 철학이고 천명은 초월적 존재입니다. 그런데 초월적 존재에 다가가는 길이 하늘에 기도하거나 신의 계시를 듣거나 연단(煉丹, 鍊丹 : 몸의 기운을 단전에 모아 몸과 마음을 수련하는 일)이나 수련에 있지 않고 바로 '지금 여기'에 있다고 봅니다. 어버이가 되어서는 자식을 사랑하고 자식이 되어서는 어버이를 사랑하는 등 일상생활을 충실히 하는 게 결국 나를 넘어서 초월적 가치에 접근하는 유일한 길이라는 겁니다. 이처럼 유학의 가르침은 현실에 착실히 발붙이라고 요구합니다. 불교나 도가적 세계관은 일상을 넘어서서 초월적 존재에 다가가니까 초월의 방법이 유학과 다릅니다.

지금 이 시대에 적용해 보면 어떨까요? 현대 사회는 개인의 시대죠. 이를테면 초월적 존재의 권위가 힘을 못 씁니다. 사찰이나 교회에 가서 무엇을 기도하는가 보면 압니다. 그 종교가 추구하는 가치를 위해 기도하지 않고 다들 대학 잘 가게 해 달라고 기도합니다. 이것이 개인의 시대에 살고 있는 우리의 모습입니다.

개인의 시대는 근대로 오면서 형성되었죠. 근대는 개인의 자유가 무엇보다 중요한 가치로 인정받는 시대입니다. 무엇으로부터의 자유인가? 국가 권력으로부터의 자유, 종교로부터의 자유, 관습과 통념으로부터의 자유죠. 자유를 얻기 위해 수많은 사람이 피를 흘렸는데 그런 반면에 잃어버린 것들도 많습니다. 그중에 초월도 포함됩니다. 인간은 자신의 삶을 누리기 위해서만 살지 않습니다. 더 나은 것을 추구하고 자기를 넘어서려고 노력하죠. 그런데 지금 이 시대는 초월을 인정하지 않습니다. 그 때문에 초월의 대상도 힘을 잃어버렸습니다. 돈이 그 자리를 대신 차지했는데 당연히 돈은 초월이 될 수 없습니다. 돈은 수단이죠.

이처럼 세속화된 상태에서는 초월적 존재를 이야기하면서 사람들에게 올바른 행동을 하라고 설득할 수 없습니다. 안 믿거든요. 그런데 유가 철학은 좀 다릅니다. 애초에 외부에 있는 어떤 초월적 대상을 들어 도덕 행위를 하라고 이야기하지 않기 때문입니다. 예컨대 『논어』에서 안연이 인(仁)에 대해 여쭙자 공자가 극기복례(克己復禮)가 인이라고 이야기하고서는 "단 하루라도 극기복례하면 천하가 모두 인으로 돌아갈 것(一日克己復禮 天下歸仁焉)"이라고 대답합니다. 어떻게 한 사람이 단 하루 극기복례했다고 천하가 인으로 돌아가느냐? 말도 안 된다고 생각할지 모르지만 『대학』식으로 이야기하면 "내가 곧 천하요, 내가 곧 세계"입니다. 그리고 공자는 다시 이렇게 덧붙입니다. "인을 실천하는 것은 나로 말미암은 것이지 다른 사람에게서 말미암은 것이겠는가(爲仁由己 而由人乎哉)?" 도덕 실천의 주체는 바로 나고, 그 점에 관한 한 다른 누구에게도 기대지 않는 겁니다. 어디에도 외부의 초월적 존재가 보이지 않습니다. 『대학』에서 증자(曾子)가 이렇게 말합니다. "열 개의 눈이 바라보고 있고 열 개의 손가락이 가리키고 있다(十目所視 十手所指)." 여기서 열 개의 눈은 CCTV나 뭐 이런 게 아닙니다. 바로 나예요. 십(十)이라는 숫자는 완전을 뜻합니다. 나를 완전하게 보고 있는 존재, 바로 나밖에 없죠. 그래서 강조하는 게 신독(愼獨)입니다. 홀로 있을 때를 삼가라. 홀로 있다는 것은 나만 안다는 뜻입니다. 오직 나만이 내가 무엇을 하는지 완전하게 알 수 있죠. 결국 나 자신을 속이지 말라는 '무자기(毋自欺)'야말로 최고의 도덕 원칙이 됩니다. 인은 나를 넘어서는 겁니다. 내가 타인을 사랑하는 것이야말로 나를 넘어서는 거니까요. 그러니 유학의 가르침 중에서 인은 다른 종교에서 이야기하는 초월적 가치와 나란히 둘 수 있습니다. 만약 현대 사회에서 개인이 초월적 가치를 인정하고 그것을 추구하려고 한다면 이런 식의 유가 철학에서 방법을 찾는 것은 어떨까요? 일상만 착실하게 살아가면 되니 아주 쉽기도 하고요.

배워서 성인이 된다

이이가 1577년에 저술한 『격몽요결』은 초학자들을 위한 성리학 지침서라고 할 수 있는데 충실한 내용과 완성도 높은 체계를 갖추고 있습니다. 내용을 살펴보면, 배우는 자들은 반드시 성현이 되겠다는 뜻을 세워야 한다는 「입지장(立志章)」, 나쁜 습관을 버려야 한다는 「혁구습장(革舊習章)」, 올바른 몸가짐을 강조한 「지신장(持身章)」, 책을 읽는 방법을 논의한 「독서장(讀書章)」, 어버이 섬기는 도리를 논한 「사친장(事親章)」 등 모두 열 개장으로 구성되어 있고, 학문의 목적부터 구체적인 방법과 실천에 이르기까지 자세히 논의하고 있어 조선조 내내 초학자들의 필독서로 여겨졌습니다. 초학자인 어린아이들을 대상으로 한 책이지만 뒤늦게 어른이 되어 읽고서 감동받은 사람이 굉장히 많습니다.

「독서장」에서는 특이하게 사서오경에다 소학을 포함시켜서 오서오경을 읽어야 한다고 말합니다. 그리고 이 오서오경을 순환숙독(循環熟讀)해야 한다, 익숙해질 때까지 반복해서 읽어야 한다고 합니다. 그 속에 완결된 세계관이 있다고 본 겁니다.

『격몽요결』의 첫 번째 장인 「입지장」을 보겠습니다. 입지(立志)는 뜻을 세운다는 뜻이죠. 성인이 되는 데 뜻을 둔다는 것입니다. 임금을 위한 것이 아니라 초학자들을 위한 책인데도 배움의 목적을 이야기하는 부분에서는 조금도 물러섬이 없습니다.

처음 배우는 사람은 먼저 뜻을 세워서 반드시 스스로 성인이 될 것을 기약
해야 한다. 조금이라도 스스로를 작게 낮추어 보고 물러나거나 핑계 대는
생각을 가져서는 안 된다. 보통 사람과 성인은 그 본성이 같다.**②-1**

철학에도 동일성을 강조하는 철학이 있고 차이를 강조하는 철학이 있습
니다. 유학은 기본적으로 동일성을 강조합니다. 보통 사람이나 성인이나
본성은 같다고 보니까요. 그런데 성인과 내가 같다는 논리를 만들어 내는
데에는 인성론에서 비약적인 발전이 있었기에 가능했던 겁니다. 이 인성
론은 맹자에서부터 시작되죠. 맹자가 안연의 말을 인용하면서 "순임금은
누구이며 나는 누구인가? 훌륭한 행동을 하면 나 또한 순임금과 같다[舜
何人也 予何人也 有爲者亦若是]" 하고 이야기했듯이 기본적으로 순임금이나
나나 똑같은 사람이라고 전제합니다. 그리고 "순임금이 순임금 된 까닭을
내가 실천하면 나 또한 순임금이 될 수 있다"라고 합니다. 내가 올바른 행
동을 하면 성인이 된다는 말입니다. 그런데 성리학에서는 이런 생각을 구
체화해서 수양의 문제와 연결합니다.

사람의 용모는 추한 것을 바꾸어서 예쁘게 만들 수 없고 육체적인 힘도 약
한 것을 바꾸어서 강하게 만들 수 없다. 신체도 짧은 것을 바꾸어서 길게 만
들 수 없다. 이런 것들은 타고나면서부터 이미 결정된 분수인지라 바꿀 수
없는 것들이다. 그러나 심지(心志)만은 어리석은 자를 지혜롭게 할 수도 있
고 불초(不肖)한 자를 어질게 만들 수도 있다.

—『격몽요결(擊蒙要訣)』,「입지장(立志章)」**②-2**

앞에서 성인이 되어야 한다고 했는데, 왜 그게 가능한지를 이야기하는 부분입니다. 위의 내용은 수양의 가능성을 말하는 거죠. 사람의 도덕심, 심지(心志)만은 수양을 통해서 불초한 자가 어진 사람이 되게 할 수도 있고 어리석은 자가 지혜로운 사람이 되게 할 수도 있다는 거죠. 이게 변화기질(變化氣質)입니다. 성리학자들은 기본적으로 여기에 동의합니다. 그래야 수양론이 성립합니다. 만약 변화시킬 수 없다면 수양을 포기해야겠죠. 해 봤자 안 되는데 왜 하겠습니까.

변화기질은 본래 북송의 기철학자 장재(張載)가 이야기했고 주희가 이것을 자신의 수양론 체계 안에 받아들입니다. 물론 주희는 실제로 기질을 변화시키는 것은 극난(極難)하다, 지극히 어렵다고 했습니다. 주희는 이론적으로는 열려 있지만 어리석은 자가 지혜롭게 되거나 불초한 자가 어질게 되는 건 실천적으로 거의 불가능하다고 이야기합니다. 그러나 이이는 그 정도로 물러서지 않습니다. 반드시 된다고 합니다. 수양은 되니까 하는 거죠. 선조에게 엮어서 준 『성학집요』 속에도 나오고 동몽 학습서에 속하는 『격몽요결』에도 그런 포부가 담겨 있습니다.

앞서 말씀드린 것처럼 「입지장」에서부터 이이는 배우는 사람은 모름지기 성인(聖人)과 같은 존재가 되겠다는 뜻을 세워야 한다고 강조했는데, 여기서 그의 학문관이 주자학의 정신을 철저히 이어받았음을 확인할 수 있습니다. 맹자 이후, 주자학을 통해서 전해진 유학의 정신을 철저하게 추구한 거죠.

그런데 나중에 영남 지역에서는 이이의 『격몽요결』을 안 읽고 주로 『명심보감』을 읽습니다. 두 책을 비교하자면 『명심보감』은 잡서로 분류할 수 있습니다. 맹자 왈 하는데 찾아보면 『맹자』에 나오지 않고 『논어』에 나오는가 하면, 장자 왈 하는데 『장자』에 안 나옵니다. 『순자』를 인용한 구절은 또 정확합니다. 그런데 "맹자 왈, 하늘의 명을 따르는 자는 살고 하늘의 명을 따르지 않는 자는 망한다[順天者存 逆天者亡]"라는 식으로 문장의 일부만 따와서 인용하는데, 이렇게 맥락 없이 읽으면 맹자의 본뜻이 전해지지 않습니다. 『맹자』에 나오는 해당 부분을 찾아보면 맹자가 그저 하늘의 뜻을 따르면 살 수 있고 어기면 죽는다는 숙명론을 이야기한 게 아닙니다. 이 부분은 당시 제후들에게 힘의 강약을 기준으로 외교 관계를 맺거나 나라를 다스리지 말고 문왕을 스승으로 삼아 덕으로 천하를 다스려야 한다고 권고한 내용입니다. 그런데 하늘의 뜻을 따르면 살고 하늘의 뜻을 어기면 죽는다는 대목만 떼 놓고 보면 숙명론이 되어 버리죠. 맹자 자신은 혁명가가 아니었지만 이른바 혁명론을 제기한 사람인데 숙명론자일 리가 없지 않겠습니까.

게다가 『명심보감』에는 동악성제나 자허원군 같은 도교의 인물도 등장하고 출처를 알 수 없는 잡다한 글도 많이 나옵니다. 이런 점만 봐도 이 책을 편집한 사람의 학문 수준이 그리 높지 않다는 걸 짐작할 수 있습니다. 적어도 유학의 고전을 잘 알고 있던 학자는 아니었던 듯합니다. 『명심보감』을 읽지 말라는 건 아니지만 아무튼 『격몽요결』과 비교할 수준의 책은 아니라고 봅니다.

성학(聖學)과 시무(時務) 사이에서

이이는 1536년생입니다. 이 연도를 기억해 둘 필요가 있습니다. 나중에 성리학석 가치가 완전히 붕괴되고 새로운 가치가 나오는 때가 연암 박지원 시대인데, 연암은 1737년생입니다. 고려 말 안향과 백이정이 주자학을 도입하고 200년 이상이 지난 뒤에 이황과 이이의 시대에 이르러 성리학이 만개합니다. 그사이인 1392년에 조선 왕조가 건국되면서 주자학적 가치를 이념으로 삼는 나라가 들어섰죠. 200년 정도의 성숙기를 거쳐 성리학이 꽃을 피웠고 또다시 200년 정도의 시간이 흐르면서 성리학적 가치 질서가 무너지는 상황이 도래한 것입니다.

간단히 이이의 삶을 살펴보겠습니다. 제가 성학(聖學)과 시무(時務)를 같이 붙였는데, 성학(聖學)은 성인이 되는 학문이고 시무(時務)는 당시의 급무입니다. 이이가 세상을 떠난 뒤에 결국 임진왜란이 일어나고 국가가 전란에 휩싸여서 조선 사회는 막대한 타격을 입습니다. 그런데 이이는 그런 문제를 예측하고 미리 대책을 강구했습니다. 다만, 당시 조선의 상황이 그 대책을 현실화할 만한 조건이 아니었죠. 그러다 보니 어려움을 피할 수 없었습니다.

이이는 강원도 강릉의 외가에서 태어났습니다. 이언적도 그렇고 당시 학자들은 외가 신세를 많이 졌습니다. 그런데 이이가 태어난 외가는 이언적이 태어난 경주 양동마을처럼 거창하지 않고 아주 소박합니다. 오죽헌에 가 보면 이이의 동상이 서 있고 그 동상 옆의 기념석에는 이이가 직접 쓴 글씨가 새겨져 있는데 '견득사의(見得思義)'라는 문구입니다. "재물을 보면 의리를 생각한다." 얻을 득(得) 자는 재물, 이익이라는 뜻입니다. 글씨체를 살펴보면 『율곡수고본 격몽요결(栗谷手稿本 擊蒙要訣)』에서 채록해서 새긴 것입니다. 견득사의는 『격몽요결』「지신장」에 나오는데 본래 『맹자』에 나오는 구절이죠. 『논어』에는 '견리사의(見利思義)'로 되어 있습니다. 이(利)와 의(義)를 구분하는 겁니다. 유학은 기본적으로 이(利)의 부정적 측면을 강조합니다. 본래 이(利) 자는 벼(禾)를 칼(刂)로 베어 내는 모양을 그린 글자이기도 하고 다른 사람이 수확한 곡식을 탈취해 온다는 뜻이기도 합니다. 그러니 이(利)는 본디 부정적 측면이 강합니다.

공자는 "군자는 의(義)에 밝고 소인은 이(利)에 밝다"라고 했지요. 군자는 의(義)를 추구하지 이(利)를 추구하지 않는다고 이해할 수 있지만, 사실 이(利)를 공평하게 나누는 것이 의(義)이므로 이(利) 자체를 배격했다기보다는 의(義) 없는 이(利)를 배격했다고 이해해야 합니다. 견득사의(見得思義)는 그런 측면을 잘 드러내 주는 문구입니다. 이런 가치관을 성리학이 그대로 계승했음은 말할 것도 없고, 이이는 성학(성리학)을 뿌리로, 시무를 지말로 삼아 그 가치를 실현하면서 살아갔다고 할 수 있습니다.

강릉 오죽헌은 후대에 조성된 걸 제외하면 딱 한 채입니다. 보물 165호죠. 규모도 도산서원, 소수서원, 병산서원 등과는 비교가 안 될 정도로 아담해서 마치 이이의 일생처럼 단아한 기품이 보여요. 허세라고는 찾아볼 수 없습니다. 건물 전체에 장식이 전혀 없는데, 가만히 보고 있으면 사대부의 정신세계가 보이는 듯합니다.

이이는 하루에 한 끼밖에 안 먹었고 49세에 세상을 떠났습니다. 박제가(朴齊家)의 『북학의(北學議)』에 따르면 이이는 평생 쇠고기를 한 점도 먹지 않았다고 해요. 싫어해서가 아니라 "소가 지어 준 곡식을 먹고, 또 소의 고기까지 먹는 것이 옳은가〔食其粟 又食其肉 可乎〕?" 이렇게 말하고 안 먹은 거예요.

신사임당은 이이를 낳기 전에 용꿈을 꿨다고 합니다. 이황 같은 경우는 대문으로 공자가 들어오는 꿈을 꿨다고 하죠. 이이는 어린 시절 어머니에게 배웠고, 13세에 초시에 급제한 이래 대과에 급제할 때까지 아홉 번 과거를 봐서 다 장원급제를 했어요. 그래서 '구도장원공(九度壯元公)'이라고 부릅니다. 과거 시험을 치를 때는 아무래도 호승심이 있었던 것 같습니다. 호조 판서니 병조 판서니 하는 중요한 직책을 맡았을 때도 과거 시험 문제가 나오면 문제지를 가져오게 해서 답안을 쓰곤 했어요.

16세에 어머니를 여의고 삼년상을 마친 뒤 19세가 되던 해에는 금강산에 들어가 불교를 공부하는가 하면, 23세에는 당대의 노사숙유(老士宿儒: 학식이 많고 덕망이 높은, 나이 많은 선비)로 일컬어지던 이황을 찾아가 가르침을 청하기도 합니다. 그해 겨울에는 별시에 응시하여 장원급제 했는데 이때의 답안지가 천도와 인도의 관계를 논한 「천도책(天道策)」입니다. 천도의 내용을 묻는 임금의 책문에 대한 대책, 답안지인데 명문입니다. 명나라에서 국사편수(國史編修) 황홍헌(黃洪憲)과 공과급사중(工科給事中) 왕경민(王敬民)이 사신으로 왔을 때 이이가 접반사(接伴使)로 나가 그들을 맞이했는데, 그들이 역관에게 이이의 이름을 듣고 「천도책」을 지은 사람이냐고 물었다는 기록이 있습니다. 또 이이가 도학군자라는 것을 알고 지극히 존경하여 반드시 율곡 선생이라고 불렀다고 합니다. 명나라의 사신이 접반사를 공경한 경우는 없었던 만큼 이례적인 일입니다. 이이의 이름이 명나라에까지 알려졌다는 것이겠죠.

이이는 29세 때 호조 좌랑에 임명되어 중앙의 정치 무대에 나간 이래 20여 년 동안 황해도 관찰사, 사헌부 대사헌, 홍문관 대제학, 예문관 대제학, 이조 판서, 형조 판서, 병조 판서 등 국가의 요직을 두루 거칩니다. 또 김장생이 쓴 행장에 따르면 임진왜란이 발발하기 전에 십만양병론을 주장하면서 각종 화약 무기를 개발하고 전함을 건조하여 왜의 침략에 대비해야 한다고 주장했어요. 그런데 당시에는 유성룡(柳成龍) 등의 유학자들에게 "아무 일도 없는데 병력을 양성하는 것은 그 자체가 화근"이라고 비판을 받습니다. 나중에 전쟁이 일어나자 선견지명을 가진 성인으로 칭송받기도 했습니다.

십만양병설에 대해서는 최근에 도전을 많이 받았죠. 조작된 것이라는 이야기가 있지만 조사를 해보면 어느 정도 전말이 나옵니다. 사료 분석을 통해 논쟁이 끝났다고 볼 수 있습니다. 날조라고 볼 수 없는 것이 '십만양병'이라는 말을 쓰지는 않았지만 이이가 올린 육조방략(六條方略)을 볼 때 그런 정책을 주장했다는 것은 충분히 인정할 수 있습니다. 십만양병이라는 표현은 유성룡, 김장생, 송시열 등이 한 말이지만 당대에 그런 이야기를 충분히 했으리라는 정황이 있습니다.

그리고 조작설을 제기한 측에서는 『율곡전서』 중간본(重刊本)에 유성룡이 "이문성은 참으로 성인이다〔李文成 眞聖人也〕"라고 한 내용을 두고 이이가 문성(文成)이라는 시호를 받은 시점이 유성룡이 죽은 뒤인 1624년이므로 후대에 이이를 높이기 위해 십만양병설을 조작했다고 주장합니다. 그런데 영조 25년(1749)에 간행한 『율곡전서』 초간본에는 '이문성(李文成)'이 아니라 '이문정(李文靖)'으로 표기되어 있습니다. 여기서 이문정(李文靖)은 북송의 명재상이었던 이항(李沆)을 가리킵니다. 『송사(宋史)』 「이항 열전」에 "이항은 일찍이 참지정사(參知政事) 왕단(王旦)에게 진종(眞宗)이 나이가 어려 혈기왕성한데 변방의 어려움을 일깨워 주지 않으면 나라가 어려워질 것이라고 예측했는데, 왕단이 흘려 들었다가 그가 죽은 뒤에 과연 그런 일이 일어나자 이항의 선식지견(先識之見)에 감탄하여 '이문정(李文靖)은 참으로 성인이다〔李文靖 眞聖人也〕'라고 했다"라는 내용이 나옵니다. 유성룡은 이 고사를 인용하여 이이의 일이 바로 그 경우에 해당한다고 말한 것으로 짐작됩니다. 그리고 이 일이 기록된 또 다른 문헌인 『사계집(沙溪集)』, 『월사집(月沙集)』에도 모두 '李文靖'으로 되어 있고, 이이의 행장과 신도비에도 모두 '李文靖'으로 되어 있습니다. 순조 14년(1814)에 『율곡전서』 중간본을 내면서 편집한 사람이 '李文靖'으로 표기된 것을 착오라고 여겨서 고쳤든가, 아니면 어차피 이이를 가리키는 말이니 이문성으로 고치는 것이 옳다고 여겨서 잘못 고친 것으로 보입니다.

저는 이이가 십만양병을 주장한 것은 의심하지 않습니다. 그렇지만 십만양병론을 기준으로 이이를 높이지는 않습니다. 왜냐하면 그 이전에도 여러 사람이 꼭 십만은 아니라 하더라도 양병론을 수차례 제기했기 때문에 십만양병이 특별한 정책이라고는 할 수 없습니다. 물론 제기한 시점이 적절했다는 점은 높이 평가해야 할 것입니다.

어쨌든 이이가 쓴 글에 십만양병이라는 말 자체가 보이지는 않지만 상소문에 그와 비슷한 내용이 워낙 많이 나옵니다. 이이의 정책에 반대했던 유성룡은 전란기에는 선조를 보좌하면서 나름대로 국가의 안녕을 위해 노력했지만 이런 유학자들도 전쟁이 일어나지 않는다고 생각했어요. 정세 판단을 잘못한 거죠. 나중에는 이이의 예상이 맞아떨어집니다. 무슨 신비한 능력이 있어서 예언을 한 것이 아니라 조선의 국가적 상황을 볼 때 필경 10년 내로 화란이 일어날 수밖에 없다고 얘기한 것이 적중한 겁니다. 그로 인해 선견지명을 가진 성인으로 평가를 받습니다.

시의적절한 경장론

이이는 성리학자이지만 온갖 적폐에 시달리고 있던 당시 조선 사회의 문제점을 누구보다 정확하게 진단하고 경장(更張)을 주장한 탁월한 경세가이기도 합니다. 경장(更張)이라는 말은 본래 느슨해진 가야금 줄을 다시 팽팽하게 당겨 음을 조율한다는 뜻입니다. 그처럼 각종 사회제도를 새롭게 개혁하되 기존 체제를 허물지 않고 재건하는 것을 말합니다. 경장을 통해 조선 사회를 재건하려 했던 이이는 선조에게 여러 차례 상소를 올려 국가의 문제점을 지적하고 백성들을 위한 정책을 제안하는 한편, 구습을 타파하고 새로운 경제 정책을 시행하도록 간곡하게 주청합니다. 그중에서 백성들을 잘 양성하여 나라의 근본을 튼튼히 해야 한다든지, 국방을 특별히 강조하여 군제를 개혁하도록 주청한 것은 그 적절성이나 절박함 모두 세상을 책임지는 사대부로서 본보기가 될 만했습니다.

하루 세 끼조차 제대로 먹지 않으면서 나라를 위해 헌신한 이이는 청빈한 삶의 전형이었다는 점에서도 유학의 정신을 몸소 실천했다고 할 수 있습니다. 또 그가 제시한 경제 정책은 모두 나라를 부강하게 하여 백성들의 곤궁한 삶을 해결하겠다는 절박함에서 비롯된 것으로, 박시제중(博施濟衆: 널리 사랑과 은혜를 베풀어서 뭇사람을 구제함)의 경세 정신을 발휘한 결과라 할 수 있습니다. 경장을 이야기하는 글을 살펴보겠습니다.

법령이 오래되면 폐단이 생기기 마련이고 폐단이 생기면 그 해가 백성에게 돌아갑니다. 그러니 계책을 세워 폐단을 바로잡는 것이 백성을 이롭게 하는 방법입니다. 성상의 전교에 이르시길, "임금은 나라에 의지하고 나라는 백성에게 의지하니, 백관을 두어 여러 직책을 나누어 놓은 것은 단지 민생을 위한 것일 뿐이다. 백성들이 동요하고 흔들리면 나라가 장차 어디에 의지할 것인가" 하셨습니다. 신은 엎드려 두 번 세 번 읽어 보고 저도 모르게 감격하여 눈물을 흘렸습니다. 크십니다, 임금님의 말씀이여! 한결같으십니다, 임금님의 마음이여! 이것이 참으로 백성들을 편안하게 하고 하늘의 노여움을 되돌릴 수 있는 일대의 기회입니다. 삼대(三代) 이후로 임금과 신하의 직책이 단지 민생을 위해 있다는 것을 알았던 이가 얼마나 되겠습니까. 한갓 착한 마음만으로는 법도가 아니면 미루어 갈 수 없고, 한갓 법도만으로는 착한 마음이 아니면 실천하지 못합니다. 전하께서 백성을 사랑하는 마음이 본디 이와 같은데도 백성을 사랑하는 정치가 여전히 시행되지 못하고 있습니다. 여러 신하들이 올린 정책은 단지 끄트머리만 가지런히 하고 그 근본을 헤아리지 않기 때문에 듣기에는 아름다운 것 같지만 실제로 시행할 수 없는 것입니다. ❸-1

맹자는 일찍이 백성이 가장 존귀하고 군주는 가벼운 존재라고 한 적이 있습니다. 또 착한 마음만 가지고서는 훌륭한 정치를 베풀 수 없고 한갓 법률만 가지고서는 저절로 인정이 베풀어지지 않는다고도 이야기했습니다. 이이는 맹자의 이야기를 이어서 당시 조선의 임금이 백성을 사랑하는 마음이 지극한데도 어찌하여 백성을 사랑하는 정치를 베풀지 못하는가 하고 묻습니다. 이어서 그 까닭은 신하들이 근본을 바로 세우지 않고 말단만 추구하는 데 있다고 지적합니다. 무엇을 근본이라 했을까요? 임금과 신하의 직책은 오로지 민생을 위하는 데 있다는 표현에서 알 수 있듯이 근본은 민생을 돌보는 것입니다. 그리고 말단은 이런저런 법률을 고치는 겁니다. 하지만 아무리 좋은 법률이 있어도 군주가 인정을 베풀겠다는 의지가 없으면 무용지물이라는 거죠. 이이는 바로 이 점을 강조함으로써 자신의 임금이 한낱 착한 마음만 가진 무능한 군주가 아니라 백성들의 민생을 진정으로 돌보는 성군이 되기를 바랐다고 할 수 있습니다. 또 탐관오리들의 상습적 수탈을 막아야 한다고 강조합니다.

적이 살펴보건대 지금의 일은 날로 그릇되어 가고 생민(生民)들의 기력은 날로 소진되어 가고 있는데 아마도 권간(權姦)들이 세도를 부리던 때보다 더 심한 것 같습니다. 그 까닭은 무엇이겠습니까. 권간들이 세도를 부리던 때에는 조종(祖宗)의 유택(遺澤)이 그래도 다하지 않았기 때문에 조정이 비록 어지러워도 백성들의 힘이 그래도 지탱할 수 있었습니다. 오늘날에는 조종의 유택이 이미 다하고 권간이 남겨 놓은 해독이 바야흐로 드러나고 있기 때문에 비록 청렴한 의논이 시행된다 하더라도 백성들의 힘은 이미 고갈되어 버렸습니다. 비유하자면 마치 어떤 사람이 젊을 때 주색에 빠져 몸을 해치는 일이 여러 가지였다 하더라도 혈기가 바야흐로 강성하여 몸이 상하는 것이 드러나지 않다가 만년에 미쳐 그 해독이 혈기가 쇠퇴한 틈을 타고 갑자기 드러나, 비록 근신하고 몸을 보호하려 해도 원기가 이미 무너져서 지탱할 수 없게 된 것과 같습니다. 오늘날의 일이 실로 이와 같으니 앞으로 10년을 넘기지 못하고 화란(禍亂)이 반드시 일어나고야 말 것입니다.

—『율곡전서(栗谷全書)』, 「만언봉사(萬言封事)」 **❸-2**

백성들이 가난해지는 이유를 탐관오리들의 상습적 수탈에 있다고 보고 이들을 제압하여 백성들의 삶을 구제해야 한다는 이이의 견해가 잘 드러나 있습니다. 이이는 「만언봉사」의 말미에 "참으로 나라에 이익이 되는 일이라면 끓는 가마솥에 던져지고 도끼에 목이 잘리는 형벌을 받게 된다 하더라도 피하지 않을 것"이라고 하여 자신의 제안을 따르면 왕정을 회복할 수 있을 것이라고 간곡하게 이야기합니다. 하지만 "10년을 넘기지 못하고 화란이 일어날 것"이라는 말은 불행히도 적중하여 임진왜란이 일어나죠.

"백성은 나라의 근본이니 근본이 튼튼해야 나라가 편안하다(民爲邦本 本固邦寧)"라고 했는데, 오늘날 민생이 날로 위축되어 마치 물불 속에 있는 듯합니다. 또 "우리를 어루만져 주면 임금이고 우리를 학대하면 원수다(撫我則后 虐我則讎)"라고 했으니 어찌 깊이 두려워하지 않을 수 있겠습니까. 맹자께서는 "숲을 위해 새를 모아 주는 것은 새매다"라고 했는데 지금 이 백성들은 거꾸로 매달려 있는 것과 같으니, 혹시라도 조(曹)나라와 거(莒)나라가 곁에 있다면 백성들이 반드시 자식들을 강보에 싸서 업고 갈 것입니다.

—『율곡전서(栗谷全書)』, 「진시폐소(陳時弊疏)」❹

"백성은 나라의 근본이니 근본이 튼튼해야 나라가 편안하다[民爲邦本 本固邦寧]"라는 말은 『서경』「오자지가(五子之歌)」편에서 인용한 글로 나라를 망하게 한 태강(太康)을 질책한 대목이고, "우리를 어루만져 주면 임금이고 우리를 학대하면 원수다[撫我則后 虐我則讎]"라고 한 말은 『서경』「태서(泰誓)」편에서 인용한 구절로 자신의 임금을 폭군 주(紂)에 견주어 표현한 말입니다. 이어서 『맹자』를 인용하면서, 그대로 두면 조선의 백성들이 이웃 나라로 떠날 것이라고 경고합니다. 민생을 구제하라는 더없이 절박한 표현입니다.

정치와 교육에 이르는 폭넓은 활동

이이는 49세의 나이로 비교적 일찍 세상을 떠났지만 많은 저서를 남겼습니다. 당시 사대부들의 문집에 흔히 보이는 시문은 말할 것도 없고, 「만언봉사」를 비롯한 상소문, 『소학집주(小學集註)』, 『사서언해(四書諺解)』와 같은 유가 문헌에 대한 주석과 언해, 또 당시 이단으로 치부되던 『도덕경』을 유가적 맥락으로 풀이하고 편집한 『순언(醇言)』, 명종부터 선조에 이르는 17년간 경연에서 강론한 내용을 엮은 『경연일기(經筵日記)』 등을 남겼는데, 그중에서도 『성학집요(聖學輯要)』와 『격몽요결(擊蒙要訣)』이 가장 널리 알려져 있습니다. 『성학집요』는 이이가 평생의 정력을 쏟은 책입니다.

신의 정력(精力)이 여기에서 다했습니다. 총명한 임금께서 살펴 주셔서 늘 곁에 두신다면 전하께서 타고난 덕으로 왕도를 펼치는 학문에 조금이나마 도움이 없지는 않을 것입니다.

—『성학집요(聖學輯要)』,「서문(序文)」❺

『성학집요』는 사서오경과 성리학 관련 문헌에서 핵심이 되는 내용을 간추려 뽑은 책이라고 보시면 됩니다. 선조에게 바친 책인 만큼, 선조가 성군이 되기를 바라는 마음에서 지은 책이라 할 수 있겠습니다.

그 외에도 정치, 경제, 교육 등 다방면에 관심을 갖고 뛰어난 방책을 제시합니다. 유학자로서 나무랄 데가 없습니다. 정약용도 수기치인을 두고 이야기할 때 수기만 하는 건 반쪽이라고 했어요. 수양만 하는 게 아니라 세상에 나아가야 한다는 거죠. 그런 실마리가 이이에게 있습니다. 반면 조선조 전기 사람들은 나아갈 필요가 없었어요. 가장 중요한 가치가 자신에게 있다고 생각했고, 또 나아가면 희생당하니까요. 나의 본성도 성인과 똑같고, 성(性)이라는 것은 외부에서 아무것도 빌려 올 필요가 없을 만큼 완전하므로 세상과 단절되어 나 혼자 깊은 산속에서 수양에 매진해도 됩니다. 인간은 고립감을 극복하기 힘든 법인데 수양으로 그 고립감을 극복하니까 대단하다고 하겠습니다.

그러나 유가는 현실 지향성이 강해서 현실 속에 있는 구체적인 문제를 외면하지 않습니다. 물론 그렇다고 해서 홀로 자신을 수양하는 것의 가치를 낮추어 볼 수는 없습니다.

독경주의 비판, 자주적 학풍

이황에게는 선배 유학자의 학설이라면 일단 존중하는 독경주의적 경향이 있지만 이이에게는 그런 요소가 상대적으로 적습니다. 이이는 이황에게 다른 사람의 견해를 모방하는 경향이 있음을 비판하고 아울러 "주자라 할지라도 정말 이(理)와 기(氣)가 상대해서 각각 발출한다고 생각했다면 주자 또한 잘못한 것"이라고 할 정도로 자주적인 학풍을 중시합니다. 물론 그렇다고 해서 이이가 주자학의 논리 구조를 제대로 파악하지 못한 것은 아닙니다. 오히려 정확하게 꿰뚫고 있어요.

또 조선에서는 당시 중국 명나라를 대체로 황조(皇朝)라 호칭하거나 대명(大明)이라 했는데, 이이는 그런 호칭보다는 주로 중조(中朝)라는 호칭을 쓰고 조선은 아조(我朝)라고 했습니다. 문화적 자신감에서 비롯된 태도로 이해할 수 있습니다.

인심도심 논쟁의 발단

조선 유학사에서 이황과 기대승의 사단칠정 논쟁과 함께 가장 중요한 논쟁이 인심도심 논쟁(人心道心論爭)입니다. 사칠 논쟁이 끝난 지 6년 만에 이이는 벗이었던 성혼과 인심도심 논쟁을 펼칩니다.

앞서 말씀드린 것처럼 사단칠정 논쟁에서 기대승은 사단은 인간의 감정 중 선한 것을 일컫고, 칠정은 인간의 모든 감정을 통틀어서 이야기하는 것이니 칠정 속에 사단이 포함되어야 한다고 주장합니다. 이황처럼 사단은 '이'가 발한 것[理之發]이고, 칠정은 '기'가 발한 것[氣之發]이라고 이야기하면 같은 '정'의 발동처를 나누어 버리므로 맞지 않다고 했습니다. 그런데 이황은 나눠서 이야기할 수 있다고 주장합니다. 그래서 논쟁이 일어났는데, 기고봉은 끝까지 칠정 속에 사단이 포함된다고 하면서 자기 의견을 굽히지 않았고 이황은 약간 수정을 합니다. 사단은 '이'가 발하는데 '기'가 따라오는 것[理發氣隨]이고, 칠정은 '기'가 발하는데 '이'가 위에 타는 것[氣發理乘]이라고 조정해서 논쟁이 마무리됩니다.

어쨌든 이황이 '이'가 움직인다고 했기 때문에 주자학의 기본 명제인 '이기불상리(理氣不相離)'라는 기준에 맞지 않습니다. '이기'라고 할 때 '이'는 원리고 '기'는 현상입니다. 현상과 현상의 원리는 어떤 사물이든 같이 있을 수밖에 없습니다. 분리될 수 없어요. 이게 이기불상리(理氣不相離)의 원칙입니다. 이 원칙과 함께 '불상잡(不相雜)'도 있습니다. '이'와 '기'는 서로 섞일 수 없다는 거죠. 이 두 가지 명제가 주자학의 기본 원칙인데, 이황이 강조한 것이 '불상잡', 고봉이 강조한 것이 '불상리'였다고 할 수 있습니다.

그런데 이황은 사단은 이가 발하는데 기가 따라오는[理發氣隨] 것이라고 했으니 과연 이가 발할 수 있는지를 주자학의 논리로 입증할 수 있어야 합니다. 이이는 그런 입증은 불가능하다고 주장합니다. 그 때문에 이기호발(理氣互發)은 불가능하며 이지발(理之發)은 인정할 수 없고 모든 현상은 기가 움직일 때 이가 그 위에 타고 있는 것[氣發理乘]으로만 설명할 수 있다고 주장합니다. 이가 스스로 움직이지는 않고 기가 움직이는데 이가 그것을 주재할 뿐이라는 말입니다. 이것을 사람과 말[馬]의 비유로 설명합니다. 기발이승(氣發理乘)은 사람이 말을 타고 가는 것과 같다는 거죠. 사람은 이를 비유하고 말은 기를 비유합니다. 그리고 사단의 마음이 생길 때는 사람이 졸지 않고 말을 잘 몰고 가는 겁니다. 올바른 길이죠. 그런데 말 탄 사람이 졸면 말이 제멋대로 가는데, 그것이 기라는 식으로 설명합니다. 이처럼 이이는 모든 현상은 기발이승일도설(氣發理乘一途說) 한 가지밖에 없다고 주장합니다.

기발이승일도설

이이는 이와 기가 서로 떨어질 수 없다는 고봉의 입장을 계승합니다. 그리고 이는 이대로 발하고, 기는 기대로 발한다는 호발설을 부정합니다. 이가 스스로 발하면 기가 필요 없어집니다. 그렇게 되면 이를 기로 인정하는 폐단이 생긴다고 비판해요. 그러고는 이와 기의 관계를 이렇게 정리합니다. "발하는 것은 기이고[發者氣也] 발하게 하는 것은 이다[所以發者理也]." 곧 직접 작용하는 것은 기이고, 그런 작용을 하게 인도하는 것은 이라는 겁니다. 이가 직접 발하지 않고 발하게 한다, 이것이 주재성(主宰性)입니다. 이처럼 이이는 주재라는 개념을 받아들여서 이와 기의 관계를 설명합니다.

그다음에 이어지는 말은 이렇습니다. "이가 아니면 발할 것이 없고[非理無所發] 기가 아니면 발할 수가 없다[非氣不能發]." 기는 현상입니다. 보이고 만져지고 들리는 모든 것, 보이지도 않고 만져지지도 않고 들리지 않아도 계산할 수 있는 것은 다 기예요. 문제는 '이'입니다. 이라는 것은 기가 그런 모습으로 있게 하는 근거, 까닭이에요. 배가 물 위에 뜨는 것은 현상이고 배가 물 위에 뜨도록 하는 근거, 까닭은 '이'입니다. 말이 잘 달리는 것은 '기'이고 말이 잘 달리게 하는 것은 '이'죠. 그런데 기가 아니면 발할 수 없으니까 항상 이와 기가 같이 있어야 합니다. 기만으로는 발할 게 없습니다. 만약에 기가 없고 이만 있다면 발할 것은 있어도 발하지 못하죠. 불상리를 강조한 것입니다. 이이는 이런 입장에서 이기론을 정리합니다.

사단과 칠정이나 인심과 도심의 문제는 비슷합니다. 인심과 도심은 본래는 『서경』에 나오는 말입니다. 『서경』에 요임금이 순임금에게 천하를 전해 주면서 "윤집궐중(允執厥中)하라", 곧 진실로 그 중(中)을 잡으라고 합니다. 중(中)은 양극단 사이에서 찾는 최선의 정치를 말합니다. 양극단이 있다고 할 때 중간이 중(中)일 수는 없습니다. 원래 어떤 물건이 왼쪽으로 치우쳐 있을 때 오른쪽으로 편향을 해야 균형이 잡힙니다. 그때그때의 상황에 따라 중이 달라지죠. 그래서 시중(時中)입니다. 배가 왼쪽으로 기울면 오른쪽으로 가야 하고 오른쪽으로 기울면 왼쪽으로 가야 하는 것처럼요. 어쨌든 중은 단순한 문제가 아닙니다. 어느 쪽으로 가는 게 중인지 생각해 볼 필요가 있습니다. 그런데 이 중(中)을 백성들에게 펼치면 최고의 정치가 되는 겁니다.

예를 들어, 한쪽에는 부자를 위한 정책, 한쪽에는 가난한 사람들을 위한 정책이 있다고 해 보죠. 부자를 위한 쪽으로 가면 성장에는 도움이 되겠고 분배 쪽으로 가면 정의는 얻겠지만 성장을 위한 경쟁에는 약할 수 있습니다. 효율도 떨어지겠죠. 하지만 우리 삶을 효율 속에 가둬 두는 것은 옳지 않습니다. 유학의 입장에서 봤을 때는 반대할 수밖에 없습니다. 한쪽에만 투자하는 건 중(中)이 아니거든요. 중은 양극단의 단순한 중간은 물론 아닙니다만 그 사이에 있습니다. 한쪽만 커지게 하지 않고 적절한 지점을 찾는 것입니다. 마치 물건의 무게가 얼마인지 알려면 저울추를 앞뒤로 움직여야 저울대가 평형을 얻는 것처럼 때에 맞게 옮겨 가는 것이 시중(時中)입니다. 사회도 그래야 평형 상태, 안정적인 상태를 유지할 수 있겠지요. 그걸 찾는 게 중용입니다. 양극단을 잘 두드려서 중을 백성들에게 쓴다는 『중용』의 이야기는 이런 뜻입니다.

순임금이 우임금에게 천하를 전하려고 할 때 인심, 도심이 나오는데, 순이 우에게 "인심은 위태롭고[人心惟危] 도심은 은미하기 때문에[道心惟微] 무엇이 인심이고 무엇이 도심인지 정밀하게 살펴서 한결같이 도심을 지켜야[惟精惟一] 진실로 중을 잡을 수 있다[允執厥中]" 하고 이야기합니다. 인심은 욕망이라고 보면 됩니다. 사람은 욕망이 없으면 살 수가 없죠. 이렇듯 인심은 쉽게 드러납니다. 그런데 도심은 잘 안 드러납니다. 구분은 이렇게 합니다. 인심은 하고 싶은 것, 욕망에 따르는 것, 할 수 있으면 하는 것이고, 도심은 해도 되는가 아닌가를 따지는 겁니다. 인간의 행위는 여기서 잘 벗어나지 않습니다. 먼저 하고 싶은 것을 합니다. 그런데 하고 싶다고 다 할 수 있는 게 아니죠. 할 수 있는 걸 합니다. 그리고 하고 싶고, 할 수 있다 하더라도 하지 말아야 할 마땅한 이유가 없는 걸 해야 합니다.

칸트도 똑같은 이야기를 했습니다. "인간의 마음은 세 가지밖에 없다. 우리는 무엇을 해야 하는가(당위), 무엇을 할 수 있는가(능력), 무엇을 희망하는가(욕망)." 칸트가 말하는 희망이 욕망에 해당합니다. 칸트가 첫 번째로 이야기한 것, 무엇을 해야 하는가, 곧 당위를 따지는 게 유학에서 말하는 도심(道心)과 같다고 할 수 있습니다. 하고 싶고 할 수도 있지만, 해야 마땅한가를 살피는 게 도심인 거죠.

인심도심 논쟁의 내용을 살펴보겠습니다. 이황과 기대승 간에 일어났던 사단칠정 논쟁은 본질적으로 이기론과 심성론이 완전하게 결합하지 못했음을 보여 주는 것이어서 논쟁이 언제라도 재연될 가능성이 있었어요. 그런데 이황이 생존하고 있었을 때는 그런 기회를 얻지 못하다가 그가 세상을 떠난 지 2년이 지나서 성혼이 이이에게 인심과 도심에 관한 논의를 제기합니다. 성혼은 주희의 글을 근거로 인심과 칠정은 기(氣)의 작용이고 도심과 사단은 이(理)의 작용으로 나누어 볼 수 있다고 하면서 이황의 이기호발설을 지지하는데, 이 때문에 논쟁은 새로운 국면을 맞이합니다.

애초에 성혼은 이황과 기대승 사이에 사단칠정 논쟁이 진행되고 있었을 때는 이황의 이기호발설을 부정했다가 주희의 「중용장구서(中庸章句序)」를 읽다가 주희가 인심과 도심을 나누어 말하는 것을 보고 생각을 바꿉니다. 곧 하나의 마음을 인심과 도심으로 나누어 설명할 수 있다면 마찬가지로 사단과 칠정 또한 둘로 나누어 설명할 수 있으므로 사단을 이발로, 칠정을 기발로 분류할 수 있다는 견해를 제시합니다.

주희는 「중용장구서」에서 이렇게 이야기합니다. "어떤 것(인심)은 형기(形氣)의 사사로움에서 생기고, 어떤 것(도심)은 성명(性命)의 올바름에 근원하고 있다[或生於形氣之私 或原於性命之正]." 여기서 형기의 사사로움은 기를 말합니다. 개별적인 개체가 갖고 있는 사욕, 자기 개체를 유지하고 싶은 욕망에서 생긴 마음, 이것이 인심입니다. 그리고 성명지정(性命之正)은 인간의 본성을 가리키는 말로 주자학에서는 기본적으로 순선무악(純善無惡), 곧 선만 있고 악은 없는 상태라고 정의합니다. 맹자의 성선설을 계승한 거죠. 맹자에 따르면 인간의 본성은 선합니다. 무조건적 선입니다. 여기에서 근원하는 마음이 도심입니다.

주희가 인심이 생긴다고 할 때는 생(生) 자를 썼고 도심이 생긴다고 할 때는 원(原) 자를 썼다는 점에 주의할 필요가 있습니다. 생(生)은 '우연히 발생'한다는 뜻이고 원(原)은 '근원에서 비롯'된 것이라는 뜻입니다. 곧 도심은 인간 내부에 있는 성명에 근거하여 나타나는 것이고 인심은 인간 내부의 성명에 근거한 것이 아니라 외부의 기질적인 욕망에 따라 발생한다는 말입니다. 인간의 욕망은 그때그때 상황에 따라 달라집니다. 배고프면 먹고 싶고, 졸리면 자고 싶듯이 기질에 따라 달라집니다. 도심은 비록 미약하지만 인간이 본래 타고난 성선의 본성에 근거하고 있다고 보는 겁니다. 그러니 인간의 행위 중에서 선한 것은 근거가 있고 악한 것은 근거가 없습니다. 선은 필연이고 악은 우연히 발생하는 것이죠. 그 때문에 주자학에서는 우연히 한 어떤 행동이 올바른 도리에 부합되었다고 해서 그것을 높이 평가하지는 않습니다. 올바른 행위는 우연에서 비롯되는 것이 아니라 필연의 법칙에서 비롯된다고 보니까요.

이 지점에서 주자학과 칸트 윤리론의 유사점을 찾을 수 있습니다. 우연히 얻은 도덕성, 덕성, 경향성은 칸트에게서는 힘을 발휘하지 못합니다. 그래서 도덕법칙(道德法則, moralisches Gesetz)을 중요시합니다. 그게 황금률인데 어떤 사람이 가지고 있는 선한 경향성은 인간의 선행을 보장해 주지 못한다고 합니다. 칸트에게 가장 높은 평가를 받는 선행은 역설적이게도 굉장히 인정머리 없고 남을 동정할 줄도 모르는 자가 하는 선행입니다. 본래 착한 경향성을 지닌 사람이 착한 행동을 하는 것은 상대적으로 높이 평가하지 않습니다. 칸트는 우연히 가지게 된 동정심에 의존하지 말고 도덕법칙에 따라 올바른 행위를 하라고 요구합니다. 그런 지점에서 주자학과 칸트의 관점은 비슷합니다.

물론 유가 철학 전체를 두고 말하면 칸트와 다른 점이 많습니다. 맹자만 하더라도 덕성 개념을 무척 중시합니다. 맹자는 인간은 저마다 타고난 덕성, 측은지심을 비롯한 사단을 가지고 있고 그것을 잘 드러낼 필요가 있다고 해요. 칸트는 이런 덕성보다는 법칙을 더 중시하니까 맹자와 차이가 있습니다. 칸트가 이런 생각을 하게 된 것은 인간이 자연 상태에 놓이게 되면 서로 싸우기 마련이라는 18세기 유럽의 사상적 배경이 작용했기 때문입니다.

칸트의 공헌은 덕성보다 법칙을 중시하는 방향으로 윤리학을 전개한 일이지만 최근의 윤리학계에서는 덕성 개념이 부활하는 조짐이 있습니다. 누구에게나 동일한 도덕적 행위를 요청할 수 있다는 점에서 도덕법칙은 굉장히 중요합니다. 하지만 사람들은 저마다 분명한 인격이 있고 그런 인격의 수준에 따라 움직이죠. 똑같은 이야기를 해도 누가 하느냐에 따라 다르게 받아들여지는 것은 말하는 사람의 인격이 다르기 때문입니다. 테레사 수녀의 평범한 이야기나 처세술에 나와 있는 이야기의 차이점은 그런 것이죠. 덕성도 굉장히 중요합니다.

아무튼 인심도심 논쟁의 주제는 이처럼 인간의 욕망과 도덕심의 관계를 어떻게 보느냐의 문제인데, 성혼이 주목한 부분은 주희가 「중용장구서」에서 혹생(或生), 혹원(或原)으로 인심과 도심의 발생 내원을 둘로 구분한 지점입니다. 주희가 발생 내원을 둘로 구분했다면 이발과 기발로 나누는 것이 가능하지 않느냐는 거죠. 성혼은 이황이 주장했던 이기호발설을 입증할 수 있는 문헌 근거를 제시한 셈입니다.

이에 대해 이이는 간단하게 정리합니다. 우선 주희가 혹생(或生), 혹원(或原)으로 나눈 것을 두고 이렇게 풀이합니다.

> 주자는 "마음의 허령한 지각[虛靈知覺]은 하나일 뿐이다"라고 했는데, 형은 어디에서 이러한 이와 기가 호발한다[理氣互發]는 말을 얻었는가? 주자의 이른바, "성명의 바른 데에 근원을 두기도 하고[或原] 형기의 사사로움에서 생기기도 한다[或生]"라는 말은 이미 발한 것을 보고 이론을 세운 것이다.❶-1

이이는 성혼이 지적한 것처럼 주희가 비록 인심과 도심의 발생 내원을 혹생(或生), 혹원(或原)으로 나누었다고 하나, 이는 애초에 심(心)은 하나라고 전제하고 난 뒤의 일이므로 본래 하나인 심을 둘로 나눈 것이 아니라 이미 발동한 것을 기준으로 입론한 것이라고 풀이합니다. 만약 하나라고 해 놓고 다시 둘이라고 하면 모순인데 그럴 리가 없다는 거죠. 이이는 이와 기의 관계를 이렇게 정리합니다.

> 이(理)는 기(氣)의 주재(主宰)고 기는 이가 타는 것이다. 이가 아니면 기가 근
> 거할 곳이 없고 기가 아니면 이가 의지할 곳이 없다. 이와 기는 이미 두 가
> 지 물건이 아니고, 또 한 가지 물건도 아니다. 한 가지 물건이 아니므로 하
> 나이면서 둘이고 두 가지 물건이 아니므로 둘이면서 하나인 것이다. 한 가
> 지 물건이 아니라는 것은 무슨 뜻인가? 이와 기가 비록 서로 떠나지 못한다
> 하더라도 묘합(妙合)한 가운데 이(理)는 따로 이(理)고 기(氣)는 따로 기(氣)
> 여서 서로 섞이지 않으므로 한 가지 물건이 아니라고 한 것이다. 그리고 두
> 가지 물건이 아니라는 것은 무슨 뜻인가? 비록 이는 따로 이고 기는 따로 기
> 라 하더라도 한데 혼연히 사이가 없어서 선후(先後)가 없고 이합(離合)이 없
> 어서 두 가지 물건이 되는 것을 볼 수 없다. 그 때문에 두 가지 물건이 아니
> 라고 한 것이다. 이 때문에 동(動)과 정(靜)에는 끝이 없고 음(陰)과 양(陽)
> 에는 시작이 없는 것이니, 이가 시작이 없으므로 기 또한 시작이 없는 것이
> 다.**❺-2**

이 글에서 볼 수 있듯이 이이는 이(理)는 기(氣)를 주재하고 기는 이를
태운다고 주장합니다. 그리고 이와 기의 관계를 '하나이면서 둘이고 둘이
면서 하나'라고 하면서 이 관계를 묘합(妙合)으로 표현합니다. 묘합은 서
로 섞이지도 않지만 서로 떨어질 수 없는 두 가지 측면, 곧 얼핏 모순되는
것처럼 보이는 진술을 해결하기 위한 표현입니다. 사실 이이는 발(發)의
주체를 기라고 했지만 여전히 이(理)를 기를 주재하는 존재로 파악한 점에
서 이(理)를 경시했다고 볼 수는 없습니다. 특히 기를 이(理)가 타는 것으
로 규정한 것은 이황이 '기발이승(氣發理乘)'이라고 표현한 데에서 착안한

것이므로 일부는 이황의 아이디어를 계승했다고 할 수 있습니다. 하지만 결정적으로 이황이 이(理)가 발한다고 한 부분에서 의견이 갈립니다.

> 발하는 것은 기(氣)고 발하게 하는 것은 이(理)니, 기가 아니면 발할 수 없고, 이가 아니면 발할 것이 없다. 선후(先後)도 없고 이합(離合)도 없으니, 호발(互發)이라고 말할 수 없다.**⊙-3**

여기서 이이는 "발하는 것은 기(氣)고 발하게 하는 것은 이(理)니, 기가 아니면 발할 수 없고〔非氣不能發〕, 이가 아니면 발할 것이 없다〔非理無所發〕"라고 했는데, 이 말이야말로 참으로 탁견이라고 할 수 있습니다. 그래서 후세에 남당(南塘) 한원진(韓元震) 같은 유학자는 "이 말이 한 번 나오면서 이와 기를 두 갈래로 나누는 주장(호발설)을 폐기할 수 있게 되었다〔斯言一出 而二歧之論可廢〕"라고까지 이야기합니다.

이이는 "〔이와 기의 발동은〕 선후(先後)도 없고 이합(離合)도 없으니, 호발(互發)이라고 말할 수 없다"라고 단정합니다. 앞서 이황은 사단은 이가 먼저 움직이는데 기가 따라가는 것이고, 칠정은 기가 먼저 움직이는데 이가 타는 것이라고 이야기했죠. 그런데 이이는 이와 기의 발동은 선후(先後)가 없고 이합(離合)도 없으므로 이가 먼저 움직이는 것은 있을 수 없다고 주장합니다. 말하자면 이가 앞서서 먼저 발하는 경우를 인정하지 않으면서 동시에 이와 기는 떨어질 수 없으니 이기호발이 논리적으로 불가능하다는 것입니다.

그러고는 기가 움직일 때 이가 타는 것만 인정하는 '기발이승일도설(氣發理乘一途說)'을 제기합니다. 이이의 이 같은 이기론은 주자학 이기론의 기본 명제인 불리부잡(不離不雜)을 모순 없이 충실하게 설명한다는 점에서 대단히 치밀합니다. 그뿐만 아니라 대부분의 주자학자들이 인간의 욕망을 부정시했던 것과는 달리, 이이의 견해를 따르면 육체적 욕구인 형색(形色)을 인정할 수 있는 실마리가 보입니다. 이이는 형색 자체가 악이 아니라 과불급(過不及) 때문에 악으로 흐른다고 규정함으로써, 탁한 물도 물이라는 명제를 제시하여 선과 악이 원리적 대립물이 아니라 악은 선을 이루지 못한 부차적인 개념이라고 설명합니다. 그런 점에서 탁월한 설명력을 지닌 논의를 진행시킵니다.

명쾌한 논리로 주자학을 정리하다

이이는 성현들이 인간의 마음을 인심과 도심 두 가지로 나누어 설명하게 된 것은 본래 다 같이 이(理)에 근원하여 순선했던 인간의 마음이 기를 타고 유행하는 과정에서 선 또는 악으로 나누어지기 때문이라고 말합니다. 악의 유래가 어디에 있는가? 악은 인간의 본성에 있는 것이 아니고 인간의 마음이 외부의 욕망과 부딪치면서 형성된다고 보는 겁니다. 본래 인간의 본성 속에 악은 없다는 거죠. 곧 발동 전의 상태와 발동 후의 상태가 각기 다르기 때문에 인식의 혼란을 방지하기 위해 발동 전의 순선무악한 상태가 그대로 유지된 것을 도심으로 규정하고, 그 반대의 경우를 인심으로 규정했다는 겁니다.

> 인심(人心)과 도심(道心)은 혹 형기(形氣)에서 나오고 혹 도의(道義)에서 나와 그 근원은 비록 하나이나 그 말류(末流)는 이미 갈라졌으니, 이것을 두 가지로 나누어 말하지 않을 수 없다. 그러나 사단(四端)과 칠정(七情)은 그렇지

않은 면이 있다. 사단은 칠정 중에서 선한 쪽이고 칠정은 사단의 총합이다. 한쪽을 어찌 총합과 함께 두 가지로 나누어 상대하여 말할 수 있겠는가.

—『율곡전서(栗谷全書)』, 「성호원에게 답하다〔答成浩原〕」(임신년)**❺-4**

앞서 살펴보았듯이 이이는 주희가 "마음의 허령한 지각은 하나일 뿐〔心之虛靈知覺 一而已矣〕"이라고 한 대목을 인용하여 두 가지 마음이 있는 것이 아니라는 전제를 확인했죠. 그리고 여기서 마음이 하나라 하더라도 말류가 이미 갈라졌기 때문에 두 가지로 나누어 말한 것이라고 설명합니다. 결국 인심과 도심은 두 개의 각각 다른 마음이 아니라 동일한 심(心)의 '두 가지 상태'를 구분하지 않을 수 없어서 편의상 붙은 이름이라는 것입니다. 그 때문에 이이는 인심 또한 처음에는 선하지 않음이 없다고 파악합니다. 인심에서 악이 발생하는 것은 인심 자체의 문제가 아니라 객관적인 상황과의 부조화, 곧 과불급이라는 과정상의 문제 때문이라고 보았고요.

인간이 욕망을 추구할 때 상황에 따라 어떤 것은 부도덕하고 어떤 것은 부도덕하지 않은 것이 되죠. 사회적 조건에 따라 동일한 행동이 제재를 받기도 하고 인정을 받기도 하고요. 이이는 이런 점을 놓치지 않았기 때문에 이황처럼 도덕과 욕망을 대립시켜서 도덕으로 욕망을 통제하는 입장뿐 아니라 욕망을 인정하고 충족시키는 방향도 모색하게 됩니다. 이이가 정치, 군사, 교육 등 다방면에 걸쳐 시무책을 제시한 이유도 이런 데서 찾을 수 있습니다. 이 때문에 실학이 이이에서 비롯되었다고 주장하는 학자들도 꽤 있습니다. 물론 이이는 기본적으로 성리학자입니다. 따라서 성리학을 비판하는 맥락으로 실학을 파악하면 이이를 실학자로 규정하는 것은 정확하다고 할 수는 없습니다.

18장

조식

하늘을 가슴에 품고 인재를 기르다

하늘이 울어도 울지 않는다

이번에는 퇴계 이황의 정신적 라이벌이었다고 할 수 있는 남명(南冥) 조식(曺植, 1501~1572)의 철학과 삶을 살펴보겠습니다. 이황의 글을 읽다 보면 온화하고 신중한 유학자의 풍모를 상상할 수 있습니다. 그런데 조식의 글을 읽고 있으면 마치 우뚝 서 있는 천 길 벽을 마주한 듯한 기상을 느낄 수 있습니다.

조식은 어린 시절을 서울에서 보냈지만 생애에서 가장 중요한 시기를 경상남도 지리산 자락에서 보냅니다. 화담 서경덕, 대곡 성운과 일찍감치 교유를 텄고 당시에는 이 세 명이 이른바 삼처사(三處士)로 세상에 널리 알려집니다. 처사라는 말은 본래 『맹자』에 무자격자의 뜻으로 쓰인 말이지만 조선 시대에는 스스로를 낮춰서 처사라 했습니다. 이황이 자칭 처사라 했던 것도 같은 맥락입니다. 하지만 처사라는 명칭은 당시 나라에서 불러도 벼슬에 나아가지 않은 선비, 곧 덕망이 높은 선비를 가리키는 말로 쓰였습니다. 이황은 벼슬을 오래 하지는 않았지만 홍문관 대제학이나 성균관 대사성을 했으니 완전한 처사였다고 하기는 어렵습니다. 하지만 조식은 여러 차례 천거되었고 이황의 추천도 받았지만 끝내 벼슬 자리에 나아가지 않았으니 그런 점에서 진정한 처사였다고 할 수 있습니다.

조식은 1501년생으로 이황과 문정왕후도 같은 해에 태어났습니다. 문정왕후는 나중에 자신이 낳은 아들이 명종이 되자 수렴청정을 합니다. 그 시절에 문정왕후가 조식을 불렀지만 나아가지 않고 오히려 문정대비와 명종을 비판하는 사직소를 올립니다. 그것이 바로 「을묘사직소」인데 잠시 후에 살펴보기로 하고 우선 조식의 풍모를 짐작할 수 있는 시 한 편을 읽어 보겠습니다.

「덕산 시냇가 정자 기둥에 쓰다〔題德山溪亭柱〕」

저 천 석들이 종을 보라.

크게 두드리지 아니하면 소리가 나지 않으니

고요히 있는 모습 두류산 같아

하늘이 울어도 오히려 울지 않는다.

請看千石鐘 非大扣無聲 爭似頭流山 天鳴猶不鳴

"천 석들이 종을 보라〔請看千石鐘〕"에서 석(石)은 벼의 양을 헤아리는 단위입니다. 들이는 통이나 그릇의 안쪽 공간에 넣을 수 있는 물건 부피의 최댓값을 말하고, 벼 천 석의 양으로 헤아릴 수 있는 큰 종(鐘)은 세상을 울리는 종을 말합니다. 종의 크기는 덕의 크기, 덕음(德音)의 크기를 비유한 것이죠. 당연히 종이 클수록 소리도 크고 울림도 오래 지속되겠죠. 신라의 성덕대왕신종도 왕의 덕이 오래가기를 바라는 마음에서 제작한 것이라고 앞에서 말씀드린 적이 있습니다. 그리고 여기서의 종은 산을 뜻하기도 합니다. 지리산이죠. 그리고 유가에서 산이라고 하면 큰 덕을 상징합니다. 『논어』에 인자요산(仁者樂山: 어진 사람은 산을 좋아한다)이라고 했는데 역시 덕을 비유한 것입니다.

이어서 "크게 두드리지 아니하면 소리가 나지 않는다(非大扣無聲)"라고 했습니다. 작은 힘으로는 울릴 수 없다는 건데 역시 정신의 크기를 짐작케 하는 표현입니다.

그리고 "고요히 있는 모습이 두류산 같다(爭似頭流山)"라고 했는데, 여기서 쟁(爭)은 고요하다는 뜻입니다. 쟁 자의 구성을 보면 위에 있는 게 손톱 조(爪) 자고, 아래에 있는 게 손으로 막대를 쥐고 있는 모양입니다. 그러니 위아래에 있는 두 개의 손이 막대를 당기는 모양, 팽팽하게 대치한 모양입니다. 겉으로는 가만히 있는 것 같지만 사실 태산 같은 힘이 버티고 있는 상태입니다. 그리고 두류산은 백두에서 흘러온 산이라는 뜻으로 여기서는 지리산을 가리킵니다. 전국에 두류산이 여기저기 있는데, 다 백두에서 흘러왔다는 뜻입니다.

조식은 1558년(명종 13)에 김홍(金泓), 이공량(李公亮), 이희안(李希顔), 이정(李楨) 등과 함께 지리산을 유람하고 「유두류록(遊頭流錄)」을 지었는데, 이에 따르면 조식은 지리산을 열일곱 번 올랐다고 합니다. 그리고 같은 해에 가야산 해인사에서 성제원(成悌元)을 만났는데 이 일은 앞서 말씀드린 적이 있습니다. 두류산처럼 고요하다는 건 힘이 없어서 가만히 있는 게 아니라 강인함을 가지고 있으면서 태산처럼 고요히 멈추어 있다는 뜻이죠.

마지막 구에서 "하늘이 울어도 오히려 울지 않는다[天鳴猶不鳴]"라고 했는데, 중세 사회에서 하늘이라고 하면 임금을 말합니다. 그러니 임금이 울어도 울지 않는다는 거죠. 사대부의 정신이자 강인한 남성상을 보여 줍니다. 물론 조식이 이런 정신을 가지고 있다고 해서 지금의 우리와 모든 면에서 잘 통하리라고 막연히 생각하면 안 됩니다. 오히려 어떤 부분에서는 말이 전혀 안 통할 수도 있습니다. 조식이 보는 조선은 사대부의 나라입니다. 사대부의 나라에는 열녀가 있습니다. 열녀는 여성이나 개인사의 입장에서 보면 비극일 수밖에 없습니다. 그러니 사대부 정신을 마음 편하게 긍정할 수가 없습니다. 그런 한계를 잠시 접어 두고 사대부 정신으로 대표되는 남성성은 제대로 발휘되었는가, 하고 묻는다면 조식은 적어도 그 점만은 제대로 발휘한 유학자라 할 수 있습니다.

이 시는 조식이 세웠던 정자의 기둥에 쓰여 있었습니다. 명종이 승하한 해인 1567년에 성여신(成汝信, 1546~1632)이 최순흠(崔舜欽), 권세인(權世仁), 유장(柳璋), 하천주(河天澍) 등과 함께 조식을 만나러 갔다가 마침 조식이 김해에 가 있어서 서로 만나지 못합니다. 그때 일행이 정자 기둥에 새겨진 이 시를 읽었는데, 성여신이 이렇게 말했다고 합니다.

비록 선생의 모습을 뵙지는 못했지만 선생의 역량은 이 시에 의지해서 상상해 볼 수 있으니 어찌 오늘 이 나들이의 큰 행운이 아니겠는가.

—『부사집(浮查集)』, 「부사선생연보(浮查先生年譜)」❶

성여신은 이듬해 조식을 찾아가 그의 문인이 됩니다.

무인의 기상을 뛰어넘다

남명은 20대 초반에 과거 초시에 급제합니다. 그런데 회시에 급제를 못 하자 과거 공부는 바로 그만둡니다. 서경덕은 과거에 뜻이 없었지만 어머니가 과거를 보라고 해서 사마시에 급제합니다. 벼슬을 하지는 않았지만 어머니의 뜻을 따른 거죠. 조식은 어머니가 과거를 보라고 하자 오히려 어머니를 설득합니다. 그래서 어머니가 네 뜻대로 하라고 하죠. 그야말로 정면 돌파입니다. 그 뒤에 나라에서 벼슬을 내릴 때마다 같은 입장을 고수합니다. 때로 굉장히 위험한 발언도 서슴지 않았으니 어찌 보면 무모했습니다.

그런데 당시 조선이라는 나라에서는 이런 방식이 오히려 조식의 명성을 높여 줍니다. 물론 이황 같은 경우는 그런 조식의 행위가 무모하다고 비판했습니다만 당시 많은 유학자들은 누구도 감히 맞설 수 없는 권위에 도전하고 나름대로 사대부 정신을 지킨 조식을 높이 평가했습니다. 멋있죠. 보통 저렇게 하고 싶어도 두려워서 못 하는데 조식은 그렇게 했습니다. 내가 감히 할 수 없는 가치를 성취하고도 멀쩡합니다.

조식이 강학했던 곳에 세워진 덕천서원(德川書院)은 경상남도 산청에 있습니다. 서원 뒤편에는 천왕봉을 비롯한 지리산 고봉준령이 죽 늘어서 있고 정상에서는 4월까지 눈이 보입니다. 회재 이언적을 배향한 안강의 옥산서원이나 함양의 자계서원도 경관이 수려하지만 덕천서원에 비하면 스케일이 작습니다. 규모가 다르죠. 지리산에서 흘러나오는 덕천강가에 세심정이 있고 그 안쪽에 덕천서원이 있습니다. 산수가 워낙 뛰어나 가 보면 세속의 명리를 추구하지 않고 살 수 있겠다는 생각이 드는 곳입니다. 덕천서원 아래로 덕천강이 굽이치는 곳에 자그마한 집이 있는데, 그곳이 산천재(山天齋)입니다. 산천(山天)은 본래 『주역』 대축괘(大畜卦)의 괘상을 말하는데 조식은 여기서 제자들을 가르쳤습니다. 조식이 후학을 가르치는 방식도 이황이나 이이와는 사뭇 달랐습니다. 그런데 결국 그것이 조선의 위기를 극복하는 데 크게 기여합니다.

또 유학자이지만 무인을 뛰어넘는 기상을 가지고 있었습니다. 조식은 말을 타고 경의검(敬義劍)이라는 칼을 차고 다녔다고 합니다. 구차하게 자잘한 예법에 얽매이지도 않았어요. 그렇다고 예법 밖에서 노니는 것은 아니고 큰 예절은 엄격하게 지키되 자질구레한 소절에 구애받지 않았다는 뜻입니다.

평생을 처사로 살다

조식은 예법에 얽매이지 않고 말달리며 진법을 실험했고 스스로 책을 많이 읽을 필요가 없다고 했지만, 노장과 한비까지 섭렵합니다. 한 분야의 대가는 열려 있다는 점에 유념해야 합니다. 이이도 불경을 공부했죠. 그런데 이이는 『격몽요결』에서 "불경 같은 이단의 책은 잠시도 열어 봐선 안 된다"라고 했습니다. '나는 봐도 되는데 너희들은 보지 마라.' 이런 게 중세 논리입니다.

조식은 평생을 처사로 살면서 당대 사대부들 사이에 유행하던 시나 편지도 거의 쓰지 않았습니다. 물론 조식을 원뜻 그대로 처사로 간주해서는 안 됩니다. 나라에서 불러도 안 가는 처사는, 안 불러서 안 가는 처사들과는 다릅니다. 불교에서 금욕을 이야기할 때도 마찬가지입니다. 석가모니가 못 해서 안 한 게 아니라 할 수 있었지만 안 한 거죠. 못 한 것과 안 한 것은 다릅니다. 무소유도 마찬가지입니다. 할 수 있는데 무소유 해야지,

못 해서 하는 무소유는 재앙입니다. 마찬가지로 비자발적 처사와 자발적 처사는 다르죠.

서경덕이나 성운도 마찬가지입니다. 조식은 서울에 살 때부터 성운과 긴밀한 관계를 맺고 있었고 이 세 사람은 당시 공인된 처사였습니다. 세 사람은 만난 적이 여러 차례 있죠. 조식이 1557년 속리산에서 은둔하고 있던 성운을 찾아간 적이 있습니다. 박지원의 『연암집』에 보면 조식이 지리산으로 돌아가다가 보은에 있던 대곡 성운을 만났는데, 그 자리에 있던 동주 성제원과 함께 이야기를 나눕니다. 성제원이 조식에게 8월 보름에 해인사에서 만나자고 하자 조식이 그러마고 약속합니다. 그러고는 두 사람이 해인사에서 만났는데 그 이야기를 이렇게 기록합니다.

> 약속한 날이 이르자 남명은 소를 타고 약속한 데로 가다가 도중에 큰비가 내려 간신히 앞개울을 건너 절 문에 들어섰는데 그때 동주는 이미 누각에 올라 막 도롱이를 벗고 있었다.
> 아! 남명은 처사였고 동주는 그때 이미 관직을 떠난 처지였으나 밤이 다하도록 서로 나눈 이야기가 백성들의 편안함과 슬픔을 벗어나지 않았다. 이후 그 절의 중들은 지금까지 그 이야기를 서로 전해 산중의 고사(故事)가 되었다.
>
> ―『연암집(燕巖集)』, 「해인사창수시서(海印寺唱酬詩序)」❷

조식이 말만 타고 다닌 줄 알았더니 가끔 소도 탔나 봅니다. 아무튼 처사였지만 사대부로서 늘 백성들의 삶을 걱정했다는 것을 알 수 있습니다.

단호한 출처

조식은 나라에서 여러 차례 벼슬을 제수했으나 나아가지 않습니다. 38세 때 회재 이언적이 천거하여 경주 참봉에 제수되었지만 가지 않은 것을 시작으로, 48세 때와 51세 때에도 벼슬에 제수되지만 가지 않습니다. 그리고 55세 때는 단성 현감에 제수되었는데 역시 안 갑니다. 그 뒤로도 여러 차례 벼슬에 제수되었고, 명종이 승하하고 선조가 즉위한 뒤에도 네다섯 차례 불렀지만 가지 않습니다. 특히 단성 현감에 제수되었을 때는 1,305자의 상소문을 올려 사직을 청하는데, 이 글이 바로 그 유명한 「을묘사직소(乙卯辭職疏)」입니다. 내용의 일부를 소개합니다.

> 선무랑(宣務郎: 조선 시대 종육품 문관의 품계)으로 새로 단성 현감(丹城縣監)을 제수받은 신 조식은 참으로 황공하여 머리를 조아리고 또 조아리며 주상 전하께 소(疏)를 올립니다. 엎드려 생각건대 선왕께서 신이 시원치 않은 줄 모르시고 처음에 참봉을 제수하셨습니다. 전하께서 뒤를 이으신 뒤에 주부(主簿: 조선 시대 종육품에 해당하는 관직)로 제수하시기를 두 번이나 하셨고, 지금 다시 현감으로 제수하시니 두려워 떠는 마음이 마치 산을 지고 있는 것 같습니다.❸-1

여기까지는 왕에 대한 존중이 지극합니다. 하지만 이건 일반적인 상소문 형식에 지나지 않습니다. 그다음부터는 쓴소리 일색입니다.

> 전하의 국사는 이미 그릇되어 나라의 근본이 이미 망하고 하늘의 뜻과 인심이 이미 떠났으니, 비유하자면 큰 나무가 오래도록 벌레에 파 먹혀 수액이

이미 다 말랐는데 언제 큰 바람과 폭우가 이를지 모르는 처지가 된 지 오래 되었습니다. 조정에 있는 신하 중에 충성스러운 뜻을 가지고 부지런히 보필하는 신하가 없는 것은 아니나, 이미 형세가 극에 달하여 지탱할 수 없음을 알아 사방을 돌아보아도 손쓸 곳이 없습니다. 지위가 낮은 관리들은 아래에서 히히덕거리며 주색을 즐기고, 지위가 높은 관리들은 위에서 대충대충 지내며 뇌물이나 받아먹고 있습니다.❸-2

달리 해석될 여지가 전혀 없는 내용입니다. 왕의 실정을 정면으로 비판하고 있으니까요. 이 정도면 조정에서 시비를 걸면 바로 위험에 빠질 수 있습니다. 그런데 당시 조선은 이게 허용되는 분위기였습니다. 물론 그만큼 왕권이 약화된 상태여서 가능했다고 볼 수 있지만 아무리 그래도 다음과 같은 내용은 용납되기 어려웠을 텐데 조식은 아랑곳없이 할 말을 다 합니다.

자전(문정대비)께서는 생각이 깊으시다 하나 깊은 궁궐 속 과부(寡婦)에 지나지 않고, 전하는 아직 어리시고 선왕(先王)의 고아일 뿐이니 천 가지 백 가지 재앙을 어떻게 감당하시겠으며, 억만의 인심을 어떻게 거두시겠습니까. ……
이때를 맞이하여 비록 주공(周公)이나 소공(召公) 같은 재능이 있는 자가 높은 지위에 있다 하더라도 또한 어떻게 할 수 없을 터인데, 하물며 초개(草芥)와 같은 미천한 재능을 지닌 몸이겠습니까. 위로는 만분의 일이라도 위태로움을 지탱하지 못하고 아래로는 백성들을 조금도 위로치 못할 것이니, 전하의 신하가 되기에 또한 어렵지 않겠습니까. 한두 됫박 되는 이름을 팔아 전하의 벼슬을 탐내 녹만 받아먹고 해야 할 일을 하지 않는 것은 또한 신이 바라는 바가 아닙니다.

—『남명집(南冥集)』,「을묘사직소(乙卯辭職疏)」**❸-3**

문정대비를 과부라 하고 명종을 고아라 표현했습니다. 이래서 당시 조정에서 난리가 나지만 조식을 처벌하지는 않습니다. 처벌했으면 조선이 더 흔들렸겠죠. 앞서 계속된 사화에서는 무력으로 진압하는 게 통했지만 조식의 시대가 되면 그런 방식이 통하지 않습니다. 그만큼 많은 희생이 있었고 그 희생으로 이런 상황에까지 오게 된 겁니다.

조식은 이렇게 벼슬에 나아가지 않고 제자들을 양성합니다. 61세 때 지리산 자락인 산청에 산천재(山天齋)를 짓는데, 산천은 말씀드린 것처럼 『주역』대축괘의 괘상입니다. 대축괘는 아래에 하늘[天, ☰]이 있고, 위에 산(山, ☶)이 있어서 산천대축(山天大畜)이라고 합니다. 축(畜)에는 대축(大畜)과 소축(小畜)이 있어요. 대축괘와 소축괘는 모두 아래에 하늘(☰)이 있는데, 『주역』에서 양효 세 개가 연이어 붙어 있는 모양은 양강(陽剛)의 군자가 무리 지어 있는 것을 상징합니다. 천하를 올바르게 다스릴 수 있는 군자가 세 명입니다. 한두 명은 힘이 약한데 세 명이 되면 세력을 이루어서 힘이 강합니다. 그게 축(畜), 쌓였다는 뜻입니다. '畜'은 '기를 휵' 자도 되고, '쌓을 축' 자도 됩니다. 그래서 인재를 기른다는 뜻도 되고 인재를 쌓아 둔다는 뜻도 됩니다. 소축괘는 위에 바람(☴)이 있고 아래에 하늘(☰)이 있어서 풍천소축(風天小畜)이라고 합니다. 그런데 바람은 약하기 때문에 조금밖에 양성하지 못합니다. 왜냐하면 바람이란 기만 있고 질이 없는[有氣而無質] 사물이어서 덕을 붙들어 두는 힘이 약합니다. 그리고 바람[風]을 상징하는 손괘(巽卦, ☴)는 손순(遜順)의 뜻이 있습니다. 자기를 낮추고 온순하게 상대를 대한다는 뜻인데 이런 태도로는 양강의 군자를 오래 붙잡아 두지 못합니다. 그래서 조금 붙들어 둔다는 의미에서 소축(小畜)이라 한 겁니다. 그런데 대축은 위에 산이 있습니다. 산은 후중불천(厚重不遷), 두텁고 무거워서 옮겨 가지 않는 사물로 큰 덕을 상징합니다. 양강의 군자를 붙들어 둘 수 있는 것은 오직 큰 덕밖에 없다는 거죠. 손순한 태도로 자기를 낮추면 군자를 잠시 붙들어 둘 수 있지만 나약해서 오래 붙잡아 두지 못하는데, 산처럼 큰 덕은 오래 붙잡아 둘 수 있다는 뜻입니다. 이런 의미에서 조식은 산천재라고 이름을 짓고 후학을 양성한 겁니다.

산천재는 경관이 그림 같습니다. 그런데 최근에 가 보니 변화가 많았더군요. 자연에 의해 물굽이가 바뀌는 것은 어쩔 수 없지만 바로 앞에 도로를 내고 큰 공원 속의 건물로 편입시켜 놓은 듯이 보여 많이 아쉬웠습니다. 그래도 한 번 가셔서 조식의 자취를 느껴 보시기 바랍니다. 설사 콘크리트를 바르고 엘리베이터를 설치해서 변형된다 해도 조식의 서슬 퍼런 정신이야 어디 가겠습니까.

경학을 대하는 태도

조식은 이황식의 독경주의를 거부했다고 할 수 있는데, 사실 독경주의도 필요할 때가 있습니다. 처음 글을 읽을 때 우선은 좋은 말씀이겠거니 하고 배우는 태도로 읽어야지 처음부터 문제가 많다고 생각하고 읽으면 얻는 게 적습니다. 그런데 당시는 이미 성리학이 발달한 상태였기에 단순한 독경주의적 태도로는 새로운 사유를 전개하기 힘들었어요. 그 때문에 조식은 경전을 그냥 읽고 암송하는 것보다는 실천에 관심을 두고 경전의 내용을 취사선택했다고 할 수 있습니다. 당시 이런 분위기가 있었는데, 명종

다음의 임금인 선조도 훗날 문장의 으뜸이 되는 글들을 모은『문장종범(文章宗範)』이라는 책을 편찬하면서 한유구소(한유, 유종원, 구양수, 소식)의 문장만 싣고 나머지는 안 싣는 식으로 취사선택을 합니다.『선조실록』을 보면 선조가 "글이 많아질수록 의견도 더욱 갈라져 마치 보석 상점을 구경하듯 현란하고, 태산(泰山)에 노닐듯 천 갈래 만 갈래의 길이 있게 되었다"라고 하면서 책이 많으면 오히려 바른길을 찾기가 더 어렵다는 이야기를 합니다.

100권의 책을 한 번씩 읽는 게 좋을까요, 한 권의 책을 100번 읽는 게 좋을까요? 100권을 한 번씩 읽어 봤자 기억에 남을까요? 제 생각에는 한 권의 책을 100번 읽는 게 나은 것 같습니다. 물론 한 권만 읽어서는 안 되겠고 100권을 그런 식으로 읽으면 좋겠죠. 조식은 한 권의 책을 100번 읽는 방식을 택합니다. 그러다 보니 읽을 수 있는 책이 뻔합니다.

"경전은 사서,『근사록(近思錄)』,『심경(心經)』 정도 읽으면 되고 모르는 게 있으면『성리대전(性理大全)』을 참고하면 된다", "학문의 목적은『대학』의 삼강령(三綱領)이 다 말하고 있다. 팔조목(八條目)도 번쇄하다"라고 이야기합니다. 삼강령은 명명덕(明明德), 신민(新民), 지어지선(止於至善)을 말하는데, 내 마음속에 있는 밝은 덕을 밝히는 것, 백성들을 새롭게 하는 일, 천하의 모든 사람이 지선에 가서 머무르게 하는 일을 말합니다. 이 세 가지면 충분하다는 겁니다. 하나만 고르라면 명명덕, 덕을 밝히는 것을 택했겠죠. 나머지 팔조목은 격물·치지·성의·정심·수신·제가·치국·평천하인데 이조차도 복잡하다는 것입니다. 이처럼 조식은 학문을 추구하는 태도가 아주 단호하기 때문에 이황같이 착실하게 공부하는 입장에서는 조식을 기험(崎險)하다고 평가했습니다.

게으른 학자에게는 구원의 말씀으로 들립니다만 잘 새겨들어야 합니다.

왜냐하면 『조선왕조실록』에 기술된 조식의 줄기를 보면 통달하지 않은 책이 없었고 그중에서 『좌전(左傳)』(『춘추좌씨전』으로 중국 노나라의 좌구명이 『춘추』를 해설한 책)과 유종원의 글을 좋아했다고 합니다. 그러니 결코 책을 적게 읽은 것이 아닙니다.

또 저술에 대해서도 "정주(程朱: 정자와 주자. 정자는 정호와 정이 두 형제를 이름) 이후에는 꼭 저술을 남길 필요가 없다"라고 합니다. 당시 다른 유학자들에 비해 문집의 분량이 많지 않은 까닭은 이런 태도에서 비롯된 것이라 이해할 수 있습니다.

일도양단(一刀兩斷)의 수양론

앞서 조식이 경의검을 차고 다녔다고 말씀드렸는데, 경(敬)과 의(義)야말로 조식 수양론의 핵심입니다. "안으로 나를 밝히는 것이 경이고〔內明者敬〕, 밖으로 일을 판단하는 것이 의다〔外斷者義〕"라고 경의검에 새겨놓고 늘 자신을 경계했다고 하죠. 경은 엄숙한 건데, 그 엄숙함의 칼날이 나를 향해 있습니다. 도덕을 중시하는 사람과 도덕주의는 다르죠. 도덕주의는 자기가 아니라 남에게 엄숙함을 요구하는 반면, 조식은 자신에게 엄격했습니다.

이황이 경(敬)을 중시한 것은 사실입니다만 경의 철학을 마치 이황이 독점한 듯이 교과서에 기재한 것은 고쳐야 합니다. 주자학자라면 기본적으로 경과 의를 중시합니다. 다만, 비중으로 치면 오히려 남명이 경을 더 중시했다고 봐야 하지 않나 싶습니다.

수양론을 전개하는 태도도 단호합니다. 밖에서 나를 침범하려고 달려드는 욕망을 "적이 침범하면 단칼에 나가 쳐 죽여라", "내 뱃속에 욕망의 때가 끼어들면 배를 갈라 창자를 꺼내 시냇물에 씻을 일이다[塵土倘能生五內直今刳腹付歸流]", 이런 식으로 표현합니다. 욕망은 외물의 유혹입니다. 적으로부터 성채를 지키듯 외물의 유혹을 단호하게 척결해야 한다는 겁니다. 또 "벽립천인(壁立千仞)의 수행을 지속하면 모든 사악한 마음이 사라지고 온갖 이치가 저절로 통한다"라고도 합니다. 한마디로 거침이 없습니다. 벽립천인은 천 길 낭떠러지가 우뚝 서 있는 거죠. 수양 방식도 남성적입니다. 이러니 천하의 선비들이 몰려듭니다.

"두려워해서는 안 되지만 두려운 것이 백성이다"

이황의 경우는 시만 2,000수가 넘어요. 그런데 조식은 시를 많이 쓰지 않았습니다. 현재 전하는 문집에 수록된 시는 155수에 지나지 않습니다. 그리고 세 편의 부(賦)를 남겼습니다. 부(賦)는 시와 비슷하지만 비유를 쓰면서 에둘러 표현하지 않고 직접 하고 싶은 말을 하는 한문 문체로 남명에게 딱 어울립니다.

　가장 오래된 부의 형태는 『시경』에 나오는데, 흥(興), 비(比)와 함께 『시경』에서 보이는 세 가지 문체 중 하나입니다. 흥이나 비는 비유를 적극적으로 활용하는 문체입니다. 비유는 한 다리 걸치는 건데, 얼마나 적절하게 쓰느냐에 따라 시의 품격이 달라지죠. 문학의 장점 중 하나는 비유나 암시를 통해 감히 하기 힘든 말을 할 수 있다는 것이겠죠. 그런데 비유를 어떻게 쓰느냐는 시인의 기질에 따라서 다릅니다. 어떤 사람은 직접 할 수 있는데 돌려서 말하고 어떤 사람은 돌려서 말해야 할 상황인데도 직접 하죠.

조식은 돌려서 이야기하지 않고 직접 합니다. 있는 그대로요. 다양한 해석의 여지 같은 게 없어요. 확고하고 단호하게 자기 입장을 이야기하니까요. 그중 임금의 자리가 백성에게 달려 있다는 뜻을 담은 「민암부(民巖賦)」 일부를 읽어 보겠습니다.

> 임금 자리가 어디에 놓여 있는가. 단지 우리 백성들의 손에 놓여 있다. 백성들을 두려워해서는 안 되지만 매우 두려워할 만한 존재다. …… 궁궐을 크게 지으면 위험이 일어나고 여알(女謁: 임금에게 영향을 미치는 여자의 힘, 곧 문정왕후)이 성행하면 위험의 계단이 생긴다. 세금 거두는 데 일정한 한도가 없으면 위험이 쌓이고 사치하여 법도를 무시하면 위험이 성립된다. 가렴주구하는 자가 높은 자리에 있으면 위험의 길이 열리고 형벌을 함부로 쓰면 위험이 단단해진다. 비록 그 위험이 백성에게 있지만 임금의 덕에서 비롯되지 않은 것이 없다. 물은 하해(河海)보다 더 험한 게 없지만 큰 바람이 아니면 돛을 잘 밀어 주고, 민심보다 험한 것이 없지만 폭군이 아니면 모두 형제다. 동포를 적수로 만드는 일은 도대체 누가 하는가. 깎아지른 저 남산은 바윗돌이 험하고 태산의 험한 바위는 노나라가 우러러본다. 험한 바위는 한 가지이지만 태산은 편안하고 남산은 위태로우니, 나로부터 편안해지고 나로부터 위태로워지는 것이다. 백성들이 험하다고 말하지 마라. 백성들은 험하지 않다.
>
> ─『남명집(南冥集)』, 「민암부(民巖賦)」❹

나라가 망하거나 망하지 않는 것은 다 백성에게 달려 있습니다. 아무리 강고한 권력 체계를 갖추었어도 결국 백성이 등 돌리면 망합니다. 진나라처럼 강한 군사력을 가졌던 나라도 여섯 제후국을 멸망시킨 주력 부대를 그대로 지닌 채 하루아침에 멸망했죠. 농민 반란으로 망한 겁니다. 백성이 그만큼 무서운 겁니다. 그런데 조식은 백성을 두려워해서는 안 된다, 하지만 두려운 것은 백성이다, 이렇게 이야기합니다. 조선이라는 나라가 어떤 나라인가? 왕이 있고 백성이 있고 그 사이에 사대부가 있습니다. 그리고 성리학 이념을 내걸고 왕도를 표방했습니다. 왕도의 이념은 맹자가 말한 것처럼 백성의 삶을 보장하는 것입니다. 그러니 왕이든 사대부든 백성을 위한 정치를 펼친다는 명분을 얻어야 존속의 정당성을 주장할 수 있습니다.

조선 시대 사대부가 그저 백성을 위해 살았다고만 할 수는 없습니다. 하지만 사실이 어떻든 명분은 분명 그랬습니다. 그러니 왕의 권력 또한 백성의 안녕을 보장할 수 있는 정치에 근거해야 단단하게 유지될 수 있었겠지요. 만약 그런 명분을 얻지 못하면 사대부는 물론이고 설사 왕이라 하더라도 비판을 피할 수 없습니다. 훈척 관료들 또한 사대부들이었지만 결국 대토지를 점유하고 부패하면서 그런 명분을 잃어버렸죠. 그 때문에 사림파 유학자들의 비판을 피할 수 없었습니다. 조광조 같은 유학자가 그 선봉에 섰던 것이죠. 물론 가혹하게 평가하면 중종이 조광조를 이용했고, 그 이전의 성종 또한 김종직을 비롯한 사림을 이용했다고 할 수 있습니다. 왜? 임금이 되는 데 도움을 주었던 공신 세력이 강해지자 그들을 제거하지 않으면 왕권이 위협받는 상황이 되었으니까요. 그때 참신한 사림을 등용해서 공신 세력을 쉽게 쳐냈는데 다시 사림의 세력이 만만치 않아집니다. 사림이 유교 정신, 유교 이념으로 무장하고 성리학적 가치를 가지고 왕권을 죄어 오기 시작하니까 중종이 다시 반대파를 기용해서 조광조를 제거했다고 이해할 수 있습니다.

명종대에 오면 사림파 유학자들이 나라에서 내린 벼슬을 거부할 정도로 왕권의 정당성이 약화됩니다. 왕이 백성들의 삶을 돌보는 정치를 펼치지 못한 겁니다. 그래서 조식 같은 유학자가 「민암부」를 써서 비판하죠. 백성들을 두려워해서는 안 된다는 표현에서 알 수 있듯이 조식은 백성을 정치의 주체로 이야기하지는 않습니다. 다만 대권, 곧 왕권의 정당성이 백성을 위한 정치에서 나온다는 점만은 분명히 짚고 있습니다.

조선의 군자, 나라를 지키다

이황이 1570년 겨울에 세상을 떠난 뒤 1년이 조금 지난 1572년 2월에 조식이 세상을 떠납니다. 그러고 나서 꼭 20년 뒤에 임진왜란(1592)이 일어나죠. 당시 조정의 대신들은 물론이고 지방의 수령들까지 모두 민심을 잃어버린 지 오래였습니다. 그 때문에 병기나 군량을 독촉해도 뜻대로 될 수가 없었죠. 그런데 지방의 사림들이 의병을 일으키자 백성들이 따라나섭니다. 유생은 말할 것도 없고 일반 농민, 노비, 승려까지 가담합니다. 그만큼 사림이 백성들의 신망을 얻었다는 방증입니다.

조식의 문하에서는 50명이 넘는 의병장이 배출되었습니다. 의령에서 최초로 의병을 일으킨 홍의장군 곽재우, 합천의 정인홍, 고령의 김면, 황석산성 전투에서 순국한 함양 군수 조종도 등이 모두 그의 제자였어요. 제자의 제자를 합치면 수백 명에 달합니다. 조식이 산천재에서 품었던 양강(陽剛)의 군자들이 바로 그들이었다 하겠습니다. 조선의 사대부가 나라를 위해서 무엇을 했느냐고 묻는다면 남명 조식의 제자들이 의병으로 활동한 이야기를 할 수 있습니다.

『선조실록』에 기술된 조식의 졸기를 소개합니다.

처사(處士) 조식(曺植)이 죽었다. 조식의 자(字)는 건중(楗仲)이고 승문원 판교(承文院判校) 조언형(曺彦亨)의 아들이다. 어려서부터 용모가 단정하고 어른처럼 정중하였으며 장성하여서는 통달하지 않은 책이 없었고, 특히 『좌전(左傳)』과 유종원(柳宗元)의 글을 더욱 좋아하였으며 저술(著述)에 있어서는 기발하고 고상한 것을 좋아하고 형식에 구애되지 않았다. 국학(國學)에서 책문(策問)할 때에 유사(有司)에게 올린 글이 여러 번 높은 성적으로 뽑혀 명성이 사림(士林)들 간에 크게 알려졌다. 하루는 글을 읽다가 허노재(許魯齋: 원나라의 학자 허형. 노재는 호)의 "이윤(伊尹)이 뜻했던 바를 뜻하며 안연(顔淵)이 배웠던 바를 배운다"라는 말을 보고 비로소 자기가 전에 배운 것이 잘못되었음을 깨달아 성현의 학문에 뜻을 두고 과감하게 실천하여 다시는 세속의 학문에 동요되지 않았다. '경의(敬義)' 두 자를 벽 위에 크게 써 붙여 놓고 말하기를 "우리 집에 이 두 자가 있으니, 하늘의 해와 달이 만고(萬古)를 밝혀 변하지 않는 것과 같다. 성현의 천만 가지 말이 그 귀취(歸趣)를 요약하면 이두 글자를 벗어나지 않는다" 하였다.

일찍이 문인들에게 말하기를 "학문을 함은 어버이를 섬기고 형을 공경하는 예(禮)에서 벗어나지 않으니 만일 여기에 힘쓰지 않고 갑자기 성리(性理)의 오묘함을 궁리하려 한다면 이는 인사(人事)에서 천리(天理)를 구하는 것이 아니어서 결국 마음에는 아무런 실지 소득이 없을 것이니 깊이 경계하여야 한다"라고 하였다.

천성이 효우(孝友)에 돈독하여 친상(親喪)을 당하여서는 상복을 벗지 않고 여막을 떠나지 않으면서 아우 조환(曺桓)과 숙식을 같이하며 따로 거처하지 않았다. 지식이 고명하고 진퇴(進退)의 도리에 밝아 세도(世道)가 쇠퇴하여 현자(賢者)의 행로(行路)가 기구해지자 도를 만회해 보려는 뜻을 두었으나 끝내 때를 못 만났음을 알고 산야(山野)로 돌아갈 생각을 품었다. 만년에는 두류산(頭流山) 아래에 터전을 닦고 별도로 정사(精舍)를 지어 산천재(山天齋)라 편액(扁額)하고 여생을 보냈다.

중종조(中宗朝)에 천거로 헌릉 참봉(獻陵參奉)에 제수되었으나 나아가지 않았고 명종조(明宗朝)에 이르러 유일(遺逸)로 천거되어 여러 번 6품관에 올랐으나 모두 나아가지 않았다. 다시 상서원 판관(尙瑞院判官)으로 불러들여 대전(大殿)에서 상(上: 임금)을 대하였는데, 상(上)이 치란(治亂)의 도와 학문하는 방법을 물으니 응대하기를 "군신 간은 정의(情義)가 서로 믿게 된 연후에야 선치(善治)를 할 수 있고, 인주(人主)의 학문은 반드시 자득(自得)을 해야 하는 것으로 남의 말만 들으면 무익합니다" 하고 드디어 고향으로 돌아갔다. 금상(今上)이 보위를 이음에 교서(敎書)로 불렀으나 노병(老病)으로 사양하였고, 계속하여 부르는 명이 내리자 상소를 올려 사양하면서 '구급(救急)'이라는 두 글자를 올려 자기의 몸을 대신할 것을 청하고 인하여 시폐(時弊) 열 가지를 낱낱이 열거하였다. 그 뒤 또 교지를 내려 불렀으나 사양하고 봉사(封事)를 올렸으며, 다시 종친부 전첨(宗親府典籤)을 제수하였으나 끝내 나아가지 않았다. 신미년(1571)에 흉년이 크게 들어 상이 곡식을 하사하자 사례하고 상소를 올렸는데 언사가 매우 간절하였다. 임신년(1572)에 병이 심하자 상(선조)이 전의를 보내어 치료하도록 하였으나 도착하기도 전에 죽으니 향년 72세였다. 부음이 알려지자 상은 크게 슬퍼하여 신하를 보내 사제(賜祭)하고 곡식을 내려 부의하였으며, 사간원 대사간을 증직(贈職)하였다. 친구들과 제자 수백 명이 사방에서 찾아와 조상하고 사문(斯文)을 위하여 애통해하였다.

조식은 도량이 청고(清高)하고 두 눈에서는 빛이 나 바라보면 세속 사람이 아님을 알 수 있었다. 언론(言論)은 재기(才氣)가 번뜩여 뇌풍(雷風)이 일어나듯 하여 다른 사람으로 하여금 자기도 모르게 이욕(利慾)의 마음이 사라지도록 하였다. 평상시에는 종일토록 단정히 앉아 게으른 용모를 하지 않았는데 나이가 칠십이 넘도록 언제나 한결같았다. 배우는 자들이 남명(南冥) 선생이라고 불렀으며 문집 세 권을 세상에 남겼다.

—『선조실록』6권, 5년(1572) 2월 8일, 「처사 조식의 졸기」

졸기 말미에 기술된 사관의 논이 극찬입니다. 특히 "도량이 청고(淸高)하고 두 눈에서는 빛이 나 바라보면 세속 사람이 아님을 알 수 있었다. 언론(言論)은 재기(才氣)가 번뜩여 뇌풍(雷風)이 일어나듯 하여 다른 사람으로 하여금 자기도 모르게 이욕(利慾)의 마음이 사라지도록 하였다"라고 기록한 데서 조식의 풍모를 짐작할 수 있습니다. 그리고 『선조실록』에 조정에서 경연을 열었을 때 조식에 대해 논한 내용도 있어 살펴보겠습니다. 이황과 조식이 함께 이야기에 나옵니다.

주강에 『서경』을 강하고 검소함, 이황·조식 등에 대해 논하다.
주강(晝講)이 있었다. …… 강독이 끝나고서 유희춘이 나아가 아뢰기를, "지난번 홍문관의 차자(箚子: 격식 없이 간단히 쓴 상소문)에서 아뢴, 이황(李滉)의 문인으로서 서술한 자란 바로 조목(趙穆)을 가리킨 것입니다" 하였다. 상이 이르기를, "이황의 문인 가운데 조정에서 벼슬하는 자가 있는가?" 하니, 아뢰기를, "정유일(鄭惟一)·정탁(鄭琢)·김취려(金就礪) 등입니다" 하였다. 이황이 걸신(乞身: 나라에 바쳐 벼슬하던 몸을 임금에게 청하여 도로 받아서 고향에 돌아가 묻는다는 뜻으로, 사직을 청원하거나 청원하여 면직됨을 뜻하는 말로 씀)하여 떠날 때에 상이 노쇠하고 병든 것을 근심하였고 신들도 위에서 굳게 만류하도록 권하지 못하였으므로 그때에는 늘 한스럽게 여겼으나 이제 와서 생각하면 또한 유감이 없다. 이황이 기사년(1569)에 사직하고 돌아가 경오년(1570)에 죽었는데 그 문인들도 모두들 겸퇴(謙退: 겸손히 사양하고 물러남)하여 감히 행장(行狀)을 지어 올리지 못하였다. 그래서 사림(士林)들은 다들 빨리 역명(易名: 시호)을 보기를 바랐는데, 이는 공론이었다. 이황이 『주자대전(朱子大全)』의 교정에 지극한 공이 있으니, 『주자대전』의 교정은 이황의 공이 반을 차지하였다. 이황이 아직 살아 있다면 어찌 상사(賞賜)를 받지 않았겠는가. 상이 김우옹에게 하문하기를, "조식(曺植)은 사람을 어떻게 가르쳤는가?" 하니, 김우옹이 아뢰기를, "조식의 박문(博文)·궁리(窮理)는 이황만 못하지만 사람에게 정신과 기개를 가르쳤으므로 흥기된 자가 많았는데, 최영경(崔永慶)·정인홍(鄭仁弘) 같은 사람들입니다" 하였다.

—『선조실록』7권, 6년(1573) 11월 30일,「조식에 대해 논함」

여기서 주강(晝講)은 경연(經筵)입니다. 아침 조강, 점심 주강, 저녁 석강, 한밤중에 야대를 해서 수시로 경연을 합니다. 임금이 하루에 네 차례 사서오경 펼쳐놓고 신하들과 읽는 거죠. 지금 그렇게 하고 있나요? 지금의 위정자들이 고전을 함께 읽고 있을 리가 없죠. 생각만 해도 아름다운 광경인데, 지금까지는 이 일을 두고 문약으로 흘렀다고 비판하는 경향이 강했습니다. 그런데 그 자체만 놓고 봐도 세계사에서 유례가 없는 사건입니다.

위에서 인용한 글에는 선조가 유희춘, 김우옹 등과 함께 경연에서 이황과 조식에 대해 이야기한 대목이 실려 있습니다. 선조 6년이니까 1573년입니다. 이황과 조식이 세상을 떠난 지 1년 이상 지난 시점입니다. 내용을 살펴보면, 이황이 『주자대전』교정에 큰 공이 있다는 사관의 기술이 있고 선조가 조식이 제자들을 어떻게 가르쳤는지 묻는 부분이 있습니다. 김우옹이 "박문(博文)·궁리(窮理)는 이황만 못하지만 사람에게 정신과 기개를 가르쳤으므로 흥기된 자가 많았다"라고 하죠. 적절한 평이라 할 수 있습니다. 문집의 양이나 성리학의 이론에 대한 천착을 기준으로 보면 이황이 더 많은 것을 성취했다고 보는 것이 타당합니다. 그러나 사람을 흥기시키는 기상을 두고 말하자면 당대에 조식을 따를 사람이 없었다고 해야겠지요.

제자 정인홍이 쓴『남명집』의 서문 일부를 살펴보겠습니다.

> 도(道)는 사람에게 있는 것이어서 시대에 따라 융성하거나 쇠퇴하지 않으니 군자가 영달한다고 해서 도가 통하는 것도 아니고 곤궁하다고 해서 도가 막히는 것도 아니다. 유정지리(幽貞之利: 은거하면서 올바른 도리를 실천하는 이로움)와 비형지의(否亨之義: 꽉 막힌 시대에 숨어 있지만 군자의 도가 형통함)는 보통 사람들은 알지 못하고 오직 군자만이 홀로 안다. 무슨 말인가. 벼슬할 만해서 벼슬하는 것은 당연히 도이고, 그만둘 만해서 그만두는 것 또한 도다.
> —『남명집(南冥集)』,「남명선생집서[南冥先生集序]」❺

도가 사람에게 있다는 말은『논어』에 "사람이 도를 넓히는 것이지 도가 사람을 넓히는 것이 아니다[人能弘道 非道弘人]"라고 한 대목과 취지가 비슷합니다. 아무리 암흑의 시대라 하더라도 올바른 도리를 실천하는 사람이 있다면 도가 사라지지 않는다는 맥락입니다.

조식은 벼슬하지 않고 처사로 살았기 때문에 은자와 비슷한 점이 있습니다. 그 때문에 정인홍은 자신의 스승 조식을 유정지리(幽貞之利)와 비형지의(否亨之義)를 실천한 인물로 평가한 겁니다.

유정지리(幽貞之利)는『주역』이괘(履卦) 구이(九二) 효사(爻辭)에 "행하는 도가 탄탄하니, 그윽한 사람이라야 곧은 도리를 지켜 길하리라[履道坦坦 幽人貞吉]"라고 한 데서 따온 말입니다. 이괘의 구이(九二)는 중(中)의 위치에 있고 양(陽)이므로 군자입니다. 군자는 세상이 어두워도 어지러워지지 않고 은거해서 올바른 도리를 지켜서 길하다는 뜻입니다. 앞서 도가 사람에게 있다는 말을 연결하면 결국 세상이 어둡다고 해서 도가 사라지는 것이 아니라 숨어 있는 군자가 있기 때문에 그런 시대에도 도가 형통한다는 뜻입니다.

비형지의(否亨之義)도 같은 맥락입니다. 『주역』 비괘(否卦)는 군자가 나아갈 수 없는 비색(否塞)의 시대, 꽉 막힌 시대를 말합니다. 그럼에도 군자가 은거해서 올바른 도리를 실천하면 그로 인해 도가 형통한다는 거죠. 정인홍은 자신의 스승 조식이 바로 그런 군자라고 쓴 겁니다.

또 "벼슬할 만해서 벼슬하는 것은 당연히 도이고, 그만둘 만해서 그만두는 것 또한 도다"라고 한 것은 본디 맹자가 공자를 '성지시자(聖之時者)'라고 한 데서 유래합니다. 맹자는 "벼슬할 만하면 벼슬하고 그만둘 만하면 그만두고 오래 머물 만하면 오래 머물고 빨리 떠날 만하면 빨리 떠난 분이 공자〔可以仕則仕 可以止則止 可以久則久 可以速則速 孔子也〕"라고 하면서 공자를 때에 맞춰 살았던 사람이라고 표현했는데, 정인홍은 조식이 바로 그런 선비였다고 평가합니다. 이 또한 유례를 찾기 어려울 정도로 단호한 문장으로 조식과 그 문인 정인홍의 기상을 엿보기에 충분합니다.

4부

조선 시대
철학(하)

지금까지 성리학을 중심으로 조선 전기 철학자들의 사상을 살펴보았습니다. 이 시기는 이황, 조식, 이이 등 대표적인 성리학자들이 활동했던 만큼 성리학이 만개한 시대였다고 할 수 있습니다. 그 때문에 혼란기에도 사회 전반에 걸쳐 성리학적 가치가 힘을 발휘했습니다. 그런데 조선 사회는 임진왜란(1592~1598)과 병자호란(1636~1637)을 거치면서 커다란 전기를 맞이합니다. 역사학계에서는 대체로 이 시기를 기준으로 조선 시대를 전기와 후기로 나누는데 그만큼 이 두 전쟁이 조선 사회 전반에 끼친 영향이 컸기 때문입니다.

17세기에 이르러 조선은 병자호란 같은 외침에다가 경신대기근(1670~1671), 을병대기근(1695~1696) 등 자연 재해까지 겹쳐 백성들의 생존이 위협받게 되면서 국가의 근간이 뿌리째 흔들리게 됩니다. 그런데 당시의 지배 이데올로기였던 성리학은 이런 문제에 적절한 해결책을 제시하지 못했을 뿐 아니라 18세기에 접어들면서 교조적 성격이 한층 강화되어 긍정적인 힘을 잃어버립니다. 대표적인 것이 당시 모든 면에서 선진국이었던 청나라와의 교류를 금기시한 것을 들 수 있습니다. 대부분의 당대 사대부들은 청나라를 오랑캐로 비하하는 정서를 가지고 청나라와의 교류에 반대했기 때문에 선진적인 제도와 문물이 유입될 수 있는 통로가 마련되지 못했습니다.

이런 상황에서 조선의 중흥 군주로 평가되는 영조와 정조가 등장하는데 이들은 낡은 정치 구조를 개선하기 위해 당파 간의 알력을 적극적으로 조정하여 국력의 낭비를 방지하면서 부국강병을 꾀하는 한편 왕권을 강화하여 국가를 안정시키고자 했는데, 이런 과정에서 실학자들의 견해가 높이 평가되었습니다.

하지만 현재 우리가 쓰고 있는 실학이라는 용어는 역사적으로 실재하는 개념이라기보다 현대의 연구자들이 새롭게 만든 개념으로 보는 것이 정확합니다. 물론 조선 후기의 사상을 실학이라는 측면에서 바라볼 때 이 시기의 사상적 특징을 간명하게 파악할 수 있는 장점이 있기 때문에 비록 현대에 만들어진 개념이지만 조선 후기 유학 사상을 실학의 관점에서 정리하는 것도 효과적인 방법입니다.

우리는 흔히 실학을 실용과 실리를 추구하는 학문으로 규정하는 경향이 있는데, 이는 부분적으로만 타당한 이야기입니다. 실학자들의 구체적 진술을 살펴보면 실학은 실용이나 실리보다 일상생활의 도덕적 실천에 도움이 되는 학문이라는 뜻으로 쓰이는 경우가 많기 때문입니다. 흔히 실학의 특징으로 이야기하는 '실사구시(實事求是)'라는 말도 본래 『한서(漢書)』 「하간헌왕전(河間獻王傳)」에 처음 보이는데, 김정희는 「실사구시설(實事求是說)」이라는 글에서 이 대목을 인용하면서, 한대의 유학자들은 훈고를 정밀하게 했고 송대의 유학자들은 성리를 철저하게 연구했지만 모두 실사구시의 태도를 지켰는데, 노장학이나 불교는 그렇지 않다는 식으로 풀이했습니다. 김정희가 활동했던 19세기 중반까지도 실학이라고 하면 노장학이나 불교와 상대되는 의미의 유학을 가리키는 말로 쓰였던 것입니다.

실학의 또 다른 특징으로 개인의 윤리적 수양보다 이용후생(利用厚生)을 중시했다는 점을 드는데, 이 또한 실학의 특징을 모두 표현한 말은 아닙니다. 이 말은 본래 『서경』「대우모(大禹謨)」편에 나오지만 이용후생(利用厚生) 앞에 정덕(正德)이 먼저 나옵니다. 정덕(正德)은 도덕을 올바르게 세운다는 뜻으로 이를테면 부자(父慈), 자효(子孝), 형우(兄友), 제공(弟恭) 따위의 덕목을 권장하여 백성들을 올바른 도리로 인도하는 것을 말합니다. 그리고 이용(利用)은 쓰임을 이롭게 하는 것으로 기계를 제작하거나 화폐를 통용하여 백성들의 삶을 편리하게 하는 일이 포함됩니다. 또 후생(厚生)은 입을 것과 먹을 것을 충분히 마련하여 백성들의 삶을 풍요롭게 하는 것을 말합니다. 그런데 실학자들이 이용과 후생을 강조하기는 했지만 그렇다고 해서 정덕(正德)을 중시하지 않았던 것은 아닙니다. 실학의 집대성자로 꼽히는 정약용 같은 경우만 하더라도 정덕을 먼저 강조하고 나서 이용과 후생을 이야기합니다. 이처럼 구체적인 내용을 따져보면 실학이라는 개념을 실용과 실리에 치우친 학문으로만 보는 것은 실학의 범주를 지나치게 좁게 규정하는 셈입니다.

그렇다 하더라도 대부분의 실학자들에게 실용과 실리에 대한 논의가 공통적으로 드러나는 경향이 있는 것은 틀림없고, 중농주의와 중상주의로 나누어지기는 하지만 토지 제도의 중요성에 대한 공통적인 지적, 또 성리학자들과는 달리 인간 욕망을 긍정적으로 다루고 있다는 점, 그리고 백과전서적 지식을 추구했다는 점에서 실학의 특징 중 하나로 실용과 실리를 추구한 경향을 꼽는 것은 타당하다 하겠습니다. 결국 실학은 백성들의 욕망을 충족시키는 데 실질적으로 도움이 되는 학문으로 17세기 이후 조선 사회를 대표하는 사상적 경향이라고 정리할 수 있습니다. 조선 후기 사회에서 이러한 학술 경향은 대단히 큰 의미를 지닙니다. 대부분의 실학자들

은 권력의 핵심에서 배제되거나 벗어나 있었기 때문에 상대적으로 자유로
운 처지에 놓여 있었는데, 그런 상황이 그들로 하여금 현실의 문제에 집중
할 수 있는 계기를 만들어 주었습니다.

한편 최근의 연구자들 중에서는 조선 후기 철학을 실학이라는 관점에
서 바라보는 기존 학계의 견해를 그대로 받아들이지 않고 그것을 대체할
만한 새로운 지평을 모색하려는 이들도 있습니다. 이들 연구자들은 대체
로 조선 후기 철학의 근본적 변화를 성리학적 세계관의 교체에서 찾고 있
는데 세계관 교체의 가장 큰 요인으로 청학(淸學)과 서학(西學)을 꼽으면
서 장현광(張顯光, 1554~1637)이나 최한기(崔漢綺, 1803~1877) 등 자연학
자들의 성과에 주목하고 있습니다. 이 시간에 소개하지는 않겠지만 앞으
로 이들에 대한 연구가 축적되면 조선 후기 철학을 바라보는 새로운 관점
이 출현하지 않을까 기대되기 때문에 잠깐 언급해 둡니다.

19장

유형원

고통받는 백성들과 함께 살리라

실학으로서의 유학

현재 우리가 실학이라고 말하는 것은 원래부터 따로 있던 개념이 아닙니다. 더욱이 성리학과 상대되는 의미의 실학은 역사적으로 존재하지 않습니다. 불교나 도교에 상대되는 개념으로 유학을 일컬을 때 이 말을 썼기 때문입니다.

유학자들은 걸핏 하면 도가나 불교의 이론을 허원(虛遠)하다고 비판합니다. 도가나 불교가 실제의 삶이 아닌 헛된 가치, 실생활과 거리가 먼 가치를 추구한다고 허학(虛學)이라고 했던 것이죠. 그에 비해 일상의 도리를 추구하고 실제의 삶에서 진리를 구하는 유학은 허하이 아닌 실학이라고 보았습니다.

도가나 불교에서 추구하는 가치는 만물의 근원, 만물의 법(法)인 도(道)

나 각(覺)입니다. 삼국 시대 신라의 강수(强首)가 이야기한 것처럼 불교는
세외교(世外敎: 세상 밖의 가르침)입니다. 그래서 강수의 아버지가 강수에게
불교와 유학 중에 무엇을 배울지 물었을 때 자신은 세속 사람이니 유학을
배우겠다고 했죠.

물론 불교와 유교를 세외교와 세간교(世間敎)로 구분하는 것은 한 가지
분류법일 뿐입니다. 불교가 그렇게 단순하지는 않습니다. 이를테면 불교
에서 말하는 '상구보리하화중생(上求菩提下化衆生: 위로는 깨달음을 구하고
아래로는 중생을 교화한다)'을 보면 진리(보리)를 추구할 때는 물론 세간과 상
관이 없습니다. 깨달음을 얻기 위해서는 세간과 맺은 인연을 끊어야 하죠.
'상구보리'를 중심으로 이야기하면 불교가 세외교인 게 맞습니다. 그러나
'하화중생'은 좀 다릅니다. 아래로 중생을 구제하려면 중생과 함께할 수밖
에 없습니다. 이런 경우 세속에 간여할 수 있어요. 그런데 이것은 또 다른
차원의 이야기이고 어쨌든 도가와 불교는 인간의 현실적인 삶은 공허하고
진리의 세계는 따로 있다고 말합니다. 그리고 진리의 세계에 접근하기 위
해서는 일정한 수행을 거쳐야 하고 특정한 장소로 가야 합니다.

반면 유학은 진리가 실생활, 일상에 있다고 이야기합니다. 그것이 '실사
구시(實事求是)'입니다. 실사구시는 실학의 중요한 주제 중 하나예요. 실사
(實事)는 우리가 흔히 생각하는 실용(實用)이나 실리(實利)를 뜻하는 게 아
니라 어른 앞에서 예의를 지키고 부모나 형제를 대할 때 어떤 마음가짐을
지녀야 하는가와 같은 실제 일을 뜻합니다.

이렇듯 실학은 유학의 일상성, 착실성을 기반으로 도가나 불교를 비판
할 때 썼던 용어였습니다. 요즘 학계에서는 실학을 유학 일반이 아니라 유
학 중에서도 17세기 이후 조선 사회에서 새롭게 대두된 학문 태도를 가리
키는 말로 씁니다.

100년을 앞서간 실학의 비조

반계(磻溪) 유형원(柳馨遠, 1622~1673)부터 시작되는 실학은 새로운 의미의 실학에 부합합니다. 그 때문에 유형원이 실학의 비조로 평가받기도 합니다.

유형원은 1622년생으로 임진왜란(1592~1598)이 끝나고 17세기 이후 조선 사회의 가장 큰 국가적 위기였던 병자호란(1636~1637)을 경험합니다. 그 때문에 벼슬을 하면서 업적을 남긴 학자들이나 나라의 부름을 사양하고 자신의 수양에 전념했던 인물들과 완전히 다른 면모를 세상에 드러냅니다. 그런데 살아 있을 때는 주목받지 못했습니다.

유형원은 명문가에서 태어나 어렸을 때부터 할아버지의 기대를 한 몸에 받을 정도로 총명했지만, 할아버지가 세상을 떠난 후인 32세에 비로소 급제합니다. 그런데 벼슬에 나아가진 않습니다. 유형원이 출사하지 않은 이유는 이황이나 조식과 사뭇 달랐습니다. 이황과 조식은 개인 수양이나 유학적 실천을 위해 산림에서 강학했는데, 유형원은 당시 조선의 제도를 개혁하지 않은 상태에서는 벼슬을 해 봤자 자신의 뜻을 펼칠 수 없다고 판단하고 은거를 택했습니다. 또 이황, 조식이 조정 대신들과 수령들의 부정이나 인격 문제를 거론했던 것과 달리 유형원은 각종 제도의 부실과 한계를 중심으로 문제를 제기합니다. 또 백성들의 삶을 개선시키는 문제에서 토지, 병역, 세금과 관계된 제도의 개혁을 가장 중요한 과제로 내세웁니다. 당시 조선 사회의 모순을 제대로 보았기에 가능한 문제제기입니다.

유형원은 전라도 부안의 우반동(愚磻洞)에서 상당히 오래 살았는데 그 때문에 호를 반계(磻溪)로 지었을 것으로 추정합니다. 대표적인 저술로 『반계수록(磻溪隨錄)』이 전합니다. 이 저술은 유형원이 죽고 97년이 지난

다음에야 세상에 알려집니다. 명재(明齋) 윤증(尹拯, 1629~1714) 같은 학자들이 동시대에 살면서 『반계수록』의 가치와 유형원의 인물됨을 알아보기는 하지만, 그의 저술이 세상에 널리 알려지고 조정에서 임금과 대신들이 유형원이 제시한 제도를 채택할지 여부를 논의한 것은 그가 죽은 지 100여 년이 지난 뒤입니다. 살았을 때는 주목받지 못하다가 후세에 성호 이익을 비롯한 학자들은 물론이고 영조와 정조 같은 임금에게까지 널리 인정을 받았습니다.

이 장의 제목을 '고통받는 백성들과 함께 살리라'라고 했는데 말로만 그런 것이 아니라 실제 유형원의 삶 자체가 고통의 연속이었습니다. 유형원은 전란을 피해 서울, 양평, 강원도 등지를 전전하다가 전라도 부안 지역에 정착해서 은거합니다. 은거하는 동안 수많은 저술을 지었다고 하지만 아쉽게도 『반계수록』만 전하는데, 이 저술만 가지고도 성호 이익을 비롯한 실학자들이 유형원을 실학의 비조라고 이야기할 정도로 백성들과 함께한 흔적이 역력하고 또 내놓은 대책이 적실하다고 평가받았습니다.

유형원의 주장 가운데 나라를 다스리면서 토지를 국유화하지 않으면 모든 일이 다 허사로 돌아간다는 주장이 가장 중요합니다. 토지를 국유화한다는 것은 나라가 토지를 갖고 있고 농사를 짓는 농부에게 토지를 균분해 주는 경자유전(耕者有田)의 원칙을 따른다는 말입니다. 토지는 누구의 것이어야 하는가? 유형원뿐만 아니라 대부분의 실학자들이 농사를 짓는 사람에게 토지를 배분해야 한다는 토지 국유화에 대해서 의견을 같이합니다.

유학의 토지 국유화 개념은 일찍이 『맹자』의 정전제(井田制)에서부터 시작되었는데 내용상으로는 균전제(均田制)입니다. 사방 1리(里)의 토지에 정(井) 자를 그어 구획하면 아홉 개의 구역이 나오는데 그 하나하나의 면적이 100무(畝)입니다. 『맹자』에 나오는 정전(井田)은 이 100무의 토지를 한 명의 농부에게 배분하는 겁니다. 물론 비옥한 토지도 100무, 척박한 토지도 100무를 주는 식은 아닙니다. 예상되는 소출을 다 계산해서 분배하는데, 1년 묵은 밭인지 2년 묵은 밭인지에 따라 소출이 다르겠지요. 2년 동안 쉬었던 땅이라면 소출이 많을 테니 적은 면적을 나누어 주는 식입니다. 정전의 기본은 이렇듯 가장 중요한 생산 수단인 토지를 균등하게 분배하는 것입니다.

정전제는 평등한 분배를 통해 백성들의 삶을 보장하려는 정책입니다. 물론 평등에는 결과의 평등, 조건의 평등, 기회의 평등 등 여러 가지가 있습니다. 『맹자』의 정전제에도 집단 경작을 이야기하는 내용이 있으니 결과의 평등이 부분적으로 가능합니다. 여덟 가구가 정전을 공동으로 경작한 다음, 가운데에 있는 공전(公田)에서 나온 소출은 나라에 세금으로 바치고 나머지 여덟 구역에서 나온 소출을 공평하게 분배하면 결과의 평등이 되겠죠. 그렇다 하더라도 다른 정전에서 나온 소출과 동등하지는 않을 것입니다. 노동력을 비롯해 조건의 차이가 있을 테니까요.

이렇듯 결과의 평등이 전혀 불가능하지는 않지만 유형원의 경우에는 생산 수단인 토지를 공평하게 분배하는 데 중점을 두기 때문에 조건의 평등을 이야기했다고 할 수 있습니다. 생산 조건을 동일하게 하고 결과에 대해서는 책임을 지게 하는 방식입니다. 조건이 같다면 부지런히 농사를 지은 사람은 소출이 많겠고 게을리 한 사람은 소출이 적겠지만 그 결과는 개인의 노력에 따라 달라집니다.

유형원은 성리학 관련 저술도 했고 천문, 지리, 인사 등 온갖 분야에 관해 저술했다고 하는데 실제는 『반계수록』밖에 전하지 않습니다. 그런데 『반계수록』의 거의 삼분의 일이 토지 제도에 관한 내용입니다. 결국 나라를 다스리는 근본을 토지 제도로 보고 토지의 균분, 균전제의 이상을 꿈꾸었다는 것을 알 수 있습니다. 그런데 유형원은 토지 제도 개혁에 대해 단순히 큰 틀에서 관념적으로 이야기하는 것이 아니라 구체적인 절목까지 제시하고 있다는 점이 놀랍습니다. 후세에 성호 이익이나 다산 정약용이 그 내용을 보고 감탄합니다. 성호 이익도 균전론을 주장하고 다산 정약용도 정전제를 이야기하는데 내용은 조금씩 다르지만 크게 보면 토지의 균등 분배라는 점에서 같습니다. 특히 이익은 유형원의 저술 중에 일부를 발췌하여 자기 저술에 삽입하기도 합니다. 또 정약용이 남긴 『경세유표(經世遺表)』는 유형원의 『반계수록』을 본떠서 쓴 책입니다. 유표(遺表)는 신하가 죽기 전에 마지막으로 임금에게 올리는 글인데, 『경세유표』는 많은 부분이 토지 개혁과 관련된 내용으로, 유형원의 생각을 참조했다고 볼만한 부분이 많습니다.

아마도 인류는 공동체를 이루고 살기 시작하면서부터 평등한 사회를 지향했을 것입니다. 인류의 조상은 원래 기어 다녔겠죠. 사실 기어 다니는 게 더 편했을 겁니다. 일어서면 넘어지기 쉽고 위험하니까요. 그러다가 기어 다니던 사람 중에 자유를 꿈꾸는 자가 있어서 일어섰을 겁니다. 그래서 손이 해방되죠. 해방된 손으로 도구를 사용하기 시작하면서 두뇌의 용량이 커지고 급기야 생존과 별 상관 없는 추상적인 사고를 하기에 이릅니다. 직립보행을 하면서 무거운 머리를 떠받칠 수 있는 조건도 마련되었고요.

이렇게 보면 자유를 꿈꾸던 자가 인간이 되었다고 볼 수 있습니다. 그런데 넘어지기 쉽다는 문제가 생기니까 정교한 평형 감각이 필요해집니다. 그것을 인간 사회에 적용하면 평등이 되겠죠. 어쨌든 서서 걸어 다니는 인류는 생물학적으로 자유와 평등을 함께 가지고 갈 수밖에 없습니다.

홉스가 가정하는 자연 상태는 인간들이 서로 싸우는 상태입니다. 한쪽은 많이 가지고 있고 한쪽은 적게 가지고 있으니까 싸웁니다. 홉스는 자연 상태에서는 다른 사람의 것을 빼앗을 수 있으니, 그런 극단적인 투쟁을 막으려면 정치·사회 조직이 필요하다고 하죠. 이를테면 작은 권력들이 강력한 국가 권력에 복종함으로써 평화로운 관계를 맺는 식이죠. 평등하면 평화로운 관계를 유지할 수 있는데 불평등하면 평화로운 관계를 유지하기 힘드니까요.

어쨌든 인류는 평등하고 평화로운 공동체의 이상을 실현하기 위해 생산 수단을 골고루 분배하는 일이 필요하다고 생각한 겁니다. 동아시아 사회에서는 맹자 때부터 그런 사유를 했고, 그 이후 많은 사람이 그 이상을 실현하기 위해 노력했지만 장기간 성공한 경우는 없었습니다. 인간의 능력이나 욕망에 상당한 차이가 있기 때문이겠지요. 그런데 유형원이 제시한 개혁안은 윤증이나 이익 같은 학자나 영조와 정조 같은 임금이 보기에도 상당히 설득력이 있었습니다. 정조는 "100년 전에 마치 오늘의 역사를 본 것처럼 논설했다"라고 하면서 유형원을 100년을 앞서간 사상가라고 높이 평가했습니다.

유형원 생존 시에는 윤증 같은 문인이 그의 자질을 알아보고 "세상을 경륜할 업무에 뜻을 둔 자가 채택하여 실행할 수만 있다면 저술한 공로가 그제야 제대로 나타날 것이니, 어찌 사라져 버릴 이치가 있겠는가"라고 했습니다. 또 성호 이익은 "아조 건국 이래 수백 년간 시무를 아는 자는 오직 율곡과 반계뿐이다"라고 평가했습니다. 또 박지원의 『허생전』에도 "반계는 일국의 군정을 맡을 수 있는 인물이었지만 속절없이 처사로서 끝마쳤다"라는 구절이 나옵니다. 이렇듯 실학의 대표자로 손꼽히는 이들은 한결같이 유형원을 높이 평가했다는 것을 알 수 있습니다.

국난의 시대를 살다

유형원은 1622년 서울에서 태어났습니다. 임진왜란이 끝난 후 조선 사회는 극도로 어지러워지고 사회 모순이 심화되었지만 이때까지만 해도 조선이 완전히 흔들리지는 않았어요. 조선 사회가 급격히 무너져 내린 것은 철종 때 경상도 진주에서 일어난 진주민란(1862) 이후입니다. 왕조 시대의 시각에서는 민란이고 지금 보면 진주항쟁이라 해야겠죠. 다산 정약용이 1762년생이니까 다산이 태어나고 꼭 100년 뒤에 일어난 난입니다. 조선 후기에는·임금을 대신해 백성들을 다스리는 지방 수령까지 수탈에 가담할 정도로 조선 초기와 너무나 다른 상황이 펼쳐집니다. 진주민란 이후 백성들을 위해서 국가를 운영한다는 왕조의 근간이 완전히 흔들리죠. 성리학 강의 때 말씀드렸듯이 대문 없는 집을 짓고 문을 잠그지 않고 살 수 있는 조건은 백성들의 신뢰 없이 그냥 만들어지지 않습니다. 진주민란은 그런 신뢰가 완전히 무너진 상황에서 일어납니다. 유형원은 그런 시대로 흘러가는 와중에 살았는데 그 자신이 병자호란을 겪는 등 험한 삶을 살았다고 할 수 있습니다.

유형원은 두 살 때 아버지 유흠(柳欽)을 여읩니다. 유흠은 성균관 검열을 지냈는데 광해군을 복위시키려 했다는 역모를 뒤집어쓰고 감옥에서 자결합니다. 훗날 유형원이 벼슬을 포기하고 은거를 선택한 것은 이 같은 비극적인 가족사가 결정적으로 영향을 끼쳤을 겁니다.

5세 때부터 글을 배우기 시작합니다. 외숙 이원진(李元鎭)과 고모부 김세렴(金世濂)에게 글을 배우긴 했지만 스스로 깨우친 글이 많았다고 해요. 특히 『서경』의 「우공」편을 읽고 감탄했다고 합니다. 저도 『서경』 강의를 오랫동안 했습니다만 그럴 때마다 「우공」은 건너뛰었습니다. 우(禹)임금이 홍수를 예방하기 위해 온 천하를 돌아다니면서 치수 사업을 하는 이야기여서 참 재미가 없습니다. 동쪽으로는 동해 바다까지 진출을 하고 서쪽으로는 모래사막에 이르고 남쪽과 북쪽의 끝까지 미쳐서 우임금의 덕화가 사해에 입혀졌다는 내용인데, 전부 어디서 나무를 베고 제방을 쌓아 물길을 어디로 돌렸다는 내용입니다. 이런 내용을 보고 유형원이 감탄했다는 것이죠. 유형원 같은 실학자의 안목으로 보니까 달랐나 봅니다.

외숙 이원진에게 글을 배웠다고 했는데, 이원진은 성호 이익의 당숙으로 하멜 표류 사건 당시 제주 목사였던 사람입니다. 이원진은 상당히 폐쇄적이었던 조선 사회의 일반 사대부와 달리 견문이 넓은 사람이었습니다. 고모부 김세렴은 함경도와 평안도의 감사를 했고 대사헌까지 지낸 당대의 이름 높은 외교관이었어요. 이들에게 학문을 배웠으니 유형원이 일찌감치 남다른 안목을 기를 수 있었을 것으로 짐작됩니다.

15세 되던 해인 1636년(인조 14)에 병자호란이 일어나자 가족들과 함께 강원도 원주로 피란했고, 다음 해에는 지금의 양평으로 이사했다가 그다음 해에 다시 여주 백양동으로 옮겼습니다.

23세 되던 해인 1644년에는 할머니 상을 당하고, 27세가 된 1648년에는 어머니 상을 당했는데, 탈상하면서 두 차례에 걸쳐 과거에 응시했으나 모두 낙방합니다. 그 뒤 1651년(효종 2) 30세 때에는 할아버지 상을 당합니다. 2년 뒤에 상을 마치고 과거에 응시하여 비로소 급제하지만 벼슬을 포기하고 32세의 젊은 나이로 멀리 전라도 부안군 보안면 우반동에 은거합니다. 그러고는 20년간 그곳에서 여생을 보내다가 1남 6녀를 남기고 1673년에 세상을 떠납니다. 은거하는 동안 『반계수록』 26권을 저술합니다.

『반계수록』은 일찍이 조정에 알려져 정책으로 시행될 기회가 없지 않았습니다만, 유형원이 재야 학자인 데다가 북인 계열로 정계에서 밀려난 쪽이다 보니 묵살되고 맙니다. 숙종 4년에 유형원과 교분이 깊었던 배상유(裵尚瑜)가 상소해서 이 정책을 시행하라고 숙종에게 올립니다. 숙종이 내용을 읽어 보고 그 정책을 실행하는 것이 어떠하냐고 대신들에게 물었는데 대신들이 반대합니다. 그러다가 영조 17년에 조정에서 『반계수록』을 간행하자는 이야기가 나온 적이 있고, 명재 윤증이 발문을 쓰기도 하면서 세상에 알려졌다가 나중에 정조에게 극찬을 받습니다.

유형원은 서울에서 태어나긴 했지만 원주, 양평, 여주를 거쳐 전라도에 내려가서 은거하면서 농사를 지어 본 유학자입니다. 그 때문에 백성들의 고통이 얼마나 큰지 잘 알았을 테고 그 고통을 해결할 수 있는 근본적인 방책은 토지 제도 개혁이라고 생각했을 겁니다. 『반계수록』 같은 저술은 이런 배경에서 나왔다고 볼 수 있습니다.

토지는 국가의 커다란 근본이다

『반계수록』에 나온 내용을 같이 보겠습니다. 분량이 워낙 방대합니다만 앞쪽에 기술된 「전제(田制)」를 비롯한 토지 제도 전반과 병역 제도, 과거 제도를 중심으로 살펴보겠습니다. 『반계수록』은 전체가 26권인데 그중 8권이 토지 문제를 다루고 있습니다. 유형원은 토지 제도야말로 국가를 운영하는 근본이라고 파악했던 것입니다.

옛날의 정전 제도는 지극했다. 경계가 한번 바로 잡히면 온갖 일이 다 이루어진다. 모든 백성에게 일정한 생업이 든든하게 유지되고 병역 대상자를 수색하는 폐단도 없어져, 귀천과 상하가 각기 제 직분을 얻지 못함이 없게 된다. 이 때문에 인심이 안정되어 풍속이 돈후해지니, 옛날에 수천 년 동안 예악이 흥행하여 공고하게 유지되었던 까닭은 이런 근본을 지켰기 때문이다. 후세에 토지 제도가 폐지되어 사적 점유에 한도가 없어지자 온갖 일이 모두 무너져 모든 것이 이와 반대가 되었다.**❶-1**

맹자는 "백성들로 하여금 산 사람을 모시고 돌아가신 분을 전송하는 데 한스러움이 없게 하는 것이 왕도 정치의 시작이다〔使民養生喪死無憾 王道之始也〕"라고 했습니다. 그래서 "인정은 반드시 경계를 바로잡는 일부터 시작한다〔仁政必自經界始〕"라고 이야기하죠. 그런데 맹자 이후 이런 생각을 제대로 구현한 정치를 찾아보기 어렵습니다. 토지의 경계를 확정해 놓지 않으면 힘센 자가 빼앗아 가겠죠. 경계가 유지되면 모든 백성이 다 생업을 유지할 수 있겠지만 그렇지 않으면 부가 한쪽으로 쏠립니다.

중국의 경우 이런 모순이 심화되면 왕조가 망합니다. 그리고 새로운 왕조가 들어서면 토지를 재분배하는데 그 방식이 다양합니다. 이를테면 당나라 태종은 자기의 세력을 위협하는 귀족들의 땅을 빼앗아서 백성들에게 나누어 주었습니다. 귀족 세력이 약화되면 황제의 권력이 강화되고 백성들은 생존이 보장되어서 좋겠죠. 그렇게 몇십 년 유지되다가 또 토지 겸병이 진행되면서 대토지 소유자가 생기고 모순이 심화됩니다. 그러면 농민들이 못살겠다고 일어납니다. 통치자의 입장에서는 반란이라고 하는데 농민들이 생존을 위해 봉기(蜂起)하는 게 어떻게 반란일 수 있겠습니까? 애초에 생존을 보장하지 못한 통치자의 잘못인 거죠.

한 왕조가 이런 내적 모순을 넘어서려면 지속적인 토지 제도 개혁이 필요합니다. 자체적으로 개혁을 하면 왕조가 유지되고 개혁을 못 하면 망합니다. 지금이라고 다를 바 없습니다. 현재의 민주주의 제도도 국민을 먹여 살리지 못하면 대안을 모색해야겠죠. 그 때문에 포스트 민주주의 논의가 나옵니다. 물론 지금은 토지뿐 아니라 금융 자본이 더 중요한 역할을 하지만요.

유형원은 토지 제도를 개혁하기 위해 고대의 정전제를 복원해야 한다고 주장합니다. 맹자에 따르면 주나라 시대에는 한 명의 농부에게 100무의 토지를 고르게 분배했다고 합니다. 상농부, 중농부, 하농부니 해서 노동력의 질에 따라 생산 소출이 다르긴 합니다. 정전제는 결과의 차등을 인정한다 해도 기본적으로 토지를 공정하게 분배하는 제도인데, 한번 무너진 다음에는 다시 시행되지 못합니다.

유가에서 보는 이상 사회는 삼대 시대(하·은·주)입니다. 그런데 실제로 삼대 사회가 이상적이기만 했던가? 그렇지는 않습니다. 초기 얼마 동안 이상적인 제도가 유지되다가 역시 무너집니다. 유형원은 토지 제도가 문란해지면서 그렇게 붕괴되었다고 봅니다. "후세에 토지 제도가 폐지되어 사적 점유에 한도가 없게 되었다"라고 언급했는데 상민(常民)의 수가 줄어든 것을 말합니다. 본래 민(民)이라는 명칭은 맹(氓)과 상대되는 말로 거민(居民)을 가리킵니다. 곧 일정한 거주지가 있는 백성들, 일정한 지역에 정착해 살면서 농사를 지어서 생업을 영위하고 그 지역 사회의 구성원이 되는 사람들을 말합니다. 거민과 달리 일정한 거처가 없는 사람을 유민(流民)이라고 하는데 정확히 말하면 유맹(流氓)입니다. 이리저리 떠돌아다니는 사람들을 말하죠. 토지가 없으니까 일정한 곳에 머물지 못하는 겁니다. 거민이 변하면 유맹이 되고 유맹이 한 번 더 변하면 도적이 되는데, 이런 사람들이 점차 늘어나면 사회가 불안해지겠죠. 풍속도 각박해져서 교화가 설 자리가 없어집니다. 그러면 강력한 법률로 통제를 하다가 급기야 폭력으로 다스리게 됩니다.

만약 토지 제도를 바로잡지 못하면 백성의 삶이 끝내 일정하게 유지되지 못하고 부역이 끝내 균등하지 못하며, 호구가 끝내 분명하게 밝혀지지 못하고 군대의 항오가 끝내 정돈되지 못하며, 송사가 끝내 그치지 않고 형벌을 끝내 줄일 수 없으며, 뇌물을 끝내 막을 수 없고 풍속이 끝내 돈후해지지 못한다. 이와 같이 하고서 정교를 잘 베풀 수 있는 경우는 아직 없다. 이와 같은 까닭은 어째서인가. 토지는 국가의 대본(大本)이니 대본이 거행되면 모든 제도가 따라서 마땅함을 얻지 못함이 없게 되고, 대본이 문란해지면 모든 제도가 하나도 마땅함을 잃지 않음이 없게 된다.❶-2

유형원은 『반계수록』에서 균전제를 시행하고 자영농을 육성하는 것이 시급하다고 주장합니다. 이 길만이 당시 조선의 경제를 건강하게 만드는 길이라고 보았습니다. 나라 입장에서는 소수만 잘 먹고 잘사는 것보다 모든 백성이 고르게 잘사는 게 좋습니다. 그런데 토지에 대한 권리가 국가에게 있으면 백성들에게 토지를 공정하게 분배할 수 있지만 소수 문벌, 대지주에게 있으면 백성들은 소작농이 될 수밖에 없습니다.

유형원의 균전제는 모든 백성에게 똑같이 토지를 분배하는 것이 아니고 신분에 따라 차등적으로 지급하는 것이므로 제한적인 범위 내의 균전론이라고 할 수 있습니다. 하지만 경자유전의 원칙을 적용하여 다수의 농민에게 토지를 균등하게 지급함으로써 자영농을 육성하게 하는 정책이라는 점에서 의미가 큽니다. 이런 주장이 이익에게 높이 평가를 받았고, 나아가 문벌의 토지 소유를 제한하는 한전법(限田法)이 제시되기에 이릅니다.

농업 생산에서 가장 중요한 원칙은 '경자유전(耕者有田)'입니다. 경지유전은 농사짓는 자에게는 농토가 있어야 한다, 그러니까 생산 수단은 생산하는 자에게 주어져야 한다는 원칙입니다. 토지를 많이 가진 대지주가 소작농에게 농토를 주고 농사를 짓게 하는 것이 아니라, 국가가 농사짓는 농민들에게 토지를 제공하고 스스로 삶을 계획하고 꾸릴 수 있게 하는 원칙입니다. 그런데 이 원칙을 지키려면 결국 정전제를 근간으로 하는 균전제를 시행해야 하는데, 유형원은 후세에 이를 시행하기 어려웠던 이유를 이렇게 지적합니다.

> 후세에 뜻있는 이가 당시에 정전을 시행하려고 했으나 산이나 계곡의 농토는 정전의 경계를 구획하기가 어렵고, 공전(公田)이나 채지(采地)의 경우 정전에 포함시키기가 어려웠다.❶-3

북송의 장재(張載) 같은 학자는, 부자의 땅을 빼앗아서 가난한 농민들에게 나눠 주어야 하는데 그걸 못 해서 정전을 시행하기 어렵다고 지적하면서, 그렇게 하면 싫어하는 사람보다 좋아하는 사람이 더 많을 테니 못할 이유가 없다고 했어요. 유형원도 그런 입장을 받아들인 셈인데, 그걸 다시 이익이 받아서 자신의 저술에 기술합니다. 이익은 한술 더 떠서 토지를 공정하게 분배하면 좋아하는 사람이 100명이고 싫어하는 사람이 한 명일 거라고 합니다.

토지 분배와 세액의 결정까지

유형원은 「전제(田制)」에서도 '분전정세절목(分田定稅節目)'을 만들어 민생에서 가장 중요한 부분을 구체적으로 제시합니다. 이를테면 "왕자와 공신에게는 사세전을 주어 그 수입만 받게 해야 하고, 그 외에 사전(임금이 임의로 농토를 왕족이나 귀족에게 주는 것)을 따로 주어서는 안 된다"라고 하여 왕족과 공신의 토지 점유를 줄여야 한다고 주장합니다. 또 "60세가 되면 병역을 면제하고 토지를 바치게 해야 한다"라고 하여 국가에서 제공했던 토지를 환수하는 절차를 제시하고, "묵은 땅을 새로 개간한 경우에는 첫 해만 세를 면제하고, 산지를 개간한 경우는 2년 동안 세를 면제하고, 바닷가나 못가에 제방을 쌓아 개간한 경우는 3년간 세를 면제한다"라고 하여 토지가 비옥한 정도에 따라 세액을 달리 적용하는 구체적인 방안을 제시했습니다.

다음과 같은 항목에서는 유형원이 얼마나 구체적으로 농정을 파악하고 있었는지 알 수 있습니다. "세곡을 받을 때 논은 쌀로 받고, 밭은 좁쌀 또는 콩으로 받아야 한다. 국가의 쓰임새로 보면 좁쌀이 더 긴요하고 콩의 쓰임새가 적다. 그러나 좁쌀을 많이 받으면 밭이 분배된 자에게 과중할 것이므로 4대 6으로 정한다." "화전은 법으로 마땅히 금지해야 한다. 유민들이 부역을 도피하는 소굴이 될 뿐 아니라 산림과 천택 모두 쓰임새가 있기 때문이다." "평안도 청천강 이북의 고을과 함경북도는 세액의 삼분의 일을 감해 주고 서북의 변경 지역 읍들과 제주의 세 읍은 절반을 감면해 준다." 이런 식으로 세부적인 절목까지 만들어 형평성을 기하면서 토지를 분배하고 세금을 책정해야 한다는 논의를 이어갑니다. 병역 제도에 대해서도 같은 식으로 정리를 합니다. 이이만 하더라도 구체적인 절목에서는 이렇게 치밀하지 않습니다. 그러니까 유형원을 실학의 비조로 보는 견해는 상당히 적절하다고 할 수 있습니다.

유형원이 혁신적인 토지 제도를 이야기하긴 했지만 실제 사회·정치적 측면에서는 한계가 많습니다. 노비 제도를 없애자고 하지 않고 노비 수를 적게 하자고 하니 근대적 이념으로 볼 수 없는 측면이 있습니다. 하지만 서구 근대를 기준으로 논의를 전개하는 것에 대해 성찰적으로 접근할 필요가 있습니다. 그렇다고 해서 과장할 필요는 없고, 유형원의 경우도 사실 그대로 보면 됩니다.

병농일치의 부병제

삼대 이후 정전제가 폐지되고 나자 병역 제도 또한 따라서 무너져, 시대마다 각기 멋대로 구차하게 시행하였으니 본보기로 삼기에 부족하다. 병역과 농사가 둘로 나누어지자 온갖 해로움이 극에 달하여 논의할 가치가 없게 되었다.

　　　　　—『반계수록(磻溪隨錄)』, 「병제(兵制)」, '오위급제위(五衛及諸衛)'❷

　앞서 유형원은 토지 제도가 모든 제도의 근본이라고 이야기했습니다. 여기서도 토지 제도와 병역 제도의 연관성을 거론하면서 정전 제도가 폐지되면서 병역 제도가 함께 무너졌다고 말합니다. 그리고 병역과 농사가 둘로 나누어지면 온갖 문제가 발생한다고 지적하죠. 그 때문에 유형원은 균전제와 동시에 일종의 병농일치 제도인 부병제(府兵制)를 시행해야 한다고 주장합니다.

　유형원이 제시한 부병제는 거칠게 이야기하면 국가에서 농토를 받은 농민들이 농사를 지으면서 병역 의무를 동시에 지는 것입니다. 농사를 지을 때 필요한 농기구, 병역 의무를 질 때의 식량도 자부담하는 방식이었습니다. 농민이 아니면 그 의무를 질 필요가 없습니다. 수혜자 부담의 원칙이라고 할 수 있죠. 내가 가꾸는 농토를 지키려면 당연히 나라를 지켜야 하지 않겠습니까? 그러니 균전제를 시행하지 않으면 병농일치 제도를 시행해야 할 근거가 없어집니다. 물론 부병제는 중국 수나라와 당나라, 고려 시대에도 시행되었던 제도인데 유형원은 그것을 조선의 상황에 맞게 수정하여 제시합니다.

유형원은 백성들이 끝없는 부역과 토지 겸병에 시달린 결과, 빈부의 차이가 심해져 민심이 동요하고 풍속이 경박해졌고, 농사와 병역이 서로 이어지지 않았기 때문에 백성들이 병역을 기피하게 되었다고 지적합니다. 한편으로는 부유한 자들이 여러 가지 술책으로 병역을 피하여 가난하고 힘없는 백성들만 병역을 지게 되었다고 개탄하지요.

토지 겸병은 양반들이 자영농이 가졌던 토지를 빼앗아 가는 겁니다. 농사란 게 일정할 수 없잖아요. 어느 해는 풍년이 들고 어느 해는 흉년이 듭니다. 문제는 흉년 때예요. 흉년이 들면 국가에서 백성들을 위해 곡식을 빌려주고 그다음 해에 돌려받습니다. 이런 제도가 백성들의 궁핍함을 구제하는 방식으로 집행되지 않고 중간에 수령들에게 악용되면서 문제가 생깁니다. 빚이 누적되면 농민들은 살 수가 없겠죠. 춘궁기에 질이 나쁜 곡식을 받아서 일단 연명하고 이자까지 보태서 가을에 양질의 곡식을 갚고 나면 해가 갈수록 살기가 어려워져 돌이킬 수 없는 지경에 이르게 됩니다. 결국 토지를 바쳐서 먹을 것을 구하겠죠. 대지주들이 그런 식으로 토지를 매입하면 자영농 수가 점점 줄어듭니다. 이것이 토지 겸병의 실상입니다.

과거 제도 폐단 지적, 공거제 주장

유형원은 또 과거 제도의 폐단을 지적하고 공거제(貢擧制)를 시행해야 한다고 주장합니다. 게다가 서민들도 벼슬할 수 있는 길을 열어 두어야 한다고 했습니다.

공거제는 추천제입니다. 과거를 통해 인재를 선발하는 건 분명히 장점이 있습니다. 그런데 훌륭한 인재가 반드시 과거 시험을 본다고 할 수는 없습니다. 북송의 구양수(歐陽脩, 1007~1072)는 일찍이 "참으로 뛰어난 자는 시험으로 다른 자와 경쟁하려 들지 않는다"라는 이야기를 한 적이 있습니다. 유형원은 과거를 보지 않는 이런 뛰어난 사람들은 공거제를 통해서 선발할 수 있다고 보았습니다. 더욱이 당시에는 과거 제도가 본래의 뜻에 맞게 운영되지 못했죠. 일단의 권문 세족이 과거를 좌지우지하다 보니 실제로 능력 있는 사람들이 관직에 진출할 길이 막힙니다. 또 일상생활에 쓸모도 없고 행정 관료가 되어서도 특별히 도움이 안 되는, 음풍농월하는 시나 읊조리다가 그것으로 과거에 급제해 봤자 무슨 도움이 되겠느냐고 지적합니다. 과거는 국가가 인재를 공정하게 선발하기 위해서 만들어 놓은 제도인데 당시에는 소수 문벌들의 출세 수단으로 전락해 버린 상황이었습니다. 유형원처럼 밀려난 당파의 사람들에게는 아무런 의미가 없는 제도가 되어 버린 겁니다. 그러니까 추천을 통해서 과거를 대체할 수 있는 길을 열어야 한다고 주장합니다.

무차별적으로 노비가 양산되는 구조 비판

신분제와 관련해서도 유형원은 상당히 완화된 주장을 폅니다. 그렇다고 노비 제도를 없애자고 주장하지는 않았습니다. 노비 제도를 없애자는 이야기는 개화기, 갑신정변 정도 되어야 나옵니다. 그전에는 없애서는 안 된다고 하죠. 정약용도 그랬습니다. 다만 유형원은 신분제가 고착되거나 노비가 양산되는 제도를 개선해야 한다고 주장했습니다. 노비 신분을 결정하는 기준은 종부법(아버지가 노비라면 어머니가 노비가 아니라도 자식은 노비)과 종모법(어머니가 노비라면 아버지가 노비가 아니라도 자식은 노비)이 있는데, 17세기 이후에는 그때그때 일정한 기준도 없이 무차별적으로 두 법률을 모두 적용하여 노비가 양산되는 체제였습니다. 유형원은 종부법과 종모법 두 가지를 다 적용해서는 안 되고 한 가지만 적용해야 한다며 종모법을 따르는 것이 좋다고 주장합니다.

> 노비를 대대로 이어가게 하는 것은 본래 왕정에서 마땅히 개혁해야 할 것이다. 그러나 형세가 대번에 개혁하기는 어렵다. 노비 제도를 개혁하기 어렵다면 부득불 농토를 받게 해야 하니 비록 지난날보다 가볍게 하더라도 지나치게 고통스러운 것을 면하지 못한다. 이 또한 일의 형세가 그러하여 어떻게 할 수 없다. 지금의 계책으로는 마땅히 종모법(從母法)을 고르게 시행하여 노비가 너무 많아지는 폐단을 점차 없애 나가면 선왕의 제도를 회복할 수 있을 것이다.
>
> ─『반계수록(磻溪隨錄)』, 「전제 상(田制上)」, '분전정세절목(分田定稅節目)' **❶-4**

노비 제도를 혁파해야 한다고 하지는 않지만 노비가 양산되는 구조를 개선해야 한다고 하죠. 한 나라에 노비의 수가 많고 상민(常民)의 수가 적으면 국가의 안정성이 떨어집니다. 이것을 노비 소유자들의 인격 문제로 해석할 필요는 없습니다 예를 들어 미국의 경우 1863년에 링컨을 중심으로 한 북부 지역 사람들이 노예 해방을 선언했죠. 남부 지역 사람들은 반대를 했고요. 그렇다고 북부인들은 심성이 다 착하고 남부인들은 다 못됐을 리는 없습니다. 남부인들은 목화 농장을 가지고 있었기 때문에 노예 제도를 유지하려고 했고, 북부에서는 산업이 발달하면서 노동력이 필요해지자 남부의 노예를 해방해서 이 문제를 해결하려고 했어요. 인격 수준은 북부나 남부나 비슷했겠지요. 그런데 북부인들의 생각이 당시 사회 발전의 추세와 맞아떨어졌던 것입니다. 아무리 좋은 생각을 가지고 있다 해도 사회의 변화와 어긋나면 실현되기 어렵습니다.

유형원은 직업을 세습하는 것도 바꿔야 하고, 학제나 관료 제도도 개혁해야 한다고 주장합니다. 사실 이런 주장은 신분제의 동요와 결합되어 있는데, 당시 조선 사회가 내부 모순이 격화되고 외부 침략이 반복되니까 나라의 생사가 이 문제에 달려 있다고 보았던 것입니다. 당시로서는 엄청난 변화를 추구했다고 할 수 있습니다.

기존의 유학자들은 백성들의 삶이 나아지도록 애써야 한다고 하면서도 구체적인 제도에서는 막히는 부분이 많습니다. 그런데 유형원은 실제 농사를 짓고 백성들과 어려움을 함께한 유학자답게 구체적인 절목까지 갖추어서 개혁을 논의한다는 점에서 그 탁월성을 엿볼 수 있습니다.

20장

정제두

이단을 공부한 조선의 양명학자

조선 시대 양명학의 위상

지금까지 주로 조선의 성리학자들을 중심으로 공부했는데 이 장에서는 양명학자 하곡(霞谷) 정제두(鄭齊斗, 1649~1736)의 삶과 철학을 살펴보겠습니다.

양명학은 15, 16세기에 조선에 전파되는데 조선 시대 거의 내내 이단으로 배척되었습니다. 물론 양명학을 이단으로 보는 것은 경직된 주자학의 입장입니다. 양명학은 엄연히 유학의 주류이고 유학의 역사에서 그 비중이 결코 작지 않습니다.

양명학이 조선 시대에 이단으로 간주되는 데에 결정적인 역할을 한 사람이 이황입니다. 이황은 양명학이 정주학의 본지와 어긋난다는 발언을 합니다. 이 말을 이론적으로 따지는 차원에서 했다면 상관없습니다만, 비난성으로 했다는 데 문제가 있습니다. 그래서 '읽지 마라' 이렇게 받아들여집니다. 이황은 일찍이 「전습록논변(傳習錄論辯)」을 써서 왕수인을 이렇게 비판했습니다.

> 양명이 감히 제멋대로 선유(先儒)의 정론을 배척하고 함부로 비슷한 학설을 끌어다 견강부회하여 꺼림이 없으니, 그 학문의 어긋남과 마음의 병통을 알 수 있다.
>
> —『퇴계집(退溪集)』,「전습록논변(傳習錄論辯)」❶

이황의 「전습록논변」은 대체로 왕수인의 견해를 비판하고 주희의 견해를 정당화하는 내용입니다. 그런데 이 글에 일방적으로 왕수인을 비난하는 내용이 많다는 데 문제가 있습니다. 특히 위에 예시한 대목은 왕수인이 감히 선유의 학설을 비판했다고 비난하는 내용으로 학문적 논의에서 한참 벗어나 있습니다. 더 큰 문제는 이황이 당대 유학자들의 신망을 받는 거유였기에 이런 발언이 유성룡을 비롯한 후배 학자들에 의해 확대 재생산되면서 자유로운 학문 탐구를 제한하는 등 악영향을 끼쳤다는 점입니다.

이렇게 양명학은 조선에 도입된 뒤 꽃을 피워 보지도 못하고 졸지에 이단이 됩니다. 그래서 양명학을 연구하는 것은 커다란 위험을 감수하는 일일 수밖에 없었고, 그 때문에 계곡(谿谷) 장유(張維, 1587~1638), 지천(遲川) 최명길(崔鳴吉, 1586~1647), 하곡 정제두 외에는 양명학자가 거의 없습니다.

정제두도 겉으로는 주자학자로 살았습니다. 그러다가 삼십 대에 병을 얻어 사경을 헤매다가 급기야 "나는 양명학자다"라고 선언을 합니다. 그런데 죽기는커녕 여든여덟까지 장수했습니다. 어쨌든 이 일로 정제두가 온

천하에 양명학자라는 사실이 알려졌고 그 바람에 스승이었던 남계(南溪) 박세채(朴世采, 1631~1695)와 등지고 같은 스승 밑에서 배웠던 여러 사우들과도 논쟁을 벌입니다. 그들에게 배척당하여 학문적으로나 인간적으로 완전히 버림받는 처지가 되죠.

17세기까지는 주자학이 양명학은 물론이고 다른 학문을 이단시하면서 주자의 해석과 어긋나는 경전 해석을 금지하다시피 하면서 그럭저럭 힘을 발휘합니다. 하지만 17세기 후반부터 주자학으로는 더 이상 사회적 난제를 해결할 수 없게 됩니다. 정제두는 17, 18세기에 걸쳐서 활동했는데 워낙 타고난 행정 능력이 있었기에 임금이 중용해서 쓰지만 양명학자라는 이유로 평생 동안 주자학자들에게 탄압을 받습니다. 또 강직한 성품으로 입바른 소리를 자주 해서 위험을 초래한 경우가 많았습니다.

물론 18세기 중반이 지나면 주자학은 힘을 잃습니다. 1731년 홍대용이 태어나고 1737년에 연암 박지원, 1741년에 청장관 이덕무, 1750년에 박제가가 태어납니다. 1762년에 태어난 정약용은 경전 주석을 통해 주자의 학설과 다른 견해를 다수 제시했지만 학문적으로 탄압을 받지는 않습니다. 탄압은 서학을 공부했다는 이유 때문에 받았죠.

정제두가 활동했던 시대의 주자학은 사회 현실과 유리되었지만 여전히 정치적인 힘을 갖고 있었습니다. 껍데기만 남은 셈이지요. 그 때문에 정제두는 당시의 주자학자들을 이렇게 비판합니다.

주자의 학문은 그 학설이 또한 어찌 일찍이 선(善)하지 않았겠는가? 다만 치지(致知)의 학(學)만은 그 공부에 우직(迂直)하고 완규(緩急)한 구별이 있어서 그 체(體)에 나뉘고 합쳐지는 차이가 있을 뿐이요, 실은 다 같이 성인의 학문을 하는 것이니 어찌 일찍이 착하지 않았겠는가? 그러나 후세에 배우는 이들은 그 근본을 잃어버렸으니 오늘날의 학설에 이르러서는 주자를 배우는 것이 아니라 곧 주자를 가장하는 것이요, 주자를 가장할 뿐 아니라 바로 주자를 억지로 끌어다 자기 뜻을 이루고 주자를 끼고 위엄을 만들어 자신의 사사로움을 이루고자 한다.

—『하곡집(霞谷集)』,「존언(存言)」❷

주희가 꽉 막힌 사람이냐 하면 그렇지 않습니다. 주희가 불경을 왜 봤겠습니까? 배울 만한 점이 있다고 생각해서였겠죠. 대가는 본래 열려 있는 법입니다. 후세의 주자학자들은 불경을 보면 이단이라고 비난했는데, 그렇다면 불경을 본 주희도 이단이라고 해야 할 겁니다. 문제는 주희가 아닙니다. 정제두는 당시의 주자학자들이 자신의 권력을 지키기 위해 주자를 끌어다 쓴다고 비판합니다. 물론 주자학만이 아니라 어떤 사상이라도 이데올로기가 되면 이런 문제를 낳습니다.

정제두는 위와 같은 글을 쓰다가 여러 차례 위기를 맞습니다만, 끝내 어려움을 딛고 독창적인 저술로 학문적 성과를 남깁니다. 그뿐 아니라 조정에서 행정가로 활동하면서 자신의 능력을 충분히 발휘하기도 했습니다.

제가 정제두를 이단을 공부한 유학자라고 표현했는데 이단을 공부한다는 말은 본래 『논어』에 나옵니다. 공자가 "이단을 공부하면 해로울 뿐이다〔攻乎異端 斯害也已〕"라고 한 적이 있습니다. 여기서 공(攻)은 '타산지석(他山之石) 가이공옥(可以攻玉)'이라고 할 때의 공(攻) 자와 같은 뜻으로 '다스린다', '공부한다'는 뜻입니다. 공격한다는 뜻이 아닙니다. 이 부분에서 이단에 대한 공자의 태도는 관용적이지 않습니다. 공자의 한계라고 해야겠죠. 이 구절을 '이단을 공격하면 해롭다'로 보는 견해가 있는데 이는 전통적인 해석이 아닙니다.

공자 시대의 이단은 무엇이냐? 역시 『논어』에 나오는 괴력난신(怪力亂神: 불가사의한 현상이나 존재) 같은 것입니다. 공자는 죽음이나 귀신 같은 문제에서 신비주의를 비판하고 합리적 사유를 주장했던 사람입니다. 그 때문에 불가사의한 현상이나 신비한 일에 대해서는 말하지 않았습니다. 공자가 말한 이단은 그 정도의 의미로 보아야 합니다. 후세의 유학자들이 말하는 것처럼, 같은 학문을 하지만 다른 견해를 가진 사람, 양주나 묵적, 도가나 불교를 이단이라고 했을 리가 없습니다. 공자 시대에는 그런 사상이나 사람이 존재하지 않았으니까요.

어쨌든 체제를 유지하려는 자들이 공자의 권위를 이용해서 '이단을 공부하면 해롭다'라는 말을 다른 학문을 탄압하는 구실로 삼았습니다.

17세기와 18세기 중반까지의 주자학은 이데올로기화한 주자학입니다. 그런 시대에 정제두가 양명학을 공부한 것입니다. 처음에는 숨어서 하다가 급기야 스스로 양명학자라고 '커밍아웃'하기에 이릅니다.

비주류의 길을 가다

정제두는 포은 정몽주의 11세손입니다. 증조부는 영의정에 추증되었고 조부 정유성(鄭維城)은 우의정까지 했는데, 정제두는 1668년 초시에 급제한 뒤 벼슬을 단념하고 양명학을 공부합니다. 그 뒤 천거로 30여 차례 요직에 임명되었으나 대부분 거절합니다. 하지만 영조가 워낙 간곡하게 부르자 벼슬 길에 나아가서 우찬성까지 지냈습니다. 「행장」을 살펴보겠습니다

선생은 이름이 제두(齊斗)이고, 자는 사앙(士仰)이며 성은 정(鄭)씨로 영일이

관향인데 고려 추밀원 지주사였던 정습명(鄭襲明)을 시조로 삼아 정포은 선생에 이르러 비로소 집안이 커져 지위가 시중에 이르렀고, 명성이 일월(日月)과 빛을 다투었다. 조선 시대에 이르러 정종성(鄭宗誠)은 이조 참의를 지냈고, 증조부 정근(鄭謹)은 승문박사였고 영의정에 추증되었다. 할아버지 정유성(鄭維城)은 우의정을 지냈고 시호를 충정공이라고 했다. 아버지 정상징(鄭尙徵)은 진사였고 좌찬성을 지냈으며, 어머니는 한산 이씨로 정경부인에 추증되었는데 호조 판서를 지냈던 이기조의 딸이다. 선생은 인조 27년 기축일에 태어났는데 5세 때 아버지를 여의었다.❸-1

정제두는 처음에는 남계(南溪) 박세채(朴世采)를 스승으로 모시고 성리학을 배웁니다. 그러다가 34세 때 큰 병을 얻게 되자 박세채에게 자신은 양명학자라고 고백하는 편지를 보내는데, 이것이 결국 결별의 편지가 되고 맙니다. 당시 박세채는 물론이고 같이 공부했던 윤증, 친구였던 최석정, 민이승 등이 정제두의 학문을 비판하면서 20여 년 가까이 논쟁합니다. 처음에는 정제두에게 이단을 버리고 주자학으로 돌아오라고 권고했지만, 나중에는 이단을 공부한다는 비난의 불똥이 자신들에게 튈까 걱정하여 욕설을 퍼붓고 연을 끊습니다.

정제두는 가까운 사람들에게 오랫동안 비난을 당하는 험난한 삶을 살았습니다. 하지만 88세까지 장수하면서 청렴한 생활 태도와 탁월한 학문으로 집안 사람들과 제자들에게 존경을 받았을 뿐 아니라 뛰어난 행정 능력으로 당대의 임금 영조에게 중용되었습니다. 「행장」의 말미에는 이렇게 기록되어 있습니다.

가을에 선생께서 약한 병에 걸리셨다. 하루는 청사에 앉아 계시다가 여러

자식들과 조카들을 불러놓고 집안을 다스리고 세상을 살아가는 데 귀감이나 경계가 될 만한 것과 자신이 죽은 뒤 처리할 몇 가지 일을 일러 주셨는데 정신은 평상시와 같으셨다. 밤이 되자 의자를 이어 붙이고 방 한가운데에 침상을 만들도록 명하시고 남쪽으로 머리를 두고 단정하게 누워서 자주 손으로 정중앙을 헤아려 보셨다. 잠시 후 조용히 서거하셨다. 8월 11일 어느 때였다. 춘추가 88세였다. 이날 저녁에 흰 기운이 무지개처럼 집 앞뒤에 걸쳐 있었다. 구름이 집 위를 덮고 있다가 아침이 되자 마침내 사라졌다. 사람들이 그것을 조짐으로 여겼다. 며칠 앞서 선생이 병에 걸렸다는 소식을 임금이 듣고 어의에게 가서 살펴보라고 명했는데 이미 돌아가신 뒤였다. 임금이 크게 슬퍼하면서 예물을 대신과 같이 내렸다. 석 달 뒤 아무 날에 예를 갖추어 집 뒤 선고(先考)의 묘소와 가까운 곳에 매장했다. 7년 뒤에 문강(文康)이라는 시호를 내렸다.

—『하곡집(霞谷集)』, 「행장(行狀)」 ❸-2

정제두는 40세 때 서울을 떠나 안산으로 갔다가 61세(1709)에 다시 강화도 하곡으로 거처를 옮겨 여생을 양명학 연구에 매진합니다. 이렇게 해서 강화학파가 시작됩니다. 강화학파는 양명학자뿐 아니라 월사(月沙) 이정구(李廷龜) 같은 당대 제일의 문장가가 강화에 뿌리를 내리면서 전통을 형성합니다. 강화학파의 후손들은 훗날 조선이 망하자 나라를 구하기 위해 만주로 대거 이주해서 학교를 세우고 구국 활동에 참여합니다.

주자학과 양명학의 차이

주자학과 양명학의 결정적인 차이는 인식 이론에서 비롯됩니다. 유학의 인식 이론은 격물치지(格物致知), 격물론입니다. 격물론은 『대학』에 나오죠. 『대학』이라는 책은 나의 수양인 수기(修己, 修身)에서 출발해 제가(齊家), 치국(治國), 평천하(平天下), 곧 온 천하를 다스리는 데까지 나아갑니다. 자아의 사회적 확장이죠. 내가 곧 세계다, 이렇게 이해하는 것이 『대학』의 세계관입니다. 그중에서 가장 중요한 것은 수신(修身)입니다. 그런데 수신을 하기 위해서는 격물(格物)부터 시작해서 치지(致知), 성의(誠意), 정심(正心)으로 나아가야 합니다. 수신을 하려면 마음을 바로잡아야 하고, 마음을 바로잡으려면 의지를 진실하게 해야 하고, 의지를 진실하게 하려면 앎을 극진히 해야 합니다. 곧 무엇이 선(善)이고 무엇이 불선(不善)인지 분명히 알아야 하는데, 그러려면 격물을 해야 한다는 겁니다.

격물이 뭐냐? 주희의 풀이에 따르면 천하의 사사물물(事事物物)에 나아가 이치를 궁구하는 겁니다. '격물궁리'가 주자학의 학문 방법론이라고 앞서 말씀드린 적이 있지요. 그런데 양명학은 그런 인식론에 반대합니다. 서경덕을 공부할 때 왕수인이 주희의 학문 방법을 따라 수행해 봤는데 실패했다고 말씀드렸죠. 그래서 자신의 수양 방법을 새롭게 개발합니다. 정제두는 왕수인의 방법이 옳다고 보았습니다. 따라서 격물의 개념을 다른 뜻으로 이해합니다.

도리를 실천하기 위해서는 무엇이 도리인지 알아야 하겠죠. 그렇지 않고서는 도덕적으로 행동할 수 없습니다. 그래서 주자학에서는 '선지후행(先知後行)'을 강조합니다. 반면, 왕수인은 무엇이 도덕인지 알기 위해서는 실천하지 않으면 안 된다고 주장합니다. 머릿속에서 옳고 그름을 따져서는 안 된다는 것인데, 그것이 지행합일설입니다. 따라서 왕수인은 격물이라는 말의 의미부터 다르게 이해합니다.

『대학』에서 격물치지(格物致知)라고 한 것은 무슨 뜻인가. 격(格)은 (나아간다는 뜻이 아니라) 바로잡는다는 뜻이다. 바르지 못한 것을 바로잡아서 바름에 이르는 것이다. 『서경』에 조기(祖己)가 말하기를 "먼저 왕을 바로잡겠다"라고 했고, 『서경』「경명(冏命)」편에 "그 그릇된 마음을 바로잡는다〔格其非心〕"라고 했으며, 맹자는 "군주의 그릇된 마음〔君心之非〕을 바로잡는다"라고 했고, 『서경』「요전(堯典)」편에 "상하를 바로잡는다〔格于上下〕"라고 했다. 『시경』「증민(烝民)」편에 "일〔物〕이 있으면 법칙이 있다"라고 했고, 『서경』「필명(畢命)」편에 "작은 일〔物〕도 부지런히 할 줄 안다"라고 했으며, 『중용』에 이르기를 "진실함이 없으면 되는 일〔物〕이 없다"라고 했고, 『예기』「악기(樂記)」편에 이르기를 "일〔物〕에 감응하여 움직인다"라고 한 것과 "일〔物〕이 이르러 지각할 줄 알게 된 후에야 좋아하고 싫어하는 마음이 형성된다"라고 한 것은 모두 이 뜻이다.

─『하곡집(霞谷集)』, 「대학설(大學說)」❹

이 글에서 정제두는 격물은 천하의 사사물물(事事物物)에 나아가서 이치를 궁구하는 것이 아니라 사물을 바로잡는다는 뜻이라고 주장한 왕수인의 견해가 옳음을 입증합니다. 격(格) 자에는 '나아가다'라는 뜻 이외에 '이르다', '바로잡다'라는 뜻도 있습니다. 「대학설」에서 정제두는 격 자는 바로잡는다는 뜻이라고 풀이합니다. 바르지 못한 사물, 일, 정치, 사람을 바로잡아서 바름에 이르도록 하는 것이 격물이라고 본 것이죠.
'격우상하(格于上下)'는 『서경』「요전」편에 나오는 말인데, 주희의 제자

채침(蔡沈)의 주석에 따르면 '상하에 이른다'라는 뜻입니다. 그런데 정제두는 '상하를 바로잡는다'라는 뜻으로 보았습니다. 『서경』을 보면 '격우상하' 앞에 '광피사표(光被四表)' 네 글자가 있습니다. 채침의 풀이를 따르면, "요임금의 덕화가 사방의 바깥에까지 입혀져서 상하, 하늘과 땅에까지 이르렀다[光被四表 格于上下]"라는 뜻이 됩니다. 그런데 정제두의 풀이를 따르면 요임금의 덕화가 사방의 바깥에까지 입혀져서 상하를 바로잡았다는 뜻이 됩니다. 격 자의 쓰임을 완전히 다르게 본 것이죠.

그 외에 '유선격왕(惟先格王)' '격기비심(格其非心)' '격군심지비(格君心之非)'에서 격(格) 자는 주희나 채침도 모두 '바로잡는다'의 뜻으로 보고 정제두도 같은 뜻으로 봅니다. 정제두는 격 자의 대부분이 '바로잡는다'의 뜻으로 쓰였다는 것을 근거로, 격물의 격도 '나아간다'가 아니라 '바로잡는다'를 뜻한다고 주장합니다.

물(物)의 경우도 주희처럼 '사사물물(事事物物)'로 보지 않고 오직 사(事)로만 봅니다. 역시 『서경』, 『중용』, 『예기』에서 물(物) 자가 사(事)의 뜻으로 쓰인 용례를 들어 입증합니다. 물론 주희도 격물의 대상에 사(事)를 포함하므로 완전히 다른 것은 아닙니다. 하지만 결정적인 차이는 주희가 말하는 사물[事事物物]이 밖에 있는 것이라면, 왕수인이나 정제두가 주장하는 사(事)는 밖에서 안으로 들어와 나와 관계를 맺는 향내적(向內的) 사(事)를 가리킨다는 점입니다. 이처럼 격(格)과 사(事)에 대한 풀이는 모두 고전의 용례를 들어서 입증했으므로 논리적으로 전혀 문제가 없습니다.

주자학과 양명학은 유학에 뿌리를 두고 있다는 점에서는 같지만 수양이라는 측면과 진리를 바라보는 관점에서 매우 다릅니다. 왕수인도 '즉물궁리(卽物窮理)', 곧 사건 속에 나아가 진리를 궁구해야 한다고 이야기합니다. 그런데 주희는 그 이치가 내 마음뿐 아니라 밖의 사물에도 있다고 주장합니다. 반면 왕수인은 맹자가 "만물이 모두 다 나에게 갖추어져 있다 〔萬物皆備於我〕"라고 한 말을 근거로 제시하면서, 그 이치가 모두 나에게 갖추어져 있다고 주장합니다. 실제로 만물이 다 나에게 갖추어져 있을 수는 없습니다. 나는 나이지 만물이 아니니까요. 왕수인의 뜻은 만물을 이해하는 이치가 다 나한테 있으니 내가 만물을 이해할 수 있다는 입장입니다. 내 마음 외에 달리 무엇이 없으므로 마음만 잘 붙들면 올바른 도리가 무엇인지 알게 된다는 것이죠.

주희는 심(心) 자체가 이(理)는 아니고, 심(心) 안에 있는 성(性)만 이(理)라고 봅니다. 인간에게는 심(心)이 있고 심 안에는 성(性)과 정(情)이 있는데, 성(性)이 움직여 정(情)이 된다고 정리를 하죠. 그래서 주자학자들은 성(性)은 진리고 정(情)은 반드시 진리는 아니라고 봅니다. 심은 물론입니다. 그래서 이른바 성즉리(性卽理)를 주장합니다. 반면 왕수인은 그렇게 골치 아프게 성, 정, 심으로 인간의 마음을 나누는 것은 지리멸렬한 학문이라고 비판하고, 심이 진리라는 심즉리(心卽理)를 주장합니다. 그 때문에 수양 방법도 간단하고 쉽습니다. 오직 내 마음만 붙잡으면 되니까요. 이런 점에서 선불교에서 말하는 '직지인심(直指人心) 견성성불(見性成佛)'과 유사한 측면이 있습니다.

또 주희는 우주와 인생의 경계를 설명하기 위해 이기론을 수립했는데, 왕수인은 그런 데 관심을 두지 않고 양지(良知)를 바탕으로 한 개인의 도덕적 실천을 촉구할 뿐입니다. 그것이 치양지(致良知)입니다. 양지(良知)는 나에게 있는 어진 지혜입니다. 본래 양지는 양능(良能)과 함께 『맹자』에 나오는 말로 "배우지 않고서도 누구나 잘할 수 있는 것이 양능이고, 생각해 보지 않아도 누구나 잘 알고 있는 것이 양지〔人之所不學而能者 其良能也 所不慮而知者 其良知也〕"입니다. 예를 들어 어린아이가 부모를 사랑하는 일, 동생이 형을 따르는 일 따위는 가르쳐 주지 않아도 누구나 어렸을 때부터 알 수 있다고 합니다. 왕수인에 따르면 사람은 누구나 양지, 양능을 갖고 있기에 그것을 극진히 하면 되지 달리 공부할 필요가 없습니다. 옳고 그름은 주자학처럼 어려운 공부를 해야 아는 것이 아니라 누구나 이미 알고 있다는 관점입니다.

앞서 말씀드린 것처럼 앎과 행위의 관계를 이해하는 데서도 주자학과 양명학은 차이가 있습니다. 주자학은 선지후행(先知後行)을 주장하고, 양명학은 지행합일(知行合一)을 주장합니다. 물론 그렇다고 해서 주희가 실천을 방기해도 된다고 하지는 않았습니다. 도리어 주희는 한당(漢唐) 유학을 두고 실천을 방기했다고 비판했습니다. 한당 유학자들은 경전 자구를 따지다가 실천을 못 했는데 성리학이 일어나면서 실천을 강조하는 경향이 나타났으니까요. 그렇다 해도 주희는 선을 실천하려면 먼저 선이 무엇인지 분명히 알기 위해 탐구하는 과정이 필요하기에 부득불 선지후행일 수밖에 없다고 주장합니다. 지와 행을 분리했다고까지 이야기할 수는 없지만 주지적인 태도를 버리지 않았던 셈이죠. 반면 왕수인은 양지론을 통해 선이 무엇인지는 이미 알고 있으니 남은 일은 실천뿐이라고 주장합니다.

아무튼 정제두의 이 같은 견해는 당시에는 이단으로 비판을 받았습니다. 사실 주자학자들이 자신이 살았던 시대의 정신을 적극적으로 받아들인 주희의 근본정신에 투철했다면 정제두의 주장 또한 얼마든지 받아들일 수 있었을 겁니다. 그런데 당시 주자학자들은 그러하지 못했습니다. 권력화된 사대부들이 주자학을 제대로 공부했을 리 없고 자기들의 학문적 기득권만 주장했을 따름입니다.

정제두는 그런 현실에 현명하게 대처하여 희생당하지는 않았습니다. 신대우(申大羽)가 찬한 「하곡 묘표(霞谷墓表)」에는 이렇게 쓰여 있습니다.

"벼슬에 나아가서는 영화를 가까이하지 않았고, 물러나서는 명예를 가까이하지 않았다[進不近榮 退不近名]." 이러한 처신 때문에 비난을 덜 받았을 뿐 아니라 오히려 명예를 누립니다.

정제두 사상의 진보성

정제두는 지주제를 없애고 균전제를 시행해야 하며, 양천제를 중심으로 한 조선의 신분 제도를 개혁해야 한다고 주장했습니다. 이는 당시로서는 굉장히 획기적인 견해였습니다. 임진왜란 이후 정유재란, 병자호란이 일어나는 과정에서 이미 조선은 기존의 성리학적 질서로 어떻게 해 볼 수 없을 지경으로 신분 질서가 동요된 상태였습니다. 신분제를 개혁하자는 정제두의 주장은 당시 조선의 현실을 반영한 결과라고 할 수 있습니다.

　하지만 정제두의 균전제나 신분 제도 개혁을 근대적인 맥락으로 이해하는 것은 성급합니다. 정제두보다 훨씬 뒤에 태어난 정약용에게도 근대를 함부로 적용하지 않도록 주의해야 합니다. 정약용이 추구했던 이상적인 정치는 어디까지나 왕도였기에 근대 민주주의와 격이 다릅니다. 유형원이 얼마나 치밀하게 토지 제도 전반의 문제점을 파악했는지 앞서 말씀드렸지요. 조선은 근본적으로 농본 국가였기에 유형원, 이익, 정약용 모두가 토지 제도를 잘 정비하고 수탈 구조를 없애기만 하면 나라가 잘 운영되리라고 보았습니다. 하지만 당시 조선에서는 그런 개혁이 불가능했을뿐더러 이미 욕망의 크기가 달라진 상태여서 토지 제도를 개선하고 수탈 구조를 억제한다고 개혁이 될 상황이 아니었습니다. 물론 수탈을 없애는 것은 민생의 안정을 위해 대단히 중요하지만, 신분 질서를 전면적으로 개혁하지 않고는 근본적인 해결이 불가능했습니다. 정약용은 1818년에 『목민심서』를 완성하고 1836년에 세상을 떠났습니다. 그런데 1862년에 진주민란이 일어났으니 그사이에 수탈 구조가 전혀 개선되지 않았던 셈입니다.

　민란은 농민의 삶이 완전히 무너졌을 때 일어납니다. 이래 죽으나 저래 죽으나 마찬가지니까 백성들이 난을 일으키겠죠. 역모가 아닙니다. 당시 중앙에서 파견한 진주 목사 같은 고위직 관리까지 백성들을 수탈할 정도였으니 아전을 비롯한 지방 관리들은 어떠했겠습니까? 이루 말할 수 없을 정도로 가혹하게 백성들의 고혈을 짜낸 것입니다. 그래도 그때 들고일어난 백성들이 진주 목사를 쳐 죽이자고 하지는 않았습니다. 그저 아전을 끌어내 곤장을 쳐서 죽이는 게 다였어요. 혁명기의 프랑스에서는 왕을 끌어내 단두대에서 죽이잖아요. 그런 뒤에 민주주의가 일어났죠. 그러니 토지 제도 잘 정비하고 수탈 구조 없애자는 이야기를 근대적인 맥락으로 보는 것은 환상입니다. 그런 한계가 있다 해도 정제두가 일찌감치 신분 제도를 제한적으로나마 개혁하자고 주장한 것은 선견지명이라 할 만합니다. 이런 측면이 당시 주자학자들과 달랐던 점입니다.

정제두의 독특한 학문 방법론

정제두는 특이하게도 학문을 단계별로 나누어 이해했습니다. 이런 경향은 다분히 불교적입니다. 사실 주자학도 불교 논리를 수용했지만 학문 방법론에서는 차이가 있는데, 양명학의 경우는 학문 방법론까지 불교와 닮은 꼴입니다. 그 때문에 청대의 대진(戴震) 같은 학자는, 주희를 두고 불교를 유학으로 끌어들인 자라고 비판했고, 왕수인은 유학을 끌고 불교로 들어가 버렸다고 더 격하게 비판했습니다.

정제두의 학문관에는 불교적인 특징만 있는 것이 아니라 주자학적 방법론도 포함되어 있다는 점에서 독특합니다. 학문의 1단계는 사물의 이치인 물리(物理: 기)를 터득하는 단계, 2단계는 사람의 이치인 생리(生理: 생기)를 터득하는 단계, 3단계는 도덕적으로 완전한 진리(眞理: 호연지기)를 깨닫는 단계입니다. 호연지기는 일종의 기(氣)인데 도덕과 연관이 됩니다. 도덕적 행위를 하려면 용기가 필요하죠. 용기가 없으면 절대 도덕적으로 행동할 수 없습니다. 호연지기가 바로 그런 것입니다. 도덕적으로 행동하는 순간에 당당해지는 면이 있는데 그걸 연결 지어서 진리는 바로 도덕적으로 완전한 것이라고 합니다. 아주 특이한 견해예요.

또 양지·양능을 학문 방법론에 적용하여, 학문하는 데 오직 양지·양능만 잘 기르면 된다고 주장했습니다.

> 사람이 배우지 않고서도 잘할 수 있는 것, 그것이 바로 양능(良能)이다. 생각해 보지 않고서도 잘 아는 것, 그것이 바로 양지(良知)다. 어린아이들도 자기 어버이 사랑할 줄 모르는 이가 없고, 자란 뒤 형 공경할 줄 모르는 이가 없다.❺-1

『하곡집(霞谷集)』「학변(學辯)」에 나오는 이 대목은 『맹자』에 나오는 내용 그대로입니다. 정제두는 이 기술을 근거로 양지와 양능은 모든 사람이 가지고 있으므로 따로 배우지 않아도 누구나 쉽게 실천할 수 있다고 강조합니다. 이 때문에 바깥에 있는 사물의 이치를 탐구하기보다 내면에 있는 덕성을 함양하는 수양론을 주장하는데, 그것이 바로 존덕성(尊德性) 공부입니다.

옛것을 익혀 자신을 새롭게 할 줄 안다는 것은 바로 덕성을 존귀하게 받드는 일이다. 천리를 익혀〔溫習〕 날로 새로워지는 것이니, 새로워지는 것은 옛것을 익히는 데서 말미암은 것이고, 옛것을 익히는 것이 바로 새로워지는 도리다. 온고(溫故) 외에 지신(知新) 공부가 따로 있는 것이 아니다.

—『하곡집(霞谷集)』, 「학변(學辯)」 **❺-2**

　주자학이든 양명학이든 유학의 수양론은 성인과 나에게 똑같은 덕성이 있다는 전제에서 출발합니다. 이를테면 『맹자』에 "맹자가 성선을 말할 때마다 반드시 요순을 일컬었다〔孟子道性善 言必稱堯舜〕"라고 한 것은 모든 사람의 본성이 같음을 말한 것입니다. 물론 이런 논의가 보편화된 것은 불교의 영향이 큽니다. 불교의 논의를 빌려 와서 유교의 텍스트로 바꾼 것이죠. 이때의 불교는 선불교를 가리킵니다.

　선불교가 성행하기 이전에는 불법을 구하려면 석가모니의 탄생지인 인도로 가는 것이 정석이었습니다. 『삼국유사』에 인도로 구법 여행을 떠난 승려들에 대한 이야기를 수록한 「귀축제사(歸竺諸師)」 편이 있습니다. 귀축(歸竺)에서 축은 천축, 곧 인도입니다. 귀(歸)는 돌아간다는 뜻인데, 어떻게 신라 사람이 돌아갈 곳이 천축일 수 있겠습니까? 이 말은 불법을 구하는 사람이 마땅히 찾아가야 할 곳이 천축이라는 뜻이죠. 그래서 신라의 혜초를 비롯한 수많은 구법승들이 천축으로 가서 불교를 공부했지만 그중 신라로 돌아온 사람은 한 명도 없었습니다. 혜초는 인도에서 돌아왔지만 신라로 오지는 않고 중국에 머물렀죠. 그가 쓴 『왕오천축국전(往五天竺國傳)』은 1908년에 프랑스 고고학자 펠리오가 돈황 막고굴에서 발견했습니다. 사실 약탈에 가까운 행위였지만 어쨌든 그 일을 계기로 『왕오천축국전』이 세상에 알려졌습니다. 혜초의 글에는 구법승들이 인도로 가다가 죽은 사람을 보고 쓴 시가 나와요. 그만큼 인도로 가서 불법을 공부하기가 험난했습니다. 그런데 선불교가 등장하면서 인도에 갈 필요가 없어집니다. 부처의 본성이나 내 본성이 같다는 것이 선의 종지죠. 그러니 내가 여기서 깨달으면 되지 굳이 인도까지 갈 필요가 없습니다. 선불교는 이런 점에서 구법승들에게는 또 다른 맥락에서 구원의 메시지였다고 할 수 있습니다.

어쨌든 선불교의 맥락이 유교에 영향을 끼쳐서 성인의 덕성이나 나의 덕성이나 똑같다는 수양론이 나오게 됩니다. 아이디어는 불교에서 빌려왔지만 유학의 전통과 배치되지 않을뿐더러 내용은 어디까지나 『맹자』의 성선설이나 『중용』의 '존덕성' 같은 유가의 텍스트를 활용한 것입니다. 그런 점에서 불교를 그대로 베꼈다고 평가하는 것은 정당하지 않습니다.

경학에 대한 태도

다음은 정제두가 스승이었던 남계 박세채에게 올린 편지로 심성에 관한 의견은 왕수인의 견해가 옳다고 주장하는 내용입니다.

> 제가 몇 년 동안 답답해 하면서 깊이 생각해 보았는데 …… 심성에 관한 가르침은 아무래도 왕 문성공의 말씀을 바꿀 수 없을 듯합니다. 『맹자』에서 분명코 증명할 수 있거니와, 『중용』과 『대학』의 여러 가르침, 『논어』에 나오는 구인지방(求仁之方), 당(唐)나라 요임금과 우나라 순임금이 서로 도를 전수해 준 경우에도 그 뜻이 실로 같지 않음이 없습니다.
> ─『하곡집(霞谷集)』, 「의상박남계서(擬上朴南溪書)」❻

정제두는 이 편지에서 왕수인의 견해가 『맹자』뿐 아니라 『대학』과 『중용』, 『논어』와 『서경』에 나온 뜻과 일치한다고 말합니다. 이어서 주희의 『대학장구』는 『대학』의 본뜻을 변경했다고 비판합니다.

> 무릇 육경의 문장은 밝기가 해나 별과 같아서, 식견이 있는 이가 보면 그대로 환하게 알지 못함이 없기 때문에 주해를 지을 필요가 없다. 그 때문에 훈고만 있고 주해가 없었으니 그런 지 오래되었다. 그런데 주자는 물리를 가지고 풀이했기 때문에 주해를 짓지 않을 수 없었으니 이것은 고경의 본뜻을 변경한 것이다. 주자의 풀이는 이미 본뜻과 거리가 있으니 또 부득불 개작해서 새로운 주장을 만들지 않을 수 없었다. 이것이 지금의 주석이 바뀌게 된 까닭이다.
>
> ─『하곡집(霞谷集)』, 「대학서인(大學序引)」**❼**

이 대목은 정제두가 육경고문에 근거하여 주희의 『대학장구』를 비판한 내용입니다. 본래 주희의 『대학장구』는 『대학』의 고경이 착간(錯簡)과 결실로 이해할 수 없게 되었기에 편차를 바꾸고 없어진 부분을 보충해 넣은 책인데, 그 보완한 부분이 바로 「격물치지보망장(格物致知補亡章)」입니다. 그런데 정제두가 보기에 육경의 고문은 그 자체로 완전한 것으로 훈고, 곧 옛 글자만 풀이하면 달리 주석을 붙일 필요가 없을 정도로 명백한데, 주희가 제멋대로 고쳐 부득불 주해를 붙이지 않을 수 없게 되었다고 비판합니다. 정제두는 이처럼 주자학의 인식 이론에서 가장 중요한 부분인 격물론에서부터 의견이 달랐기에 결국 당시 주자학자들과 논쟁이 일어날 수밖에 없었습니다. 정제두의 스승이었던 박세채와 사우들은 당파로 치면 소론 계열이었습니다. 당시 소론 계열은 일시적으로 세력을 장악하긴 했지만 여전히 소수파였기에 소론이 이단을 공부한다고 비난을 받을까 두려워 정제두와 인연을 끊기에 이릅니다.

강화학파의 구국 활동

앞서 정제두가 61세에 강화도 하곡으로 거처를 옮겼다고 말씀드렸는데, 강화는 좀 특이한 곳입니다. 강화는 마니산 참성단(塹星壇)이나 고인돌이 있다는 점에서 선사 시대 한반도 문화의 중심지였을 뿐 아니라, 고려 시대와 조선 시대에 몽고와 청나라의 침략을 방어하면서 끝까지 저항한 최후의 근거지였죠. 반면 근대의 길목에서 일본과 구미 열강의 야욕을 막는 전초 기지 역할을 했습니다. 제대로 막아내지는 못했지만 외세에 대한 저항 의식이 지속적으로 성장한 곳이 강화입니다. 그런 곳에 양명학자들을 중심으로 한 강화학파가 형성된 것은 우연이라고만 할 수는 없습니다.

실제로 나라가 위태로울 때 지행합일을 추구하던 지식인들은 어떻게 행동했을까요? 훗날 강화학파의 명맥을 이어받은 이건승(李建昇)은 을사늑약 이후 인재를 길러내기 위해 재산을 다 털어서 강화에 '계명의숙(啓明義塾)'을 세웁니다. 경술국치 이후 이건승은 강화를 떠나, 진천에서 올라온 양명학자 홍승헌과 함께 압록강을 넘습니다. 그러고는 만주 흥도촌에서 두 달 앞서 출발한 정원하 일행과 만나는데 정원하는 바로 정제두의 6세손입니다. 이후 안동에서 온 이석영, 이회영, 이시영 형제가 이들과 합류하면서 신흥무관학교를 세우죠. 이후 만주에서 청산리 전투, 봉오동 진두 등 항일 무장 투쟁이 이어져 나옵니다.

이런 과정을 보면 강화학파의 후계자들은 지행합일의 가르침에 따라 나름대로 지식인 역할을 다했다고 할 수 있습니다. 아무런 기반도 없는 만주에서 독립운동을 하고 학교를 세우고 미래를 기약했으니까요. 물론 근대를 기준으로 그들의 행적을 평가해 보면 한계가 없지는 않습니다. 아직 양반이니 상민이니 하는 중세 신분사회의 의식에서 벗어나지 못했으니까요. 근대라고 하려면 그런 반상 의식부터 벗어던져야 하겠죠. 하지만 조선이라고 하는 중세 국가를 기준으로 따지면, 비록 좌절되기는 했지만 이들은 자신들이 추구하는 가치를 실천했다고 할 수 있습니다. 결과는 처참했습니다. 만주로 가서 독립운동을 했던 강화학파의 후손 중에 살아서 돌아온 사람이 없습니다. 이석영 형제도 여섯 명 중에서 이시영 한 사람만 살아 돌아왔을 뿐입니다. 강화학파 후손들은 그보다 더 비참하게 삶을 마감했습니다. 『강화학 최후의 광경』(민영규 저, 우반, 1994)이라는 책이 있으니 강화학파에 대해 알고 싶으면 한번 읽어 보시기 바랍니다.

21장

이익

학문의 목적은 실용에 있다

백과전서파의 대표

성호(星湖) 이익(李瀷, 1681~1763)은 반계 유형원과 동일선상에 있는 철학자로 그야말로 조선 시대 백과전서파의 대표라 할 수 있는 인물입니다.

서구의 백과전서파는 『백과전서(*Encyclopédie*)』(1751~1781 간행)를 집필한 계몽 사상가 집단입니다. 관용론으로 유명한 볼테르도 백과전서파죠. 계몽 시대에는 지식을 다루는 스타일 자체가 중세와 달랐습니다. 이를테면 백과전서파는 지식을 수집하기 위해 체계적·조직적으로 움직였습니다. 당시 사람들의 관심 분야를 알기 위해 편지로 질문을 주고받은 뒤에 해당 분야의 전문가들이 항목을 결정하고 설명하는 식이었죠. 『백과전서』는 디드로, 달랑베르, 볼테르, 엘베시우스 등등 무려 160명이 집필에 참여하고 2,000명의 출판 노동자가 일을 해서 4,000부가 출간되었는데 해적판

7만 부가 유통됩니다. 결국 그것이 세상을 바꿉니다.

조선의 백과전서파는 유럽과 달리 한 사람이 모든 항목을 다 집필했습니다. 어찌 보면 이상한 사람들입니다. 자신의 경험은 물론이고 주변 사람들에게서 지식을 수집하여 당대의 최신 이론으로 각 항목에 대한 설명을 갈아 치웁니다. 그것이 『성호사설』 같은 저술로 남습니다. 내용 면에서도 성리학자들과 달리 온갖 지식이 글쓰기의 대상이었습니다. 이익은 가만히 앉아서 사색하는 유형이 아니라 늘 종이와 붓을 가지고 다니면서 생각이 떠오르면 바로 기록을 하는 굉장히 특이한 학자였습니다. 물론 『성호사설』에는 지금과 견주면 터무니없고 이상한 내용도 많습니다만, 이 내용은 당시 조선 사회로서는 획기적인 지식이었어요.

이익은 평생 동안 벼슬하지 않고 학문에만 몰두하면서 안정복(安鼎福)을 비롯한 수많은 실학자들을 양성했고 방대한 저술을 남겼습니다. 특히 "우리나라 사람들이 자국의 역사에 소략한 것을 병통으로 여겨" 안정복으로 하여금 『동사강목(東史綱目)』을 짓게 하는가 하면, 신라 때부터 전해 온 「도솔가(兜率歌)」, 「회소곡(會蘇曲)」 등 60편의 악부에 상세한 주석을 붙여 해설하여 저술로 남겼습니다.

그 외에 『논어질서(論語疾書)』를 비롯한 『칠경질서(七經疾書)』를 저술하여 육경고문에 대한 새로운 견해를 제시했고, 1,100여 수가 넘는 시를 지었을 뿐만 아니라 거의 모든 지식을 대상으로 글을 쓴 『성호사설』 같은 일종의 잡학 사전을 남겼습니다. 그 때문에 훗날 고종대의 문신이었던 유후조(柳厚祚)는 이익을 두고 "학문은 천인(天人)을 꿰뚫고 식견은 고금에 통달하여 천리(踐履)와 조예(造詣), 경술(經術)과 문장이 실로 당대의 이름난 대유(大儒)였다"라고 평가했습니다.

이익은 역시 백과전서파로 분류할 수 있는 조선 최대의 저술가 정약용에게 가장 크게 영향을 미친 학자입니다. 정약용 시대에 이르면 지식을 다루는 방식이나 주장을 입증하는 논리가 달라집니다. 성리학자들은 대체로 명분을 내세우면서 논의를 전개하는데, 정약용은 구체적인 사례를 제시하면서 하나하나 부당성을 드러내는 방식으로 자기 주장을 펼치죠.

예를 들어 정약용이 열녀 제도에 대해 문제를 제기하는 방식은 이전과 완전히 다릅니다. 임금이 병들어 죽었는데 신하가 따라 죽으면 충신인가? 이렇게 묻습니다. 그런 게 충이라면 신하들이 다 따라 죽어야겠죠. 아버지가 죽으면 아들이 따라 죽는 게 효자인가? 이것도 당연히 말이 안 됩니다. 그런데 왜 남편이 죽으면 아내가 따라 죽어야 하는가? 이런 식으로 문제를 제기합니다. 당시 서학으로 불리던 천주교가 정약용의 사유에 날개를 달아준 측면이 있습니다. 게다가 정약용은 육경고문에 대한 지식이 바닥부터 탄탄하게 다져져 있어서 성취가 남다릅니다. 그렇다 해도 근본적으로 왕정 체제를 유지한 상태에서 개혁을 추진하려 했기 때문에 근대와 만나기 어려운 지점이 있습니다.

이익도 그런 점에서는 크게 다르지 않습니다. 오히려 상업에 대한 이해의 수준이 낮았다는 점에서 더 큰 한계를 가지고 있습니다. 예를 들어 「전폐론(錢弊論)」 같은 글에서는 돈이 인간을 얼마나 망가뜨리는지를 논의하면서 돈의 폐단을 극단적으로 강조하여 화폐 경제에 반대합니다. 이익을 근대적 지식인으로 평가하려 할 때 이런 부분이 걸립니다. 여전히 사대부의 금욕적 수양론에 얽매여 화폐 경제의 장점을 제대로 이해하지 못한 거죠. 화폐 경제를 인정하지 않으면 근대인이라고 하기 어렵습니다.

또 상업 교역을 통한 이익 추구를 부정하고 농본 국가를 지향하고 농업 생산에 의존해서 국가를 운영하면 잘되리라고 생각했는데 이 점도 한계입니다. 근대는 상업 자본이 없으면 안 됩니다. 상업적 이익의 추구는 거창한 이념이 아니죠. 나라를 위한 이익이 아니라 개인의 사리사욕을 인정해야 근대가 가능합니다. 그런데 유학자가 사리사욕을 추구하는 것은 큰일 날 일입니다. 이런 면에서 보면 유학과 근대는 만날 수 없는 부분이 있습니다. 그래서 저는 유교 자본주의 같은 이론은 설득력이 약하다고 생각합니다.

몇 년 전에 여덟 명의 연구자가 참가해서 『유학, 시대와 통하다』라는 책을 펴낸 적이 있습니다. 이 책에서 제가 '유학과 경제' 분야를 담당했어요. 여기서 말하는 경제는 근대 경제입니다. 자본주의가 먹고사는 문제를 해결한 건 맞습니다. 그런데 현대 자본주의가 이 문제를 해결해 주고 있느냐 하는 건 또 다른 문제예요. 초기 자본주의 때와는 욕망의 크기가 달라졌기 때문에 그런 점도 고려해야겠죠. 하지만 자본주의는 그 이전까지 어떤 문명도 해결하지 못했던 먹고사는 문제를 해결했어요. 그 솔루션이 바로 자유 시장입니다. 자유 시장에서는 사리사욕의 추구를 긍정해야 합니다. 남들이 생산해 놓은 것을 교역을 통해 이곳을 붙여 팔고 사는 게 정당한 행위로 인정되어야 한다는 뜻입니다. 그것이 과도하든 아니든 붙여야 해요. 그런데 전통 사회에서는 이곳을 부정시했고 많으면 규제를 했습니다. 성호 이익은 철저하게 상업적 교역을 부정하는 입장에 섰기 때문에 근대주의자와 본질적으로 차이가 있습니다. 유학의 가치는 제대로 지켰다고 할 수 있는데, 바로 그 점 때문에 한계에 부딪친 겁니다.

저는 유학과 시장이 만나는 부분은 상당히 제한적이라고 봅니다. 그런데 경제에는 생산만 있는 것이 아니고 분배도 있죠. 분배라는 측면에서 유학과 경제가 만날 수 있는 측면은 넓습니다. 유학 덕분에 자본주의 시장 경제가 발달했다는 주장은 어설픈 짜깁기라고 봅니다만, 공정한 분배라는 차원에서 접근하면 유학이 개입할 여지가 생각보다 넓습니다.

이익도 같은 생각을 했던 듯합니다. 유학자는 상업적 이익의 추구를 긍정적으로 보기 어렵습니다. 이익 추구를 인정하면 자기가 읽어 온 텍스트의 맥락과 불화할 수밖에 없습니다. 실학자라 해도 제일 먼저 '정덕(正德)', 곧 도덕을 올바르게 세우는 것과 부딪칩니다. 이용(利用)과 후생(厚生)은 그다음입니다. 이것을 기업에 적용하면 도덕적 수양을 우선시해야 한다는 의미가 됩니다. 그런데 이익을 추구하는 일은 도덕과 무관합니다. 상업적 거래는 거래 쌍방의 인격을 문제 삼지 않으니까요. 인격이 어떻든 서로 교역할 때 이익이 보장되면 그만입니다. 그래서 이익을 추구하는 일 자체가 부도덕으로 비난받으면 상거래가 성립될 수 없습니다. 물론 독점이나 폭리 같은 부도덕한 이익 추구가 있긴 합니다. 애덤 스미스에 따르면, 독점은 이른바 '보이지 않는 손'에 의해 규제되지 않기 때문에 시장에 해롭습니다. 당연히 배격해야 한다고 주장합니다. 그리고 어떤 개인이 폭리를 취하면 시장이 그를 퇴출해서 망하게 된다고 했죠. 물론 현재 한국의 시장은 독점이나 폭리도 인정하는 추세라서 당황스럽긴 합니다.

제가 이 장의 제목을 '학문의 목적은 실용에 있다'라고 했는데, 여기서의 실용은 유학의 본령을 벗어나지 않는 선에서의 실용이지, 상업 자본주의가 추구하는 실용과는 상당히 거리가 있습니다. 현대 경제학자들이 이야기하는 실용과도 다릅니다.

평탄치 않았던 일생

이익은 본관이 여주(驪州)이고 자는 자신(自新), 호는 성호(星湖)입니다. 1681년(숙종 7)에 태어나 1763년(영조 39)에 세상을 떠날 때까지 평생 벼슬하지 않았습니다. 증조부였던 이상의(李尙毅)는 의정부 좌찬성을 지냈고 할아버지 이지안(李志安)은 사헌부 지평을 지냈으며, 아버지 이하진(李夏 鎭)은 사헌부 대사헌, 사간원 대사간을 지냈는데, 1680년(숙종 6)에 일어난 경신대출척(庚申大黜陟: 1680년에 남인 세력이 정치적으로 대거 축출된 사건) 때 진주 목사로 좌천되었다가 평안도 운산에 유배되었습니다.

이익은 평생 은거했지만 삶은 평탄치 않았습니다. 두 살 때 아버지를 여 의었고, 35세 때는 어머니 권씨마저 세상을 떠납니다. 그리고 71세 때는 대과에 급제하여 예조 정랑과 만경 현감을 지낸 유일한 아들 이맹휴(李孟 休)가 세상을 떠납니다. 그 자신 또한 어린 시절부터 병약하여 활동에 제 약이 많았는데, 77세부터는 중풍에 걸려 기거가 불편할 정도로 오랫동안 고생하다가 세상을 떠났습니다.

25세 되던 1705년 증광시에 나아가 합격했지만 녹명(錄名)이 격식과 다 르다는 이유로 회시에 응할 수 없었습니다. 녹명이란 일종의 자격 심사를 말하는데, 녹명할 때 제출한 문서가 심사에서 탈락한 것으로 보입니다. 그 런데 이듬해에 둘째 형 이잠(李潛)이 희빈장씨를 두둔하는 소를 올린 일이 문제가 되어 역적으로 몰린 끝에 47세를 일기로 옥사합니다. 이익은 이 사 건을 계기로 과거에 응할 뜻을 버리고 경기도 안산의 첨성리(瞻星里)로 내 려가 세상을 떠날 때까지 살았습니다. 안산에 성호(星湖)라는 호수가 있 었는데 그 이름을 따서 호를 지었습니다. 이후 평생 학문에 매진했는데 47 세 되던 해에 조정에서 그의 명성을 듣고 선공감 가감역(繕工監假監役)을 제수했으나 나아가지 않습니다. 훗날 박지원도 선공감 감역(繕工監監役) 을 한 적이 있습니다. 선공감 감역은 공공건물을 수리할 때 감리하는 역할 로 한직, 말단입니다. 그런데 선공감 가감역은 그 말단 중에서도 임시직에 해당합니다. 박지원은 선공감 감역을 발판으로 삼아서 안의 현감으로 나아가기도 하고 나름대로 행복한 시간을 보냅니다. 그에 비해 이익이 제수 받은 선공감 가감역은 임시직으로 차라리 안 가느니만 못하다고 생각했을 겁니다.

사실 중앙에서 요직을 담당하다 보면 현실적으로 실학자가 되기 어렵습니다. 생계 문제가 절실하게 다가오지 않을 테니까요. 지식인으로서 당장 먹고사는 일이 문제가 되면 저절로 실학자가 됩니다. 농사를 지으면서 그 과정을 기록으로 남기면 그것이 농서 편찬으로 연결되는 식이죠. 어쨌든 이익은 가세가 점점 쇠락하여 생계를 도모하기 어려운 지경이 되었는데, 83세 되던 1763년(영조 39)에 조정에서 우로전(優老典: 나이 많은 사람을 대우하여 내리는 벼슬)에 따라 그에게 첨지중추부사를 제수하고 녹봉을 내려줍니다. 하지만 그해 12월 17일 오랜 병고 끝에 세상을 떠납니다. 너무 늦었던 거죠.

"토지를 고르게 나누어 주라"

이익도 유형원과 마찬가지로 맹자의 정전제를 이상적인 토지 제도라고 생각했습니다. 구체적인 절목에서는 조금씩 차이를 보이지만 기본적으로 토지의 균등 분배라는 점에서 같은 지향을 가진 셈입니다. 다만 이익은 백성들이 날로 가난해지는 이유는 힘센 자들이 토지를 빼앗아 가기 때문이라고 하면서 당시 조선 사회의 부당한 착취 구조를 직접 문제 삼습니다.

백성들에게 토지를 균등하게 나누어 주는 정전제를 이미 복원할 수 없게 되었기에 정치 또한 옛날과 같지 않게 되었다. 중국 송나라의 장재(張載)는 정전제를 시행하면 기뻐하는 사람이 많을 것이라고 했지만 아마 그 정도가 아닐 것이다. 내 생각에 기뻐할 사람이 100명이고 기뻐하지 않을 이가 한 명일 테지만 한 사람의 힘이 충분히 100명의 입에 재갈을 물릴 수 있으니 어떻게 시행할 수 있겠는가. 부자들은 농토가 남북으로 이어져 있는데 가난한 이는 송곳 세울 땅도 없다. 그 때문에 부자들은 더욱 부유해지고 가난한 자는 더욱 가난해진다. 내가 평민들이 파산하는 것을 보니 어떤 이는 항심(恒心)이 없어서 그렇게 되기도 하고, 어떤 이는 곡식을 빌렸다가 빚이 점점 더 늘어나서 그렇게 되기도 한다. 무릇 관부(官府)에서 마구 빼앗아 가고 고을의 세력가들이 횡포를 부리니 이런 일들이 모두 평민들의 가산을 탕진하기에 족하다. 파산할 형세가 9이고 유지될 가망이 1에 지나지 않으니 흩어져 사방으로 가지 않는 것은 요행히 면한 것일 뿐이다. 집안이 파산해도 농토가 남아 있다면 그래도 혹 다시 떨치고 일어날 수 있을지 몰라도, 파산하면 반드시 농토가 없어질 것이니 도주공(陶朱公) 범려(范蠡) 같은 지혜를 가진 자가 아니라면 어느 겨를에 손발을 움직일 수 있겠는가. 농토를 파는 데는 까닭이 있기 마련이다. 처음에는 혹 입을 옷과 먹을 음식을 장만하기 위해서 했다가 끝내는 죽도 제대로 먹지 못해서이고, 혹 주인이 노비에게서 겁탈하거나 강한 자가 약한 자를 위협하여 빼앗는다. 이렇게 해서 농토가 다하고 백성들은 날로 궁핍해지는 것이다.❶-1

토지 균분과 관련한 논의에서는 이익이 유형원보다 훨씬 과격합니다. 북송의 장재가 정전제를 시행하려고 시도한 이야기는 주희의 『맹자집주』에 실려 있는 내용입니다. 장재는 일찍이 정전제를 시행하면 기뻐하는 사람이 많을 것이라고 했는데, 이익은 한술 더 떠서 기뻐하는 사람이 100명이라면 기뻐하지 않을 사람이 한 명이라고 이야기합니다. 그런데 문제는

100명의 입을 한 명이 막을 수 있기 때문에 시행하기 어렵다고 하면서 당시의 토지 겸병이 얼마나 심각한 지경에 이르렀는지 고발합니다.

이익은 한마디로 백성들이 가난해지는 이유는 게을러서 농사에 힘쓰지 않아서가 아니라 지배 계층의 토지 겸병을 막지 못하는 당시 사회의 구조적인 문제에 있다고 봅니다. 관부나 세력가들이 백성들의 토지를 빼앗아 간다고 한 이익의 지적을 보면 당시의 수령들까지 백성 수탈에 나섰다는 것을 알 수 있습니다. 그런데 백성들이 생산한 농작물을 수탈하는 정도에 그치지 않고 삶의 터전인 토지까지 빼앗는 것은 결국 양민층의 와해를 초래해 조선이라는 국가의 근본이 흔들리게 됩니다. 실제로 이익이 "부자들은 농토가 남북으로 이어져 있는데 가난한 이는 송곳 세울 땅도 없다"라고 한 부분에서 토지의 부익부 빈익빈 현상이 얼마나 심각했는지 알 수 있습니다.

가난한 백성들이 농토를 파는 이유

앞에서 인용한 글에서 이익은 당시 농민들이 파산할 가능성이 열에 아홉이라고 이야기했습니다. 이는 농토를 빼앗겼기 때문이죠. 따라서 이익은 관리나 아전들이 농토를 빼앗지 못하도록 해야 한다고 주장합니다.

> 내가 한 고을을 살펴보았더니 지난해에 몇 집이 파산하고 금년에 다시 몇 집이 파산하였다. 파산한 자는 농토를 많이 가지고 있다가 조금 가지게 되고, 농토를 조금 가지고 있다가 농토가 없어지기에 이른다. 농토가 이미 없으니 어찌 파산하지 않겠는가. 백성들의 생업을 통제하는 이가 비록 이쪽에

서 빼앗아 저쪽에 주지는 못하더라도, 가난한 백성이 만약 현재 남아 있는 농토를 가지고 늘 생업을 이어갈 수 있는 수단으로 삼게 한다면 어찌 조금이나마 도와주는 방도가 아니겠는가. 무릇 농토를 파는 이들은 필시 가난한 백성들이다. 지금 교활한 아전이나 호강한 상인들이 천만의 재화를 얻어 하루아침에 가난한 백성들의 농토를 모아서 영토 없는 임금의 즐거움을 누리면 눈앞에서 파산하는 이가 많을 뿐만 아니라 너무나 해롭지 않겠는가. 가난한 백성들로 하여금 농토를 팔지 못하게 하면 파는 이가 적어질 것이고 그 때문에 농토를 겸병하는 일도 줄어들 것이다. 가난한 백성 중에 혹 농토를 얻을 만한 지혜나 힘이 있어서 조금의 농토라도 얻어 거두어들이기만 하고 내보내지 않으면 쉽게 일어설 수 있을 것이고, 부자가 농토가 비록 많다하나 혹 자식이 많아서 나누어 가지거나 어리석은 후손이 탕진하게 되면 몇 세대 지나지 않아 평민과 같아질 것이니, 이와 같이 하면 조금씩 농토를 고르게 나누어 주는 제도가 완성될 것이다.❶-²

조선이라는 나라는 농업 생산을 근본으로 하는 농본 사회였습니다. 그런데 농업은 인간의 노력도 중요하지만 하늘이 도와줘야 성공할 수 있습니다. 자연의 변화에 따라 해마다 생산이 일정할 수 없고, 풍년과 흉년이 교차하는 것은 자연스러운 일입니다. 그 때문에 유교 국가는 농업을 근본으로 삼는 경제 구조의 특성상 흉년을 미리 예상해서 대비하는 정책이 나라를 다스리는 데 반드시 필요합니다. 예를 들어 『예기』 「왕제(王制)」 편의 기록을 보면, 나라를 다스릴 때는 30년을 주기로 10년 쓸 분량의 구휼미를 비축해야 한다고 했습니다. 그리고 "나라에 9년치 비축분이 없으면 부족하고, 6년치 비축분이 없으면 위급하고, 3년치 비축분이 없으면 그런 나라는 나라가 아니다[國無九年之蓄曰不足 無六年之蓄曰急 無三年之蓄曰 國非其國

也)"라고 해요. 비축분은 흉년이 들면 백성들을 구휼하기 위한 것이죠. 사실 후세의 환곡(還穀: 조선 시대에 곡식을 사창에 저장했다가 백성들에게 봄에 꾸어 주고 가을에 이자를 붙여 거두던 일)이나 사창(社倉: 조선 시대에 각 고을의 환곡을 저장하여 두던 곳집) 따위의 제도는 모두 이런 발상에서 비롯되었는데, 조선의 경우 중기부터 본래의 취지를 살리지 못하고 둘 다 관이나 세력가들의 이익을 부풀리기 위한 수단으로 전락하고 맙니다. 백성들을 위해 곡식을 비축하기는커녕 도리어 백성들을 수탈하는 수단으로 삼았으니 『예기』의 기준을 따르면 중기 이후의 조선은 나라의 자격을 상실했다고 봐야겠죠.

이익은 균전제를 논한 이 글에서 백성들이 한때의 경제적 어려움을 극복하지 못하고 끝내 파산하고 마는 이유는 부유한 자들이 토지를 겸병하기 때문이라고 보았습니다. 그리고 부자들의 토지를 빼앗아서 백성들에게 주지는 못하더라도 백성들로 하여금 농토를 매매할 수 없게 하면 마침내 토지 겸병이 줄어들 것이라고 주장합니다.

사실 이 정도만으로 이익이 현실적인 해결책을 제시했다고 할 수는 없습니다. 백성들이 농토를 왜 팔겠습니까? 당장 굶어죽을 지경이 되니까 어쩔 수 없이 파는 겁니다. 이 문제를 해결하지 않고 농토를 매매하지 못하게 하면 결국 굶어죽는 백성이 늘어날 것입니다. 농토를 파는 현상만 보고 근본적인 이유를 잘 살피지 않은 셈입니다. 물론 이익이 "비록 이쪽에서 빼앗아 저쪽에 주지는 못하더라도"라고 말한 것을 보면 부자들의 땅을 빼앗아 가난한 백성에게 나누어 주는 강력한 조치를 생각했음은 분명해 보입니다. 다만 그것이 현실적으로 불가능하다고 판단했던 것 같습니다. 그 때문에 나라에서 백성들이 토지를 매매할 수 없게 관리하는 정도로 물러선 것으로 보입니다.

왕정의 근간은 토지의 균등 분배에 있다

이익도 자신이 제시한 방안에 한계가 있다고 생각했는지 구체적인 토지 제도를 논한 글에서 한걸음 더 나아가 한전제(限田制)를 주장합니다. 다음 인용문은 앞의 글과 중복되는 내용이 많은데, 그중 한전제를 주장한 내용을 중심으로 살펴보겠습니다.

> 왕도 정치는 백성들에게 농토를 균등하게 나누어 주는 데로 귀결되지 않으면 모두 구차할 뿐이다. 누가 이 사실을 모르겠는가마는 부자들의 농토를 갑자기 빼앗을 수 없기 때문이다. 비록 법이 시행되면 많은 사람들이 좋아할 것이라고는 하지만 좋아할 사람들은 모두 가난하고 천한 사람들이고 농토를 많이 차지한 사람은 부귀한 자들이다. 법령도 부귀한 자들을 어찌할 수 없다. 나는 생각건대 비록 지금의 제도를 바꿀 수 없다 하더라도 이를테면 한전법(限田法)을 시행한다면 또한 조금씩 빈부를 고르게 할 수 있을 것이다. 한전이란 무엇인가? 농토가 없는 자에게 농토를 가지라 질책하지 않고 많이 가진 자에게 줄이라고 요구하지도 않는다. 각자가 한 이랑을 가지고 생업을 길이 이어가게 하여 가난한 이가 한 이랑 안에서 수입을 거두어들이고 내보내는 일이 없게 하면, 가난한 이가 농토를 팔지 못하고 겸병하기 위해 살 수도 없을 것이니, 부자는 반드시 나누게 되어서 조금씩 균등하게 될 것이다.
>
> ─『성호선생전집(星湖先生全集)』, 「논균전(論均田)」 **❶-3**

이익이 살았던 조선 후기까지 유학이 생활 영역 전반에서 힘을 발휘할 수 있었던 까닭은 경제 구조가 소농가족경영 체제였기 때문입니다. 소농

가족경영은 다른 사람의 힘을 빌리지 않고 농부 자신과 가족의 노동력만으로 독립적인 생존이 가능해야 유지될 수 있습니다. 이런 조건이 완전하게 충족되려면 농민이 토지를 직접 소유해야겠죠. 맹자가 제시한 왕도라는 개념 또한 그런 경제 구조를 기반으로 하므로 토지 균분이 핵심입니다.

이익의 시대에 이르면 토지 겸병으로 그런 조건이 무너지기 시작합니다. 그렇다고 부자들의 땅을 빼앗아서 가난한 이들에게 나누어 주는 방식은 현실적으로 어렵습니다. 그래서 이익은 가난한 이가 농토를 팔지 못하게 하고 겸병을 할 수도 없게 하는 식으로 토지에 대한 개인의 사적 매매를 금지해야 한다고 주장합니다. 이렇게 하면 시간이 흐를수록 균등해질 것이라고 했는데 현실적인 해결책으로 보이지는 않습니다. 다만 당시의 소농가족경영이라는 고립된 경제 구조 안에서 최선의 방안을 제시했다고 할 수는 있겠습니다.

해와 달에서 똥오줌통에 이르기까지: 『성호사설』

『성호사설』은 이익이 40세 무렵부터 책을 읽다가 생기는 의문에 따라 그때그때 해답을 기록하고 자신의 생각을 덧붙여 엮은 책입니다. 천지문(天地門)·만물문(萬物門)·인사문(人事門)·경사문(經史門)·시문문(詩文門)의 다섯 가지 문(門)으로 분류되어 있고, 총 3,007편의 항목을 다룬 일종의 잡학 사전이라고 할 수 있습니다. 이 책에는 성호 자신이 보기에 새롭다고 생각한 최신의 지식만 수록했습니다. 「서문」을 살펴보겠습니다.

『성호사설』은 성호옹(星湖翁)이 장난삼아 쓴 글이다. 옹이 이 글을 지은 것은 무슨 뜻에서인가? 달리 뜻이 없다. 뜻이 없다면 왜 이 글이 있게 되었는가? 옹은 한가한 사람이다. 글 읽는 틈틈이 세상과 어울리다가 혹은 전기(傳記)에서, 혹은 제자백가서나 문집에서, 혹은 시를 읽다가, 혹은 우스갯소리에서 얻어들은 것 중에서 웃고 즐길 만하여 보존해 두고 읽을 만한 것을 붓가는 대로 적었더니 자신도 모르게 많이 쌓이게 되었다.

처음에는 잊어버릴 것에 대비해 권책에 기록하였다가 나중에는 또 항목을 만들어 끝단에 배열하였는데, 항목이 또한 두루 읽을 수 없게 되어 마침내 문(門)별로 나누고 같은 종류를 수록하여 드디어 권질(卷帙)을 이루었다. 이름이 없어서는 안 되겠기에 '사설'이라 이름을 붙였으나 어쩔 수 없이 그렇게 한 것이지 달리 뜻한 바가 있어서가 아니다.

옹은 경전을 궁구한 지 20년에 성현이 남긴 뜻을 두루 보고 이해하여 각기 일정한 견해를 세웠고, 또 저술을 즐겨 사물을 옳거나 사람들과 수답(酬答)한 것들은 서(序)·기(記)·논(論)·설(說)을 지어 별도로 채록하였으나, 사설 따위는 앞의 몇 가지 글에 실리지 못할 것이니 쓸모없는 군더더기임이 틀림없다. 그러나 속담에 "내가 먹기는 싫지만 버리자니 아깝다"라고 하니 이것이 '사설'이 생긴 까닭이다.

저 삼대 시절에는 때마다 숭상함을 달리하여 문(文)에 이르러 그쳤는데, 문의 말조(末造)는 소인의 자질구레한 것들이다. 주(周)나라 이후로 문이 순후한 데로 돌아가지 못한 지 이미 오래되었으니 아래 백성들의 덕은 의당 폐단이 더 심해질 터, 우리 같은 소인배가 세속과 함께 흘러 걸핏 하면 말이 많아지는 것을 이 책에서 알 수 있다.

그러나 똥거름이나 지푸라기가 지극히 천한 물건이라 하더라도 어떤 것은 밭에 뿌려 주면 아름다운 곡식을 길러 주고, 어떤 것은 아궁이에 갖다 두면 맛있는 음식을 만드는 데 도움이 되니, 이 글을 잘 읽는 이가 채택한다면 또 어찌 백에 하나라도 거둘 만한 것이 없지 않을지 알겠는가?

—『성호사설(星湖僿說)』,「서(序)」❷

이익은 첫머리에 『성호사설』을 엮은 이유를 간단히 기술합니다. 이에 따르면 『성호사설』에 실린 내용은 서(序)·기(記)·논(論)·설(說) 따위의 전통적인 글쓰기 소재가 아니라 자질구레한 세상의 잡사들로 모두 쓰잘 데 없는 것들입니다. 그리고 짐짓 문(文)의 말폐를 지적하면서 스스로를 그런 소인의 무리로 자처합니다. 하지만 말미에 지극히 천한 거름이나 지푸라기라도 쓸 만한 데가 있다는 말을 덧붙이는데 여기서 이익이 지식을 대하는 태도를 엿볼 수 있습니다.

전통 성리학자들이 추구한 지식의 세계는 천문과 인사를 꿰뚫는 장대한 규모를 자랑하지만, 천문은 우주의 기원을 형이상학적으로 탐구하는 사변으로 빠졌고, 인사는 인간사의 도리를 강조하는 쪽으로 치우쳤습니다. 하지만 이익이 보기에 밭에 거름 주고 아궁이에 불 때는 일도 그에 못지않게 중요한 인사라고 생각한 것입니다. 아주 겸손하게 썼지만 지식에 고하가 없다는 생각을 읽을 수 있습니다.

다음으로 이익이 인사 중에서 어떤 부분에 특별한 관심을 가지고 있었는지 알 수 있는 대목을 살펴보겠습니다.

벼는 목(木)이기 때문에 목기(木氣)가 왕성해지면 자라고 금기(金氣)가 왕성해지면 죽는다. 보리는 금(金)이기 때문에 금기가 왕성해지면 자라고 화기(火氣)가 왕성해지면 죽는다. 그 때문에 가을에 벼를 거두어 겨울과 봄에 먹고, 여름에 보리를 거두어 여름과 가을에 먹는 것이다. 가난한 백성은 쌓아둔 곡식이 없어서 이윽고 궁핍해질 무렵에 바로 이어서 호구(餬口, 糊口)할 수 있게 되니 한 해 동안 보리와 벼 농사 중에 한 가지만 흉작이 되어도 주리게 된다. 이것이 성인이 보리와 벼를 중시한 까닭이다.❸-1

이 대목은 『춘추』에 다른 곡식의 흉작은 기록이 없는데 벼와 보리의 흉작에 대해서만 기록이 있는 이유를 밝힌 글입니다. 다른 곡식은 설혹 흉작이 되어도 민생에 바로 영향을 끼치지 않지만 벼와 보리는 각각 겨울과 봄, 여름과 가을로 이어지는 시기에 이르기까지 백성들이 먹고사는 주곡이기 때문에 공자가 이 두 곡식의 흉작은 특별히 기록했다는 것이 이익의 견해입니다.

이어서 보리는 본래 한 종류였는데 사람들이 파종하는 시기가 달라지면서 마침내 두 종류가 되었다고 이야기합니다.

보리에는 봄보리와 가을보리 두 종류가 있다. 처음에는 같은 종류였지만 사람들이 파종하는 시기를 달리하여 세월이 오래되자 두 종류가 된 것이다. 비록 봄에 파종한 것도 여름이 되면 말라 버리는 것은 다 같이 본성(本性)이 금(金)이기 때문이다.❸-2

이익이 본래 같은 종자였던 보리가 사람들의 경작 방식에 따라 두 종류가 되었다고 설명한 대목은 타당합니다. 그런데 이것을 오행설로 풀이한 데서 한계가 보입니다. 사실 오행설에서 벗어나는 게 쉽지 않습니다. 오곡이라는 분류 자체가 이미 오행설을 근간으로 성립했고 오미, 오색 같은 감각 대상의 분류도 오행의 체계에 맞춰진 것입니다. 전통 시대에는 심지어 천문을 관측할 때 육안으로 관측되는 떠돌이별인 오행성도 오행의 체계로 설명할 정도였습니다. 이렇듯 곡식이나 인간의 장기(臟器)같이 작은 사물에서 행성의 운행에 이르기까지 오행설은 세계의 많은 부분을 설명해 주었기에 전통 사회에서 상당히 편리한 범주로 받아들여졌습니다.

오행설은 기본적으로 토를 중심에 놓고 동쪽에 목, 남쪽에 화, 서쪽에 금, 북쪽에 수를 배치하는 공간 사유 방식이기 때문에 중심과 변방을 상정합니다. 결국 이익의 시대까지는 여전히 중심과 변방의 구도를 완전히 벗어나지 못했다는 것을 알 수 있습니다. 이익 이후 홍대용이 지구 구형설을 주장하면서 오행설은 설명력이 약해집니다. 홍대용은 지구가 둥글기 때문에 땅 위에 중심이 따로 있을 수 없다는 논리를 펴죠. 정약용에 이르면 오행설은 완전히 무너지게 됩니다.

> 가을에 파종하는 것을 숙맥(宿麥)이라 한다. 요즘 경기(京畿) 백성 중에 가을보리를 파종하는 경우가 삼분의 일인데, 땅이 척박하여 사람의 오줌을 거름으로 주지 않으면 무성하게 자라지 않기 때문이다. 그런데 남쪽 지방에서도 다 같이 가을보리를 파종하지만 그곳 사람들은 오줌 줄 줄을 모른다. 오줌을 주면 반드시 더 무성하게 자라니 이것이 이미 풍속이 되어 바꿀 수 없게 되었다.
>
> ─『성호사설(星湖僿說)』, 「인사문(人事門)」, '요기분전(溺器糞田)' **❸-3**

여기서 이익은 경기 지역 백성들이 가을보리를 파종할 때 오줌을 거름으로 주는 풍습을 소개합니다. 그리고 오줌이 척박한 토지에서 보리를 무성하게 자라게 하는 효과가 있다고 기술했는데, 이런 관심은 기존의 성리학자들에게서는 기대하기 어렵습니다. 하지만 맹자가 왕도 정치를 이야기하면서 뽕나무 심는 일과 개와 닭을 기르고 돼지를 치는 일에까지 관심을 가진 것을 보면, 이익이 『성호사설』에서 거름 주는 일을 기록한 것은 유학의 본령에 어긋나기보다 오히려 유학의 지향을 잘 발휘한 일이라 해야 할 겁니다.

이외에도 『성호사설』에는 흉년이 들었을 때 백성을 구제할 대책을 미리 마련해야 한다는 「황정예비(荒政豫備)」, 양인으로 속량했던 노비를 다시 노비로 되돌리는 제도를 비판한 「노비환천(奴婢還賤)」, 새와 쥐가 저장된 곡식을 축내는 것을 빌미로 백성들에게 가외로 세금을 더 거두어들이는 것을 비판한 「작서모(雀鼠耗)」 등 백성들의 삶과 밀접한 조항이 많은데, 모두 실학자로서 성호의 면모를 잘 보여 주는 글이라 하겠습니다.

물론 『성호사설』에 실려 있는 내용이 모두 타당하지는 않습니다. 일례로 어떤 여인이 박연(朴淵)에서 가슴을 드러내고 몸을 씻고 있었는데 못 속에서 괴물이 나타나 여인을 해쳤다는 이야기를 소개하면서 이는 괴물에게 음란을 가르쳤기 때문이라고 설명한 「회음(誨淫)」이나, 남녀가 일곱 살부터 자리를 같이하지 않는 것이 타당하다고 한 「실녀과부(室女寡婦)」를 보면 남녀 문제에서는 성호의 시야가 그리 열려 있지 않았던 듯합니다.

『맹자』를 아끼다

성호는 스스로 20년간 경서를 연구했다고 기록했는데, 그중에서도 『맹자』를 읽다가 그때그때 떠오르는 생각을 기록으로 남긴 『맹자질서(孟子疾書)』는 탁월한 주석서입니다. 이익은 유학의 경전 중에서 『논어』를 가장 높이 평가한 듯하지만 그가 각별히 아꼈던 책은 『맹자』입니다. 오죽하면 1713년에 아들이 태어나자 이름에 맹(孟) 자를 넣어서 이맹휴(李孟休)라고 지었겠습니까. 이맹휴의 휴(休)는 돌림자입니다.

『맹자질서』의 서문에서 중요한 부분을 살펴보겠습니다.

질서(疾書)라는 것은 무엇인가? 생각이 나면 바로 기록한 것이니, 이는 돌아
서면 잊어버릴까 염려해서다. 익숙하지 않으면 잊어버리게 되고, 잊어버리
면 생각이 다시 일어나지 않는다. 이 때문에 익숙해지는 것을 중시하고 빨
리 기록하는 것을 그다음으로 여기는데, 기록하는 것 또한 익숙해지기를 기
다리는 것이다. 내가 『맹자』 칠편(七篇)에 힘을 쓴 지 또한 오래되었다. 옛날
처음 이 책을 읽다가, 이윽고 기록하지 않으면 기억할 수 없겠다고 생각했
다. 그래서 몸 가는 곳에 붓과 종이를 두어서 견해가 있으면 반드시 기재하
곤 했다. ❹-1

먼저 '질서(疾書)'라는 책 제목의 뜻을 풀이합니다. 질(疾) 자에는 빠르
다는 뜻이 있어요. 잊어버리기 전에 재빨리 기록했다는 뜻으로 질서라는
제목을 붙인 것입니다. 이익의 조카였던 이병휴(李秉休)가 쓴 「가장(家狀)」
에도 "질서라 한 것은 「횡거화상찬(橫渠畫像贊)」에서 '생각이 떠오르면 재
빨리 썼다'라는 뜻에서 취한 것이다〔其曰疾書者 取橫渠畫像贊妙契疾書之義
也〕"라고 했습니다. 「횡거화상찬」은 주희가 북송 장횡거(장재)의 화상에 쓴
글인데, 이 글에서 횡거를 두고 "정밀하게 생각하고 힘써 실천했으며 생각
이 문득 떠오르면 재빨리 썼다〔精思力踐 妙契疾書〕"라고 기술했습니다. 장
횡거는 『정몽(正蒙)』을 지을 때 집안 곳곳에 붓과 벼루를 놓아두고 좋은 생
각이 떠오르면 그때그때 기록했다가 책으로 엮었다고 합니다.

성호는 『맹자질서』와 함께 『역경질서』, 『서경질서』, 『시경질서』, 『논어
질서』, 『대학질서』, 『중용질서』를 지었는데 이들을 칠서질서(七書疾書)라
고 부릅니다. 이외에도 『소학질서』, 『심경질서』, 『근사록질서』, 『가례질서』

를 남겼으니 모두 11종의 질서를 남긴 셈입니다.

　그때 마침 손을 잡고 이름을 지어 주는 경사(아들이 태어났다는 뜻)를 맞이하여 '맹(孟)' 자로 이름을 지어 기쁨을 기록했다. 올해로 다섯 살이 되어 아이가 책을 들고 이리저리 다니는 모습을 자주 볼 수 있고, 종종 나와 뜻을 이야기할 정도가 되었지만, 내가 이 책을 다듬는 일은 바람 부는 뜰에서 낙엽을 쓰는 일처럼 아무리 쓸어도 계속 낙엽이 떨어져 끝내 그만둘 수 없는 것과 같아서 거칠게 기록한 것이 많은데 여전히 익숙해지지 않았다. 만약 재빨리 기록하지 않았더라면 아마 거의 다 잊어버렸을 것이다. 듣건대, 주자는 "처음 배울 때는 반드시 책을 곁에 두고 자기가 얻은 것을 기록해야 한다"라고 했으니 이 말이 어찌 우리를 속이겠는가.❹-²

　『맹자』를 좋아해서 아들 이름에 맹(孟) 자를 붙인 이야기, 그리고 읽으면서 생기는 의문을 글로 쓰는 일이 마치 바람 부는 뜰에서 낙엽을 쓰는 것처럼 해도 해도 끝이 없다고 한 대목이 인상적입니다. 글을 읽으면서 계속해서 생각하고, 질문을 던지고 스스로 해답을 찾으려고 애쓰는 성실한 학자의 모습이 엿보입니다. 선배 학자의 조언도 빠트리지 않습니다. 이어서 맹자를 비판한 사람들과 존숭한 사람들을 소개하고 자신의 견해를 덧붙입니다.

　그러나 여러 사람들의 책을 두루 고찰해 보면, 『맹자』는 사람들의 존중을 받지 못한 경우가 많았다. 비난한 이로는 순경(荀卿)이 있고, 풍자한 이로는 왕충(王充)이 있고, 산삭(刪削)한 이로는 풍휴(馮休)가 있고, 의심한 이로는 사마광(司馬光)이 있고, 더불어 따진 이로는 소식(蘇軾)이 있으며, 심지어 이

태백(李泰伯)의 「상어(常語)」, 정후숙(鄭厚叔)의 『예포절충(藝圃折衷)』과 같이 비웃고 헐뜯은 글을 어찌 이루 다 말할 수 있겠는가. 한씨(韓氏)와 여씨(余氏)의 무리는 입만 열면 『맹자』를 떠받들고 지키기를 마치 시동(尸童)과 축인(祝人)이 종묘 사직을 받들듯이 했으나, 어떤 이는 대체(大體)를 높이면서도 정밀함에는 미치지 못했고, 어떤 이는 은미한 말을 분석하면서도 그 실상은 분명하게 드러내지 못했다.❹-3

　사실 유가 문헌 중에서 『맹자』만큼 부침이 심했던 책도 드뭅니다. 맹자는 송대에 성인으로 받들어지고 『맹자』 역시 13경의 마지막 경전으로 포함됩니다만 이후에도 비판을 받거나 심지어 금지되거나 탄압을 받은 경우가 많았습니다. 이 글을 읽어 보면 역사 속에서 맹자가 어떤 평가를 받았는지 한눈에 볼 수 있습니다. 이익은 맹자를 비판한 이로 맨 먼저 순자를 듭니다. 순자는 일찍이 자신이 저술한 「비십이자(非十二子)」 편에서 열두 명의 선배 학자들, 특히 그중에 자사와 맹자를 한묶음으로 엮어서 비판했어요. 특히 맹자의 성선설을 집중적으로 비판했습니다. 그리고 한대의 왕충은 「문공(問孔)」 편에서 공자를 비판하고, 「자맹(刺孟)」 편에서 맹자를 풍자했고, 풍휴는 「산맹자(刪孟子)」에서 『맹자』의 일부분을 삭제해야 한다고 주장했습니다. 또 송대의 사마광은 「의맹(疑孟)」에서 맹자가 신하로서 차마 하지 못할 말을 했다고 하면서 맹자야말로 잔인한 사람[忍人]이라고 비판했고, 소식은 「논어설」에서 논쟁하는 형식을 빌려 맹자를 비판했습니다. 이태백[이구(李覯)의 자] 또한 평소 『맹자』를 좋아하지 않았던 것으로 유명했는데 「상어(常語)」에서 맹자를 신랄하게 비난했고, 정후숙[정원(鄭原)의 자]도 『예포절충』에서 유독 맹자를 배척했습니다.

　성호는 이처럼 『맹자』 수난의 역사를 정리한 다음, 맹자를 높인 이들을 소개합니다. 한씨·여씨의 무리〔韓氏余氏之徒〕는 한유(韓愈)와 여윤문(余允文, 余隱之)을 가리킵니다. 한유는 「원도(原道)」에서 "순자와 양웅은 성인의 도를 택했으나 정밀하지 못했고 성인의 도를 말했으나 자세하지 못했다〔荀與揚也 擇焉而不精 語焉而不詳〕"라고 비판하면서, 맹자야말로 "순후한 가운데 더욱 순후한 가르침을 펼쳤다〔孟氏醇乎醇者也〕"라고 맹자를 높였습니다. 그리고 여윤문은 『존맹변(尊孟辨)』을 지어서 맹자를 비판한 이들을 재비판했습니다. 하지만 성호는 이들을 높이 평가하지 않고 "어떤 이는 대체를 높이면서도 정밀함에는 미치지 못했고, 어떤 이는 은미한 말을 분석하면서도 그 실상은 분명하게 드러내지 못했다〔或尊大體而不及於精 或析微言而不白其實〕"라고 했는데, 이 대목은 한유가 순자와 양웅을 비판한 표현을 빌려서 한유와 여은지를 비판한 것입니다. 이어서 성호는 주희의 『맹자집주』에 대해 언급합니다.

> 주자의 『집주(集註)』가 나옴에 이르러 여러 말들이 마침내 안정되고 해외에 전파되어 모두 같은 궤도를 따라 하나가 되었으니, 성대하지 않은가. 비록 그러하나 『맹자』의 뜻을 드러내 밝힌 제가(諸家)의 학설이 숲이 우거지고 바닷물이 출렁이듯 분분하여 반드시 모두 적중한 것은 아닌데 영락(永樂) 연간에 호광(胡廣)의 무리가 하찮은 학문으로 몸을 일으켜 취택함에 근거가 없었던 까닭에 풀이한 뜻이 혹 사라지거나 잘못 와전되는 일을 면치 못했으니, 『질서』 쓰는 일을 어찌 그만둘 수 있겠는가.❹-4

여기서 말한 대로 성호는 주희로 인해 맹자에 대한 견해가 하나로 통일되었을 뿐 아니라 비로소 맹자의 뜻이 제대로 드러나게 되었다고 높이 평가합니다. 그러나 명나라 영락제 때 호광(胡廣)을 비롯한 40여 명의 학자들이 편찬한 『사서대전(四書大全)』으로 오히려 주자가 풀이한 뜻이 제대로 전해지지 못했기 때문에 자신이 『질서』를 쓰지 않을 수 없다고 저술의 동기를 밝힙니다. 또 주자의 『집주』를 높이 평가하는 데 그치지 않고 당시 학자들이 맹목적으로 주자를 높이는 교조적인 태도를 지적합니다.

> 아, 주자는 맹자를 높였고 후인들은 주자를 높였다. 그런데 후인들이 주자를 높인 것이 주자가 맹자를 높인 것보다 더 심했으니 현인(賢人)이 성인(聖人)을 희구하고 선비가 현인을 희구하는 것은 자연스러운 일이다. 현인은 지혜가 성인에 미치기 때문에 맹자의 기상이 완전하지 않은 점에 대해 일찍이 돈독하게 존중한다는 이유로 숨기지 않는다.❹-5

주자가 맹자를 높인 것보다 지금의 학자들이 주자를 높이는 정도가 더 심하다는 표현에서 당시 성리학자들의 맹목성을 비판한 점이 보입니다. 특히 주자는 맹자를 돈독하게 존중했지만 그 때문에 맹자가 완전하지 않다고 생각하는 점을 숨기거나 하지 않았다고 기술한 것은, 성호 자신 또한 주자를 존중하지만 그 때문에 주자의 『집주』에 미진한 대목이 있으면 숨기지 않고 드러내 밝히겠다는 의지를 보인 것입니다. 그런데 당시의 성리학자들은 그런 태도를 용납하지 않았습니다.

> 선비는 곤궁하게 아래 항렬에 머물러 있어서 『집주』에 대해 흑백의 시비를 일삼지 않았으니, 이것이 이른바 "스스로를 믿지 아니하고, 믿을 만한 것을 믿는다"라는 것이다. 이것이 비록 학자의 올바른 법두이기는 하나, 혹시라도 독실하게 믿고 난 나머지 풀리지 않는 의심이 있으면 강론할 때 드러내거나 스스로 글로 써 간직해 두었다가 몽매함에서 벗어나게 되기를 구해야

할 것이니 이 또한 그만둘 수 없는 일이다. 그런데 사람들이 갑자기 윗사람을 헐뜯었다고 얽어매니, 얽어매는 일이 참으로 뜻이 있겠지만, 준엄한 법과 각박한 형벌이 어찌 공자의 문하에서 쓰이겠는가. 내가 그 때문에 요즘의 학자는 유가의 신불해(申不害)와 상앙(商鞅)이라고 하는 것이다. 이렇게 해서 옳다 하고 따르기만 하는 풍조가 자라나 고찰하고 연구하는 학풍이 사라져 조금씩 학술이 없는 지경에 이르렀으니 요즘 학자들의 과실이다.❹-6

여기서 성호는 아래에 있는 선비들이 『집주』의 잘잘못을 가리지 않는 것은 비록 올바른 태도이기는 하나, 읽다가 의심이 나는 부분이 나오면 글로 적어 두었다가 깨우치기를 구하는 것이 마땅하다고 말합니다. 그런데 이렇게 하면 사람들이 비난하는데 이것은 요즘 학자들의 잘못이라고 지적합니다. '준엄한 법과 각박한 형벌'이라는 표현에서 알 수 있듯이 당시에는 『집주』에 대해 의문을 제기하면 그저 비난하는 정도에 그치지 않고, 끝내 처벌하는 폐단이 만연했음을 알 수 있습니다. 성호는 공자의 문하에서는 그런 일이 일어날 수 없으니 그런 이들을 두고 유가의 신불해와 상앙이나 마찬가지라고 지목했는데, 신불해와 상앙은 모두 법가 사상가들로 유가의 적이라는 점에서 비판의 칼날이 가히 매섭다고 할 만합니다.

세상에 전하기를 『맹자』에 사라진 편[逸篇]이 있다고 한다. 『순자』에 기재된 것으로는, 맹자가 세 번 제나라 왕을 만났지만 말을 하지 않으니 제자가 까닭을 묻자 "나는 먼저 그 부정한 마음을 친 것이다"라고 되어 있고, 양자(양웅)의 책에 기재된 것으로는, 맹자가 "뜻이 있는데 이루지 못한 자는 있지만 뜻이 없는데 이루는 자는 없다"라고 되어 있다. 순자와 양자가 거짓을 말하지는 않았을 것이니 다 전해지지 못한 것이 애석하다. 조빈경(趙邠卿)은 『맹자』의 『외서(外書)』 네 편은 규모가 크지 않고 내용에 깊이가 없다고 했는데, 지금 또한 순자와 양웅이 거론한 글이 보이지 않으니 혹 『외서』에 있었는지 알 수 없다. 지금 함께 채록하여 붙여 둔다.

—『성호선생전집(星湖先生全集)』, 「맹자질서서(孟子疾書序)」**❹-7**

마지막으로 성호는 『맹자』에는 보이지 않지만 순자나 양웅의 글에 보이는 맹자의 말을 소개하면서 『맹자』가 다 전해지지 못한 것을 애석해 합니다. 그러고는 다른 책에 보이는 맹자의 말을 따로 뽑아서 뒤에 붙였다는 말로 서문을 마무리합니다. 앞서 아들의 이름에 맹 자를 붙인 것처럼 『맹자』에 대한 각별한 애착이 엿보이는 대목입니다.

『맹자질서』에는 성호의 독창적인 견해가 두드러집니다. 예를 들어 『맹자』에 보면 문왕이 백성들을 동원해 영대(靈臺)를 지을 때 "하루가 안 되어 완성했다〔不日成之〕"라는 대목이 나오는데, 불일(不日)에 대해 주희는 "하루가 끝나기 전이다〔不終日也〕"라고 주해했습니다. 이후 아무리 빨리 지어도 어떻게 누대를 하루 안에 완성할 수 있는가를 가지고 논란이 분분했습니다. 대부분의 유학자들은 백성들이 문왕을 어버이처럼 사랑했기에 빨리 완성할 수 있었다고 상투적인 설명을 내놓았는데, 성호는 『맹자질서』에서 "검소하게 지었기 때문이다"라고 간단하게 풀이합니다. 이런 데서 성호의 실학자다운 면모를 확인할 수 있습니다. 만약 문왕이 자신의 누대를 진시황제의 함양궁(咸陽宮)처럼 화려하게 지었다면 하루가 아니라 죽을 때까지 완성하지 못했을지도 모르죠.

또 맹자가 유학을 버리고 허행(許行)을 추종했던 진상(陳相)을 꾸짖으면서 '지금 남쪽 오랑캐 말을 하는 자(허행)가 선왕의 도리를 비난하는데 그대(진상)는 스승을 배신하고 그를 따르는가?'라고 한 대목을 두고 성호는

"남쪽 오랑캐 땅에서 태어나 오랑캐 말을 하는 것은 죄가 아니다. 그런데 죄를 따지는 말이 오랑캐 말에 미쳤다. 적이 생각건대 마땅히 죄를 따질 만한 것으로 따지는 것만 못하다〔生乎蠻而鴃其舌 非罪也 然而罪之之辭 及於 鴃舌 竊以爲不若罪其可罪之爲愈也〕"라고 합니다. 이 말은 맹자가 허행을 비난하면서 오랑캐 말을 한다고 인신공격을 한 것은 정당하지 않다는 비판입니다. 사실 『맹자』의 이 대목은 이후 유학자들의 중화주의를 심화시키는 악영향을 끼쳤습니다. 한유가 불교를 논박할 때도 오랑캐의 옷을 입고 오랑캐의 말을 전하는 자들이라고 비난했는데, 역시 맹자와 같이 인신공격을 한 경우예요. 성호는 조선의 유학자로서 이런 중화 중심주의는 부당하다고 판단한 것입니다.

가르침으로 『논어』보다 잘 갖추어진 책은 없다

성호가 『맹자』를 아낀 것은 틀림없지만 가장 높이 평가한 문헌은 『논어』였다고 할 수 있습니다. 『논어질서(論語疾書)』 서문 한 대목을 읽어 보겠습니다.

> 『논어』는 뜻은 가장 깊지만 말은 가장 간결하다. 성인은 뜻만 전해지면 말씀을 바로 그쳤지만 상하에 모두 통하기 때문에 본디 한 번 보아서 뜻을 완전하게 이해할 수 있는 것이 아니다. 또한 말하게 된 까닭은 잘라 버리고 공자가 하신 말씀의 결론만 남겨 두었기 때문에 일정한 규칙이 있는 『중용』·『대학』, 부연이 많은 『맹자』와는 다르다. 때문에 더욱 깨우치기 어려운 것이니 어찌 의문이 없을 수 있겠는가. ❺-1

『논어』의 특징을 이렇게 잘 정리한 글은 찾기가 어렵습니다. 『논어』는 기본적으로 공자가 지은 책이 아니라 그가 한 말을 제자들이 기록한 것이 죠. 그것도 처음부터 기록되지 않고 제자들의 기억 속에서 전해지다가 제자의 제자 대에 가서 기록으로 남겨졌습니다. 그런데 말이란 본래 행동과 상대되는 맥락으로 쓰이기 때문에 어떤 사람의 말이 훌륭하다고 해서 그 행동이 훌륭하다고 단정할 수는 없습니다. 그런데 성호의 견해에 따르면, 『논어』는 공자가 말을 하게 된 까닭은 잘라 버리고 공자가 하신 말씀의 결론만 남겨 둔 것입니다. 『논어』의 말은 행위와 상관없는 번드레한 수사가 아니라 행위의 결과물이라는 거죠. 결국 공자는 말과 행실이 일치했다는 이야기인데, 바로 그 점 때문에 제자들은 공자를 세상에 나타난 성인으로 보았을 겁니다. 예를 들어 "오직 어진 사람이라야 사람을 좋아할 수도 있고 미워할 수도 있다" "문밖을 나서면 큰 손님 대하듯 하고 백성을 부릴 때는 큰 제사를 받들듯이 하라" "그 사람의 과실을 보면 그가 어진지 아닌지 알 수 있다" "훌륭한 덕이 있는 사람은 반드시 훌륭한 말을 하지만 훌륭한 말을 한다고 해서 반드시 훌륭한 덕이 있는 것은 아니다"와 같은 공자의 말은, 읽으면 읽을수록 울림이 큽니다.

내가 이 글을 쓰는 것은 감히 주석 밖의 뜻을 찾으려는 것이 아니다. 단지 내 견해를 살피고 기록하여 주자 문하의 여러 제자들의 문목(問目)과 마찬가지로 밝은 스승을 기다려 나를 바르게 하고자 함이다. 애석히도 고루하고 아둔한 나를 아무도 계발해 주지 않아 몽매한 가운데 삶을 마치게 된다면, 여기 이 말은 마음에 병이 들어 미친 사람이 헛소리를 하거나 정나라 음악처럼 음란한 소리를 벽에 대고 혼자 지껄이는 것과 같아서 사람들이 알아듣지 못할 것이니 우습고도 슬플 것이다. 훗날 이 글을 읽는 사람 중에 혹 한

자 한 자를 따라 반박하여 바로잡아 주는 이가 있어 『논어』를 이해하려고 애
쓴 나의 뜻에 조금이라도 부응해 준다면 어찌 진실로 마음에 상쾌하지 않겠
는가.

—『성호선생전집(星湖先生全集)』, 「논어질서서(論語疾書序)」 **❾-2**

주석 밖의 뜻이란 주희의 『논어집주』와 다른 견해를 말합니다. 성호는
누구보다 주희의 『집주』를 존중한 사람입니다. 그럼에도 주희의 주석이
『논어』를 읽다가 생기는 모든 의문을 다 드러내 밝혀 주지는 못한다고 생
각한 것입니다. 그런데 주희도 『논어집주』에서 "무슨 뜻인지 잘 모르겠다
〔未詳其意〕"라고 하거나 "어떤 것이 옳은지 모르겠다〔未知孰是〕"라고 한 경
우가 있으니 『논어』를 완전하게 이해했다고 자부하지는 않았습니다. 그러
니 주석 밖의 뜻을 추구하는 일이 주희의 견해와 어긋나는 일은 아닙니다.
그런데도 일단 주자가 교조화된 사회에서는 그런 학문적 여유를 인정하지
않습니다. 앞서 『맹자질서』의 서문에서 이익이 썼듯이 당시 주자학자들은
주자가 맹자를 높이는 것보다 더욱 주자를 높였던 사람들입니다. 『맹자』
의 주석서가 『맹자』보다 더 높은 권위를 갖는다고 하면 어불성설이겠죠.
그리고 『맹자』의 권위가 아무리 높다 하더라도 진리의 권위보다 높을 수
는 없습니다. 그게 학문입니다. 성호는 이 글에서 주석 밖의 뜻을 구하려
고 하지 않았다고 했지만, 실제로 성호는 주희의 견해를 넘어 『논어』를 이
해하려고 노력했던 학자였습니다.

이익은 앞서 말씀드린 대로 일찌감치 과거 시험을 포기하고 평생 동안
토지 문제를 중심으로 민생의 해결책을 강구했습니다. 그는 유학의 경전
은 물론 서학의 주요 서적까지 두루 탐독하여 당시 사회적 모순이 첨예했
던 조선에 해결책을 제시했습니다.

특히 보기 드물게 농사를 직접 지은 유학자로서 그 경험을 살려 맹자의 정전제를 기초로 토지 제도의 개혁을 주장했습니다. 또 양반도 농업 생산에 참여하도록 유도하여 노동력을 최대한 활용하는 한편, 양민에게 세금을 과도하게 거두는 일을 금지함으로써 백성들의 생업을 일정하게 유지할 수 있게 해야 나라 경제가 회복될 수 있다고 주장하기도 했습니다.

이익은 근본적으로 농업 생산력을 근간으로 국가 경제를 재건해야 한다는 중농주의적 경제관을 지니고 있었기에 상업의 장려나 화폐 경제를 긍정하는 데까지 나아가지는 못했다는 한계가 있습니다. 하지만 그 때문에 오히려 유학의 전통적인 경제 관념을 잘 파악하고 계승했다고 할 수 있습니다.

22장

홍대용

북학의 선구자, 세계의 창을 열다

북학의 선구

이번에는 실학자로 분류되지만 그중에서도 이른바 북학의 선구자라 할 수 있는 담헌(湛軒) 홍대용(洪大容, 1731~1783)에 대해 살펴보겠습니다.

본래 '북학(北學)'이라는 용어는 『맹자』에 보이는 '북학어중국(北學於中國)'에서 유래한 것으로, 남쪽의 오랑캐가 북쪽 중국에 가서 문물을 배운다는 뜻입니다. 반면 조선의 '북학'은 성리학적 세계관에 얽매여 청나라를 오랑캐로 비하하던 당시의 풍조에서 벗어나 청나라의 발달된 선진 문물을 인정하고 배운다는 뜻으로 쓰였습니다.

북학의 대표자로는 박지원과 박제가를 들지만 북학은 실질적으로 홍대용에서부터 시작되었다고 할 수 있습니다. 18세기 전반에 걸쳐 성행했던 북학은 당시 조선 사회가 새로운 세계를 접할 수 있는 거의 유일한 학문의 창구 역할을 수행했습니다만, 불행히도 1800년 정조가 세상을 떠나면서 북학도 시들고 맙니다. 정조가 살아 있는 동안에는 홍대용을 시작으로 조선의 유학자들이 당시 청나라의 수도였던 연경에 가서 서양의 선교사들을 자유롭게 만날 수 있었습니다. 그들과의 교류를 통해 당시 서양의 새로운 지식, 이른바 서학을 흡수할 수 있었던 거죠. 그런데 정조가 죽고 난 뒤 서학, 곧 천주교를 탄압하기 시작하면서 이런 환경이 사라집니다. 그렇다고 정조가 서학에 특별히 호의적이지는 않았습니다. 정조 또한 서학을 사학(邪學)으로 규정했으니까요. 다만 정학(正學)을 세우면 사학은 저절로 소멸된다는 생각에서 서학을 탄압하지는 않고 상대적으로 온건한 태도를 지켰던 것입니다.

아무튼 정조의 치세, 곧 홍대용이나 박지원이 활동할 때까지만 해도 조선의 사대부들은 연경에 비교적 자유롭게 드나들면서 서양의 선교사들을 만날 수 있었습니다. 박지원은 못 만났지만 홍대용은 일찌감치 연경의 천주교 남당에 찾아가서 서양 선교사를 만나서 이야기를 나눕니다. 물론 만나는 과정이 순탄치는 않았어요. 아무나 찾아간다고 해서 만날 수 있는 게 아니었거든요. 홍대용도 두 번 거절당하는데 세 번째는 선교사들이 낮잠을 잔다는 이유로 만나 주지 않으니까 화가 나서 다시는 보지 않겠다는 식의 과격한 전갈을 보냅니다. 그러자 그 글을 읽은 독일인 선교사가 만나 줍니다. 홍대용은 그들에게 새로운 천문 지식을 얻어 조선에 돌아온 뒤 그 내용을 소개하고 글로 쓰기도 합니다. 그런데 정조가 세상을 떠난 뒤에 천주교를 사학으로 규정하여 탄압하기 시작하자 연경에 간 사대부들이 선교사를 접촉하는 일을 꺼리게 됩니다. 그런 일 자체가 거의 역모로 취급되었기 때문입니다. 물론 일이 이렇게 된 데는 당시 로마의 교황청이 동방 전교 방침을 바꾸면서 선교 대상 지역의 문화와 갈등을 일으키게 된 것도 주요 원인으로 작용했습니다.

홍대용은『을병연행록(乙丙燕行錄)』이라는 중국 기행문을 남겼는데, 형식이나 내용에서 이전의 연행록과 상당히 다릅니다. 조선 시대 사대부들의 중국 기행문은 흔히 '조천록(朝天錄)'이라고 이름을 붙였고 내용 또한 중화 문물에 대한 일방적 예찬으로 가득 차 있습니다. '조천(朝天)'이라는 명칭 자체가 하늘 같은 나라인 중국(天朝)을 배알[朝]한다는 뜻이기도 합니다. 그러니 조천록은 명나라 문물 기행이라고 보면 됩니다. 조선 시대 지식인들은 명나라가 이념적인 면에서나 물질적인 역량에서나 앞서 있다고 생각해서 명나라에 고개를 숙이는 것을 수치스러워하지 않았습니다. 그런데 홍대용은 명나라가 아닌 청나라를 중국으로 인정하고 찾아갑니다. 조선 시대 일반적인 성리학자의 입장에서 청나라를 인정한다는 것은 중화의 국가가 오랑캐에게 머리를 숙이는 굴욕이자 치욕이었습니다. 조선 성리학자들이 문 앞의 현실을 제대로 못 본 셈인데, 그것을 처음 제대로 본 사람이 홍대용이라고 할 수 있습니다. 물론 홍대용도 처음부터 그랬던 것은 아니고 연경에서 그곳 사람들과 교유하면서 비로소 깨닫습니다.

홍대용은 35세 되던 1765년 초겨울에 만리장성 끄트머리인 산해관을 거쳐 당시 청나라의 수도 연경에 들어갑니다. 그곳에서 6개월 정도 머물면서 중국인들을 사귀고 거기 와 있던 서양 선교사들을 만나 새로운 문물을 접하죠. 그 결과물이 기하학 이론서인『주해수용(籌解需用)』과 정치, 경제, 군사 등 다방면의 견해를 제시한『임하경륜(林下經綸)』, 새로운 세계관을 보여 주는『의산문답(毉山問答)』등의 저술과 혼천의(渾天儀) 같은 천체 관측기구의 제작이라 할 수 있습니다. 홍대용 평생의 연구 결과물은 모두 연행을 기초로 성립된 셈입니다. 그가 청나라에 가서 새로운 문물을 접하고 새로운 지식을 조선에 소개한 일은 굉장히 큰 의미가 있는 역사적 사건이지만 사실 당시 조선 사회에 큰 반향을 불러일으키지는 못했습니다.

그보다 앞서 유럽 사회는 코페르니쿠스나 갈릴레이가 새로운 천체 우주론을 주장하면서 엄청난 충격을 받았습니다. 2000년간 교회가 진리로 공인했던 아리스토텔레스와 프톨레마이오스의 천동설이 무너집니다. 흔히 '코페르니쿠스적 전회(轉回)'라는 표현을 쓰잖아요. 비슷한 말로 상전벽해(桑田碧海)가 있습니다만 사물에 대한 가치관이 180도 바뀌는, 말하자면 하늘이 땅이 되고 땅이 하늘이 되는 일과 뽕나무 밭이 푸른 바다가 되는 것은 비교가 안 됩니다. 코페르니쿠스가 교황에게 보낸 편지에 "교황 폐하, 하늘이 돌지 않고 땅이 돕니다"라고 쓰죠. 세상이 거꾸로 뒤집히는 겁니다.

새로운 우주론은 이렇듯 당시 유럽 사회에 엄청난 충격을 주었어요. 그런데 뒤늦게 동아시아 사회에 동일한 우주론이 소개되었지만 별다른 충격을 주지 못했습니다. 왜냐하면 동아시아 사회는 본래 진리로 공인된 천체 우주론이 따로 없었습니다. 그러니 새로운 우주론이 소개되어도 그저 재미있는 이야기가 있구나 하는 식으로 넘깁니다. 조선 사회에서도 크게 다르지 않았습니다. 홍대용 혼자서만 충격을 받은 셈입니다.

청나라에서 선교사들을 만나 지적 충격을 받은 홍대용은 유리창(琉璃廠)에서 망원경을 구입하여 조선으로 돌아와 직접 천체를 관측하고 급기야 혼천의를 제작하기에 이릅니다. 요즘으로 치면 자기 집에 천문대를 만든 셈이니 그 열정을 짐작할 만하죠. 갈릴레이가 32배율짜리 망원경을 가지고 금성이 지구와 가까워지면 초승달 모양을 하고 멀어지면 보름달 모양을 하는 위상 변화를 밝히는 등으로 지동설을 입증하기도 하고, 또 태양 흑점을 관측하다가 눈이 멀었다고 하는데, 홍대용도 그만큼의 열정을 가지고 있었다고 할 수 있습니다. 그러니 홍대용을 두고 북학의 선구자이자 조선의 코페르니쿠스라 해도 지나친 말은 아닙니다.

물론 홍대용의 우주론이 유럽 수준에 도달했던 것은 아닙니다. 유럽에서는 홍대용 이전에 이미 뉴턴이라는 물리학 천재가 나타나면서 세상을 평정하죠. 코페르니쿠스는 지구가 돈다고 했지만 왜 사람이 안 떨어지는지는 설명하지 못했습니다. 사실 그가 죽기 전까지 지동설의 발표를 미룬 까닭은 교회의 탄압을 염려해서가 아니라 자신의 주장이 터무니없다는 비난을 받을까 봐 두려워했기 때문입니다. 그만큼 자신의 이론에 허점이 많음을 알고 있었던 것이죠. 마찬가지로 갈릴레이도 코페르니쿠스의 지동설을 수용하고 무거운 물체와 가벼운 물체가 같이 떨어지는 걸 소박하게 입증하지만 그 이유는 설명하지 못했습니다. 케플러도 행성이 원운동이 아니라 타원 궤도를 그리면서 돈다는 것을 관측 결과를 토대로 입증했지만 왜 그런지는 알지 못했습니다. 그 모든 걸 뉴턴이 수학으로 입증하면서 근대 과학의 문을 엽니다.

홍대용이 서양의 우주론을 수용하고 상당 부분 이해했다고 보이지만 『의산문답』에 중력과 유사한 개념이 보일 뿐 뉴턴 물리학의 흔적은 그다지 뚜렷하지 않습니다. 그러니 위의 몇 가지 질문에 적절한 대답을 내놓지는 못했습니다. 다만 홍대용은 서양의 우주론을 배우고 전통적인 우주론인 기철학을 종합하여 세계를 설명합니다. 곧 동양의 전통적인 사유인 기론과 서구의 지동설과 지전설 등을 결합한 데에 홍대용의 독창성이 있다 하겠습니다.

향묵으로 전한 우정

말씀드린 것처럼 홍대용은 연경에 가서 6개월 동안 머물면서 서양의 선교사들을 만나 새로운 지식을 접합니다. 그런데 그사이 과거 시험을 치르기 위해 항주에서 올라온 한족 세 사람이 홍대용을 만나고 싶다는 전갈을 보내 옵니다. 홍대용이 처음에는 만나려 하지 않습니다. 한족으로 청나라 조정에 출사하려는 뜻을 가진 사람들을 높이 평가하지 않았기 때문입니다. 그러다 함께 갔던 일행의 간청으로 만나게 되는데 만나자마자 서로 인간적 매력에 이끌려 다시없는 우정을 쌓게 됩니다. 홍대용은 이들과 몇 달 동안 교분을 나누고 1766년에 조선에 돌아온 뒤 그들과 나눈 필담과 편지를 세 권짜리 책으로 편찬했는데, 그것이 바로 『간정동회우록(乾淨衕會友錄)』입니다. 이 책의 서문은 연암 박지원이 썼는데 당시의 상황을 짐작할 수 있습니다.

> 홍군 덕보(德保: 홍대용의 자)가 어느 날 하루아침에 말 한 필을 달려 사신을 따라 중국에 가서 저잣거리를 헤매고 지저분한 골목을 돌아다니다가 마침내 항주에서 유람 온 선비 세 사람을 만나 곧바로 틈을 내 여관에 가서 마치 옛 친구를 만난 것처럼 기뻐하며 하늘과 사람과 성명(性命)의 근원, 주자와 육상산 도술의 차이, 진퇴(進退)와 소장(消長)의 기회, 출처(出處)와 영욕(榮辱)의 구분에 대해 극진히 이야기하였는데, 고증하고 증명함에 서로 꼭 맞지 않음이 없었고 서로 바로잡아 주고 이끌어 주는 말이 모두 지극한 정성과 간절한 마음에서 나와 처음에는 서로 지기로 허락하였다가 마침내는 결의하여 형제가 되었으니, 서로 흠모하고 기뻐하기를 마치 욕심부리는 듯하고 서로 등지는 일이 없기를 마치 저주하고 맹세하는 것 같아서 그 의리가

사람들이 감동하여 눈물 흘리기에 충분하였다.

—『담헌서(湛軒書)』, 「회우록서(會友錄序)」(박지원)❶

박지원의 글에 나와 있는 것처럼 연경에서 홍대용은 항주에서 올라온 한족 선비 세 사람을 만납니다. 그들이 바로 엄성(嚴誠), 반정균(潘庭筠), 육비(陸飛)인데, 홍대용은 조선 팔도 안에서 사귄 사람들보다 이들과 더 절친해집니다. 홍대용은 처음에 중국어를 못 했기 때문에 말도 잘 통하지 않는 처지였는데 어떻게 이렇게 친해질 수 있었을까요? 이들은 항주에서 초시에 급제한 다음 회시를 보기 위해 연경으로 올라온 한족으로서 홍대용이 보기에 오랑캐인 청나라에 출사하려고 한 셈이니 뜻이 그리 높지 않은 사람들이었어요. 그런데 첫 만남에서 홍대용이 '누관창해일(樓觀滄海日: 누대에 올라 푸른 바다의 태양을 본다)'이라는 시구를 적어서 보여 줍니다. 그러자 반정균이 '문대절강조(門對浙江潮: 문에 기대어 절강의 물소리를 듣는다)'라는 시구를 이어서 적습니다. 둘 다 낙빈왕(駱賓王)의 「영은사(靈隱寺)」에 나오는 시구인데, 낙빈왕은 왕발(王勃), 양형(楊炯), 노조린(盧照鄰)과 함께 초당사걸[初唐四傑: 중국 초당기(初唐期: 7세기)의 시단을 대표한 네 시인]로 일컬어지는 인물로 그가 만년에 숨어 살았던 곳이 항주의 영은사였습니다. 홍대용은 세 사람이 항주에서 올라왔다니까 항주와 관련이 있는 시구를 적었던 거죠. 그런데 반정균이 바로 이어서 대구를 적습니다. 같은 시를 외우고 있다는 것은 그 시에 똑같이 감동받았기 때문일 테죠. 더구나 같은 대목에서 감동했다면 정신세계가 같다는 것을 말해 줍니다. 낯선 곳에서 낯선 사람을 만났는데 이야기가 통한다면 그보다 더 기쁜 일이 어디 있겠습니까?

이렇게 뜻이 통한 홍대용과 세 사람은 연경에 머무는 동안 거의 매일 만

엄성이 그린 홍대용의 초상화, 『일하제금합집(日下題襟合集)』(주문조 편)에 수록

나 필담을 나누었고 만나지 못하는 날에는 서로 편지를 주고받으면서 교분을 나눕니다. 그중 엄성과 홍대용 두 사람의 감정적 교류가 특별합니다. 헤어질 때 엄성이 홍대용에게 그림을 그려서 주었는데, 이 그림은 홍대용의 풍모를 짐작할 수 있는 유일한 초상화이기도 합니다. 홍대용은 엄성에게 향기가 나는 조선의 먹을 선물로 줍니다. 이후 항주로 돌아간 엄성은 홍대용이 생각날 때마다 그 먹의 향을 맡았고, 급기야 죽을 때 그 먹을 안고 죽었다는 이야기가 여암이 쓴 글(『연암집』, 「홍덕보묘지명」)에 전합니다.

엄성이 민중(閩中)에 있을 때 병이 위독해졌다. 그럴 때마다 덕보가 선물로 주었던 향묵(鄕墨: 조선 먹)을 꺼내서 향기를 맡더니 가슴 한가운데에 먹을 놓고 죽었다. 그래서 마침내 향묵을 관 속에 순장하였다.❷-1

　두 사람의 교류가 얼마나 깊었는지 짐작할 만합니다. 엄성이 죽고 얼마 뒤 홍대용도 죽습니다. 홍대용이 죽은 뒤 연암이 글을 써서 그가 죽었다는 사실을 중국에 알리는데, 연암의 글에 따르면 엄성이 죽은 지 1년째 되는 날에 그 편지가 전달되었다고 합니다.

과거와 명리에 뜻을 두지 않았으나

홍대용은 노론 명문가 출신입니다. 조부는 대사간을 지냈고 부친은 목사를 지냈어요. 대사간은 재상에 맞서는 큰 권력이죠. 정암 조광조가 이야기한 내용 중에 "재상은 옳다고 하고 대간은 그르다고 한다"라는 대목이 있는데, 대간이 언로를 통해 재상의 권력을 견제하는 것이 필요하다는 주장입니다. 조선의 핵심 권력 중 하나가 언로를 장악하는 대간 세력입니다. 쉽게 말하면 반대하는 말을 할 수 있도록 제도적으로 장치를 갖추어 놓은 겁니다. 옳다는 말도 할 수 있고 그르다는 말도 할 수 있게 해야 결국 나라를 잘 다스리는 목적을 이룰 수 있다고 하죠. 홍대용의 조부가 대사간을 지냈다는 것은 단순히 높은 벼슬을 한 정도가 아니라 당시 조선의 통치 구조에서 중추적 역할을 담당했음을 알려 줍니다.

　홍대용은 다재다능한 인물이었습니다. 거문고의 명인이었고 서양에서 들어온 쇠줄로 된 악기인 철현금(鐵絃琴)을 조선에서 최초로 연주한 사람이기도 합니다. 성호 이익이 모든 분야에 관심을 갖고 지식을 정리한 사람이라면, 홍대용은 지식만 추구한 것이 아니라 자기가 직접 기예를 익히고 즐긴 사람이었습니다. 홍대용의 그런 풍모가 연암 박지원이 쓴 묘지명에 잘 드러나 있습니다.

사실 연암처럼 문장이 뛰어난 사람이 묘지명을 써 주면 그저 그런 보통 사람이라도 이름이 길이 남습니다. 연암의 글이 명문이어서 사람들이 두고두고 읽기 때문입니다. 그런데 연암은 홍대용 묘지명에 "내 글로 기록하지 않아도 홍덕보의 이름은 썩지 않을 것〔不朽德保〕"이라고 썼습니다. 당송 팔대가의 한 사람인 한유가 유종원의 묘지명을 쓸 때 유종원의 문장은 "스스로의 힘으로 반드시 후세에 전해질 것이다〔自力以致必傳於後〕"라고 한 표현과 같은 맥락입니다. 굳이 자신의 글을 빌려 칭찬받을 필요가 없다는 뜻이죠. 널리 알려진 유종원의 「강설(江雪)」 같은 시는 맨 마지막에 나오는 설(雪) 한 글자로 세상을 확 뒤집어 버립니다. 유종원의 시는 그런 맛이 일품인데 한유도 그 점을 높이 샀다고 하겠습니다. 박지원이 홍대용을 높이는 방식도 비슷합니다. 최고의 찬사를 바칩니다.

> 일찌감치 과거 공부를 그만두어 명리(名利)에 뜻을 끊고 한가로이 살면서 명향(名香)을 태우고 거문고와 비파를 연주하면서 "나는 조용히 스스로 즐기면서 세외의 일에 마음을 기울이겠다" 하였다.❷-2

홍대용은 일찌감치 과거 공부를 그만두었는데 나중에 음직으로 벼슬을 합니다. 선공감 감역(繕工監監役)이 되었다가 태인 현감으로 나아가기도 하고 영천 군수를 지내기도 했는데, 영천 군수를 하고 있을 때 형편이 어려웠던 연암에게 쌀가마니를 보내 주기도 하죠. 이 글에 보면 홍대용이 세외의 일에 관심을 두었다고 했는데 새로운 우주론에 관심을 보인 것도 그런 취향에서 비롯했다고 할 수 있습니다. 그렇다고 해서 전적으로 세외의 일에만 골몰했던 것은 아닙니다. 지방 수령으로 있으면서 균전제(均田制)와 부병제(府兵制)를 통한 경제 개혁을 주장하기도 합니다. 이는 세상의 일이죠. 균전제는 경자유전(耕者有田)의 원칙이 핵심입니다. 부병제는 병농일치제로 국가로부터 일정한 면적의 토지를 분배받아 농사를 짓는 사람이 군대에 가서 병역 의무를 지는 것이지요.

중심과 변방의 구도를 깨다

홍대용은 중국은 천조(天朝)고 조선은 그 밑에 붙어 있는 속국이라는 의식에서 벗어나려고 했어요. 그렇다고 해서 우리가 중심이고 중국이 변방이라는 것은 아니고 구도 자체를 깨려고 했습니다. 그래야 공존이 가능하다고 본 것입니다. 대부분의 성리학자들은 명분론을 앞세우는 사고에 얽매여 전통적인 화이관(華夷觀)이나 소중화론(小中華論)에 머물러 있었죠. 화(華)는 중국이고 이(夷)는 오랑캐입니다. 중심과 변방의 구도를 깨지 않으면, 조선은 사실 중국의 제후국이 아니니까 오랑캐일 수밖에 없어요. 다만 중국이 인정해 주니까 중국은 대중화고 우린 소중화라는 식으로 자위했던 게 당시 성리학자들의 한계였습니다. 이런 상황에서 홍대용은 새로운 우주론을 전개함으로써 중심과 변방의 구도를 일거에 깨뜨리고 좁은 틀에 갇혀 있던 조선의 지식인을 비판합니다. 물론 이런 시도가 성공적이었던 것은 아닙니다. 조선은 그 이후에도 전통적인 방식의 조공 체제를 유지했으니 근대적 의미의 독립국이 되기까지는 오랜 시간을 기다려야 했습니다. 민족주의자 박은식은 『한국독립운동지혈사(韓國獨立運動之血史)』에서 갑신정변이 첫 독립운동이라고 쓰면서 갑신정변 전까지는 조선이 청나라의 속국이나 다를 바 없었다고 보았어요. 물론 중세까지의 국제 질서를 근대의 관점으로 평가하여 중세의 조선을 중국의 속국으로 보는 것은 지나친 면이 있습니다. 어느 중국 역사학자가 조선은 고종 시대까지 중국의 속국이었다고 주장하기에 제가 우리가 속국이었다면 중국은 이민족의 직접적인 지배를 받은 셈이니 속국보다 더한 처지였다고 비판한 적이 있습니다. 중국 한족은 이민족 청나라의 지배를 받았고, 우리는 조공 무역을 통해 교류한 셈이니 제 지적이 틀리지는 않습니다. 다만 그런 식으로 중세까지의 국제 질서를 무시하고 속국이니 직접 지배니 하는 식으로 폄하하는 것은 공정한 태도로 보기는 어렵습니다.

아무튼 홍대용은 중국을 중심으로, 조선을 변방으로 여기는 구도를 다음과 같은 식으로 비판합니다.

> 공자는 주나라 사람이다. 주 왕실과 제후국이 날로 쇠약해지는데 오나라와 초나라가 중국을 어지럽혀 약탈을 일삼았다. 『춘추』는 주나라의 역사서인지라 내외를 엄격하게 구분함(공자가 주나라를 안으로 여기고 오나라, 초나라 등을 밖으로 여겼다는 뜻)이 또한 마땅하지 않은가. 비록 그러하나 가령 공자가 배를 타고 바다를 건너 구이(九夷)에 가서 살았다면 중화의 제도로 오랑캐를 변화시켜 중국 밖에서 주나라의 도를 일으켰을 것이니 안팎의 구분이나 존왕양이(尊王攘夷)의 의리 또한 마땅히 중국 밖의 『춘추』가 되었을 것이다. 이것이 공자가 성인된 까닭이다.❸-1

이 글은 『의산문답』의 맨 마지막에 기록된 내용입니다. 여기서 홍대용은 공자가 존왕양이(尊王攘夷: 주나라 왕실을 높이고 오랑캐를 물리침)한 까닭은 그가 중국 사람이었기 때문이라고 이야기합니다. 그래서 중국을 안[內]으로 여기고 다른 지역을 밖[外]으로 여겼는데, 만약 공자가 중국 밖 구이(九夷: 조선을 가리킴)에 살았다면 반대로 중국을 밖으로 여겼으리라고 주장한 것입니다. 곧 공자가 주나라 사람이었기에 주나라를 존중한 것처럼 우리는 조선 사람이니 조선을 존중해야 한다는 맥락입니다. 공자의 껍데기가 아니라 정신을 지키는 것이 옳다는 주장으로 이해할 수 있습니다.

자허자(子虛子), 실옹을 만나다

『의산문답』은 일종의 철학 우화로 코페르니쿠스와 갈릴레이의 이론에서 영향을 받은 흔적이 많습니다. 물론 홍대용이 라틴어나 이탈리아어를 못했으니 이들의 저서를 직접 읽은 것은 아니고 전해 들은 내용을 이야기 속에 담았을 것입니다. 앞서 말씀드린 것처럼 홍대용이 중국 천주교 성당에 갔을 때 독일인 신부 둘을 만나는데 그 두 사람에게 설명을 들었겠지요. 『의산문답』은 실옹(實翁)과 허자(虛子) 두 사람의 문답체로 되어 있는 작품인데 홍대용의 새로운 우주론이 거의 망라되어 있습니다. 『장자』의 「소요유」 편, 「제물론」 편의 비유와 『논어』와 『맹자』를 비롯한 수많은 유가 문헌을 인용하면서 천지만물의 이치를 논하는 내용인데, 비유와 풍자가 절묘하고 인용이 적절하여 작품의 격이 상당히 높다고 평가할 수 있습니다.

가공의 등장인물인 허자는 30년 동안 은거하면서 유교 문헌을 비롯해 제자백가의 문헌을 두루 섭렵하여 전통적 세계관을 완벽하게 이해하고 있는 조선의 학자로 설정되어 있습니다. 그가 사서오경 제자백가를 다 읽고 사람들과 이야기를 나누려 했으나 아무도 이해하는 사람이 없어 중국에 가면 알아 주는 사람이 있을 거라고 생각하여 연경에 갑니다. 거기서 60일 동안 머물면서 중국 학자들과 사귀어 보니 자기와 이야기할 상대가 없는 겁니다. 결국 허탈해져서 은거할 생각으로 돌아오다가 요동 벌판에 있는 의무려산(醫巫閭山)으로 들어가는데 거기서 실옹이라는 강력한 적수를 만납니다.

이 작품은 허자가 대변하는 전통적 세계관과 서양의 천문학 지식을 갖춘 실옹의 새로운 세계관이 충돌하고 결국 실옹의 세계관이 승리하는 것으로 마무리됩니다. 그런데 이런 구조는 코페르니쿠스의 『천체의 회전에 관하여(De revolutionibus orbium coelestium)』라는 책의 영향을 받은 게 아닌가 싶습니다. 라틴어 'revolutionibus'는 천체의 '회전'을 뜻하기도 하지만 '뒤바뀐다'는 뜻도 됩니다. 하늘이 도는 천동설에서 땅이 도는 지동설이 되니까 중심이 완전히 뒤바뀌는 것이죠. 단순히 위치만 바뀐 게 아니라 사물을 바라보는 기준 자체가 바뀌었음을 의미합니다. 그것이 서양 근대 과학을 낳았죠.

『의산문답』을 잘 읽어 보면 홍대용도 이런 대전환이 어떤 의미를 지니는지 제대로 이해하고 있었음을 알 수 있습니다. 우선 인간과 자연 사물의 관계를 새로운 방식으로 이해한 대목을 읽어 보겠습니다.

실옹: 내가 다시 그대에게 묻노니 생명체는 세 종류가 있는데 사람과 금수와 초목이다. 초목은 거꾸로 자라기 때문에 지력(知力: 생명력)만 있고 지각이 없으며, 금수는 가로로 살기 때문에 지각은 있지만 지혜는 없다. 이 세 종류의 생명체가 끝없이 얽히고섥키면서 서로 똑같이 서라가 왕성을 반복하는가, 아니면 귀천의 등급이 있는가?

허자: 천지간의 생명체 중에서 사람이 가장 존귀합니다. 저 금수와 초목은

지혜나 지각이 없고 예의도 없습니다. 그러니 사람이 금수보다 귀하고 초목은 금수보다 천합니다.

실옹: 그대는 참으로 사람이로다. 오륜(五倫)과 오사(五事)는 사람의 예의이고, 떼 지어 다니며 서로를 부르고 먹는 것은 금수의 예의이고, 떨기로 무성하게 자라고 가지까지 뻗치는 것은 초목의 예의이다. 사람의 처지에서 만물을 보면 사람이 귀하고 만물이 천하며, 만물의 처지에서 사람을 보면 만물이 귀하고 사람이 천하며, 하늘의 처지에서 보면 사람과 만물은 균등하다. ❸-2

허자는 사람이 귀하고 금수나 초목이 천하다고 했는데, 천지 만물 중에서 인간이 가장 존귀한 존재라고 보는 시각은 근대 이전 동서를 막론하고 통용되었던 상식에 속합니다. 서구는 서구대로 신의 이름으로 인간 중심주의를 세웠고, 동아시아에서는 유교를 중심으로 인간을 만물의 영장이라고 보았습니다. 사실 지금 우리도 대부분 인간이 더 가치 있는 존재라고 생각하죠. 하지만 이는 인문 영역에서는 맞을지 모르지만 과학에서는 안 맞습니다. 지적 능력 때문에 인간의 가치를 높이 평가하는데, 인간의 지적 능력은 필연의 산물이 아니라 우연의 산물입니다. 그러니 인간이 다른 존재보다 가치 있다고 생각하는 것은 어디까지나 인간의 자의적인 판단입니다. 대체로 근대 이전의 인류는 이런 자의적인 기준으로 사물을 관찰했습니다.

예를 들면 춥고 더운 것은 과학적 기준이 아니라 그냥 감각을 기준으로 하는 경우가 많죠. 자연에는 춥고 더운 게 없습니다. 인간의 몸을 만물의 척도로 삼아 제멋대로 춥거나 덥다고 이야기하는 거죠. 반면 근대 과학은 자연에서 그 기준을 찾습니다. 사물의 이치를 밝혀내는 것이 근대 자연과학의 목적이라면, 서양이든 동양이든 전통 사회에서는 사물의 가치, 질서는 해당 사물과 상관없이 밖에서 주어진 것입니다. 예컨대 금의 가치는 금 자체가 아니라 금이라는 사물 밖에서 주어집니다. 인간이 자의적으로 결정한 것이죠. 이와 반대로 자연과학은 사물 안에 이치가 있다고 봅니다. 객관적 법칙이죠. 예를 들어 물의 빙점이나 끓는점을 기준으로 온도를 측정하는 것과 같습니다. 인간의 감각과 상관이 없어요. 그런 점에서 실옹이 "하늘의 처지에서 보면 사람과 만물이 균등하다"라고 말한 것은 과학적 태도로 이해할 수 있습니다.

다음으로 땅의 모양이 둥글다고 주장하는 대목을 살펴보겠습니다.

> 허자: 옛사람들은 하늘은 둥글고 땅은 모났다고 하였는데, 선생께서는 어째서 땅이 둥글다고 하십니까?
>
> 실옹: 사람을 깨우치기가 참으로 어렵구나! 만물에 모난 것이 없는데 하물며 땅이랴! 달이 해를 가리면 일식이 일어나는데 가려진 모양이 둥근 것은 달이 둥글기 때문이며, 땅이 해를 가리면 월식이 일어나는데 가려진 모양이 또한 둥근 것은 땅이 둥글기 때문이다. 그렇다면 월식이란 것은 땅을 비추는 거울과 같은 것이니 월식을 보고 땅이 둥글다는 것을 알지 못한다면 거울을 끌어다 스스로 비추어 보고서도 자기 얼굴을 분간하지 못하는 것과 같다. 이 또한 어리석지 않은가. ❸-3

월식 때 달에 비치는 그림자의 모습이 둥근 것을 보고 땅의 모양이 둥글다고 추정한 것은 『주자어류』에 나온 기술과 거의 일치합니다. 이는 송대에 이미 천문가들 사이에서는 상식으로 통용되었던 견해입니다. 다만 조선의 성리학자들은 주희의 글을 읽으면서도 그런 부분은 그다지 중시하지 않았기에 조선 사회에서 주희의 천문 지식이 일반화되지 못하고 고대부터 전해 온 천원지방설(天圓地方說)을 막연히 받아들였을 뿐입니다.

　이 대목에서 홍대용은 땅이 둥글다는 것을 입증하는 한편, 땅이 네모졌다는 기존의 통념을 비판합니다. 실옹이 허자에게 땅이 네모졌다면 사람과 만물이 땅의 한 면(面)에만 있다고 생각하느냐고 묻자, 허자는 윗면에만 있는데 그 이유는 사람이 옆면에 매달리거나 밑면에서 거꾸로 살 수 없기 때문이라고 합니다. 그러자 실옹이 그 이유를 확인하면서 땅이 네모지다는 생각이 잘못되었음을 입증해 나갑니다.

　실옹: 가로로 살 수 없고, 거꾸로 살 수 없는 것은 밑으로 떨어지기 때문인가?

　허자: 그렇습니다.

　실옹: 그렇다면 사람이나 사물같이 가벼운 것들도 밑으로 떨어지는데 커다란 땅덩어리가 어째서 아래로 떨어지지 않는가?

　허자: 기(氣)에 실려 있기 때문입니다.

　실옹: 군자는 도(道)를 논할 때 논리가 달리면 상대의 의견에 승복하고, 소인은 도를 논하다 말이 궁하면 도망친다. 물이 배를 띄울 때도 배가 비어 있으면 띄우고 배가 가득 차면 가라앉는다. 기는 아무 힘도 없는데 큰 땅덩이를 실을 수 있겠는가.❸-4

　실옹이 땅 옆이나 아래에 사람이 살 수 없는 이유가 아래로 떨어지기 때문에 그렇다고 생각하느냐고 묻자 허자가 그렇다고 인정합니다. 그러자다시 실옹이 그렇다면 땅 자체는 왜 아래로 떨어지지 않느냐고 묻습니다.허자가 기에 실려 있기 때문이라고 대답하자 실옹이 기는 무력한 존재이므로 땅을 실을 수 없다고 비판합니다.

무한우주론의 전개

실옹의 거듭된 문제 제기에 결국 허자가 승복하고 그 이치를 묻자, 실옹은 새로운 우주론을 펼칩니다.

> 아득한 태허의 세계에는 상하사방의 구분이 없는데 어찌 상하의 힘이 따로 있겠는가?❸-5

　우선 실옹은 우주 공간 안에는 따로 작용하는 힘이 없다고 이야기합니다. 따로 작용하는 힘이 없으니 땅이 위로 솟구치거나 아래로 떨어지는 일도 없다는 것이죠. 이런 전제를 세운 뒤, 허자와의 문답을 통해 사람이나 사물이 땅 위에 붙어 있는 이유를 설명합니다.

> 실옹: …… 네 발이 땅으로 떨어지는데 네 머리가 하늘로 떨어지지 않는 것은 어째서인가?
>
> 허자: 그것은 상하의 힘이 작용하기 때문입니다.
>
> 실옹: 그렇다. 내가 또 묻겠다. 네 가슴이 남쪽으로 떨어지지 않고 네 등이 북쪽으로 떨어지지 않으며 네 왼쪽 다리가 동쪽으로 떨어지지 않고 오른쪽 다리가 서쪽으로 떨어지지 않는 것은 어째서인가?
>
> 허자: 그것은 남북으로 작용하는 힘이 없고 또 동서로 작용하는 힘이 없기 때문입니다.
>
> 실옹: 똑똑하구나. 함께 도를 이야기할 만하다. 땅이나 해와 달, 별이 상하로 떨어지지 않는 것 또한 네 몸이 동서나 남북으로 떨어지지 않는 것과 같다. 사람들은 땅이 떨어지지 않는 것은 이상하게 여기지 않음이 없지만 유

독 해와 달, 별이 떨어지지 않는 것을 이상하게 여기지 않는 것은 어째서인가. 해와 달, 별은 하늘 위로 올라 솟구치지도 않고 땅으로 떨어져 무너지지도 않는다. 공중에 매달려 장구히 머물러 있는 것은 태허에 상하로 작용하는 힘이 없기 때문이다. 그 증거가 분명하게 드러나 있는데 세상 사람들은 늘 보는 현상에 익숙해져서 그 까닭을 찾지 않는다. 참으로 그 까닭을 찾고 보면 땅이 떨어지지 않는 것은 의심하잘 것이 없다.❸-6

여기서 상하로 작용하는 힘은 물체를 아래로 끌어당기는 중력 개념을 설명하는 대목입니다. 한문의 표현이 '상하의 힘〔上下之勢〕'으로 되어 있어서 아래와 위로 똑같이 작용하는 힘으로 오해하기 쉽지만, 여기서 상하의 힘이 작용한다는 것은 위에서 아래로 끌어당기는 힘이 있다는 뜻입니다. 그 힘 때문에 사람이나 사물이 땅 위에 붙어 있다는 얘기죠. 그리고 땅 위에 있는 사람이나 사물은 위에서 아래로 떨어지는 중력의 영향을 받지만 우주 공간에는 상하의 힘이 작용하지 않기 때문에 해와 달, 별이 떨어지지 않는 것처럼 땅도 떨어지지 않는다는 설명입니다. 천체의 원리나 땅의 원리나 같다는 맥락인데 결국 땅도 다른 천체와 다를 바가 없다고 본 셈입니다. 이어서 땅덩이가 어떤 모양이고 어떤 운동을 하는지를 설명합니다.

땅덩이는 하루에 한 바퀴를 도는데, 땅 둘레는 9만 리이고, 하루는 12시간이다. 9만 리 넓은 둘레를 12시간(근대 시간으로 환산하면 24시간)에 도니, 번개나 포탄보다도 더 빠르다. 땅이 이처럼 빨리 돌기 때문에, 태허의 기(氣)와 부딪쳐서 허공에 쌓이고 땅에서 모이니, 이렇게 해서 위에서 아래로 작용하는 땅의 힘이 만들어진다. 땅에서 멀어지면 땅의 힘이 없어지게 된다.
— 『담헌서(湛軒書)』, 「의산문답(毉山問答)」❸-7

오늘날의 계산에 따르면 지구 둘레는 약 4만 킬로미터라고 합니다. 그런데 홍대용은 9만 리로 계산했으니 이것을 미터 단위로 환산하면 3만 6,000킬로미터가 됩니다. 거의 비슷하게 계산한 셈인데 그렇다고 대단한 것은 아닙니다. 지구의 둘레는 고대 그리스 시대에 에라토스테네스(Eratosthenes)가 4만 6,250킬로미터로 계산한 기록이 있으니까요. 게다가 에라토스테네스는 알렉산드리아와 그곳에서 남동쪽으로 약 800킬로미터 떨어진 시에네(지금의 아스완)에 같은 길이의 막대기를 세운 다음, 하짓날 정오에 두 막대의 그림자 길이가 다르다는 것을 관찰했고 그 점을 근거로 땅이 구형이라고 추정하고 그 둘레를 계산했습니다. 홍대용이 어떤 근거로 9만 리라는 값을 산출했는지는 분명하지 않습니다.

아무튼 여기서 실옹은 땅의 힘(上下之勢)은 땅의 회전력에서 발생한다고 설명하는데, 태허의 기와 부딪쳐서 땅의 힘이 생긴다고 설명한 점이 특이합니다. 뉴턴의 중력 개념이 일부 들어가 있는 것으로 보입니다만, 전통적인 기론과 결합되어 있다는 점에서 독창적입니다. 그렇지만 중력 개념을 완전하게 이해했다고 보기는 어렵습니다.

앞에서 살펴본 것처럼 『의산문답』에는 지구 구형설, 지구 자전설, 지구의 자전 속도와 크기, 중력에 대한 홍대용의 견해가 모두 드러나 있습니다. 대체로 서구의 우주론을 받아들였지만 전통적 기 개념이 복합적으로 얽혀 있다는 점이 특징입니다.

특히 우주를 태허로 표현하면서 무한우주론을 전개하고 있는데, 이 점은 커다란 진전이라고 할 수 있습니다. 흔히 코페르니쿠스 우주론을 무한우주론이라고 하지만 사실은 그렇지 않습니다. 코페르니쿠스의 지동설은 지구를 포함한 각각의 천구가 태양을 돌고 있다고 보았으므로 불완전한 지동설입니다. 그 때문에 과학사가들은 이 이론을 지동설인 동시에 천동설이라고 평가합니다. 또 각각의 천구에 일정한 거리가 있는 것으로 파악했으니 무한우주론이라고 할 수도 없습니다. 완전한 지동설과 무한우주론은 갈릴레이와 케플러를 거쳐 뉴턴의 출현을 기다려야 했습니다.

아무튼 서구의 무한우주론이 중세의 신학적 세계관을 무너뜨리는 작용을 했다면, 홍대용의 무한우주론은 지구 구형설과 함께 중국 중심의 세계관을 탈피하는 데 영향을 끼쳤습니다. 우주가 무한하다면 중국 또한 극히 작은 부분에 지나지 않으며 지구가 둥글다는 사실이 확인되는 순간에 중심과 변방의 구도가 깨질 수밖에 없습니다. 둥글다면 모든 나라가 중심이 될 수 있고, 따라서 중국이 중심이고 조선은 동쪽이라는 생각이 성립될 수 없으니까요. 홍대용 이전의 성리학자들은 동해는 조수 간만의 차가 거의 없고 서해는 조수 간만의 차가 큰 것을 보고 땅의 중심이 중국이어서 그런 현상이 나타난다고 설명했습니다. 서해는 중국과 가까워 물이 중국 쪽으로 끌려가고 동해는 중국과 거리가 멀어서 물이 덜 끌려간다는 식이었죠.

지구 구형설이 유포되면서 전통적인 음양오행설의 지위 역시 흔들립니다. 음양론의 경우는 워낙 단순해서 쉽게 흔들리지 않았지만 오행설은 무너집니다. 예를 들어 한나라 때부터 오방천제설이 유행하는데, 중앙과 동서남북에 천제(天帝)가 있다는 거죠. 정약용은 지구가 둥글다는 사실을 근거로 들어 오방천제설을 비판합니다. 정약용은 『춘추고징(春秋考徵)』에서 지구는 둥근데 그렇다면 중앙의 천제는 지구 중심, 땅속에 있다는 말인가, 하늘의 신(天帝)이 어찌 땅속에 있다는 말인가, 하면서 말이 안 된다고 해요. 또 오방천제를 억지로 꿰어 맞추면 남제(南帝)와 북제(北帝), 중앙의 천제는 갈 곳이 있지만 동제와 서제는 갈 곳이 없다고 지적합니다. 지구에 남극과 북극은 있지만 동서는 없다는 거죠. 지구가 하루에 한 바퀴 도니까 열두 시간만 지나면 동이 서가 되고 서가 동이 됩니다. 그러니 동서라는 방향은 임시의 기준일 뿐이죠. 홍대용에서 시작하여 정약용의 시대가 되면 이런 사유가 일반화됩니다.

시대를 앞서 사유한 선각자

홍대용의 우주론에 대한 박지원의 평가를 살펴보겠습니다.

> 홍덕보는 …… 율력에 더욱 밝았다. 그가 만들었던 혼천의를 비롯한 여러 도구는 기계에 관한 지식[機智]을 창출한 것이다. 처음에 태서인(泰西人)들이 지구가 구형이라고 가르쳤는데, 지구가 돈다는 것에 관해서는 말하지 않았다. 덕보가 일찍이 말하기를 땅이 한 번 도는 것이 하루가 된다고 했으니 그 학설이 미묘하고 깊다. 다만 글로 저술하는 데에는 미치지 못했으나 만년에는 땅이 돈다는 것을 더욱 자신하여 의심이 없었다.
>
> ─『연암집(燕巖集)』, 「홍덕보묘지명(洪德保墓誌銘)」 **❷-3**

여기서 박지원은 홍대용의 우주론을 소개하면서 지구가 둥글다는 것은 서양인들이 말해 준 것이지만 지구가 돈다는 것은 말해 주지 않았다고 했는데 정확한 기술은 아닙니다. 지동설은 지구가 태양을 돈다는 우주관이기는 하지만 지구의 자전도 포함된 이론입니다. 박지원이 그 점을 살피지 못했죠.

끝으로 정인보(鄭寅普)가 쓴 『담헌서』의 서문을 읽으면서 마무리하겠습니다.

지금 선생의 글 중에 가장 중요한 것으로 『주해수용』이란 것이 있고 『임하경륜』이란 것도 있는데, 어떤 것은 기하(幾何)와 산수(算數)에 정통하고, 어떤 것은 정치와 법률에 공을 들인 것으로 모두 백성들을 돕는 학문이다. 또 『의산문답』이란 것이 있는데, 이는 오로지 근본과 말단을 찾아 밝히고 남과 나를 분석해 놓은 것으로 당시에는 보기 드문 것이었다. 아! 어찌 걸출한 선비〔豪傑之士〕가 아니겠는가.

—『담헌서(湛軒書)』, 「담헌서서(湛軒書序)」(정인보)❹

여기서 정인보는 홍대용의 주요 저술을 소개하면서 수학 이론서인 『주해수용』, 제도 개혁론을 담은 『임하경륜』과 함께 새로운 세계관을 보여 주는 『의산문답』을 나란히 소개합니다. 그리고 이런 생각들은 모두 당시에는 쉽게 찾아볼 수 없었기에 홍대용을 호걸지사(豪傑之士)라 하지 않을 수 없다고 했는데, 호걸지사는 본래 『맹자』에 나오는 말로 아무리 어두운 시대에 태어나도 올바른 행동을 하는 선비를 가리킵니다. 정인보는 홍대용을 조선 후기라는 시대적 한계를 넘어 우주와 세계를 사유한 선각자라고 평가합니다.

저는 정인보의 평가에 동의합니다. 홍대용이 『의산문답』에서 "네 발이 땅으로 떨어지는데 네 머리가 하늘로 떨어지지 않는 것은 어째서인가? 네 가슴이 남쪽으로 떨어지지 않고 네 등이 북쪽으로 떨어지지 않으며 네 왼쪽 다리가 동쪽으로 떨어지지 않고 오른쪽 다리가 서쪽으로 떨어지지 않는 것은 어째서인가?"라고 던진 질문은 "사과가 왜 땅으로 떨어지는가?"와 마찬가지로 높이 평가해야 할 문제의식입니다.

23장

박지원

5천 년 최고의 문장

우리 고전 문학의 최고봉

이번에는 연암(燕巖) 박지원(朴趾源, 1737~1805)의 문학과 사상을 살펴보겠습니다. 반계 유형원, 성호 이익, 다산 정약용이 한 계보로 이어진다면, 박지원은 홍대용, 박지원, 이덕무, 박제가의 계보로 연결됩니다.

이들은 경제를 바라보는 관점에서도 중농주의와 중상주의로 달랐습니다. 물론 여기서 말하는 중농주의는 서구 근대의 중농주의와 역사적 맥락이 다릅니다. 반계 유형원이나 성호 이익, 다산 정약용 같은 사람들은 소농 경제 사회를 기준으로 중농주의를 이야기합니다. 이들은 토지 제도만 잘 정비되면 백성들을 먹여살릴 수 있는 구조를 만들 수 있다고 생각했습니다. 반면 서구의 중농주의는 중상주의 다음에 대두된 이론이어서 중농주의 안에 중상주의의 틀이 포함되어 있습니다. 그 안에 자유 무역도 들어가 있으니까 조선 후기의 중농주의보다 폭이 훨씬 넓습니다.

박지원을 중심으로 한 실학자들은 좁은 의미의 중상주의라고 할 수 있습니다. 농업은 직접 노동을 해서 작물을 생산하고, 상업은 생산해 놓은 작물이나 상품을 유통하면서 이익을 추구하죠. 욕망을 덧붙여서 사고팔고 소비하는 겁니다. 이익이나 정약용의 입장에서 보면 그런 욕망은 마땅히 배제되어야 할 사리사욕입니다. 반면 연암을 비롯한 북학파 지식인의 경제 관념은 그런 욕망을 억압해서는 안 된다고 봅니다. 욕망을 바라보는 태도가 다르지요.

글 내용에서도 차이가 납니다. 연암의 자유로운 정신이 어디에서 나왔느냐? 아무리 사소하고 하찮다 해도 인간의 욕망을 긍정하는 태도가 연암의 글 속에 가득합니다. 이상하게 들리겠지만 연암의 시각에서 보면 다산의 글이 고리타분하게 보일 수 있습니다. 다산은 시란 모름지기 임금을 사랑하고 나라를 걱정하고 백성을 사랑하는 내용을 담아야 한다고 말합니다. 교훈적이죠. 그래서 좀 답답합니다. 노래로 비유하면 건전가요라 할 수 있는데, 물론 다산은 그런 시를 기막히게 잘 쓴 사람입니다. 어쨌든 연암은 자유롭게 글을 쓰는 스타일이고 다산은 형식을 엄정하게 갖추는 스타일이죠.

제가 박지원을 주제로 강의를 할 때마다 '5천 년 최고의 문장'이라고 제목을 붙입니다. 물론 문학 작품을 서열화하는 것은 위험한 발상입니다. 하지만 박지원의 문장을 최고라고 평가한 데 대해 누가 이의를 제기했다는 이야기는 들은 적이 없습니다. 구한말 문장가 중에 창강(滄江) 김택영(金澤榮, 1850~1927)이라는 인물이 있습니다. 『여한구가문초(麗韓九家文鈔)』라고 해서 고려와 조선의 뛰어난 문장가 아홉 명의 문장을 뽑아서 구가문을 만들었는데, 그중에서도 연암의 문장을 가장 높이 평가했습니다. 또 북한의 연암 연구자인 김하명도 연암을 우리 고전 문학의 최고봉으로 평가한 적이 있습니다. 박지원의 문장을 5천 년 최고의 문장이라고 한 것은 제 독단이 아니고 선배 학자들의 의견이기도 합니다.

박지원의 글 중에서 가장 유명한 『열하일기』는 일찌감치 번역되었습니다. 연암은 오직 한문밖에 못 했던 사람입니다. 연암의 글이 당시에 한글로 번역되어 여자들과 어린아이까지 읽었다고 하니 엄청난 인기 작가였던 셈입니다. 한문 문장이 그렇게 읽힌다는 건 기적입니다. 그만큼 문장이 뛰어납니다. 박지원 강의를 할 때는 문장 자체가 말을 해 주니까 강의하기가 쉬운 편입니다.

연암은 1737년생입니다. 율곡이 1536년생이죠. 율곡을 조선 성리학의 완성자라고 하면 연암은 그 200년 후에 태어났습니다. 성리학은 고려 말에 들어와 200년이 지나 조선 사회에서 만개했죠. 서경덕과 이언적에 의해 이기론에 대한 이해의 수준이 깊어졌고, 퇴계나 율곡에 이르러서 이기론과 심성론이 결합되는 특징이 드러나면서 조선 성리학은 독자적인 이론 틀을 갖추게 됩니다. 그리고 그 200년 뒤에는 완전히 다른 사상이 나타나기 시작합니다. 글 쓰는 내용과 문체에서도 독자적인 성격이 드러납니다.

지극히 아름답고 지극히 난해하다

연암의 글은 지극히 아름답습니다. 그런데 굉장히 어렵습니다. 제가 한문을 배울 때 고전번역원에 있는 대가들이 우리 고진 중에서 가장 어렵다고 한 문장은 추사 김정희의 『완당집』이었어요. 그 대가들이 『완당집』을 번역했는데, 지금 봐도 무슨 말인지 모를 정도로 어렵습니다. 사실 『완당집』

자체에 문제가 있습니다. 추사가 세상을 떠난 뒤 제자들이 여기저기 흩어져 있는 글을 수습해서 문집을 엮다 보니 완당의 글과 완원(阮元)의 글이 마구 섞여 있어요. 완원은 추사가 중국에서 만났던 대학자인데 그가 추사에게 보내서 자문을 구한 글이 완당의 글로 들어가 있기도 합니다. 이처럼 문집 자체가 제대로 정리되어 있지 않기 때문에 번역의 어려움이 배가됩니다.

그런데 연암의 글은 정리가 비교적 잘되어 있는 편인데도 어렵습니다. 너무 어려워서 처음에는 도대체 어떻게 읽나 싶을 정도입니다. 대학에서 한문학을 전공하고 봐도 까막눈이나 마찬가지입니다. 그런데 어렵사리 읽고 나면 그에 합당한 대가가 있습니다. 예를 들어, 「소단적치인(騷壇赤幟引)」은 과거에 급제한 문장 중에 좋은 글을 가려 뽑고 그 앞에 연암이 쓴 서문입니다. 과거 시험을 일종의 전쟁으로 간주하고 글쓰기를 병법에 비유하면서 쓴 글인데 정말 화려합니다. 읽다 보면 글자 하나하나에 고사가 들어가 있어서 한 줄 읽는 데도 시간이 오래 걸립니다. 한참 읽다 보면 짜증이 나요. 그런데 결국 그 하나하나가 맥락에 맞게 정연한 문장으로 이어지니까 감탄을 하지 않을 수 없습니다. 지극히 아름답지만 지극히 난해한 것이 연암의 문장입니다.

연암의 글은 독자층이 넓어서 사대부는 물론이고 어린아이까지 읽었다고 하죠. 오히려 사대부 중에서 연암의 글을 잡글이라고 비판한 사람이 많았습니다. 다산도 분명 연암의 글을 다 읽었습니다. 읽고 나서는 연암을 직접 비판하지는 않고 당시의 패관 문학을 비판하죠. 그것도 상당히 격하게, 재앙이라는 식으로 말합니다.

당시의 임금이었던 정조는 다산의 임금이자 연암의 임금이기도 했습니다. 정조가 이른바 '글 쓰는 투를 올바른 데로 돌린다'는 뜻의 문체반정(文

體反正)을 일으켰는데, 연암의 글을 지목해서 비판합니다. 연암이 자질구레한 소품문을 쓰면서 자기 뜻을 펼치니까 정조가 문이재도(文以載道)론을 내세워 "문(文)은 모름지기 도(道)를 실어야 한다"라고 하죠. 문이재도론은 한유의 고문론에 뿌리를 두고 있는데, 이 말을 처음 쓴 사람은 북송의 성리학자 주돈이입니다. 글을 쓸 때 쓸데없이 화려하게 꾸며서는 안 되고 마땅한 도리를 글에 실어 세상을 다스리는 데 도움이 되어야 한다는, 상당히 거시적인 관점에서 한 이야기입니다. 사실 임금이 글을 지적할 정도라면 위험한 겁니다. 정조는 조선의 마지막 유학 군주라고 할 정도로 학문을 사랑했기에 이 정도에서 그쳤는데, 중국이었다면 아마 연암 같은 이는 목숨을 건지기 어려웠을 겁니다. 정조의 문체반정은 분명 자유로운 글쓰기를 탄압한 일이므로 옳고 그름의 문제가 아니라 부당한 일입니다. 하지만 형식에 구애되지 않는 연암의 자유로운 문체가 그만큼 많은 사람에게 공감을 얻었기에 정조가 위기감을 느꼈으리라고 이해할 수 있습니다.

빛나는 문장, 자유로운 정신

연암은 반남 박씨 집안인데 이 집안은 조선 시대에 판서 이상의 벼슬을 한 사람을 40여 명이나 배출할 정도로 영향력이 컸습니다. 게다가 노론의 영수 격이었습니다. 그러니 연암은 혈연이나 정치적 계보로 따지면 신분 사회였던 조선에서 최상층을 차지하는 주류였습니다. 그런데 연암은 그런 자신의 배경을 버립니다. 한마디로 멋지죠. 아마 연암의 자유롭고 빛나는 문장은 그런 정신세계에서 나왔을 겁니다. 특히 당시의 양반 지배층을 비판하는 내용은 통쾌하다 못해 신랄합니다.

연암은 이런 배경을 가지고 이덕무(李德懋), 유득공(柳得恭), 박제가(朴齊家), 백동수(白東脩) 등 당시의 문인들, 무인들과 마음을 터놓고 교유합니다. 이 사람들은 모두 서자 출신으로 당시 조선 사회의 아웃사이더였어요. 백동수는 무인으로 당시 조선에서 창검의 제일인자로 꼽히던 사람입니다. 연암이 홍국영의 탄압을 피해 은거할 곳을 찾아 황해도 금천군 연암협을 돌아볼 때 함께한 사람도 백동수입니다. 『연암집』에는 백동수가 등장하는 글이 상당히 많이 나옵니다. 만약 연암이 '스펙'을 보고 사람을 판단했다면 이런 사람들을 벗으로 사귀지 않았을 겁니다. 이덕무는 1741년생, 유득공은 1748년생, 박제가는 1750년생인데, 연암이 1737년생으로 나이가 제일 많아서 우두머리 역할을 했는데, 이들은 글을 쓰면 연암에게 서문을 부탁했습니다.

연암은 이런 사람들뿐 아니라 행랑채 하인, 참외 파는 사람, 돼지 치는 사람과도 허물없이 사귀었습니다. 연암은 지주 계급 출신이라 토지를 가지고 있었지만 손수 자갈밭을 일구어 농사짓고 혼자서 밥을 지어 먹으면서 가난하게 살았습니다. 지주 계급이 가난했다니 잘 이해가 안 되지만 재산이 별로 없어서 생활이 곤궁했습니다. 그러다 보니 서울 집에 밥 해 주는 사람도 없어서 쫄쫄 굶고 있다가 행랑채 하인한테 밥 얻어먹으면서 이런저런 이야기를 나누고, 참외 파는 사람 불러서 이야기를 듣고 참외도 얻어먹는 식으로 살죠. 신분이나 귀천을 따지지 않고 다양한 사람들과 친구로 지내다 보니 글에도 그런 내용이 자주 나옵니다. 관계가 좁으면 글이 치우칠 수밖에 없겠죠. 대체로 사람들은 자신의 신분이나 남들의 시선 때문에, 혹은 스스로 용기가 안 나서, 때로는 분위기 파악을 못 해서 자유로운 사고를 못 합니다.

연암의 글에는 떠돌이 거지나 이름 없는 농부, 땔나무 하는 사람, 시정의 왈패 등 하층민이 주인공으로 등장합니다. 「광문자전(廣文者傳)」에서 광문(廣文)이라는 자는 거지인데 공맹의 도리를 실천하는 사람입니다. 말 거간꾼한테서 우정을 찾기도 하죠. 사대부 사이의 우정은 빛이 바랜 지 오래고, 말 거간꾼처럼 말을 사고파는 아주 얄팍한 이익에 놀아나는 자들의 우정이 가장 아름답다고 묘사합니다. 이들에게는 무슨 특별한 영웅적인 행위가 보이지 않습니다. 재산 다 팔아서 온 산을 돌아다니며 자기 이름 큼지막하게 새기는, 참으로 이상한 취미를 가진 김홍연 같은 사람이 주인공으로 등장합니다. 연암은 이처럼 그 이전의 작품에서 찾아보기 어려운 사람들을 소재로 삼아 글을 쓴 데다 착상 또한 기발하여, 어렵지만 읽는 재미가 각별합니다.

신랄한 풍자와 날렵한 비유

연암의 글은 호탕함에서는 『맹자』와 견줄 만하고 신랄한 풍자와 날렵한 비유에서는 『장자』를 넘나듭니다. 어떤 글은 『맹자』의 문장과 『장자』식의 풍자를 합쳐 놓은 듯합니다. 그래서 『맹자』나 『장자』를 잘 읽어 두면 『연암집』을 쉽고 재미있게 읽을 수 있습니다. 물론 가장 좋은 방법은 연암이 읽은 책을 다 읽고 나서 연암의 글을 읽는 겁니다.

　당시 사대부 문인 대부분은 연암의 글을 잡글이라고 비난했고, 정조는 문체반정을 일으켜 연암의 글을 비판했습니다. 그만큼 글이 파격적이었는데, 그렇다고 해서 연암이 정통적인 문장을 쓰지 않은 것은 아닙니다. 앞서 말씀드린 「소단적치인(騷壇赤幟引)」 같은 글은 정통적인 문장으로, 읽는 이가 혀를 내두르지 않을 수 없는 해박한 지식이 녹아 있습니다. 소(騷)

는 시끄럽다는 뜻이고 단(壇)은 문단(文壇)으로, 여기서는 과거 시험장을 이야기합니다. 이렇듯 글자 하나하나에 고사가 들어가 있고 그것들이 다 맥락에 맞게 배치되어 있어요. 글을 자유롭게 쓰려면 기본적으로 언어의 규칙에 충실해야 합니다. 그렇지 않으면 한 글자도 못 씁니다. 연암은 그런 규칙을 완전히 내면화했다고 할 정도로 문장을 자유자재로 다룹니다.

「이존당기(以存堂記)」에는 장중거(張仲擧)라는 아주 걸걸한 인물이 나오는데 이런 불한당도 여지없이 설복시키는 명쾌한 논리를 제시합니다. 논리가 소용없는 사람이 있습니다. 불한당이 그렇죠. 장중거가 바로 그런 불한당인데 연암의 글에는 순순히 승복합니다. 이처럼 연암의 글은 당시의 문인들뿐만 아니라 완고한 사대부나 여인들, 심지어 그를 탄압했던 정조까지도 결국 인정할 수밖에 없었을 정도로 설득력이 강했습니다.

「공작관기(孔雀館記)」는 연암이 연경에 갔다가 처음 본 공작새를 묘사한 글인데, 마치 눈앞에서 공작새를 보는 것같이 사실적으로 그렸습니다. 사물을 보는 눈이 아주 밝고 그 사물을 자기의 언어로 다채로우면서도 정교하게 묘사했습니다. 그 때문에 공작새를 본 적이 없는 사람도 충분히 그 모습을 상상할 수 있습니다.

「하풍죽로당기(荷風竹露堂記)」는 읽고 있으면 절로 무릎을 치게 하는 절묘한 비유와 운치가 돋보이는 글입니다. 하풍(荷風)은 연꽃 바람이에요. 바람이 불어올 때 연꽃 향기가 실려 오는 것을 하풍이라고 표현한 거죠. 죽로(竹露)는 댓잎에 맺힌 이슬입니다. 본래 하풍죽로당 터는 쓰레기, 오물 처리장이었어요. 그곳을 깨끗하게 치우고 연못을 만든 다음, 연꽃도 키우고 파초도 심습니다. 그리고 마치 연못 속에서 누각이 솟아나는 모양처럼 건물을 조성합니다. 그 건물의 이름을 하풍죽로당이라 짓고 기(記)를 쓴 겁니다. 악취가 진동하던 곳이 향기로운 곳으로 바뀌고 백성을 사랑하는 마음을 실어 마무리를 합니다.

「불이당기(不移堂記)」에서는 보이지 않는 것도 보이게 하는 문장의 마술을 발휘합니다. 이 글에서 연암은 자기 목숨이 위태로운 지경에서도 의연한 조선 시대 사대부의 정신세계를 잘 그려냅니다. 지금의 우리로서야 그런 정신이 부담스럽지만 연암의 글을 통해서 그들의 정신세계가 어떠했는지 생생하게 느낄 수 있습니다.

아무리 하찮은 이야기라도

연암의 문학에 큰 영향을 끼친 『장자』 같은 문헌은 굉장히 거창한 소재를 가지고 이야기를 펼쳐 나갑니다. 이를테면 「제물론」 편에서 장자는 천뢰(天籟), 지뢰(地籟), 인뢰(人籟) 따위의 음악을 이야기하는데, 인뢰는 사람이 악기로 만들어 연주하는 음악이고, 지뢰는 바람이 불 때 대지의 온갖 구멍에서 나는 소리를 말합니다. 그 수많은 구멍 중에서 어떤 것은 사람의 콧구멍 같고, 어떤 것은 사람의 입 같고, 어떤 것은 사람의 귀 같고, 어떤 것은 가로지른 나무 같고, 어떤 것은 나무 그릇 같고, 어떤 것은 절구통 같고, 어떤 것은 깊은 웅덩이 같고, 어떤 것은 얕은 웅덩이 같은데, 거기서 물이 급히 부딪치는 소리, 화살이 나는 소리, 꾸짖는 소리, '헉헉' 들이마시는 소리, 외치는 소리, 볼멘소리, 웃는 소리, 아양 떠는 소리 등 별별 소리가 다 나옵니다. 대자연의 소리를 표현한 거죠. 게다가 천뢰는 귀로는 들을 수 없는 하늘의 소리입니다. 이게 장자의 방식이에요.

그런데 연암은 그런 거창한 소리가 아니라 아주 하찮은 소리를 소재로 비슷한 맥락의 글을 씁니다. 예를 들어 시골 사람이 잠잘 때 내는 코 고는 소리 같은 것을 소재로 이렇게 씁니다.

> 일찍이 시골 사람과 함께 잠을 잤는데, 코 고는 소리가 우렁차서 어떤 때는 토하는 것 같고 어떤 때는 휘파람 부는 것 같고 어떤 때는 탄식하는 것 같고 어떤 때는 우는 것 같고 어떤 때는 불을 부는 것 같고 어떤 때는 솥 안의 물이 끓는 것 같고 어떤 때는 빈 수레가 덜컹거리는 것 같고 숨을 들이쉴 때는 드르렁거리며 톱질하는 소리가 나더니 내쉴 때는 마치 새끼 돼지가 씩씩대는 소리가 났다. 다른 사람이 흔들어 깨우자 벌컥 화를 내면서 "나는 코를 곤 적이 없다"라고 하였다.
>
> ─『연암집(燕巖集)』, 「공작관문고서(孔雀舘文稿序)」[1]

표현 하나하나가 절묘합니다. 우리는 코를 골아서 시끄럽네, 잠을 한숨도 못 잤네, 이러고 말 텐데 연암은 다르게 그려 내죠. 그 하찮은 것을 설명하는 데 온 우주의 사물을 다 동원합니다. 그다지 유명하지도 않은 개인의 사소한 일상을 남다른 눈으로 보고, 또 그것을 즐길 줄 아는 거죠. 뭔가 거창한 일을 해서 영웅이 되기를 바라다 보면 작지만 소중한 것을 놓치기 쉽죠. 그런 면에서 연암은 눈이 참 밝았던 사람이다 싶습니다.

아무리 괴상한 사람이라도

돌아보면 주변에 이상한 취미를 가진 사람들이 많습니다. 수집 취미를 가진 사람 중에서 수석이나 난초가 아니라 중고 구두를 수집하는 사람도 있더군요. 『연암집』에도 이상한 취미를 가진 사람들이 자주 등장합니다. 제가 연암을 주제로 강의할 때마다 꼭 이야기하는 인물이 김홍연인데, 「발승암기(髮僧菴記)」는 연암이 김홍연이라는 사람을 두고 쓴 글입니다.

　연암은 산에 오르는 걸 좋아했습니다. 금강산뿐 아니라 속리산이니 묘향산이니 가야산이니 온 산을 다 돌아다녔어요. 산에 올라가면 꼭 전인미답지처(前人未踏之處), 다른 사람이 한 번도 발을 딛지 않은 곳에 올라가 보려는 욕심이 있었어요. 그런데 여기는 아무도 밟아 보지 못한 곳이겠지, 하고 올라가면 바위에 큼지막하게 김홍연이라는 글자가 새겨져 있는 거예요. 그것도 어디를 가나 제일 꼭대기에 새겨져 있어요. 예를 들어 금강산에서는 수많은 사람들이 바위에 글씨를 새겼는데 가장 높은 곳에 김홍연이라는 이름 세 글자가 새겨져 있는 걸 봅니다. 밑에서도 보일 정도니까 얼마나 크게 새겼겠습니까? 연암의 글에 따르면 사슴 다리만 한 굵기로 새겼다고 합니다. 어떤 때는 깊은 산을 올라가다가 내가 올라가긴 올라간다만 이 험한 길을 다시 내려갈 수 있을까 싶어 다리가 후들거리고 정신이 아득해지는 순간에 김홍연 세 글자가 새겨져 있는 걸 보고 이놈도 올라갔는데 내가 못 올라가랴 싶어서 기운을 낸 적도 있다고 합니다. 그러니 도대체 김홍연이 누군지 궁금해질 수밖에 없겠죠. 그러다가 김홍연을 안다는 사람을 만나는데, 그 사람이 김홍연은 왈자인 데다 힘이 장사여서 양 옆구리에 기생 둘을 끼고 담을 뛰어넘는 괴력의 소유자라고 해요. 그러니 궁금증이 커질 수밖에요. 나중에 연암이 실제로 김홍연을 만납니다. 그때는 김홍연이 이미 늙어서 기세도 많이 꺾이고 초라해진 모습이었다고 합니다. 그를 보고 연암은 젊은 시절의 김홍연을 만나 보지 못한 것을 애석하게 여깁니다. 연암이 김홍연에게 왜 온 나라의 산에 이름을 새기고 다니느냐고 묻자 김홍연은 자기 이름을 후세에 널리 알리기 위해서 그랬다고 합니다. 연암이 보기에는 가소롭겠죠. 돌에 이름을 새긴다고 오래갈 리 없잖아요. 그런데 나중에 김홍연이 연암을 찾아와서 자기 이야기를 글로 써 달라고 합니다. 이름을 남기는 방법을 제대로 안 거죠. 결국 연암의 글에 의지해서 김홍연이라는 이름이 지금까지 알려졌으니까요. 한유의 문장에 나오면 그저 그런 사람도 길이길이 전해지는 것과 같습니다. 이태백 문장에 들어간 한형주도 사실 그렇게 뛰어난 인물은 아니었는데 이태백이 「여한형주서(與韓荊州書)」를 쓰는 바람에 이름이 계속 전해진 것과 마찬가지이치입니다.

연암이 김홍연의 특이한 행적을 평가한 대목을 읽어 보겠습니다.

> 까마귀는 온갖 새가 다 검은 줄 알고, 백로는 다른 새가 희지 않은 것을 의아해 하는구나.
> 흰 새와 검은 새가 각기 옳다고 우기면 하늘도 그 송사에 싫증 내겠네.
> 사람은 모두 두 눈이 갖춰져 있지만 한 눈을 감아도 잘만 보인다네.
> 어찌 꼭 두 눈이라야 밝게 본다 하겠는가. 한 눈뿐인 사람들 사는 나라도 있다 하네.
> 두 눈도 오히려 적다고 의심하여 도리어 이마에 덧붙이기도 하고,
> 다시 저 관음불은 모습을 바꾸면 눈이 천 개나 되는구나.
> 천 개의 눈이 다시 필요할 것인가? 장님도 검은 것은 볼 수 있다네.
> 김군은 병에 걸린 사람으로 부처에 의지하여 자기 몸 보존한다네.
> 돈을 쌓아 놓고 쓰지 않는다면 거지의 가난과 다를 것이 뭐 있겠나.
> 뭇사람들은 각기 자기만족에 사는 법이니 꼭 서로 배울 것은 없지.
> 대심(大深: 김홍연의 자)은 이미 뭇사람과 다른 길을 갔는데, 이 때문에 서로 의아하게 여긴 거지.
>
> ─『연암집(燕巖集)』,「발승암기(髮僧菴記)」❷

김홍연은 원래 거부였는데 그 돈을 엉뚱한 데 다 써 버립니다. 이 글에서 연암은 김홍연처럼 특이한 취향을 가지거나 그런 행동을 하는 사람을 마치 흰 새와 검은 새가 다른 것처럼 그저 취향이 다를 뿐이라고 이야기합니다. 흔히 사람들은 자신이 알고 있는 것과 다른 이야기를 듣거나 취향이 다른 사람을 만나면 쉽게 인정하지 못하는 경향이 있죠. 이는 컴퓨터에 폴더를 만들어 자료를 저장하는 것과 비슷합니다. 기존의 폴더에 분류되어 있지 않는 새로운 데이터가 나타나면 골치가 아프죠. 그냥 폴더를 하나 더 만들면 되는데 시야가 좁으면 난감해집니다. 연암 같은 경우는 폴더의 개수가 아주 많은 데다 계속해서 새로운 폴더를 만드는 사람이라고 할 수 있습니다. 우주 삼라만상을 다 이해하려고 하면 삼라만상의 개수만큼 분류를 하면 됩니다. 물론 알고 있는 언어의 개수가 그만큼 많아야겠지요.

누구나 벗이 될 수 있다

> 학문하는 도리는 다른 것이 없다. 알지 못하는 것이 있으면 길 가는 사람을 붙잡고 물어보는 것이 옳다.
>
> ─『연암집(燕巖集)』, 「북학의서(北學議序)」❸

연암은 세상의 모든 사람을 다 사귈 것처럼 살았습니다. 공자는 스승과 제자가 벗이라고 했잖아요. 성리학에서는 도를 아는 사람, 덕이 훌륭한 사람에게 물어봐야지 어디 길 가는 사람한테 물어보느냐고 하죠. 지식에 위계가 있는 겁니다. 그런데 연암 시대에 오면 이미 이익 같은 백과전서적 지식을 추구한 사람들이 나타났기 때문에 상황이 달라집니다. 모르는 게 있으면 어린아이한테라도 물어야 한다는 겁니다. 모든 사람이 스승이 되고 누구나 벗이 될 수 있습니다.

그렇다고 해서 연암이 벗들과 잘 지내기만 했느냐 하면 그렇지 않습니다. 연암에게도 평생의 악연이라고 할 만한 사람이 있었어요. 그것도 아주 가까운 사람이었어요. 원래 가깝지 않으면 평생의 악연이라고 할 만한 사람은 안 생기죠. 사랑이 깊은 만큼 미움도 커지기 마련이니까요. 연암의 악연은 유한준(俞漢雋, 1732~1811)과의 관계가 어긋나면서 비롯됩니다. 유한준은 본래 연암과 절친한 사이였습니다. 다음 글을 읽어 보면 연암이 얼마나 유한준을 좋아했는지 알 수 있습니다.

> 저물녘 용수산에 올라 그대를 기다렸으나 오지 않더군요.
> 강물이 동쪽에서 흘러오더니 어디로 가는지 보이지 않습디다.
> 밤 깊어 달빛과 함께 돌아왔는데,
> 정자 아래 늙은 나무가 허옇게 마치 사람이 서 있는 듯하기에,
> 난 또 그대가 먼저 와 그 사이에 서 있는가 했다오.
>
> ─『연암집(燕巖集)』, 「답창애지오(答蒼厓之五)」❹

용수산은 개성 부근에 있는 산이에요. 거기서 친구인 창애(蒼厓: 유한준)를 기다리는데 친구는 안 오고 강물만 흘러가요. 기다리다가 밤이 깊어 내려옵니다. 내려오다 정자에 이르렀는데 그 옆에 허옇게 서 있는 나무가 마치 사람 같았던 거죠. 친구인가 했더니 아니었어요. 연암의 이 글을 읽으면 누구라도 저 나무가 서 있는 곳에 같이 있고 싶을 정도로 친구를 생각하는 마음이 절절하게 드러나 있습니다.

이토록 절친한 관계가 어긋나기 시작합니다. 유한준이 자주 연암에게

자신의 글을 보내 평가를 부탁했는데, 연암의 평가가 높지 않았어요. 그 때문에 관계가 조금씩 멀어지다가 1802년, 연암이 66세 때 선친의 묘를 포천으로 이장하려 했는데 유한준이 방해해서 뜻을 이루지 못합니다. 글 쓰기에 대한 견해가 달라서 사이가 벌어진 거예요. 이후 유한준은 연암의 『열하일기』를 두고 오랑캐의 연호를 쓴 책이라고 비방합니다. 당시의 시대 상황에서 오랑캐의 연호를 쓴 책이라는 식의 비방은 굉장히 치명적이고 흑색적인 공격입니다. 이건 인신공격이지 비평이라고 할 수 없습니다. 예전에 소설가 정비석의 『자유부인』이라는 책이 북한 공산 집단의 사주를 받아 쓴 책이라는 비난을 받았더랬어요. 말하자면 그런 저열한 방식의 비난에 가깝습니다. 오랑캐 연호를 쓴 책이라고 하는 건 요즘식으로 이야기하면 빨갱이 책이라고 하는 것과 비슷하죠. 온 세상 사람을 다 사귈 듯이 사람을 좋아했던 연암이 이렇게 절친했던 친구와 원수지간이 된 것만 봐도 우정을 지키기란 결코 쉽지 않다는 것을 알 수 있습니다.

아버지가 그리워 형을 바라보다

우리 형 얼굴 수염 그 뉘를 닮았던가.
아버지 생각나면 우리 형 쳐다봤지.
이제 형 그리우면 어디에서 볼 것인가.
두건에 옷 걸치고 냇물에 날 비추어 보아야겠네.
—『연암집(燕巖集)』, 「연암억선형(燕岩憶先兄)」[5]

연암은 굉장히 예민한 사람이에요. 1787년 51세 때 큰형 박희원(朴喜源)

이 58세의 나이로 죽습니다. 그러고 나서 지은 시가 「연암억선형(燕岩憶先兄)」입니다. 읽고 있으면 눈물이 나는 시입니다. 이해에 아내 이씨가 죽자 절구 20수를 짓고 그 뒤로 죽 혼자 지냅니다. 다른 사람 같으면 혼자 살지는 않았을 겁니다. 당시는 결혼한 남자가 40세가 넘으면 본부인이 직접 유순한 사람을 골라서 일부러 소실을 들이기도 했어요. 다산 정약용은 본부인이 있는데도 강진 유배 생활 도중에 소실을 들입니다. 다산과 연암을 비교해서 강의할 때 이 대목에 이르면 다산의 인기가 떨어지고 연암의 인기가 높아지더라고요. 아무튼 이런 면모만 봐도 연암은 감수성이 굉장히 예민했다는 것을 알 수 있습니다.

연암을 많이 도와주었던 홍대용은 연암보다 여섯 살이 많았는데 아주 절친했어요. 1782년 홍대용이 53세로 단명하자 연암이 음악을 끊어 버립니다. 홍대용은 철현금의 명인, 음악의 명인이었죠. 연주를 하면 홍대용이 생각나니까 음악 연주를 하지 못합니다. 이런 예민한 감수성이 「연암억선형」 같은 시를 낳았겠지요.

역사적으로 명문으로 일컬어지는 문장들이 있습니다. 보통 제갈공명의 「출사표」를 읽고 울지 않으면 충신이 아니고, 「진정표」를 읽고 울지 않으면 효자가 아니고, 「제십이랑문(祭十二郎文)」을 읽고 울지 않으면 형제 간의 정을 모르는 자라고 해요. 「제십이랑문」은 한유가 자기 조카가 죽었을 때 쓴 글입니다. 열두 번째 아우라고 되어 있지만 사실은 형의 아들이에요. 한유가 어릴 때 고아가 되어 형에게 의지하면서 조카와 형제처럼 지냈어요. 그나마 있던 형들도 다 죽고 아버지의 대를 이어 줄 사람으로 자식 가운데는 자기만 남고 손자로는 오직 조카가 남아, 양대(兩代)에 걸쳐 겨우 한 사람씩 "몸뚱이도 하나, 그림자도 하나뿐"이라고 해서 '형단영척(形單影隻)'이라고 표현했습니다. 친척이라고는 형의 아들밖에 없었는데 그 조카가 죽습니다. 저는 「출사표」나 「진정표」를 처음 읽었을 때는 가슴이 뭉클하긴 했지만 눈물이 나지는 않았습니다. 충신이나 효자는 아닌 모양입니다. 그런데 「제십이랑문」과 「연암억선형」을 처음 읽었을 때는 눈물을 흘렸습니다. 연암의 이 글에는 형 생각, 아버지 생각이 다 들어가 있습니다. 돌아간 사람을 생각하는 절절함이 보이는데 이걸 이해하려면 형제 간의 사랑을 어버이를 생각하는 마음과 연결지어 생각해 볼 수 있어야 합니다.

명말 청초의 유학자 장대(張岱, 1597~1685)는 『사서우(四書遇)』라는 책을 남겼는데 이 책에 쓰길, 밤에 자기 아들이 아프면 아들의 방에 한 번 가서 차도를 살펴보고 돌아오는데, 형의 아들이 아프면 밤새 십여 차례 왔다 갔다 하면서 살펴본다고 합니다. 그런데 형의 아들이 아플 때는 밤새도록 왔다 갔다 하지만 돌아와서 잠깐이라도 편안하게 잠드는데, 아들이 아플 때는 단 한 번 가서 살펴보지만 밤새 잠을 이루지 못한다고 했습니다. 장대는 자신의 그런 마음을 사심(私心)이라고 표현했는데, 그 사심을 이기고 형의 아들을 먼저 돌본 겁니다. 유학자다운 처신이라 해야겠죠.

초등학교 2학년 때 제가 살던 곳에 댐이 터져서 물난리가 난 적이 있습니다. 학교 운동장이 물에 잠겨서 아이들이 집에 못 가게 되니까 부모들이 와서 아이들을 업고 갔습니다. 아이들이 하나둘씩 찾아온 어른들의 등에 업혀 집으로 갈 때 저도 아버지를 기다리고 있었습니다. 이윽고 저 멀리 아버지의 모습이 보였을 때 얼마나 기쁘고 반가웠는지 모릅니다. 그런데 아버지가 오시더니 저는 그냥 놔두고 제 사촌을 먼저 업고 가시는 거예요. 그때의 충격은 이루 말로 표현할 수 없습니다. 물론 아버지가 다시 와서 저를 업고 가긴 했습니다. 하지만 어린 마음에 그 일은 커다란 상처로 남았고 오랫동안 저는 아버지의 그때 행동을 이해할 수 없었습니다. 그러다가 장대의 『사서우』를 읽을 때 깨달았습니다. 장대가 자기 아들이 아플 때 단 한 번 살펴보고 돌아와서는 밤새 잠을 이루지 못했듯이, 제 아버지도 사촌을 업고 가는 내내 저를 생각하셨으리라는 걸요. 그땐 아버지가 이미 돌아가신 뒤였습니다.

「연암억선형」은 연암이 세상을 떠난 형을 그리워하는 마음에서 지었지만, 형의 얼굴을 보면서 돌아가신 아버지를 생각하는 마음이 먼저 보입니다. 이미 이 세상에 없는 아버지를 보고 싶으면 형의 얼굴을 가만히 보면 되는 거죠. 형의 얼굴 생김새나 수염이 아버지의 모습과 닮았으니까요. 그렇게 아버지 생각이 나면 형의 얼굴을 바라보면서 그리움을 달랬는데, 이제 그 형이 이 세상에 없습니다. 그래서 냇가에 가서 자신의 얼굴을 비춰 보면서 자기 얼굴에 혹시 형의 그리운 모습이 보이는지 찾는 겁니다. 냇물에 비친 자신을 들여다보며 형과 아버지의 모습을 찾는 연암의 모습에서 아버지와 형, 자신을 하나로 잇는 감수성의 깊이가 보입니다.

열하의 물소리에서 인간의 마음을 엿보다

『열하일기』에서 가장 유명한 글이 하룻밤에 아홉 번 강을 건너가는 과정을 기록한 「일야구도하기(一夜九渡河記)」입니다. 연암이 열하에서 만난 물을 어떻게 바라보았는지 글을 읽으면서 살펴보겠습니다.

강물이 두 산 사이로 쏟아져 나와 돌에 부딪쳐 개처럼 으르렁거리며 싸운다. 놀란 파도, 사나운 물결, 분노에 찬 여울, 성난 물보라, 슬피 우는 여울, 원망에 가득 찬 물굽이, 소 떼처럼 달려가서 거꾸로 뒤집히는 물, 신음하는 소리, 울부짖는 소리, 호통치는 소리, 고함치는 소리, 이런 것들이 만리장성을 깨뜨릴 듯한 형세가 있어서 전투용 수레 만 승(乘), 전투용 기마대 만 대(隊), 전투용 대포 만 가(架), 전고(戰鼓) 만 좌(坐)로서는 이 물이 무너지고 쏟아지고 터지고 누르는 소리를 표현할 수 없다. 물가에 있는 제방의 버드나무가 캄캄하고 아득하여서 마치 물속에 있는 물귀신들이 다투어 나와 사람을 속이는 듯한 모양이다. 좌우에 있는 교룡과 이무기 따위가 사방을 가로채는 듯하다.

어떤 사람은 이렇게 말한다. "여기가 옛날에 전쟁터였기 때문에 강물이 저렇게 우는 것이다." 하지만 이는 그 때문이 아니다. 물소리는 어떻게 듣느냐에 따라 달라지는 것이다.❶-1

처음 산에서 쏟아져 나온 물의 형세를 개들이 으르렁거리며 싸우는 모양으로 그려낸 것도 기발한데, 물이 파도치는 모습을 경악, 놀람, 분노, 슬픔, 원한 등 인간의 온갖 감정에 빗대 묘사합니다. 경도(驚濤), 해랑(駭浪), 분란(憤瀾), 노파(怒波), 애단(哀湍), 원뢰(怨瀨)라는 표현에서 도(濤), 랑(浪), 란(瀾), 파(波), 단(湍), 뢰(瀨)는 모두 물의 시각적 모습을 글자로 형용한 낱말이고, 경(驚), 해(駭), 분(憤), 노(怒), 애(哀), 원(怨)은 그 물을 바라보는 사람의 격한 마음을 표현한 것이죠. 이어서 물의 청각적 신호를 신음[嘶], 포효[哮], 호통[號], 고함[喊] 따위의 소리를 빌려 묘사함으로써 열하의 물이 감정을 가지고 살아 움직인 듯이 그려냅니다. 이어서 전투용 수레, 전투용 기마대, 전투용 대포, 전쟁 때 치는 북 등 상상할 수 있는 온갖 종류의 사물을 동원하여 물이 얼마나 세찬 기세로 흐르는지 생생하게 표현합니다. 사실 열하의 물살이 아무리 세차도 이 글의 기세보다 더할 수는 없을 것 같은데, 연암은 이런 표현으로는 물소리를 다 표현할 수 없다고 이야기합니다.

이어서 어떤 사람이 물소리가 이렇게 험한 까닭은 이곳이 옛날에 전쟁 터였기 때문이라고 하자 연암은 바로 부정합니다. 물소리가 여러 가지 소리로 들리는 까닭은 대상인 물에 있는 것이 아니라 사람이 어떻게 듣느냐에 따라 달라지기 때문이라고 하죠.

> 내가 일찍이 연암에 있을 때 문을 닫아걸고 누워 여러 가지 소리를 비교하면서 들어 보았다. 물소리가 깊은 숲 속의 소나무가 내는 피리 소리처럼 들릴 때는 듣는 사람이 우아한 기분을 갖고 있을 때이고, 물소리가 산이 쪼개지고 절벽이 무너지는 듯 들릴 때는 듣는 사람이 분격했기 때문이고, 물소리가 뭇 개구리가 다투어 우는 소리처럼 들리면 듣는 사람의 마음이 교만하기 때문이다. **❾-2**

캄캄한 밤중에 열하의 세찬 물살을 만났는데, 연암은 자신이 살던 황해도 연암골 이야기를 꺼냅니다. 연암골의 물소리는 한결같은데 자신이 어떤 감정을 가지고 있느냐에 따라 물소리가 피리 소리처럼 들리기도 하고, 산이 무너지는 것처럼 들리기도 하고, 개구리 소리처럼 들리기도 한다는 겁니다. 그렇다면 열하의 물소리도 다를 바가 없겠죠.

사실 연암이 배를 타고 캄캄한 밤중에 물을 건너는데 세찬 물결 위에 배가 떠 있고, 배 위에 말이 있고, 연암은 그 말 위에 타고 있는 상황입니다. 그런 상황에서 강물이 미친 듯이 쏟아져 내리고 배가 심하게 흔들리니까 자칫하면 물에 빠져 죽게 되니 모두 두려움에 떨 수밖에 없습니다. 이 두려움을 없애지 못하면 강물을 건너 목적지까지 갈 수 없습니다.

한번 떨어지면 물속이다. 강물을 땅이라 여기고 강물을 옷이라 여기고 강물을 내 몸이라 여기고 강물을 내 본성이라고 여겨 한번 물속으로 떨어졌다고 생각했더니 마침내 귓속에서 물소리가 사라졌다. 모두 아홉 번이나 물을 건너는 데도 걱정이 없어서 마치 안석 위에 앉거나 눕거나 일어나고 머무는 것처럼 마음이 편안했다.

—『열하일기(熱河日記)』, 「일야구도하기(一夜九渡河記)」⑥-3

　연암은 물에 떨어졌다고 생각하고 나니까 마음이 편안해졌다고 이야기합니다. 물에 대한 두려움을 극복하기 위해서는 물과 친해지는 수밖에 없다는 말이죠. 이런 식으로 마음속의 두려움을 없애면 천 길 낭떠러지를 지날 때도 마음이 편안할 것입니다. 마치 비를 한 방울도 안 맞으려고 할 때는 비가 두렵다가 아예 맞아 버리고 나면 마음이 편안해지는 것과 같아요.

보이지 않아도 있다

앞에서 잠깐 말했듯이, 연암의 글 중에서 「불이당기(不移堂記)」는 목숨이 위태로운 지경에서도 의연한 사대부의 정신세계가 보이는 글입니다. 연암의 벗 사함(士涵)이 스스로 자신의 호를 죽원옹(竹園翁)이라 짓고 연암에게 글을 지어 달라고 부탁합니다. 죽원옹(竹園翁)은 '대나무집 늙은이'라는 뜻인데, 연암이 막상 가서 보니 사함의 집에는 대나무가 한 그루도 없었습니다. 연암이 사함에게 집에 대나무가 한 그루도 없는데 왜 호를 죽원옹이라고 지었느냐고 묻자, 사함은 그냥 한번 그렇게 해 봤다고 싱겁게 대답합니다. 어쨌든 친구의 부탁에 글을 짓는데, 연암은 느닷없이 자기 스승이었던 이양천(李亮天, 1713~1755)의 이야기를 꺼냅니다.

연암의 스승 이양천은 일찍이 시·서·화에 뛰어나 삼절로 불렸던 이인상(李麟祥, 1710~1760)과 막역한 사이였습니다. 본래 제갈공명을 흠모했던 이양천은 이인상에게 공명의 사당에 심어져 있는 잣나무를 그려 달라고 부탁합니다. 얼마 뒤 이인상이 족자를 보내왔는데 펼쳐 보니 잣나무 그림은 없고 양나라 사혜련(謝惠連)이 지은 「설부(雪賦)」, 그러니까 눈에 관한 시만 있는 겁니다. 이양천이 어찌 된 거냐고 묻자 이인상은 「설부」 안에 잣나무가 들어 있으니 잘 찾아보라고 대꾸합니다. 그림을 달라고 했는데 글씨를 보내오고 잣나무를 그려 달라고 했는데 눈 속에서 찾아보라니? 이양천이 의아해 할 수밖에요.

그런 일이 있고 나서 얼마 있다가 이양천은 임금의 잘못을 바로잡으려 간했다가 흑산도에 위리안치(圍籬安置)되는 어려움을 겪습니다. 유배지로 가는 길에 눈이 내렸는데 도중에 사약이 내려질지도 모른다는 전갈이 와요. 따라갔던 사람들이 모두 벌벌 떨며 울부짖는데 이양천은 문득 멀리 눈 속에 어리는 나무를 발견하고는 "아, 이인상이 말하던 눈 속의 잣나무가 바로 저기 있구나!" 하고 말합니다. 이양천은 자기 목숨이 왔다 갔다 하는 순간에도 이인상이 이야기했던 눈 속의 잣나무를 찾고 있었던 것이죠.

섬에 갇힌 뒤 큰 바람이 바다를 뒤흔드는 어느 날 밤, 사람들이 모두 혼비백산하여 토하고 어지러워하는데 이양천은 이렇게 노래합니다. "남쪽 바다의 산호야 꺾인들 어쩌겠는가마는 오늘 밤 임금의 처소가 추울까 걱정이라네〔南海珊瑚折奈何 秪恐今宵玉樓寒〕."

이런 일이 있은 지 얼마 뒤 이인상에게서 편지가 옵니다. "근래에 그대가 지은 산호곡(珊瑚曲)을 얻어 보았더니 잘 지내고 있는 줄 알겠소. 이제 보니 그대야말로 그림을 잘 그리는 사람이라 할 만하오."

이양천이 세상을 떠난 뒤 연암은 그의 삶을 돌아보며 이렇게 말합니다. "이학사(이양천)는 참으로 눈 속의 잣나무로다. 선비는 곤궁해진 뒤에 평소의 뜻을 살필 수 있는 법이니 어려움 속에서도 뜻을 바꾸지 아니하고 홀로 우뚝 서 있었으니 어찌 날씨가 추워진 뒤에도 변하지 않는 잣나무가 아니겠는가."

사람에게 이 이야기를 들려주고 연암은 이렇게 이야기를 마무리 짓습니다. "나의 벗 '죽원옹' 사함은 대나무를 사랑한다. 사함이 참으로 대나무를 아는 사람이라면 날씨가 추워진 뒤에 우리는 눈 덮인 그대의 뜰에서 대나무를 볼 수 있을 것이다."

잣나무와 대나무는 모두 선비의 변함없는 지조를 상징합니다. 이양천은 붓을 쥐고 그림을 그릴 줄은 몰랐지만 당대의 화가 이인상이 보기에 그야말로 자신의 삶으로 잣나무를 제대로 그린 사람이었던 것이죠. 연암 또한 자신의 벗 사함이 어려운 시절이 닥치더라도 변함없이 지조를 지켜 삶의 대나무를 그리리라는 믿음으로 보이지 않는 눈 속의 잣나무를 이야기한 것입니다.

사실 이런 정신세계는 전형적인 중세 논리입니다. 근대를 살아가는 우리로서는 참으로 이해하기 힘들고 보편적 가치라고 인정하기도 어렵습니다. 예컨대 이양천은 자신을 죽이려 한 임금을 여전히 사랑하는 마음을 담아 산호곡을 지었고 이인상이 보기에 이양천이야말로 그림을 제대로 그리는 사람이었지만, 이는 어디까지나 사대부의 입장에서 그렇다는 겁니다. 백성의 처지에서 보면 아마도 『서경』에 나오는 말처럼 "우리를 보살펴 주면 임금이고, 우리를 학대하면 원수다[撫我則后, 虐我則讎]", 이것이 더 보편적 가치에 부합하는 반응이 아닐까 싶습니다.

24장

정약용

세상의 모든 지식을 담다

학문의 바다를 만나다

이번에는 다산(茶山) 정약용(丁若鏞, 1762~1836)의 삶과 사상을 살펴보겠습니다. 앞서 남명 조식의 글을 읽고 있으면 마치 천 길의 벼랑이 앞에 서 있는 듯한〔壁立千仞〕 기상을 느낀다고 말씀드린 바 있습니다. 다산 정약용의 경우는 마치 망망대해(茫茫大海) 앞에 서 있는 느낌이 듭니다. 그만큼 정약용의 학문은 깊이와 너비에서 다른 학자들을 압도합니다.

정약용은 75세까지 살았지만 그중 18년을 유배지에서 보냈습니다. 유배 생활을 하면서 방대한 양의 저술을 남겼죠. 저술량이 무려 500만 자로 우리나라 역사상 가장 많은 저술을 남겼습니다. 500만 자, 어느 정도일까요? 한문으로 쓴 책 한 권이 만 자 정도 된다고 봅니다. 그러니 요즘으로 따지면 500권의 저술을 남긴 셈이죠. 인문, 사회, 정치, 경영, 의학, 자연

과학 등 세상의 모든 지식을 담았다고 할 정도로 내용도 다양한 방면에 걸쳐 있습니다. 지적 호기심이 모든 분야에 미쳤기에 다산은 백과전서적 지식을 추구한 학자로 분류할 수 있습니다. 백과전서적 경향은 다산뿐 아니라 18세기 조선 지식인들의 특징이기도 하고, 18세기 유럽 계몽기 사상가들에게서도 찾아볼 수 있는 세계적 현상입니다. 다산 정약용은 그런 특징을 가장 잘 드러내는 학자여서 실학의 집대성자로도 손꼽힙니다.

다산의 글에는 백성의 근심을 자기 근심으로 여기고 백성의 기쁨을 자기 기쁨으로 여겼던 불우한 지식인의 간절한 마음이 고스란히 드러나 있습니다. 그가 보여 주었던 지식인의 책임 의식은 지금까지 글을 읽는 이들에게 큰 울림을 줍니다.

앞서 연암 박지원의 문학과 사상을 살펴보았습니다만 사실 연구자들 가운데 연암을 좋아하는 사람은 다산을 별로 좋아하지 않고 다산을 좋아하는 사람은 연암을 그다지 좋아하지 않는 경향이 있습니다. 그만큼 여러 면에서 두 사람이 다릅니다. 예컨대 글쓰기 방식에서부터 세상을 바라보는 관점, 인생관, 여성을 바라보는 관점에서도 상당히 다른 면모를 보입니다. 특히 가족 관계를 어떻게 바라보느냐에 따라서 어떤 이는 연암이 좋다 하고 어떤 이는 다산이 좋다고 합니다. 저는 둘 다 좋아합니다만.

우리 역사에서 가장 많은 저술을 남긴 학자라고 했지만 다산이 양을 가지고 승부한 학자는 아닙니다. 물론 저술 분량도 특기할 정도로 많습니다. 1936년에 『여유당전서(與猶堂全書)』(활자본 154권 76책)가 처음 영인본(20권)으로 나왔습니다. 저는 1990년대 초반에 처음으로 『여유당전서』를 보았는데, 당시에는 책의 분량도 많고 가격이 비싸서 엄두를 못 내다가 나중에 기회가 생겨서 저렴한 가격으로 구입했습니다. 구입한 후 전체가 몇 글자인지 세어 봤는데, 대략 400만 자 정도였습니다. 그 후 가는 곳마다 다산의 저술량이 400만 자라고 이야기했는데 틀렸다고 지적하는 사람이 없었습니다. 요즘은 고전번역원 같은 데서 다산의 저술을 모두 입력해 두어서 일일이 세어 보지 않고도 분량을 정확하게 알 수 있습니다. 알고 보니 500만 자가 넘더라고요. 이 정도면 조선에서 가장 많은 저술을 남긴 게 틀림없습니다. 중국 명말 청초의 사대가(四大家) 중에서 방이지(方以智, 1611~1671), 황종희(黃宗羲, 1610~1695), 고염무(顧炎武, 1613~1682)는 각각 400만 자 이상의 저술을 남겼고, 그중 왕부지(王夫之, 1619~1692)의 저술량은 800만 자에 달합니다. 중국과 조선을 통틀어 저술량이 가장 많은 사람은 왕부지인 듯합니다.

다산이 이렇게 많은 저술을 남길 수 있었던 것은 개인적 불행이 한몫했습니다. 1801년부터 시작해서 1818년에 해배되기까지 18년간 유배 생활을 했는데, 세상과 완전히 차단된 상태였기에 할 수 있는 게 글 쓰는 일밖에 없었어요. 요즘도 농담 삼아 인문학자들이 글을 쓰게 하려면 유배를 보내야 한다고 하는데, 그럴 때마다 다산 이야기를 합니다. 다산뿐 아니라 회재 이언적 같은 철학자도 출사해서 벼슬할 때는 저술이 많지 않았습니다. 오히려 온갖 사화를 겪고 유배 간 뒤에 저술에 몰두합니다. 『대학장구보유』 같은 중요한 저술도 유배지에서 집필했으니까요.

탄탄대로의 벼슬길

말씀드린 대로 다산 정약용은 당대 최고의 지식을 축적한 대학자입니다. 그런데 그의 삶은 어땠을까요? 행복한 시절도 있었고 불행한 시절도 있었지만 행복이 컸던 만큼 그 불행의 깊이도 깊었습니다.

젊은 시절 다산은 탄탄대로를 걸었습니다. 벼슬길에 나아가서도 승승장구합니다. 이를테면 22세 때 일찌감치 초시에 합격합니다. 22세 때 초시에 합격한 사람으로 율곡 이이, 서애 유성룡 등이 있습니다. 그리고 초시에 합격하면 대과를 준비하기 위해 성균관에 들어가는데 다산은 성균관에서 공부할 때부터 당시의 임금이었던 정조의 총애를 받아요. 임금의 눈에 든 것이죠.

다산의 임금은 정조입니다. 정조는 조선의 마지막 유학 군주인데 경사(經史) 방면에 탁월한 업적을 남긴 대단한 학자였습니다. 다산이 『시경강의』라는 저술을 남겼는데, 이 책이 나오게 된 배경에 정조가 있습니다. 정조가 『시경』을 읽고 질문 800개를 뽑아서 다산에게 주자 정약용이 그 질문에 대답한 것이 바로 『시경강의(詩經講義)』입니다. 『시경』에 실려 있는 시는 모두 311편인데 여섯 편은 내용 없이 제목만 있고 나머지 305편이 전해집니다. 정조가 이 305편을 읽고 질문 800개를 뽑습니다. 질문의 수량은 그 사람이 가지고 있는 지적 능력의 크기를 단적으로 보여 줍니다. 아는 게 많을수록 질문이 많겠죠. 아무것도 모르는 사람은 질문을 하지 않습니다. 물론 다 알고 있는 사람도 질문이 없겠지만요. 공자의 제자 안회가 "마치 어리석은 사람처럼 묻지 않았다[不違如愚]"라고 하는데 사실 그런 표현은 통찰에 해당하는 영역에 속하므로 역사적으로 실재하는 인물의 '지식'을 평가하는 표현은 아니라 해야 할 겁니다.

아무튼 다산은 그런 식으로 정조에게 인정받고 28세에 문과, 대과에 급제한 뒤 본격적으로 벼슬길에 나아갑니다. 맡았던 직책을 보면 희릉직장(禧陵直長), 가주서(假注書), 지평(持平), 교리(校理), 부승지(副承旨), 참의(參議)니 하는 중요한 직책을 거치면서 그야말로 승승장구의 관료 생활을 해 나갑니다. 그리고 그렇게 관료 생활을 하면서 정조의 측근이 됩니다.

잘 아시다시피 정조의 아버지가 사도세자죠. 그 때문에 정조가 사도세자의 묘소가 있는 수원에 자주 행차했는데, 다산은 임금의 일행이 한강을 건널 수 있도록 배다리를 건설합니다. 그런가 하면 거중기를 제작하여 수원화성을 축조할 때 큰 공을 세웁니다. 이처럼 벼슬길도 순탄했고, 벼슬을 하고 있는 동안 그야말로 능력을 크게 발휘합니다.

물론 다산을 평가할 때 배다리 설계, 수원성 축조, 거중기 설계 등 실용적 업적에만 치중하는 경향은 지양할 필요가 있습니다. 왜냐하면 그런 업적은 다산이 한 수많은 일 중에서 아주 작은 부분에 지나지 않으니까요. 그리고 이는 다소 과장된 측면이 없지 않습니다. 예컨대 배다리 설계는 정조의 아이디어에서 비롯되었고, 거중기도 다산이 처음 설계한 것이 아니라 당시 중국에서 전해진 설계도에 따라 제작했을 뿐입니다. 물론 아이디어나 설계도가 있다 해도 실제로 아이디어를 구현하고 기물을 제작하는 것은 다른 차원의 문제이니 이런 업적이 폄하될 이유는 없겠지요. 수원성의 경우도 대포를 놓은 부분을 밖으로 돌출시켜 성문 쪽으로 들어오는 적군을 타깃으로 포격을 할 수 있는 공심돈(空心墩)을 설치해서 난공불락의 철옹성으로 만들었죠. 이 공심돈 또한 다산이 처음 만든 것은 아닙니다. 그렇다 하더라도 다산이 당시까지 성을 축조하는 기술을 충분히 고증하고 그것을 토대로 가장 이상적인 수비형 성곽을 축조했다는 점에서 높이 평가해야 마땅합니다. 공심돈의 돈(墩)은 포대(砲臺)라는 뜻입니다. 아무튼 실용적인 측면의 업적도 평가해야 하지만 다산의 진정한 업적은 그가 이룬 학문적 성과의 깊이와 너비를 우선해야 합니다.

세상은 다산을 버렸지만

다산은 23세에 이벽(李蘗)에게서 서학(西學)에 관하여 듣고 관련 서적들을 탐독했는데 이 일이 결국 다산의 발목을 잡습니다. 그러니까 다산이 40세 때, 정조가 세상을 떠난 이듬해인 1801년에 유배에 처해집니다. 처음에는 지금의 포항 근처 장기로 유배되었다가 1801년에 전라도 강진으로 이배되는데, 1818년 57세로 해배될 때까지 모두 18년간 유배 생활을 합니다. 정조가 떠난 세상은 다산을 역적으로 몰아서 다산의 일가를 폐족으로 규정하고 완전히 버립니다. 하지만 다산은 세상을 버리지 않았습니다. 해배되던 해인 1818년에 『목민심서』를 탈고했는데, 다산은 폐족의 신분이어서 세상에 참여할 수 없는데도 당시의 목민관이 어떻게 해야 조선의 백성들을 잘 다스릴 수 있는지 고민하고, 구체적인 항목을 일일이 기록하여 지금까지 글을 읽는 사람들에게 지식인의 책임이 무엇인지 되묻게 합니다.

다산은 훗날 "내가 젊은 시절에 길을 잘못 들어 서학에 빠졌다"라고 서학, 곧 천주교에 빠졌던 자신을 질책하는 글을 쓰기도 했습니다. 하지만 이것을 글자 그대로 이해해서 다산이 정말 후회했다고 단정하기는 어렵습니다. 저는 다산이 유학자이면서 동시에 천주교 신자였고, 그런 자신의 삶을 정말 후회했다고는 생각하지 않습니다. 젊은 시절에 길을 잘못 들었다고 한 건 당시 천주교가 탄압받던 상황에서 자신을 지키기 위해 한 발 물러선 것이지 실제로 후회하는 것으로 보지 않습니다. 다산이 남긴 저술을 상당 부분 읽었지만 천주교를 부정했다고 확신할 만한 근거를 찾기 어려웠고 오히려 천주교를 통해서 습득한 새로운 세계관이 다산의 학문을 이해하는 데 매우 중요한 역할을 한다고 판단했기 때문입니다. 물론 저는 연구자로서 다산이 천주교 신자든 아니든 상관 없습니다. 저는 천주교 신도도 아니고 정약용 신도도 아니고 연구자일 뿐이니까요. 어떤 학자는 다산의 글 대부분이 육경고문에 관한 내용인데 어떻게 천주교 신자라 할 수 있겠느냐고 하는데, 다산의 글 중에 99퍼센트가 육경고문의 내용이고 1퍼센트가 천주교와 관련된 내용이라 하더라도 그 1퍼센트가 다산이 추구하는 가치의 핵심일 수도 있습니다. 예를 들어 주자학의 경우도 기본적인 이론 틀은 도교나 불교에서 빌려 온 게 많습니다. 하지만 가장 중요한 수양의 영역에서 차이가 나기 때문에 주자학을 불교나 도교라고 할 수 없는 것과 마찬가지입니다.

정조가 죽은 다음 해인 1801년(순조 1)에 이른바 신유사화가 일어납니다. 이때 다산의 형 정약종이 참수당하죠. 앞에서 말했듯이 다산은 이해 2월에 장기로 유배되었다가 같은 해 11월에 강진으로 이배되고, 이후 18년 동안 유배지에서 지냅니다.

정약용의 당호(當號)가 여유당(與猶堂)이죠. 다산이 지은 「여유당기」에 따르면 여유(與猶)는 본래 노자 『도덕경』에 나오는 '여혜약동섭천 유혜약외사린(與兮若冬涉川 猶兮若畏四隣)'에서 따온 것이라고 합니다. 그런데 막상 『도덕경』을 찾아보면 표현이 조금 다릅니다. 『도덕경』 15장에 '예혜약동섭천 유혜약외사린(豫兮若冬涉川 猶兮若畏四隣)'이라는 구절이 나오는데, 맨 앞 한 글자가 여(與)가 아닌 예(豫) 자로 표기되어 있습니다. 제가 확인해 보니 통행본 『도덕경』, 그러니까 사고전서본, 노자집해본, 고일총서본, 도장본 『도덕경』에는 모두 '예혜약동섭천(豫兮若冬涉川)'으로 맨 앞 글자가 '예(豫)'로 되어 있고, 유독 사부총간본(四部叢刊本) 『도덕경』에만 '여혜약동섭천(與兮若冬涉川)'으로 맨 앞 글자가 '여(與)'로 되어 있습니다. 그러니 다산이 읽었던 『도덕경』은 사부총간본이었던 것으로 보입니다. 물론 맨 앞 글자가 '여(與)'로 표기된 또 다른 판본으로는 마왕퇴에서 출토된 백서본도 있습니다. 하지만 1836년에 세상을 떠난 다산이 1974년에 발굴된 백서본 『도덕경』을 보는 것은 불가능하지요.

아무튼 '여유(與猶)'는 세상을 조심조심 살자는 뜻입니다. 여(與)는 원래 겨울철에 짐승이 물을 건널 때 조심조심 하는 모습이고, 유(猶)는 개가 사방을 돌아보면서 두려워하는 모습을 형용한 글자로 '여'와 '유'는 뜻이 같습니다. 그래서 '여혜유혜(與兮猶兮)'라고 하면 조심조심 한다는 뜻으로 쓰입니다. 하지만 형들이 참수당하기도 하고 유배 가기도 하고, 자신도 유배되었다가 겨우 풀려난 험한 처지에서 조심조심 살아야겠다는 다짐을 담아 당호도 여유당이라고 지었던 다산이 "내가 젊은 시절에 길을 잘못 들어서 서학에 빠졌다"라고 썼다 해서 그것을 글자 그대로 받아들이면 글을 잘못 읽은 겁니다.

정약용이 1762년에 태어났으니까 2012년이 다산 탄생 250주년이었습니다. 1836년에 세상을 떠났는데 그로부터 100년 뒤인 1936년에 다산의 『여유당전서』가 정인보를 비롯한 국학자들에 의해 세상의 빛을 봅니다. 이른바 다산학은 이 시기에 시작되었다고 할 수 있습니다. 앞서 간략하게 일생을 정리해 보았습니다만 생의 전반부인 20세 이후부터 40세에 이르기까지의 삶은 찬란하고 빛났습니다. 다산의 「자찬묘지명(自撰墓誌銘)」에 따르면 다산의 선조들은 8대를 연이어 문과에 급제하여 옥당(玉堂)에 들었고, 아버지 정재원(丁載遠, 1730~1792)은 진주 목사를 지낸 남인 계열 유학자였습니다. 외가는 해남 윤씨인데, 정약용의 외할머니가 공재 윤두서의 손녀이고, 윤두서의 증조할아버지는 고산 윤선도로 역시 남인 계열입니다. 연암 박지원의 가문도 대단하지만 정약용 집안도 만만치 않습니다. 친가도 외가도 상당히 명망 있는 가문입니다. 붕당을 기준으로 이야기하면 노론 계열이 배출한 실학자의 대표가 연암 박지원이라면 남인 계열이 배출한 실학자의 대표가 다산 정약용이라 할 수 있습니다.

붕당의 과정을 잠시 살펴보면, 처음에는 동인과 서인으로 나뉘었다가, 동인이 남인, 북인으로 나뉘고, 또 서인이 노론, 소론으로 나뉩니다. 영조 때는 시파와 벽파가 붕당을 형성하는데, 시파와 벽파는 장헌세자(사도세자)의 폐위를 둘러싸고 의견이 대립된 붕당을 말합니다. 사도세자를 동정하는 입장은 대체로 남인 계열로 시파에 속했고, 세자의 폐위를 정당시하는 쪽은 대부분 노론 계열로 벽파에 속했습니다. 사도세자는 정조의 아버지이니 정조 때 정약용을 비롯한 남인 계열이 다수 등용된 것은 정조의 정통성을 확립하기 위한 정치적 맥락이 작용한 결과입니다.

붕당의 역사는 곧 당쟁의 역사이기도 한데 이것도 당시의 사회경제적 맥락을 염두에 두고 바라보아야 이해할 수 있습니다. 예를 들어 당쟁의 내용 중에는 상복을 9개월 입을지 1년 입을지를 두고 목숨 걸고 싸우는 경우가 있는데, 우리가 보기에는 그런 문제를 가지고 극단적인 싸움을 벌이는 게 쉽게 이해되지 않습니다. 하지만 싸우는 목적이 어디에 있는지 생각해 보면 왜 조선 시대에 그런 문제를 가지고 싸웠는지 이해할 수 있습니다. 지금 우리 시대의 정치인들이 이권을 놓고 다투는 것이나 크게 다르지 않기 때문입니다. 상복 제도를 둘러싸고 일어난 예송 논쟁도 다 이권과 관련이 있습니다. 조선 시대는 혈연 사회니까 유교적 종법의 지배를 받습니다. 따라서 혈연의 친소에 따라 상속의 권리가 결정됩니다. 상속의 권리가 어느 정도 있느냐를 가지고 싸우는 게 예송 논쟁이 되죠. 그 당시에 맞는 경제적 맥락이 있는 겁니다. 겉으로는 학문 논쟁으로 포장되어 있지만 알고 보면 상속이라는 이권과 연결됩니다. 제사를 지내는 행위도 단순히 조상을 추모하는 데 그치지 않고 일종의 사회적 행위를 의미하므로 사회경제적 맥락 속에서 바라보아야 합니다.

어쨌든 정약용은 남인 계열 유학자였고 그 때문에 정조에 의해 중용되지만 정조가 세상을 떠난 뒤에는 완전히 버려집니다. 역적으로 몰렸으니 더는 희망이 없는 처지가 된 것입니다.

1표(表)와 2서(書)로 천하국가를 다스린다

다산을 실학의 집대성자라고 하는데, 다산이 인문, 사회, 정치, 경영, 의학, 자연과학 등 거의 모든 방면에 걸쳐 당대 최고 수준의 지식을 축적했기에 그렇게 부르는 것입니다. 「자찬묘지명」에서 스스로 자신의 대표 저술을 1표 2서라고 했는데, 1표는 『경세유표(經世遺表)』, 2서는 『목민심서(牧民心書)』와 『흠흠신서(欽欽新書)』를 가리킵니다. 하지만 다산 스스로도 이 책들이 세상에 쓰이리라고 기대하지는 않았습니다. 「자찬묘지명」에서 "육경(六經)과 사서(四書)로 자기 몸을 닦고 1표(表)와 2서(書)로 천하국가를 다스리니, 본말(本末)을 갖춘 것이다. 그러나 알아주는 이는 적고 나무라는 이는 많으니, 만약 천명(天命)이 허락하지 않으면 횃불에 태워 버린다 해도 좋을 것이다"라고 했으니까요.

『경세유표』에서 경세(經世)는 세상을 경영한다는 뜻이죠. 여기서 경영하는 주체는 왕입니다. 사대부는 그런 왕을 보좌하는 사람입니다. 그리고 유표(遺表)는 신하가 죽기 전에 마지막으로 임금에게 올리는 표문(表文)입니다. 이렇게 제목에서부터 왕도를 향한 다산의 절실함이 담겨 있는데, 이 책에서 다산은 토지 제도 개혁, 부세 제도 개혁 등 행정 전반에 대한 개혁의 원리를 제시합니다.

『목민심서』는 일종의 행정 지침서로 다산이 백성을 생각하는 마음을 담아 지은 책입니다. 목민은 목민관(牧民官), 곧 지방 수령을 가리킵니다. 이 책에 대해서는 따로 말씀드리겠습니다.

『흠흠신서』는 법률서입니다. 흠흠(欽欽)은 삼가고 또 삼간다는 뜻으로 본래 『서경』에서 순임금이 "삼가고 또 삼가야 할 것이니 오직 형벌을 삼가 살펴야 한다[欽哉欽哉 惟刑之恤哉]"라고 한 데서 유래한 말입니다. 형벌은 백성들이 무엇은 해도 되고 무엇은 하면 안 되는지를 규정한 형법 체계를 말합니다. 형법 체계가 정비되어 있지 않으면 공자가 이야기한 것처럼 백성들이 손발 둘 곳이 없게 됩니다. 유학자라고 하면 고루하게 명분이나 따지면서 백성들의 구체적인 삶에는 무지한 사람이라고 생각하기 쉬운데 완전히 잘못 이해한 겁니다. 이는 『논어』에서 공자가 명분을 강조한 대목을 보면 알 수 있습니다. 자로가 공자에게 위나라 임금이 선생님(공자)을 초빙해서 정치를 맡기려고 하는데 가시면 무엇부터 하시겠냐고 묻자, 공자는 "반드시 명분부터 바로잡을 것[必也正名乎]"이라고 말합니다. 자로가 답답해 하면서 그런 건 무엇하러 하느냐고 따지듯 묻자 공자가 자로를 질책하며 이렇게 말합니다.

> 명분이 바로 서지 않으면 명령이 제대로 전달되지 않고, 명령이 제대로 전달되지 않으면 일이 이루어지지 않고, 일이 이루어지지 않으면 예악이 일어나지 않고, 예악이 일어나지 않으면 형벌이 적중하지 않고, 형벌이 적중하지 않으면 백성이 손발 둘 곳이 없게 된다.
>
> ―『논어(論語)』, 「자로(子路)」❶

명분으로 시작한 대화에서 공자의 결론이 "형벌이 적중하지 않으면 백성이 손발 둘 곳이 없게 된다"라는 말입니다. 곧 형벌이야말로 백성들의 생존과 밀접한 분야라는 이야기죠. 다산이 지은 『흠흠신서』는 형법서이지만 한마디로 백성들이 손발 둘 곳을 알게 하기 위해서, 백성들을 자유롭게 하기 위해서 저술한 책입니다. 살인 사건을 어떻게 조사하고 처리해야 하는지, 법의학적 차원에서 어떤 부분을 어떻게 조사해야 하는지 따위의 구체적인 실무에서부터, 법률을 집행할 때 우선해야 할 원칙이 무엇인지, 법조문을 어떻게 해석해야 하는지에 이르기까지 망라하여 논의한 이 책은 우리나라 최초의 법률 연구서라고 평가할 수 있습니다.

『경세유표』는 당시 조선의 이념이었던 유학의 왕도 정치에 입각하여 행정 전반의 제도 개혁 원리를 제시했다는 점에서 규모가 장대한 개혁적 국가 통치론이라 할 수 있습니다. 또 『목민심서』는 그런 개혁적 통치를 실제로 담당할 지방 수령의 책무를 소상히 밝혀 민생 문제를 해결하려는 의지에서 비롯된 행정 지침서입니다. 그리고 『흠흠신서』는 실제 백성들의 삶과 가장 밀접하게 연결된 형법 체계를 실정에 맞게 개혁하고 법 집행의 원칙에 무지한 담당 관리들을 계몽함으로써 백성들의 삶을 개선하려는 의도에서 집필한 저술입니다.

이 세 책은 모두 당시 조선 사회의 근본 문제가 어디에 있는지 정확하게 간파하고, 시의적절한 해결책을 명쾌하게 제시한다는 점에서 다산을 실학의 집대성자라고 평가하는 것이 과장이 아님을 알 수 있습니다.

목민하고자 하는 마음을 담아

이번에는 다산의 저술 중에서 가장 널리 읽히는 『목민심서』의 내용을 살펴보겠습니다. 다산의 아버지 정재원은 진주를 비롯하여 다섯 군데 고을에서 현감, 군수, 목사를 지낸 적이 있는 목민관으로 탁월한 행정가였습니다. 번암(樊巖) 채제공(蔡濟恭)이 기록한 「진주목사정공묘갈명(晉州牧使丁公墓碣銘)」에 따르면, 일찍이 채제공이 벼슬에서 쫓겨나 아무도 찾아오지 않을 때는 정재원이 자주 찾아오다가 채제공이 다시 조정으로 돌아가 정승 자리에 오르자 얼굴도 비치지 않았다고 하면서 정재원을 고매한 인품의 소유자라고 기술합니다. 그뿐 아니라, 수령으로 있었던 고을마다 탁월한 치적을 남겼다고 높이 평가합니다. 다산은 어린 시절 아버지에게 글을 배운 만큼 아버지의 목민관 생활을 통해 직접 보고 느낀 점이 이 책을 쓰는 데 영향을 끼쳤으리라고 짐작할 수 있습니다.

『목민심서』는 임금의 권한을 대행하여 백성들을 다스리는 지방 수령이 지켜야 할 구체적인 지침을 부임(赴任)에서 해관(解官)에 이르기까지 12편으로 나누어 제시하는데, 당시 극에 달했던 지방 수령의 부패상을 개혁함으로써 기울어져 가는 나라를 일으켜 세우려는 다산의 의도가 엿보입니다. 실무를 다룬 내용이라 딱딱할 것 같은데 읽어 보면 감동적이에요. 무슨 행정 지침서를 읽고 감동하느냐고 할지 모르지만 서문을 읽고 있으면 마음이 움직입니다. 저는 원래 이 책을 읽기 전에『목민심서』라는 제목만 보고 지레짐작으로 백성들을 다스리는 목민관이 가져야 할 마음을 기록한 책이라는 뜻에서 '심서(心書)'라는 제목을 붙였다고 생각했어요. '목민(牧民)'에서 목(牧)은 칠 목 자로 소(牛)를 친다는 뜻입니다. 그러니까 목민(牧民)이라고 하면 소를 치는 것처럼 백성을 기른다, 백성을 돌본다는 뜻입니다. 서문에 다산이 마음 심 자를 쓴 이유를 말하는데 뒤에서 그 대목을 읽어 보겠습니다.

다산은 18년간의 유배 생활 끝에『목민심서』를 완성했는데 이미 정치적 생명이 완전히 끝난 상태였습니다. 역적으로 몰렸기 때문에 자신만 그런 것이 아니라 두 아들도 과거 시험을 볼 수가 없었습니다. 조선 시대 유학자가 내세울 수 있는 도덕적 기반은 임금과 백성을 생각한다는 데 있습니다. 그런데 그 길이 차단된 것입니다. 세상에 참여하는 것보다 수양을 더 중시하는 성리학자들이야 그런 상황을 좀 쉽게 받아들일 수 있을지 모르지만, 세상에 나아가서 백성들과 함께하는 삶을 중시하는 다산 같은 실학자에게 이런 상황은 절망적입니다. 그런 상황에 내몰렸는데 『목민심서』를 썼습니다. 이게 무엇을 뜻하는가, 서문에 나옵니다.

> 이 책을 일러 심서라고 한 것은 어째서인가. 목민하고자 하는 마음은 있지만 내 몸에 시행할 수 없기 때문에 이렇게 이름을 붙인 것이다.
> ─『여유당전서(與猶堂全書)』, 「목민심서서문(牧民心書序文)」❷

여기서 다산은 스스로 유목민지심(有牧民之心), 곧 목민하고자 하는 뜻이 있다고 말합니다. 백성들을 다스리고 싶어 하는 마음을 가지고 있는 거죠. 그런데 불가이행어궁야(不可以行於躬也), 곧 불가능하다는 거예요. 여기서 궁은 몸 궁(躬) 자로 내가 몸소 이 목민의 도리를 실천할 수 없다는 뜻입니다. 왜? 역적으로 몰려서 폐족이 되었기 때문에 벼슬길에 나아갈 수가 없죠. 그래서 마음만이라도 백성들을 다스리고자 한다, 그래서 마음 심 자를 넣었다, 이렇게 쓰고 있습니다. 감동적입니다. 목민을 하고 싶은 마음은 있지만 할 수 있는 처지가 아니다, 그렇지만 그 마음을 거둘 수 없기 때문에 『목민심서』를 써서 당시 세상 사람들에게 백성을 사랑하는 마음을 전한다는 것입니다. 그러니까 심서(心書)의 심(心)은 다산의 마음이라는 것을 서문을 통해 알 수 있습니다.

이 책에는 백성들의 즐거움을 자기의 즐거움으로 여기고, 백성들의 근심을 자기의 근심으로 여긴 다산의 마음이 녹아들어 있습니다. 그런데 이 책은 이런 감동적인 동기뿐만 아니라 내용에서도 충실합니다. 명쾌하고 타당한 논리, 쉬운 문장으로 기술되어 있어서 누구든 쉽게 읽을 수 있을 뿐 아니라 고금에 걸쳐서 아주 설득력 있는 사례들, 성공의 사례와 실패의 교훈, 이런 것들을 조목조목 써놓아 참으로 유용합니다. 그리고 행정의 궁극적 목적은 바로 백성들을 편안하게 하는 데 있다는 것을 더없이 강조하고, 그 목적을 이룰 수 있는 방법을 아주 구체적으로 이야기합니다.

연암의 글은 무척 어려운데 그에 비하면 다산의 글은 10분의 1의 공만 들여도 잘 읽을 수 있습니다. 논리가 명쾌하고 문장이 간결하기 때문입니다. 다산은 실제로 목민관이 되었으면 탁월한 역량을 발휘했을 사람입니다. 모든 분야에 소통이 필요한 건 아니지만 행정 하는 사람이 소통이 안 되면 재앙이죠. 『목민심서』를 읽어 보면 다산은 소통에서 남다른 재능을 가진 유학자였음을 알 수 있습니다.

육경 전반에 걸친 경학 연구

말씀드린 것처럼 다산 정약용은 『목민심서』 같은 행정 관료를 위한 행정 지침서, 『흠흠신서』 같은 법률 서적, 『경세유표』 같은 일종의 경제학 이론서를 펴냈습니다. 그런가 하면 『마과회통(痲科會通)』 같은 의학 서적을 편찬하기도 했는데요, 그럼 가장 많은 분량을 남긴 저술은 어떤 분야일까요? 인문학입니다. 다산은 기본적으로 인문학자입니다. 그리고 다산이 생각하기에 당대 사람들이 인정했던 최고의 진리는 무엇이냐? 바로 육경고문, 곧 유가의 경전입니다. 다산은 바로 이 육경고문이라는 유가의 고전을 재해석함으로써 세상을 바꾸려고 합니다. 사실 서구의 르네상스도 고전 재해석입니다. 다산도 같은 길을 걸어간 것입니다.

실학자로서 다산이 이룬 탁월한 성과는 마땅히 높이 평가해야 하지만, 그런 성과가 사실은 수십 년간 경학을 철두철미하게 연구한 결과라는 사실을 지나쳐서는 안 됩니다. 당시의 어려움을 해결하기 위해 고전을 재해석함으로써 돌파하는 방식은 동서를 막론하고 보편적으로 나타나는 지적 노력입니다. 경학자로서 다산을 살펴보는 것이 그래서 중요합니다. 스스로 꼽은 세 종류의 대표 저술 이외에 『시경강의(詩經講義)』, 『상례사전(喪禮四箋)』, 『사례가식(四禮家式)』, 『악서고존(樂書孤存)』, 『주역심전(周易心箋)』, 『역학제언(易學諸言)』, 『춘추고징(春秋考徵)』, 『논어고금주(論語古今注)』, 『맹자요의(孟子要義)』, 『아언각비(雅言覺非)』, 『매씨서평(梅氏書平)』, 『상서고훈(尙書古訓)』, 『상서지원록(尙書知遠錄)』 등은 모두 유학의 고전에 대한 다산의 천착이 얼마나 깊은 수준에 이르렀는지 엿볼 수 있는 명저들입니다.

『시경강의』는 시경의 뜻을 풀이한 책인데 탁월한 주석서입니다. 앞서 말씀드린 것처럼 이 책은 다산이 스스로 동기를 만들어 집필한 것이 아니라 정조가 『시경』을 읽고 나서 질문 800개를 뽑아서 다산에게 두 달의 말미를 줄 테니 질문에 답하는 글을 쓰라고 요구해서 세상에 나오게 된 책입니다. 다산이 두 달은 너무 짧으니 두 달을 더 달라고 해서 넉 달 만에 완성한 책이 『시경강의』입니다.

『상례사전(喪禮四箋)』은 사상례(士喪禮)를 해설한 책인데, 고금의 수많은 예설(禮說)을 비교 검토한 뒤 당시 조선의 실정에 맞게 고증한 상례 수행 절차를 기록한 책입니다. 서문에서 다산은 앞선 시대 중국의 학자들이 사상례를 성인의 뜻에 맞게 온전히 풀이하지 못했기 때문에, 2000여 년이

지나 자신이 오류를 바로잡으려 한다고 이야기합니다. 이 책은 당시 조선의 예설을 연구하는 데 귀중한 자료입니다. 『사례가식(四禮家式)』도 예서(禮書)로 관혼상제와 관련된 내용을 유학의 본령에 맞게 풀이한 글입니다.

『악서고존(樂書孤存)』은 이른바 『악경』이라는 문헌이 실전(失傳)되었는데 그것을 복원하기 위해 여러 문헌에 흩어져 있는 음악 관련 기록을 수집해서 책으로 편찬한 것입니다. 『시경』, 『서경』, 『맹자』, 『의례(儀禮)』, 『주례(周禮)』, 『주어(周語)』 등에 간간이 들어 있는 몇몇 구절만을 뽑아서 12권으로 엮었는데, 서문에서 다산은 '고존(孤存)'의 뜻을, 많으면서 그대로 다 없어지기보다는 차라리 적을망정 그대로 보존되는 편이 나음을 말한다고 합니다. 예악과 관련된 문헌을 정리한 데서 육경고문을 연구하는 경학자의 면모를 엿볼 수 있습니다.

『춘추고징(春秋考徵)』에서는 다산의 세계관이 이미 전통적 사유와 다른 수준에 이르렀음을 알 수 있습니다. 홍대용을 이야기하면서 미리 소개한 적이 있지만, 다산은 『춘추고징』에서 한나라 시대의 오행 관념에 입각한 오방천제설(五方天帝說)을 비판합니다. 당시 지구가 둥글다는 것, 또 자전축을 중심으로 회전하고 있다는 사실을 이미 알고 있었기에 가능한 비판입니다. 오방천제설은 동서남북과 중앙에 각각 천제가 있다는 주장인데 지구에 북극과 남극이 있으니 북제(北帝)와 남제(南帝)는 갈 곳이 있지만, 동제(東帝)와 서제(西帝)는 갈 곳이 없으므로 오방천제설은 성립할 수 없다고 비판합니다. 육경고문의 전통 지식에 누구보다 밝았던 다산이었지만 전통에 얽매이지 않고 새로운 세계관을 자유롭게 수용하는 열린 태도를 지니고 있었음을 알 수 있습니다.

『맹자요의(孟子要義)』는 다음에 살펴볼 『논어고금주』와 달리 전문을 해설한 주석서는 아닙니다만, 맹자의 학문 연원이 자사(子思)라는 견해, 또 맹자가 『맹자』를 직접 저술했다는 맹자자저설(孟子自著說)을 비롯, 전통 주석인 『맹자조기주』〔후한의 조기(趙岐)가 지은 『맹자』의 주〕에 대한 평가, 청대 고증학자들의 견해에 대한 비판 등 『맹자』의 대의를 간명하게 정리한 저술입니다.

『아언각비(雅言覺非)』는 당시 조선에서 쓰이던 일상어의 어원을 밝힌 매우 특이한 책으로 우리말 어원을 연구하는 데 귀중한 자료입니다. 이 책에는 각종 조수초목과 악기, 건축물, 의관, 지명 따위의 유래와 어원이 수록되어 있는데 다 해서 200여 조에 달합니다. 예를 들어 붕어는 본래 부어(鮒魚)에서 왔고, 잉어는 이어(鯉魚)에서 왔다는 식으로 어원과 유래를 밝혀놓아서 한자어가 우리말로 전환되는 과정에서 'ㅇ' 첨가 현상이 일어난다는 사실을 확인하게 해 줍니다.

고금의 『논어』를 섭렵하고 새로운 견해를 제시하다

다산의 경학에서 빼놓을 수 없는 부분이 『논어』를 새롭게 재해석한 『논어고금주(論語古今注)』입니다. 이 책은 『논어』의 주석 중에서 고주와 금주를 망라하여 검토한 뒤 자신의 새로운 견해를 제시한 탁월한 주석서입니다. 한나라 이후의 경학 전통을 크게 나누면 고주(古注)와 신주(新注)의 전통이 있습니다. 물론 이 두 주석 외에도 수많은 주석이 있습니다만, 정현을 중심으로 한 고주, 주희를 중심으로 한 신주가 큰 줄기입니다. '고금주(古今注)'에서 고주는 정현을 중심으로 한 한당(漢唐)의 경학 전통이고, 금주는 신주, 곧 주희를 중심으로 송대에 형성된 경학 전통입니다. 다산은 이 두 가지를 망라해서 비판합니다. 사실 조선 시대에는 고주를 거의 보지 않앉어요. 주자학에 경도된 나머지 오직 신주만을 진리로 여겼으니까요. 다산의 경향이 비록 당시의 편향된 학술 풍토를 완전히 바꾸지는 못했지만 학문적 균형을 추구했다는 점에서 높이 평가할 만합니다.

『논어고금주』에서 다산은 『논어』 520개 장 중에서 175장에 대해 자신의 견해를 창안하여 주석합니다. 저는 주석 중에서 주자의 주석인 신주가 가장 좋은 주석이라고 봅니다. 무엇보다 간명해요. 꼭 할 말만 하거든요. 훈고와 고증을 빠트리지 않지만 훈고학처럼 문자 풀이에 매몰되지 않고 고증학처럼 지리멸렬하지도 않습니다. 게다가 철학적 의미를 밝히는 부분에서는 여타의 주석과 비교할 바가 아닙니다. 예컨대 한당의 고주나 청대의 주석은 『논어』를 읽다가 벼슬 이름이라도 나온다 치면 주나라 시대 모든 벼슬을 다 이야기해요. 그래서 읽다 보면 『논어』를 읽는 게 아니라 다른 책을 읽는 느낌이 듭니다. 난삽해요. 그런데 주자의 『논어집주』에는 꼭 필요한 내용만 간명하게 기술되어 있습니다. 하지만 완전하지는 않습니다. 훈고나 고증이 정확하지 않거나 부족한 부분이 있기도 하고, 무엇보다 철학적 의미를 밝히는 데 주력하다 보니 『논어』의 본뜻과 달라지는 경향이 있습니다. 그런데 다산의 『논어고금주』는 이 두 경학 전통을 충분히 흡수하고 자신의 독창적인 견해를 덧붙여 새로운 해석을 제시합니다. 훈고와 고증, 철학적 의미 등 여러 면에서 주석사에서 빛나는 작품이라 할 수 있습니다.

예를 들어 다산은 「학이」편 첫 구절 '학이시습지 불역열호(學而時習之 不亦說乎)'를 황간(黃侃)이 배움에 때를 놓쳐서는 안 된다는 뜻이라고 풀이한 것을 그르다고 비판하면서, "배우는 것은 알기 위한 것이고 익히는 것은 행하기 위한 것이니, 배우고 익힌다는 것은 앎과 행실을 모두 추구하는 것이다. 후세의 배움은 배우기만 하고 실행하지 않으니, 그 때문에 기뻐할

만한 바가 없다[學所以知也 習所以行也 學而時習者 知行兼進也 後世之學 學而
不習 所以無可悅也]"라고 풀이합니다. 학(學)은 앎을 추구하는 것이고, 습
(習)은 아는 것을 실천하는 과정이며, 열(說)은 그 결과물이라는 것이죠.
앎과 삶을 일치시키는 것이 학습이라는 다산의 입장을 엿볼 수 있습니다.

또 두 번째 구절의 '붕(朋)'을 포함(包咸)이 동문(同門)으로 풀이한 것을
두고 "『공양전』에서는 동문을 붕이라 했고, 『주례주』에서는 같은 스승을
둔 사람을 붕이라 한다 했고, 『집주』에서는 동류를 붕이라 한다고 했는데
총괄하면 붕이란 뜻이 부합하는 이를 가리킴이니 어찌 꼭 동문이겠는가
[公羊傳云同門曰朋 周禮注云同師曰朋 集注云同類曰朋 總之朋者 志同而意合者
也 何必同門]"라고 풀이했습니다. 포함이 붕을 동문으로 국한한 것을 비판
하고 뜻을 기준으로 붕을 정의한 셈인데, 다산이 가진 사유의 폭을 짐작할
수 있는 주석입니다. 『논어고금주』에는 이런 식으로 새로운 견해를 제시
한 대목이 175군데에 이르는데 대부분 전통 주석에서 한 걸음 더 나아간
참신한 견해입니다.

『상서』의 기원을 밝혀내다: 『매씨서평』

다산의 경학은 고전의 뜻을 이해하거나 재해석하는 수준에 그치지 않고
고전의 진위를 판별하는 문헌 고증의 영역에까지 이르렀습니다. 『매씨서
평』, 『상서고훈(尙書古訓)』, 『상서지원록(尙書知遠錄)』은 『서경』의 진위 문
제를 다룬 책입니다. 본래 『서경』은 진나라의 분서갱유로 실선되었습니
다. 진나라가 멸망하고 한(漢)나라 문제(文帝) 때 제남(濟南: 산둥성)의 복
생(伏生)이라는 유학자가 『서경』을 다 외우고 있다 해서 조조(晁錯)라는 신

하를 보내 복생이 구술한 것을 받아 적게 합니다. 그것이 『금문상서(今文尙書)』입니다. 복생이 구술하고 조조가 받아 적을 때 한나라 시대 문자, 그 당시로는 지금의 문자[今文]로 받아 적었기 때문에 『금문상서(今文尙書)』라고 했습니다. 그러다가 한나라 경제(景帝) 때 노나라의 공왕[恭王: 이름은 유여(劉餘)]이 궁궐을 확장하려고 공자의 집을 허물었는데 벽 안에서 『상서』, 『논어(고논어)』, 『효경』 등의 죽간 무더기를 발견합니다. 그때 발견한 『상서』는 고대의 문자인 과두문(蝌蚪文)으로 기록되어 있어서 아무도 읽을 수가 없었는데, 공자의 11세손인 공안국(孔安國)이 해독하여 한나라 시대 문자로 바꾸어 기록한 것이 『고문상서(古文尙書)』입니다.

그런데 이 『고문상서』가 실전됩니다. 실전된 전말이 정확하지는 않습니다만 추정은 가능합니다. 동진(東晉) 때, 그러니까 삼국 시대가 끝나고 진(晉)나라[서진(西晉)]가 들어섰다 망하고 동진이 되었을 때 국가에서 실전된 서적을 모읍니다. 일종의 문화 정책으로 자기들의 문화가 뛰어나다는 걸 알리기 위해서 고문헌을 수집한 것입니다. 고문헌을 갖다 바치면 돈을 많이 주니까 가짜를 만들거나, 권당 값을 매기니까 돈을 많이 받으려고 한 책을 여러 권으로 나누어서 바치기도 합니다. 그런데 그때 매색(梅賾)이라는 자가 가짜 『고문상서』를 바칩니다. 이것이 이른바 『위고문상서(僞古文尙書)』인데, 당시까지 전해지던 『상서』 중에서 가장 많은 분량의 내용이 실려 있어서 많은 사람이 이 판본을 기준으로 『상서』를 읽게 됩니다. 이 과정에서 본래 전해지던 진본 『고문상서』가 사라지게 됩니다.

이후 『위고문상서』는 2,000년 동안 사람들을 속였습니다. 사실 가짜라고 밝혀지기 이전부터 진위 논쟁이 계속 있었고, 일찍이 남송의 주희도 『상서』의 진위를 의심한 적이 있습니다. 이를테면 복생이 전한 『금문상서』와 『위고문상서』에 똑같이 실려 있는 내용은 문체가 아주 까다로워서 해독하기가 굉장히 어려운데, 복생이 전하지 않은 내용, 그러니까 『금문상서』에는 없고 가짜 『고문상서』에만 있는 내용은 해독하기가 쉽습니다. 그래서 주희는 복생이 왜 쉬운 것은 기억하지 못하고 어려운 것만 기억했을까, 하고 의심합니다. 아무튼 학자들의 이런저런 의심 끝에 결국 청나라 때 염약거(閻若璩)와 혜동(惠棟)을 비롯한 고증학자들이 매색의 『고문상서』가 가짜임을 거의 입증합니다. 그런 가운데 다산도 자신의 견해를 보탭니다. 그런데 다산의 『위고문상서』에 대한 의심은 본래 정조의 질문에서 비롯된 것으로 당시 청나라의 학술 경향과는 별도로, 독립적으로 수행되었다고 할 수 있습니다.

정조는 주자가 일찍이 매색의 『고문상서』가 가짜인 것 같다고 여러 차례 의심한 적이 있지만 매색의 『고문상서』를 완전히 부정하지는 않았으며, 그 근거로 주자가 『중용장구』의 서문에서 매색의 『고문상서』에만 있는 「대우모(大禹謨)」편의 '유정유일 윤집궐중(惟精惟一 允執厥中)'을 유가 수양론의 핵심으로 강조한 예를 들었습니다. 결국 주자 철학 체계에서 가장 중요한 수양 이론의 문헌적 근거가 매색의 『고문상서』가 된 셈입니다. 따라서 이 책을 부정해 버리면 주자 철학 체계의 중요한 부분을 부정하는 뜻밖의 결과를 가져오게 됩니다. 그 때문에 정조는 주자가 의심할 만한 것을 의심했을 뿐이며, 그렇다고 해서 매색의 『고문상서』가 완전히 가짜라고 단정할 수 없다고 한발 물러서서 다산의 의견을 묻습니다. 조선은 주자학의 나라이고 정조는 유학 군주인데 자신의 통치 이념을 부정하기란 쉽지 않았겠지요.

하지만 다산은 『매씨서평(梅氏書平)』에서 단호하게 매색이 전한 『고문상서』가 가짜라고 판정합니다. 더욱이 자신은 주자가 의심한 것을 따라 주자의 견해를 옹호하는 입장에 서 있다고 견해를 밝히고, 매색의 『고문상서』를 진본이라고 주장하면서 주자의 의심을 비판한 청나라의 모기령(毛奇齡)을 재비판합니다. 모기령은 매색이 전한 『고문상서』가 진짜이며, 그것을 의심한 주자를 격렬하게 비판합니다. 모기령은 『사서개착(四書改錯)』이라는 저술로 주자의 견해를 하나하나 비판했는데, 타당한 비판도 많았지만 지나치게 인신공격에 집착한 나머지 학술이 단정치 못하다고 평가받기에 이릅니다. 다산 또한 모기령을 천하망남자(天下妄男子: 천하에서 가장 형편없는 사람)라고 비판하는 시를 쓰기도 했습니다.

정약용이 주자를 거론하면서 『고문상서』의 진위 문제를 논한 것은 주자의 권위에 기댄 것처럼 보일 수 있습니다. 주자는 죽기 사흘 전까지 자신의 저술 중에서 스스로 가장 중요하다고 이야기했던 『대학』의 주석을 수정했던 학자입니다. 그뿐만 아니라 자신이 수립한 이론 체계에 치명적인 문제가 될 수 있다는 것을 알면서도 문헌에 대한 의심을 제기했던 학자이기도 하고요. 따라서 정약용이 주자를 거론한 것은 단순히 주자의 권위에 의존하기 위해서가 아니라 참으로 주자의 학문 방법을 실천적으로 이행한 것으로 이해해야 합니다. 이는 정조가 주자의 의심을 근거로 문헌을 의심했지만 철저하게 하지 못하고 한발 물러선 것과 다릅니다. 이런 점에서 정약용이 학문의 권위나 통치의 정통성보다 학문적 진리에 더 높은 가치를 두었다는 것을 알 수 있습니다.

이렇게 당시까지 전해지던 『고문상서』가 가짜임이 밝혀집니다. 이 책은 가짜가 분명하지만 내용은 완전히 가짜가 아니라는 데서 문제가 복잡해집니다. 진짜와 가짜가 섞여 있기 때문입니다. 더욱이 다른 문헌도 아니고 『상서』는 유교 국가였던 조선에서는 통치의 근거를 제시할 정도로 중요한 문헌입니다. 예를 들어 여러분이 경복궁 근정전에 가 보시면 임금이 앉는 용상 좌우로 『상서』 「대우모」 편에 나오는 '유정유일 윤집궐중(惟精惟一 允

執厥中)'이라는 글자가 걸려 있는 것을 보실 수 있습니다. 그것이 바로 가짜 문헌에 기록된 내용입니다. 이처럼 국가 이데올로기 역할을 했던 유가 문헌이 가짜라고 하면 충격이 굉장히 클 수밖에 없습니다.

사실 동서를 막론하고 고문헌은 가짜가 많습니다. 플라톤의 저작 중에서 소크라테스와 제자 알키비아데스의 대화를 엮은 『알키비아데스』도 가짜로 밝혀진 지 오랩니다. 또 히포크라테스의 저작으로 알려진 수많은 저술 중에서 히포크라테스가 지은 것이 확실한 저술은 하나도 없습니다. 하지만 그렇다고 해서 이들 문헌이 전혀 의미가 없지는 않습니다. 『알키비아데스』는 위작으로 판정되었지만 플라톤 철학을 가장 쉽게 이해할 수 있는 입문서로 인정받고 있습니다. 오랜 세월 동안 많은 사람들에게 읽히면서 수많은 사유를 잉태했기 때문입니다. 문헌이 가짜라 하더라도 그 문헌을 읽고 사유한 것까지 가짜라고 할 수는 없겠지요.

새로운 사유의 전개

지금까지 살펴본 것처럼 다산의 철학은 육경고문(六經古文)에 바탕을 두고 있습니다. 육경은 유가 경전을 말합니다. 육경이라고도 하고 오경이라고도 하고 구경, 십삼경 다 마찬가지입니다. 원래 육경, 오경, 구경, 십삼경과 사서오경은 문헌 형성의 전통이 각기 다르긴 합니다. 여기서 육경고문이라는 것은 문헌 전통의 차이와 상관없이 유가 경전 전체를 통틀어 말합니다. 다산이 육경고문을 철저히 연구한 이유는 자신의 시대가 낭면한 어려움을 고전을 통해 돌파하기 위해서였습니다. 새로운 시대를 열기 위해 과거로 달려갔다는 점에서 다산은 전통의 충실한 계승자라고 할 수 있

습니다. 하지만 단순한 계승에 그치지 않고 육경을 통해 유가 철학을 재해
석하면서 새로운 사유를 전개한 데 그 특징이 있습니다.

　대표적으로 인(仁)에 관해 논한 부분이 그렇습니다. 말할 것도 없이 인
(仁)은 공맹이 강조했던 으뜸가는 덕목입니다. 그런데 다산 이전까지의 성
리학자들은 인(仁)을 심지덕(心之德), 애지리(愛之理), 또는 생지리(生之理)
따위로 설명했습니다. 심지덕(心之德), 애지리(愛之理)는 인에 대한 주희의
풀이로, 인(仁)은 사람의 마음속에 있는 덕성(德性)이면서 동시에 타인을
사랑하는 올바른 도리라는 뜻입니다. 생지리(生之理)는 정이(程頤)의 풀이
인데, 생성하는 이치, 자라는 이치라는 뜻입니다. 두 사람 모두, 인은 말하
자면 사람의 마음속에 있는 씨앗이라고 생각했습니다. 사람의 마음을 심
지(心地)로 보고 인(仁)을 씨앗으로 본 것이죠. 심지는 『격몽요결』에도 나
오는 표현으로 마음을 농토에 비유한 것입니다. 그리고 인은 그 농토에 심
어진 곡식 종자와 같습니다. 그래서 수양을 통해 잘 가꾸면 내 마음에 인
이라는 가치가 무럭무럭 자라나서 궁극에는 성인이 된다고 봅니다. 이것
이 성리학의 인(仁)입니다. 그 때문에 성리학자들의 경우 이른바 산림처사
라는 말이 성립됩니다. 세상이 알아주지 않으면 산속에 홀로 들어가 수양
하는 길을 택합니다. 성리학의 세계관에 따르면 퇴계 이황이 자신의 고향
안동 청량산에 들어가 은거한 일은 바람직한 행위로 인정받습니다. 왜?
가장 중요한 것이 나에게 있기 때문입니다. 곧 인(仁)이라는 씨앗이 나에
게 있기에 홀로 산속에 들어가 수양만 해도 아름답고 빛나는 존재가 될 수
있습니다. 남이 알아주거나 말거나 내 안에 있는 인을 아름답게 가꾸기만
하면 그만입니다. 『순자』 「유좌(宥坐)」 편에 공자가 "향기로운 풀이 깊은
숲 속에서 자라지만 보는 사람이 없다고 해서 향기롭지 않은 것이 아닌 것
처럼 군자가 배우는 것은 세상에 쓰이기 위해서가 아니다〔芷蘭生於深林 非

以無人而不芳 君子之學 非爲通也）"라고 말한 기록도 같은 맥락입니다.

다산은 좀 다릅니다. 다산은 먼저 인(仁)이라는 글자가 사람 인(人) 자와 두 이(二) 자의 결합이라는 데 주목합니다. 그래서 "인(仁)은 두 사람을 그린 글자다. 따라서 사람과 사람 사이에서 각기 그 도리를 극진히 하는 것이 인이다[仁者 二人也 仁者 人人之間 盡其道者也]"라고 주장합니다. 인은 곧 나와 타자의 관계 속에서 성립되는 도리라고 봅니다. 다산의 인은 전통적인 사유의 인이 내면에 있는 것과 달리 다른 사람과 함께하지 않으면 성립하지 않습니다. 여기서 다른 사람이 누구냐 하면 백성이죠. 인을 실천하기 위해서는 백성들의 삶을 윤택하게 해야 합니다. 다산이 세상에 나갈 수 없게 된 상황을 절망으로 받아들일 수밖에 없는 이유가 바로 여기에 있습니다. 그러니까 저 백성들을 위해 먹을 것을 마련해야 하고, 또 안전을 위해 수원성도 축조해야 하고, 수원성을 효과적으로 축조하기 위해서 거중기도 만들어야 하죠. 결국 인이라고 하는 가장 중요한 개념을 달리 해석하면서 다산의 세계관 자체가 바뀝니다. 자기수양 못지않게 이용후생을 중시하는 실학의 유학적 근거는 이런 사유에서 비롯됩니다. 세상에 쓸모가 있느냐와 상관없이 나에게 있는 가치가 아름답다는 것이 성리학의 관점이라면, 다산은 쓸모가 있어야 한다는 입장입니다. 다산은 한 걸음 더 나아가 "인이라는 것이 복숭아 씨앗이나 살구 씨앗처럼 사람 마음속에 잠복해 있겠는가[仁者 …… 如桃仁杏仁伏於人心之中者乎]" 하고 전통적인 인 관념을 부정합니다.

다산은 인(仁) 자가 두 사람을 뜻한다고 풀이했는데, 이는 탁견이라고 할 만합니다. 이때 두 사람이 누구를 가리키느냐? 결론부터 말씀드리자면 임신한 여성과 태아를 가리킵니다. 이 사실은 현대의 고고학적 발굴 성과를 통해 밝혀졌습니다. 1993년 중국 호북성 형문시 곽점촌에서 전국 시대 초나라 때의 공동묘지가 발굴되었는데 여기서 죽간이 대량으로 출토되었습니다. 이 죽간에는 인(仁) 자가 신(身) 자 아래에 심(心) 자가 있는 모양으로 쓰여 있습니다. 제가 이 글자의 뜻을 정확히 알기 위해 더 오래된 갑골 문자의 신(身) 자를 조사해 봤습니다. 갑골문의 신(身) 자는 사람을 뜻하는 인(人) 자에 배가 불룩 나온 모양으로 그려져 있어요. 임신한 여성의 몸이죠. 여기에 사람의 심장, 곧 마음을 뜻하는 심(心) 자가 결합된 것이 죽간에서 출토된 글자입니다. 이 모양을 기준으로 생각해 보면 '인'은 임신한 여성이 자신의 몸에 깃들어 있는 또 다른 생명을 생각하는 마음이라고 이해할 수 있습니다. 그 마음이 어떤 마음일까요? 제가 아이를 가져본 적이 없어서 잘은 모르겠지만, 아마도 아이 덕분에 자신이 뭔가 이득을 얻을 것이라는 계산적인 마음은 아닐 거예요. 글자의 모양대로 보면 인은 머리가 아니라 몸으로 느끼는 것입니다. 뱃속에 있는 아이가 발로 차고 주먹으로 칠 때마다 몸으로 직접 느끼는 것이 인(仁)이죠. 그렇다면 인은 내 안에 있는 존재, 곧 나이면서 동시에 타자인 존재, 정확하게 표현하면 내 안에 있는 타자를 생각하는 마음이라고 이해할 수 있습니다. 성리학을 포함한 전통적인 유학은 '내 안에 있는 또 다른 나를 응시하는 것'을 '인'으로, 다산은 '밖에 있는 타자와 함께하는 것'이 '인'이라고 생각한 셈인데, 이 문자를 기준으로 생각하면 둘 다 말이 됩니다. 뱃속에 있는 아이는 나와 타자의 중간에 있는 존재라 할 수 있을 테니까요. 물론 성리학자들과 다산 모두가 갑골 문자나 죽간 문자를 본 적이 없었을 테니 제가 고증한 내용과 상관없이 나름의 통찰로 인을 이해했겠죠. 그런데 성리학자들과 다산의 견해는 서로 다르지만 인이라는 문자가 가진 본래의 함의를 명쾌하게 알려 준다는 점에서 모두 탁월하다고 아니할 수 없습니다.

어쨌든 두 견해가 완전히 같지는 않습니다. 성리학자들과 다산의 견해

중 어느 것이 옳으냐고 묻는다면 성리학자들의 견해가 인을 본질에 더 가깝게 설명한다고 생각합니다. 하지만 다산의 견해가 그 아래에 있다고 생각하지도 않습니다. 둘 다 버릴 수 없는 견해입니다.

세상을 바꿔야 백성이 산다

다산 정약용도, 연암 박지원도 다 나름의 방식으로 세상을 바꾸려고 한 사람들입니다. 연암 박지원 같은 경우에는 하층민들, 또 소외된 사람들의 이야기를 글로 씀으로써 그들의 가치를 드러내는 데 주력했습니다. 그런데 정약용의 경우에는 박지원과 달리, 보다 직접적으로 제도적인 변혁을 통해 세상을 바꾸려 했습니다. 다산은 다양한 분야에서 사회제도의 개혁을 주장했는데, 특히 민생과 직접 관련된 제도 개혁에 관심이 집중되었습니다. 일례로 다산은 조선 시대의 열녀 제도를 명쾌하게 비판합니다. 연암의 경우 「열녀함양박씨전」에서 과부의 참혹한 실상에 대해 썼으면서도 열녀 제도를 없애야 한다고 콕 집어서 이야기하지는 않습니다. 연암은 이런 문제를 직접적으로 제기하는 스타일이 아니거든요. 그러니까 글을 읽는 사람이 잘못 받아들이기도 합니다. 과부의 참혹한 실상을 잘 전달해 주지만 글을 읽는 이가 '이런 사람이 열녀로 인정받아야 하는데 현실은 그렇지 않으니 안타깝다'는 식으로 이해할 수도 있습니다. 그러면 열녀 제도에 찬성하는 셈이 되겠죠.

이런 의심이 터무니없지는 않습니다. 『열하일기』 「태학유관록(太學留館錄)」에는 연암이 청나라 학자 곡정(鵠汀) 왕민호(王民皞)와 대화하면서 "우리나라 여인들은 두 지아비를 섬기지 않는다[女子不更二夫]"라고 자랑삼아 이야기하는 대목이 나옵니다. 왕민호가 "어찌 온 나라가 다 그러하겠는 가?"라고 이의를 제기하자, 연암은 "온 나라 사람들이 다 그럴 뿐 아니라 천한 종들까지도 그러하다. 사족(士族)들의 경우는 아무리 가난해도 지아 비가 죽고 나면 과부로 평생을 살면서 절개를 지킨다"라고 대꾸합니다. 좀 이상합니다. 이런 걸 보면 과부의 참혹한 실상을 글로 쓴 것도 연암의 소 극적 동정에 지나지 않는다고 혹평할 수 있습니다.

다산은 이런 경우 분명한 태도를 보여 줍니다. 열녀는 물론이고 자기희 생적 효자·효부에 대해서도 단호합니다. 어버이를 위해 허벅지 살을 베어 주었다고 하면 혹세무민한 자라고 비판합니다. 그러고는 명나라 태조 주 원장 이야기를 합니다. 주원장은 어버이를 위해 정말 자기를 희생했다면 칭찬받아야 하지만 상을 받으려고 하거나 이 사실을 민간에 유포시키면 처벌하도록 했습니다. 혹세무민한 자라는 이유에서입니다.

다산은 「열부론(烈婦論)」에서 이렇게 이야기합니다. 임금이 병으로 죽었 는데 신하가 따라 죽으면 충신인가? 당연히 아닙니다. 만약 그렇다면 신 하들이 다 따라 죽어야 할 테죠. 그러면 나라가 망합니다. 이어서 이렇게 묻습니다. 어버이가 병으로 죽었는데 자식이 따라 죽으면 효자인가? 역시 아닐 수밖에요. 그러면 인류가 멸망하겠죠. 그러고는 마지막 질문을 던집 니다. 그런데 남편이 병으로 죽었는데 아내가 왜 따라 죽느냐? 열녀는 말 이 안 된다는 겁니다. 논리를 제기하는 방식부터 이렇게 다릅니다. 이처럼 다산은 열녀라는 제도를 천하의 악습으로 명백하게 판정합니다.

민권론을 제기하다

「열부론」에서 보이는 다산의 논리는 정치 체제의 성립과 정당성을 논할 때에도 힘을 발휘합니다. 예컨대 「탕론(湯論)」에서는 이른바 맹자의 민본 사상과 혁명론을 더욱 발전시켜 민권론을 제기하는 데 이릅니다.

고대의 탕임금이 혁명을 일으켰는데 왕조 시대에는 이 혁명을 정당화하기가 무척 어렵습니다. 왜냐하면 자기 임금을 끌어내리고 스스로 임금이 되는 게 고대의 혁명인데, 그것을 100퍼센트 인정하면 누구나 임금이 될 수 있다는 논리가 성립하겠죠. 자고 나면 임금이 바뀌는 대혼란이 일어날 게 뻔합니다. 그런 상황은 누구도 원치 않겠죠. 그 때문에 혁명을 일으킨 자 스스로도 자신의 행위를 정당화하기 어렵습니다. 『서경』의 「중훼지고(仲虺之誥)」에 "탕임금이 남소에서 걸왕을 쫓아내고 부끄러워했다〔成湯放桀于南巢 惟有慙德〕"라고 한 대목은 그런 고민이 반영된 기록이라 할 수 있습니다.

아시다시피 맹자 정치 사상의 핵심은 왕도입니다. 무력이 아닌 덕을 가진 자가 천하를 다스려야 한다는 거죠. 그런데 왕도의 이상이 구현될 가망이 없으면 혁명이 일어납니다. 맹자는 혁명을 정당화했고요. 그런데 이게 쉽지 않습니다. 실제로 맹자는 제나라 선왕을 만났을 때 상당히 난처한 질문을 받습니다. 선왕이 "신하로서 그 임금을 시해하는 것이 옳으냐〔臣弑其君 可乎〕" 하고 물었거든요. 맹자가 평소에 탕임금과 무왕을 성인으로 칭송했습니다. 그런데 두 사람 모두 혁명을 일으켜 왕이 된 군주들이죠. 탕임금은 걸왕의 신하였고 무왕은 주왕의 신하였는데 자기 임금을 죽이고 스스로 왕이 됩니다. 제 선왕은 맹자에게 탕임금, 무왕 다 당신이 성인으로 떠받드는 사람들인데 그들은 알고 보면 배신자들이다, 이런 식으로 도전적인 질문을 던집니다. 그런데 맹자는 이 질문에 당황하지 않고 "인과 의를 해친 자를 잔인한 도적이라고 하니 한 놈 주(紂)를 죽였다는 이야기는 들었어도 아직 임금 죽였다는 이야기는 듣지 못했다〔賊仁者 謂之賊 賊義者 謂之殘 殘賊之人 謂之一夫 聞誅一夫紂矣 未聞弑君也〕"라고 단호하게 대답했습니다. 여기서 맹자는 공자의 명분론을 응용합니다.

공자가 '군군신신부부자자(君君臣臣父父子子)'라고 했는데, 여기서 군군(君君)만 설명하자면 임금이 임금다워야 한다는 것입니다. 임금이라면 인의를 실천해야 한다는 말이죠. 그런데 인과 의를 해치면 군군이 아니라 군불군(君不君)입니다. 임금이 임금답지 못합니다. 그런 자를 임금이라 할 수 있느냐? 공자라면 직접 말하지 않고 모르겠다〔不知也〕고 하겠지만, 맹자는 그런 자는 임금이 아니라고 이야기합니다. 필부(匹夫)죠. 흔히 공자는 명분론을, 맹자는 혁명론을 주장했으니 서로 다르다고 오해하지만, 말씀드린 것처럼 맹자의 혁명론은 공자 명분론의 응용입니다. 그러니까 공자의 명분론이나 정명론이 반드시 맹자의 혁명론에 저촉되지는 않습니다. 혁명을 정당화하는 근거도 사실은 정명론에서 나오니까요.

그런 명분에 따라 혁명을 일으켰다 하더라도 해결해야 할 문제가 있습니다. 곧 새로 정권을 잡은 세력이 옳은가 그른가를 따져야겠죠. 백성을 위해 폭군을 죽인 것이 인정되면 혁명이고, 임금이라는 권력을 탐냈다면 찬탈입니다.

실제로 주희도 맹자의 혁명론을 완전하게 인정하지는 않았습니다. 주희는 『맹자집주』에서 "『서경』에는 주왕(紂王)을 '한 명의 지아비(獨夫)'라 했는데 사해의 백성들이 그에게 귀복하면 천자이고, 천하의 백성들이 등 돌리면 독부(獨夫)이다〔書曰 獨夫紂 蓋四海歸之 則爲天子 天下叛之 則爲獨夫〕"라고 했습니다. 이 정도면 맹자의 의도와 부합한다고 할 수 있겠지만, 말미에 송대의 유학자 왕면(王勉)의 견해를 덧붙여 혁명을 조건부로 인정합니다. 왕면은 "이 말은 오직 아래에 있는 자가 탕왕이나 무왕처럼 인하고 위에 있는 자가 걸주 같은 폭군일 때만 옳고, 그렇지 않으면 찬탈 시해의 죄를 면치 못한다〔斯言也 惟在下者湯武之仁 而在上者有桀紂之暴 則可 不然 是未免於簒弒之罪也〕"라고 했거든요. 그러니까 위에 있는 자가 아무리 폭군이라 하더라도 아래에 있는 사람이 탕왕이나 무왕처럼 인한 사람이 아니면 혁명을 일으켜서는 안 된다는 말입니다. 바꾸는 자가 인하지 않으면 바꿔 봤자 역시 폭군이 될 뿐이라는 맥락이겠지만, 아래에 있는 사람이 인(仁)한지 불인(不仁)한지 정확하게 알기 어렵고, 또 바꿨을 때 똑같이 폭군이 될지도 바꿔 보기 전에는 알 수 없기 때문에 사실상 혁명에 반대하는 견해에 가깝다고 이해할 수 있습니다.

다산은 맹자의 혁명론에서 확연히 한 걸음 더 나아갑니다. 「탕론」을 살펴보겠습니다.

뜰에서 64명의 춤꾼이 춤(팔일무, 천자에게만 허용되는 춤)을 추는데 그들은 자기 대열에서 재능 있는 한 사람을 선택하여 새깃 깃대를 잡고 맨 앞에서 춤을 지휘하게 한다. 그가 만일 가락에 맞게 춤을 지휘하면 무대의 중인〔衆〕은 그를 존경하여 '우리 춤 선생님'이라고 존경할 것이다. 만약 그가 가락에 맞게 지휘하지 못하면 무대의 중인들은 그를 끌어내려 중인의 대열에 도로 세우고 다시 다른 재능 있는 자를 뽑아서 지휘자의 자리에 올려놓고 '우리 춤 선생님'이라고 부를 것이다. 끌어내리는 것도 중인이요, 올려놓는 것도 중인이다. 중인이 그를 올려 세워 대신하게 했는데 그 대신한 자를 참람하다고 비난한다면 어찌 마땅한 일이겠는가.

—『여유당전서(與猶堂全書)』, 「탕론(湯論)」❸

64명의 춤꾼이 추는 춤은 천자가 추는 팔일무(八佾舞)를 뜻합니다. 그러니 여기서 춤을 지휘하는 사람은 천하를 다스리는 천자를 뜻합니다. 그런데 그 천자는 바로 64명의 춤꾼이 선택합니다. 소박하지만 근대의 민권론과 유사합니다. 다산의 모든 글에서 근대성이 드러나지는 않지만 이 글에는 근대와 연결할 수 있는 내용이 보입니다. 다산은 이 글 앞부분에서 탕왕이 걸왕을 쫓아낸 것이 옳으냐, 신하로서 임금을 친 것이 옳은 일이냐고 묻습니다. 제나라 선왕이 맹자에게 물었던 내용과 비슷한데, 여기서는 다산이 자문자답합니다.

이 글에서 다산은 천자가 어떻게 천자의 지위에 오르게 되었는지부터 따지기 시작합니다. 천자는 하늘에서 떨어진 것도 아니고 땅에서 솟아난 것도 아니라고 합니다. 이어서 5가(家)가 1린(隣)이고 5린이 1리(里)이며, 5비(鄙)가 1현(縣)인데, 5가에서 장으로 추대된 사람이 인장(隣長)이 되고 5린에서 추대된 사람이 이장(里長)이 되고 5리에서 추대된 사람이 현장(縣長)이 되고, 여러 현장이 추대한 사람이 제후가 되고 제후가 추대한 사람이 천자가 된다는 식으로 말합니다. 이어서 5가가 화합하지 못하면 인장을 바꿀 수 있고 5린이 화합하지 못하면 이장을 바꿀 수 있듯이 천하가 화합하지 못하면 천자를 바꿀 수 있다고 말합니다. 이런 생각의 비유가 64명의 춤꾼 이야기입니다. 64명의 춤꾼이 추대하여 지휘자의 자리에 오른 사람이 가락에 맞춰서 춤을 잘 지휘하면 사람들이 모두 존경하여 '우리 춤 선생님'이라 하지만, 춤을 잘 지휘하지 못하면 그를 끌어내리고 다시 유능한 지휘자를 뽑아서 춤 선생님으로 삼는다는 겁니다. 결국 천자를 세우는 것도 대중이고 천자를 끌어내리는 것도 대중이라고 말한 셈인데, 다산은 속된 유학자들이 이런 사실을 모르고 걸핏하면 탕왕과 무왕을 깎아내려 요순보다 못하게 만든다고 비판합니다. 그러고는 말미에 그런 유학자들을 두고 『장자』에 나오는 말을 인용하여 "여름 한 철만 사는 매미는 일 년의 길이를 모른다〔蟪蛄不知春秋〕"라고 조롱하면서 마무리합니다.

이런 내용은 권력의 정점에 있는 천자의 자리가 아래에 있는 백성들의 지지에 근거할 때 정당성을 얻을 수 있다는 주장이기에 당시 조선 사회의 신분 질서를 흔들 수 있는 논리입니다. 하지만 다산이 전면적으로 신분의 철폐를 주장하지는 않았습니다. 노비와 관련된 글을 보면 그 폐단을 지적하기는 하지만 노비 제도 자체를 부정하지는 않습니다. 그러니 다산의 「탕론」에 보이는 민권론과 혁명론은 당시로서는 획기적이긴 하나 18세기 유럽의 사회계약론이나 프랑스 혁명 같은 근대적 가치와 견주기는 어렵다 하겠습니다.

시란 무엇이며, 글은 왜 읽어야 하는가

글에 대한 견해에서도 다산은 연암과 대조적인 면이 있습니다. 특히 시에 대한 견해가 다릅니다. 문장에 대한 견해도 다릅니다. 박지원 같은 경우에는 시든 문장이든 아주 신랄한 풍자, 비유 등이 중시됩니다. 또 하찮은 이야기들을 중시하는 입장이죠. 정약용의 경우에는 그처럼 하찮은 비유나 풍자를 찾아보기 어렵습니다. 전통적인 의미의 시, 문장을 주장합니다. 그런 면에서 박지원보다는 정조의 문장관과 일치하는 면이 있습니다.

다산은 유배지에서 정학유, 정학연 두 아들에게 편지를 보냅니다. 그중에서 시에 대해 이야기한 대목을 읽어 보겠습니다.

임금을 사랑하고 나라를 걱정하지 않으면 시가 아니며, 어지러운 세상을 가슴 아파하고 무너진 풍속을 통분히 여기지 않으면 시가 아니며, 진실을 찬미하고 허위를 풍자하며 선을 권하고 악을 징계하는 사상이 없으면 시가 아니다.

—『다산시문집(茶山詩文集)』,「연아에게 부침[寄淵兒]」(무진년, 겨울)❹

박지원은 임금이나 나라 같은 거창한 이야기를 잘 안 하는데, 다산은 시란 모름지기 임금을 사랑하고 나라를 걱정해야 하고, 또 어지러운 세상을 가슴 아파하고, 무너진 풍습을 통분히 여겨야 한다고 주장합니다. 글에 시대정신이 면면히 흐르지요. 시가 진실을 찬미하고 허위를 풍자한다고 했는데, 이런 점에서는 연암과 통합니다. 그런데 선을 권하고 악을 징계해야 한다는 의견에는 아마 박지원은 진부하다고 했을 겁니다.

다산은 또 글을 읽는 것이 어떤 의미를 지니는지에 대해 이렇게 이야기합니다.

만일 너희들이 글을 읽지 않는다면 내 글이 쓸모없게 될 것이고, 내 글이 쓸모없게 되면 나는 할 일이 없어 눈을 감고 마음을 쓰지 않아 흙으로 만들어 놓은 우상(偶像)이 되고 말 것이니, 그리되면 나는 열흘이 안 되어 병이 날 것이고, 병이 나면 고칠 수 있는 약이 없을 것이다. 그렇다면 너희들이 글을 읽는 것은 나의 목숨을 살리는 일이 아니겠느냐.

—『다산시문집(茶山詩文集)』,「두 아들에게 부침[寄二兒]」(임술년)❺

정학연과 정학유 두 사람 다 당대의 대학자라 할 만한데 아버지의 성에는 차지 않았던 모양입니다. 이 편지에서 다산은 두 아들이 자기 글을 읽지 않으면 자신은 흙으로 만들어 놓은 우상이 될 것이라고 탄식하면서 글을 읽는 것은 자기 목숨을 살리는 일이라고 이야기합니다. 흙으로 만든 우상은 비가 오면 없어져 버리지요. 그만큼 간절함이 묻어나는 편지인데, 지금 우리가 다산의 글을 읽는다면 그의 바람대로 다산을 살려내는 일이 되지 않을까요?

참된 선비는 농사의 어려움을 안다

실학에서 중시하는 이용후생은 본래 『서경』「대우모(大禹謨)」편에 나오는 말로, 정덕(正德), 이용(利用), 후생(厚生)이 나란히 나열되어 있습니다. 정덕은 도덕을 바로 세운다는 뜻으로 올바르게 행동하는 것을 말합니다. 그리고 이용은 쓰임새를 이롭게 한다는 뜻으로 기술을 발전시켜 백성들이 농사를 짓거나 소나 닭을 치는 따위의 생업에 도움을 주는 것입니다. 그리고 후생은 백성들의 삶을 풍요롭게 하는 것을 말합니다.

우리는 흔히 실학이라고 하면 이용과 후생을 강조하고 정덕은 강조하지 않은 것으로 오해하는 경향이 있는데, 그렇지 않습니다. 정덕은 기본입니다. 유학은 올바른 행동, 도덕을 기본에 두고 이용과 후생을 동시에 강조합니다. 다산 또한 "세 가지 일(三事)은 왕이 추구하는 가장 중요한 일로 첫째가 정덕이고, 둘째가 이용이고, 셋째가 후생이다(三事者 王者之大政也 一曰正德 二曰利用 三曰厚生)"라고 하여 정덕을 누구보다 강조합니다.

다만 다산이 그중에서도 이용·후생의 측면을 특별히 강조한 것은 사실입니다. 그는 선왕들이 남긴 정책을 따르면 농업 생산력을 증대할 수 있다고 주장합니다. 특히 고대의 이상 사회에서는 나라의 통치를 담당한 자들이 대부분 손수 농사를 짓다가 발탁되었기에 농사의 어려움을 잘 알았는데, 현재는 그렇지 않다며 당시의 폐단을 지적합니다.

신이 적이 생각하건대 사(士)와 농(農)이 둘로 나뉘면서 천하의 농사가 갈수록 폐단이 있게 되었습니다. 옛날에는 조정에서 벼슬한 사람은 모두 촌에서부터 몸을 일으켰습니다. 요임금 때의 순은 역산(歷山)에서 밭 갈던 농사꾼이었고, 우나라의 후직(后稷)은 유태의 농사꾼이었습니다. 상나라의 이윤〔保衡〕도 촌에서 기용된 천한 사람이었고, 주나라의 주공도 농사짓는 어려움을 알았습니다. 한나라에 내려와서도 오히려 이런 뜻이 있어서 예관(倪寬)·복식(卜式)·전천추(田千秋)·광형(匡衡) 등은 모두 몸소 농사짓던 사람으로 공경과 재상의 자리에 올랐습니다. 그래서 농사의 괴로움을 모두 맛보았기 때문에 백성을 잘 다스릴 수 있었습니다. 그러다가 문장을 위한 과목이 성행하게 되자 혀만 놀리며 놀고먹는 백성이 푸른 띠를 드리우고 붉은 인끈을 걸치게 되었으니 백성을 좀먹고 농사를 황폐하게 하는 법이 참으로 이런 데서 연유한 것입니다. 당나라 때의 시인 섭이중(聶夷中)은 「서화(鋤禾)」(김을 맨다는 뜻)라는 시를 썼지만 시인이 흥취를 가탁하여 표현한 것에 그쳤습니다. 신도 녹봉을 받는 것으로 농사를 대신하고 있으니, 농사에 폐단이 되는 사람일 뿐입니다. 그런데 마침 임금님의 청문(淸問)을 받들게 되니 감히 마음을 열고 모두 말하여 높은 자리에 있으면서 하는 일 없이 녹봉만 축낸다는 꾸지람을 면할 생각을 하지 않을 수 있겠습니까.❻-1

여기서 다산은 지금의 모든 폐단은 사(士)와 농(農)이 둘로 나뉘면서 농사를 짓는 사람보다 놀고먹는 이들이 많아진 데서 비롯되었다고 지적합니다. 특히 문장을 일삼는 과거 공부가 유행하면서 폐단이 더 심해졌으며, 자신 또한 그런 무리에 속한다고 질책합니다. 이어서 백성들의 삶이 피폐해진 이유를 다음과 같이 말합니다.

> 농토의 경계가 어지러워진 데서 겸병하는 일이 일어났고, 은결(隱結)과 세금
> 내는 토지가 섞이면서 세금 거두는 액수가 무거워졌습니다. 그래서 천하의
> 백성 중에 근본인 농사를 버리고 지말인 상업으로 달려가는 사람이 많아져
> 서 농가가 다시 떨치지 못하게 된 것입니다. 참으로 놀고먹는 것을 금지하
> 여 노동력을 넉넉하게 하고, 수리를 위한 기구를 일으켜 땅의 이익을 넓히
> 며, 별의 운행을 미루어 계산해서 천재에 대비하면 백성들의 복이자 국가의
> 이익이 될 것입니다.
>
> ─『여유당전서(與猶堂全書)』, 「책문(策問)」, '농책(農策)'❻-2

다산은 백성들이 농사에 힘쓰지 않고 상업에 종사하게 되는 이유를 양
반 계층의 무차별적 토지 겸병에서 비롯되었다고 파악하고 있습니다. 노
동력이 부족해지면 농업 생산력은 당연히 떨어지게 됩니다. 이런 현상을
타개하기 위해서 정약용은 우선 놀고먹는 것을 금지하여 농사에 종사하는
인원을 늘리는 한편, 수리·관개 시설을 위한 기구를 개발할 필요가 있다
고 주장합니다. 상업보다는 농사를 중시했다는 점에서 기존의 실학자들과
비슷한 한계를 보이지만, 농업 기술과 노동력이 생산에 미치는 영향을 정
확하게 지적했다고 볼 수 있습니다.

정약용은 일상생활 영역에서도 실학자로서의 면모를 여실하게 보여 줍
니다. 예를 들어 아들이 닭을 키우겠다고 하니까, 그냥 닭을 키우지 말고
'계경(鷄經)'을 쓰라고 이야기합니다. 닭을 키우면서 닭을 이렇게 키우는
것이 좋은지 기록으로 남기라는 말이죠. 사실 '경(經)'은 성인의 말씀을 기
록한 것인데 무슨 닭 키우는 일을 기록한 것이 경전이 되겠습니까. 하지만

다산이 보기에 닭을 키우는 일이야말로 백성들의 생사가 달린 중대사입니다. 농사짓는 일, 닭 키우는 일이 모두 성인의 말씀에 버금가는 가치가 있다고 생각했다는 말입니다. 농사의 어려움을 알아야 참된 선비가 될 수 있다고 말한 것도 같은 맥락입니다.

치마폭을 잘라서 그린 그림, 〈매조도〉

〈매조도(梅鳥圖)〉는 본디 딸이 시집을 갈 때 그려서 주는 그림입니다. 정약용은 1813년 7월 14일에 이 작품을 그립니다. 1801년에 유배를 갔으니까 유배 13년차에 그린 셈입니다. 그림 왼쪽에 기재된 관지(款識)에 따르면, 다산이 부인 홍씨가 보내 준 치마폭을 잘라서 서첩 네 권을 만들고 남은 천에다 그림을 그리고 시를 지어서 딸에게 주었다고 되어 있습니다.

〈매조도(梅鳥圖)〉

포르르 새 두 마리 날아와

우리 집 매화 가지에 앉았네.

꽃다운 향기 따라

좋아서 찾아왔겠지.

이곳에 머물러 둥지를 틀어

네 집안사람들을 기쁘게 하리.

꽃이 이미 활짝 피었으니

그 열매 무성하리라.

翩翩飛鳥 息我庭梅 有烈其芳 惠然其來

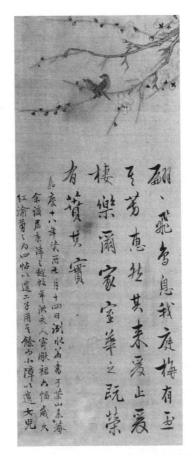

정약용, 〈매조도〉, 1813, 고려대학교박물관 소장

爰止爰棲 樂爾家室 華之旣榮 有蕡其實

　시의 내용은 자식 많이 낳고 행복하게 살라는 이야기로 '낙이가실(樂爾
家室)'이나 '유분기실(有蕡其實)' 따위의 표현은 모두 『시경』에 나오는 구절
을 살짝 변형한 것입니다. 작품성은 그다지 높지 않지만, 배필을 만나 새

로운 가정을 꾸리게 된 자식이 잘 살기를 바라는 아버지의 따뜻한 마음이 보이는 그림과 시입니다. 관지의 내용은 다음과 같습니다.

가경 18년 계유년(1813) 7월 14일에 열수옹(洌水翁) 다산(茶山)이 동암(東菴)에서 쓰다. 내가 강진에서 귀양살이한 지 여러 해가 지났을 때, 아내 홍씨가 헌 치마 여섯 폭을 보내왔는데, 세월이 오래되어 붉은빛이 바랬다. 잘라서 첩(帖) 네 권을 만들어 두 아들에게 주고, 나머지로 족자를 만들어 딸에게 준다.

嘉慶 十八年 癸酉 七月十四日 洌水翁書于茶山東菴 余謫居康津之越數年 洪夫人寄弊裙六幅 歲久紅渝 剪之爲四帖 以遺二子 用其餘 爲小障 以遺女 兒

정약용은 아홉 명의 자식을 두었는데 세 명이 딸이었고 여섯 명이 아들이었어요. 대부분 천연두로 죽고 아들은 두 명, 딸은 한 명만 살아남았는데 이 〈매조도〉는 그 딸에게 준 그림입니다. 자식 여섯 명이 천연두로 죽자 다산은 그 당시까지 알려진 천연두 치료법을 집성해서 『마과회통』이라는 의학서를 집필합니다. 당시까지 천연두는 가장 무서운 전염병으로 치사율이 30퍼센트가 넘었어요. 일정한 치료법이 없었기 때문에 한번 창궐하면 속수무책으로 당할 수밖에 없었습니다. 다산은 이런 상황을 돌파하기 위해 중국에서 사용해 왔던 인두법은 물론이고, 당시 영국에서 개발된 최신 우두법까지 거의 모든 천연두 치료법을 망라해 『마과회통』을 저술합니다. 문제가 발생하면 저술을 통해 해결하는 실학자로서의 면모를 이런 데서도 확인할 수 있습니다.

또 다른 〈매조도〉

〈의증종혜포옹매조도(擬贈種蕙圃翁梅鳥圖)〉

오래된 가지 썩어서 말라가는데

푸른 가지 뻗어 나와 꽃을 피웠네.

어디선가 날아든 오색빛 작은 새

한 마리 가지에 남아 하늘가를 떠도네.

古枝衰朽欲成樸 擢出靑梢也放花 何處飛來彩翩雀 應唱一隻落天涯

최근에 정약용이 그린 또 다른 〈매조도〉가 발견되었습니다. 이 또한 부인 홍씨가 보낸 치마폭을 잘라서 만든 것이에요. 〈의증종혜포옹매조도〉 (1813년 8월 19일 작)는 앞의 것과 좀 다릅니다. 앞의 〈매조도〉에는 새가 두 마리 있고 아들딸 많이 낳고 잘 살라는 내용의 시가 있습니다. 그런데 새로운 〈매조도〉에는 유배지에서 늙어 가는 자신의 안타까운 처지를 읊은 시를 써 두었습니다.

『예기』「곡례(曲禮)」 편에는 인생을 대략 10년 단위로 설명한 대목이 있습니다. 10세를 유(幼)라 하고, 20세를 약(弱)이라 하고, 30세를 장(壯)이라 하고, 40세를 강(强)이라 하고, 50세를 애(艾)라 하고, 60세를 기(耆)라 하고, 70세를 노(老)라 하고, 80세와 90세를 모(耄)라 하고, 100세를 기(期)라 하는데〔十年曰幼 二十曰弱 三十曰壯 四十曰强 五十曰艾 六十曰耆 七十曰老 八十九十曰耄 百年曰期〕, 사람이 건강하게 살면 100세를 기약할 수 있다고 해서 100세를 기(期)라 합니다. 50세를 애(艾)라고 했는데, 이는 쑥 애(艾) 자로 시든다는 뜻입니다. 쑥잎의 뒷부분이 하얀색인데 사람의 머리카락이 하얗게 변하기 시작하는 시기가 50세부터이기도 하고, 100세까지 산다면

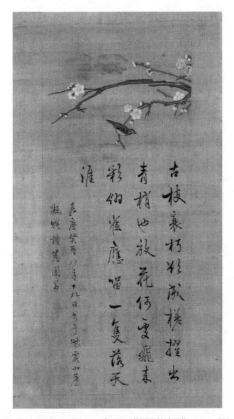

정약용, 〈의증종혜포옹매조도(擬贈種蕙圃翁梅鳥圖)〉, 1813, 개인 소장

50세까지는 오르막이고 그 이후부터 내리막이라고 보아 이 글자를 썼습니다. 사실 근대 이전 시대에는 요즘과 달리 50세만 넘어도 노인으로 대우받았습니다. 『맹자』에 보면 나이 50이 된 사람이 비단옷을 입을 수 있고, 70이 되면 육고기를 먹을 수 있다고 나오죠. 평균 수명이 30세가 안 되었다고 추정되던 시대를 생각하면 됩니다.

어쨌든 시의 내용을 보면 자신이 늙고 노쇠해서 꽃을 피울 수 없다고 생각했는데 꽃을 피웁니다. 어디선가 한 마리 새가 날아와서 하늘가를 떠도는데 그 모습이 무척 쓸쓸하고 외롭게 그려져 있죠. 다산이 강진에 유배 갔을 때 소실을 들여서 그 소실에게서 딸을 하나 얻습니다. 이 그림은 홍임이라는 이름을 가진 딸한테 준 〈매조도〉입니다. 전하는 이야기에 따르면, 다산이 홍임과 홍임의 어머니 정씨를 데리고 본가에 갑니다. 그런데 본가에서 받아들이지 않자 두 모녀가 다시 강진으로 돌아가 그곳에서 살게 되었다고 합니다.

그 두 모녀의 심정을 그린 〈남당사(南塘詞)〉라는 노래가 전하는데, 이 노래는 다산의 소실이었던 홍임의 어머니가 두릉(능내리) 본가에서 쫓겨나 강진으로 내려온 뒤의 일을 누군가가 지은 16수의 시입니다. 그중 세 번째 시를 살펴보겠습니다.

> 어린 딸 총명함이 제 아비와 똑같아서
> 아비 찾아 울면서 왜 안 오느냐 묻는구나.
> 한나라의 소통국도 속량하여 왔다는데
> 무슨 죄로 아이 지금 또 유배를 산단 말가.
> 幼女聰明乃父如 喚爺啼問盍歸歟 漢家猶贖蘇通國 何罪兒今又謫居

"한나라의 소통국도 속량하여 왔다"라는 대목에 얽힌 이야기는 이렇습니다. 한나라 시대 소무(蘇武)가 외교 사절로서 흉노족 포로를 호송하러 갔다가 그 길로 흉노에 억류됩니다. 한나라로 안 보내 주니까 소무는 할 수 없이 흉노족 여인과 결혼해서 아들딸 낳고 그곳에서 삽니다. 집으로 보내 달라고 해도 흉노의 선우(흉노의 왕)가 숫양이 새끼를 낳으면 보내 줄게 하면서 안 보내 줍니다. 소무는 혹시라도 숫양이 새끼를 낳았는지 매일 봤다고 해요. 나중에 한나라 사신이 흉노에 가서 소무를 돌려보내라고 요구하자 흉노는 소무가 이미 죽었다고 거짓말을 해요. 그러자 한나라 사신이 소무가 기러기 발에 편지를 묶어서 보내 왔는데 살아 있다고 하더라, 하니까 그제야 소무를 돌려보냅니다. 이것이 이른바 안서(雁書)라는 말이 나오게 된 유래입니다. 그런데 여기서 골치가 아파집니다. 흉노족 여인과 결혼해서 자식을 낳고 살았는데 한나라에 데려갈 수 없었거든요. 소무는 가족과 이별하고 혼자 한나라로 돌아가는데, 나중에 소무의 자식이 한나라에 와서 두 사람이 해후합니다. 소무의 이별은 예부터 많은 사람의 눈물을 자아냈습니다. 그런데 〈남당사〉의 주인공은 끝내 만나지 못했으니 소무의 이별보다 더한 슬픔을 겪었다고 봐야겠죠.

이 시는 성균관대 명예교수 임형택이 최근 발굴했는데, 시의 작자가 누구인지 알 수 없습니다. 다산이 지은 것 같다고 추정하기도 하는데, 저는 잘 모르겠어요. 다산이 지었다고 할 만한 근거를 찾지 못했습니다.

훗날 정약용은 강진에서 제자가 찾아오자 "이엉은 새로 했는가? 우물 축대의 돌들은 무너지지 않았는가? 못 속의 잉어 두 마리는 더 자랐는가?" 하고 세세히 물어보면서 홍임과 홍임의 어머니에 대해서는 한마디도 묻지 않았다고 합니다. 하지만 저는 못 속의 잉어 두 마리가 더 자랐는지 묻는 대목에 이르러 다산이 두 사람의 안부를 물었다고 느꼈습니다.

이 대목도 연암과 다산이 비교됩니다. 연암은 아내가 죽자 혼자 살았습니다. 다산은 아내가 죽지도 않았는데 소실을 들였으니 대조적이죠. 이 때문에 연암을 좋아하고 다산을 비판하는 사람들이 꽤 있습니다. 하지만 당시는 나이가 마흔이 되면 본부인이 일부러 사람을 찾아서 소실을 들이는 풍습이 있던 시대입니다. 그러니 다산이 특별히 이상하지는 않습니다. 이는 다산의 인간적인 면모이기도 하고 약점이기도 합니다. 다산이 매정한 사람이었다면 그 두 사람을 본가로 데려가려고 시도하지도 않았을 겁니다. 아무튼 이엉이나 축대의 돌, 잉어 두 마리까지 자세히 물어본 것은 두 사람을 그리워하는 마음이 있었기 때문이라고 봅니다.

25장

김정희

〈세한도〉에 머문 조선의 정신

학예일치의 경지

이번에는 추사(秋史) 김정희(金正喜, 1786~1856)의 유학 사상과 예술 세계를 살펴보겠습니다. 김정희는 유학자이면서 예술가입니다. 유학의 경전에 밝았으니까 경학자로 분류할 수도 있고, 실사구시(實事求是)를 강조했으니 실학자로 분류할 수도 있어요. 더욱이 추사는 서법이 입신의 경지에 이르렀고 그림은 신묘한 경지에 도달했다고 하니, 참으로 다재다능한 인물이라 하겠습니다.

추사는 초상화가 여러 작품 있습니다만 제자 허련(許鍊, 1808~1893)이 그린 초상화가 대표적입니다. 이 작품에는 눈, 코, 눈썹 등 추사의 용모가 반듯하게 그려져 있어 아주 단정하고 온화한 인상을 줍니다만, 추사의 삶은 순탄치 않았습니다. 조선 전역을 누비기도 하고 중국에 가서 당대의 석학들과 만나 교류하기도 하면서 수많은 제자를 양성했지만, 말년에는 정치적 좌절 속에서 오랫동안 유배 생활을 하며 비참하게 보냅니다. 제주도에서 유배 생활을 마치고 함경도 북청 쪽으로 다시 유배 갔다가 돌아온 지 얼마 안 되어 세상을 떠나지요.

추사의 문집으로 『완당집(阮堂集)』이 있습니다. 추사 사후에 제자들이 엮은 책인데 워낙 정리를 엉성하게 해서 틀린 데가 많습니다. 원체 난해한 글이라 제대로 된 번역본도 아직 없습니다. 한국고전번역원에서 나온 『완당집』 번역이 있긴 하지만 문집 자체에 문제가 많기 때문에 번역문을 읽어도 쉽게 뜻을 이해하기가 어렵습니다.

추사는 유배지에서 조선조 최고의 문인화로 손꼽히는 〈세한도〉를 그렸습니다. 〈세한도〉에 깃든 정신을 한마디로 표현하면 '불멸'이라고 압축할 수 있겠는데, 아마도 마지막 조선의 정신이 아닐까 싶습니다.

추사의 작품을 가장 많이 소장하고 있던 사람은 경성제국대학 교수였던 후지쓰카 지카시(藤塚鄰)라는 일본 학자였습니다. 후지쓰카 지카시는 청조와 조선의 학술 교류를 연구하다가 추사에게 빠진 추사 마니아였어요. 그가 중국과 조선의 자료들을 많이 수집했고, 추사의 작품도 2,000여 점을 가지고 있었는데 그중 하나가 〈세한도〉였습니다. 그런데 전쟁 중에 자료를 보관해 둔 곳이 폭격을 맞아서 다 탔다는데, 다행히 집에 있던 〈세한도〉는 무사했다고 합니다.

〈세한도〉는 조선 문인화의 최고봉으로 손꼽히는 작품이죠. 이 그림을 돌려받기 위해 손 아무개라는 이가 일본에 가서 지카시와 담판을 지었다고 합니다. 또 2006년에는 지카시의 아들이 추사 관련 자료를 과천 추사박물관에 기증했습니다.

〈세한도〉는 그림이지만 추사가 직접 쓴 발문이 따로 붙어 있습니다. 이상적(李尙迪)이라는 제자는 추사가 유배 가기 전이나 유배 간 뒤에 세상과 거의 단절된 상황에서도 끝까지 우정을 지킵니다. 추사가 그에 대한 고마운 마음을 담아 마치 편지를 쓰듯 남긴 것이 「세한도 발문」입니다.

소동파에 견주다

현존 『완당집』에는 세 편의 서문이 실려 있습니다. 맨 처음에 있는 서문은 구한말의 문신 김영한(金甯漢, 1878~1950)이 썼고, 두 번째 서문은 정인보(鄭寅普, 1893~1950)가, 「담연재시집서(覃揅齋詩集序)」는 신석희(申錫禧, 1808~1873)가 썼는데, 그중 김영한이 쓴 서문을 살펴보겠습니다.

> 조선조 인물을 논할 때, 김완당 선생이 소문충공(소식)과 견줄 만하다. 박문다식(博聞多識: 문견이 두텁고 아는 것이 많음)하여 천하에 이름이 가득한 것이 소문충공과 같고, 서법(書法)이 입신의 경지에 이르렀고, 화경(畵境)이 신묘한 경지에 나아간 것이 소문충공과 같다.❶-1

완당(阮堂)이라는 호는 추사가 중국에 가서 완원(阮元)을 만나 그 인품을 흠모하여 지은 호입니다. 추사의 호는 줄잡아 300개는 족히 넘는데 그중에서 가장 아껴 썼던 호가 바로 완당입니다. 〈세한도〉의 낙관에도 완당이라는 호가 찍혀 있습니다. 추사는 호를 통해 세상과 소통했다고 할 정도로 호를 자주 지었습니다. 예를 들면 뒷산에 올랐다가 내려오면 소봉래(小蓬萊: '작은 봉래산'이라는 뜻)라 짓고, 옹방강(翁方綱)을 만나고 나서는 옹방강의 호인 담계(覃溪)를 따라 보담재(寶覃齋: 담계를 보배로 여긴다는 뜻)라고 짓는 식으로 그때그때 일이 있을 때마다 호를 지었습니다. 호를 언제 지었는지 살펴보면 추사가 당시 어떤 일에 관심을 두었는지 알 수 있습니다.

여기서 김영한은 추사를 소문충공에 견주고 있는데, 소문충공은 소식(蘇軾)을 가리킵니다. 김영한은 왜 하필 추사를 소식에 견주었을까요? 소식은 조선 시대 문인들뿐 아니라 이규보나 이제현 같은 고려의 문인에게도 꿈과 같은 이상적인 인물이었기 때문입니다. 그런데 소식은 막상 고려에 대해 좋은 감정을 가지고 있지 않았습니다. 황제에게 고려와 상종하지 말라고 요청하는 상소를 여러 차례 올리는가 하면, 고려에서 중국의 서적을 수입하려고 하자 오랑캐 나라에 서적을 보내서는 안 된다며 방해한 적도 있습니다. 이런 사실을 두고 어떤 이들은 고려나 조선의 문인들이 소동파를 높이 평가한 것을 비난하기도 합니다만, 소식이 고려에 악감정을 가졌다는 이유로 그를 흠모한 전통 사회의 문인을 폄하하는 것은 그리 바람직하지 않습니다. 중화주의에 젖어 있던 전통 사회의 중국인들은 대체로 고려나 조선을 낮추어 보았기에 꼭 소식만 비난할 일도 아니고, 고려나 조선의 문인들이 흠모한 것은 소식의 문장이지 고려에 대한 소식의 개인적인 태도는 아니었기 때문입니다. 오히려 소식의 문장이 시원찮은데 사대의식에 젖어서 맹목적으로 경모했다면 비판해야겠지요. 당시 송나라는 사방으로 이민족의 침입에 시달리고 있었던 만큼 고려도 위험한 나라로 보았을 겁니다.

이 서문에서 김영한은 김정희가 소식에 버금가는 인물이라고 평가하는데, 그만큼 추사가 당대에 이상적인 학자이자 예술가로 받아들여졌다고 이해할 수 있습니다. 이어서 김영한은 추사의 성품을 이렇게 기술합니다.

공명과 사업이 어찌 한부범구(송나라 명신인 한기, 부필, 범중엄, 구양수)만 못하

겠는가. 강직하고 단정한 성품으로 고결한 행실을 지켰기에 화광동진(和光
同塵: 노자 『도덕경』에 나오는 말로 번쩍거리는 재능을 누그러뜨려서 세속의 보통 사람들
과 같이 어울린다는 뜻)하여 여러 무리들과 함께 나아가고 여러 무리들과 함께
물러나 봉록과 지위를 보존하는 일을 하지 못했다.

　　—『완당집(阮堂集)』, 「완당선생전집서(阮堂先生全集序)」(김영한)**❶-2**

　이 대목에서 김영한은 추사가 학자나 예술가로서뿐 아니라 세상을 다스
리는 데 탁월한 재능이 있었지만 강직한 성품 때문에 그렇게 하지 못했다
고 기술합니다. 세상에 나아가 뜻을 펴지 못하고 유배지를 전전한 추사의
불우한 처지를 두고 세상 사람들과 적당히 어울리면서 지위를 보존하는
일을 못했기 때문이라고 본 것이지요.

삶과 죽음의 갈림길에서

추사의 성품이 드러나는 일화 한 대목을 보겠습니다. 민규호(閔奎鎬)가 쓴
「완당김공소전(阮堂金公小傳)」에 기술된 이야기입니다.

　　큰 바람이 불고 파도가 심하게 치는 가운데 죽고 사는 문제가 홀연하다. 배
　　속에 같이 타고 있던 사람이 모두 혼백을 잃어버리고 울부짖고 난리가 났
　　다. 뱃사공 또한 넓적다리를 떨면서 감히 앞으로 배를 저어 나아가지 못했
　　다. 공이 의연히 뱃머리에 앉아 시를 높은 소리로 읊조렸다. 시를 읊는 소리
　　가 바람 소리, 파도 소리와 서로 오르락내리락했다. 그러더니 손을 들어 어
　　느 곳을 가리키면서 "뱃사공은 힘써서 배의 키를 이쪽을 향하도록 끌어당기

라" 하고 지시하니 배가 마침내 빨리 움직였다. 아침에 출발했는데 저녁에 제주에 도착했다. 그래서 제주 사람들이 크게 놀라 날아왔다고 했다.

—『완당집(阮堂集)』, 「완당김공소전(阮堂金公小傳)」(민규호) ❷

추사가 유배형에 처해져 배를 타고 제주도로 갈 때의 일입니다. 풍랑을 만나 곧 침몰할지 모르는 절체절명의 상황에서 추사는 의연함을 보여 줍니다. 앞서 박지원이 썼던 「불이당기」에 비슷한 이야기가 있었죠. 이양천이 유배 갈 때 곧 사약이 내려질지 모르는, 목숨이 왔다 갔다 하는 순간에 이인상이 찾아보라고 했던 눈 속의 잣나무가 저기에 있구나, 이러잖아요. 어찌 보면 이상할 정도로 초연합니다. 추사의 경우도 마찬가지입니다. 물론 추사가 제주에서 유배 생활을 하면서 늘 의연한 모습만 보인 것은 아닙니다. 자식들에게 보낸 편지를 읽어 보면 손이 아파서 글씨를 못 쓰겠다, 지난번 보내 달라고 했던 물건은 왜 아직 도착하지 않느냐, 그거 보내 주는 게 그렇게 어려운 일이냐, 여기저기 아파서 너무 힘들다, 하고 투정을 부리기도 하니까요. 그런 일상의 모습은 우리와 다를 바 없습니다. 그런데 막상 정말 목숨이 위태로운 상황에 처하면 아주 의연한 모습을 보입니다.

공자도 비슷한 점이 있습니다. 『논어』를 보면 공자는 너무도 평범한 인간입니다. 제자가 죽어 가는 상황인데 아무것도 못 하죠. 병에 걸린 제자를 일어나 걷게 하지도 못하고, 또 무엇을 하면 살 수 있다는 식으로 인도해 주지도 못합니다. 그저 아, 네가 죽게 되었다니, 하고 안타까워할 뿐입니다. 염옹이 죽을 때 그랬고, 안회가 죽으니까 하늘이 나를 버렸다며 통곡했죠. 그런 평범한 공자가 자신에게 위기가 닥치면 확 달라집니다. 예컨대 사마환퇴가 공자를 죽이려 한다는 이야기를 전해 듣고는 "문왕이 이미 세상에 없으니 문(文)이 나에게 있지 않은가. 그렇다면 환퇴 따위가 나를 어찌할 것이냐?"라고 하는가 하면, 광인에게 포위당하자 "문(文)이 나에게 있는데 저 광인이 나를 어찌하겠는가?"라고 합니다. 평소에는 보통 사람과 다를 바 없다가 위기 상황이 되면 이런 사람들은 달라집니다. 추사가 유배지로 갈 때 보여 준 모습도 이와 비슷하다 하겠습니다.

가학과 사승의 영향

김정희는 1786년생으로 박제가의 제자입니다. 박제가는 1750년생이고 그 스승 박지원은 1737년생입니다. 그러니까 계보가 박지원, 박제가, 김정희로 이어집니다. 박지원 위로 올라가면 1731년생인 홍대용이 있어요. 홍대용을 박지원의 스승이라고 이야기하지 않지만 홍대용이 박지원보다 여섯 살 위이고 박지원에게 물질적, 정신적으로 도움을 많이 주었습니다. 어쨌든 연원을 정리하자면 홍대용-박지원-박제가-김정희로 이어진다고 할 수 있습니다. 홍대용이 가장 먼저 중국에 갔다가 돌아와서 박지원을 비롯한 북학파 지식인들에게 견문을 이야기했고, 그 영향으로 박지원이나 이덕무, 박제가가 중국에 가기도 했으니까 김정희의 학문 연원을 이렇게 정리하는 것도 가능합니다. 물론 김정희는 스물네 살 위였던 다산 정약용과 절친하게 지냈으니 그 영향도 무시할 수는 없습니다.

흔히 추사의 학문 연원을 이야기할 때 청나라의 완원과 옹방강의 영향을 중시합니다. 정인보는 그게 못마땅했던 모양입니다. 정인보는 민족 사학의 길을 튼 양명학자인데, 추사가 중국 학자들에게서 영향을 받아 위대한 작품을 남겼다고 보지 않습니다. 물론 그들의 영향도 있었지만 그 이전에 가학과 사승이 추사의 천재성을 발휘하게 했다고 보았습니다. 정인보가 쓴 서문을 읽어 보겠습니다.

> 공은 어렸을 때부터 특이한 자품을 타고났다. 아버지 유당공(김노경)이 식견
> 이 넓고 올바른 도리를 추구했기에 본디 집에서부터 이미 아버지의 학문에
> 힘입었다. 문장을 높이고 옛것을 상고하는 정조 시대[正廟]를 맞이하여 상
> 서고문에 대한 의심이 일어나 사대부들이 조금씩 혜택을 받아 석천(石泉: 신
> 작), 다산(茶山: 정약용), 아정(雅亭: 이덕무), 정유(貞蕤: 박제가) 등 여러 경학의
> 스승들이 한나라의 정현이나 허신(許愼) 같은 대학자를 능가했으니 또 공의
> 선구를 열기에 충분했다.
>
> ──『완당집(阮堂集)』, 「완당선생전집서(阮堂先生全集序)」(정인보)❸

　정인보는 추사가 중국의 학자들에게서 영향을 받기 이전에 집에서 가학
을 전수받았다는 사실을 환기합니다. 추사의 아버지 김노경(金魯敬)은 영
조의 딸 화순옹주의 손자로 글씨와 문장에 탁월한 재능을 보였던 인물입
니다. 그러니 추사가 가학만으로도 충분히 높은 학문 수준에 도달했다고
볼 수 있습니다. 이어서 정인보는 당대 조선의 신작, 정약용, 이덕무, 박제
가 같은 학자들로부터 학문적 영향을 받았다고 강조합니다. 이런 조건이
추사가 여러 방면에서 탁월한 업적을 남길 수 있게 했다고 보는 입장인 것
입니다.

　사실 추사가 활동했던 18, 19세기 동아시아 사회에서 청나라와 조선의
지식인들은 사뭇 다른 학풍을 형성하고 있었습니다. 청나라의 한족 지식
인들은 명나라가 망한 뒤 철저한 자기반성을 통해 명대까지 관학이었던
주자학을 비판하고 고증학을 발달시켰습니다. 고증학은 일종의 고전 재해
석으로, 새로운 방식의 고전 읽기라기보다 주자학적 경학관을 반성하고

한당 경학으로 돌아간 것이라고 할 수 있습니다. 대표적인 사람이 황종희, 방이지, 왕부지, 고염무 등입니다.

조선의 경우, 18세기 중반까지는 여전히 주자학 일변도였습니다. 물론 그중에서 반계 유형원이나 성호 이익 등은 토지 개혁을 주장하는 등 새로운 학풍을 형성하긴 했지만, 두 학자 모두 주자학의 기반을 벗어나지는 않았습니다. 게다가 은거한 처지였기 때문에 전반적인 학술 풍토를 변화시키는 데 이르지는 못했습니다. 하지만 18세기 중반이 지나면서 박지원, 이덕무, 박제가, 유득공, 이서구 같은 북학파 지식인들이 활동을 하고, 이어서 정약용 같은 실학의 대가가 나타나면서 청나라의 고증학이 도입되고 주자학 일변도의 학술 풍토에 변화가 일어나기 시작합니다. 추사는 박제가의 제자였고 정약용과 절친한 사이였으니 이들에게서 크게 영향을 받았을 겁니다.

사실 주자학 일변도의 학술 풍토에 변화가 일어났지만 여전히 주자학적 세계관을 중시했기 때문에 당시의 실학자들 중에 주자학을 완전히 버린 사람은 찾아보기 어렵습니다. 이 점이 청나라와 조선 지식계의 다른 점이었다고 할 수 있습니다. 예컨대 당시의 군주였던 정조는 1776년 왕이 된 이래 정통 주자학의 입장을 지켰습니다. 하지만 정조 시기의 문인들은 청나라에 가서 자유롭게 활동을 해도 탄압을 받거나 하지는 않았어요. 정조가 세상을 떠난 뒤에 이런 추세가 일시적으로 위축되기는 하지만 19세기 중반부터 다시 활기를 띠게 됩니다. 이런 상황이 추사처럼 세계적인 인물을 탄생시키는 조건이었다고 할 수 있습니다. 따라서 19세기의 청나라와 조선의 지적 교류를 중심으로 추사를 이해하는 것도 필요하지만, 정인보의 기술처럼 조선 내부의 학술 풍토가 미친 영향도 지나쳐서는 안 됩니다. 추사가 청나라 지식인들과 교류하면서 서로 의견이 일치되지 않은 부분은 대부분 주자학과 관련된 내용이었습니다. 청나라 지식인들은 대체로 주자를 강하게 비판했지만 추사는 그렇지 않았거든요.

세계의 문을 두드리다

앞서 말씀드린 것처럼 추사의 학문은 당대 조선 지식인들의 영향이 컸습니다. 하지만 그가 세계적 인물이 된 데에는 역시 청나라 지식인들과의 교유가 결정적인 역할을 했습니다. 본래 조선 지식인들이 청나라 지식인들과 교유한 것은 홍대용과 박지원 때부터 본격화되었는데 처음에는 감성적 차원의 인간적 교유로 시작했습니다. 그러던 것이 추사 시대에 이르면 학술 토론으로 이어져 때로 격렬한 논쟁이 벌어지는 등 심화된 면모를 보입니다. 청나라에 가는 걸 연행(燕行)이라 했는데, 당시 조선의 지식인들에게 연행은 세계를 접하는 거의 유일한 창이었습니다. 청나라 지식인들 또한 외부 세계에 대한 지식에 목말라하고 있었어요. 특히 한족 지식인들은 자신들을 중심으로 중국을 재건하려는 의도가 있었기에 조선 지식인들과의 교유를 반기는 처지였습니다. 추사도 아버지 김노경을 따라 연경에 가서 완원(阮元, 1764~1849)과 옹방강(翁方綱, 1733~1818)을 만나는데 그때 나이가 24세였고, 완원은 46세, 옹방강은 77세였습니다.

완원은 『십삼경주소(十三經注疏)』를 교감한 학자입니다. 십삼경은 유교에서 가장 중요한 경전 13종을 말하고, 『십삼경주소』는 십삼경의 주(注)와 소(疏)를 모아서 엮은 책으로, 한나라 때부터 송나라에 이르기까지 거의 천 년에 걸쳐 축적된 유교 문헌의 총화입니다. 완원이 이걸 교감했는데, 교감(校勘)이란 어떤 문헌의 내용이 판본에 따라 다르게 기록되어 있을 때, 여러 판본을 수집하여 내용을 비교·대조하여 판본 간의 이동(異同)을 살피고 오류를 바로잡는 일을 말합니다. 완원이 정리한 『십삼경주소』를 '완각본(阮刻本)'이라 하는데, 현재까지도 가장 권위 있는 판본으로 인정받고 있습니다.

완원은 추사를 만나본 뒤 글을 쓰면 맨 먼저 추사한테 보내서 봐 달라고 합니다. 완원과 추사가 교유하면서 주고받은 글이 많았는데 『완당집』에는 완원의 글이 추사의 글로 잘못 들어간 것도 있습니다. 어쨌든 예나 지금이나 완원이 추사에게 했듯이 초고를 다른 사람에게 보여 주는 일은 쉽지 않습니다. 상대를 전적으로 신뢰할 뿐 아니라 그가 지닌 식견을 높이 평가하고 조언을 얻어야겠다고 생각하지 않으면 주저할 수밖에 없습니다. 자칫 비판을 받거나 도용당할 수도 있으니까요.

옹방강은 시·서·화에 모두 뛰어난 인물로 『사고전서(四庫全書)』를 편찬하는 데 주도적으로 참여했던 학자입니다. 『사고전서』는 중국 청대 건륭(乾隆) 연간에 칙명에 의해 만들어진 총서(叢書)인데, 경(經)·사(史)·자(子)·집(集)의 4부(部)로 이루어져 있고, 중국 고대부터 당대(當代)까지의 서적을 망라하여 수록한 문고입니다. 문자량이 10억 자에 이를 정도로 방대합니다. 여기에 참여한 학자들은 당시 청나라 최고 수준의 학자들이었어요. 옹방강은 자신의 서재에 보소재(寶蘇齋: 소동파를 보배로 여긴다는 뜻)라는 이름을 붙이고 소동파의 생일인 12월 19일이 되면 제자들을 불러 연회를 베풀었다고 합니다. 추사는 또 그런 옹방강의 인품에 감동하여 그의 호 담계(覃溪)를 따서 당호를 보담재(寶覃齋)라고 짓고 보담재 주인이라는 낙관을 새기기도 했습니다. 이후 옹방강은 자신이 소장하고 있던 귀한 책을 추사에게 보냅니다. 학자들은 기본적으로 책 마니아인지라 책을 목숨처럼 중시하는데, 그걸 추사한테 준 것입니다. 이 정도로 완원이나 옹방강이 추사와 교감을 하고 막역한 관계였다고 할 수 있습니다.

추사의 어떤 점이 이들을 매료시켰는지 궁금하지 않을 수 없습니다. 게다가 추사는 중국어가 능통하지 않아서 대부분 필담으로 의사소통을 했습니다. 그런 추사가 당시 연경의 대학자들에게 인정받을 수 있었던 가장 큰 이유는 탁월한 경학적 지식, 뛰어난 글씨에다 인간적 매력까지 겸비했기 때문이겠지요. 물론 완원이나 옹방강도 대단합니다. 22세 연하, 53세 연하의 젊은이를 한 번 만나 보고 단번에 그의 자질을 알아보는 안목을 지녔던 셈이니까요.

아무튼 청나라를 대표하는 두 학자가 인정한 덕분에 추사의 이름이 천하에 알려집니다. 옛날 최치원이나 이제현이 그랬던 것처럼요.

훗날 그런 추사의 자취를 보고 매료된 사람 중에 일본 학자 후지쓰카 지카시가 있습니다. 지카시는 중국에 갔다가 연경 유리창에서 나빙이라는 화가가 그린 초상화 한 점을 입수합니다. 그림에 어떤 인물이 모자를 쓰고 부채를 잡고 있는데, 그 용모의 비범성에 이끌려 조사를 해 보았더니 그가 박제가였음이 밝혀집니다. 현재 그 초상화는 불타 없어졌고 사진만 남아 있습니다. 지카시가 박제가를 연구하다 보니 자연히 그 제자인 추사 김정희에 대해 알게 됩니다. 그때부터 추사한테 완전히 빠져서 최고의 추사 연구자가 되죠. 지카시가 죽고 난 뒤 그가 소장하고 있던 추사의 작품 2,000여 점을 지카시의 아들이 과천 추사박물관에 기증한 얘기는 앞서 말씀드렸습니다. 추사의 작품을 일본인이 먼저 소장하고 있었던 셈인데 그런 사실을 불편하게 여길 필요는 없습니다. 가치를 제대로 아는 사람 품에 있으면 결국 돌아올 건 돌아옵니다. 만약 다른 욕심이 개입됐다면 돌아오지 못했겠지요. 완원이나 옹방강, 후지쓰카 지카시 모두 국경을 초월해서 추사에게 인간적인 매력을 느꼈던 것 같습니다. 왜 그랬는지 궁금해지지만 그 이유를 분명하게 밝히는 것은 추사의 그림이나 글씨가 왜 매력적인지를 설명하는 것만큼이나 쉽지 않습니다.

실사구시의 정신

이제 학자로서 추사의 정신세계를 더듬어 보겠습니다. 우리가 흔히 실학을 '실사구시(實事求是)의 학문'이라고 규정하는데, 학문 방법 면에서 실사구시를 가장 강조한 실학자가 추사입니다. 추사가 실사구시를 주제로 쓴 글이 있습니다. 이 글에서 추사는 "실사구시는 학문을 하는 가장 요긴한 도리다〔實事求是 此語乃學問最要之道〕"라고 합니다. 우리는 흔히 실사구시의 실(實)을 실리나 실용의 뜻으로 쓰는 경향이 있는데, 추사가 말하는 실(實)은 도교나 불교의 학문에 상대되는 의미입니다. 곧 도교나 불교에서는 수행을 통해 신선이 된다거나 극락에 간다고 하는데 이런 것들은 다 허(虛)라고 비판하고, 오히려 유교적 가치를 주장하면서 실사(實事)를 강조합니다. 그러니까 신선이네 극락이네 하지 말고, 부모와 자식 간, 형제간, 동네 사람들과 어떻게 지내야 하는가를 고민하고 그 속에서 진리〔是〕를 구하는 것이 실사구시라고 이야기합니다. 도교·불교와 상대되는 유학의 정신을 실사구시라는 말로 천명한 것입니다. 곧 공리공담을 배격하고 궁행실천을 우선시하는 학문 태도를 유지해야 한다고 강조하는데, 사실 이런 맥락의 실학(實學)은 성리학자들이 불교의 허무(虛無)를 비판하면서 이(理)를 실리(實理)라고 주장하는 것과 일맥상통합니다. 물론 추사는 성리학의 이(理)도 공담(空談)에 가까운 측면이 있다고 비판하므로 완전히 같지는 않습니다.

앞서 말씀드린 대로 추사의 경우 일방적으로 성리학을 비난하지 않습니다. 그렇다고 주자학 정통주의를 지향한 것은 아니고 역사적으로 존재해 온 유학의 다양한 측면을 다 포용하는 입장입니다. 그래서 정현, 왕필, 정이, 주희 같은 학자들의 단장(短長)을 따질 것 없다고 말하죠. 주자학자들은 한당 유학을 비판하고, 양명학자들은 주자학을 비판하고, 청대의 고증학자들은 주자학과 양명학 모두를 비판합니다. 학문적 견해가 다르기 때문이에요. 이런 태도와 비교해 보면 추사의 입장은 모순이 있습니다. 하지만 한 분야의 대가는 다른 분야에 대해서도 늘 열린 태도를 지니죠. 자기 분야에 갇혀 있으면 대가가 되기 어렵습니다.

추사가 어떤 학문이든 좋다고 해서 분명한 입장이 없는 것은 아닙니다. 오히려 그 기준이 상당히 엄정합니다. 특히 정통적인 고전 읽기를 매우 중시합니다. 예를 들어서 고전을 해석한다고 하면 누구한테 배웠는가를 중시하고, 근거가 있는지 분명하게 밝혀야 한다고 말합니다. 누구한테 배웠다, 또는 어디에 이렇게 나와 있다고 하지 않고 그냥 '내 생각'이라고 하면 추사에게 말도 못 붙입니다. 옛것은 옛사람한테 제대로 배워야지 마음대로 보면 안 된다는 입장입니다. 추사는 경학적 측면에서 문헌을 중시했고 동시에 금석학자이기도 합니다. 그 때문에 문헌의 전승과 학문 연원을 중시합니다. 하지만 어느 한 학파의 종지만 따르는 것을 반대했다는 점에서 열린 학문관을 지녔다고 할 수 있습니다.

불멸의 정신, 〈세한도〉에 머물다

이번에는 〈세한도〉를 통해 이른바 학예일치(學藝一致)를 이룬 추사의 면모

김정희, 〈세한도〉, 1844, 개인 소장

를 살펴보겠습니다. 사실 전통 사회의 지식인들은 대부분 학예일치를 추구했습니다. 그런데 전문화, 분업화된 현대 사회에서는 이 둘을 겸비하기가 지극히 어렵습니다. 예(藝)는 타고난 재능이 필요하고 또 기존의 질서를 벗어나 독창성을 추구하는 경향이 있는데, 학(學)은 그와 달리 재능보다 노력이 필요하고 전통을 중시하기 때문입니다. 하지만 전통을 잘 알아야 전통을 넘어설 수 있다는 데 생각이 미치면 학이 예에 방해가 되기보다 오히려 도와줄 수도 있습니다. 법고창신(法古刱新)의 정신이 추사학파의 중요한 화두가 된 까닭이 여기에 있습니다. 법고(法古)는 옛것을 본받는 것이니 전형적인 학(學)의 영역이고, 창신(刱新)은 새로운 것을 창조하는 것이니 예(藝)의 영역에 속합니다. 추사는 이 둘을 하나로 통합했다는 점에서 학예일치를 이루었다고 평가할 만합니다.

〈세한도〉를 두고 조선조 최고의 문인화라고들 평가합니다. 그래서인지 저는 〈세한도〉가 왜 명작인지 설명해 달라는 요청을 자주 받습니다. 제가 그림의 전문가가 아니기에 그림으로서 〈세한도〉가 왜 명작인지 설명하기

는 어렵지만 발문이 있으니 글을 통해 〈세한도〉에 담긴 추사의 정신세계를 짐작할 수 있습니다.

발문을 보기 전에 〈세한도〉 그림을 먼저 살펴보면 참으로 이상한 점이 눈에 띕니다. 우선 제목에서 알 수 있듯 그림의 소재는 소나무와 잣나무입니다. 『논어』에 "날씨가 추워진 뒤에야 소나무와 잣나무가 늦게 시든다는 것을 안다[歲寒然後 知松柏之後凋]"라는 구절이 나옵니다. 송백(松柏)은 소나무와 잣나무입니다. 요즘은 백(柏)을 측백나무로 고증하고 서유구(徐有榘)의 『임원경제지(林園經濟志)』에서도 송백의 백을 측백나무로 고증하지만, 전통적으로는 잣나무를 가리킵니다. 어쨌든 그림을 보면 오른쪽에 있는 고목은 생김새가 틀림없이 소나무입니다. 그런데 솔잎은 이파리가 두 개 또는 세 개이고 잣나무는 다섯 개인데, 오른쪽 나무는 몸통은 틀림없이 소나무인데 이파리가 다섯 개예요. 이상하죠. 게다가 추사가 〈세한도〉를 그렸을 때 머물렀던 제주도에서는 잣나무가 자라지 않습니다. 잣나무 서식지를 찾아보면 한반도 전역에 서식한다고 나오지만 제주도는 예외입니다. 그러니 이 나무는 괴목(怪木)입니다. 이 나무뿐 아니라 바로 옆에 있는 나무도 소나무인지 잣나무인지 측백나무인지 불분명합니다. 그리고 그림 왼쪽의 멀리 있는 나무는 얼핏 보면 잣나무 같지만, 꼭 그렇다고 장담할 수 없습니다. 잣나무는 가지가 마주 보면서 평행으로 자라는데 이 나무는 좌우의 가지가 대칭이 아닙니다.

중앙에 그려진 집도 이상합니다. 문이 둥그란데, 우리나라에서는 찾아볼 수 없는 가옥 구조입니다. 그리고 앞쪽의 처마는 완만하게 경사가 져있는데 뒤쪽은 급하게 꺾어졌죠. 지붕 한쪽이 무너진 것같이 보입니다. 어떻게 보면 그리다 말았거나 솜씨 없는 화공이 흉내 낸 그림 같아 보입니다.

따라서 〈세한도〉는 김정희가 자신이 유배되었던 제주의 풍경을 보고 그린 것이 아닐뿐더러 수종을 알 수 없는 나무와 있을 수 없는 집을 그린 괴이한 작품인 셈입니다. 추사는 왜 이런 그림을 그려서 〈세한도〉라 이름을 붙이고 이상적(李尙迪)에게 주었을까요? 그림만 보고는 알 수 없는 일입니다. 더욱이 왜 이 작품이 500년 조선 문인화 최고의 걸작으로 손꼽히는지 아리송합니다.

설명하기 어려운 게 어찌 추사의 작품만 그렇겠습니까. 다빈치의 〈모나리자〉는 세계가 인정하는 명작이라 하겠습니다만 이 그림도 설명하기가 쉽지 않습니다. 다빈치가 활동하던 15, 16세기는 유럽 화단에 원근법이 태동하던 시기였습니다. 다빈치의 대표작 〈최후의 만찬〉에도 원근법이 사용되어 평평한 화면에서 입체감과 깊이감을 느낄 수 있습니다. 그런데 이런 원근법은 이른바 선 원근법입니다. 선 원근법의 기본은 가까운 사물은 크게, 멀리 있는 사물은 작게 그리는 것입니다. 그런데 〈모나리자〉는 색채 원근법을 이용하여 그렸다고 합니다. 멀리 있는 물체는 푸른 색조로 그리고,

가까이 있는 사물은 노란 색조로 표현하는 식이죠. 그리고 이른바 스푸마토(sfumato) 기법이라고 하는 명암법을 사용했는데, 이것도 색채 원근법의 일종으로 모나리자의 눈 가와 멀리 있는 숲의 가장자리를 보면 사물을 또렷하게 그리지 않고 일부러 흐릿하게 표현해서 보는 사람에게 신비감을 불러일으키게 했다고 합니다.

〈모나리자〉의 미소도 이야깃거리가 되죠. 웃는 듯 마는 듯 참으로 신비한 매력을 지니고 있습니다. 그래서 어느 치과 의사는 치아에 문제가 있어서 모나리자가 입을 벌리지 못했다고 한 적도 있습니다. 그 미소는 전형적으로 이가 빠진 사람의 모양이라는 거예요. 남의 입속 사정을 어찌 그리 잘 아는지⋯⋯. 그런데 입 벌린 초상화가 있나 해서 찾아보면 없습니다. 그러니 말이 안 됩니다.

〈모나리자〉는 눈썹도 없습니다. 그래서 이 작품이 미완성이라느니, 다빈치가 병을 앓아서 그리다 말았다느니 하면서, 그래서 걸작이라는 이야기도 있습니다. 미완성이라서 명작이다? 이 역시 말이 안 됩니다. 물론 미완성 작품 중에 명작이 있긴 있습니다. 슈베르트는 교향곡을 모두 아홉 편 썼는데 8번 〈미완성 교향곡〉이 다른 것들을 다 합친 것만큼이나 명작입니다. 그런데 미완성이란 이유로 명작인 건 아닙니다.

다빈치가 병에 걸려 눈썹을 못 그렸다는 이야기도 말이 안 됩니다. 그림 전체라면 몰라도 유독 눈썹만 못 그릴 정도의 병이 어디 있겠습니까? 추사도 떨리는 손으로 〈세한도〉를 그렸거든요. 아무튼 별별 이야기가 있지만 다빈치의 〈모나리자〉가 왜 명작인지 설명이 안 됩니다.

〈모나리자〉는 워낙 유명한 작품이다 보니 흉내 낸 그림도 많습니다. 페르난도 보테로라는 콜롬비아 화가가 그린 〈모나리자〉도 있습니다. 채색은 거의 비슷한데 배경과 인물 묘사가 다르죠. 다빈치의 〈모나리자〉 배경은 피렌체의 어느 곳일 텐데, 보테로의 〈모나리자〉 배경은 안데스 산맥입니다. 뚱뚱한 여성의 인물화입니다. 그 밖에도 수많은 패러디가 있는 걸로 봐서, 원작 〈모나리자〉가 명작은 명작인가 봅니다. 그런데 왜 〈모나리자〉가 예술적으로 명작인지 납득할 만하게 설명한 글을 저는 본 적이 없습니다. 그러니까 기술적인 측면을 가지고 설명하는 것은 예술 작품의 본질을 밝혀내지 못합니다. 선 원근법이나 색채 원근법으로 그리지 않았던 중세의 작품에도 걸작이 있고, 원근법에 맞게 그린 그림 중에도 수많은 졸작이 있으니까요. 다빈치에게 직접 물어 보면 좋을 텐데 그럴 수도 없지요.

다행히 〈세한도〉는 그림만 있는 게 아니라 추사가 스스로 발문을 적어 놓았기 때문에 발문을 잘 읽어 보면 〈세한도〉에 담긴 정신이 어떠한지 알 수 있는 것입니다.

〈세한도〉 탄생 배경

1844년 바람이 많이 불던 어느 날의 일입니다. 추사 김정희가 제주도에 유배된 지 어언 5년이 흘렀습니다. 한때 생사를 같이하던 벗들도 이젠 소식조차 전해 오지 않습니다. 그런데 또다시 육지에서 『우경문편(藕耕文編)』이라는 거질의 책이 바다를 건너와 추사에게 전해집니다. 제자 이상적이 만리 밖 북경에서 여러 해를 두고 구해서 보내 준 귀중한 책입니다. 한때 화려한 삶을 살았으나 정치적 생명이 이미 끝난 추사는 세상 사람들에게 잊힌 존재입니다. 그런데 중인이자 역관이었던 이상적만은 변함없이 자신과 맺은 인연을 각별하게 챙깁니다. 추사는 그를 칭찬하는 뜻에서 갈라진 붓으로 그림을 그리고 온전한 붓으로 발문을 썼어요. 조선 문인화의 최고

걸작으로 손꼽히는 〈세한도〉는 이렇게 탄생합니다.

〈세한도〉는 제목도 그렇거니와 그림을 살펴보면 겨울에 그렸을 듯한데, 실제로는 여름에 그렸습니다. 유배된 지 5년이라면 정치적으로 회생할 가능성이 없습니다. 추사는 대원군을 비롯해 조선 팔도 전역에 벗이 있었어요. 추사가 사람을 칭찬할 때는 걸핏하면 해동제일(海東第一)이니, 아조초유(我朝初有)의 인물이라느니 하면서 띄웁니다. 그토록 절친했던 벗들이 유배 5년이 흐르고 나니 소식도 없습니다. 반면 이상적은 잘나가는 사람이 아니었는데도 70권이 넘는 방대한 양의 『우경문편』을 구해 추사에게 보내 줍니다.

앞서 말씀드린 것처럼 〈세한도〉에는 제대로 그려진 사물이 없습니다. 단지 네 그루의 나무와 집 한 채만 그려져 있고 여백이 훨씬 더 많습니다. 게다가 먹도 충분치 않고 붓도 온전하지 못한 듯 여기저기 갈라진 붓 자국이 화인이 마주한 힘겨운 삶을 말해 줍니다. 또 무슨 나무인지 형태를 분명하게 알아보기 힘든 왼쪽의 두 그루, 그리고 세부 묘사가 전혀 없는 한가운데의 집을 보면 기우뚱하기도 하고 대칭이 맞지 않아 허술하기도 하여 도대체가 사물을 제대로 관찰하고 그린 것 같지가 않습니다.

처음 그림을 들여다보면 그림보다 오히려 오른쪽 위에 단정하게 쓰인 '歲寒圖(세한도)'라는 세 글자가 먼저 눈에 들어옵니다. 그림의 제목이죠. 그런데 그림에서 이런 식의 제목은 감상을 도와주기보다는 도리어 방해가 되기도 합니다. 뜻이 분명한 글은 때로 보는 이의 예술적 상상력을 제한하기 때문입니다. 하지만 김정희는 늘 '문자향(文字香)'과 '서권기(書卷氣)'를 강조하고 사의(寫意)를 중시했습니다. 그래서인지 추사의 글자체는 그림 같습니다. 추사는 글씨를 그림처럼 쓰고 그림에서 글을 읽는 것을 좋아하기도 했어요. 특히 〈세한도〉의 경우는 더 그렇습니다. 〈세한도〉라는 제목에는 "이 그림은 반드시 이렇게 '읽어야' 한다"라는 김정희의 의지가 들어 있습니다.

추사는 글과 그림으로 세상을 깜짝 놀라게 했지만 더 놀라운 건 그저 눈으로만 봐서는 그의 작품이 품은 뜻을 제대로 볼 수 없다는 점입니다. 「세한도 발문」에는 삶을 통한 체험의 무게와 더불어 시공간을 뛰어넘는 이야기가 기록되어 있습니다. 그 때문에 발문의 뜻을 알지 못하면 글도 그림도 제 모습을 드러내지 않습니다. 이런 점에서 추사는 자기 빛깔이 확실한 예술가라 하겠습니다. 눈에 보이는 단편이 아니라 그림에 담긴 정신을 보게 하는 사람인 거죠. 사실 우리가 감각 기관인 눈에만 의지하면 정신의 모습을 보기 어렵습니다. 그래서 사물을 꿰뚫어보는 또 하나의 눈이 필요합니다. 추사는 그런 눈 가운데 하나로 문자를 제시했습니다. 선현의 글에 담긴 정신을 읽음으로써 우리가 새로운 눈을 뜨도록 인도하는 셈입니다. 그것이 바로 추사가 그림을 그리는 화인들에게 늘 요구했던 문자의 향기였습니다. 그 때문에 전혀 다른 매체라고 생각하기 쉬운 그림과 글이 만나게 됩니다. 그림은 글이 되고 글은 그림이 되는 거죠. 〈세한도〉 또한, 보아서는 보이지 않고 잘 읽어야 비로소 보이는 그림입니다.

〈세한도〉 읽기

다시 〈세한도〉로 돌아와서 그림의 이모저모를 살펴보겠습니다. 갈라진 붓으로 그려진 그림과 달리 〈세한도〉에 쓰인 글씨는 단정합니다. 특히 제목인 '세한도(歲寒圖)' 세 글자는 마치 그림을 볼 때 시선을 옮기는 차례를 설명하고 있는 것처럼 오른쪽에서 왼쪽 방향으로 쓰여 있고, 그 왼쪽에서 다

〈세한도〉 그림 부분

시 세로로 '우선시상(藕船是賞)' 네 글자가 있습니다. "우선(藕船)은 이 그림을 감상하라"라는 뜻인데, 우선(藕船)은 이상적의 호입니다. 그리고 바로 왼쪽에 완당(阮堂)이라는 김정희의 호가 쓰여 있고 그 아래에 완당의 이름 '정희(正喜)' 두 글자가 붉은색 인장에 음각으로 찍혀 있습니다.

그 아래에는 마치 사람의 다섯 손가락이 '歲寒圖'라는 세 글자를 떠받치고 있는 것처럼 솔잎 그림이 자연스럽게 이어져 있는 것을 볼 수 있습니다. 글씨의 세계에서 그림의 세계로 넘어가는 부분입니다.

그런데 〈세한도〉의 풍경은 앞서 살펴본 것처럼 이상하기도 하고 볼품이 없습니다. 그러나 바로 이 볼품없음이야말로 '세한의 풍경'입니다. 〈세한도〉는 어떤 면에서든 풍요의 산물이 아닙니다. 평생 벼루 열 개에 구멍을 내고 붓 천 자루를 닳게 했던 김정희의 필력으로 한 글자를 쓰기도 어려운 육체적인 고통과 정신적 황폐의 끝에서 탄생한 작품이 〈세한도〉이기 때문입니다.

추사는 발문을 통해 '세한의 풍경'을 넘어서는 그림을 보여 줍니다. 〈세한도〉가 명작인 이유는 바로 이 그림 한 장에 그가 추구한 불멸의 정신이 담겨 있기 때문입니다. 앞서 말씀드렸듯이 추사는 늘 '문자와 책의 향기'를 강조했습니다. 따라서 추사의 그림을 감상할 때는 단지 눈에 보이는 '그림'만이 아니라 문자의 향(香)이라 할 수 있는 '정신'을 보아야 합니다. 다행히 추사는 그림과 함께 그림을 그리게 된 까닭을 발문에 자세히 써 놓았는데 그것을 통해 우리는 수천 년 전부터 세한의 시련을 극복해 온 오래된 이야기와 마주할 수 있습니다.

「세한도 발문」에 담긴 불멸의 정신

발문은 서문이 대체로 앞에 놓이는 것과 달리 뒤에 붙이는 글입니다. 그 내용을 읽어 보겠습니다.

> 지난해에는 『만학집』과 『대운산방집』 두 종류의 책을 부쳐 오고 올해에는 또 『우경문편』을 부쳐 오니 이 책들은 모두 세상에 늘 있는 것이 아닐뿐더러 천만 리 밖에서 여러 해에 걸쳐 구입하여 보낸 것이니 한때의 노력으로 할 수 있는 일이 아니다. **❹-1**

지금도 중국에서는 원하는 책을 쉽게 구하지 못합니다. 꽤 많은 부수를 인쇄해서 발행했다 해도 중국 전역에 배포되어 버리면 있는지 없는지조차 알 수 없는 상황이라고 하죠. 당시는 말할 것도 없습니다. 그런 상황에서 이상적이 구하기 어려운 책을 추사에게 보내온 겁니다. 중국에 머물면서 늘 추사를 생각하고 있었음을 짐작할 수 있죠.

또 세상의 도도한 흐름은 오직 권세와 이익을 좇아 그것을 얻기 위해 마음

〈세한도〉 발문 부분

과 힘을 이토록 허비하는데 그대는 권세와 이익으로 돌아가지 아니하고 마침내 바다 바깥 초췌하고 바싹 마른 늙은이에게 돌아가기를 마치 세상 사람들이 권세와 이익을 좇듯 하는구나. ❹-2

세상 사람들이 권세와 이익을 좇는 것은 예나 지금이나 같습니다. 그러니 멀리 유배 와서 잊힌 추사에게 관심을 두는 사람은 거의 없었겠지요. 그런데 이상적만은 마치 세상 사람들이 권세와 이익을 좇듯이 추사를 생각했다는 겁니다.

태사공이 이르길 "권세와 이익으로 만난 관계는 권세와 이익이 다하고 나면 사귐 또한 끝난다"라고 했다. 그대 또한 도도하게 흘러가는 세상의 한 사람인데 초연히 스스로 도도히 흐르는 권세와 이익의 밖에 있으니 그렇다면 그대는 권세와 이익으로 나를 보지 않는 것인가? 태사공의 말이 틀렸단 말인가? ❹-3

태사공은 사마천입니다. 사마천은 권세와 이익으로 만난 관계는 권세와 이익이 다하고 나면 끝난다고 했죠. 그런데 이상적은 여전히 추사를 생각하는 마음을 바꾸지 않았습니다. 추사를 만난 목적이 권세와 이익에 있지 않았다는 증표가 됩니다. 그러면서 추사는 마치 사마천이 잘못 말하기라도 한 것처럼 질문을 던지고 공자를 등장시킵니다.

> 공자께서 이르시길 "날씨가 추워진 뒤에야 소나무와 잣나무가 늦게 시든다는 것을 알게 된다"라고 하셨다. 소나무와 잣나무는 사계절에 관계없이 시들지 않으니 날씨가 추워지기 전에도 그대로 똑같은 소나무와 잣나무일 뿐이고 날씨가 추워진 뒤에도 그대로 똑같은 소나무와 잣나무일 뿐이다. 그런데 성인께서는 단지 날씨가 추워진 뒤의 소나무와 잣나무만을 칭찬하셨다. ❹-4

추사는 『논어』 「자한」 편에 보이는 유명한 대목을 인용합니다. 사실 『논어』의 이 대목을 이해하는 게 쉽지는 않습니다. 그저 소나무와 잣나무 같은 굳센 지절을 가진 사람을 칭찬하는 말로 여기기 십상인데, 추사의 설명을 들으면 속뜻이 보입니다. 추사는 공자가 유독 날씨가 추워진 뒤의 소나무와 잣나무만을 칭찬한 이유를 콕 집어 묻습니다. 소나무나 잣나무는 본디 사철 푸른 나무지만 공자가 언급한 소나무, 잣나무는 날씨가 추워진 뒤의 소나무, 잣나무라는 겁니다. 여기서 중요한 것은 날씨가 추워졌다는 상황입니다. 만약 날씨가 추워지지 않는다면 소나무, 잣나무가 시드는지 아닌지를 확인할 수 없다는 맥락이 함축되어 있죠. 이렇게 이야기한 뒤, 추사는 이상적의 우정을 소나무, 잣나무에 견줍니다.

지금 그대가 나를 대하는 것이 이전에 더 잘해 준 것이 없었고 이후로 더 덜어진 것이 없다. 그렇다면 이전의 그대는 칭찬할 것이 없겠거니와 이후의 그대는 또한 성인에게 칭찬을 받을 수 있을 것인가? 성인께서 특별히 칭찬하신 것은 한갓 늦게 시드는 굳센 절개 때문만이 아니라 또한 날씨가 추워진 뒤에 감동한 점이 있어서일 것이다.❹-5

이 대목이 중요합니다. 추사는 앞서 공자가 유독 날씨가 추워진 뒤의 소나무, 잣나무만 칭찬한 이유를 물었습니다. 그러고는 대답을 잠시 미루었다가 여기서 "성인께서 특별히 칭찬하신 것은 한갓 늦게 시드는 굳센 절개 때문만이 아니라 또한 날씨가 추워진 뒤에 감동한 점이 있었기 때문일 것이다"라고 그 이유를 말합니다. 곧 소나무, 잣나무가 굳센 지절을 가지고 있다 하지만 날씨가 따뜻할 때는 모르다가 추워진 뒤에 비로소 그 사실을 확인할 수 있기 때문에 공자가 칭찬했다고 한 거죠. 이렇게 보면 나무의 생존을 위태롭게 하는 추위가 오히려 나무의 늘 푸름을 확인시켜 주는 고마운 존재가 됩니다. 추사는 이상적의 우정도 마찬가지라고 이야기합니다. 추사가 세상에 이름을 날릴 때는 수많은 사람들과 우정을 나누었지만 막상 유배형에 처해지자 그 우정이 대부분 끊기고 맙니다. 하지만 이상적의 우정은 여전히 이어졌죠. 그러니 추사가 당한 시련은 오히려 참다운 우정을 찾을 수 있게 한 계기가 됩니다. 둘의 사귐은 성인의 칭찬을 듣기에 손색없는 빛나는 우정입니다.

아! 한(漢)나라처럼 순박한 시절에 급암(汲黯)이나 정당시(鄭當時)같이 어진 사람들도 빈객의 수가 권세와 이익에 따라 늘거나 줄었다. 이를테면 하비의 적공(翟公)이 문에 걸었던 방문[下邳榜門] 같은 일이야 박절함이 극에 달한 경우라 할 것이니, 슬프구나! 완당 노인이 쓰다.

—「세한도 발문(歲寒圖跋文)」**④-6**

"급암(汲黯)이나 정당시(鄭當時)같이 어진 사람들도 빈객의 수가 권세와 이익에 따라 늘거나 줄었다"라고 했는데 급암과 정당시는 한나라 시대의 명사입니다. 그들이 권세를 누릴 때는 문전성시(門前成市), 곧 찾아오는 사람이 너무 많아서 문 앞이 시장을 이룰 정도였는데, 권세가 사라지니까 문전작라(門前雀羅), 대문 앞에 참새 잡는 그물을 칠 정도로 찾아오는 사람이 없었다는 것입니다. 그들은 훌륭한 사람들이었지만 그들을 사귄 사람들은 권세와 이익이 목적이었던 것입니다. 하비방문(下邳榜門)이란 하비의 적공(翟公)이 자신의 지위에 따라 찾아오는 사람의 수가 달라지는 것을 보고 내걸었던 글인데, 그 내용은 다음과 같습니다.

> 한 번 죽고 한 번 살아남에 사귀는 마음을 알 수 있고,
> 한 번 가난해지고 한 번 부유해짐에 사귀는 태도를 알 수 있고,
> 한 번 귀해지고 한 번 천해짐에 사귀는 심정을 알 수 있다.
> 一死一生 卽知交情 一貧一富 卽知交態 一貴一賤 卽見交情

이어서 추사는 '슬프다!'라는 말로 마무리를 하는데 얼핏 한탄조로 보이는 이 대목은 세태가 각박한 만큼, 두 사람의 우정이 더욱 소중함을 이야기하기 위한 장치일 뿐입니다. 유배 와 있는 추사가 세상 사람들을 동정한 셈이니 극적인 반전이라 하겠습니다.

〈세한도〉는 추운 그림이 아니다

추사의 「세한도 발문」은 우리에게 시련의 가치가 무엇인지 일깨워 줍니다. 우리의 삶이 계속 따듯하다면 변치 않는 사람이 누구인지 알 수 없겠죠. 어떤 사람의 삶이 평온하게만 끝나면 그 사람에게 고결한 정신이 있는지 없는지 알 수 없습니다. 있어도 보이지 않는 겁니다. 추위는 시련이 닥쳐온 상황을 말합니다. 위기가 닥쳐오면 어떤 사람은 변하고 어떤 사람은 여전합니다. 만약 위기가 닥쳐오지 않으면 차이를 알 수 없습니다. 추사에게 시련이 없었다면 이상적의 우정은 확인할 길이 없었겠지요. 〈세한도〉에 담긴 단아하고 굳건한 정신은 단지 도도하고 강건한 성품에서만 비롯된 것이 아니라, 유배당할 수밖에 없었던 세상의 풍파, 곧 '세한'이 있었기에 비로소 드러난 것입니다. 그 정신이 표현된 것이 세한 이후에도 푸른 소나무와 잣나무, 그리고 퇴락한 집입니다. 그 때문에 추사의 〈세한도〉에는 세한의 계절을 모두 거치면서도 그 시간을 이겨내고 극복한 숭고한 아름다움이 깃들어 있습니다. 결국 「세한도 발문」은 우리 삶 속에서 시련이 얼마나 중요한지 일깨워 준다 하겠습니다.

다시 〈세한도〉로 돌아와, 그림의 오른쪽 아래를 보면 붉은 인장으로 '장무상망(長毋相忘)' 네 글자가 양각으로 선연하게 찍혀 있는 것을 볼 수 있습니다. '길이 서로 잊지 말자'라는 뜻이지요. 이 네 글자는 멀리 한나라 때부터 전해져 내려온 우정의 맹세이지만 추사의 인장은 누구나 바라는 공연한 다짐이 아니라 세한의 계절을 통해 이미 입증된 우정을 말한다는 점에서 흔하디흔한 맹세와는 격이 다릅니다. 게다가 추사는 이상적뿐만 아니라 멀리 사마천과 공자라는 또 다른 귀한 벗도 만나게 해 줍니다. '길이 서로를 잊지 않는' 벗들이 시공을 뛰어넘어 손 내밀고 있으니 〈세한도〉는 더 이상 추운 그림이 아니라고 해야 하지 않을까요?

지금까지의 해설은 어떻게 명작이 탄생할 수 있었는지에 대한 배경에 대한 설명이면서 〈세한도〉에 어떤 정신이 깃들어 있는지를 이야기한 것입니다. 그러니 아직 〈세한도〉가 왜 명작인지 분명하게 이야기한 것은 아닙니다. 앞서 이야기한 〈모나리자〉에 대한 여러 해설도 나름 타당해 보입니다만, 그런 사실을 안다고 해서 〈모나리자〉가 갑자기 명작으로 다가오지는 않겠지요. 혹 〈모나리자〉를 보고 감동한 적이 없는 사람도 회화의 기술적인 요소를 알고 나서 갑자기 예술적 감흥을 느꼈다면 또 모르겠습니다만, 그럴 리 없습니다. 예술적 감흥은 설명이 불가능한 영역에 있습니다. 스탕달 신드롬(Stendhal syndrome)이라는 말이 있죠. 스탕달이 피렌체의 어느 교회에서 조토가 그린 프레스코화를 감상하고 난 뒤 계단을 내려오다가 갑자기 다리에 힘이 빠지고 심장이 두근거리는 이상 증상을 경험했다고 기록한 데서 유래한 말입니다. 스탕달 신드롬은 예술 작품을 감상한 뒤 갑자기 나타난 신체적, 정신적 이상을 일컫는데 이런 현상도 작품에 대한 지식의 유무와 상관없이 일어나는 증상입니다. 우리가 어떤 작품을 직접 만날 때의 예술적 경험이 있고 난 뒤에 해설이 유의미한 겁니다. 그렇지 않으면 온갖 기술적 설명이 별 의미가 없습니다. 〈세한도〉도 마찬가지입니다.

26장

최제우

사람이 곧 하늘이다

조선 최초의 근대 사상, 동학

동학(東學)은 서학(西學)에 상대한 개념입니다. 서학은 서양의 과학 기술을 지칭하기도 하지만 조선 후기에 서학이라고 하면 천주교를 말합니다.

역사적으로 보면 다분히 역설적인 사실인데, 유럽에서는 국민 국가가 형성되면서 천주교가 퇴조합니다. 원래 유럽은 신성로마제국처럼 전체가 하나의 종교 권역으로 묶여 있었고, 황제도 교황의 권력에 맞서지 못할 정도로 천주교가 단일한 지배 이데올로기로 기능했습니다. 그런데 프로이센이니 프랑스니 영국이니 하는 국민 국가가 각지에서 형성되면서 교황의 권력보다 국왕의 권력이, 종교 권력보다 세속 권력이 강해집니다. 그 과정에서 자본을 축적한 상인들의 권력이 커지는 등 여러 분야에서 교회 권력에 맞서는 새로운 계층이 형성되죠. 중세에는 사제 집단이 가장 높은 수준의 지식을 축적하고 있었는데, 대학이 생기면서 역전됩니다.

아이러니하게도 천주교의 지위를 흔들어 놓은 사건은 천주교 내부에서 일어났습니다. 바로 코페르니쿠스나 갈릴레이 같은 사제 집단에 의해 천주교가 진리로 공인했던 우주관, 천문관이 흔들리면서 서서히 천주교의 지위가 무너집니다. 결국 천주교는 이른바 구체제를 대표하는 이념이 되어 시대의 발전을 가로막게 됩니다.

천주교가 동아시아 사회에 전파되는 양상은 사뭇 다릅니다. 평등 이념을 널리 유포시켜 동아시아 신분 사회를 동요시킨 게 바로 천주교입니다. 그리고 바로 그 점 때문에 요원의 불길처럼 번져 갑니다. 유럽에서는 구체제를 대표하던 이념이 동아시아에서는 새로운 시대를 여는 역할을 한 셈이니 역설적이라 하지 않을 수 없습니다.

17세기 서양의 선교사들, 특히 예수회 선교사들이 동아시아의 유교 경전을 번역해서 유럽에 소개했습니다. 『논어』를 비롯한 사서를 모두 번역했는데 그 결과 18세기 계몽주의 철학자들에게 커다란 영향을 끼칩니다. 대표적인 경우가 볼테르입니다. 볼테르는 명백하게 『논어』를 자기 저술에 인용했습니다. 사서는 볼테르 외에도 여러 계몽주의 사상가에게 깊은 영향을 끼쳤습니다. 특히 장 자크 루소는 동양 고전을 읽었다고 스스로 이야기하는데, 그 동양 고전이 바로 『맹자』입니다. 루소가 강조한 인류애나 연민은 맹자의 측은지심에서 아이디어를 얻었음이 틀림없습니다.

칸트도 도덕 법칙을 이야기하지만 사실 도덕을 법칙으로 이야기한 최초의 사람은 바로 공자입니다. 공자가 '종심소욕불유구(從心所欲不踰矩)'라고 했는데, 여기서 구(矩)가 법칙이에요. 글자의 뜻도 그렇습니다. 종심(從心)은 '마음대로'라는 뜻입니다. 소욕(所欲)도 '하고 싶은 대로'라는 뜻이에요. 그러니 종심소욕불유구(從心所欲不踰矩)는 마음대로, 하고 싶은 대로 했는데 도덕 법칙을 넘어서지 않았다는 뜻이죠. 기소불욕 물시어인(己所不欲 勿施於人). '내가 하고 싶어 하지 않는 것은 저 사람도 하고 싶어 하지 않을 것이다'라는 뜻입니다. 기욕립이립인(己欲立而立人). '내가 이루고 싶으면 저 사람도 이루고 싶어 할 것이다. 그러니 내가 하기 싫은 것은 저 사람에게 하지 말며, 내가 하고 싶으면 저 사람도 할 수 있게 하라'라는 말입니다. 이게 법칙입니다. 칸트가 저술에서 직접 『논어』를 읽었다고 이야기한 대목은 찾지 못했습니다만, 아무리 봐도 『논어』를 읽은 것 같습니다. 매우 비슷해요. 저와 칸트 전공자와 만나서 이야기하면 아주 잘 통합니다. 칸트는 1724년생이니까 역시 예수회 선교사들이 사서를 모두 번역한 후에 태어났습니다.

그 외에 헤겔의 저작에서도 중국 고전을 읽은 흔적이 여러 곳에 보입니다. 그리고 로마에서 활동했던 계몽사상가 에드워드 기번도 이런 이야기를 했습니다. "애국자는 자신의 나라를 위해 활동하지만 철학자는 자신의 나라가 아니라 전 유럽을 자신의 나라처럼 생각한다." 그러고는 "자기 나라의 신민들이 높은 수준의 교양을 갖기를 바라는 것과 같이 전 유럽의 신민들이 똑같은 수준의 교양을 갖기를 원한다"라고 했습니다. 국가주의를 넘어선 세계시민주의라고 할 수 있겠는데, 이거 어디서 많이 듣던 이야기죠. 바로 『대학』에 나오는 '수신제가치국평천하(修身齊家治國平天下)'예요. 치국(治國)은 아직 국가의 틀에 갇혀 있는 거라면, 평천하(平天下)는 국가의 틀을 넘어서는 것으로 이해할 수 있습니다. 전 유럽의 신민들이 똑같은 수준의 교양을 갖기를 원한다는 말도 『대학』에서 "옛날 명덕을 천하에 밝히고자 했던 자는 먼저 자기 나라를 다스렸고, 나라를 다스리고자 했던 자는 먼저 자기 집안을 가지런히 했고, 집안을 가지런히 하고자 했던 자는 먼저 자신의 몸을 수양했다〔古之欲明明德於天下者 先治其國 欲治其國者 先

齊其家 欲齊其家者 先修其身〕'라고 한 말과 판박이입니다. 개인이 도덕을 닦는 일을 나라를 다스리는 일과 연결하고, 급기야 온 세상의 평화와 연결하는 아이디어의 기원은 바로 『대학』입니다. 또 『대학』에서 가장 중시하는 '지어지선(止於至善)'이 있죠. 지선(至善)은 지극한 선, 곧 훌륭한 교양이라고 이야기할 수 있습니다. 이처럼 기번이 철학자들이 원하는 일이라고 강조한 내용은 동아시아의 고전에서 얻은 아이디어가 많습니다. 물론 특정 문헌을 적시하면서 이야기하지는 않았지만 상당히 열광적으로 동아시아의 고전을 읽던 시대에 나온 것이니 근거가 박약하다 할 수 없습니다.

사실 이런 건 동아시아 사회에서는 특별한 이야기가 아닙니다만 당시 유럽에서는 타산지석이 되어서 새로운 사유를 탄생시킵니다. 결국 어떤 고전이든 멍청하게 읽으면 멍청한 책이 되고, 성서든 『논어』든 새롭게 읽으면 새로운 사유를 탄생시키게 됩니다. 이쪽에서 버려진 게 저쪽에 가서 새로운 자극을 줄 수도 있고, 저쪽에서 버려진 게 이쪽에 와서 새로운 시대를 열 수도 있습니다.

어쨌든 동아시아 사회에서는 서학이 신분 사회의 질곡에서 벗어날 수 있는 평등이라는 가치를 추구했기에 높이 평가받았습니다. 하지만 서학은 외래의 사유이기 때문에 외세의 개입을 필연적으로 동반합니다. 천주교도 제국주의와 함께 들어오니까 이쪽에서는 평등을 얻는 대신 자주권을 상실하게 됩니다. 이렇게 물어보죠. 민주주의 체제를 가지고 있는 나라의 식민(植民)이 되는 게 나을까요, 아니면 자주권을 가진 왕정 국가의 신민(臣民)이 되는 게 나을까요? 선택하기 쉽지 않습니다. 제국주의자들은 늘 '너희들의 통치자보다 더 낫다'라고 이야기합니다. 그런데 간디가 이렇게 말한 적이 있습니다. "어떤 민족도 자기 민족의 압제자보다 더 나은 다른 민족의 통치자를 원하지 않는다"라고요. 맞는 말인 것 같습니다. 마치 계란을 안에서 깨고 나오면 병아리가 되지만 밖에서 깨면 프라이가 되는 것과 비슷합니다. 자주는 다른 것과 비교할 수 없는, 바꿀 수 없는 가치를 가지고 있어요. 자주나 주체는 거래나 교환의 대상이 될 수 없습니다.

동학이 보기에 서학은 작은 평등, 곧 노예들끼리의 평등을 주는 대신 큰 굴욕, 큰 불평등을 가져옵니다. 이 안에서 양반, 상민이라는 신분을 철폐하고 너희들끼리 평등하게 지내라고 하지만, 자주권을 상실하고 다른 민족의 식민지 상태에 놓이면 허울 좋은 평등은 착취의 수단으로 전락하게 되겠죠. 걸핏 하면 외세에 의존해서 나라를 다스리려던 지배자들과 달리, 이 땅의 민중들은 그런 상황을 내다본 것 같습니다. 동학이 서학의 가치를 수용하면서도 서학에 만족하지 않고 새로운 이념을 탄생시킨 것은 이런 민중 의식의 발로에 기인합니다. 비록 아름다운 가치를 지니고 있다 하나 서학을 자주와 바꿀 수는 없다고 생각한 겁니다. 근대를 이야기할 때 가장 중요한 지표 중 하나가 자주라면, 동학의 탄생은 조선 사회에서 일어난 최초의 근대 사상이라고 할 수 있습니다.

민족 고유의 경천 사상과 민중 사상의 융합

동학의 정신을 가장 잘 표현한 말이 '인내천(人乃天)'입니다. 사람이 곧 하늘이라는 뜻이죠. 이 말은 천도교의 3대 교주인 손병희가 『대종정의설(大宗正義說)』에서 처음 썼지만, 애초에 최시형이 '인시천(人是天)'이라는 말을 먼저 썼고, 인시천은 최제우의 '시천주(侍天主)' 사상을 근거로 부연한 것이므로 최제우의 사상으로 보아도 무리가 없습니다. 최제우의 시천주 사상은 사람은 누구나 자신의 내면에 천주를 모시고 있다고 보기 때문에 사람을 하늘처럼 귀한 존재로 여깁니다. 하늘을 경배하는 사상은 우리 민족 고유의 경천(敬天) 사상에 뿌리를 두고 있습니다. 중국 역사서 『삼국지(三國志)』「위서동이전((魏書東夷傳)」에도 부여의 영고(迎鼓), 고구려의 동맹(東盟), 동예의 무천(舞天) 등의 제천 의식이 소개되어 있을 정도로 경천 사상은 우리 민족 고유의 신앙에서 중요한 비중을 차지합니다. 단군 신화를 비롯한 건국 신화에서도 나라를 세운 시조들이 모두 하늘에서 내려왔거나 천신의 후손으로 설정되어 있죠. 물론 이런 사유는 전 세계적인 현상이니 유독 우리 민족의 독점적 사유물이라고는 할 수 없습니다. 다만 이런 사유에다 외래의 유(儒)·불(佛)·선(仙)이 합해지고 당시 유행했던 도참 사상, 후천개벽 사상 등의 민중 사상이 융합되어 동학이 형성되었습니다.

동학에는 무속을 비롯한 민중 사상이 수용되어 있지만 일반적인 무속과 달리 세련된 교리를 갖춘 종교입니다. 물론 무속적 사유가 반드시 낮은 수준이라는 뜻은 아닙니다. 저는 무속에는 별다른 관심이 없었고 또 무속의 세계관이나 인생관을 존중하는 편도 아니었습니다. 그러다 계룡산에서 수도하는 무속인들을 취재한 프로그램을 보고는 생각을 바꾸었습니다. 당시 다양한 무속인과 진행한 인터뷰를 들어 보았는데, 삶에 대한 깊은 고민과 통찰이 있다고 느꼈습니다. 어느 무속인은 자신이 무업(巫業)에 종사하는 것은 일종의 죄업을 청산하는 일이라고 표현하더군요. 무속인으로 살면서 죄업을 청산하면 더 이상 자기 핏줄에서는 무속인이 나오지 않을 것이라고 이야기하는 모습이 종교적 희생이나 순교와 비슷해 보여서 깊은 인상을 받았습니다. 그 일이 무속에 대해 다시 생각하는 계기가 되었습니다.

동학에는 이런 민중 종교가 다 들어와 있습니다. 그렇다면 유교는 무속을 수용할 수 있느냐? 수용 못 합니다. 유교 문헌 어디에도 무속이 수용될 여지가 있는 컨텍스트가 없습니다. 가장 오래된 문헌인 시서를 봐도 없습니다. 다만 조상신을 모시는 제례 의식에서 유사성을 찾을 수 있는데, 사실 조상신도 유교의 이론에서는 성립하기 어렵습니다. 예컨대 원시 유교에서는 사후 세계를 인정한 흔적을 찾기 어렵고, 성리학적 세계관에서도 조상신의 존재를 인정할 수 없습니다. 성리학의 기본은 이기론이죠. 앞서 말씀드린 것처럼 이(理)는 원리를 설명하기 위한 범주이고, 현상을 설명하는 범주가 기(氣)입니다. 기가 모이면 사물이 생성되고, 흩어지면 소멸됩니다. 사람의 경우도 마찬가지입니다. 그 때문에 이미 소멸한 조상의 신이 어디에 따로 모여 있을 공간이 없습니다. 성리학적 세계관에 충실하면 조상신이 부정됩니다. 물론 그럼에도 성리학에서 전통 유교의 제례를 부정하지 않는데, 이는 효의 연장이라고 봐야 합니다. 실제로 이 세계 어딘가에 존재하는 귀신을 섬기는 것이 아니라, 죽은 이를 기억하고 추모하기 위한 문화적 장치일 뿐이죠.

일본의 어느 학자는 요임금을 가리키는 요(堯) 자에 흙 토(土) 자가 세 개 있다는 점을 근거로 요임금은 토지신을 뜻한다고 주장하기도 했어요. 이런 식으로 유교를 무속과 연결시키는 견해는 상당한 무리입니다. 어떻게 토지신이 『서경』 「요전(堯典)」에 나온 것처럼 "큰 덕을 밝혀서 구족을 친목하게 하고, 구족이 화목해지자 백성들의 덕을 고루 밝히고, 백성들이 덕을 밝히자 만방을 평화롭게 다스렸다〔克明俊德 以親九族 九族旣睦 平章百姓 百姓昭明 協和萬邦〕"라는 식의 반(反)무속적 이상정치론을 펼치겠습니까? 유교를 무속과 연결하는 것은 텍스트의 구체적인 내용은 버려두고 글자 하나 따로 떼어내서 견강부회하는 태도일 뿐입니다.

또 공자를 두고 '성인의 족속'이라면서 무속인 집단으로 풀이하는데, 이것도 타당성이 없습니다. 무슨 무속인 집단이 『논어』에 나와 있는 것처럼 합리적 사유에 따라 제자를 가르칩니까? 유교는 무속과 연결될 수 있는 접점이 거의 없습니다. 그 때문에 유교 내부에서 민중 사상이 반영될 만한 여지는 많지 않습니다.

그런데 유교와 무속이 절대 어울릴 수 없느냐 하면 꼭 그렇지는 않습니다. 유교의 경우 무속적 사유를 고유의 사유 체계 안에 두고 있지는 않지만 적극적으로 나서서 무속을 부정하거나 방해하지는 않습니다. 이를테면 어떤 사람이 순자에게 기우제를 지냈는데 비가 오는 게 이상하다고 묻자, 순자가 기우제를 지내지 않았는데 비가 오는 것과 같다고 대답하면서, 기우제와 비가 내리는 것은 아무 상관이 없다고 이야기합니다. 순자가 기우제를 반대하지 않은 것처럼, 유교는 기본적으로 문화주의라는 특징이 있기 때문에 무속적 세계관을 인정하지는 않더라도 문화적 장치로 무속을 인정할 수 있는 여지가 있습니다. 『논어』의 "고을 사람들이 푸닥거리를 하자 (공자가) 조복(朝服)을 갖추어 입고 조상의 사당 앞에 서 있었다〔鄕人儺 朝服而立於阼階〕" 하는 일화에서 알 수 있듯 나서서 무속을 말리거나 저지하지는 않습니다. 유교를 건국 이념으로 삼아 성립한 조선에서 유학자들이 불교를 억압하기는 했지만 공존을 허락했듯이, 다른 세계관을 가진 종교 집단과 유교가 공존하기가 어렵지는 않습니다. 다만 그런 공존을 가능하게 하려면 유교는 물론이고 불교나 무속, 각종 민중 신앙에 이르기까지 폭넓게 사유하는 탁월한 사람이 있어야 합니다. 최제우도 드물지만 그중 한 사람이라 할 수 있습니다.

동학 텍스트에 유교적 요소가 많은 듯하지만 자세히 관찰해 보면 무속이나 경천 사상 같은 전통 민중 신앙이 중심이 되어 평등이라는 이념을 실어냈다는 것을 알 수 있습니다. 물론 무속에서 흔히 볼 수 있는 것처럼 구전되는 주문이나 신비한 제의에 의존하지 않고 유교의 고전에 해박한 지식을 지닌 사람이 불교와 도교, 무속과 각종 민중 신앙을 종합한 것으로 보입니다. 기존의 사유를 종합하여 새로운 체계를 고안했다는 점에서 대단히 창조적인 종교적 사유를 창안했다고 할 수 있습니다.

득도 후 중생 구제의 길을 걷다

최제우(崔濟愚, 1824~1864)의 본관은 경주입니다. 초명은 복술(福述), 제선(濟宣)이었어요. 36세에 계시를 받아서 이름을 최제우(崔濟愚)로 바꿉니다. 제(濟)는 생명을 구제한다는 뜻이고, 우(愚)는 어리석은 중생을 뜻합니다. 그러니 새로운 가르침을 펴서 어리석은 중생을 구제(救濟)하겠다는 뜻을 담아 이름을 바꾼 것입니다. 이름에서도 최제우의 민중 지향적 태도가 엿보입니다.

가계를 살펴보면 명문가 출신입니다. 7대조인 최진립(崔震立)은 임진왜란 때 의병을 일으켜 왜적을 무찔렀고, 정유재란 때도 권율과 함께 큰 공을 세워 벼슬이 공조참판에 이르고 삼도수군통제사까지 지냈어요. 그리고 병자호란 때 전사하여 나라에서 병조판서로 추증하고 정무공(貞武公)이라는 시호까지 내렸습니다. 그런데 6대조부터는 벼슬길에 오르지 못해 가세가 기웁니다. 본래 3대 안에 당상관 이상의 벼슬을 한 사람이 나와야 행세를 하며 사는데, 6대조부터 벼슬에 오르지 못했으니 몰락 양반가 출신이라 할 수 있습니다.

아버지는 최옥(崔鋈)인데, 그가 63세 때에 곡산(谷山) 한씨(韓氏)와의 사이에서 낳은 아들이 최제우입니다. 그런데 한씨가 재가녀(再嫁女)이어서 최제우는 재가녀의 자식이라는 차별을 받고 자랍니다. 조선의 경우 성종 때 재가녀자손금고법(再嫁女子孫禁錮法)이 반포되는데 이후 재가녀의 자손은 과거에 응시할 수 없도록 막습니다. 부녀자의 재가를 막기 위한 방편이었지만 결국 그 때문에 열녀가 양산되고 재가녀의 자식은 입신출세의 길이 막혔습니다. 최제우는 어릴 때부터 총명해서 일찍부터 경사(經史)를 비롯한 한학을 익혔다고 하는데, 말씀드린 것처럼 가세도 기울고 또 재가녀의 자식으로 차별을 받았기 때문에 불우한 유년 시절을 보냅니다.

10세 때 어머니를 여의고 13세 때 울산 출신의 박씨(朴氏)와 혼인합니다. 그리고 17세 때 아버지를 여읩니다. 그 뒤로 집안이 더욱 어려워지자 이리저리 떠돌아다니며 장사를 하기도 하고 의술(醫術)이나 복술(卜術) 따위의 잡술(雜術)을 익혀 각지를 유랑하고, 서당에서 글을 가르치기도 합니다. 그러다 문득 세상의 모든 문제가 천명(天命)을 돌보지 않아서 생긴 것이라고 깨닫고 천명을 알아낼 수 있는 방법을 찾기 시작합니다. 천명은 하늘이 인간에게 부여한 명령이죠.

천명을 찾기 위해 1856년 여름 천성산(千聖山)에 들어가 ᄒᆞᄂᆞ님(天主)께 기도하며 구도를 시작합니다. 이듬해 적멸굴(寂滅窟)에서 49일 동안 치성을 드렸고 1859년(36세)에 경주로 돌아온 뒤 구미산(龜尾山) 용담정(龍潭亭)에서 계속 수련하며 오직 천주의 뜻을 알아내기 위해 기도하는 한편, 어리석은 중생을 구제한다는 뜻으로 이름을 제우(濟愚)라고 고칩니다.

1860년(경신년) 4월 5일, 기도하던 중 갑자기 몸이 떨리고 정신이 아득해지면서 공중에서 천지가 진동하는 소리가 들리는 종교적 체험을 합니다. 이른바 '경신년 득도'입니다. 이후 종교적 신념을 확립하고 1년 동안 도를 터득하는 차례와 방법까지 수립하는데, 그 내용이 『동경대전(東經大全)』에 수록되어 있습니다.

드디어 1861년에 동학의 교리를 포교하기 시작하자 곧바로 많은 이들이 최제우를 찾아와 가르침을 청합니다. 당시 조정에서는 동학에 신분제를 부정하는 평등 이념이 들어가 있다며 이를 서학으로 지목하여 탄압합니다. 그러자 탄압을 피해 호남 지역으로 피신하여 남원의 은적암(隱寂庵)에서 동학 사상을 체계적으로 이론화했고, 「논학문(論學文)」, 「안심가(安心歌)」, 「교훈가」, 「도수사(道修詞)」 등을 짓는데 이것들도 『동경대전』에 수록되어 있습니다.

1862년 3월에 경주로 돌아가 포교에 전념합니다. 1862년이면 진주민란이 일어난 시기입니다. 이해 9월에 사술(邪術)로 백성들을 현혹시킨다는 이유로 경주 진영(鎭營)에 체포되었지만, 수백 명의 제자들이 석방을 청원하여 무죄 방면됩니다. 이때 교세가 확장됩니다. 사술로 처벌하려고 했는데 결국 처벌하지 못했으니 의도치 않게 사술이 아니라고 나라에서 공인한 셈이 됩니다.

이후 신도가 더 늘어나자 그해 12월 각지에 접(接)을 두고 접주(接主)가 관내의 신도를 다스리는 접주제를 만들어 경상도와 전라도뿐만 아니라 충청도와 경기도에까지 접이 설치되어 1863년에는 교인이 3,000여 명, 접소가 13개소에 이르게 됩니다. 같은 해 7월에 제자 최시형(崔時亨)을 북접 주인으로 정하고 해월(海月)이라는 도호를 내린 뒤, 8월 14일 도통을 전수하여 제2대 교주로 삼습니다. 후계자를 세운 셈인데 조정에서 최제우를 잡아가려고 한다는 사실을 미리 알고 자신이 죽더라도 동학이 끊어지지 않도록 조치를 취한 겁니다.

당시 조정에서는 동학의 교세 확장에 두려움을 느끼고 최제우를 체포할 요량으로 11월 20일에 선전관(宣傳官) 정운구(鄭雲龜)를 파견합니다. 결국 최제우와 제자 20여 명은 경주에서 체포되어 서울로 압송됩니다. 그런데 압송 도중에 당시 임금이던 철종이 세상을 떠나자 대구 감영으로 이송되어 심문을 받고, 1864년 사도난정(邪道亂正: 사도가 정도를 어지럽히다)의 죄목으로 사형을 선고받습니다. 4월 15일에 대구 남문 밖 관덕당 뜰에서 참형에 처해졌는데, 경주 가정리 구미산 기슭에 묘소가 있습니다. 이후 1907년에 순종에 의해 사면(赦免)됩니다.

최제우가 본격적으로 종교 활동을 했던 기간은 득도한 이듬해인 1861년 6월부터 1863년 12월까지 약 2년 반 정도의 짧은 기간입니다. 게다가 피신하며 지낸 시간이 길어서 안정적으로 저술에 몰두하지 못했지만, 그래도 틈틈이 자신의 사상을 한문체와 가사체로 기록해서 남겼습니다. 그가 죽은 뒤 최시형이 1880년에 한문 저술을 『동경대전(東經大全)』으로 편찬하고, 한글 가사는 1881년에 『용담유사(龍潭遺詞)』로 엮어서 간행합니다. 『동경대전』과 『용담유사』에는 신앙 대상에 대한 명칭이 두 가지로 표현되어 있는데 천주(天主)와 흐늘님입니다. 하지만 이 두 명칭은 같은 대상을 한문과 우리말로 표현한 것일 뿐입니다.

사회 개혁에 대한 민중의 희망을 담아

최제우가 동학을 창도한 1860년대는 조선 사회가 심각한 혼란과 위기에 빠졌던 시기입니다. 한창 창도 활동을 하던 1862년에 진주 민란이 일어났죠. 사실 당시 조정의 입장에서 보면 반란이지만, 농민 반란은 권력을 차지하려고 일으키는 것이 아니니 반란보다는 항쟁이라 해야 맞겠지요. 진주에서 시작된 농민 항쟁의 불길이 삼남 지역 전체로 번지는데, 가담한 이들이 농민뿐 아니라 노비에서부터 양반층에 이를 정도로 항쟁은 광범위한 계층의 지지를 얻었습니다. 이처럼 최제우가 창도 활동을 하던 시기의 조선 사회는 농민층이 붕괴되고, 안동 김씨니 풍양 조씨니 하는 외척의 세도 정치가 득세하던 대혼란기였습니다.

당시 천주교로 대표되는 서학이 한때는 민중의 편에 서서 평등 의식을 고취시켰지만 한편으로 지방 수령들과 결탁하여 농민을 수탈하는 일에 앞장서기도 합니다. 훨씬 뒤의 일이지만, 제주도에서는 천주교도들과 농민들의 충돌이 있었는데 결국 천주교도 350여 명이 사살되는 '이재수의 난' 같은 참극도 일어납니다. 천주교 선교사들이 개별적으로 들어와서 선교 활동을 할 때의 착실함이랄지, 현지인들과 맺은 관계 속에서 나눈 돈독한 우정은 높이 평가해야겠지만 제국주의 첨병 역할을 수행했다는 점도 함께 보아야 합니다. 또 19세기에는 『정감록(鄭鑑錄)』의 도참 사상, 『주역(周易)』이나 미륵 사상에 기초한 후천개벽 사상 등이 민중 사회에 널리 확산됩니다.

최제우는 이런 시대에 오랫동안 방랑하면서 당시 농민의 현실을 이해하고 그들이 원하는 바가 무엇인지 누구보다 잘 알고 있었기에 그들의 요구에 기초하여 유(儒)·불(佛)·선(仙)과 도참 사상, 후천개벽 사상 등 민중 사상을 융합하려 했고, 그 결과물이 동학입니다.

천부권을 강조하는 독특한 사상

동학의 핵심은 시천주(侍天主) 사상입니다. 시천주는 천주를 모신다는 뜻으로 모든 사람이 저마다 자기 안에 천주를 모시고 있다는 논리입니다. 독특합니다. 원래 천(天)은 초월적 존재로 인간이 범접할 수 없는 대상이면서 인간 밖에 있는 것이니까요. 그런데 그런 초월적 존재를 인간의 내면으로 끌어들입니다. 이런 아이디어는 본래 유교의 천명론에서 찾을 수 있습니다. 예를 들어 『맹자』에 "진심지성지천(盡心知性知天)"이라는 말이 나오는데, "자기 마음을 극진히 하는 자는 그 본성을 알게 되고 본성을 알면 하늘을 알게 된다[盡其心者 知其性 知其性 則知天矣]"라고 풀이합니다. 마음은 사단(四端)의 마음이고 본성은 성선(性善)의 성이니까, 사람이 자신에게 있는 사단의 마음을 극진히 하면 자신의 선한 본성을 자각하게 되고, 자신의 본성을 자각하게 되면 하늘을 알게 된다는 뜻입니다. 『중용』의 천명론 또한 마찬가지입니다. '하늘이 인간에게 명령한 것이 본성'이라는 천명지위성(天命之謂性)은 명령의 주체가 초월적 존재인 천(天)이지만, 어디까지나 인간의 내면에 있는 성(性)의 유래를 이야기한 것입니다. 이처럼 하늘을 인간의 내면으로 끌어들이는 아이디어는 『맹자』와 『중용』에서 보이는 유가 사상에서 비롯된 것입니다.

시천주에서 '모시고 있다[侍]'는 표현 때문에 섬김의 대상인 천주는 존귀하지만 인간은 상대적으로 낮춰 본다는 오해가 있을 수도 있지만, 그렇지 않습니다. 천주는 초월자이지만 부모처럼 섬길 수 있는 인격적 존재임을 강조하는 한편, 사람은 누구나 나면서부터 천주를 모시고 있다는 천부권을 강조하는 것 자체를 인간에 대한 존중으로 이해할 수 있습니다. 최초의 아이디어는 유가 사상에서 나왔지만 이 점에서 차이가 있습니다. 유가의 천명론은 어디까지나 개인의 수양을 중시하기 때문에 수양 여부에 따라 결과적 차별이 가능합니다. 하지만 동학의 시천주 사상은 수양이 목적이라기보다는 인간이 본래 지닌 존귀함을 강조하기 때문에 차별을 넘어서기 위한 논리가 따로 필요하지 않습니다.

이렇듯 동학은 분명 평등 사상을 내포하고 있다는 점에서 근대적이지만, 근대 속에 전통을 그대로 녹여 낸 점이 독특합니다. 사실 종교적 권위를 이용하여 인간에게 올바른 행동을 이끌어 내는 방법은 뻔합니다. 이를테면 선행을 하면 천국에 갈 수 있는 '쿠폰'을 받을 수 있고, 악행을 저지르면 지옥 가는 '징벌'을 받게 된다는 식의 권선징악론은 대부분의 종교에서 채택하고 있는 보상과 처벌의 논리입니다. 그런데 이런 전통적 권위가 더 이상 통하지 않게 되니까 문제가 생깁니다. 보상과 처벌의 논리가 통하려면 악한 자가 징벌을 받는다는 확신이 서야 하는데, 현실의 악한은 벌을 안 받고 잘만 살죠. 게다가 그런 종교적 가르침을 베푸는 사제 집단들의 부정을 목격하게 되면 아무도 믿지 못하게 됩니다. 어쨌든 도덕적으로 살아야 한다고 가르치기는 해야겠는데 보상과 처벌이 통하지 않으니까 새로운 기준이 있어야 합니다.

이런 상황에서는 내면에 있는 개인의 가치를 가지고 도덕을 촉구하는 방식이 유효한데, 유학의 전통에서 강조하는 신독(愼獨)이 바로 그런 방식입니다. 누가 보고 있어서 선행을 하거나 악행을 저지르지 않는 것이 아니고 오직 자신의 양심에 따라 올바르게 행동하는 것이 신독입니다. 그런데 양심의 힘은 생각보다 강하지 않은 것 같습니다. 그래서 동학에서는 그런 아이디어를 활용하기는 하지만 거기에 인격적 요소를 덧붙임으로써 보다 강력한 도덕성을 확립하는데, 그것이 동학의 도(道)입니다.

최제우는 도를 닦는 순서와 방법을 "지기금지(至氣今至) 원위대강(願爲大降) 시천주(侍天主) 조화정(造化定) 영세불망(永世不忘) 만사지(萬事知)"라는 21자로 나타냈습니다. 이것은 '지극한 기운이 오늘에 이르러 크게 내리도록 빕니다. 천주(天主)를 모셔 조화가 정해지는 것을 영세토록 잊지 않으면 온갖 일을 알게 됩니다'라는 뜻입니다.

'지기금지(至氣今至)'라는 말에서 나타나듯이 최제우는 기일원론(氣一元論) 사상에 기초하고 있습니다. '우주 만물은 모두 지극한 지기(至氣)로 이루어져 있으며, 자신의 정성으로 그 지극한 기(氣)를 몸과 마음에 모실 수 있다.' 이것이 시천주(侍天主) 사상이에요. 곧 기일원론(氣一元論)의 관점에 따라 하늘과 사람이 일체화될 수 있다는 것으로, 최제우의 천인합일(天人合一)은 인간을 중심으로 한다는 점에 특징이 있습니다.

말씀드렸듯이 최제우의 사상에서 천주(天主)는 따로 존재하지 않고 인간 안에 있습니다. 천주를 마음속에 모시고 있는 인간은 신분이나 빈부(貧富), 적서(嫡庶), 남녀(男女) 따위의 구분에 상관없이 모두 평등하고, 간단한 수행 방법을 지키기만 하면 누구나 군자가 될 수 있다고 합니다.

시천주(侍天主)의 구체적인 방법으로는 마음을 잃지 않고 기를 바르게 하는 '수기심정기기(守其心正其氣)'를 강조합니다. 수기심은 본래 타고난 선한 마음을 잃어버리지 않고 지키는 것이고, 정기기는 본래 타고난 기를 올바르게 기르는 것입니다. 모두 새로운 지식을 통해 얻는 것이 아니고 자신에게 본래 있는 것을 그대로 지킨다는 것이 수행의 요체입니다.

시천주 사상에는 사회 질서의 개혁에 대한 민중의 희망과 평등 의식이 반영되어 있습니다. 2대 교주인 최시형에 이르러 시천주 사상은 '사람이 하늘이니〔人是天〕, 사람 섬기기를 하늘과 같이 하라〔事人如天〕'라는 가르침으로 발전했으며, 3대 교주인 손병희에 이르러서는 '사람이 곧 하늘'이라는 '인내천(人乃天)' 사상으로 체계화됩니다.

동학의 경전, 『동경대전』

천도교 문헌 중 가장 중요한 경전이 『동경대전』입니다. 그중 「포덕문(布德文)」의 일부를 읽어 보겠습니다.

상고 이래로 봄과 가을이 차례로 갈마들어 사계절의 성쇠가 변함없으니 이 또한 천주의 조화가 천하에 밝게 드러난 자취다. 어리석은 사람들은 비와 이슬이 윤택하게 적셔 주는 까닭을 알지 못하고 저절로 조화가 일어나는 줄 알았는데, 오제(五帝) 이후로 성인이 세상에 나타나 일월성신의 운행과 천지의 도수(度數)를 책으로 엮어내 천도의 일정함을 확정하여 한 번 움직이고 한 번 고요하고 한 번 성대해지고 한 번 무너짐을 천명에 부쳤으니 이들은 천명을 공경하고 천리에 순응한 이들이다. 그 때문에 사람은 군자가 되고 학문은 도덕을 이루었으니 도는 곧 천도였고 덕은 곧 천덕이었다. 그 도를 밝히고 그 덕을 닦아서 마침내 군자가 되어 지성(至聖)이 되기에 이르렀으니 어찌 삼가 감탄하지 않을 수 있겠는가. 근래에 이르러 온 세상 사람들이 각자 욕심을 만들어 천리를 따르지 않고 천명을 돌아보지 않으니 마음이 늘 송연하여 갈 바를 알지 못한다.❶-1

먼저 천주의 지위를 만사만물을 주재하는 섭리적 존재로 표현합니다. 상고 시대부터 있어 온 자연의 일정한 운행에서 천주의 조화를 엿볼 수 있다고 한 데서 천주가 섭리적 존재로 이해되었음을 알 수 있습니다. 이어서 어리석은 사람들은 세계의 운행이 천주의 조화에서 비롯된다는 사실을 모르고 있었는데, 성인이 나타나 그 사실을 깨우쳐 주었다고 이야기합니다. 이에 따르면 성인은 '경천명(敬天命) 순천리(順天理)' 하는 존재, 곧 천주의 명령을 받들고 천리에 순응하는 선각자입니다. 이 시대에는 사람들이 모두 천도를 밝히고 천덕을 닦아 군자가 되고 성인이 되었다고 한 데서, 모든 사람이 군자가 되고 성인이 되는 세상을 이상 사회의 모습으로 그리고 있음을 알 수 있습니다. 그런데 최근에는 그렇지 않다고 지적하면서 당시 세상이 혼란한 원인을 천주의 명령을 받들지 않고 각자 욕심을 부린 데서 찾고 있습니다.

경신년에 이르러 서양 사람들은 천주의 뜻을 생각하기를 부귀를 취하지 아니하고 천하를 취하는 것을 공(功)으로 여겨 천주교당을 세우고 천주의 도를 시행한다고 전해 들었다. 그래서 나 또한 "그런가? 어찌 그러하겠는가?" 하고 의심하였더니, 뜻하지 않게 4월에 가슴이 차가워지고 몸이 떨렸는데, 진찰을 해도 증세를 알 수 없고 말로 증상을 표현하기 어려운 때에 어떤 신선의 말씀이 갑자기 귓속으로 들어왔다. 깜짝 놀라 일어나 찾고 물었더니 "두려워하지 마라. 세상 사람들이 나를 상제라 하는데 너는 상제를 모르느냐?" 하였다.❶-²

경신년(1860)의 득도를 기술한 대목입니다. 선인이 귓속말로 자신이 상제라고 일러 줍니다. 모습은 보이지 않고 말로 전해 주는 일종의 종교적 신비 체험을 합니다.

그런 까닭을 물었더니 이르기를 "나 또한 공이 없다. 그래서 너를 세상에 태어나게 해서 사람들에게 이 법도를 가르치게 하려고 하니 의심하지 마라" 하였다. 묻기를 "그렇다면 서양의 도를 가지고 사람들을 가르치는 겁니까?" 하였더니, "그렇지 않다. 나에게 영부(靈符)가 있는데 그 이름을 선약이라 하고 그 모양은 태극이고, 또 다른 모양은 궁궁(弓弓)이니, 나의 이 신표(부적)를 받아서 사람들의 질병을 구제하고, 나의 주문을 받아서 사람들에게 나를 받드는 방법을 가르치면 너 또한 불로장생하여 천하에 덕을 베풀 수 있을 것이다" 하였다.❶-³

상제의 말이 흥미롭습니다. 자신은 상제이기는 하나 직접 공을 세울 수 없기 때문에 최제우를 세상에 태어나게 해서 사람들에게 상제의 법도를 가르치게 하려고 한다고 말합니다. 자신의 대리인이 되어 세상에 상제의 도를 전하고 백성을 구제하라는 계시입니다. 그리고 사람들의 질병을 구제할 수 있는 주문을 가르쳐 줍니다. 여기서 상제가 영부(靈符)를 묘사하면서 그 모양이 태극이고 또 다른 모양은 궁궁(弓弓)이라고 했는데, 태극은 『주역』의 태극이 분명하지만 궁궁(弓弓)은 무엇인지 알 수 없습니다. 추정컨대 태극 문양과 비슷한 종류의 종교적 부호로 궁(弓) 자를 좌우로 대칭이 되게 나란히 배치한 亞와 비슷한 문양인 듯합니다. 태극은 ☯이고, 비슷한 종교적 부호로 卍, ○, ☨, ✡, 王 등이 있지요. 궁궁의 정확한 형태는 알 수 없지만 역할은 같다고 이해할 수 있겠습니다.

> 나 또한 그 말에 마음이 움직여 그 신표를 받아 글로 쓴 다음 삼켰더니 몸이 윤택해지고 병이 나았다. 그러고서야 비로소 그것이 신선의 약인 줄 알고 그것을 병자에게 쓰기에 이르렀는데 어떤 사람은 병이 낫고 어떤 사람은 낫지 않았다. 그래서 그 실마리를 알 수 없어서 그런 까닭을 자세히 살폈더니, 정성을 들이고 또 정성을 들여 극진히 천주를 받든 자는 그 약을 쓸 때마다 적중하고 그 도덕을 따르지 않는 자는 하나하나 모두 효험이 없었으니, 이것이 사람의 성(誠)과 경(敬)을 받은 까닭이 아니겠는가. ❶-4

상제가 주는 신표를 글로 쓴 다음 삼켰더니 병이 낫습니다. 그러고는 사람들에게 나누어 주어 병을 치료하게 했는데 어떤 사람은 낫고 어떤 사람은 낫지 않습니다. 그 이유를 천주를 받든 자와 그렇지 않은 자의 차이로 설명하면서 성과 경을 종교적 수행 방법으로 제시하죠.

이 때문에 우리나라는 악질(惡疾)이 세상에 가득하여 백성들이 편안할 때가 없으니 이 또한 상해(傷害)의 운수다. 서양은 전쟁에서 이기고 공을 세워 이루지 못할 일이 없으니 천하(중국)가 멸망하면 또한 입술이 없어 이가 시리는 탄식이 없을 수 없을 것이다. 보국안민의 계책이 어디서 나올 것인가? 슬프다. 지금에 이르기까지 세상 사람들은 아직 시운을 몰라 내 말을 들으면 집에 들어가서는 마음으로 그르다 여기고 밖에 나가서는 골목에서 헐뜯으며 도덕을 따르지 않으니 매우 두려워할 만하다. 어진 사람들은 그런 이야기를 듣고 혹 그렇지 않아 내가 장차 개탄하지만 세상은 어쩔 수 없다. 잊어 버릴까 하여 대략 기록으로 꺼내 깨우쳐 보여 주고자 하니 공경하는 마음으로 이 책을 받아서 삼가 가르치는 말씀을 받들지어다.

—『동경대전(東經大全)』, 「포덕문(布德文)」 **❶-5**

이어서 당시 세계 정세의 급박함을 이야기하고 보국안민(輔國安民)의 계책을 이야기합니다. 악질이 세상에 가득하다는 표현에서 백성을 편하게 하려면 병을 구제하는 일이 가장 중요하다고 파악했음을 알 수 있습니다. 당시에는 전염병이 돌면 20만 명에서 60만 명이 죽었습니다. 전염병이 돌 때 나라에서 할 수 있는 일은 여제(厲祭)라는 제사를 지내는 것 말고는 속수무책이었고, 아이들이 아프면 부모는 고작 물 떠 놓고 비는 일밖에 할 수 없었으니까요. 이런 비극은 조선뿐 아니라 근대 의료 체계가 확립되기 전에는 어디에서나 일어났습니다.

서양의 침략을 예견한 듯한 내용도 보입니다. 서양이 천하를 멸망시키리라고 했는데, 아편전쟁(1840~1842) 이후 서양의 침략에 무너지는 중국의 사정을 잘 알고 있었던 듯합니다. 순망지탄(脣亡之歎)이라는 표현에서 조선 또한 예외가 될 수 없다고 판단했음을 알 수 있습니다. 실제로 최제우가 처형당한 뒤 2년 만에 병인양요(1866)가 일어납니다.

서학과 동학의 차이

이어서 『동경대전』에서 동학이 어떤 점에서 서학과 차이가 있는지 밝힌 「논학문(論學文)」몇 군데를 보겠습니다.

> 무릇 천도라는 것은 형체는 없지만 자취가 있고 지리(地理)는 광대하지만 모가 있다. 그 때문에 하늘에 아홉 개의 별이 있어 구주(九州)에 호응하고 땅에는 여덟 개의 방위가 있어 팔괘에 호응하여 차고 비고 차례대로 갈마드는 도수가 있어 바뀌는 이치가 없다. 음과 양이 고르게 베풀어져 비록 온갖 사물이 그 가운데에서 발생하지만 오직 사람이 가장 신령한 존재다.❷-1

천도와 지리를 논하는데 천도를 두고 형체는 없지만 자취가 있다고 한 것이라든지 아홉 개의 별과 구주, 여덟 개의 방위와 팔괘를 연결짓는 방식에서 최제우가 전통적 사유를 그대로 계승하고 있음을 알 수 있습니다. 특히 음양의 작용으로 만물의 생성을 설명하고 그중에서 가장 신령한 존재가 인간이라고 한 것은 전형적인 유학적 세계관입니다.

> 신유년에 이르러 사방의 어진 선비들이 나에게 와 묻기를 "지금 천령이 선생에게 강림했으니 어떻게 된 일입니까?" 하기에, 내가 "가서 돌아오지 않는 이치〔無往不復之理〕는 법이다"라고 대답했다. "그렇다면 무슨 도를 가지고 이름을 붙였습니까?" 하기에, 내가 "천도다"라고 대답했다. "그렇다면 서

양의 도와 다름이 없습니까?" 하기에, 내가 "양학은 이와 비슷하지만 다름이 있고, 기원[呪]도 비슷하지만 실정(實情)이 없다. 그러나 운행은 한가지이다. 도는 같되 이(理)는 아니다"라고 하였다.❷-²

무왕불복(無往不復)의 천도론은 유학의 역학적 사유에 기원을 두고 있지만, 천주를 대상으로 기원하는 행위[呪]를 강조함으로써 무속적 사유와 연결하고 있습니다. 이어서 동학과 서학의 차이를 이야기하는데 둘은 비슷하지만 실상은 달라서 서학은 같은 대상에서 기원하지만 진정성[實]이 없다고 이야기합니다. 또 도는 같지만 이치가 다르다고 한 데서 서학이나 동학이나 추구하는 가치는 같지만 방법이 다르다고 생각했음을 알 수 있습니다.

"어찌하여 그렇습니까?" 하고 묻기에, "우리 도는 아무 하는 것 없이 저절로 교화되는지라[無爲而化], 마음을 지키고 기를 올바르게 기르고 본성을 따르고 가르침을 받아 변화가 자연스러운 가운데 나오고, 서양 사람들은 말에 차례가 없고 글에 흑백의 구분이 없어서 단박에 천주를 받들 실마리가 없고 단지 축원하기를 스스로 자신을 받드는 것만 도모하는지라, 몸에 기화의 신[氣化之神]이 없고 배움에 천주의 가르침이 없으니 형체가 있지만 자취가 없고 생각에 기원이 없는 것과 같다. 도는 허무에 가깝고 배움은 천주가 아니니 어찌 다름이 없다 할 수 있겠는가"라고 대답했다.

―『동경대전(東經大全)』, 「논학문(論學文)」❷-³

'무위이화(無爲而化)'는 본래 노자 『도덕경』에 나오는 '아무위이민자화(我無爲而民自化)'라는 구절에서 비롯된 말로 '나는 아무것도 하는 것이 없는데 백성들이 저절로 교화된다'라는 뜻입니다. 다만 여기서는 천주를 받드는 데 다른 방법이 없고, 누구나 그저 수심(守心), 정기(正氣), 솔성(率性), 수교(受敎)라는 간단한 수행법을 지키기만 하면 된다는 점을 강조하기 위해 사용한 말입니다. 밖에 있는 절대자를 섬기는 것이 아니라 내 안에 있는 천주(天主)를 모신다는 동학의 특징이 구체적으로 드러나는 대목입니다. 이어서 서양 사람들은 천주를 받들 생각은 하지 않고 오직 자신을 위해 축원하기만 한다고 서학을 비판합니다. 서학을 기복신앙(祈福信仰)이라고 비판한 셈인데, 이에 따르면 동학에서 천주를 모시는 행위는 개인을 위한 기복(祈福)에 그치지 않고 보국안민이라는 당시의 시대적 요청에 부응하는 데 목적이 있었음을 알 수 있습니다.

동학의 좌절, 조선의 실패

동학이 창도되던 시기, 조선 후기는 탐관오리의 거듭된 수탈 때문에 잦은 농민 봉기, 오랜 세도 정치의 폐단, 외세의 빈번한 침략이 일어나는 등 내외의 모순이 극도에 달했던 시기입니다. 이런 시기에 동학은 새로운 세상을 바라는 민중의 소망을 종교적 신앙으로 결집해 냄으로써 시대적 요청에 부응했다고 할 수 있습니다. 특히 누구나 천주를 모시면 군자가 될 수 있다는 평등 의식은 봉건적 신분 질서를 크게 동요시켰다는 점에서 반봉건 사상으로 규정할 수 있고, 외세의 개입에 반대하는 반외세 정신은 근대적 자주성의 형성에 크게 기여했다는 점에서 한국 철학사상 최초의 근대적 사유라고 평가할 수 있습니다.

동학의 교세는 최제우가 사형당한 뒤 2대 교주 최시형으로 이어지면서 더욱 확장되어 조선 사회를 크게 동요시키기에 이릅니다. 잘 아시다시피 1894년에 일어난 갑오농민전쟁은 동학 교도를 중심으로 일어난 반봉건 반외세 항쟁입니다. 전봉준, 손화중, 김개남이 공동 명의로 작성한 「창의문(倡義文)」을 보면 "팔도는 어육(魚肉)이 되고 만민은 도탄에 빠졌다"라고 봉기 명분을 밝히고 있지만, 끝까지 보국안민이라는 동학의 근본정신을 버리지 않았습니다. 이후 농민군은 관군과의 전투에서는 승리했지만, 2차 봉기에서 관군과 일본군의 연합군과 싸우다 패퇴하여 뜻을 이루지 못했습니다. 외세가 개입하면서 미완의 혁명으로 그치게 되었지만, 당시 조선의 지배자들의 과실이 더 큽니다. 어리석게도 당시 조정에서는 농민군을 진압하기 위해 청나라에 원병을 요청했는데, 청나라 군대가 조선에 들어오자 일본도 그것을 빌미로 군대를 파견하면서 결국 외세에 의해 나라가 망하는 최악의 선택을 한 셈이 되었습니다.

동학은 민중의 절대적 지지를 받았지만 당시 조선의 지배층들은 봉건적 신분 질서의 질곡에서 벗어나지 못해 끝내 동학을 인정할 수 없었던 겁니다. 예컨대 조정에서 파견한 관리들과 동학 교도들이 협상하는 자리에서, 관리들이 동학을 대표하는 접주들만 마루 위로 올라오게 하고 나머지는 마당에 앉게 하는 일이 발생합니다. 이러니 말이 통할 리가 없습니다. 결국 당시 조선의 엘리트들이 동학이라는 새로운 사유를 수용하거나 이해할 만한 자질이 안 되어서 기회를 놓쳐 버린 셈입니다. 자주적인 노력으로, 꼭 근대는 아니더라도 새로운 세상을 열 수 있는 기회를 놓친 겁니다. 만약 당시 조선의 지식인들이 전향적인 생각을 했다면 조선이 식민지로 전락하는 비극을 막을 수 있지 않았을까요? 가정일 뿐입니다. 어쨌든 역사는 그렇게 흘러가지 않았으니까요.

5부   현대
철학

지금까지 원효에서 최제우까지 대략 1200년에 걸쳐 전통 시기 철학자들의 삶과 사상을 살펴보았습니다. 그리고 이제부터는 현대 철학자들의 사유를 중심으로 한국의 철학을 살펴보겠습니다. 한국에서 근대적인 학제로서 철학과가 대학에 설치된 시기는 1926년입니다. 이해에 경성제국대학 법문학부에 철학과가 개설되었는데, 이 때문에 연구자들은 대체로 한국 현대 철학의 시작을 강단철학이 형성된 시기, 그러니까 경성제국대학에 철학부가 개설된 해를 기준으로 삼고 있습니다. 근대적인 의미의 학제가 정착되면서 현대 철학이 시작되었다고 보기 때문입니다. 그래서 이 시기에 활동한 철학자들을 두고 '철학 1세대'로 일컫습니다.

이런 경향이 일반화된 이유는 '철학'이라는 용어가 번역어인 데서 기인한 바가 큽니다. 동아시아 사회에서 '철학'이란 용어는 19세기 후반 일본의 니시 아마네(西周)가 필로소피(philosophy)의 번역어로 '철학'을 쓰기 시작하면서 널리 쓰이게 되었습니다. 이 때문에 철학은 서양의 것이고, 동양의 지적 활동은 철학이 아니라고 생각하는 경향이 일반화되었죠. 이게 어떤 문제점을 지니고 있는지는 다른 기회에 자세히 말씀드리기로 하고, 우선은 이런 이유 때문에 전통 철학이 철학의 범주에서 제외되는 문제점이 야기되었다는 정도만 기억해 두시기 바랍니다.

사실 한국 현대 철학의 뿌리는 마땅히 조선 후기 철학자들에게서 찾아야 할 것입니다. 18세기 초반부터 청학과 서학을 중심으로 새로운 사유가 본격적으로 유입되면서 전통적 사유를 중심으로 형성되어 왔던 조선 지성계가 크게 동요하면서 전통적 사유가 새로운 세계관으로 교체되는 패러다임의 전환이 일어납니다. 예를 들면 홍대용의 새로운 우주관이나 정약용의 민권론, 그리고 동학의 인내천 사상 등이 그런 전환의 중요한 축을 담당했습니다. 그런데 이들의 사유는 단순히 새로운 세계관으로 전통적 세계관을 교체하는 방식이 아니라 오히려 전통적 사유의 바탕 위에 새로운 세계관을 융합하는 경향을 보였는데, 이들의 사유가 박은식(朴殷植, 1859~1925), 신채호(申采浩, 1880~1936), 정인보(鄭寅普, 1893~1950) 등에 계승되면서 현대 철학의 뿌리를 형성했다고 할 수 있습니다.

더욱이 지금부터 만나볼 철학자들 가운데 박종홍, 유영모, 함석헌, 장일순 등의 사유에서 전통의 영향이나 애착이 강하게 남아 있는 것을 볼 때 한국의 현대 철학은 전통적 사유와 연속선상에 있다고 할 수 있습니다. 하지만 그렇다 하더라도 제가 보기에는 현대 한국의 근대화 과정에서 지성계 일반은 전통적 사유보다는 새로운 사유를 모색하는 데 더 큰 의미를 부여해 왔고, 그로 인해 전통적 사유가 단절된 측면이 더 커 보입니다. 그 때문에 이번 강의에서는 우선 근대 학제 안에서 철학을 공부한 사람들을 현대 철학의 서막을 열었다는 견해를 따라 한국 현대 철학을 이야기하려고 합니다.

27장

신남철, 박치우

변혁의 철학을 꿈꾼 1세대 철학자들

현대 한국 철학의 출발점

앞에서 최제우의 동학 사상을 소개하면서 동학이 우리나라 최초의 근대적 사유라고 평가했습니다. 동학에 보이는 반봉건·평등 사상이나 반외세·자주 사상으로 미루어 보면 그 평가에 상당한 근거가 있습니다. 그렇지만 동학이 근대적 사유로서 모든 조건을 갖추고 있었던 것은 아닙니다. 동학 농민군의 「창의문」에서도 왕정을 부정하지 않았고, 또 전통의 영향이 강하게 남아 있었기에 동학 사상이 근대적 세계관을 형성하는 데에는 이르지 못했습니다.

사실 한국 철학사에서 어느 시기부터 현대 철학으로 분류할 것인가 하는 문제는 짧은 시간에 결론을 내릴 수 없는 복잡한 주제입니다. 여기서는 그런 문제는 접어 두고 우선 근대식 교육 기관에서 철학 교육을 받은 이들을 현대 철학자로 분류하고 그들의 사상을 살펴보겠습니다.

현대 한국 철학은 1930년대 서양 철학에 대한 본격적 연구와 더불어 시작되었다고 할 수 있습니다. 일반적으로 말해 1930년대는 한국의 서양 학문 1세대가 형성된 시기입니다. 서양 철학 1세대가 철학에 입문한 동기는 조국 상실이라는 절망적 조건에서 비롯된 고뇌 혹은 민족 독립이라는 애국적 정열과 밀접히 관련되어 있습니다.

일제 강점기였지만 근대식 교육 기관에서 철학을 전공으로 선택하여 공부한 사람들로 신남철(申南澈, 1907~1958), 박치우(朴致祐, 1909~1949), 박종홍(朴鍾鴻) 등을 들 수 있습니다. 물론 경성제국대학(이하 '경성제대'로 줄임)에 철학과가 개설되기 이전에도 평양의 숭실학당이나 연희전문학교, 보성전문학교 등의 교육 기관에서 철학 과목을 강의했다는 기록이 있습니다. 하지만 정식으로 철학과가 개설되지 않았고 철학을 전공으로 선택한 이들도 없었기에 이들 교육 기관의 철학 과목을 기준으로 한국 현대 철학을 이야기하기는 어렵습니다. 앞서 거론한 세 사람은 1926년에 경성제대 법문학부에 철학과가 개설되면서 거의 같은 시기에 근대적 학제 안에서 철학을 공부했습니다.

세 사람 중에서 현재 한국의 철학 전공자들에게 가장 큰 영향을 끼친 인물은 박종홍입니다. 박종홍은 서울대와 성균관대에서 교수로 재직했고, 한국철학회 회장을 지내기도 했습니다. 박종홍이 주축이 되어 1953년에 한국철학회가 창립되었고, 1963년에는 박종홍의 제자들이 철학연구회를 설립했어요. 박종홍은 한국의 서양 학문 1세대 철학자이면서 2, 3세대 철학자, 지금의 철학 전공자들에게도 영향을 미치고 있을 정도로 거대한 족적을 남긴 인물입니다. 박종홍의 철학 사상은 따로 다룰 예정입니다.

신남철과 박치우는 생년은 분명한데 정확한 몰년은 알 수 없었습니다.

그러다가 최근 일제 강점기 마르크스주의를 연구한 학자들에 의해 신남철은 해방 후 1948년 6월에 월북하여 김일성종합대학 교수로 재직하다가 1958년에 사망했고, 박치우는 1946년 월북했다가 1949년에 남쪽으로 내려와 태백산에서 빨치산 활동을 하다가 같은 해 11월 토벌군에게 사살되었다는 사실이 밝혀졌습니다.

신남철과 박치우의 공통점은 둘 다 저널리스트로 활동하면서 마르크스주의를 연구했다는 점입니다. 그중 신남철은 경성제대 법문학부 출신 조선인들이 1929년에 창간한 학술 잡지 『신흥(新興)』에 「헤겔백년제와 헤겔 부흥」, 「신헤겔주의와 그 비판」, 「민족이론의 삼형태」, 「인식·신체급 역사」 등 다수의 논문을 발표했고, 1933년에 창간된 한국 최초의 철학 잡지 『철학』에 「헤라클레이토스의 단편어」, 「현대 철학의 Existenz에의 전향과 그것에서 생(生)하는 당면의 과제」를 발표했습니다. 이처럼 신남철은 저술 활동을 하면서 『동아일보』 기자로 일하기도 했고, 중앙고등보통학교에서 교사로 있다가 1945년 이후에는 경성제대 교수로 재직하기도 했습니다.

신남철과 박치우는 그동안 별로 조명이 안 되었기 때문에 그들이 남긴 글로 사상을 정리하기는 시기 상조라고 할 수도 있습니다. 특히 현대 한국에서 철학을 연구하는 이들은 일제 강점기 이후 근대에 활동했던 선배 학자들의 글은 잘 안 보는 경향이 있습니다. 저도 마찬가지였습니다. 그러다가 한국 철학사상연구회에서 학술진흥재단에 '철학 원전 번역과 우리의 근현대'라는 주제로 과제를 신청해서 2002년부터 4년간 연구를 진행한 적이 있습니다. 그때 제가 동양 철학 원전 번역 분야를 담당해서 유가 철학의 원전 번역을 중심으로 과제를 수행했습니다. 그런 과정에서 『조광』이니 『신흥』이니 하는 근대 시기의 잡지를 뒤졌는데 거기서 신남철과 박치우의 글을 보기도 했고, 최남선(崔南善)이 발행한 『소년』을 뒤적이다가 최남선이 번역한 「소년논어」를 발견하여 학계에 소개하기도 했습니다. 「소년논어」는 충격이었습니다. 완역은 아니지만 아직도 「소년논어」를 능가하는 『논어』 번역서를 찾기 어렵습니다. 그런데 왜 그동안 그런 최남선의 글을 찾아볼 생각을 안 했을까요? 저 또한 선배 학자들의 글을 잘 보지 않았기 때문입니다. 게다가 최남선이 친일 행위를 했으니 굳이 볼 필요가 없다고 생각했어요. 그런데 짧은 생각이었습니다. 친일은 친일대로, 업적은 업적대로 있는 그대로 기술하면 됩니다. 평가는 읽는 사람에게 맡겨야겠죠.

신남철: 식민지 모순을 극복하려 한 조선 철학 1세대

신남철은 용문산이 있는 경기도 양평에서 신현국의 3남 2녀 중 장남으로 태어나 1926년에 경성제대 예과(2년제로 본과를 위한 예비 교육 과정)에 입학합니다. 그러고는 1930년 『조선일보』에 「철학의 일반화와 속류화—한치진씨의 하기 강좌를 읽고」를 연재하면서 논단에 등장합니다. 한치진은 16세 때 중국으로 갔다가 1921년에 미국으로 건너가서 남캘리포니아 대학에서 철학을 공부하고 철학 박사 학위를 취득한 뒤, 1930년 9월에 귀국해서 경성제대 교수를 지내다가 한국전쟁 때 월북한 인물입니다.

　신남철은 1931년에는 '남철'이라는 필명으로 『신흥』 6호에 시 「새벽」을 발표합니다. 이후 『동아일보』 학예부 기자, 중앙고등보통학교 교사를 거쳐 일제 말에는 경성제대에서 조교수를 지냅니다. 해방 후 서울대 사범대학 교수로 있다가 1948년 6월에 월북합니다. 월북 후 북한에서 김일성종합대학 교수로 있다가 1958년 3월 제1차 당대표자회에서 자유주의자로 비판받고, 그로 인한 심적 고통으로 같은 해에 사망했다고 전합니다.

신남철이 살았던 시대에는 식민지 모순을 극복하는 것이 가장 중대한 문제였습니다. 이병수 같은 연구자는 신남철을 두고 "한국 최초의 마르크스주의자로서 조선 현실의 변혁적 실험에 직접 투신했다"라고 평가합니다.

1948년 월북 이후, 신남철은 자료의 한계와 사회적 분위기 등으로 학계의 논의 대상에서 배제됩니다. 실제로 한국 사회에서 월북 작가들의 글이 해금된 것은 1988년에 이르러서인데, 이때 박치우와 함께 신남철의 글도 해금됩니다. 이미 1960년대에 전남대 교수 조희영이 박치우와 함께 신남철을 처음 국내 학계에 소개한 적이 있지만, 이후 신남철 철학에 대한 연구는 큰 진척이 없다가 최근에 이르러 이규성, 김재현, 이병수, 유현상 같은 연구자들에 의해 활발하게 조명되고 있습니다.

거중한 현실을 딛고 민족의 진로를 모색하다

지금부터 읽어 볼 글은 일제 강점기 지식인들이 어떤 열정을 가지고 어떤 생각을 했는지 분명하게 보여 줍니다. 「現實의 노래 (2)」(『문우』 5호, 1927. 11)는 신남철이 경성제대에 들어가서 쓴 글인데 그가 철학자로서뿐 아니라 문학가로서도 뛰어났다는 것을 보여 줍니다. 무엇보다 읽는 사람의 마음을 움직이는 열정이 가득해요.

巨重하 現實!

生과 思索 生과 煩惱 生과 慾求

이 부대낌의 事實이 征服과 鬪爭을 낫케 하였다

生의 擴充 生의 鬪爭……

現實의 生活者에게 새 建設을 재촉한다.

—신남철, 「현실의 노래 (2)」, 『신남철 문장 선집 1』(성균관대출판부, 2013)에서

거중한 현실이라는 첫 구부터 심상치 않습니다. 생각해 보면 정말 거중한 현실이라 해야겠죠. 현재 우리가 마주하고 있는 현실도 만만치 않지만 나라를 빼앗긴 건 아니니 신남철이 당면했던 현실보다는 낫다고 위안할 수 있겠습니다. 첫 구에서부터 일제 강점기 아래의 지식인들이 느꼈던 현실의 무게와 크기가 피부로 느껴집니다. 이어서 삶의 문제를 사색과 번뇌, 욕구로 표현합니다. 사색을 맨 앞에 두고 있는 데서 철학자로서의 정체성이 엿보입니다. 번뇌와 욕망은 현실 앞에서 좌절한 지식인의 모습을 보여 주면서 동시에 그런 현실을 타개하고자 하는 강한 열정을 보여 줍니다. 그 열정이 정복과 투쟁으로 구체화하면서 삶의 가능성을 넓히고, 궁극에는 새로운 세상을 건설하려는 시대적 요청으로 재해석됩니다. 한마디로 변혁의 철학이라 할 수 있겠는데, 철학을 이토록 현실과 밀접하게 연결하는 데서 마르크스주의자의 지향을 엿볼 수 있습니다.

신남철은 1948년에 발표한 「휴머니즘론」에서 "역사적 운명은 필연적으로 우리가 전율을 느끼도록 무서운 심적 공포를 주고 따라서 일정한 각오와 협력의 태도를 요청하여 마지않는다"고 주장하면서 광복 후 조선 민족이 나아가야 할 길을 역사적 운명, 또는 역사적 법칙과 같은 필연이라고 보았습니다. 그리고 그 목적을 실현하기 위해서는 "전위적 인민적 대열"을 구성해야 한다고 주장하며 과학적 태도를 강조했습니다. 그런데 신남철은 "부르주아 과학"은 이데올로기이고 "인민 과학"이 진정한 과학이라고 주장합니다.

이처럼 신남철의 글에는 '인민(人民)'이라는 말이 자주 나오는데, 지금은 이 말이 잘 쓰이지 않지만 광복 직후까지만 해도 인민이라는 말이 자연스럽게 쓰였습니다. 지금의 대한민국 헌법 제1조에 "대한민국은 민주공화국이다. 대한민국의 주권은 국민에게 있고, 모든 권력은 국민으로부터 나온다"라고 되어 있는데, 본래 유진오가 기초한 헌법 초안에는 국민(國民)이라는 표현 대신 인민이라는 표현을 썼습니다. 그런데 당시 우파가 왜 하필 공산주의자들이 쓰는 인민이라는 용어를 쓰느냐며 비난하자 국민으로 바꾼 겁니다.

인민이라는 용어는 『맹자』에서부터 써 오던 말입니다. 『논어』에도 글자의 순서만 다르게 민인(民人)이라는 표현이 나오고요. 물론 조선 시대의 문집은 말할 것도 없고 『왕조실록』이나 『승정원일기』 등의 국가 기록물에도 인민이라는 표현은 셀 수 없을 정도로 많이 보입니다. 이런 걸 보면 당시 우파가 얼마나 무지하게 상대를 공격했는지 짐작할 수 있습니다. 맹자나 조선 시대 유학자들을 공산주의자로 몰아갈 수는 없지 않겠습니까.

그런데 신남철이 역사적 운명 또는 역사법칙이라고 이야기했던 길은 이른바 '진보적 민주주의'였습니다. 그가 주장하는 진보적 민주주의는 노동자 농민에 의한 무산계급 통치가 아니라, 대의제를 바탕으로 한 민주정치를 인정하되 민주 경제를 수립하는 것이 토대가 되어야 한다는 것이 골자입니다. 신남철이 보기에 민주정치는 인민의 이익을 보장하는 경제제도를 수립하는 데서 출발해야 하며 그 길이 바로 우리 민족이 나아가야 할 '건국방략'이라고 본 것이지요. 그런데 신남철이 말한 민주 경제라는 개념은 지금의 한국 사회에서 자주 이야기되는 경제 민주화와는 다른 매락입니다. 그는 민주 경제의 수립을 통해 자율성과 인도주의를 최대한 보장하는 교육 개혁을 시행하여 제국주의적 자본가와 지주를 배제하고 '인민'이 주체가 되는 국가를 건설해야 한다고 주장했습니다.

신남철은 민족주의자였지만 좌파였습니다. 사실 좌파와 민족주의는 어울리지 않는 조합인데, 당시 식민지 조선의 현실이 갖는 특수성이 이 둘을 만나게 한 겁니다. 신남철과 달리 김구(金九)는 우파 민족주의자였죠. 공산주의를 극도로 싫어했거든요. 김구는 "나는 공자, 석가, 예수의 도를 배웠고 그들을 성인으로 숭배하거니와 그들이 합하여 세운 천당과 극락이 있다고 하더라도 그것이 우리 민족이 세운 나라가 아닐진대, 우리 민족을 그 나라로 끌고 들어가지 아니할 것이다"라고 했죠. 물론 현대 한국 사회에서 간혹 김구가 좌파로 몰리는 걸 보면 황당합니다. 그렇게 보는 사람들이 어느 지점에 서 있기에 김구를 좌파로 모는가 싶어요. 오른쪽 끝에 서 있지 않나 싶습니다.

'삶의 수수께끼'를 가슴에 품은 문학청년

1931년(25세)에 쓴 「革命시인 하이네, 理性과 浪漫의 二元苦와 철학」(『동광』 28·29호 1931. 11~12)은 문학청년 신남철의 면모와 이상을 잘 보여 줍니다.

> 바다가에 쓸쓸하고 컴컴한 바다가에
> 젊은이가 혼자 서있다.
> 가슴은 슬픔에 차고 머리는 회의(懷疑)에 가득한데
> 그는 애닯게 입을 열어 창파(滄波)에 물었다.
> 「아 生의 수수께끼를 풀라

그 애닲은 예로부터의 수수께끼를」

……

창파는 끝없이 출렁거리고

바람은 거칠고 구름은 흩어진다.

별들은 무심히 찬 하늘에 빛나는데

어리석은 자는 그 대답을 기다리고 있다.

—신남철, 「혁명시인 하이네, 이성과 낭만의 이원고와 철학」,

『신남철 문장 선집 1』(성균관대출판부, 2013)에서

하이네의 「질문」이라는 시입니다. 저는 하이네가 왜 위대한지 몰랐는데 신남철의 글을 통해 알게 되었습니다. '삶의 수수께끼'는 철학적 주제입니다. 이 시의 생략된 부분에는 '인간이 무슨 의미를 지니는지, 인간은 어디에서 와서 어디로 가는지' 묻는 대목이 있습니다. 대체로 철학자들만 이런 문제에 관심을 가지지만 누구든 이런 질문을 던진다면 그가 바로 철학자라 해야겠지요.

신남철이 인용한 하이네의 시에는 삶의 근원을 묻는 질문과 함께 그가 품었던 이상을 보여 줍니다. 시인은 스스로 어리석은 자가 되어 질문에 대한 대답을 기다립니다. 그런데 그 질문은 쉽게 답을 들을 수 없는 난제입니다. 신남철은 이런 시인의 고통을 '이성과 낭만의 이원고(二元苦)'로 풀이합니다. 이성과 낭만은 서로 어울릴 수 없는 모순 관계입니다. 낭만은 꿈을 꾸고 이성은 꿈을 허용하지 않으니까요. 이성은 시인 하이네가 당면했던 주국 독일을 뜻합니다. 하이네는 조국 독일을 사랑했지만 그 조국은 하이네의 시를 금지했고, 결국 그를 프랑스로 추방합니다. 그런 독일은 하이네에게 오욕의 대상이지만 하이네는 끝내 독일에 대한 사랑을 거두지

못합니다. 신남철은 하이네를 두고 "이성과 낭만의 이원고(二元苦)에서 끝끝내 탈각(脫却)하지 못한 시인"이라고 평가했습니다. 아마도 하이네의 처지에 자신이 당면한 조선의 현실을 겹쳐 보았겠죠. 그래서 민족의 독립과 자유라는 풀리지 않는 수수께끼를 풀기 위해 고뇌합니다. 마침내 수수께끼가 풀리는 날, 자신이 바라던 세상이 열리리라는 기대와 희망을 담아서요. 이런 점에서 신남철은 낭만적 마르크스주의자라 해야 할 것입니다.

조선 최초의 마르크스주의 철학자

신남철은 단순한 마르크스주의 철학자가 아니라 '조선의' 마르크스주의자였습니다. 달리 말해 마르크스주의 철학의 보편적 진리성을 받아들이면서도 이를 교조적으로 맹종하지 않고 식민지 현실의 시대적 과제를 해결하려는 문제의식 아래 주체적으로 수용하려고 했습니다. 그는 이론과 실천의 통일은 역사적 현실의 모순을 뼈저리게 자각하고, 현실의 모순을 극복하기 위해 자신의 몸을 내던지는 신체적 행위를 통해 성립한다고 주장했습니다. 그래서 "인간의 역사적 실천은 '體認', '몸소 아는 것', '신부에 침투해 통절하다는 것의 자각'을 통한 '몸'을 던지는 '파토스적 행위'"라고 했습니다. 마르크스주의의 인식론을 견지하면서도 여기에 뼈와 살을 가진 생동하는 인간의 삶을 더욱 부각시키려는 의도의 산물이 바로 그의 신체적 인식론이었다고 볼 수 있습니다.

여기서 주목할 점은 신남철이 신체적 인식론을 설명하면서 '몸소 안다'는 유가적 용어로 파토스적 행위를 설명한다는 점입니다. 동아시아 전통을 아시아적 정체성의 산물로 본 대부분의 마르크스주의자들과 달리, 신남철은 당시 조선학 연구에 참여하면서 마르크스주의적 관점에서 전통을 재해석하려고 시도한 겁니다. 하지만 월북하기 전까지는 전통을 진보적으로 재해석한 글이 보이지 않습니다. 적어도 식민지 시대까지 신남철은 전통 유학의 '봉건적 잔재'를 비판하고 오히려 서구 근대 철학 사상의 진보적 성격과 역사적 의의를 강조했어요. 그러나 기본적으로는 유학 전통의 영향을 부정적인 것으로 평가했지만 그래도 유학의 현실적 규정력은 분명하게 자각하고 있었으며, 월북 후에는 전통 연구에 본격적으로 뛰어든 것으로 보입니다. 1957년 북한에서 개최된 '조선의 사회주의적 토대와 상부구조의 발생과 발전의 특수성'에 관한 전국철학자토론회에서 신남철이 발표한 논문은 「리율곡의 철학사상」이었습니다. 지금도 북한에서는 율곡을 퇴계보다 높이 평가합니다. 마르크스의 유물론적 관점과 통할 수 있는 점이 율곡에게 많고 퇴계에게는 별로 없다고 보기 때문입니다. 신남철은 율곡 연구를 통해 유학 전통과 마르크스주의의 접점을 찾고 궁극에는 조선의 전통 유학과 마르크시즘을 결합하려는 시도를 한 것으로 보입니다.

현실의 모순을 극복하는 휴머니즘의 모색

신남철은 대학에서 철학을 공부했고 서울대 교수를 지냈으니 강단 철학자였다고 할 수 있겠지만, 그를 그저 강단 철학자로 분류할 수는 없습니다. 앞서 살펴본 「현실의 노래 (2)」에서처럼 글에서도 '거대하고 무거운 현실' 속에 뿌리를 둔 문제의식을 곳곳에 드러내 보이기 때문입니다. 암울한 식민지 현실에 처한 이들에게 철학은 단순한 이론적 탐구를 의미하는 것이 아니라 현실의 모순을 극복하는 사상적 방향에 대한 모색을 촉구했습니다. 특히 마르크스주의 철학자 신남철에게 이러한 경향이 더욱 뚜렷이 나타납니다. 신남철이 발표한 많은 글들은 식민지 시대 마르크스주의 철학의 수용에서 핵심적인 위치를 차지하므로, 신남철을 두고 조선 최초의 마르크스주의자라고 일컫는 것은 타당해 보입니다.

특히 다양한 분야에서 다양한 주제의 글을 수시로 발표하여 영역을 자유롭게 넘나드는 인문주의 정신을 보여 주었고, 휴머니즘에 기초한 혁명의 가능성을 끊임없이 모색했습니다. 신남철은 당시 진보적 민주주의의 과제가 관철되지 못하는 이유를 혁명적 휴머니즘의 결여에서 찾고 좌우익의 폭력성과 무교양을 질타했는데, 좌익의 교조적 태도도 동시에 비판하는 균형 잡힌 태도를 보여 주었습니다. 또 인간이 계급적으로 규정된다는 마르크스주의의 대원칙을 받아들이면서도, 역사적 전환기에는 인간에 대한 자애로운 공감, 자기희생의 사회적 정의감, 고전에 대한 교양을 갖춘 풍부한 인간성이 요구된다고 보았습니다.

여담입니다만, 제가 몇 해 전 여름 지리산에 가서 정지아 작가를 만난 적이 있습니다. 정지아는 『빨치산의 딸』이라는 소설로 유명하죠. 이 작가의 어머니, 아버지가 다 빨치산이었어요. 인터뷰는 아니고 작은 규모의 학술 모임에서 이런저런 이야기를 주고받다가 들었는데, 지리산에서 빨치산으로 활동한 사람들은 남원, 구례, 하동 출신이 많았다고 합니다. 그중 구례 지주 출신이 제일 많았고, 그 때문에 그 지역 지주들은 약탈을 거의 안 당했다고 해요. 지주의 자식들이 지주 계급에 반하는 빨치산 활동을 한 셈이니 아이러니죠.

신남철도 비슷합니다. 당시 경성제대에 들어갈 정도면 부자일 수밖에 없고, 부자들은 예외 없이 지주였으니까요. 어찌 보면 자신의 출신 계급을 배반한 셈이니 출발부터 비극적입니다. 그래서인지 신남철은 해방 조선의 엄혹한 정치 상황에 참여하는 개인은 운명적 비극성을 자각하면서 개인적 행불행을 초월한 자기희생을 각오해야 한다고 주장했습니다. 개인들의 자유로운 공동체를 염원한 신남철의 내적 열망이 시대의 한계를 넘어서려는 노력으로 나타난 것이지요. 그런 점에서 신남철의 마르크스주의 철학은 서양 철학 수용사적 의미뿐만 아니라, 오늘날 한국 철학의 과제와 관련해서도 시사하는 바가 크고, 진보주의 철학 일반이 충분히 음미할 만한 가치가 있다고 할 수 있습니다.

박치우: 강단을 떠나 총을 든 빨치산 철학자

말씀드린 것처럼, 신남철과 박치우는 일제 강점기 경성제대에 들어가 공부한 철학자들입니다. 그러니까 현대 한국 철학의 출발은 대학의 틀 안에서 시작되었고, 그런 철학을 이른바 강단 철학이라고 합니다. 하지만 식민지 조선의 현실을 고민하던 철학자들은 강단에 갇혀 있을 수만은 없었습니다. 물론 강단 철학을 공고히 한 박종홍 같은 이도 있었지만, 박치우는 강단을 등지고 총을 들었습니다. 신남철은 강단을 지켰지만, 그의 사유는 강단을 넘어 당시의 현실을 치열하게 고민했지요.

박치우 또한 신남철과 함께 『철학』에 「위기의 철학」이라는 글을 기고하기도 했고, 『조선일보』와 『현대일보』에서 기자 생활을 하는 등 신남철과 비슷한 행보를 보였습니다. 또 마르크스주의를 도구로 삼았고, 활발한 기고를 통해 당대의 대중과 적극적으로 소통하는 면모를 보여 주었다는 점에서도 신남철과 통하는 면이 많습니다. 이 두 사람은 명백하게 좌파 철학자들입니다. 그러니 요즘 한국 사회의 말로 바꾸면 '빨갱이 철학자들'인 셈입니다. 그런데 지금의 한국 사회는 주로 빨갱이가 아닌 사람을 빨갱이라고 비난하는 풍조가 만연해 있습니다.

앞서 얘기한 지리산 학술 모임에서 만난 정지아 작가에게 들은 이야기인데, 어머니에게 왜 빨치산이 되었느냐고 여쭤 보았더니, "사회주의는 여자도 학교 가서 공부하는 거다"라고 남편이 말해서 빨치산이 되었다고 해요. 반박할 말이 없죠. 그 당시는 여자는 공부를 하면 안 된다는 통념이 지배하던 시절이었으니까요. 그리고 자신의 부모는 빨치산으로 활동했다는 이유로 수많은 고초를 겪었지만 그것을 억울하게 여기지는 않는다고 했습니다. 빨치산을 빨치산이라고 했으니 억울할 게 없다는 말입니다. 그런데 빨치산이 아닌데 빨치산으로 몰리면 억울할 수밖에 없을 겁니다. 심지어 우파 지식인을 빨갱이라고 비난하는 경우도 많잖습니까.

지금부터 살펴볼 박치우는 신남철과 함께 진짜 빨갱이 철학자입니다. 그 때문에 이들의 철학을 연구하는 것 자체가 지금까지 금기시되어 왔습니다. 한국 철학사를 강의하면서 이들을 포함시킨 이유는 1세대 철학자들의 사유를 살피지 않으면 한국의 현대 철학사 기술은 시작조차 할 수 없기 때문입니다.

목사의 아들에서 무신론자로

박치우는 1909년 함경북도 성진에서 목사의 아들로 태어났습니다. 기독교 집안에서 마르크스주의를 신봉하는 무신론자가 나온 셈이니 지주 출신 빨치산만큼이나 아이러니한 일입니다. 1928년에 경성제대 예과에 입학했는데, 이에 앞서 1926년에 신남철이 같은 과에 입학했습니다. 이후 박치우는

1930년에 법문학부 철학과에 진학하여 1936년에 졸업합니다.

1935년 6월 『동아일보』에 「불안의 정신과 인테리의 장래」를 발표했고, 이듬해 1월에는 『조광』에 「아카데믹 철학을 나오며」를 발표합니다. 해방 후 1946년에 좌파 일간 신문이었던 『현대일보』의 발행인 겸 편집인이 되어 활동하다가 같은 해에 월북합니다. 1949년 9월에 남쪽으로 내려와 태백산 지역에서 빨치산 활동을 하다가 그해 11월 토벌군에게 사살당합니다. 『동아일보』 1949년 12월 4일자 신문에는 "적 괴수 박치우를 사살"이라는 제목하에 "약 2주일 전 태백산 전투에서 적의 괴수 박치우를 사살하였다"라는 기사가 실려 있습니다.

박치우는 먼저 뛰어난 평론가로 세상에 이름을 알렸습니다. 1930년대 말 문단의 주요 쟁점은 고전론, 교양론, 신체제론 등이었는데, 박치우는 이런 쟁점에 대해 통찰력 있는 글을 발표하면서 신남철과 함께 새로운 사조를 대표하는 평론가로 부상합니다. 특히 고전론에서 개인과 전체의 통일 문제가 쟁점으로 부상하자, 박치우는 구질서의 이데올로기인 자유주의와 개인주의에 대한 거부가 하나의 상식이 된 점을 인정하는 데서 출발하여 이성의 회복을 극복 방안으로 제시합니다. 당시는 일본과 독일, 이탈리아 등지에서 전체주의가 득세하던 시기였기에 개인과 전체의 문제가 시대의 화두일 수밖에 없었습니다. 신남철과 박치우는 마르크스주의자였으니까 당연히 전체주의에 반대했습니다. 물론 현실적으로는 마르크스주의를 지향한다고 해서 반드시 전체주의에 반대하는 것은 아닙니다. 박치우가 적극 찬동했던 볼셰비즘도 결국 전체주의로 흘렀으니까요.

박치우는 광복 후 조선문학가동맹에 가입하여 활동하는데, 그 때문에 문학 쪽에서 박치우를 연구하는 학자들도 있습니다. 1946년 2월 조선문학가동맹에서 개최한 조선문학자대회에서 박치우는 「국수주의의 파시즘화의 위기와 문학자의 임무」를 발표합니다. 이 글에서 국수주의를 비판하는데, 그들이 대체로 민족 감정에 호소하는 방식으로 세력을 규합하기 때문에 결국 파시즘으로 흐를 위험이 있다고 경고합니다. 따라서 이런 태도를 버리고 어디까지나 합리주의적 태도를 견지하여 민주주의를 이루어야 한다고 주장합니다. 이후 박치우는 민주주의민족전선 등 남로당계 조직에서 정치 활동에 참여하다가 월북합니다.

미키 기요시의 영향과 실존주의 비판

박치우가 경성제대 철학과에서 공부하던 시절, 같은 강의실에 박종홍이 있었습니다. 두 사람은 모두 일본 호세이 대학 철학과 교수였던 미키 기요시(三木清, 1897~1945)로부터 큰 영향을 받았습니다. 미키 기요시는 1920년대 초반에 독일에서 하이데거를 공부하고 일본으로 돌아온 뒤 마르크스주의를 대학에서 가르칩니다. 이것도 아이러니이죠. 마르크스 철학이 제국주의에 반하는 기치를 내걸고 있다는 것을 일제가 몰랐을 리 없습니다. 특히 조선의 경우는 더 위험합니다. 식민지 백성이 계몽되면 제국을 유지하는 데 위협이 될 수 있겠죠. 그렇지만 명색이 대학을 만들어 놓았으니 마르크스 철학을 가르치지 못하게 할 수는 없습니다. 그게 대학이니까요. 미키 기요시가 일본에서 마르크스주의를 가르치고 전파하는 것을 막을 수 없었던 겁니다.

미키 기요시가 일본에서 마르크시즘을 가르친 이유가 재미있습니다. 그가 말하길 하이데거와 같은 실존주의 철학이 일본에 보급되려면 그 전에 마르크시즘이 이해되어야 한다고 전제합니다. 결국 실존주의가 사회 현실에 대한 마르크시즘적 반성 위에 성립되었다고 간파한 거죠.

당시 제국주의 일본의 지성계는 미키 기요시의 그런 의도와는 상관없이 마르크스주의만 아니라면, 곧 제국의 이데올로기를 비판하거나 부정하지 않는 이념이라면 무엇이든 좋다는 태도로 실존주의를 받아들입니다.

미키 기요시의 글은 국내에도 상당히 많이 소개되어 있는데, 그중 불교 관련 저술이 많습니다. 흔히 관념론으로 분류되는 불교와 마르크스 유물론이 미키 기요시를 통해 만난 셈인데, 이것도 아이러니입니다. 하지만 불교라는 관념론의 토대 위에서 마르크스의 유물론을 연구하는 것도 얼마든지 가능하고, 그 반대로 유물론의 토대 위에서 불교를 연구하는 것도 가능합니다.

저는 공맹 유학으로 석사 학위를 받고 조선 성리학으로 박사 학위를 받았어요. 이것도 유물론적 관점으로 거칠게 보면 전혀 쓸 데 없는 일로 치부될 수 있습니다. 실제로 성리학 공부는 1980년대에 그렇게 규정되기도 했습니다. 하지만 말씀드린 것처럼 성리학은 결국 도덕과 욕망의 관계를 연구하는 학문이잖아요. 그것이 공리공담인가? 말이 안 됩니다. 욕망과 도덕을 버리면 세상에 성찰할 거리가 뭐 있겠습니까? 실학은 갖다 쓰고 성리학은 갖다 버리다 보니 성리학에서 탐구하던 가장 중요한 두 가지 주제를 다 버린 거죠. 실학이 성리학적 토양을 전제로 한다는 객관적 사실을 도외시한 결과입니다. 마치 제국주의 일본의 지식인들이 마르크스주의를 버리고 실존주의를 덥석 받아들인 것과 다를 바 없습니다.

아무튼 제국주의 시대에 공식적으로 인정되는 철학은 실존주의나 생철학이었습니다. 박종홍이 실존주의 연구를 주로 했고, 이종우나 이재훈 같은 철학자들이 베르그송이나 쇼펜하우어류의 생철학을 연구했습니다. 마르크스주의는 금지되었지만 그런다고 금지될 수 있는 게 아니었습니다.

학문을 연구한다고 대학을 만들어 놓고 어떤 것을 선별적으로 금지하기는 어렵습니다. 마르크스의 『자본론』은 인간과 인간의 관계를 완전히 새로운 방식으로 규정한 저술이기 때문에, 인간을 대상으로 하는 근대 철학이라면 실존주의든 생철학이든 마르크스의 영향에서 자유로울 수 없습니다. 이 때문에 학문 내에서는 특정 이념을 금지할 수 없습니다. 총과 칼을 든 학문 밖에서는 가능하지만요. 우리나라에도 맨날 금서 발표하는 기관이 있지요. 학문적으로 볼 때 어불성설입니다. 모든 책을 금지하는 일은 가능할지 몰라도, 어떤 책은 권장하고 어떤 책은 금지하는 일은 학문의 영역에서는 불가능합니다.

박치우는 미키 기요시를 통해 하이데거를 접했지만 마르크스주의 입장에서 하이데거의 실존주의를 강하게 비판했습니다. 특히 '실존주의 철학은, 150여 년에 걸친 시민 혁명의 노력이 결과적으로 부르주아 계급의 지배로 헌납되고 만 비극적 상황을 정치경제적 문제를 중심으로 해결하려는 시도는 하지 않고, 개인의 내면적 문제로 국한시켜 회피했다'고 비판합니다. 이런 지적은 지금 보아도 날카롭습니다. 실존주의에서 강조하는 불안은 개인의 성찰이 부족해서 생긴 것이 아니라 사회적, 정치적 질곡의 결과물이라는 것이 박치우의 견해입니다. 물론 거친 면이 없지는 않습니다. 박치우의 주장처럼 사회 모순이 없어지면 인간의 불안이 사라지고 모든 사람이 행복하게 될까요? 그럴 리는 없죠. 실존주의를 모르고 하는 이야기입니다. 쉬운 예로, 모든 인간은 죽잖아요. 그러니 그 불안으로부터 도피할 방법은 없습니다. 하이데거가 그렇게 조악하지는 않습니다.

하지만 하이데거에 대한 박치우의 비판은 뼈아픈 데가 있습니다. 박치우의 말대로 하이데거는 나치에 협력하면서 파시즘에 투항한 철학자가 됩니다. 일찍이 하이데거는 아리스토텔레스의 전기를 기술하면서, "그는 태어나서 살다가 죽었다"라고 표현한 적이 있습니다. 실제로 아리스토텔레스의 삶이 그랬다기보다 위대한 업적을 남긴 철학자의 삶도 그토록 평범했음을 강조한 겁니다. 결국 철학자를 평가하려면 학문적 업적으로 평가해야지 정치적 질곡이 기준이 되어서는 안 된다는 이야기를 하면서 자신의 나치 협력을 변호한 것으로 보입니다. 자기변호의 권리는 인정해야겠지만, 애꿎은 아리스토텔레스를 끌고 들어갔다는 점에서 논리의 빈궁이 보입니다.

철학은 현실의 소리를 심장으로 듣는 데서 시작한다

박치우는 1946년에 자신의 글을 모아 『사상과 현실』이라는 책을 출판했는데, 금지된 지 오래인 이 책을 한때 대학가에서 유행처럼 복사해서 읽었습니다. 말씀드린 것처럼 박치우는 강단 철학을 했지만 결국에는 강단을 떠난 철학자입니다. 강단에서는 자신이 지향하는 철학을 지속할 수 없다고 판단했기 때문입니다.

박치우는 1936년 『조광』에 「아카데믹 철학을 나오며」를 발표합니다. 그는 이 글에서 "사상가란 별다른 사람이 아니라 현실의 강박, 현실이 그의 해결을 위하야 우리를 향하야 부르짖고 있는 그 소리를 '심장'을 통하여 힘 있게 들을 수 있는 인간이 아닐까요?"라고 했습니다. '심장을 통하여'라는 표현을 보면 신남철과 비슷하게 동양적인 정서가 느껴집니다. 인(仁)이라는 글자에도 심장을 그린 심(心) 자가 들어가 있다고 말씀드린 적이 있지요. 철학은 머리가 아니라 가슴으로 하는 것이라는 선언입니다.

박치우는 또 한국 철학에서 당파성이라는 주제를 처음 이야기한 인물로 추정됩니다. 『사상과 현실』에 첫 번째 글로 「철학의 당파성」이 실려 있습니다. 이 글에서 그는 "철학은 우선 하나의 이데올로기로 특정한 계급의 공명을 얻기 위해 투쟁해야 한다"라고 주장했습니다. 당파성 논리는 거악과의 투쟁에서 이기기 위해 제기된 일종의 편파성을 정당화하는 논리로, 쉽게 이야기하면 선한 자가 저지른 작은 과실은 눈감아 주는 겁니다. 애초 아카데미즘에서는 나올 수 없는 주장이죠. 그러니까 거대한 악과 맞서 싸울 때는 우리 편의 작은 문제점에 대해서는 눈감고, 우선 조직의 명령에 따라 상대의 큰 악에 집중하는 결속이 필요하다는 건데, 이런 주장은 현실에 대한 정확한 진단이 뒷받침될 때에만 힘을 얻을 수 있습니다. 예컨대 배가 기울어 침몰 직전의 상황인데, 균형을 맞추기 위해 적당히 배의 중간으로 가면 배가 결국 균형을 잃고 말겠죠. 마찬가지로 현실이 크게 균형을 잃었을 때 적당히 중도에 서고자 하는 태도를 고집하면 결국 적을 도와주는 셈이라는 겁니다. 배가 오른쪽으로 기울어 있으면 왼쪽 끝으로 가야 하고, 왼쪽으로 기울어 있으면 오른쪽으로 가야 균형이 잡히겠죠. 레닌의 이야기예요. 물론 오른쪽 끝으로 갈 것이냐, 왼쪽 끝으로 갈 것이냐는 현실에 대한 정확한 진단을 근거로 판단해야겠죠. 만약 그렇지 않다면 위험할 수 있습니다. 거대 담론을 내세우면서 작은 가치를 저버릴 때 비극이 일어나기 마련이니까요.

변혁의 철학을 꿈꾼 1세대 철학자들

일찍이 마르크스는 「포이어바흐에 대한 테제」의 제11테제에서 "지금까지 철학자들은 세계를 다양하게 해석해 왔다. 그러나 문제는 세계를 변혁시키는 것이다"라고 한 적이 있습니다. 철학의 목적은 세계를 해석하는 데 있는 것이 아니라, 잘못된 현실을 변혁하는 데 있다고 선언한 겁니다. 지금까지 이야기한 1930년대의 철학자 중에서 신남철과 박치우는 바로 이런 마르크스의 주장을 식민지 조선의 현실 안에서 실천한 인물들이라고 할 수 있겠습니다. 하지만 이들의 철학 작업은 현대 한국 철학계에서 오랫동안 금기시되어 충분히 검토되거나 계승되지 못했습니다.

한국전쟁 직후 한국의 철학계는 전쟁의 참화를 바라보는 인간, 벌거벗은 인간의 모습에 주목하게 됩니다. 이런 문제의식 아래 실존주의 철학이 유행하는 가운데 한국철학회가 발족합니다. 전쟁 직후인 1953년 10월의 일입니다. 그리고 10년이 지난 1963년 8월에는 철학연구회가 발족합니다. 이 시기는 이른바 '데칸쇼(데카르트, 칸트, 쇼펜하우어)'로 대표되는 독일 철학과 영미 분석철학이 유행합니다. 그리고 1989년에 한국철학사상연구회가 발족하는데, 이 시기에는 마르크스주의 철학이 유행합니다. 한국철학사상연구회는 '철학은 시대의 혼이자 시대의 모순에 대한 반역'이라는 기치를 내걸고 출발합니다. 이 점에서 한국철학사상연구회는 변혁을 지향했던 1세대 철학자들의 문제의식을 계승했다고 할 수 있습니다. 1989년에 열린 한국철학사상연구회 창립 총회에 참석한 당시 한국철학회 회장 조요한은 축사를 하면서, "1930년대에 활동했던 우리나라의 철학 1세대는 철학을 가지고 세계를 해석하는 데 그치지 않고 세계를 변혁하는 데 치중했다. 앞으로 한국철학사상연구회는 1세대 철학자들의 정신을 이어 같은 길을 걸어가기 바란다"라고 말했습니다. 당시 철학계에서도 그런 점에 의미를 두었다는 것을 알 수 있습니다.

역사의 질곡으로 신남철, 박치우 두 철학자는 거의 잊힐 뻔했습니다. 하지만 최근 이들을 대상으로 한 연구서들이 연이어 출간되면서 다시 주목받고 있습니다. 이규성은 『한국현대철학사론』에서 이 두 철학자를 비중 있게 다루었고, 이병태, 박영미, 구태환 등 젊은 연구자들에 의해 『처음 읽는 한국 현대철학』이 출간되었는데, 역시 이 두 철학자를 조명한 글이 포함되어 있습니다. 또 박치우의 삶과 철학 사상을 조명한 위상복의 『불화 그리고 불온한 시대의 철학』 같은 노작이 출간되었고, 신남철 연구자로 김재현, 이병수, 홍영두 등이 있습니다. 이런 연구자들의 노력이 계속 이어지고 있으니 조만간 우리 철학계에서 1930년대에 뿌려진 씨앗을 거둘 수 있으리라는 희망을 가져 봅니다.

28장

박종홍

천명 사상을 통한 동서양 철학의 종합

한국 철학 연구의 개척자

앞서 한국 현대 철학의 서막을 장식한 신남철과 박치우 두 철학자를 살펴 보았습니다. 지금부터 살펴볼 박종홍(朴鍾鴻, 1903~1976)은 이들과 대조 적인 인물입니다. 흥미롭게도 평양 출생인 박종홍은 내내 남쪽에서 활동 하면서 강단 철학의 대표자가 되었고, 경기도 양평 출생인 신남철은 강단 에서 활동하다가 1948년에 월북해서 죽을 때까지 북한에서 활동했습니다. 그리고 박치우는 함경북도 성진 출생인데, 서울에 와서 공부한 다음 강단 철학을 일찌감치 내던지고 혁명가의 길을 선택한 뒤, 남북을 오가며 빨치 산 활동을 하다가 태백산에서 사살됩니다.

이미 말씀드린 것처럼 박종홍은 한국의 서양 학문 1세대 철학자이면서 도 지금의 철학 전공자들에게까지 영향을 미치고 있을 정도로 한국 철학계에 커다란 족적을 남긴 인물입니다. 학문적 업적이라는 점에서도 신남철이나 박치우와 비교가 안 될 정도로 방대한 결과물을 남겼습니다.

신남철은 1926년, 박치우는 1928년 경성제대 예과에 입학하고, 박종홍은 1929년 경성제대 법문학부 철학과에 예과를 거치지 않고 바로 진학합니다. 그러니 세 사람이 같은 공간에서 공부를 한 것은 분명합니다. 그리고 박종홍이 1935년 『동아일보』에 신춘 특별 논문으로 8회에 걸쳐 연재한 「조선의 문화유산과 그 전승의 방법」을 신남철이 높이 평가한 기사도 있고, 박종홍이 박치우의 『사상과 현실』을 읽은 뒤 민족이 나아갈 길을 밝힌 글이라고 높이 평가한 기록도 있습니다. 일제 강점기와 해방 직후까지만 하더라도 이 세 철학자는 같은 길을 간 것처럼 보입니다. 그러나 이후 각자 다른 길을 갔습니다.

신남철과 박치우는 둘 다 마르크스주의자였고, 박종홍은 칸트, 헤겔 등 독일 관념론과 하이데거의 실존철학을 주로 공부했습니다. 당시 경성제대 교수로 있던 일본인 학자들의 전공이 대부분 칸트, 헤겔이었기에 박종홍처럼 공부하는 것은 자연스러운 일이었습니다. 하지만 조선인 학생들에게는 마르크스 철학이 크게 인기를 끌었으니 신남철이나 박치우가 마르크스주의로 방향을 잡은 것도 이상한 일은 아닙니다.

박종홍은 식민지 시대에도 비중 있는 글을 많이 썼지만 신남철, 박치우가 세상을 떠난 뒤에도 왕성하게 활동합니다. 남한 철학계에서 중심적 역할을 했고, 서양 철학뿐 아니라 전통 철학을 상당히 깊이 있게 연구했기 때문에 최초로 동서양 철학을 망라한 업적을 남긴 철학자라고 할 수 있습니다. 앞서 신남철의 마지막 논문이 「리율곡의 철학사상」이었다고 말씀드렸는데 이 논문으로 미루어 보아 신남철 또한 마르크스주의와 한국의 전통 철학을 융합하려는 시도를 한 것 같습니다. 그리고 박치우의 경우, 월북하기 전에 독일 나치에 반대하는 글을 여러 차례 쓴 것으로 볼 때 이념적 지향이 어디에 있었는지 분명하게 드러납니다. 그가 여러 차례 '현실의 강박'이나 '현실의 소리'를 강조한 맥락을 따라가면 박치우 또한 기존의 마르크스주의를 조선 현실에 맞게 적용한 '조선의 마르크스주의자'로 조명할 수 있습니다. 그렇다고 해서 이 두 철학자가 마르크스주의를 독창적으로 재해석했다고 평가할 정도는 아닙니다.

하지만 박종홍의 경우, 하이데거 실존철학과 독일 관념론을 깊이 연구하고, 그런 학문적 토양을 기초로 전통적으로 내려오는 천명 사상이나 유학, 불교 등의 전통 철학을 새롭게 조명하고 재해석한 측면이 있어 주목할 만합니다. 그 점에서 한국 현대 철학자로서의 위상은 박종홍이 가장 높다고 할 수 있습니다. 그런데 5·16쿠데타 이후 군사 정부의 국가재건최고회의에 위원으로 참여하여 협력했고, 이후 독재 정권 아래서 대통령특별보좌관 등의 직책을 맡았기 때문에 철학과 권력의 퇴행적 결합을 보여 주는 사례로 자주 지적받습니다.

평생에 걸친 후진 양성

박종홍은 1903년 7월에 한학자였던 박중서의 차남으로 평양에서 태어났습니다. 애초에 박종홍은 물리학을 공부하는 데 뜻을 두었다고 합니다. 그러다 1919년 3·1운동에 가담했다가 3주 동안 유치장에 갇히는데, 그때 민족의식에 눈을 떴고 결국 진로를 바꾸게 되었다고 합니다.

1920년 평양고등보통학교를 졸업하고 남쪽으로 내려와서 1921년부터 전남 보성에서 교사 생활을 하다가 1922년에 대구 수창보통학교로 옮긴 뒤, 거기서 『개벽(開闢)』이라는 잡지에 「한국미술사」를 연재하면서 세상에 이름을 알립니다.

1926년부터 대구고등보통학교에서 교사로 재직하다가 1927년에 「이퇴계의 교육사상」을 일문(日文)으로 발표하여 주목받습니다.

1929년에 경성제대 철학과에 입학하여 철학 공부를 시작합니다. 졸업 후 이화여전 교수, 서울대 교수를 지냈고, 1968년 서울대에서 정년 퇴임한 후에도 성균관대 유학대학장을 맡는 등 학계와 교육계에서 활발하게 활동합니다.

박종홍은 이처럼 40년 이상을 후진 양성에 매진했으니 전형적인 스승의 길을 걸어간 사람이라고 할 수 있습니다. 하지만 서울대 교수로 있던 1961년에 5·16쿠데타가 일어나자 국가재건회의 사회분과 위원을 맡았고, 1968년 서울대에서 퇴직한 뒤에도 「국민교육헌장」 기초 위원이 되어 「국민교육헌장」 초안을 작성했고, 1970년에는 대통령 교육문화 특별보좌관이 되어 건강상의 이유로 사직할 때까지 직책을 유지했다는 점에서 독재 정권에 협력한 철학자라는 비판을 받습니다.

박종홍은 고등학교와 대학에서 오랜 기간 교육자의 길을 걸었기에 배출한 제자들이 일일이 거론할 수 없을 정도로 많습니다. 정·관계 인물로 김영삼(金泳三), 남재희(南載熙), 박근(朴槿) 등이 있고, 교육계 인물로 김성칠(金成七), 김승한(金昇漢), 오기형(吳基亨), 이한빈(李漢彬) 등이 있습니다. 또 이화여전 교수 시절에 김순애(金順愛), 김옥길(金玉吉), 김자경(金慈璟), 노천명(盧天命), 이남덕(李男德), 이봉순(李鳳順), 정세화(鄭世華), 정충량(鄭忠良), 조경희(趙敬姬) 등 여성계 유명인들이 그에게 배웠습니다. 그리고 철학계에서는 김종호(金淙鎬), 김태길(金泰吉), 박종현(朴琮炫), 소광희(蘇光熙), 윤명로(尹明老), 이남영(李楠永), 이명현(李明賢), 이석희(李奭

熙), 정진(鄭鎭), 조가경(曺街京), 조요한(趙要翰), 진교훈(秦敎勳), 최명관(崔明官), 최재희(崔載喜), 한단석(韓端錫), 한전숙(韓筌淑) 등이 있는데, 모두 이름만 들어도 알 만한 저명한 학자들입니다. 특히 현재 철학계 원로 중에서는 그의 제자가 아닌 사람을 찾기가 어려울 정도입니다.

'존경의 염(念)'을 담은 이야기도 많이 전해집니다. 이남덕은 박종홍이 이화여전 교수로 있을 때의 제자인데, 「선생님께서 주신 것」이라는 글(『스승의 길』)에서 자신의 남편이었던 김성칠이 박종홍을 진정한 스승으로 존경하고 따랐다고 회고합니다. 김성칠은 1941년 경성제대 법문학부에 입학하여 사학을 전공하고, 1946년 졸업한 뒤 1947년부터 서울대 사학과 교수로 있다가 한국전쟁 때 대구에서 총격을 받고 세상을 떠났는데, 박종홍의 대구고등보통학교 교사 시절의 제자로 알려져 있습니다. 김성칠은 『열하일기』 최초의 번역자이기도 합니다. 그런데 그 서문을 박종홍이 썼습니다. 김성칠이 대구고보 시절 동맹휴학 사건으로 수감되었을 때 스승이었던 박종홍이 편지를 보냈는데, 김성칠은 그 글을 호신부(護身符)로 여기고 간직했다고 하죠.

서울대 교수로 있을 때의 제자 이남영은 「열암 철학─향내적 철학과 향외적 철학의 집합으로서의 한국 철학」이라는 논문에서 "선생은 약관의 나이에 이미 한문으로 된 각종 한국사 자료의 섭렵은 물론이고 중국의 소위 삼사(三史)와 위지(魏志) 및 당서(唐書), 신당서(新唐書) 등에 이르기까지의 고문헌을 철저히 조사, 활용하였다"라고 했습니다.

이 외에 수많은 회고담이 그의 제자들을 통해 전해집니다. 심지어 박종홍의 제자가 전쟁 통에 부산으로 피란했을 때 부산 남포동 거리에서 박종홍을 잠깐 만나고 헤어졌는데 돌아서서 걸어가는 그의 등뒤에서 빛을 보았다는 전설 같은 이야기도 전해집니다.

세상을 떠난 뒤 『박종홍 전집』(전7권)이 출간되었으며 그를 기리는 열암 기념사업회도 발족하여 지금까지 활동하고 있습니다. 또 박종홍의 동료와 제자였던 이들이 그를 기리는 글을 모아 엮은 『스승의 길』이 두 차례 출판 되기도 했습니다.

박종홍은 평양고등보통학교에 진학하기 전에 가학으로 한학을 전수받 고 서당을 다니면서 동아시아 고전을 읽었습니다. 훗날 그가 동서양 철학 을 종합하는 학문적 업적을 남길 수 있었던 것은 기본적으로 전통 학문에 상당한 조예가 있었던 덕분입니다. 그는 신남철이나 박치우와는 달리 경 성제대에 들어가기 전부터 세인의 주목을 끄는 비중 있는 글을 많이 썼는 데, 만 19세였던 1922년에 대구 수창보통학교에 근무하면서 당시 천도교 에서 발행하던 잡지 『개벽』에 「조선미술의 사적 고찰」이라는 글을 1년 동 안 12회 연재합니다. 당시 『개벽』으로서는 최장기 연재였고, 게다가 이 글 이 최초의 한국 미술사이기도 합니다. 글을 읽어 보면 그가 미술사를 연재 한 것은 단순히 미술에 대한 관심의 표출이 아니라 우리 민족의 미술을 재 발견함으로써 민족의 부활을 꿈꾸었다는 것을 알 수 있습니다.

> 吾人은 스스로 審美的 天性을 稟傳하며 美術的 技巧를 本有하야 創造에 特
> 長한 민족이라 自稱하도다. 스스로 美術國이라고 세계에 自誇함을 마지 아
> 니하도다.
>
> —박종홍, 「조선미술의 사적 고찰」, 『박종홍 전집 1』(민음사, 1998)에서

우리 민족의 특징을 창조에 뛰어난 데서 찾을 뿐 아니라, 조선을 미술 국이라고 호칭하면서 민족의 예술적 자질을 대단히 높이 평가하고 있습 니다. 같은 글의 다른 부분에서도 '민족의 부활을 위하여', '세계 학술계에

공헌하기 위해 미술사를 연재한다'라고 밝혔는데, 이런 점에서 훗날 그가 '민족 중흥의 길'이 진리를 실천하는 길이라고 주장하게 되는 실마리를 찾을 수 있습니다. 아무튼 미술사를 연재한다는 건, 한국 전통 미술에 대한 깊은 애정과 이해뿐 아니라 스스로 예술적 감수성이 풍부하지 않으면 불가능한 일입니다.

이후 경성제대에 진학하여 칸트를 공부하고 실존철학을 전공한 점도 같은 맥락으로 이해할 수 있습니다. 칸트의『판단력 비판』에 나오는 숭고미 같은 개념은 예술적 감수성이 발달하지 않으면 이해할 수 없는 개념입니다. 실존철학도 마찬가지입니다. 하이데거는 한때 우리나라에서 선풍적인 인기를 얻었는데, 그가『존재와 시간』에서 '존재의 집'이나 '존재의 분위기' 같은 이야기를 하면서 "철학적 사색은 존재의 소리에 귀를 기울이는 일이다"라고 했는데, 이런 말은 존재를 이해하기 위해서는 존재에 대한 감수성이 필요하다는 뜻이기도 합니다. 만약 그런 신호를 포착하는 감수성이 없다면 뭔지도 모르는 '존재'에 다가갈 수 없겠죠. 하이데거가 프라이부르크 대학 교수로 있을 때, 그 당시 독일의 저명한 물리학자 프리드리히 폰 바이츠제커가 하이데거의 강연을 듣고 열렬한 추종자가 되었습니다. 그는 강의가 끝난 뒤 이렇게 이야기했다고 합니다. "이것이 바로 철학이다. 나는 그가 하는 이야기를 하나도 이해하지 못했다. 그럼에도 이것이야말로 철학이다." 알아듣지는 못했지만 하이데거의 말을 통해 존재를 생각할 수 있게 되었다는 것이죠.

실존주의 철학자들에게는 이처럼 불확실한 진리에 대한 구도적 자세가 공통적으로 보입니다. 그전까지는 신을 끌어들여 확실한 진리를 추구했지만 실존주의는 다릅니다. 물론 키르케고르는 신을 인정하죠. 그런데 중세 기독교적 신과는 양상이 다릅니다. 신을 이야기하면서 신에 의존하여 진리를 구하는 것이 아니라 자기가 단독자임을 확인합니다. 사르트르는 신 자체를 아예 부정해 버렸고요. 어쨌든 실존주의 철학자들에게서 보이는 구도적 자세는 지적 추구라는 차원을 넘어 무언가 감각적으로 느끼는 감수성이 작용하는데, 박종홍에게도 그런 감수성이 있었기에 자연스럽게 실존주의에 매료되었다 하겠습니다.

이처럼 박종홍은 한국 미술사에도 의미 있는 족적을 남겼는데, 이 관심은 훗날 경성제대에 입학한 뒤에도 이어져 '『역대명화기(歷代名畵記)』 강독 연습' 같은 과목을 이수하기에 이릅니다. 또 1927년에 「이퇴계의 교육사상」을 일문으로 발표했는데 이 논문은 그가 쓴 최초의 철학 논문입니다. 이런 글들은 모두 경성제대에 입학하기 전에 썼기 때문에 애초부터 전통 학문, 전통 교육, 전통 문화에 남다른 관심을 갖고 소양을 길렀다고 보아야 합니다. 경성제대에서 서양 철학을 공부한 이후 서양 철학을 계속 연구하면서도 동양 철학 연구를 병행하게 된 것은 본래 자신이 관심을 가지고 있던 분야로 돌아온 것으로 이해할 수 있습니다.

1929년에 경성제대 법문학부 철학과에 진학하여 칸트와 헤겔 철학, 실존철학을 연구합니다. 1933년에 경성제대의 철학연구회라는 소그룹에서 발간한 잡지 『철학』에 「철학하는 것의 출발점에 관한 일(一)의 문(問)」을 발표하고, 1934년에 대학원 졸업과 동시에 조교로 있다가 1935년에 이화여전 강사로 자리를 옮깁니다. 광복 후 서울대로 자리를 옮겨 1968년 정년 퇴직 때까지 서울대에 재직합니다.

1960년에 「부정에 관한 연구」로 서울대에서 철학 박사 학위를 받습니다. 「부정에 관한 연구」는 헤겔의 변증법을 연구한 글입니다. 여기서 부정의 예로 특이하게 『논어』에 나오는 '극기복례위인(克己復禮爲仁)'을 듭니다. 인(仁)은 타인에 대한 사랑으로 유학에서 최고의 가치로 추구하는 덕목입니다. 그런 가치에 도달하기 위해서는 부정이 따르는데 극기(克己)를 그런 경우로 봅니다. '나를 이기다(克己)'를 '나를 부정하다'로 이해한 것입니다. 타인에 대한 사랑이라는 더 나은 가치를 추구하기 위해서 버려야 할 대상이 있는데, 그것이 바로 사욕을 뜻하는 '나'라는 겁니다. 이런 통찰은 동아시아 고전을 새롭게 이해하기 위해 노력한 결과라고 할 수 있습니다.

이후 한국철학회장, 한국사상연구회장, 학술원 회원, 「국민교육헌장」 기초 위원 등을 지냅니다. 한국철학회 창립에도 주도적인 역할을 했습니다. 퇴직 후에도 서울대 명예교수, 성균관대 유학대학장, 성균관대 대학원장, 도산서원장(陶山書院長), 한양대 문과대학장, 대통령 교육문화 담당 특별보좌관 등을 두루 역임합니다.

박종홍은 학자로서도 방대한 저술을 남겼습니다. 『일반논리학』(1948), 『인식논리학』(1953), 『철학개론강의』(1953), 『철학개설』(1954), 『지성의 방향』(1956), 『철학적 모색』(1959), 『새날의 지성』(1962), 『현실과 구상』(1963), 『지성과 모색』(1967), 『한국의 사상적 방향』(1968), 『한국사상사—불교사상편』(1972), 『지각과 의욕』(1972), 유고(遺稿)로 『변증법적 논리』, 『한국사상사—유학편』(1977, 미완성) 등의 저서를 남겼고, 그 외에 목록을 따로 작성해야 할 정도로 방대한 양의 논문이 있습니다.

저도 박종홍이 쓴 『철학개설』로 철학을 공부했습니다. 물론 이 책을 시작으로 철학을 떠난 학생들이 많긴 합니다. 제 생각에 그건 책 탓이 아니라 읽는 사람이 잘못 읽어서 그런 거라고 봅니다.

요즘은 많이 달라졌죠. '철학 개론' 같은 제목은 찾아보기 어렵고 대신 영화로 보는 철학이니, 카페 철학이니, 치유의 철학이니 하면서 다양해졌습니다. 일면 바람직한 현상이기는 하지만 철학의 근본 문제를 다루는 '철학 개론' 같은 딱딱한 제목의 책도 계속 출판되고 읽혔으면 좋겠습니다.

독일의 대학처럼 한국의 대학에서도 알아듣지 못하는 철학을 강의해도 인정받을 수 있는 날이 언제 올까 싶어요. 철학뿐만이 아닙니다. 아시아인 최초로 노벨 물리학상을 받은 유카와 히데키(湯川秀樹)는 도쿄 대학교에서 물리학을 강의했는데, 워낙 난해해서 알아듣는 학생이 한 명도 없었다고 합니다. 만약 알아듣지 못하는 강의를 한다고 학교에서 그를 쫓아냈으면 노벨상도 못 받았을 것 아닙니까? 대학에서 그런 강의를 허용하지 않는 건 말이 안 되죠. 알아듣지 못하면 알아들을 수 있도록 공부해야 하는데, 알아듣게 강의해 달라고 요구하는 것이 한국 대학의 현실입니다.

독일에서는 학생 수가 아무리 적어도 개설된 강의는 꼭 진행하는 전통이 있다고 해요. 쇼펜하우어가 헤겔과 경쟁의식이 있어서 헤겔과 꼭 같은 시간에 강의를 개설했다고 하는데, 학생들이 전부 다 헤겔한테 가고 딱 두 명만 쇼펜하우어의 강의를 들었다고 합니다. 천상 독설가인 쇼펜하우어는 그 두 명을 두고 한 놈은 이상한 놈이고 한 놈은 멍청한 놈이라는 식으로 악평을 했어요. 아무튼 아무리 인기가 없어도 대학에서는 유지되어야 하는 분야가 있는데, 한국의 대학은 그런 경우를 찾기 어렵습니다.

박종홍의 저술 중에는 『한국사상사―불교사상편』, 『한국사상사―유학편』이 있는데, 이중에 유학 편은 완성하지 못하고 세상을 떠납니다. 이 책들을 보면 지식을 섭렵하는 범위가 남다른 걸 알 수 있습니다. 사실 섣부르게 동서를 넘나들면 비판받기 쉽습니다. 꼭 밥그릇 논리가 아니더라도 해당 분야 전공자들이 잘못된 부분을 지적하기 마련이거든요. 어떤 사람은 동양 철학 전공자한테 서양 철학을 이야기하고, 서양 철학 전공자한테 동양 철학을 이야기하면서 비판을 피해 가는데, 그건 비겁합니다. 본래 문자란 공자 앞에서 써야 하는 겁니다. 문자를 못 알아듣는 사람에게 문자를 쓰면 안 되죠. 그런데 박종홍은 동서를 넘나들었는데도 학계의 인정을 받았습니다. 한국 철학 분야에서 퇴계 이황의 사상을 이야기한다 해도 동시대에 그보다 나은 견해가 얼마나 될까 싶고, 서양 철학이야 본래 제도권 내에서 전공을 했으니 당연히 그 분야의 연구자들에게 인정을 받았습니다. 하지만 박종홍이 한국의 현대 철학자로 주목받는 것은 그의 서양 철학연구가 아니라 한국 철학 연구에 남긴 족적 때문입니다.

박종홍은 현대 한국 철학 1세대로서는 처음으로 한국 성리학 연구에 뚜렷한 업적을 남겼고, 제도권 철학계에서 처음으로 '한국 철학사'를 강의했습니다. 이병수 같은 연구자는 박종홍의 동양 철학 연구가 성리학 개념을 중심으로 형성된 것으로 보이지 않는다고 했는데, 저는 아무리 봐도 한국 성리학의 주요 개념을 가지고 이야기하는 걸로 보입니다. 제가 성리학 전공자라서 그럴 수도 있습니다. 박종홍은 특히 이황과 이이의 학설을 깊이 탐구하고, 한국 사상의 주체성과 독자성을 중시하는 관점에서 다양한 방법론을 학문적으로 모색했습니다. 또 불교 사상과 유학 사상, 근대 사상을 모두 연구했고, 『중용』에서 『주역』에 이르는 전통 고전을 광범위하게 연구했습니다.

최초로 '한국 철학사' 강의 개설

박종홍이 한국 철학 연구에 매진하기 시작한 시기는 1958년입니다. 이해에 「한국사상연구에 관한 서론적 구상」을 썼고, 이듬해인 1959년에 대학에서 처음으로 '한국 철학사'를 가르치기 시작합니다. 사실 그때까지는 '한국 철학'이라는 말 자체가 성립되는지 의심스러운 상황이었습니다. 서구의 경우 철학사를 기술하면서 최근에야 동양 철학을 포함시킵니다. 동양에는 '철학'이 없다고 생각했거든요. 버트런드 러셀이 1946년에 철학사를 내면서 『서양 철학사(*History of Western Philosophy*)』라는 제목을 붙였는데, 그때 비로소 비서구권에도 철학이 있다고 인정한 것입니다. 다만 러셀이 직접 비서구권 철학을 연구하지는 않았어요.

중국이나 일본의 경우도 매한가지였습니다. 중국의 경우는 펑유란(馮友蘭) 같은 학자가 일찌감치 '중국 철학(Chinese Philosophy)'이라는 용어를 쓰면서 1934년에 『중국 철학사』를 펴냈고, 미국에 있을 때 *A Short History of Chinese Philosophy*(1948)(『중국철학소사』, 이문출판사, 1994)를 썼지만, 중국 밖의 서구 학계에서는 여전히 중국인들의 사유를 철학으로 인정하지 않았습니다. 그러다가 앵거스 찰스 그레이엄(Angus Charles Graham)이라는 동양학 연구자가 비로소 중국인의 사유를 철학으로 인정하고 연구한 다음, *Two Chinese Philosophers*(『정명도·정이천의 철학사상』, 심산출판사, 2011)라는 책을 냈는데 그때가 1958년입니다.

동아시아 사회에서 '철학'이란 용어를 처음 쓰기 시작한 일본의 경우는 더 심합니다. 앞서 조선 시대 성리학을 이야기하면서 말씀드렸듯이 '철학'은 본래 일본의 니시 아마네가 1873년부터 처음 쓰기 시작한, 필로소피(philosophy)의 번역어입니다. 이후 일본에서는 철학은 서양의 것이고, 동양의 지적 활동을 가리키는 용어로 철학이 아닌 사상이라는 용어를 주로 썼습니다. 그래서 일본의 대학에는 도요 대학(東洋大學)처럼 특이하게 중국철학문학과라는 학과가 없는 것은 아닙니다만, 대체로 동양 철학이나 일본 철학으로 개설된 학과가 거의 없고 대신 동양 사상, 중국 사상, 일본 사상 같은 명칭을 씁니다. 그러니까 일본에서는 일본 철학이라는 말을 거의 쓰지 않습니다. 그 때문에 어느 학자가 일본에는 철학이 없다고 이야기한 적이 있는데, 그건 아닙니다. 일본이라고 어찌 '지(知)'에 대한 사랑

〔philosophy〕'이 없겠습니까?

한국의 경우도 박종홍이 한국 철학사를 강의하기 전까지 철학이라는 용어는 주로 서양의 철학을 가리키는 데 쓰였습니다. 그런데 그가 대학의 정규 과정에서 한국 철학사를 강의하기 시작하면서 한국 철학이라는 용어가 자연스럽게 정착됩니다. 따라서 한국에서 한국 철학이라는 말이 성립된 건 박종홍이라는 철학자에게 빚진 바가 크다 하겠습니다.

동서양 철학을 종합하다

저는 박종홍이 '천명 사상을 통해 동서양 철학을 종합'했다고 평가합니다. 여기서 천명은 『중용』에 나오는 말이에요. 본디 『중용』은 『예기』의 일부분입니다. 『예기』는 총 49편의 글로 엮여 있는데, 그중 제31편이 「중용」이고, 제42편이 「대학」입니다. 「중용」과 「대학」이 『예기』라는 방대한 문헌의 일부에 지나지 않았던 거죠. 「대학」이 1,750여 자 되고, 「중용」이 1,800여 자 됩니다. 당나라 때의 한유가 『논어』, 『맹자』, 『대학』, 『중용』을 합해서 사자(四子), 네 선생, 사자서(四子書)로 부르면서 독립된 저작으로 간주했고 그 이후에는 이것이 일반화되었어요. 그만큼 「대학」과 「중용」은 『예기』 속에 있는 다른 잡다한 기록과 달리 일정한 철학 체계를 갖추고 있었기에 재발견을 통해 유가 철학의 중요한 축을 담당하게 된 것입니다.

박종홍 또한 『중용』의 이런 측면에 주목합니다. 『중용』의 천명 사상에다 전통적인 경천 사상과 퇴계의 경 사상, 그리고 최제우, 최시형, 손병희로 이어진 천도교의 천명 사상, 그리고 서양의 실존철학을 종합해서 새로운 방식으로 재해석한 점이 뚜렷합니다. 따라서 동서양 철학을 종합했다고 이야기할 수 있습니다.

> 철학은 인간학에 머물러서는 안 되며 자연을 포괄하는 새로운 세계관의 정립을 과제로 삼아야 하며, 그것은 인간과 자연을 원리적으로 결합하는 존재론이어야 한다.
>
> —박종홍, 「현대철학의 제문제」, 『박종홍 전집 1』(민음사, 1998)에서

여기서 박종홍이 말하는 자연은 '천명'에 해당하고 인간은 '인사(人事)'를 가리키는데, '원리적 결합'이라는 표현에서 서구 근대의 존재론을 끌어다 유학의 전통 관념에 적용한 흔적이 보입니다. 박종홍은 천명을 태극 또는 천리와 같은 개념이라고 했는데, 『중용』(천명)과 『주역』(태극), 그리고 성리학(천리)의 핵심 개념을 연결하여 통합적으로 사유한 결과입니다. 저도 『중용』과 『주역』이 서로 통하고, 인간과 자연을 통합적으로 사유했다는 점에서 일치한다고 늘 이야기해 왔는데, 두 고전을 읽어 보니 직관적으로 그렇게 연결이 되더라고요. 저만의 독창적 생각은 아닐 텐데, 그렇다고 박종홍의 독창도 아닐 겁니다. 새로운 듯해도 옛사람들이 이미 이야기해 놓은 경우가 많습니다. 그걸 알고 나면 어떤 땐 허탈해지기도 하는데, 동시에 내가 엉뚱하게 보진 않았구나 하는 안도감도 생깁니다. 독창의 길은 위험하기도 하잖아요. 아무튼 박종홍이 『중용』과 『주역』에 나타난 세계관을 인간과 자연을 원리적으로 결합하는 존재론으로 이해한 것도 텍스트 독해의 자연스러운 결과가 아닌가 합니다. 결국 철학이 인간학에 머물러서는 안 되고 자연을 포괄하는 새로운 세계관의 정립을 과제로 삼아야 한다는 이야기입니다.

철학의 사명은 무엇인가

'철학이란 무엇인가'라는 주제는 철학자들이 끊임없이 던지는 질문입니다. 연구 대상이 분명한 자연과학 분야에서는 이런 식으로 계속 질문을 던지지 않습니다. 문학의 경우도 '문학이 무엇을 할 수 있는가'라는 질문을 자주 던집니다. 하지만 문학이 무엇이냐는 질문은 철학에 비해 상대적으로 적습니다. 물음이 같더라도 맥락이 조금 다르기도 하고요. 재능이 뛰어난 사람들이 문학을 하는데, 이들은 반복적인 질문은 잘 하지 않죠. 반면 '철학이란 무엇인가'라는 질문은 끊임없이 제기됩니다. 저도 이 질문으로 철학 공부를 시작했습니다. 제가 대학을 다니던 시절 전설처럼 전해지는 이야기가 있어요. 어느 철학 교수가 내는 시험 문제가 매 학기 같았어요. 그 문제가 바로 '철학이란 무엇인가?'였습니다. 그래서 학생들이 미리 답안을 외웠다가 작성했습니다. 어느 학기에 역시 같은 교수가 칠판에 시험 문제를 적기 시작하는데, '철' 자로 시작하지 않고 '도' 자로 시작하더라는 거예요. 그래서 다들 이번 학기에는 문제가 다르구나, 망했다! 그랬는데, 알고 보니 '도대체 철학이란 무엇인가?'였다고 합니다.

요즘 이런 교수는 불성실하다는 이유로 대학에서 쫓겨날 수 있습니다. 매 학기 같은 문제를 출제하면 학생들이 항의할 수도 있겠고요. 하지만 정말 그렇다면 생각이 짧은 겁니다. 이 질문이야말로 철학의 시작이자 종착점이니까요.

러셀은 이 질문에 "과학은 우리가 아는 것이고, 철학은 우리가 모르는 것이다"라고 답했습니다. 키르케고르는 "철학은 날마다 허물을 벗는 뱀이다"라고 답했습니다. 그러고는 "우둔한 자들은 벗어 버린 허물 속으로 기어 들어간다"라고 했습니다. 그런가 하면 헤겔은 "미네르바의 올빼미는 황혼녘에 날아오른다"라고 했고요. 미네르바는 지혜의 여신인데, 올빼미란 게 낮에는 활동을 하지 않고 있다가 뒤늦게 밤이 되어야 날아오르죠. 이게 철학이라는 말입니다. 이미 다 지나고 나서 반성하는 거죠. 반성은 세상 살아가는 데, 그러니까 먹고사는 데는 별 도움이 안 됩니다. 결국 미네르바의 올빼미가 황혼녘에 날아오르는 것처럼 철학은 모든 사람이 버린 주제를 붙잡고 뒤늦게 성찰하는 것이라는 말이지요. 그런데 이것이 전조입니다. 새벽이 오면 어떻게 될까요? 세상이 뒤집히죠. 헤겔 끝에 마르크스가 나오잖아요. 박치우를 다루면서 말씀드렸듯이 마르크스는 「포이어바흐에 관한 11번째 테제」에서 "지금까지 철학자들은 세계를 다양하게 해석해 왔다. 그러나 문제는 세계를 변혁시키는 것이다"라고 했죠.

'철학은 무엇인가'라는 물음에 박종홍은 "철학은 인간학에 머물러서는 안 되며 자연을 포괄하는 새로운 세계관의 정립을 과제로 삼아야" 한다고 했습니다. 그리고 천명 사상이 인간과 자연을 원리적으로 결합하는 것이라고 하면서 『중용』을 인용합니다. 인용한 대목을 읽어 보겠습니다.

참되어 진실무망한 것은 하늘의 도요, 사람은 언제나 저절로 참되다고만 할 수 없으므로 참되도록 노력하여야 하는바, 이것이 사람의 도다[誠者 天之道 也 誠之者 人之道也].

— 박종홍, 「중용의 사상」, 『박종홍 전집 2』(민음사, 1998)에서

이 글은 『중용』과 『맹자』에도 나옵니다. 성(誠)을 진실무망(眞實無妄)으로 풀이한 것은 성리학자들의 일반적인 견해이니 특이하지는 않습니다. 하지만 박종홍이 인용한 맥락은 유학의 천명 사상을 인간과 자연을 원리적으로 결합하는 존재론으로 이해한 것이고, 이것이야말로 가장 중요한

철학의 사명이라고 본 것입니다. 그 점에서 박종홍은 유학의 천명 사상을 중심으로 자기 시대의 철학적 사명을 찾았다고 이해할 수 있습니다.

유학의 천명 사상을 새롭게 해석하다

박종홍은 『중용』과의 만남이 운명적이었던 것처럼 이야기합니다.

> 나는 『中庸』을 중학생 시절부터 무엇인지 잘 모르긴 하면서도 이상하게도 이 책에 흥미를 느끼어 왔다. 심심하면 노상 이 책을 읽어보곤 하는 버릇이 있었다. 비라도 줄줄 내리는 날, 굵직굵직한 木版 글자를 한 줄 두 줄 읽으며 책장을 넘기노라면 마음도 한결 가라앉고 속이 시원해지는 것만 같았다.
> —박종홍, 「중용의 사상」, 『박종홍 전집 2』(민음사, 1998)에서

> (『중용』은) 젊어서부터 내가 대단히 좋아하는 책이다. 간단하면서도 함축이 많아 읽을수록 새 맛이 나는 책이다. 중용을 읽고 있노라면 한약을 먹듯이 훈훈해 오는 것이 속으로 즐겁다. 자기의 처지와 때를 따라서 융통성있게 그때에 가장 맞게 행동하는 것, 그것이 '중용'이 아닌가 한다. 생활의 깊은 철리가 숨어있기 때문에 기회있을 때마다 나는 이 책을 되풀이해서 읽곤 한다. 철학하는 사람은 자칫하다가는 이론 자체에 휘말리기 쉽다. 그러나 중요한 것은 이론 자체가 자기의 생활과 하나가 되는 일이다.
> —박종홍, 「평범한 생활 속에 철학을」, 『박종홍 전집 6』(민음사, 1998)에서

전통의 영향이 강하게 엿보이는 회고담입니다. 이 기술대로라면 박종

홍은 어린 시절부터 한학을 배우면서 저절로 전통 유학의 훈습을 받은 것으로 보입니다. 그렇다면 이후 박종홍이 서양 철학을 연구하다가 다시 한국 철학으로 방향을 돌리게 된 것은 우연이 아니라 어린 시절부터 익힌 유학적 소양이 일찌감치 그의 철학적 방향을 결정했다고 할 수 있겠습니다. 사실 부러운 대목이기도 합니다. 제 경우는 중·고등학교 시절에 『논어』와 『장자』 같은 고전을 접하고 매력을 느끼기는 했지만, 『중용』을 읽은 것은 대학에 입학한 뒤였습니다. 그리고 주자학 전통이 강한 우리나라에서는 전통적으로 『대학』, 『논어』, 『맹자』, 『중용』을 마치 하나의 책처럼 읽어도 『중용』은 맨 나중에 읽었습니다. 그만큼 내용이 어렵기 때문인데, 박종홍은 어린 시절부터 『중용』에 매력을 느끼고 틈날 때마다 읽은 것으로 보입니다.

앞서 박종홍이 말한 인간과 자연을 포괄하는 새로운 세계관은 바로 『중용』의 천명 사상을 가리킵니다. 그는 서구 근대 철학의 한계를 극복하는 대안적 세계관으로서 천명 사상을 주장했습니다. 그런데 단순히 전통적 천명 개념에 머물지 않고 하이데거의 존재론과 헤겔의 부정성 개념을 끌어다 유가 텍스트 중에서 가장 스케일이 큰 『중용』과 『주역』을 재해석하는 한편, 『중용』의 천명과 『주역』의 태극에다 퇴계의 경(敬) 사상을 접목시켜 인간과 세계를 포괄하는 새로운 천명 사상을 제시합니다. 그는 이 천명 사상이야말로 전쟁과 폭력으로 얼룩진 현대 문명의 위기를 극복할 수 있고 동서양 철학을 융합할 수 있는, 세계사적 의미를 지닌 대안적 세계관이 될 수 있다고 보았습니다.

박종홍은 천명 사상을 설명하면서 유교에만 머물지 않고 불교적 사유와 동학의 인내천 사상까지 끌어다 인용하는데, 이런 점에서 한국적 천명 사상을 새롭게 수립했다고 할 만합니다. 박종홍은 자신이 수립한 한국적 천명 사상의 특징을, '향내적 성실성'을 천명에 비추어 생각하는 데 있다고 보았습니다. '향내적 성실성'은 『중용』의 '솔성(率性)'이나 '수도(修道)' 같은 개념을 재해석한 것으로 보입니다. '성실성'은 바로 『중용』의 '성(誠)'을 가리켜 말한 것인데, 초월인 천(天)에 접근하기 위한 인간의 내면적 노력이 바로 '향내적 성실성'이라고 본 것입니다. 이렇게 설명할 때 『중용』의 천명이 이해가 더 잘되는 측면이 분명히 있기 때문에 주자학 전통에 비추어 보아도 타당한 견해로 보입니다.

박종홍은 또 하이데거가 말하는 '존재의 소리'와 천명을 연결합니다. 하이데거는 "우리로 하여금 철학적 사색을 하게 하는 것은 존재 자체이며, 우리의 철학적 사색은 존재의 소리에 귀를 기울이는 것, 조심조심 그에 응답함으로써 마치 존재가 나로 하여금 사색하게끔 하는 그대로 수행하는 것뿐이다"라고 했는데, 박종홍은 하이데거의 존재론도 동양 고래의 자연 중심의 세계관, 곧 천명 사상과 일맥상통하는 것으로 이해합니다. 그러나 하이데거의 철학은 실천적인 의의나 이론적 체계화라는 측면에서 모두 유학의 천명 사상에 비해 뒤떨어진다고 평가합니다. 실천적인 측면에서 볼 때 하이데거의 철학과 유학을 다음과 같이 비교하면서 평가했습니다.

> 자연의 소리, 곧 존재의 소리에 귀를 기울여 받아들이는 면이 강조될 뿐 아직은 천지의 화육을 돕는다거나 천지와 더불어 나란히 셋이 되는 단계에는 이르지 못하고 있다.
>
> ─박종홍, 「실존철학과 동양사상: 특히 유학사상과의 비교」,
> 『박종홍 전집 4』(민음사, 1998)에서

존재의 소리는 하이데거의 개념이고 천지의 화육이나 천지와 더불어 셋이 되는 단계는 모두 『중용』에 나오는 말입니다. 『중용』은 중(中)과 화(和)의 극대화를 강조합니다. 『중용』에 "중과 화를 극진히 이루면, 천지가 제자리를 잡고 만물이 화육된다[致中和 天地位焉 萬物育焉]"라는 말이 나오는데, 이는 인간이 자기 내면에 있는 중(中)의 가치를 충분히 발휘해서 화(和)로 나아가면 천지와 대등한 존재가 된다는 뜻입니다. 중(中)은 희로애락(喜怒哀樂)의 감정이 아직 일어나지 않은 미발(未發) 상태이므로 악이 전혀 없는 상태입니다. 그리고 화(和)는 희로애락의 감정이 일어난 기발(旣發) 상태이지만, 모든 감정이 절도에 꼭 맞는 겁니다. 절도는 예(禮)이고요. 그리고 역시 『중용』에 "사람이 천지가 만물을 화육하는 작용을 도울 수 있게 되면 천지와 더불어 셋이 될 수 있다[可以贊天地之化育 則可以與天地參矣]"라는 말도 나오는데, 인간이 도덕적 수양을 통해 천지와 더불어 대등한 존재가 되는 겁니다. 개인의 내면에 천지와 맞먹는 가치가 존재한다고 본 것인데, 다음 글을 읽어 보면 박종홍 또한 이런 장대한 세계관에 주목한 것이 틀림없습니다.

유학은 소극적으로 사회에서 유리되지 않으려 하고 기껏 연대책임이나 생각하는 서양식 실존과는 그 유가 다르다. 유학의 성은 고독한 실존문제에 그치지 않고 천하에까지 이른다는 점에서 그 실천적 의의가 실존철학에 비할 바가 아니다. 성은 사람에게만 미치는 것이 아니라 물에도 미치고 결국 천지의 화육을 돕는 어마어마한 적극성을 띤 것이다.

—박종홍, 「실존철학과 동양사상 : 특히 유학사상과의 비교」,
『박종홍 전집 4』(민음사, 1998)에서

서양식 실존의 연대 책임은 이른바 앙가주망(engagement)인데, 참여라는 뜻입니다. 이는 사르트르가 이야기한 개념으로, 나의 행위가 세상의 모든 사람과 연결되어 있음을 뜻합니다. 예를 들어 내가 결혼한다면 나 개인의 일로 끝나는 것이 아니라 결혼해서 사는 것이 바람직한 삶의 형태라는 것을 세상 사람들에게 보여 주는 셈이라는 식으로 앙가주망을 설명합니다. 그런데 박종홍은 이 같은 앙가주망은 한계가 분명하고 유학에서 말하는, 천하에 이르는 책임 의식이야말로 실천적 의미의 극을 보여 준다고 평가합니다. 천하에 이르는 책임 의식은 『대학』에서 끌어온 개념으로 보입니다. 『중용』이 '내가 곧 우주'라는 의식에 바탕한 유학의 인간 거대화 기획이라면, 『대학』은 '내가 곧 세계'라는 인식에 바탕한 유학의 세계 평화 프로젝트라고 할 수 있습니다. 그 때문에 『대학』의 삼강령 마지막에 천하의 모든 사람이 지극한 선에 가서 머물게 한다는 '지어지선(止於至善)'이 나옵니다. 먼저 나의 덕을 밝히고[明明德], 다음으로 백성들로 하여금 스스로 덕을 밝히게 하고[新民], 마침내 온 천하 사람들로 하여금 덕을 밝히게 한다[止於至善]는 것이 『대학』의 삼강령입니다. 박종홍은 『대학』의 이런 실천은 실존철학의 연대 책임과 비교할 수 없을 정도로 그 의의가 크다고 보았습니다.

하지만 『대학』과 『중용』의 텍스트에 대한 박종홍의 해설이 충분한 수준에 이른 것은 아닙니다. 다만 실존철학과 비교해서 설명하는 부분은 확실히 새로운 이해를 돕는 측면이 있어 경청할 만합니다. 사실 『대학』이나 『중용』의 구체적인 이야기를 논리적으로 설명하는 것은 매우 어렵습니다. 제가 간혹 『대학』이니 『중용』을 강의할 때 지금의 우리는 『중용』에서 이야기하는 우주적인 나를 느끼지 못하기 때문에 우주적인 나를 달리 설명하기가 어렵고, 수기(修己)라고 하는 도덕적 행위가 온 천하에 관계되는 일이라는 것도 논리적으로 설명하기 어렵다는 이야기를 자주 합니다. 나의 삶이라는 게 온 세계, 온 우주와 관계된 일이라는 것이 『대학』과 『중용』의 핵심인데, 지성에 앞서 그렇다는 것을 느낄 수 있는 감수성이 있어야 접근할 수 있습니다. 박종홍은 그런 감수성을 가지고 있었던 것 같고, 그런 감수성은 앞서 살펴본 것처럼 어린 시절의 훈습에 힘입은 바가 컸던 것 같습니다.

논란이 되는 만년의 행보

박종홍이 20세기 한국 철학사에서 차지하는 역사적 위상은 대단히 높습니다. 특히 우리 현실에 기반한 주체적 철학을 강조하고 동서 철학을 섭렵한 철학자였다는 점에서 학문적으로 높이 평가할 수 있습니다. 이른바 주체 철학은 북한이 논제를 선취했다는 점에서 북한의 전유물로 여겨져 왔고, 실제로 그런 측면이 있습니다. 단순히 북한이 주체, 자주, 이런 말을 선점해서 그렇다는 것이 아니라 학술적 측면에서도 충분히 그런 점이 있었습니다. 고전 번역의 경우를 두고 이야기하자면 북한에서는 1950년대부터 『열하일기』, 『옥루몽』, 『금오신화』 등 우리 고전을 활발하게 번역하기 시작하는데, 그야말로 자주와 주체의 이름으로 번역했다고 할 정도로 지금 봐도 탁월합니다. 또 1970년부터 『리조실록』이라는 명칭으로 『조선왕조실록』의 번역에 착수합니다. 그러자 남한에서도 1972년부터 부랴부랴 『왕조실록』 번역에 착수합니다.

박종홍은 1947년 이전부터 우리 고전 번역에 관심을 갖고 번역의 의의를 대단히 높이 평가했습니다. 그런 점에서 북한이 주체를 강조하기 이전부터 민족의 주체성을 강조했다고 할 수 있습니다. 앞서 『열하일기』 최초 번역자가 김성칠이고 서문을 박종홍이 썼다고 말씀드렸는데, 그 서문에도 우리 고전 번역의 중요성이라든지, 박지원 사상의 주체성 등을 특별히 강조합니다. 그 이후에 나온 글에도 민족의 주체성을 강조한 것이 많습니다. 또 지금까지 살펴본 것처럼 전통 철학을 재해석하여 새로운 견해를 수립하고 동서 철학을 종합한 측면이 있습니다. 학문적인 업적으로 치면 한국 현대 철학사에서 가장 높은 봉우리라 해도 손색이 없고 교육자의 길을 걸었다는 점에서 높이 평가할 수 있습니다.

그런데 박종홍이 걸어간 길은 학문의 길이나 교육자의 길뿐이 아닙니다. 말씀드린 것처럼 5·16쿠데타에 협력했고, 유신 정권의 이데올로기를 정당화하는 데 이바지했으며, 대통령 특별보좌관을 지냈으니 권력의 길을 함께 걸어갔다고 할 수 있습니다.

철학자로서 이와 비슷한 경우가 많이 있습니다. 홉스도 절대 왕정을 비판했으면서 국가의 절대 권위를 인정하고, J. S. 밀은 공리주의자였으면서 제국주의에 찬성했어요. 최대 다수의 최대 행복을 주장하는 자가 어떻게 전 인류와 영국인의 수적 차이를 계산하지 못했는지 이해가 안 됩니다. 헤겔도 프로이센이라는 국가에 절대 복종해야 한다고 했으니 자신의 젊은 시절 철학과 다르게 행동했다고 할 수 있습니다. 또 말씀드렸던 하이데거의 나치 협력도 있습니다. 하지만 이런 문제에도 불구하고 그들의 '철학'을 말할 수 있는 것은 인간과 세계에 대한 그들 고유의 철학적 통찰과 이론적 해명이 있기 때문이죠.

미국의 어떤 사람이 『인생을 잘 사는 법』이라는 책을 써서 엄청난 부자가 되었는데, 곧 불행해졌다고 해요. 방황하던 그가 어느 시골에 가서 유명한 종교 사상가를 만나 '어떻게 하면 인생을 잘 살 수 있겠습니까?' 하고 물어보았답니다. 그랬더니 그 종교 사상가가 어떤 책을 주면서 읽어 보면 행복해질 수 있을 거라고 하더래요. 그래서 봤더니 바로 자기가 쓴 책이더랍니다.

이처럼 하이데거 자신은 잘못 살았지만 우리는 하이데거 철학으로 잘 살 수도 있습니다. 하이데거는 자기 철학에 맞춰서 잘 살지 못했어요, 나치에 협력했으니까. 그렇다 해도 하이데거의 철학적 사색을 가지고 그가 말하는 바람직한 삶에 다가갈 수 없다고 단정할 수는 없습니다. 하이데거의 삶과 철학을 분리하면 가능합니다. 하이데거도 그것을 바랐겠죠.

박종홍은 좀 더 복잡합니다. 하이데거는 나치에 협력한 사실을 자신의 신념대로 했노라고 이야기하지 않았기 때문에 삶과 철학을 분리할 수 있지만, 박종홍의 경우는 그의 삶과 철학을 쉽게 분리할 수 없습니다. 사실 그가 「국민교육헌장」의 초안을 작성한 일은 전통 사상을 내세워 독재 정권의 이념적 정당성을 뒷받침했다는 점에서 뼈아픈 과오가 아닐 수 없습니다. 일찍이 박치우는 『사상과 현실』에서 "그는 학자가 아니라 한 사람의 상인 내지 투기업자 이외의 아무것도 못 되는 것이다. 단군론이 동조동근(同祖同根)론으로 바뀐다든지, 하이데거를 팔굉일우설과 강제 결혼을 시킨다든지 하는 종류의 것이 그것이어서 진실한 의미에서의 개종이라기보다는 변절일 것이다"라고 질타했는데, 여기서 '그'라고 지시한 대상이 바로 미래의 박종홍이 아닌가 싶을 정도로 두고두고 기시감을 형성합니다.

저도 어렸을 때 「국민교육헌장」을 잘 외워서 칭찬을 받은 기억이 있는데, 아직도 머릿속에 남아 있을 정도입니다. 정말 강력한 주입이었습니다. 그걸 쓴 사람이 박종홍입니다. "우리는 민족중흥의 역사적 사명을 띠고 이 땅에 태어났다." 이러니까 동서양 철학을 종합해서 민족을 중흥시키자는 쪽으로 결론을 낸 거죠. 천명 사상을 끌어다 정치 이데올로기를 만든 셈이니 비판하지 않을 수 없습니다. 아무리 훌륭한 가치라 할지라도 지배 논리로 활용되면 재앙이 됩니다. 이를테면 공자가 강조한 인(仁)은 기본적으로 타인에 대한 사랑을 뜻하지만 루쉰(魯迅)은 '사람 잡아먹는 인(食人之仁)'이라고 비판했어요. 인(仁)을 지배 논리로 활용했기 때문에 사람 사랑하는 일이 사람을 잡아먹게 된 겁니다. 어찌 유학의 인(仁)만 그렇겠습니까? 기독교의 사랑이 얼마나 많은 전쟁을 일으켰는지 생각해 보면 아무리 긍정적인 가치라 해도 지배 논리가 되면 세상을 해친다는 것을 알 수 있습니다. 이런 점에서 박종홍의 천명 사상도 다를 바 없습니다.

어떤 사람은 「국민교육헌장」의 내용을 두고 애초 일왕이 1890년에 반포한 「교육칙어」와 유사하다거나 심지어 그걸 베꼈다고 지적하기도 합니다. 물론 형식이 같고 일부 내용이 유사하다는 점에서 그런 지적이 있을 수 있습니다만, 박종홍이 그 정도로 엉터리는 아닙니다. 「교육칙어」는 주어가 일왕인 데 비해 「국민교육헌장」은 그렇지 않고, 일부 유사한 내용도 일본뿐 아니라 전 세계의 국가(國歌) 등에 공통적으로 드러나는 자국에 대한 자긍심이나 인류에 대한 의무감 정도를 표현한 것이므로 베꼈다는 지적은 지나칩니다.

오히려 박종홍의 과오는 독재 정권에 참여했다거나 일제의 근대화 정책을 베낀 데 있다기보다 자신이 서구 철학의 한계를 극복하는 대안적 세계관으로서 제시했던 천명 사상을 '민족 중흥의 역사적 사명'으로 격하시킨 데 있습니다. 그는 천명 사상이 현대 문명의 위기를 극복하고 동서 철학을 융합할 수 있는 세계사적 의미를 지닌다고 보았는데, 「국민교육헌장」 때문에 그런 천명 사상의 가능성을 모조리 부정해 버린 셈입니다. 학문 세계에서 가장 중요한 가치는 국가나 민족이 아닙니다. 국가나 민족 위에 진리가 있고 진리 위에 아무것도 없는 게 학문입니다.

박종홍이 5·16쿠데타 뒤에 국가재건위에서 활동한 것을 일시적인 과오라 하더라도, 이른바 10월유신이라는 명칭의 작명까지 한 것으로 전해지는 걸 보면 독재 정권의 이데올로기 생산에 적극적으로 참여했다는 혐의를 피할 수 없습니다. 본래 유신이라는 말은 『시경』에 "주나라는 비록 오래된 제후국이지만 천명을 받은 것은 새롭다[周雖舊邦 其命維新]"라는 말에서 비롯되었는데, 일본의 메이지 유신 또한 그 대목을 딴 것입니다. 본래 제후였던 주나라의 무왕이 스스로 천자가 된 것을 가리켜 한 말이니 일본의 경우 그런대로 적절한 비유라 할 수 있습니다. 이른바 대정봉환(大政奉還)으로 바쿠후[幕府] 시대를 청산하고 일왕에게 국가 통치권을 주었으니까, 일본인들의 기준으로 보면 제후였다가 천자가 된 것과 비슷합니다. 하지만 유신 체제는 본래 독재자였던 자가 장기 집권 프로그램으로 기획한 정치 체제입니다. 그 때문에 『시경』의 유신을 끌어다 비유하는 것은 정당성 여부는 차치하고라도 일단 논리적으로 오류입니다.

박종홍은 1970년에 대통령 특별보좌관이 되었는데, 이 자리는 흔한 자문역 정도가 아니라 장관급 예우를 받는 고위직입니다. 박종홍의 처신을 비판하자 당시 제자들이 조선 시대 사림은 왕이 부르면 출사하는 것이 정도(正道)였고 박종홍도 마찬가지라는 식으로 그의 행보를 변호했습니다. 논거가 박약합니다. 조선 시대 사림과 유학자들이 왕이 불렀을 때 어떻게 처신했는지 이 책에 나와 있는 내용을 살펴보시면 알 수 있습니다. 또 독재자를 왕과 견준 것도 시대착오입니다.

박종홍이 읽었던 책 『맹자』에는 제자 악정극(樂正克)이 제나라의 권력자 왕환(王驩)을 따르자 맹자가 "나는 그대가 옛 도리를 배워서 먹고 마시는 데 쓸 줄 몰랐다[我不意子學古之道而以餔啜也]"라고 질책하는 대목이 있습니다. 물론 박종홍이 먹고살기 위해 천명 사상을 토대로 「국민교육헌장」

을 쓰지는 않았겠지만, 그 때문에 오히려 더 문제가 됩니다. 맹자가 아마 박종홍을 제자로 두었다면 '나는 그대가 옛 도리를 배워서 독재자를 도와주는 데 쓸 줄은 몰랐다'라고 하지 않을까 모르겠습니다.

우리가 철학자에게 유독 더 많은 것을 요구하는 이유가 어디에 있을까요? 많이 요구하는 게 정당하다는 뜻에서 하는 말입니다. 위대한 인물이 과오를 저지르는 일은 새삼스러운 것이 아닙니다. 대지휘자 푸르트벵글러도 나치에 협력했죠. 유튜브에 동영상도 있습니다만 괴벨스나 아이히만 같은, 인간이라고 믿을 수 없는 자들과 얼굴 부비면서 잘 지냈어요. 나치 독일 시절 베를린 필하모닉 상임 지휘자도 지냈고요. 우리가 영화를 많이 보다 보니, 그런 자들이 모여서 무슨 히틀러 만세나 외치고 세계를 정복하자고 소리쳤을 거라고 생각하기 쉽지만, 아닙니다. 베토벤 〈교향곡 9번〉에 나오는 실러의 '환희의 송가'를 부르며 신을 찬미하고 "세계의 평화를 위해 우리 함께 나아가자" 그러면서 놀았어요. 푸르트벵글러도 그중 한 사람이었어요. 그렇지만 푸르트벵글러의 연주가 시원찮다는 생각은 안 듭니다. 제 경우에는 음악가니까 상관없지 않나 하는 생각도 들고, 음악만 잘하면 됐지 무얼 더 요구하나 싶은 생각이 들기도 합니다.

그런데 왜 철학자는 그게 용납이 안 될까요? 글 쓰는 사람도 마찬가지고요. 차이가 있기 때문이죠. 예를 들어서 베토벤 음악을 기가 막히게 연주하는 것과 나치 정권에 협력하는 건 별 상관이 없을 수 있습니다. 논리적 연관이나 이념적 지향에서 부대낄 게 없습니다. 〈영웅 교향곡〉을 감상하면서 반드시 베토벤이 존경했던 영웅이나 나폴레옹을 생각할 필요도 없고, 그에 반하는 황제나 독재자를 상상해도 문제될 것이 없습니다. 삼상은 자유로운 것이니까요. 또 박종홍이 젊은 시절 물리학을 공부할 생각이었다고 말씀드렸는데, 만약 물리학도가 되었다면 이런 처신이 큰 문제가 되지 않을 겁니다. 그런데 철학은 다릅니다. 철학자가 자기 진술과 반대로 행동하면 안 됩니다. 그래서 비판의 대상이 되는 겁니다.

기만의 철학인가, 배신의 철학인가

철학자가 자신의 철학을 이용하여 권력과 결합할 때 두 가지 경우를 가정할 수 있습니다. 하나는 자신을 기만하는 겁니다. 예컨대 자신의 철학이 권력자의 뜻과 부합하지 않으면 자기를 속여야지만 권력과 결합할 수 있겠지요. 또 다른 방법은 자기 철학을 배신하는 겁니다. 박종홍은 어느 경우일까요? 19세 때 한국 미술사를 연재하면서 '민족의 부활'이니 '세계에 기여'한다느니 하는 말을 했고, 「국민교육헌장」에서도 '민족 중흥', '인류 공영에 이바지' 등등의 표현이 나오는 것을 볼 때 자기기만은 아니고 실제로 그렇게 생각한 것으로 보입니다. 박종홍에게는 박정희가 인류 공영까지는 아니더라도 민족 중흥의 사명을 이룰 수 있는 강력한 지도자로 보였던 것 같습니다.

박종홍은 1970년 12월 10일에 대통령 특별보좌관으로 취임했는데, 이듬해 새해 첫날 일기에 이렇게 기록했습니다.

> 나는 진리를 추구해왔다. 참으로 교육자라면 스스로 실천해 보여야 할 것이다. 나는 진리를 위하여 진리를 몸으로 밝히면서 힘차게 나아가야 한다.
> ─박종홍, 「혜화동 일기」(1971. 1. 1), 『박종홍 전집 7』(민음사, 1998)에서

이걸 보면 박종홍은 민족 중흥을 진리 추구의 길로 생각한 것 같습니다.

하지만 철학의 진리 추구란 게 민족이나 국가를 위해서 하는 것은 아닙니다. 물론 진리 추구가 반드시 민족이나 국가와 배치되는 것은 아닙니다만. 일찍이 러셀은 자서전에서 "나는 케임브리지에서 단 한 가지만 배웠다. 바로 진리가 가장 위에 있다는 것이었다. 그런데 전쟁이 일어나니까 케임브리지도 진리를 배신했다. 충격이었다"라고 했습니다. 박종홍이 다녔던 경성제대는 그 단 한 가지를 가르치지 않은 것 같습니다. 칸트나 러셀이 독일이나 영국을 위해 철학한 것은 아닙니다. 그래서 그들의 글을 전 세계인이 읽죠.

박종홍은 민족 중흥이 철학의 목적이고 천명 사상은 그 결과물이라고 생각했던 것 같습니다. 그렇다면 박종홍의 천명 사상은 유학의 전통적 천명 사상이나 동학의 천명 사상과 등지고 다른 길을 갔다고 할 수 있습니다. 초월이었던 천명이 역사적 사명으로 바뀌고 결국 유신 체제를 정당화하는 이데올로기로 추락하고 말았으니까요.

그렇다면 박종홍은 천명 사상을 내세워 본래의 사명을 저버렸으니 철학을 배신한 셈이 됩니다. 하지만 그렇지 않다는 반론이 있습니다. 본래 『중용』의 기록을 중심으로 성립한 유학의 천명 사상이라는 게 권력의 공고화에 기여하는 전제주의 철학이고, 『중용』이라는 문헌이 한나라 시대에 성립되었다는 것이 그 증거라는 주장입니다. 만약 그렇다면 박종홍의 철학은 기만의 철학도 아니고 배신의 철학도 아닌 게 됩니다. 천명 사상이 본래 그런 전제적 지향을 가지고 있다면 박종홍은 그저 그 지향을 충실하게 실천한 셈이니까요. 하지만 1993년에 발굴된 곽점초간에서 『중용』과 똑같은 내용을 기록한 『성자명출(性自命出)』 같은 문헌이 나오면서 『중용』의 한대 저작설은 무너졌고 적어도 전국 시대 작품인 것이 틀림없다는 결론이 났습니다.

유학의 지향이 국가주의 철학으로 흐를 가능성은 다른 철학보다 적습니다. 오히려 유학에서 국가가 너무 보이지 않아 문제일 정도입니다. 설사 일본 군국주의 시기에 유행했던 기형적인 황도유학의 국가주의적 성격에 영향을 받아서 그렇다고 한발 물러서더라도 근본적으로 수양을 통해 우주적 존재와의 합일을 꿈꾸는 중용의 천명 사상에 국가주의는 근본적으로 위배됩니다.

저도 우리 현대에 박종홍이라는 철학자가 나타나 동서 철학을 섭렵하고 유학의 천명 사상을 통해 전통과 현대, 동양과 서양의 철학을 종합했다고 평가하면서 이 장을 마무리할 수 있으면 좋겠습니다. 하지만 남아 있는 질문이 있습니다. 특수한 역사적 상황에서 독재 정권에 협력하고 적극적으로 글을 쓰며 이데올로기를 생산하기까지 했는데, 이 점을 어떻게 평가할 것인가?

이 대목에서 밀란 쿤데라의 글을 인용해 볼까 합니다. 사실 쿤데라의 이 글이 눈에 들어온 건 민족문제연구소 김민철 연구원이 보내온 이메일 때문이었습니다. 김민철 연구원은 얼마 전 경희대 후마니타스 칼리지에서 주최한 심포지엄에서 저와 함께 논평을 맡았는데, 그 이후 무슨 일인가로 이메일을 주고받다가 이메일 말미에 쿤데라의 글 일부가 인용되어 있는 것을 보았습니다. 민족문제연구소는 『친일인명사전』을 펴낸 곳이잖아요. 과거의 사람을 심판하는 역할을 하는 셈입니다. 물론 심판자는 과거를 살지 않고 현재를 살고 있는 사람들입니다. 지금 우리가 친일 행위를 할 이유는 별로 없지만 일제 강점기에는 그렇지 않았죠. 그 점에 생각이 미치면 평가를 함부로 할 수 없겠죠. 그런 단체에서 연구하는 사람이 자기 신념처럼 써 놓은 글이었기에 특별히 더 와 닿았습니다. 쿤데라의 글을 일부 옮겨 봅니다.

인간은 안개 속으로 나아가는 자이다. 하지만 과거의 사람들을 심판하기 위해 뒤돌아볼 때면 그는 그들의 길 위에서 안개의 흔적도 찾아볼 수 없다. 그들의 아득한 미래인, 그의 현재에서는, 그들의 길이 그에게는 전적으로 선명하며 그 모든 지평이 시야에 있다. 뒤돌아볼 때, 인간은 길을 보고, 나아가는 사람들을 보고, 그들의 오류를 보나, 안개는 거기에 없다. 하지만 모든 사람들, 하이데거, 마야코프스키, 아라공, 에즈라 파운드, 고리키, 고트프리트 벤, 생-존 페르스, 지오노 등 모든 이들이 안개 속으로 걸어갔으며, 우리는 이렇게 자문해 볼 수 있다. 누가 가장 눈이 어두웠던가? 마야코프스키 그는 레닌에 관한 시를 쓰면서 레닌주의가 어디로 인도될지 몰랐던 것인가? 한데 우리는 수십 년을 후퇴하여 그를 심판하면서 그를 감쌌던 그 안개는 보지 않는가?

마야코프스키의 맹목은 영원한 인간 조건에 속하는 것이다. 마야코프스키가 걸어간 길 위의 안개를 보지 않는 것, 그것은 인간이 뭔지를 망각하는 것, 우리 자신이 누구인지를 망각하는 것이다.

—밀란 쿤데라, 『사유하는 존재의 아름다움』에서

글에 등장하는 하이데거가 나치에 협력한 일에 대해서는 이미 말씀드렸습니다. 그리고 마야코프스키는 러시아 혁명 시인인데, 문제적 인물이에요. 1917년 러시아 혁명에 환호했는데, 이후 스탈린이 등장하면서 모든 게 끝나고 말았죠. 릴리라는 유부녀를 사랑했는데, 릴리의 남편이 그 사실을 알고 나서 셋이 같이 살자고 해서 세 사람이 15년간 함께 살았다고 합니다. 마야코프스키는 결국 개인적 불행과 사회적 좌절을 겪은 끝에 권총 자살로 삶을 마감합니다. 루이 아라공도 시인으로 마야코프스키와 절친했는데 둘 다 파시즘에 반대하고 공산주의를 찬양했지만 결국 공산주의에서도 전체주의가 나왔으니, 심정이 어땠겠습니까. 어쨌든 아라공은 파시즘에 반대하여 프랑스에서 레지스탕스에 가담했습니다. 반면 에즈라 파운드는 '시인의 시인'으로 불릴 정도로 뛰어난 시를 남겼지만 제2차 세계대전 때 이탈리아에서 파시스트를 찬양하다가 나중에 정신 병원에 갔죠. 지오노를 비롯한 나머지 인물들도 모두 곡절 있는 삶을 살았어요. 쿤데라는 이렇게 질문을 던집니다. "누가 가장 눈이 어두웠던가?"

박종홍뿐 아니라 신남철, 박치우 또한 이 질문에서 자유로울 수 없습니다. 신남철은 결국 자신이 선택했던 곳에서 자유주의자로 몰려 불행하게 삶을 마감했고, 박치우는 볼셰비즘을 옹호했는데 볼셰비즘 또한 전체주의로 흘러갔다는 것을 우리는 알고 있으니까요.

쿤데라처럼 우리 자신에게 물어보죠. 이들 중 눈이 가장 밝았던 사람은 누구일까요?

29장

유영모
다원주의 신학과 동양 철학

시대와 함께 사유한 지성

앞서 강단에서 시작된 한국 현대 철학을 살펴보았는데, 이번에는 강단 밖에서 활동했던 다석(多夕) 유영모(柳永模, 1890~1981), 씨올 함석헌, 무위당 장일순의 사상을 한국 현대 철학이라는 지평에서 살펴보겠습니다. 이들 중 유영모와 함석헌은 지난 2008년 아시아권에서는 처음으로 서울에서 열린 세계철학대회에서 철학자로서 주목받기 시작했고, 그전까지는 주로 종교 사상 쪽에서 연구했습니다. 그리고 장일순의 경우는 지금까지 그를 철학자로 소개한 경우는 없는 것으로 알고 있습니다.

　세 인물의 공통점은 기독교라는 배경을 가지고 현대 한국인의 동양 고전 이해에 커다란 영향을 끼쳤다는 점입니다. 유영모나 함석헌은 기독교 사상가이기는 하지만 두 사람 모두 무교회주의자였기에 정통 기독교 계열은 아닙니다. 이들은 스승과 제자 사이로 모두 YMCA 연경반(研經班: 각 종교의 경전을 연구하는 모임)에서 대중을 상대로 강의하면서 동양 고전을 해설했습니다. 그리고 장일순은 천주교 평신도인데 역시 동양 고전에 남다른 관심을 가지고 가까운 사람들과 함께 『도덕경』과 『장자』를 읽으면서 독특한 견해를 많이 제시했습니다.

이들의 또 다른 공통점으로 탁월한 대중 소통력을 들 수 있습니다. 앞서 한국의 현대 철학은 강단에서 시작되었고 마르크스주의, 생철학, 실존주의, 영미 분석철학, 언어철학 등이 한 시대를 풍미했다고 말씀드렸는데, 1980년대에 마르크스주의가 다시 유행하다가 1990년대 이후로는 현대 프랑스 철학이 유행하여 지금에 이르고 있습니다. 현대 철학 강좌를 들어 본 사람들은 한마디로 너무 어렵다, 무슨 소린지 모르겠다고 하는 이야기를 많이 합니다. 물론 어렵다는 이유로 그런 철학을 무의미하다고 본다면 짧은 생각입니다.

지난 2012년은 헤겔의 『논리학(Wissenschaft der Logik)』이 간행된 지 200년이 된 해여서 한국철학사상연구회에서 기념 학술 대회를 열었는데, 발표 주제 중 하나가 '하이데거가 바라본 헤겔'이었어요. 머리에 쥐가 나서 혼났습니다. 왜냐하면 헤겔은 본래 철학 연구자들 사이에서도 난해하기로 악명이 높습니다. 그는 독일어로 철학을 했다고 하지만 연구자들은 헤겔의 독일어는 독일어가 아니라 '헤겔어'라고 농담 삼아 이야기할 정도입니다. 저술도 굉장히 많고 난해해서 정확한 의미를 파악하기 어려워요. 헤겔 연구자라고 해서 헤겔을 다 읽은 것도 아닙니다. 그런데 거기에 하이데거를 붙여 놓았죠. 헤겔도 어려운데 하이데거까지 이해해야 하니 설상가상입니다. 저도 참석해서 열심히 들었지만, 무슨 이야기를 하려는 건지는 알겠는데 무슨 이야기를 하고 있는지는 잘 모르겠더라고요. 물론 발표한 연구자가 정리해서 들려주는 결론을 통해 이해했습니다만 기본적으로 소통이 잘된 경우는 아니었습니다. 물론 꼭 소통해야 하는 것은 아니지만 어려웠던 것만은 틀림없습니다. 우리가 헤겔 시대를 살고 있는 것도 아니고 독일인도 아니죠. 건너, 건너 와야 합니다. 예를 들어, 박종홍이 헤겔의 부정성 개념과 『중용』의 천명 사상을 연결 지어 창조적으로 재해석했는데, 그 내용이 난해하다 보니 대중과의 소통이라는 측면에서는 손을 놓아 버린 듯한 느낌이 없지 않습니다. 그게 바로 현대 사회에서 철학이 차지하는 비중이 낮아진 이유 중 하나가 아닌가 합니다.

사실 20세기에 접어들어 한국의 지식인들이 서양 철학의 난해한 개념을 펼쳐 놓으며 그 뒤에 숨어서 학문 수입상 역할을 했다고 비판하는 시각이 있는데, 동양 철학의 경우도 크게 다르지 않습니다. 역시 동양 고전에서 낡은 경구를 꺼내 학문 골동품상 역할을 하는 경우가 많거든요. 일례로 제가 『맹자』는 어떻다고 이야기할 수는 있지만 제 의견을 물으면 꼬리를 내리는 경우가 많습니다. 한계가 있죠. 그런데 그런 한계를 넘어서기 위해서는 유영모, 함석헌, 장일순 이 세 철학자의 삶과 사상을 살펴볼 필요가 있습니다. 이들은 그런 태도를 버리고 시대와 함께 사유하는 지성의 역할을 보여 주었으니까요.

사실 우리의 동양 철학 이해가 서양 학문에 대한 이해보다 더 나을 건 없습니다. 현재 우리가 동양인이나 한국인으로서 전통을 지키면서 사는 게 아니니까요. 지폐에 퇴계와 율곡이 그려져 있다뿐이지 그들과 우리의 가치관은 매우 다릅니다. 오히려 우리는 현대 미국인이나 현대 유럽인과 비슷한 가치관을 가지고 있습니다. 그러니 동양 고전의 경구를 풀어내서 지금 방식대로 이해하는 것도 쉽지 않습니다. 다만 『논어』 같은 고전은 다르죠. 『논어』의 위대성이 그런 점에 있습니다. 『논어』는 두 세대 동안 기억으로 남아 있다가 만들어진 문헌입니다. 공자 이야기를 제자가 바로 기록한 것도 아니고 제자의 제자가 기억하고 있다가 책으로 남긴 거예요. 그게 수천 년을 지나 지금까지 전해진 것도 기적이죠. 어제 읽어도 오늘 읽어도 평범한 내용인데, 날마다 이해가 새롭습니다. 그런데 『논어』는 특별한 경우이고, 대부분의 동아시아 고전은 이미 전수하는 전통이 단절되었어요.

예를 들어, 추사 김정희는 경학의 전통을 논하면서 누구로부터 전수받았는지, 곧 사승(師承)을 중시했습니다. 사승을 중시하는 전통은 진나라의 분서갱유 이후 한나라 시대에 이루어진 경전을 복원하려는 노력에서 시작됩니다. 이른바 오경박사(五經博士) 제도인데, 오경박사 제도가 전국 시대부터 있었고 진나라 시대에도 있었다고 하지만 본격화한 것은 한나라 시대에 사법(師法)과 가법(家法)을 중시하면서부터입니다. 그러니까 사법은 오경(『주역』·『시경』·『상서』·『예기』·『춘추』) 중에서 한 가지 경전을 선택해서 스승으로부터 전수받는 것을 말합니다. 예를 들어 『상서』를 공부한다면 스승에게 그대로 전수받아서 다음 사람에게 전합니다. 그 과정에서 한 글자를 빼지도 더하지도 못합니다. 그게 사법입니다. 사법은 근원이 어디에 있는가를 밝히는 것이고, 가법은 스승으로부터 전수받은 경전을 여러 사람에게 전수해서 유파(流派)를 넓히는 것입니다. 가능한 많은 사람이 기억하고 있어야 더 오래 보존될 테니까요.

지금 동아시아에서는 이런 전통이 끊어진 지 오랩니다. 그러니 우리 학문의 전통을 이해하는 일이 쉽지 않습니다. 그렇다면 전승을 뛰어넘는 새로운 통찰을 발휘해서 스스로 창조적인 영역을 만들어야 하는데, 이런 점에서는 체계적으로 연구하는 철학자들이 오히려 불리합니다. 일단 문헌학을 통과해야 하고, 문헌학의 조건을 만족시켰다 하더라도 해석의 근거가 명확해야 하며, 또 해석의 보편성을 인정받아야 합니다. 이처럼 학술의 영역에서는 학문적 엄밀성이 요구되기 때문에 새로운 영역을 창조하는 데 거쳐야 할 난관이 많습니다. 학술의 한계이기도 하죠.

앞으로 다룰 세 사상가는 과감하게 학술의 한계를 넘어 전통을 새로운 방식으로 재해석하고 실천했다는 점에서 창조의 길을 닦았다고 할 만합니다.

첫 번째 인물이 유영모입니다. 먼저 유영모의 정신세계를 단적으로 보여 주는 글부터 살펴보겠습니다.

예수, 석가, 공자 모두가 똑같다

하느님은 공(空)이자 성(性).

예수, 석가, 공자 모두가 똑같다.

예수와 우리는 질적으로 같은 차원에 속한다.

예수를 스승으로 모시되 하느님으로 숭배해서는 안 된다.

예수는 미정고(未定稿)이지 완전고(完全稿)가 아니다.

예수는 시발이지 완성이 아니다.

모두 『다석일지』에 나오는 내용입니다. 하느님은 기독교의 신이죠. 그런데 하느님을 공(空)과 성(性)으로 풀이합니다. 설명할 것도 없이 공은 불교의 진리상이고 성은 유교의 천명입니다. 서로 다른 종교 사상에서 최고의 원리로 제시하는 개념이 나란히 이어져 있습니다.

예수, 석가, 공자 모두 똑같다고 했는데, 정통 기독교 입장에서 보면 이단이라고 비판할 겁니다. 유영모의 이런 견해는 일본 유학 시절 우치무라 간조(內村鑑三, 1861~1930)라는 무교회주의 신학자로부터 받은 영향에서 기인합니다. 유영모는 물론이고 김교신(金教臣, 1901~1945)과 함석헌도 모두 일본에서 유학할 때 우치무라 간조의 영향을 받아 한국에 무교회주의 신앙을 소개했습니다. 무교회주의는 간단하게 설명하면 교회가 구원을 매개한다는 주장을 거부하는 신학입니다. 그 때문에 교회를 중심으로 교권을 주장하는 정통 기독교에서는 이단이라고 비판하는 사상입니다.

무교회주의도 문제적이지만 예수와 우리가 질적으로 같은 차원에 속한다고 한 말이나, 예수는 하느님이 아니고 미정고(未定稿)이지 완전고(完全稿)가 아니라는 말, 그리고 예수는 시발이지 완성이 아니라는 말도 논란거리가 됩니다. 정통 기독교에서는 모두 반대로 보니까요. 특히 예수는 시발이지 완성이 아니라는 말은 지눌의 돈오점수(頓悟漸修)나 유가의 수양론을 연상시킨다는 점에서 기독교적 사고방식보다 동아시아적 전통에 가까운 발언입니다.

유영모는 저술을 많이 남기지는 않았습니다만, 1955년부터 20년간 자신의 하루하루를 기록한 일기의 분량이 상당히 많습니다. 이 일기는 『다석일지』(전4권)라는 제목으로(1955년 4월 26일~1974년 10월 3일, 홍익재, 1990) 100질밖에 출간하지 않았습니다. 출판했다고 보긴 어렵죠. 알 만한 분들만 소장하고 있는데, 저는 한 권만 가지고 있습니다.

그 외에 『성서조선(聖書朝鮮)』(1942년 2월 157호, 3월 158호)에 기고한 시편과 『도덕경』을 번역한 『늙은이』(1959)가 있습니다. 저는 1982년에 『늙은이』를 등사본으로 처음 접했는데, 지금까지 소장하고 있습니다.

그리고 유영모의 제자였던 박영호가 정리하거나 해설을 붙여서 낸 책으로 『多夕 思想精解: 씨알의 말씀』(홍익재, 1989), 『빛으로 쓴 얼의 노래: 에세이 老子』(무애, 1992), 『죽음에 생명을 절망에 희망을: 씨알의 메아리 多

夕語錄』(홍익재, 1993) 등이 있습니다.

이제 유영모의 연보를 보면서 그가 어떤 길을 갔는지 살펴보겠습니다.

하루를 영원처럼 살다

유영모는 1890년 3월 13일 서울에서 태어났는데, 15세 이전까지는 아버지 유명근에게 한학을 전수받았고, 서당을 다니면서 『통감절요』, 『천자문』, 『맹자』 등을 공부했다고 합니다. 전통 사회 지식인이라면 누구나 거치는 일반적인 과정입니다.

1905년부터 YMCA 총무 김정식의 권유로 연동교회에 나가기 시작했고, 1910년에는 이승훈의 초빙으로 평북 정주 오산학교에서 2년간 교사로 지내면서 학생들을 가르칩니다.

1912년경부터 톨스토이의 저작을 읽기 시작했고 그의 영향으로 정통 신앙을 버리고 교회에 나가지 않습니다. 이때 이미 무교회주의의 길로 들어선 것으로 보입니다. 이해에 일본으로 건너가 도쿄 물리학교에서 1년간 수학하는데, 이때 김교신, 함석헌 등과 함께 우치무라 간조의 강연을 듣습니다.

1915년 25세에 김효정과 결혼합니다. 그런데 26년이 지난 1941년 51세에 해혼을 선언합니다.

1918년부터 살아온 날수를 셈하기 시작합니다. 『다석일지』에는 글마다 살아온 날수가 기록되어 있는데 3만 3,200일을 살다가 죽었습니다. 날수를 셈한 의미가 뭘까요? 매일 자신이 갖고 있는 편견을 버리고, 하루하루를 영원의 시간으로 살고자 하는 뜻이겠죠. 『다석일지』에 스스로 '하루살이'로 살아가고자 한다는 기록이 남아 있습니다.

1921년에는 조만식의 후임으로 오산학교 교장이 되어 1년간 일합니다.

1928년에 YMCA 간사였던 현동완의 요청에 따라 연경반을 맡아서 1963년까지 무려 35년간 성서와 동아시아 고전을 강독합니다.

1939년에는 『성서조선』 135호에 시편 「결정함이 있으라」를 기고합니다. 그리고 1941년 51세 되던 해부터 하루에 저녁 한 끼만 먹는 일을 시작합니다. 이때부터 호를 다석이라 했습니다. 다석을 한자로 쓰면 '多夕'인데 저녁 석 자가 세 개 있죠. 그러니까 하루 삼시 세 끼를 합해서 저녁 한 끼만 먹는다고 해서 다석이라 했다고 합니다.

이해에 해혼(解婚)을 선언하는데, 결혼한 지 26년이 되는 해였어요. 흔히 결혼 25주년에 은혼식을 하는데 유영모는 해혼을 합니다. 해혼은 글자 그대로 혼인의 구속을 푼다는 뜻으로 이혼이나 파혼이 아닙니다. 유영모는 결혼(結婚)의 '결(結)'을 구속으로 여겼던 모양입니다. 이혼은 법적으로 헤어지는 것이죠. 그렇다면 결혼 또한 법적으로 맺어진 것이지 참된 사랑은 아니라고 해야겠죠? 법은 어길 수가 없으니 강제입니다. 강제로 하는 사랑은 사랑이 아니죠. 그러니 해혼은 아내와 헤어짐을 선언한 것이 아니라 법적인 구속으로부터 자유로워져서 참된 사랑을 하겠다는 맥락으로 이해해야 할 겁니다.

사실 인간의 삶을 가장 강하게 구속하는 것 중 하나가 '혼인(婚姻)'이죠. 비슷한 주장을 청나라 말의 유학자 캉유웨이(康有爲, 1858~1927)가 제기한 적이 있습니다. 그가 쓴 『대동서(大同書)』는 본래 『예기』의 '천하위공(天下爲公)'에서 아이디어를 가져온 것인데, 천하를 개인의 사적 소유물로 여기는 폐단을 없애고 공유의 대상으로 삼아야 이상 사회가 실현된다는 주장이 실려 있습니다.

캉유웨이의 주장을 잠깐 살펴보면, 인류가 만든 제도 중에서 가장 해독이 큰 두 가지를 들고 있는데, 첫째가 국가, 둘째가 가족입니다. 국가의 해독은 국경과 군대를 없애야 가능하고, 가족의 해독은 결혼 제도를 없애야 가능하다고 주장합니다. 그러니까 남녀가 서로 좋아하더라도 부부가 되어서는 안 되고 일정한 기간을 약속해서 같이 살다가 서로 마음에 들면 계약을 갱신해서 계속 같이 살고, 마음에 들지 않으면 바꾸도록 해야 한다고 했어요. 유학의 전통을 근거로 이런 주장도 할 수 있는 겁니다.

다만 유영모의 해혼은 캉유웨이처럼 제도적 차원에서 접근했다기보다 간디의 영향을 받은 듯합니다. 간디는 37세 되던 해에 아내에게 해혼을 제안했다고 하죠. 간디의 경우 인도 전래의 해혼 풍습을 따른 것이니 특이해 보이지는 않지만, 유영모는 이혼이라고 하면 먼저 가정 파탄 같은 말이 떠오르는 한국 사회에서 살았기에 더 특별하게 다가옵니다.

1942년에는 '성서조선 사건'으로 57일 동안 서대문형무소에 구금됩니다. 『성서조선』은 기독교 사상가 김교신이 함석헌, 송두용, 정상훈, 류석동, 양인성과 함께 1927년부터 1942년까지 발행한 무교회주의 기독교계 월간 잡지입니다. 이 잡지 158호에 죽은 개구리를 조문하는 내용의 「조와(弔蛙)」라는 글을 권두언으로 실었는데, 일제가 조선 민족의 소생과 일제에 대한 저항을 촉구한 비유라고 빌미를 삼아 잡지에 글을 쓴 이들과 구독자들까지 구속했습니다. 이때 유영모도 필자의 한 사람이어서 구금됩니다. 『성서조선』은 결국 158호를 마지막으로 폐간되었습니다.

1955년 65세가 되던 해에는 자신의 사망 예정일을 선포합니다. 1956년 4월 26일에 죽는다고 했는데, 해혼을 선언한 것과 같은 맥락으로 이해할 수 있습니다. 해혼이 인류가 만든 제도의 구속을 벗어나기 위한 것이라면, 사망 예정일 선포는 자연이 만든 생물학적인 구속을 벗어나기 위한 의지의 표명으로 보입니다. 물론 그때 죽지는 않았지만 자신의 뜻에 따라 삶을 마무리하겠다는 생각을 가졌던 듯합니다.

실제로 죽을 때까지 기다리지 않고 자신의 의지에 따라 목숨을 끊은 사람들이 있죠. 스콧 니어링은 100세가 되던 해에 스스로 곡기를 끊고 굶어 죽었죠. 조지 이스트만처럼 권총 자살한 경우도 있고요. 또 가장 특이한 경우로 대종교 지도자 나철(羅喆, 1863~1916)은 숨을 쉬지 않는 폐기법(閉氣法)으로 죽었다고 합니다. 의학적으로는 설명이 안 된다지만 그게 중요하지는 않습니다. 나철은 죽기 전 이른바 「순명삼조(殉命三條)」라는 유서를 남깁니다. 마지막 조항에 자신이 죽는 이유를 "인류의 죄를 대신하여, 천하를 위하여 죽는다"라고 했어요. 이런 죽음이 의학적 판단 대상일 수는 없겠지요.

유영모는 1955년 4월 26일부터 일기를 쓰기 시작했고 이는 1974년까지 이어집니다.

1959년에는 『도덕경』을 우리말로 번역했는데, 세계 『노자』 번역사에 남을 만한 작품입니다. 제목이 『늙은이』예요. '노자(老子)'라는 고유 명사까지 번역한 셈인데, 본래 고유 명사는 번역하지 않고 음차(音借)를 하더라도 그대로 쓰는 게 상식입니다. 그런 상식을 깨고 번역한 셈이니 한편으로 통쾌합니다. 노자 번역과 관련한 내용은 따로 살펴보겠습니다.

1977년 88세가 되던 해 6월에 가출했다가 사흘 만에 순경에게 업혀서 집으로 돌아옵니다. 톨스토이처럼 객사할 생각이었다고 해요. 톨스토이가 만년에 스스로 삶을 마감하기 위해 여행에 나섰다가 가출 10일 만에 기차역에서 죽었죠. 유영모가 가출한 것을 보면 사망 예정일을 선포한 이후 이때까지도 자신의 삶을 스스로 마감하겠다는 의지가 지속되었음을 알 수 있습니다. 또 평소 존경하던 톨스토이가 어떻게 죽었는지 알고서 스스로 실천했던 것으로 보입니다. 이를 통해 88세가 될 때까지도 초심을 잃지 않았다는 것을 알 수 있습니다.

1981년 92세로 구기동 자택에서 세상을 떠납니다. 유영모가 헤아리던 식으로 날짜로 셈하면 3만 3,200일을 살았습니다.

유영모의 노자 번역: 『늙은이』

『늙은이』는 『도덕경』을 순우리말로 번역한 책입니다. 그런데 『도덕경』을 순우리말로 번역할 수 있느냐 하면, 거의 불가능합니다. 기본적으로 다른 언어를 우리가 쓰는 언어로 바꾸기가 쉽지 않죠. 게다가 우리가 현재 쓰고 있는 한자어나 외래어를 배제하고 순우리말로만 번역을 하려면 어려운 정도가 아니라 불가능에 가깝습니다. 순우리말의 어휘수가 부족하기 때문입니다. 사전 열 권짜리 문화권의 글을 사전 한 권짜리 문화권의 언어로 번역한다고 생각해 보시면 됩니다.

예를 들어 이누이트족은 눈의 종류를 60가지로 구분하고, 사막의 베르베르족은 모래의 종류를 50가지로 구분한다고 하죠. 정말 그런지 뚜렷한 근거는 없지만 어쨌든 특정 사물을 가리키는 어휘수가 많은 문화권의 언어를 그렇지 않은 문화권의 언어로 번역하기 어렵다는 사례로는 들 만합니다. 이런 경우에 쉽게 선택할 수 있는 방법이 다른 문화권에서 쓰는 언어를 그대로 가져다 쓰는 것입니다. 이를테면 한자의 가차도 다른 언어의 어휘를 한자음으로만 바꾸어서 그대로 쓴 것이죠. 그런데 이런 식으로 다른 언어를 그대로 쓰면 번역하기는 편할지 몰라도 자국어의 안정성이 흔들리는 대가를 치러야 합니다. 자신이 쓰는 언어가 불안해진다는 이야기는 삶이 불안해진다는 이야기와 다를 바 없습니다. 언어의 주체성이나 자주성이 침해받게 되면 삶 또한 위험해지겠죠. 부득이한 경우를 제외하고 다른 언어를 그대로 빌려 오는 행위는 번역자의 게으름이나 언어에 대한 통찰이 부족한 데서 기인하는 경우가 많습니다.

그러면 어떻게 하느냐? 새로운 어휘를 만들어야 하죠. 창조하는 겁니다. 그런 과정에서 자국어를 찢어발기기도 하고, 본래 다른 어휘였던 것을 합치기도 합니다. 예로 제임스 조이스의 작품에는 'chaosmos'라는 단어가 나오는데, 혼돈(混沌)을 뜻하는 'chaos'와 질서(秩序)를 뜻하는 'cosmos'가 합해진 어휘입니다. 어떻게 번역해야 할까요? 김종건의 번역을 봤더니 '혼질서(混秩序)'라고 했더군요. '혼질서'는 우리말 사전에 없는 단어입니다. 만약 사전에 등재된 단어로 번역하려고 했다면 '카오스모스'라고 그냥 썼겠죠.

유영모의 『늙은이』는 이런 정도의 번역이 아닙니다. 한자어까지 배제하고 완전히 우리말로만 번역했거든요. 그런데 문제가 있습니다. 전혀 해독이 안 됩니다. 우리말로 번역이 안 되는 부분은 새로운 단어를 만들거나 옛말을 창조적으로 재해석해서 썼기 때문입니다.

앞서 말씀드렸듯이 제가 한국철학사상연구회에서 '철학 원전 번역과 우리의 근대'라는 주제로 학술진흥재단에 과제를 신청해서 연구에 참여한 적이 있는데, 그때 저는 「유가 철학 원전 번역과 우리의 근대」를 했고, 연구원 중에서 김갑수가 「도가 철학 원전 번역과 우리의 근대」를 담당했습니다. 그때 유영모의 『늙은이』도 검토했는데 그다지 높은 평가를 얻지는 못했습니다. 평가의 근거인 우리말의 기준을 현재 우리가 쓰는 말에 두었기 때문입니다. 과거에 우리말이었으나 지금은 쓰이지 않는다면 우리말이 아니라는 기준으로 평가한 것입니다. 무리한 기준은 아닙니다. 어떤 권위자 한 명이 지금 일상에서 쓰지 않는 우리말을 작품에서 쓴다고 해서 해결되는 문제가 아닙니다. 언어의 가장 중요한 기능이 소통인데 소통이 안 된다면 과거에 우리말이었다는 이유만으로 대중이 선택할 리가 없으니까요. 이처럼 소통이라는 점에서 보면 『늙은이』는 비판의 소지가 있습니다. 그런데 우리말에 대한 유영모의 생각을 이해하면 다른 이야기가 가능합니다. 유영모는 한글을 이렇게 규정했습니다.

> 한글은 씨올을 위한 글씨다. 사제를 위한 라틴어도 아니고, 양반을 위한 한자도 아니다. 훈민정음은 씨올글씨, 바른 소리, 옳은 소리다.

사제와 양반이라는 표현에서 알 수 있듯이 기존의 기독교 권력에서 중시하는 라틴어나 한국 전통 사회의 양반들이 썼던 한자는 대중을 위한 '글씨'가 아니라는 말입니다. 맞는 이야기입니다. 코페르니쿠스가 지동설을 주장하는 글을 발표했지만 큰 영향을 미치지 못한 이유는 라틴어로 썼기 때문입니다. 사제 집단 외에는 읽을 수가 없었으니까요.

또 이런 예를 생각해 보죠. 흔히 독일의 구텐베르크보다 우리가 금속활자를 먼저 만들었다고 이야기하지만, 구텐베르크의 금속 활자는 세상을 바꾸었고 고려의 금속 활자는 세상을 바꾸지 못했죠. 그럴 수밖에 없는 것이 구텐베르크가 금속 활자로 찍은 성서는 처음에는 라틴어로 되어 있었지만, 이후 루터가 독일어로 번역한 판본이 구텐베르크의 인쇄술에 힘입어 유럽 전역에 퍼지고 각국의 언어로 재번역되면서 성서를 누구나 읽을 수 있게 되었습니다. 결국 가톨릭 사제들이 가르치는 내용과 성서에 기록된 내용이 다르다는 사실이 드러나면서 유럽의 중세 질서가 무너집니다. 반면 고려에서는 그보다 앞서 금속 활자를 만들어 불경을 찍었지만 한자로만 되어 있었기에 어차피 사제 집단 말고는 아무도 읽을 수가 없었어요. 그러니 백성들은 부처의 가르침과 승려들의 가르침이 같은지 다른지 알 수 없었을 겁니다.

이런 생각을 하고 '씨올의 글씨'라는 말을 되새겨 보면 유영모의 의도가 어디에 있는지 엿볼 수 있습니다. 결국 그가 우리말 중에서 적절한 어휘가 없으면 창작해서 쓰기 시작한 것은 기존 언어의 권력을 해체하고 씨올을 위한 새로운 언어를 창조하는 데 목적이 있었다고 이해할 수 있습니다.

저는 종종 이런 생각을 합니다. 조선 시대 성리학자였던 이황이나 이이는 어떤 언어로 철학을 했을까? 지금 남아 있는 자료만으로 추정하면 한문으로 철학을 한 게 틀림없습니다. 그런데 그들이 생각도 한문으로 했을까요? 그랬을 리가 없죠. 우리말을 쓰면서 살았으니 생각도 우리말로 했겠지요. 그러니까 자신의 철학을 창조적으로 전개하기가 참으로 어려웠을 겁니다. 사유하는 일과 글을 쓰는 일, 이 두 가지가 일치하지 않았으니까요. 우리말로 생각하고 말하면서 살았는데, 그걸 다시 한문으로 번역해서 철학적 작업을 진행하고, 읽는 사람은 반대로 한문으로 읽고 우리말로 번역하여 해석한 다음 우리말로 사유했겠죠. 이중, 삼중의 난관이 겹쳐 있습니다. 이이 이후 조선 성리학이 정체에서 벗어나지 못한 이유는 그런 역사적 조건에서 기인했지 성리학자들의 지적 게으름이나 무능 탓이라고 할 수 없습니다. 오리지널리티가 중국 쪽에 있었기에 새로운 의제를 설정하기 어렵다는 근본적 제약이 있는 데다가 언어가 그런 제약을 강화하는 역할을 했을 겁니다.

기존 언어의 틀 안에 갇혀서 생각하면 창조적 사유를 하기가 어렵습니다. 자동차가 나오기 전에는 사람들은 단지 빠른 마차를 원했을 테고, 비행기가 나오기 이전에는 빠른 자동차를 원했겠죠. 비행기를 만들자면 자동차라는 틀 밖으로 나가야 가능한 것처럼, 유영모는 기존 언어의 틀 밖으로 나간 겁니다. 따라서 자신이 능통했던 기존 언어의 플랫폼을 포기하고 과감하게 새로운 언어, 씨올의 언어로 넘어가려고 했다는 점에서 유영모의 창조적 탁월성을 찾을 수 있습니다.

기독교 텍스트를 동아시아의 언어로 설명

유영모는 기독교 문헌에 나오는 내용을 즐겨 동아시아의 언어로 변형하여 설명했습니다. 동시대의 다른 기독교계 사상가들은 대체로 동아시아의 문헌을 기독교 텍스트로 변형하여 이해하는 경향이 많았습니다. 선교를 하려면 어떻게든 동아시아 문화 전통을 기독교 방식으로 이해할 필요가 있습니다. 그런데 한국 역사 안에는 기독교 문화가 없으니까 기독교 입장에서 보면 한국 문화가 이질적일 수밖에 없었겠죠. 그런 간극을 어떻게 좁힐 것인가? 그나마 동아시아 문헌을 기독교적 방식으로 이해하려고 한 사람들은 그래도 소통에 관심이 있었겠죠. 그래서 기독교 문헌에 나오는 개념을 들어 동아시아 문헌의 내용을 설명하는데, 예를 들자면 '『서경』에 나오는 상제(上帝)가 바로 하나님을 가리킨 것이다', '공자가 인(仁)이라고 말한 것은 성서에서 이야기한 사랑과 같다' 하는 식이었습니다.

유영모도 그런 식으로 설명하는 경우가 없지는 않지만 대체로 기독교 문헌에 나오는 내용을 동아시아의 언어로 변형하여 설명하는 방식을 즐겼습니다. 예를 들면, 성서 한 구절을 놓고 이를 붓가에서는, 노사에서는, 장자에서는, 간디는, 이런 식으로 해설했습니다. 그리고 공자의 인(仁)을 기독교의 사랑으로 풀이한 경우가 없지는 않지만 그 반대로 기독교의 사랑을 공자의 인으로 풀이한 경우가 대부분입니다.

어제는 공자가 온 세상을 구원할 사랑을 인(仁)이라고 하였는데 오늘 나는
온 우주의 임자이신 한아님의 사랑을 인이라고 본다.

기독교에서 말하는 사랑이 바로 공자의 인이라는 거죠. 이 두 가지 방식
은 비슷해 보이지만 서로 다릅니다. 어떻게 다르냐 하면, 불교에서 공자를
유동보살(儒童菩薩), 또는 광정동자(光淨童子)라는 호칭으로 부르는데, 공
자를 높이는 듯 보이지만 사실은 폄칭을 통해 자신들의 영향권 아래에 두
려는 의도입니다. 또 도교에서도 공자를 태극상진군(太極上眞君), 현궁선
(玄宮仙)이라 부르는데, 도교의 여러 신선 중에서 그렇게 높지 않은 등급
의 신선으로 간주하는 겁니다. 그러니까 동아시아 문헌을 기독교식으로
해설하는 방식이 동아시아의 문화를 상대적으로 낮은 수준으로 보려는 의
도라면, 반대로 성서의 구절을 동아시아 문헌으로 해설하는 경우는 상대
를 인정하고 함께하려는 태도에서 비롯되었다고 이해할 수 있습니다. 유
영모를 종교 사상가로서 조명한다면 이런 방식의 접근을 높이 평가해야
합니다. 자기 종교의 도그마에서 벗어나지 않으면 이런 작업은 불가능하
기 때문입니다. 도그마에 빠져 있다면 자기가 믿는 종교적 진리를 다른 데
서도 찾을 수 있다고 이야기할 수 없겠지요.

유영모는 유학의 전통 윤리인 효제(孝悌, 孝弟)에 대해서도 독특한 관점
으로 접근했습니다. 효제를 부모에 대한 사랑으로만 이야기하지 않고, 절
대자에 대한 복종 또한 효제라 했습니다. 이런 점은 유학 윤리의 기독교
적 변형이라고 할 수 있겠지만, 절대자에 대한 맹목적인 복종이 아니라 약
자에 대한 배려를 강조한 점은 유학 전통과 일치합니다. 또 효제의 정점에

예수가 있다고 하면서 독생자라는 개념을 풀이하는데, 공자가 그토록 강조했던 인(仁)을 끌어와 인이 있으면 모두 독생자라고 이야기합니다.

인은 사랑. 이게 있으면 독생자. 따라서 예수도, 부처도, 공자도, 그리고 나도 독생자다.

예수하고 우리하고 차원이 다른 게 아니다. 예수, 석가는 우리와 똑같다. 예수가 '나는 포도나무요, 너희는 가지다'라고 하였다고 예수가 우리보다 월등한 것이 아니다.

나사렛 예수를 지칭하는 독생자라는 말을 부처, 공자, 그리고 자신에게 적용했죠. 이들 가운데 우열이 없을 뿐 아니라 예수와 우리 사이에도 우열이 없다고 말합니다.

예수, 석가 중에 누가 더 참을 가졌느냐는 모른다. 비교할 일이 있으면 모르지만 비교해선 안 된다. 그건 절대자만이 할 수 있을 것이다.

내가 예수를 이야기하는 것은 예수를 얘기하자는 것이 아니다. 공자를 말하는 것은 공자를 말하자는 것이 아니다. 예수처럼, 공자처럼, 간디같이, 톨스토이같이 한아님의 국물을 먹고 사는 것이 좋다고 해서 비슷하게 그 짓 하려고 말한 것뿐이다. 공자, 석가, 예수, 간디를 추앙하는 것은 우리도 그들과 비슷하게나마 한아님의 국물을 먹으려는 짓을 하려고 허기 때문이다.

절대자를 상위에 놓고 있다는 점에서 기독교 사상가로서의 정체성이 보이지만 중요한 것은 "누가 더 참을 가졌는지 모른다"라고 이야기한 대목이죠. 오직 절대자만이 그걸 판단할 수 있다는 말은 소크라테스의 "우리 중 누가 더 좋은 길을 가는지는 오직 신만이 안다"라는 말을 연상시키는데, 유영모에 따르면 다른 종교의 가르침을 이단으로 규정하고 공격하는 이들은 스스로 절대자로 행세한 셈입니다. 이런 점에서 유영모의 신학을 다원주의로 바라보는 것은 타당한 견해라 할 수 있습니다.

씨ㅇㄹ을 위한 우리말 풀이

앞서 유영모가 한글을 두고 '씨ㅇㄹ을 위한 글씨'라고 했다는 말씀을 드렸는데 우리말을 어떻게 해설하는지 살펴보겠습니다. 먼저 우리가 한글 자모를 익힐 때 외우는 '가나다라'를 풀이한 글입니다.

> 나들이(1956. 2. 8 水 24073)
> 나들이 머 바소오 조차/커터피 하이/가나드리 머바소오/조차커터 피힌(힘 힝)/가니 누구 힘

한글의 열네 개 자음 'ㄱ, ㄴ, ㄷ, ㄹ …… ㅎ'의 순서로 '나들이'라는 낱말을 풀이한 것인데, 그냥 읽어서는 무슨 소린지 알 수 없습니다. 유영모의 제자였던 김흥호는 다음과 같이 해설했습니다.

> 해설(김흥호): 나들이 여행을 가서 무엇을 보았느냐. 하나님을 보아야 하지 않느냐. 하나님을 보고 하나님을 좇아 커지고 터지고 피어야 되지 않느냐.

인간의 목적은 하나님을 보아야 한다. 인간은 하나님의 형상대로 지음을 받았다. 인간은 하나님처럼 커지고 터지고 피어나서 자유로울 수가 있다.

—유영모 저, 김흥호 해설, 『(다석일지 해설) 多夕 柳永模 명상록 1』

(성천문화재단, 1998)에서

해설을 참고해서 유영모의 풀이를 정리해 보면 가나다라의 '나다라'를 '나드리' 곧 '나들이'로 풀이하고, '가'는 '가다'라는 뜻으로 풀이했다는 것을 알 수 있습니다. 그리고 '마바사아'를 '뭐봐소오', 곧 '무엇을 보았느냐'라는 뜻으로 풀이하고, '자차카타파하'를 '조차커터피하이'로 풀었는데, '조차'는 '좇아'로 '커터피'는 '커지고 터지고 피다'로 '하이'는 '하나님'으로 풀이한 거죠. 'ㄱ, ㄴ, ㄷ, ㄹ …… ㅎ'의 순서를 꼭 지키지도 않았고, 모음을 그때그때 바꾸어 가면서 풀이했죠. 이런 식으로 읽으면 무슨 글을 읽어도 새로운 뜻이 새록새록 솟아나겠다 싶습니다. 그러니까 나들이 가서 무엇을 보았느냐? 하나님을 만나 좇아서 커지고 터지고 피어야 한다는 뜻입니다. 한글의 자모 배열에 하나님을 만나라는 계시가 들어 있다고 이해한 것이죠. 착상이 기발하기도 하지만, 자신의 신앙과 한글을 연결해 씨올들을 참된 삶으로 인도하겠다는 충만한 의지가 보입니다. 이런 충만함은 우리말 '오늘'과 '아침'을 해설하는 데서도 찾을 수 있습니다.

오늘(오!늘~)은 '오! 내가 감격해 맞이할(오!) 그 영원의 시간(늘~)'

김흥호는 이 글을 순간이 영원이 되도록 살리는 말이고 인간을 하루살이로 표현한 것이라고 풀이했습니다. 학계에서 '오늘'의 어원을 풀이할 때는 대체로 '오'는 왔다(來)는 뜻이고 '늘'은 날(日)로 풀이하는데, 유영모는 전혀 다른 의미로 풀이합니다. 28세부터 하루하루를 셈하면서 살았는데 하루살이로 살겠다고 했으니 유영모가 감격하면서 맞이했던 오늘은 단지 하루가 아니라 영원이었다고 할 수 있겠습니다.

어떻게 보면 오늘밖에 없다는 말이 맞습니다. 고대 그리스의 파르메니데스는 존재하는 모든 것을 부정한 철학자로 유명한데, 존재의 최상위에 있는 시간과 공간마저 부정했습니다. 이를테면 "시간이 있으려면 과거, 현재, 미래가 있어야 하는데, 과거는 이미 없는 것이고 미래는 아직 없는 것이다. 따라서 시간은 존재하지 않는다", 그리고 "공간이 있으려면 여기와 저기가 있어야 하는데, 여기는 저기에 없는 것이고, 저기는 여기에 없는 것이다. 그러니 공간도 없다"라고 했습니다. 시간과 공간이 없으니 시간과 공간 안에 있는 다른 것들은 말할 것도 없겠지요. 물론 유영모가 이런 논리를 들이대며 오늘밖에 없다고 이야기한 것은 아니지만 발상은 비슷합니다. 유영모가 하루살이로 살아가겠다고 한 것은 내일이 있다고 생각하지 않았다는 데 의미가 있습니다. 내일이 없으면 어떻게 될까요? 오늘 일을 내일로 미룰 수 없겠죠? 해야 할 일이 있으면 오늘 당장 해야 합니다. 유영모는 실제로 그렇게 살았던 것 같습니다. 간디가 해혼식을 했다니까 그날 바로 해혼을 선언하고, 톨스토이가 객사했다니까 그날 바로 가출하는 식으로요. 나도 나중에 저 사람과 같이 되리라 하고 미래를 기약하는 방식이 아니라 오직 오늘밖에 없으니 당장 실천하지 않으면 안 됩니다.

또 '아침'이라는 말도 '아 처음'에서 비롯된 것이라고 풀이했는데 이것도 오늘을 풀이한 맥락과 같습니다. 오늘과 아침을 연결하면 '오늘 아침'은 '내가 감격해서 맞이하는 오늘의 처음'이라는 뜻이 되겠죠. '하루'를 '영원'으로 '아침'을 '온 나절'로 여기는 것은 '순간이 곧 영원'이라고 생각하는 것과 다르지 않습니다.

또 절대자를 '아바디'라고 했는데, 아바디의 '아'는 아침의 '아'와 같은 감탄사이고, '바'는 밝은 빛을, '디'는 실천을 뜻한다고 풀이했습니다. 그리고 '더럽다'는 '덜 없다'라는 뜻으로 풀이했는데, 참 그럴듯합니다. 더러운 것이 더러운 까닭은 덜 없기 때문이라는 거죠. 유영모는 하나님을 '없이 계신 이'라고 표현했어요. 그러고는 인간도 '없이 계신 이'가 되려고 하는데 아직 덜 없어져서 더러운 존재가 되는 것이라고 했습니다. 『도덕경』에 배움[學]은 날마다 보태는 것[日益]이고, 도(道)를 실천하는 일은 날마다 덜어 내는 것[日損]이라 했어요. 그러니 덜어 내고 또 덜어 내서 완전히 없어지면 그것이 도입니다. 둘 다 비슷한 발상입니다. 그리고 우리가 청소를 하지 않아서 더럽다고 할 때도 결국 없애야 할 것을 '덜 없애서' 더럽다고 하는 거죠.

그가 『도덕경』을 번역해서 엮은 책 『늙은이』에서도 성인과 현인을 각각 '씻어난이[聖人]', '닦아난이[賢人]'라고 했어요. 깨끗하게 씻어 내서 '덜 없지' 않은 상태에 이른 사람이 성인이고, 깨끗하게 닦아 내서 '덜 없지' 않은 상태에 이른 사람이 현인입니다. 이는 기독교와 『노자』와 우리말을 창조적으로 결합한 결과로 보입니다. 유영모는 이런 방식의 사유를 '신'을 규정할 때도 적용합니다.

한아님은 없이 계신 이다. 없으면서도 계신다. 사람이란 있으면서 없다. 있긴 있는데 업신여겨진다. 그래서 우리는 이게 슬퍼서 어떻게 우리 아버지처럼 없이 있어볼까 하는 게 우리의 노력이다.

제가 과문해서인지 몰라도 지금까지 이런 식으로 신을 규정한 경우는 없었던 것 같습니다. 서구 사회에서는 수천 년 동안 '신이 있다, 없다'로 논쟁했죠. 그런데 동아시아 사회에서는 절대자에 대한 규정은 그다지 많지 않고 대신 '무극이태극(無極而太極)'이나 '일이이 이이일(一而二 二而一)' 등으로 궁극적 실재를 표현한 경우가 많았습니다. '무극이태극'은 '없으면서 있는 것'이고, '일이이 이이일'은 '하나이면서 둘이고 둘이면서 하나'라는 뜻인데, 유영모의 신에 대한 규정은 서구 기독교의 신에다 동아시아적 사유를 창조적으로 결합한 결과로 추정됩니다. 유영모가 성서만이 아니라 유교 경전과 불교 경전을 함께 읽은 결과입니다.

> 내가 성경만 먹고 사느냐 하면 그렇지 않다. 유교경전도 불교경전도 먹는다.

그러니까 성서에 나오는 절대자로서의 신, 유교 문헌에 나오는 '없으면서 있는' 태극, 불교 경전에 자주 보이는 '하나이면서 둘이고 둘이면서 하나'인 것이 결합하니까 '없으면서도 계신 이'가 되는 거죠. 이제 신에 대한 규정으로 '없이 계신 이'가 기독교 용어 사전에 등재되어야 하지 않을까 싶습니다.

씨올과 얼의 존재론

유영모의 우리말 풀이의 독창성은 '씨올'과 '얼'에 이르러 절정에 달합니다. 그는 우선 한글의 모음 '아래 아(·)'를 우주의 탄생을 그린 것이라고 설명합니다. '·'는 빈탕한 데(허공)에 점 하나를 찍은 형상을 뜻하며 텅 빈무(無)에서 무엇인가 생겨 나오는 존재를 그린 것이라고 했는데, 곧 우주가 발생하는 모습이 'ㆍ'에 그려져 있다고 보았습니다.

그리고 '씨ᄋᆞᆯ'을 풀이하면서 'ᄋᆞᆯ'은 'ㆍ'에 'ㄹ'이 합해진 글자이고, 'ㄹ'은 변화를 표현한다고 풀이한 다음, 'ᄋᆞᆯ'은 모든 변화를 품고 그 변화를 자신 안에서 풀어 나가기 시작하는 단계를 표현한 글자라고 했어요. 그러니 '씨ᄋᆞᆯ'은 온갖 변화가 가능한 씨를 품은 상태라는 거죠. 그런데 유영모는 이 말을 백성이라는 뜻으로 쓸 때가 많았습니다. 『도덕경』에 나오는 '백성(百姓)'과 『대학』에 나오는 '민(民)'을 모두 '씨ᄋᆞᆯ'로 번역했거든요. 그러니 '씨ᄋᆞᆯ'은 온갖 변화가 가능한 씨를 품은 사람을 가리킵니다.

이처럼 'ㆍ'에 이어 'ᄋᆞᆯ'을 풀이한 다음, '씨ᄋᆞᆯ'이라는 말을 창조하고 다시 '얼'로 나아갑니다. 유영모는 '얼'은 정신을 뜻하기도 하고 사람의 생명을 뜻하기도 한다고 했어요. 그런데 이 생명은 '영성(靈性)'을 가리키므로 생물학적 의미라기보다 종교적 의미가 강합니다. 이 같은 이해를 바탕으로 '얼굴'은 '얼의 골짜기〔谷〕'로 '어른'은 '얼온이', 곧 얼이 온전한 사람을 뜻하고, '얼간이'는 '얼이 빠진 사람'을 뜻한다고 풀이했습니다.

또 '나'를 '제나'와 '얼나'로 구분했습니다. '제나'는 '자아(自我)'를 가리키고 '얼나'는 '영아(靈我)'를 가리키는데, '제나'는 자기만 아는 놈이니 사람은 모름지기 '얼나'가 되어야 한다고 말합니다. 그 외에도 '없꼭대기〔無極〕', '쓸몬〔貨〕', '씻어난이〔聖人〕', '닦아난이〔賢人〕', '속알〔德〕' 따위의 풀이가 있는데, 완전한 체계를 갖추었다고 할 수는 없지만 우리말에 숨어 있는 가능성을 끝까지 추구한 결과라는 점에서 높이 평가할 만합니다.

삶의 문법으로 재창조한 『늙은이』

끝으로 유영모가 『도덕경』을 번역한 『늙은이〔老子〕』에서 일부를 소개하겠습니다. 유영모는 노자의 '말'만이 아니라 노자의 삶을 송두리째 번역하려한 것 같습니다. 고전을 번역하면서 우리말 이외의 어휘를 일절 쓰지 않는 것은 참으로 어려운 일입니다. 그런데 유영모의 『늙은이』에는 우리말 이외에는 단 한 글자의 한자어나 외래어가 보이지 않습니다. 『도덕경』은 저자의 이름을 따서 『노자』로 쓰기도 하는데, 말씀드린 것처럼 유영모는 '노자(老子)'라는 고유 명사까지 우리말 '늙은이'로 번역했습니다.

흔히 번역할 때 번역자가 어떤 단어가 고유 명사인 줄 모르고 오역하는 경우가 있습니다. 예를 들어, 옛사람들은 고전의 글귀를 따서 이름을 짓는 경우가 많았던 탓에 번역자가 사람 이름을 뜻으로 풀어서 오역하는 해프닝이 일어납니다. 신지(信之), 인지(仁之) 따위의 자(字)도 고유 명사인데 문장으로 풀어도 말이 되니까 번역자가 해당 인물의 자(字)를 모르면 자칫 문장으로 번역할 수 있습니다.

한문 고전뿐 아니라 영어를 번역하는 경우에도 이런 경우가 있습니다. 영국의 본 윌리엄스(Vaughan Williams)가 작곡한 〈푸른 옷소매 환상곡(Fantasia on Greensleeves)〉도 사실은 'Greensleeves'가 셰익스피어의 희극에 나오는 탕녀의 이름이니 〈그린슬리브스 환상곡〉이라고 해야 바른 번역입니다. 굳이 이름의 뜻을 살리고 싶다면 적어도 〈푸른 옷소매 여인 환상곡〉 정도로 번역해야 하겠죠.

유영모가 '노자'라는 고유 명사를 우리말 '늙은이'로 번역한 것은 이런 경우와는 다르게 보아야 합니다. 애초에 『도덕경』 전체를 한자어를 전혀 쓰지 않고 번역하는 데 목적이 있었는데, 맨 앞에 나오는 제목이 고유 명

사라고 해서 한자음을 옮기는 정도에서 그친다면 결국 가장 중요한 부분을 포기하는 셈입니다. '노자'라는 고유 명사를 그대로 두면 읽는 사람은 노자의 한자 표기를 궁금해 하면서 읽기 마련입니다. 읽다가 다른 생각을 할 수밖에 없다는 말이죠. 마치 영어 고유 명사를 발음 그대로 한글로 바꾸어서 옮길 경우 영어 철자를 궁금해 하면서 읽을 수밖에 없는 것과 마찬가지입니다. 유영모는 그런 당연한 궁금증 또한 사유의 종속을 초래한다고 생각한 듯합니다. 게다가 실제로 한문에서 노자(老子)라고 하면 노자라는 인물의 고유 명사로 쓰이기도 하지만 그냥 '늙은이'라는 뜻으로 쓰이는 경우도 많습니다. 그러니 문헌학적으로 보더라도 '늙은이'로 번역한 것이 근거가 없지는 않습니다.

이처럼 여러 면에서 유영모의 번역은 전례가 없는 창조적 사유의 결과물입니다. 오직 모어(母語)만으로 주체적 사유가 가능하다는 것을 보여 주었다는 점에서 통쾌한 번역의 사례이기도 하고요. 고전을 번역하다 보면 충분히 고민하지 않고 다른 언어를 그대로 옮기는 지적 게으름을 부리거나, 무리하게 우리말로 옮겨서 본래의 뜻이 전달되지 않는 무책임을 저지르기 쉽습니다. 그런데 유영모는 이 두 가지를 모두 극복했습니다.

그 결과 성도 이름도 불분명한 고대 중국 어느 곳의 노자가 우리가 살고 있는 동네 어느 구석에서 살아 움직이는 늙은이로 환생하게 된 것입니다. 그런데 그 말을 못 알아듣겠다고 투덜거려서야 되겠습니까? 『도덕경』은 본래 수수께끼 같은 문헌입니다. 알아들으려면 공부를 해야죠. 노자가 못 알아듣는 말을 써서 공부를 해야 한다면, 유영모의 『늙은이』도 마찬가지입니다. 공부할 준비를 하고 『늙은이』를 읽어 보겠습니다.

1월

길 옳단 길이 늘 길 아니고/이를 만한 이름이 늘 이름이 아니라./이름 없어
서 하늘 땅이 비롯고/이름 있어서 잘몬°의 어머니/므로 늘 하고잡° 없어서
그 야믊°이 뵈고/늘 하고잡 있어서 그 돌아감이 보인다./이 둘은 한께 나와
서 달리 이르(부르)니/한께 일러 감아,° 감아 또 감암이/뭇 야믊의 오래°러라

道可道非常道 名可名非常名 無名天地之始 有名萬物之母 故常無欲以觀其
妙 常有欲以觀其徼 此兩者同出而異名 同謂之玄 玄之又玄 衆妙之門

풀이(박영호)

°잘몬: 잘은 우리말로 만(萬), 몬은 물(物)의 뜻의 우리말. '먼지'는 몬에서
떨어진 것을 뜻하는 '몬지'에서 변형된 말, 일본말 もの(物)도 몬에서 유래
함.

°하고잡: 욕망.

°야믊: 기묘한 것.

°감아: 가맣다, 아득하다, 검다의 뜻.

°오래: 문(門)이란 뜻의 순우리말.

　　　　　—유영모 옮김, 박영호 풀이, 『빛으로 쓴 얼의 노래: 에세이 老子』

　　　　　　　　　　　　　　　　　　　　　　　　　(무애, 1992)에서

　제1장입니다. 완전하게 우리말로 풀었는데 무슨 말인지 이해할 수가 없
죠. 원문이 더 쉬워 보일 지경입니다. 그래도 박영호의 어휘 풀이를 참고
하면 충분히 이해할 수 있습니다.

　『도덕경』은 지은이에 해당하는 '노자' 이외에는 고유 명사가 단 한 차례
도 나오지 않을 뿐 아니라 시대를 나타내는 말도 전혀 보이지 않는 이상한

글입니다. '언제', '어디서', '누가'가 빠져 있는 글이란 뜻입니다. 우리가 글을 쓸 때 이 세 가지 표현을 빼는 것은 거의 불가능합니다. 그런데 『도덕경』에는 그런 표현이 보이지 않습니다. 그렇다면 의도적으로 뺐다고 보아야겠지요. 게다가 노자는 특유의 반어법을 즐겨 쓰기 때문에 읽는 사람이 노자의 본래 의도가 어디에 있는지 헛갈리기 십상입니다. 방금 읽은 제1장부터 그렇습니다.

1장은 예부터 수많은 해석이 있었습니다. 그런데 그중 어느 해석도 바로 이거다 싶은 게 없습니다. 첫 구 '도가도비상도(道可道非常道)'에 대한 가장 일반적인 해석은 가도(可道)의 '도(道)'를 '말하다'로 보고 '말할 수 있는 도는 영원한 도가 아니다'라는 뜻으로 풀이합니다. '도'가 말로 표현되는 순간, 그것은 영원한 도가 될 수 없다는 뜻으로 이해하는 거죠. 말하자면 도는 언제나 존재하는 영원한 것이고 어디서나 존재하는 보편적 실체인데, 말로 표현하면 그 말이 제한하는 틀 속에 갇힐 수밖에 없기 때문에 영원성과 보편성을 잃어버린다는 거죠. 그 때문에 도라 할 수 없다는 것입니다.

유영모의 번역도 이런 식의 이해와 크게 다르지는 않습니다. 가도(可道) 부분을 "길 옳단 길이 늘 길 아니고"로 살짝 다르게 풀었죠. '가도(可道)'를 '옳단 길'로 번역했는데, 세상 사람들이 옳다(可)고 하는 길이 늘 옳은 길은 아니라는 뜻으로 이해한 것입니다. 조금 다르긴 하지만 일반적인 해석을 크게 벗어나지는 않습니다. 다음 구 또한 "이를 만한 이름이 늘 이름이 아니라"로 풀었는데 이 또한 통상적인 이해와 비슷합니다. 이런 점을 보면 유영모의 『도덕경』은 내용적으로는 일반적인 해석과 그게 다르지 않고, 그만큼 기존의 이해를 충실히 반영했다고 해야 합니다.

그런데 구체적인 번역어 선택에서 커다란 차이를 보입니다. 앞서 살펴본 것처럼 유영모는 '만물'을 '잘몬'으로, '묘(妙)'를 '야믊'으로 '현(玄)'을 '감아'로 '문(門)'을 '오래'로 옮겼는데, 모두 순수한 우리말이라고는 하지만 박영호의 풀이를 참고하지 않으면 무슨 뜻인지 이해하기 어렵습니다. 이 때문에 이해할 수 없는 노자라는 비판이 있지만, 오히려 그런 점 때문에 독창적이라고 평가할 만한 부분이 있습니다.

유영모 또한 저 말들을 처음부터 알고 쓰지는 않았을 테고, 노자의 글귀에 꼭 맞는 우리말을 찾기 위해 수많은 문헌을 뒤졌을 겁니다. 하지만 적합한 우리말을 찾지 못했을 때는 어떻게 했을까요? 때로 우리말을 찢어발기기도 했을 테고, 둘로 된 낱말을 하나로 합하기도 했겠지요. 그런 작업은 번역하는 사람에게 커다란 고통을 안깁니다. 하지만 그 결과 새로운 우리말이 창조되어 우리말 사전이 더 풍부해집니다. 우리 언어로 노자를 이해할 수 있는 길이 열리는 것은 오히려 부수적이라고 해야 할 겁니다. 제2장을 읽어 보겠습니다.

2월

세상이 이쁜 걸 이뻐하기는 다 알지만/그게 몹쓸 것만이고,/착한 게 착하다고는 다 알지만/그게 착하지 못하기만 하다./므로 있단 없고, 없단 있어 번갈며/쉽고 어려움이 되돌고/긴 이, 짧은 이가 서로 견줌./높은 덴 아래로 기웃, 아래선 높은 데를 흘깃,/소리와 울림이 마주 어울림./앞은 위 따라, 뒤는 앞 따름./이래서 씻어난 이는 하잡 없이 일을 봐내고/말 않고 가르쳐 (온대로) 간다./잘몬이 이는데 말라지 않고/낳나, 가지지 않고/하고, 저를 믿으라 아니하며/일 이룬 데 붙어 있지 않는다./그저 붙어 있지 않기로만./그래서 떨어져 가지는 않는다.

天下皆知美之爲美 斯惡已 皆知善之爲善 斯不善已 故有無相生 難易相成

長短相較 高下相傾 音聲相和 前後相隨 是以聖人 處無爲之事 行不言之敎
萬物作焉而不辭 生而不有 爲而不恃 功成而弗居 夫唯弗居 是以不去

—유영모 옮김, 박영호 풀이, 『빛으로 쓴 얼의 노래: 에세이 老子』

(무애, 1992)에서

　2장의 경우 우리말이 다소 변형되어 있지만 어근은 바뀌지 않아서 1장
보다는 훨씬 이해하기 쉽습니다. 물론 그렇다 해도 노자의 뜻을 짐작하기
는 쉽지 않습니다. 그래서 퍼즐 맞추기가 필요합니다. 앞서 읽어 본 1장의
'도가도비상도(道可道非常道)'의 경우 이 한 구절만 놓고 보면 온갖 해석이
가능합니다. 하지만 『도덕경』은 전체가 하나의 그림처럼 짜맞추어진 일종
의 부적이나 주문과 비슷합니다. 예를 들어 『논어』는 공자가 제자들이 묻
는 말에 그때그때 우연히 대답해 준 이야기들이어서 한 문장만 따로 떼어
내서 읽어도 무리가 없고, 앞뒤가 맞지 않는 말이 나와도 이상하지 않습니
다. 그런데 『도덕경』은 다릅니다. 『도덕경』은 의도된 구성을 가진 책입니
다. 노자는 독자와 논리 게임을 하고 싶었던 모양인지 정언(正言)이 아닌
반언(反言)을 즐기고 늘 알쏭달쏭한 이야기를 합니다. 그래서 노자의 참뜻
을 알려면 한 대목만 읽어서는 안 되고 다른 부분과 연결하여 읽은 다음,
전체의 그림을 그리는 기술이 필요합니다. 퍼즐 맞추기와 비슷하죠. 제가
『도덕경』 퍼즐을 맞추는 팁을 한 가지 소개하겠습니다.
　『도덕경』은 『도경(道經)』과 『덕경(德經)』으로 나뉘어 있는데, 『도경』의
첫 문장은 제1장인 '도가도비상도(道可道非常道)'이고, 『덕경』의 첫 문장
은 제38장인 '상덕부덕(上德不德)'입니다. 뜻이야 어떻든 간에 도가도비상
도를 상덕부덕식의 구문으로 바꾸면 상도부도(上道不道)가 됩니다. 또 상
덕부덕을 도가도비상도식의 구문으로 바꾸면 덕가덕비상덕(德可德非常德)

이에요. 이 경우에 '늘 상(常)' 자와 '위 상(上)' 자는 음도 같고 뜻도 같습니다. 이렇게 되면 간단해집니다. '상덕부덕'은 '최상의 덕은 부덕하다'라는 말이고, '상도부도'는 '최상의 도는 도답지 않다'라는 말입니다. 이제 도나 덕 대신에 어떤 가치든 대입해 보죠. 도가도비상도와 같은 구문으로는 인가인비상인(仁可仁非上仁), 의가의비상의(義可義非上義), 예가례비상례(禮可禮非上禮), 지가지비상지(知可知非上知), 신가신비상신(信可信非上信), 충가충비상충(忠可忠非上忠) 등 여러 가지 말을 만들 수 있죠. 또 상덕부덕의 경우는 상인불인(上仁不仁), 상의불의(上義不義), 상례불례(上禮不禮), 상지부지(上知不知), 상충불충(上忠不忠) 등등이 가능합니다. 이 세상 모든 가치를 뒤집을 수 있는 절대 구문입니다.

제2장의 내용도 이런 식으로 문장을 바꿀 수 있습니다. 미가미비상미(美可美非常美), 선가선비상선(善可善非常善), 또는 상미불미(上美不美), 상선불선(上善不善)으로요. 이렇게 바꾸어도 뜻은 달라지지 않습니다. 제56장의 '지자불언(知者不言) 언자부지(言者不知)'도 마찬가지입니다. '참으로 아는 자는 말하지 아니하고 말하는 자는 참으로 알지 못한다'라는 뜻인데, 같은 구문을 적용하면 인자불애(仁者不愛) 애자불인(愛者不仁), 용자부전(勇者不戰) 전자불용(戰者不勇)식으로 얼마든지 새로운 노자를 만들 수 있습니다.

78장의 '정언약반(正言若反)' 같은 구문도 마찬가지입니다. 상언약하(上言若下), 선언약악(善言若惡), 상충약불충(上忠若不忠)식으로 만들 수 있습니다. 퍼즐 맞추기 참 쉽죠? 혹 노자가 퍼즐을 너무 쉽게 맞췄다고 섭섭해할지도 모르겠습니다.

다시 유영모의 번역으로 돌아가 보겠습니다. 2장 번역에서 가장 특이한 부분은 '有無相生 難易相成 長短相較 高下相傾 音聲相和 前後相隨'의 여섯

구입니다. 각 구의 말미에 붙어 있는 '相生 相成 相較 相傾 相和 相隨'가 번역하기 어려운 부분입니다. 모두 같은 뜻인데 맥락에 따라 표현이 다르기 때문인데, 유영모는 '번갈며, 되돌고, 견줌, 기웃 흘깃, 어울림, 따름' 따위의 술어로 처리했어요. 앞 장과 달리 우리가 현재 쓰고 있는 말과 크게 차이가 없는 말을 썼는데도 원문의 함의를 충분히 담아냈을 뿐 아니라 운율과 대구까지 살려 냈다는 점에서 우리말의 아름다움을 잘 살린 탁월한 번역이라 할 수 있겠습니다.

이렇게 『늙은이』를 일부 읽어 봤는데, 동시대의 다른 번역과는 확연히 다르고 지금도 비슷한 번역을 찾을 수 없을 정도로 독창적입니다. 유영모는 『도덕경』을 번역하면서 노자의 권위에 의존하지 않고 스스로 늙은이가 되어서 말하고자 한 것으로 보입니다. 간디를 읽으면 간디처럼, 톨스토이를 읽으면 톨스토이처럼 사는 것이 유영모식 삶이라면 『늙은이』는 유영모식 삶으로 노자를 번역한 것이라 할 수 있습니다. 지금 여기서 살아 움직이는 삶의 문법으로 이천 년 전의 고전을 번역한 것이죠. 이런 점에서 유영모의 『늙은이』는 단순히 노자 번역서에 한 권이 더해진 것으로 보아서는 안 되고 새롭게 창조한 독립적 문헌으로 간주해야 할 겁니다.

30장

함석헌
씨올 철학과 동양 철학

고전에서 발견한 저항의 논리

이번에는 유영모의 오산학교 시절 제자였던 함석헌(咸錫憲, 1901~1989, 날수로 3만 2,105일)의 사상을 살펴보겠습니다. 두 사람은 오산학교에서 스승과 제자로 만난 이후 1960년대까지 한길을 걸어갑니다. 그러다 함석헌이 퀘이커교도가 되고 민주화 운동에 뛰어들면서 서로 관계가 멀어집니다. 이는 종교적 신념과 사회적 실천에 대한 두 사람의 생각이 달랐기 때문으로 보입니다.

하지만 두 사람은 여러 면에서 서로 일치하는 점이 더 많습니다. 우선 함석헌을 통해 널리 알려진 씨올이라는 말은 앞서 살펴본 것처럼 유영모의 우리말 창조 과정에서 만들어졌습니다. 또 '얼'을 강조한 것도 유영모가 '얼나'를 강조했던 맥락을 함석헌이 계승한 부분입니다. 함석헌 사상의 많은 부분은 유영모에게 빚지고 있는데, 사유의 폭에서는 함석헌이 더 넓다고 할 수 있습니다. 두 사람 모두 씨올이 '참나', '얼나'가 되어야 한다고 주장했는데, 유영모가 개인적 실천을 통해 그 과정을 보여 주었다면, 함석헌은 사회적 실천으로 그 영역을 확장했다고 할 수 있습니다.

함석헌 하면 우선 「생각하는 백성이라야 산다」가 떠오릅니다. 좁게는 자유당 독재를 비판한 글이지만, 실은 동족상잔의 한국전쟁을 겪고도 반성하지 않는 한국인 모두를 향한 외침이었다고 할 수 있습니다. 전쟁의 참화를 겪고서도 평화의 가치를 모르는 사람이 있는 한, 이 외침은 언제까지나 유효하다고 생각합니다.

함석헌이 어떤 사람인지는 삶의 발자취를 더듬어 가보면 쉽게 보입니다. 일제 강점기에는 독립운동을 했고, 분단 이후 자유당 정권 시기에는 자유당 독재를 비판했으며, 5·16군사쿠데타 이후에는 박정희의 군사 독재를 신랄하게 비판했습니다. 얼마 전 어느 시사 주간지 편집장이 함석헌이 5·16을 환영하고 찬양했다고 썼는데, 완전히 거꾸로 읽은 겁니다. 여름을 겨울이라 하고 겨울을 여름이라 한 것과 다를 바 없습니다.

1942년에는 '성서조선 사건'으로 일제에 의해 서대문형무소에서 1년간 복역했고, 1945년에는 '신의주 학생 사건'으로 소련군 사령부에 체포되어 50일간 구금되었고, 1958년에는 「생각하는 백성이라야 산다」 때문에 자유당 정권에 의해 서대문형무소에 20일간 구금되었습니다. 이러니 평생 저항하는 삶을 살았던 철학자라고 할 수 있습니다.

그런데 저항의 방식이 독특합니다. 무슨 일이 있으면 글을 쓰고 강연을 하면서 권력을 비판했어요. 예를 들이 유신 징권 때 박정희가 해남에 있는 표충사(表忠祠)를 방문하고 이른바 정화 사업을 벌인 적이 있습니다. 표충(表忠)은 충성을 드러낸다는 뜻인데, 함석헌은 당시 박정희를 비판하는 글을 쓰면서 충(忠) 자를 '벌레 충(虫)' 자로 바꿔서 썼습니다. 독재에 대한 충성, 버러지 같은 충성이라는 의미로 독재 정부를 비판한 것이죠. 일제 강점기에는 일본과 싸우고, 또 공산주의와도 싸웁니다. 소련군에 붙잡혀 들어가기도 했고 미 군정하에서도 저항을 했습니다. 그리고 권력을 비판할 때 대체로 동아시아 고전과 성서를 인용했습니다. 고전의 가장 중요한 기능 중 하나가 현실 비판이니 이런 방식의 읽기야말로 제대로 된 고전 읽기라고 할 수 있습니다.

동아시아에서 가장 오래된 고전은 '시서'입니다. 가장 오래된 금서는 무엇일까요? 그 또한 '시서'입니다. 시서는 『시경』과 『서경』을 합해서 일컫는 말이죠. 가장 오래된 책과 가장 오래된 금서가 일치한다는 사실에서 결국 책이란 누군가에게 금지될 수밖에 없는 운명을 타고난다는 것을 알 수 있습니다. 이 책들이 천하를 다스리는 데 방해가 된다고 생각해서 금지했던 자는 진나라 승상이었던 이사(李斯)입니다. 이사는 이 두 책이 "옛것을 가지고 지금을 비난한다(以古非今, 道古以害今)"라고 했습니다. 이사가 고전을 탄압한 것은 두말할 필요 없이 폭거지만 그가 고전을 두고 '지금을 비판하는 해로운 물건'이라고 지목한 것은 역설적이지만 정확한 간파라고 할 수 있습니다. 지금에 해롭다는 것은 현재의 권력에 해롭다는 뜻이죠. 어찌 시서만 그렇겠습니까. 성서도 마찬가지입니다.

함석헌은 자신이 읽은 고전을 가지고 시대를 재해석하고 권력과 불화합니다. 고전을 그냥 글로 치부하지 않고 자신의 삶을 통해 고전의 가치를 실현하고자 한 것입니다. 『논어』나 『맹자』 같은 유가 문헌은 말할 것도 없고, 현실 도피나 은둔으로 읽기 쉬운 『도덕경』이나 『장자』를 읽을 때도 저항의 철학, 저항의 문학으로 읽어 냅니다. 심지어 최치원의 「토황소격문」처럼 지배자의 편에서 쓴 글을 읽을 때도 그 내용을 인용하여 군사 독재를 비판합니다. 1963년 8월호 『사상계』에 발표한 글 「꿈틀거리는 백성이라야 산다」에서 「토황소격문」을 인용하여 "최치원이 신라 때만 있고 지금은 없는 줄 아느냐. 지금도 세상을 망가뜨리는 놈은 '不惟天下之人 皆思顯戮 抑亦地中之鬼 已議陰誅〔온 천하 사람들이 드러내놓고 너를 죽이려 할 뿐만 아니라 땅속의 귀신들까지 이미 몰래 죽일 것을 의논했을 것이다〕'라 한다"라고 하여 5·16쿠데타를 반란이라고 대놓고 비판했습니다. 기본적으로 쿠데타 세력을 반란 세력으로 간주한 것입니다. 이런 점에서 함석헌의 고전 읽기는 오늘날 우리가 고전을 읽을 때도 전범으로 삼을 만하다고 생각합니다.

씨울과 함께 고난의 길을 가다

함석헌 자신의 표현을 따르면, 그는 1901년 3월 13일 평안북도 용천군의 황해 바닷가 조그만 농촌에서 태어났습니다. 함석헌은 스승이었던 유영모의 영향으로 하루하루 날짜를 세면서 살았는데, 재미있게도 두 사람의 생일이 3월 13일로 같습니다. 그런데 세상을 떠난 날짜도 단 하루 차이입니다. 유영모는 1981년 2월 3일 92세로 세상을 떠났고, 함석헌은 1989년 2월 4일에 89세로 세상을 떠났습니다. 우연의 일치지만 이런 점도 두 사람의 운명적 만남을 예고한 듯해서 이야깃거리가 됩니다.

함석헌이 태어난 곳은 행정 구역으로 치면 평안북도 용천군(龍川郡) 부라면(府羅面) 원성동(元城洞)입니다. 훗날 함석헌은 자신이 태어난 평안도는 '상놈'이라 천대받는 지방이었는데, 그 때문에 새것을 받아들이는 데 빨라서 새 시대에 앞장섰다고 이야기한 적이 있어요. 여기서 새것이란 기독교를 말합니다. 그런데 함석헌은 한국의 기독교는 민족주의를 타고 왔다고 말합니다. 당시 기독교를 믿었던 사람들은 영혼의 구원에도 매력을 느꼈지만 나라를 독립시키려면 서양 선진국의 종교를 믿어야 한다는 생각이 있었다고 해요.

이후 열 살 때 나라가 아주 망했는데 어른들이 예배당에서 통곡하는 모습을 보고 크게 충격을 받았다고 합니다. 그래도 아주 낙담하지는 않고 의사가 되겠다는 생각으로 '더럽게 여기던' 일본 말로 가르치는 공립 학교에 다니기 위해 도시로 갔다고 합니다.

1916년에 평양고등보통학교에 입학하는데, 3학년 재학 중에 3·1운동에 참가했다가 퇴학 처분을 받습니다. 이때 일본인 교장이 반성문을 써 오면 용서해 주겠다고 했는데 함석헌은 거절하고 퇴학당합니다.

1921년에 오산학교 3학년에 편입합니다. 이때 오산학교 교장으로 있던 유영모를 만났고 그를 통해 우치무라 간조를 알게 됩니다. 1923년에 오산학교를 졸업하고, 1924년에 일본에 유학하여 도쿄고등사범학교를 다니면서 우치무라 간조의 강연을 듣고 무교회주의 기독교 사상에 깊이 감명합니다. 훗날 함석헌은 이를 두고 인생의 빛을 만났다고 이야기했습니다. 1925년에 간조의 문하생이던 김교신, 송두용, 정상훈, 류석동, 양인성과 함께 '조선성서연구회'를 결성하고, 1927년에는 이들과 함께 『성서조선』을 창간합니다.

1928년에 도쿄고등사범학교를 졸업하고 귀국한 뒤 오산학교 교사로 부임하여 역사와 수신(修身)을 가르칩니다. 오산학교에서는 1938년까지 재직합니다.

1934년 2월부터 『성서조선』에 「성서적 입장에서 본 조선역사」를 연재하기 시작하여 1935년 12월까지 지속합니다. 이 글은 나중에 『뜻으로 본 한국역사』로 출간됩니다.

그리고 1937년 12월에는 영국 낭만파 시인 셸리의 「서풍의 노래(Ode to the West Wind)」를 번역하여 『성서조선』에 게재합니다. 「서풍의 노래」 마지막 두 행(行)은 다음과 같습니다.

예언의 나팔이여, 오, 바람이여,
겨울이 왔거든 봄이 어찌 멀었으리요?
The trumpet of a prophecy! O Wind,
If Winter comes, can Spring be far behind?

일제 강점기를 살았던 37세의 젊은이에게 일제의 탄압은 거센 바람이 몰고 온 겨울로 비쳤을 겁니다. 하지만 함석헌은 이 시에서 노래한 것처럼 그 시련 속에는 기어코 봄이 오고 만다는 해방의 희망 또한 담겨 있다고 보았습니다.

이후 함석헌은 73세, 그러니까 10월 유신이 선포된 이듬해인 1973년에 다시 「서풍의 소리」라는 글을 『씨올의 소리』에 게재합니다. 독재 정권을 겨울에 빗대고, 지금 비록 씨올이 고통받고 있지만 기어코 씨올의 생명이 움트는 봄이 오고야 말 것이라는 희망을 실어서 씨올의 용기를 북돋우기 위한 의도로 보입니다.

1942년에는 앞서 말씀드린 것처럼 '성서조선 사건'으로 서대문형무소에 미결수로 1년간 복역합니다. 그리고 광복 후인 1945년 9월에 평북자치위원회 문교부장을 맡았는데 11월 23일에는 신의주 학생 사건 배후 주모자로 지목되어 소련군 사령부에 체포되어 50일간 구금됩니다. 공산주의와도 싸운 셈인데, 이 점에 특별히 방점을 찍을 필요는 없습니다. 이후 남으로 내려온 뒤에는 미 군정을 비판하고, 자유당 독재, 군사 독재와 싸웠으니 가는 곳마다 권력과 불화했다고 할 수 있으니까요. 또 공산주의와 싸운 것은 틀림없지만 스스로 "공산주의보다 자본주의가 더 위험하다"라고 했어요. 자신이 경험한 공산주의를 부정적으로 평가하기는 했지만 그렇다고 자본주의를 긍정적으로 평가한 것은 아니기에 함석헌을 반공주의자로 규정하는 것은 정확한 평가가 아닙니다.

1958년 8월에는 『사상계』에 「생각하는 백성이라야 산다」를 기고했다가 서대문형무소에 20일간 구금됩니다. 그리고 5·16쿠데타 직후인 1961년 7월 『사상계』에 「5·16을 어떻게 볼까」를 발표합니다. 몇 해 전 『교수신문』에서 실시한 설문조사에서 한국 지성사에서 가장 중요한 책으로 『사상계』가 꼽힌 적이 있지요. 두 번째가 리영희의 『전환시대의 논리』였고요.

1962년에는 미국 국무부 초청으로 3개월간 미국을 여행합니다. 그리고 퀘이커 학교를 방문하여 10개월간 공부합니다.

1970년 4월 19일에 『씨올의 소리』를 창간하는데 곧이어 인가가 취소되자 법정 투쟁에 나서서 이듬해에 대법원에서 승소합니다. 이후 1980년 7월에 폐간될 때까지 『씨올의 소리』를 계속 발행합니다. 저도 고등학교 다닐 때 『씨올의 소리』를 종종 읽었습니다. 당시 동네 서점 주인이 수학 교사를 하다 정년 퇴직한 분이었는데, 제가 자주 갔더니 『씨올의 소리』를 권해주시더라고요. 그때는 피를 토하는 듯한 부르짖음을 소화하기 힘들었던 기억이 있습니다.

1974년 11월 27일에는 윤보선, 김대중과 함께 민주회복국민회의에 가담하여 시국선언에 참여합니다. 그리고 1976년 3·1절 기념 미사에서 재야 인사들(김대중, 김승훈, 안병무, 윤반웅, 윤보선, 이문영, 문익환, 문동환, 서남동, 정일형, 이우정, 함세웅 등)과 함께 기자 회견을 열고 긴급조치 철폐를 요구합니다. 이게 이른바 '3·1민주구국선언'인데, 명동성당에서 해서 '명동 사건'이라고도 합니다. 박정희 정권은 이 사건을 정부 전복을 선동하는 행위로 규정하고 함석헌을 비롯한 관련자를 대거 구속했는데, 재판 결과 함석헌은 김대중, 문익환, 윤보선 등과 함께 징역 5년을 선고받습니다.

1979년에는 미국의 퀘이커 봉사회 소속 바바라 바우만이 내한하여 노벨 평화상 추천서를 전달합니다. 같은 해에 미국을 여행하다가, 10월 26일에 박정희 저격 사건이 일어나자 여행을 중단하고 귀국합니다.

이해 11월 24일에 윤보선 등과 함께 이른바 YWCA 위장 결혼식 사건을 주도합니다. 당시 통일주체국민회의라는 기구가 있었죠. 이 기구는 평화 통일을 추진한다는 명분으로 1972년에 설치되었지만 실은 독재 정권이 국민의 투표권을 빼앗기 위해 만든 기구였습니다. 장충체육관에 대의원 모아 놓고 100퍼센트 찬성을 받아서 박정희가 대통령이 되었죠. 한 명이라도 반대표를 던지거나 하면 그 사람 이름이 신문에 나곤 했어요. 어떤 대의원이 대통령 이름을 '박정의'라고 써서 조사받은 일도 있습니다. 그런 상황이 박정희 사후에 그대로 재연되자 민주 인사들이 결혼식을 가장하여 명동 YWCA 강당에 모인 다음, 통일주체국민회의를 해산하고 대통령 직선제를 실시하라는 성명을 발표하고 가두시위를 벌입니다. 이 사건으로 함석헌을 비롯하여 모두 96명이 계엄포고령 위반으로 검거되었습니다.

1980년에는 『씨올의 소리』 창간 10주년을 기념하여 제주에서 강연하다가 정보원들에게 연행되었고, 이해 7월에 『씨올의 소리』가 계엄 당국에 의해 폐간됩니다.

1985년에는 두 번째로 노벨 평화상 후보로 추천됩니다. 1987년에는 5공정권 말기 민주화의 열기 속에서 언론기본법(전두환 정권의 통치 기반 구축의 일환으로 언론 규제의 제도적 장치를 마련하기 위해 국가보위입법회의에서 제정한 법률. 1980년 제정되어 1987년 폐지됨)이 폐기되자 『씨올의 소리』 복간을 신청하여 이듬해인 1988년 12월에 폐간당한 지 8년 만에 복간됩니다.

1989년 2월 4일, 89세(3만 2,105일)로 영면합니다.

이렇게 함석헌의 삶을 비교적 자세하게 살펴봤습니다. 제가 이 절의 제목으로 붙였듯이 그야말로 씨올과 함께 고난의 길을 걸어간 삶이었다고 할 수 있습니다.

'시대 전체의 자리'에서 고전을 읽다

함석헌의 모든 글에는 동아시아 고전이 녹아 있습니다. 먼저 그가 노자와 장자를 어떻게 이해하고 있는지 살펴보겠습니다. 함석헌은 일제 강점기에는 성서를 읽으면서 버텼고, 군사 독재 시절에는 『도덕경』과 『장자』를 읽으면서 견뎠다고 이야기합니다.

> 나는 노자·장자를 좋아하는 것이 아니라, '깊은 숲속에 깃들인 뱁새'같이 '시냇가에서 물 마시는 두더지'같이 날마다 그들을 만나고 대화하면서 살아가는 사람이다. …… 나는 일제 시대에 구약 성경의 「이사야」, 「예레미야」를 많이 읽었다. 그 압박 밑에서 낙심이 나려 하다가도 그들의 굳센 믿음과 위대한 사상에 접하면 모든 시름을 다 잊고 다시 하늘을 향해 일어설 수가 있었다. …… 마찬가지로 이 몇 십 년의 더러운 정치 속에서도 내가 살아올 수 있는 것은 날마다 노자·장자와 대화를 할 수 있었기 때문이다.
> ─함석헌, 「노장을 말한다」, 『함석헌 저작집 24』(한길사, 2009)에서

북송의 정이(程頤)는 『논어』를 읽은 사람은 네 부류가 있다고 한 적이 있

습니다. "읽고 나서 아무 일이 없는 사람이 있고, 읽고 난 뒤 한두 구절 얻어서 기뻐하는 사람이 있고, 읽고 나서 좋아하는 사람이 있고, 읽고 나서 자신도 모르게 손발이 춤추는 사람이 있다〔有讀了全然無事者 有讀了後其中得一兩句喜者 有讀了後知好之者 有讀了後直有不知手之舞之足之蹈之者〕"라고 했는데, 뒤의 두 부류는 각각 좋아하는 것〔好之〕과 즐기는 것〔樂之〕을 가리킵니다. 당연히 좋아하는 것보다 즐기는 경지가 더 높은 수준입니다. 『논어』에도 "아는 것은 좋아하는 것만 못하고, 좋아하는 것은 즐기는 것만 못하다〔知之者不如好之者 好之者不如樂之者〕"라고 했으니까요.

그런데 함석헌은 여기서 자신은 노자, 장자를 그저 좋아하는 것이 아니라 그들과 만나고 대화하면서 살아간다고 이야기합니다. 흔히 고전을 읽기만 하고 삶을 돌아보지 않을 때 '책 따로 나 따로〔書自我自〕'라고 하는데, 함석헌의 경우는 노자, 장자가 저기 높은 곳에 있고, 나는 여기 낮은 곳에 있는 것이 아니라 노자, 장자가 곧 내 삶이라는 식입니다. 고전을 즐기는 정도가 아니라 아예 '고전이 된 삶'이라고 해야 할 수준인데, 이런 식의 고전 읽기는 스승 유영모의 영향을 받아 형성된 것으로 보입니다. 여기서 살아간다는 말은 단순히 일상적으로 고전을 읽으면서 살았다는 뜻이 아닙니다. 일제의 압박 아래에서 성서를 읽으며 낙담하지 않을 수 있었고, 이 몇십 년 동안에는 노자, 장자와 대화한 덕분에 살 수 있었다고 했으니까요.

'깊은 숲속에 깃들인 뱁새'는 『장자』 「소요유」 편에 나오는 말입니다. 요임금이 은자였던 허유를 찾아와 천하를 바치자 허유가 자신은 천하를 쓸데가 없다고 거절하면서 "뱁새가 깊은 숲속에서 둥지를 틀지만 나뭇가지 하나면 충분하고, 생쥐가 황하 물을 마시지만 배만 채우면 그만이다"라고 말합니다. 이 대목을 인용한 것은 아마도 천하가 쓸 데가 없어야 천하를 받지 않을 수 있듯이 권력이 필요 없어야 권력과 맞설 수 있다고 생각했기 때문인 듯합니다.

우리가 고전을 읽는 목적이 어디에 있을까요? 많은 지식을 쌓아서 경쟁에서 이기기 위해서? 아니면 지적인 대화를 하기 위해서? 곰곰이 생각해 보면 함석헌의 말이 무슨 뜻인지 이해할 수 있습니다. 함석헌은 살기 위해서 고전을 읽은 것으로 보입니다. 그 때문에 고전을 읽는 방식에서도 차이가 있습니다. 그러니 그를 흔한 고전 해설가로 간주해서는 안 됩니다.

사실 이날까지의 옛글에 대한 모든 해석은 권위주의, 절대주의, 귀족주의, 고정주의에 사로잡혀 있다. …… 제일 문제되는 것은 권위문제일 것이다. …… 그 점에서는 석가나 예수의 태도를 배우는 것이 옳을 것이다. 결코 형식에 거리끼지 않았다. 또 저쪽을 승인시키자는 것이 목적 아니었다. 그들에게 권위는 영(靈)에 있었지 글이나 제도에 있지 않았다. …… 그렇기 때문에 자유자재로 새 해석을 하고 깨쳤다. 그러고는 옛날의 전통을 한 점 한 획도 무시하지 않노라고 했다. 눈으로 경전을 읽는 것이 아니라 그 시대 전체의 자리에서 읽었다.

—함석헌, 「옛글 고쳐 씹기」, 『함석헌 저작집 24』(한길사, 2009)에서

우선 지금까지의 고전 해석을 두고 권위주의, 절대주의, 귀족주의, 고정주의에 사로잡혀 있다고 비판합니다. 이중에 가장 문제가 되는 것이 권위주의인데, 석가나 예수의 태도를 배우면 된다고 간단히 이야기하죠. 석가나 예수는 기존의 경전이나 율법서의 권위에 얽매이지 않았죠. 그러니 우리도 당연히 그들과 마찬가지로 '자유자재로 새 해석을 하고 깨우치는 방식'으로 고전을 읽어야 한다는 겁니다. 이어서 그들은 "눈으로 경전을 읽는 것이 아니라 그 시대 전체의 자리에서 읽었다"라고 했는데, 결국 고전

을 제대로 읽기 위해서는 기존의 권위에 얽매여 현재의 삶을 버려서는 안 된다는 말입니다. 이런 점에서 현대 한국 사회에서 탈권위의 고전 읽기는 함석헌에서 시작되었다고 해야 할 것입니다.

> 『장자』는 그저 단순히 시원한 문학만이 아니다. 피눈물이 결정된 저항의 문학이요, 삶의 부르짖음이다. …… 그렇게 볼 때 평화주의란 결코 평안에서 오는 한가한 말이 아니요, 뼛속에서 우러나오는 비폭력의 부르짖음임을 알 수 있다.
>
> —함석헌, 「노장을 말한다」, 『함석헌 저작집 24』(한길사, 2009)에서

『장자』를 저항의 문학으로 보고 비폭력 사상으로 읽어 낸 건 탁월한 견해예요. 저도 여기에서 힌트를 얻어 『장자』를 저항의 문학으로 읽습니다. 현대 한국 사회에서는 『장자』를 현실 도피의 텍스트로 이해하는 이들이 많습니다. 또 중국 학자들 중에서도 장자를 무기력한 지식인의 전형으로 보고 비판하는 이들이 많아요. 아무 힘도 없고 실천도 못 하는 지식인이어서 역동적이지 못하다고 봅니다. 장자는 전쟁과 폭력의 시대에 낮잠이나 자겠다고 했는데, 낮잠 자는 게 어떻게 저항인가 싶겠지만 낮잠 안 자는 사람들이 살육과 만행을 저지르는 상황에서는 낮잠 자는 것만으로도 충분히 저항이 될 수 있습니다. 낮잠이나 자는 사람은 불성실한 사람, 게으른 사람일 수 있습니다. 그런데 장자가 살았던 시대에 성실하고 게으르지 않은 사람들이 한 일이 전쟁에 나가는 일이었습니다. 성공하면 남을 죽이고 실패하면 자기가 죽죠. 그런 일을 하지 않는 데 어떤 자격이 필요할까요? 아무리 불성실하고 게으른 사람이라도 그렇게 하지 않을 자격이 있습니다. 인류에 대한 죄를 저지르지 않는 것에 무슨 자격이 필요하겠습니까.

어느 시대건 총칼을 들지 않겠다는 것이 상식이 되어야 합니다. 인류를 해치면 안 된다는 건 칸트식으로 말하면 정언명령입니다. 무조건적일 뿐 아니라 보편적 도덕 법칙입니다. 그런데 그것이 상식이 되지 않는 게 현대 사회입니다. 지금 이 나라에서도 총칼을 들지 않겠다고 하면 감옥에 가야 합니다. 굉장히 이상하죠. 우리가 읽는 성서, 『도덕경』, 『장자』, 『논어』 어디에도 전쟁을 정당화하는 대목이 없습니다. 도리어 무기를 녹여 농기구를 만들라(성서), 전쟁은 불길한 일이다(『도덕경』), 멀리 있는 이가 복종하지 않으면 무력이 아닌 문덕을 베풀어야 한다(『논어』)고 했죠. 책대로 실천하기가 쉽지 않습니다. 읽은 대로 실천하려면 당장 주변에 있는 사람과 싸워야 하고, 급기야 국가를 상대로 싸우다가 감옥에 가는 게 지금 현대 한국인의 삶입니다. 이건 개인의 문제가 아닌데 마치 특정 종교나 특정 개인의 문제로 치부되어 왔습니다. 함석헌 이후로 이 점에서는 나아진 게 없어 보입니다.

함석헌은 동아시아 고전 중에서 『도덕경』, 『장자』뿐 아니라 『맹자』도 자주 인용했습니다. 특히 맹자가 "백성이 가장 존귀하고 사직이 그다음이고 임금은 가벼운 존재다〔民爲貴 社稷次之 君爲輕〕"라고 한 대목과 "사람 죽이기를 좋아하지 않는 자가 천하를 통일할 수 있다〔不嗜殺人者能一之〕"라고 한 말을 특별히 좋아했고, 모름지기 올바른 정치란 맹자의 말처럼 남에게 '차마 하지 못하는 마음〔不忍人之心〕'에 바탕해야 한다고 했습니다. 그런데 맹자는 '혁명론'을 주장한 철학자이기도 합니다. 맹자는 민의(民意)를 얻지 못하는 임금은 언제든 바꿀 수 있다고 주장하는데, 함석헌 또한 5·16쿠데타를 비판하면서 같은 말을 합니다. "오직 민중만이 혁명할 수 있다. 민중의 의사를 듣지 않고 꾸미는 혁명은 아무리 성의로 했다 하여도 참이 아니다"라고 한 말 역시 맹자의 영향으로 보입니다.

민중만이 혁명을 할 수 있다

앞에서 말했듯이 함석헌은 5·16쿠데타 직후인 1961년 7월에 「5·16을 어떻게 볼까」라는 글을 『사상계』에 발표했습니다. 일부를 읽어 보겠습니다.

> 제 발이 오천 년 아파도 아프단 소리를 못하고, 슬퍼도 목을 놓고 울어도 못 본 이 민중을, 이제 겨우 해방이 되려는 민중을 또다시 입에 굴레를 씌우지 마라. 정신에 이상이 생겼거든 지랄이라도 맘대로 하게 해야 될 것이다. 4·19 이후 첨으로 조금 열렸던 입을 또 막아? 언론 자유니, 남북협상 소리 나오더라고 성급한 소리를 마라. 그 원인이 거기 있는 건 아니다. 옅은 수작 마라.

왜 이런 말을 할까요? 5·16에 대해 비판하는 사람이 그만큼 적다는 겁니다. 쿠데타가 좋다고 생각해서 비판하지 않는 것이 아니라 처벌을 받을까 무서워서 못한다는 거죠. 민중의 입에 또다시 굴레를 씌우지 마라고 한 데서 그런 생각을 읽을 수 있습니다. 이어서 누가 혁명의 주체가 되어야 하는지에 대해 이야기합니다.

> 혁명은 사람만이 한다. 학생은 사람이 아니다. 그러므로 먼젓번에는 실패했다. 군인도 사람은 아니다. 그러므로 이번도 군인이 혁명하려 해서는 반드시 실패한다.

함석헌은 군인은 혁명의 주체가 될 수 없다고 분명하게 이야기합니다. 4·19의 한계에 대해서도 이야기하는데, 역시 혁명의 주체가 될 수 없기 때문이라고 합니다. 이어서 그 이유를 학생이 시작했지만 민중 운동이 되지 못한 데 있다고 말합니다.

그 소리가 무슨 소리냐? 학생은 그 혁명 4월에 했듯이 사월의 잎이다. 사월은 잎이 피는 달이다. 잎은 나무가 아니다. 잎이 나무를 만드는 것 아니라, 나무가 잎을 피운다. 학생은 잎처럼 길이 푸를 것이다. 4·19의 정신 늘 없어지지 않을 것이다. 그 녹색(綠色)정신, 그 평화주의, 그 비폭력주의(非暴力主義), 그 공명정대주의(公明正大主義)는 늘 자랄 것이다. 그러나 그것은 잎으로서 하는 것이 아니요, 나무로서만 하는 것이다. 민중(民衆)의 덕(德)은 목덕(木德)이다. 나무의 산 것이 잎에서 발단(發端)하지. 자엽(子葉)부터 나오지. 허지만 마침내는 나무가 서야 한다. 학생이 시작했지만 혁명은 민중의 혁명이어야 할 것이었다. 그런데 4·19, 4·19, 서로 주고받는 빈 칭찬, 아첨, 나쁜 이용, 쓸데없이 부푼 가슴뿐이었지 민중운동이 되지 못했다. 거기는 민주당, 혁신당의 죄가 많지만, 그래도 역시 따지면 결국 민중 저 자신의 죄였다.

학생이 잎이라면 군인은 꽃이다. 5월은 꽃달 아닌가? 5·16은 꽃 한번 핀 것이다. 꽃은 찬란하기가 잎의 유가 아니다. 저번은 젊은 목청으로 외쳤지만 이번은 총칼과 군악대로 행진을 했고, 탱크로 행진했다. 그러나 잎은 영원히 길어야 하는 것이지만 꽃은 활짝 피었다가는 깨끗이 뚝 떨어져야 한다. 화락능성실(花落能成實)이다. 꽃은 떨어져야 열매 맺는다. 5·16은 빨리 그 사명을 다하고 잊어져야 한다.

학생은 잎이고 군인은 꽃이라고 한 대목을 잘못 읽으면 함석헌이 쿠데타를 환영했다고 억지로 왜곡할 수 있는 부분이 전혀 없지는 않습니다.

"군인은 꽃이다. 5월은 꽃달 아닌가? 5·16은 꽃 한번 핀 것이다. 꽃은 찬란하기가 잎의 유가 아니다." 이런 대목만 읽고 뒷부분을 읽지 않으면 함석헌이 5·16군사쿠데타를 환영했다고 오해할 수 있겠죠. 그렇게 이야기하는 사람들은 이 대목만 읽었나 봅니다. 그러나 이어서 "꽃은 활짝 피었다가는 깨끗이 뚝 떨어져야 한다"라고 했죠. 빨리 제자리로 돌아가란 이야기입니다. 결코 환영한 게 아닙니다. 그리고 오직 민중만이 혁명할 수 있다고 분명하게 이야기합니다.

> 혁명은 민중의 것이다. 민중만이 혁명을 할 수 있다. 군인은 혁명 못한다. 아무 혁명도 민중의 전적(全的) 찬성, 전적 지지, 전적 참가를 받지 않고는 혁명이 아니다. 그러므로 독재가 있을 수 없다. 민중의 의사를 듣지 않고 꾸미는 혁명은 아무리 성의로 했다 하여도 참이 아니다. 또 민중의 의사를 모르고 하는 것이 자기네로서는 아무리 선(善)이라 하더라도, 또 사실 민중에게 물질적인 행복을 가져온다 하더라도, 그것은 성의(誠意)는 아니다.
> 강아지를 아무리 잘 길러도 그것이 참 사랑은 아니다. 참 사랑은 내가 저를 좋아할 뿐 아니라 제가 또 나를 좋아하도록 되어야 하는 것이다. 민중을 동물로 사랑하고 기르고 불쌍히 여겨서도 성의(誠意)는 아니다. 그는 때리면서라도 사람으로 대접해주기를 바란다. 그러므로 민중 내놓고 꾸미는 혁명은 참 혁명이 아니다. 반드시 어느 때 가서는 민중과 버그러지는 날이 오고야 만다. 즉 다시 말하면, 지배자로서의 본색을 나타내고야 만다. 오래 속였으면 속였을수록 그 죄는 크고 그 해는 깊다.
> ─함석헌, 「5·16을 어떻게 볼까」, 『함석헌 지직집 5』(한길사, 2009)에서

맹자는 폭력으로 정치하는 자를 죽이고 인정을 펼치는 자가 왕이 되는

것을 혁명이라고 했죠. 제나라 선왕이 "무왕(武王)이 신하로서 자기 임금이었던 주(紂)를 시해한 것이 옳으냐" 하고 따지자, 맹자는 "제 한 놈 주를 죽였다는 이야기는 들었어도 임금 시해했다는 이야기는 못 들었다"라고 받아쳤죠. 물론 왕조 시대의 이야기이니 주왕이나 무왕이나 다 지배 세력이었고 민중이 혁명의 주체가 되지는 못했습니다. 시대의 한계입니다.

하지만 근대 혁명은 지배 세력을 교체하는 것입니다. 그런데 폭력으로 민주 정부를 뒤엎은 군사 쿠데타를 혁명이라고 이야기하는 것은 언어도단입니다. 함석헌은 글에서 분명히 민중만이 혁명을 할 수 있다고 이야기합니다. 군이 해설할 필요도 없습니다. 함석헌의 말처럼 오직 민중만이 혁명의 주체가 될 수 있습니다. 혁명을 싫어할 수도 좋아할 수도 있지만, 혁명이란 말 자체는 그런 뜻입니다. 그리고 함석헌은 이 글을 쓴 뒤에도 계속 군사 독재에 저항했습니다. 삶 자체가 군사 독재 정권과의 싸움이었죠. 글로 보나 삶으로 보나 오해의 소지는 추호도 없습니다.

물음 없는 대답과 대답 없는 물음

앞서 함석헌이 1962년에 미국을 방문하여 퀘이커 학교에서 10개월간 공부했다고 말씀드린 적이 있습니다. 무교회주의자였다가 퀘이커교도가 된 셈입니다. 함석헌은 한국에서 1950년대 후반부터 이미 퀘이커 모임에 참여했고, 이후 한국 퀘이커교 대표로 활동합니다. 그가 퀘이커교도가 된 것은 스승 유영모가 함석헌의 여성 문제를 공개 비판하면서 어려움에 처했을 때 퀘이커 모임에서 위로를 받은 개인적인 사정도 작용한 것으로 보입니다. 하지만 이후 1989년 세상을 떠날 때까지 해외의 퀘이커교도들과 지속적으로 교류하면서 국내에서 치열하게 민주화 운동에 참여한 것을 보면 이 일을 단순히 사적인 차원의 선택으로만 이해해서는 안 될 것입니다.

기독교 신자로서 함석헌은 무교회주의로 시작해서 퀘이커교도로 삶을 마감한 셈인데, 퀘이커교도가 된 뒤 사람들이 그에게 왜 퀘이커교도가 되었느냐고 자주 물었나 봅니다. 그에 답한 글이 「나는 어떻게 퀘이커가 됐나」입니다. 이 글에서 함석헌은 자신이 죄를 지었고, 그 죄 때문에 주변 친구들까지 모두 떠난 상태에서 물에 빠진 사람이 지푸라기라도 붙드는 심정으로 퀘이커 모임에 나가게 되었다고 말합니다. 그런데 답하는 방식이 참으로 우문에 현답이라고 할 만합니다.

> 왜를 묻지만 왜란 것이 없습니다. 물론 생각하는 인간에 까닭이 없을 리 있습니까? 까닭을 물어서야말로 사람입니다. 하지만 까닭을 물으면 누가 대답을 합니까? 대답할 수 있는 것은 까닭이 될 수 없고, 까닭이 되는 것은 대답으로 보여줄 수가 없습니다. 삶의 까닭을 누가 압니까? 죽음의 까닭을 누가 압니까? …… 물음 없는 대답도 있고 대답 없는 물음도 있습니다. 대답 못할 물음이야말로 참 물음이요, 물음 없이 하는 대답이야말로 참 대답입니다. 물음으로 대답하고 대답으로 묻는 것 아닙니까? 참이란 그런 것 아닙니까?

"대답할 수 있는 것은 까닭이 될 수 없고, 까닭이 되는 것은 대답으로 보여줄 수 없다"라는 말은, 참된 까닭은 대답으로, 곧 말로 표현할 수 없다는 거죠. 그리고 물음 없는 대답도 있고 대답 없는 물음도 있다는 표현은 종교와 철학이 공존하는 함석헌의 정신세계를 잘 보여 줍니다. 물음 없는 대답은 삶의 궁극적 토대를 묻는 질문에 대한 종교적 대답이고, 대답 없는 물음은 철학적 질문을 뜻하는 것으로 보입니다. 종교는 가르침이고 철학은 물음이니까요. 글을 좀 더 읽어 보겠습니다.

> 내가 퀘이커 모임의 회원이 된 이후 "왜 퀘이커가 됐느냐?" 하는 질문을 종종 받습니다. 그럴 때마다 나는 싱긋이 웃고 맙니다. 옛날 시인같이 싱긋 웃고 대답 아니 함은 마음이 스스로 한가하기 때문입니다. 퀘이커가 됐음 어떻고 안됐음 어떻습니까? 문제될 것이 없습니다. 그러나 그래도 내 마음을 이해 못하고 추궁해 물을 때는 내 대답은 yes and no입니다. 됐담 됐고, 아니 됐담 아니 된 것이란 말입니다.
> 되기는 새삼 무엇이 됩니까? 됐다 해도 나 이상이 될 것 없고, 아니 됐다 해도 나 이하가 될 것 없습니다. 나 나대로인데 무슨 문제가 될 것 있습니까? 나는 돼서 된 것이 아니라 됨이 없이 되어진 것입니다. 그러나 또 나는 되자는 것이지 되자는 목적과 힘씀이 만일 없다면 사람이 아닙니다. 한없이 되자는 것이야말로 사람입니다. 돼도 돼도 될 수 없는 것을 돼보자고 시시각각으로 애를 쓰는 것이 삶이라는 것입니다.
> 내가 퀘이커 모임의 회원이 된 것은 사실입니다. 그러나 나는 퀘이커가 된 것은 아닙니다. 도대체 퀘이커는 돼서 될 수 있는 것입니까? 만일 돼서 될 수 있는 것이 퀘이커라면 나는 퀘이커는 되지 않았을 것입니다. 될 수 없는 것이 문제입니다. 될 수 없는 것이 되자고 애를 쓰는 동안에 돼진 것이 퀘이커일 것입니다.

왜 퀘이커가 되었느냐는 물음에 대한 대답이기도 하고 아니기도 합니다. 흔히 종교는 모태 신앙 아니면 어떤 종교 단체의 힘을 보고 집단 동조하는 형식으로 선택하게 되는데, 함석헌의 경우는 둘 다 아닙니다. 그러니 그런 질문에는 대답하지 않은 셈입니다. 대답을 했다는 것은 "돼도 돼도 될 수 없는 것을 돼 보자고 시시각각으로 애를 쓴 결과, 될 수 없는 것이 되자고 애를 쓰는 동안에 돼진 것이 퀘이커일 것"이라고 말했기 때문입니다. 곧 자신이 지향하는 삶을 살아가다 보니 저절로 퀘이커교도가 되어 있더라는 거죠. 퀘이커가 어떤 교파인지는 그들이 미국에서 어떤 활동을 했는지 살펴보면 알 수 있습니다. 비폭력 평화, 노예 제도 반대, 전쟁 반대, 양심적 징병 거부, 십일조 반대 등등. 함석헌은 퀘이커의 삶이 자신의 지향과 일치한다고 생각했던 것 같습니다. 한국에 자주 와서 함석헌을 도왔던 미국인 퀘이커교도 아서 미첼(Arthur Mitchell)은 당시 함석헌에게 "당신은 퀘이커교도가 되기 전에 이미 퀘이커였다"라고 한 적이 있는데, 함석헌의 심정을 정확히 간파한 말이라 하겠습니다.

씨올의 생각은 씨올의 말로 해야

이제 함석헌이 우리 민족의 이상에 대해 이야기하는 글을 읽어 보겠습니다. 이 글에서는 우리 민족과 우리말에 대한 성찰이 돋보이는데, "우리말로 해야 우리 민족이 있다"라고까지 말합니다. 이런 데서도 유영모의 영향이 강하게 보입니다만 차이가 있습니다. 유영모가 구사한 우리말은 이해하기 어려웠지만 함석헌의 우리말은 무척 쉽습니다. 워낙 쉬워서 해설할 필요가 없을 정도입니다. 처음 접하는 우리말도 자주 나오지만, 직관적으로 알 수 있을 정도로 맥락이 분명합니다. 그 때문에 함석헌의 글을 해설하기가 오히려 어렵습니다. 저 같은 연구자는 본래 이해하기 어려운 대목이 나와야 해설하면서 폼을 잡는데, 함석헌의 글은 그럴 수가 없습니다.

읽어 볼 글은 「우리 민족의 이상」입니다. 이것은 1963년 2월, 영국 우드 부르크에서 강연한 것을 나중에 글로 바꾼 것입니다.

　민족의 이상이라 했지만, 그러지 말고 우리말로 해봅시다. 그래야 우리 민족이 있습니다.

　이상이라면 알 것 모를 것 같은 무슨 공부라도 많이 한 사람이라야만 알 것 같은 말입니다. 그러나 그런 것 아닙니다. 그런 말을 써야 아는 데 높이가 있고, 생각에 깊이가 있는 것처럼 생각을 하는 사람들이 있습니다. 그래서 한문이라야 참 글이라고 했고, 가톨릭에선 아직도 믿는 사람들이 알아듣지도 못하는 라틴말로 중얼거리고 프로테스탄트도 아직도 제임즈 번역이라야 좋다는 사람이 있고 불교가 들어온 지 천 년이나 되는데 이제야 겨우 우리말로 옮긴 것이 나오려 하고, 철학자들은 몇 사람만이 아는 학술 용어를 쓰고 있습니다. 그것은 다 낡아빠진, 씨올이 무엇인지 알지도 못하는 때에 사람을 업신여기던 봉건사상에서 나온 것입니다. 민족은 씨올이 스스로 제 생각을 하는 데서 시작입니다. 씨올의 말로 해야지.

　이상이 뭐야요? 세워 내놓은 뜻이지. 알기 어려운 남의 말 혹은 옛날 말로 해서 젊은이들을 맴돌이질을 시켜놓고 지식을 비싸게 팔아먹고 힘을 몽땅 쥐고 해먹으려는 생각에서 하니 어려운 말을 일부러 하지, 그렇지 않은 담에야 우리말론들 못할 것이 어디 있어요? 아니요, 반드시 우리말로 해야 우리 것이 됩니다. 우리말로 옮기려 애쓰는 데서 남의 것을 참으로 알고 속에서 내 것이 자라고 밝아집니다. 제 나라 이름조차도 제 글로 모르는 이런 겨레가 어디 있어요? 이것이 겨레야요? 겨레 없으니 나라 없고, 글월〔文化〕이 없고, 살림이 보잘것없는 것은 마땅한 일이지요.

민족의 이상을 이야기하려면 먼저 이상이 뭔지 설명해야겠죠. 그런데 함석헌은 그에 앞서 이상이라는 말부터 우리말로 바꿔 써야 한다고 주장합니다. 그러고는 우리말로 해야 우리 민족이 있다고 선언합니다. 이어서 한문과 라틴어, 학술 용어는 모두 봉건 사상에서 나온 것이라고 비판합니다. 그런 것들은 모두 권력의 도구요, 장삿속이었다는 거죠. 역시 유영모의 영향이 보입니다. 그런데 함석헌은 한걸음 더 나아가 씨올의 말로 해야 씨올이 제 생각을 할 수 있고, 씨올이 제 생각을 해야 민족이 있게 된다고 이야기합니다. 당연한 말이지만 민족이 있어야 민족의 이상을 비로소 말할 수 있는 거죠. 이렇게 말문을 연 다음, 반드시 우리말로 해야 우리 것이 되고, 우리말로 옮기려 애쓰는 데서 남의 것을 참으로 알고 속에서 내 것이 자라고 밝아진다고 강조합니다. 우리말을 강조하는 목적이 남의 것을 부정하는 데 있는 것이 아니라 오히려 그렇게 할 때 남의 것을 참으로 알수 있다고 한 점에서 함석헌의 주장은 국수주의와는 다릅니다.

생각해보십시오. 400년을 중국놈에게 눌려 있어도 중국놈이 못 됐고, 몽고에 잡혀가고 만주에 끌려가 갖은 욕을 보면서도 몽고놈 만주놈이 못 됐으며, 일본한테 악착같이 잡혀 있으면서도 일본놈이 못 됐고, 삼국 시대에 당나라를 끌어들이고 일본을 업어 오면서 미친 듯 싸우면서도 말은 한 말, 사람은 한 사람으로 종시 남았으며, 공자님을 섬기고 석가님을 받들어서 단군이고 한배고 거의 다 잊은 듯하면서도, 그래도 제 말, 제 생각, 제 버릇을 어찌 할 수가 없어서 그냥 지니고 온 그것, 그것이 무엇인지 모르지만 그거야말로 정말 말썽 아닙니까? 그거야말로 물에서도 아니 녹았고, 불에도 아니 탔고, 칼로 찍어도 아니 끊어졌고, 망치로 때려서도 아니 바숴진 것입니다.

함석헌의 역사관이 보이죠. 이웃 나라인 중국, 몽고, 만주, 일본에 의해 돌아가며 수모를 당한 것이 우리 민족이라는 겁니다. 한국사는 한마디로 짧은 영광, 긴 오욕의 역사입니다. 그런데 함석헌의 이 같은 역사 인식이 우리에게 불편하게 다가올 수 있습니다. 제가 대학원에서 '한국인의 의식과 가치관 연구'라는 과목을 강의한 적이 있어요. 정약용의 실학 사상을 강의할 때였는데, 정약용의 글에 '가경(嘉慶)'이라는 청나라 연호가 나오자 어떤 학생이 정약용도 청나라 연호를 썼느냐고 물어요. 그래서 썼다고 했더니 무척 실망하더라고요. 정약용만 아니라 박지원도 명나라가 망했는데도 명나라 연호를 썼습니다. 물론 『열하일기』 같은 경우에는 둘 다 쓰지 않고 후삼경자(後三庚子)로 표현했지만, 지금 우리가 생각하듯이 자주적 태도 때문에 그런 것이 아니라 청나라 눈치 보느라 명나라 연호를 드러내 놓고 쓰지 못해서였습니다. 물론 박지원도 조선 사람은 조선의 역사와 풍속을 알고 글로 써야 한다고 했고, 정약용도 중국 역사나 중국 문장에만 밝은 것은 폐단이고 모름지기 조선의 역사를 알아야 하고 글을 쓸 때도 조선 사람의 문장을 인용해야 한다고 했습니다. 하지만 그런 입장을 대외적으로 드러내지는 못했습니다. 그게 조선이었고 우리 역사입니다. 『열하일기』는 청나라 건륭제 생일 축하 사절단이 북경에 갈 때 연암이 따라가서 보고 들은 것을 남긴 견문기죠. 사절단이 무얼 하러 갔겠습니까? 외교적으로 대우를 받으러 간 게 아니라 일종의 조공 절차에 따른 것입니다.

세종이 새해 첫날 일어나서 맨 처음 한 일이 무엇이냐? 명나라 쪽을 바라보고 절을 했어요. 그게 조선입니다. 고려도 마찬가지였어요. 원나라에서 사신을 보내면 고려 왕이 문무백관을 거느리고 궐 밖으로 나가서 맞이했고, 사신에게 무릎 꿇고 절하고 그랬어요. 『고려사』에 나오는 기록입니다. 물론 그러고 싶어서 그런 것은 아니죠. 힘이 약한 나라가 평화를 유지하기 위해 어쩔 수 없이 선택한 것입니다. 그런데 이런 역사적 사실이 우리를 불편하게 하죠. 그런데 불편하다고 해서 부정해 버리면 우리 역사가 아닌 게 됩니다. 영광의 역사가 아니라고 부정할 거라면 역사를 공부할 필요가 없겠죠. 함석헌은 이런 우리 역사를 잘 알고 있었기에 오산학교에서 역사를 가르치면서 깊은 고민에 빠졌다고 합니다. 오죽하면 "역사를 읽어 가노라면 책장을 찢고 싶었다"라고 했겠습니까.

그런데 함석헌의 탁월한 점은 이런 우리 역사를 알고도 좌절하지 않고 민족의 이상을 당당하게 이야기했다는 점입니다. 어떻게 그럴 수 있었는지는 뒤에 살펴보기로 하고 여기서는 우선 함석헌이 그런 역사 속에서 우리말이 어떻게 살아남았는지 이야기하는 대목을 주의 깊게 보시기 바랍니다. "물에서도 아니 녹았고, 불에도 아니 탔고, 칼로 찍어도 아니 끊어졌고, 망치로 때려서도 아니 바숴진 것"이 우리말이라고 했어요. 수백 수천 년 동안 이민족의 간섭을 받으면서 거의 모든 것을 잊어버렸어도 끝내 없어지지 않고 남아 있는 것, 그것이 바로 우리말이라는 겁니다. 앞서 "우리말로 해야 우리 민족이 있다"라고 했는데, 이때의 우리말은 씨올의 말이고 우리 민족은 곧 씨올을 가리킵니다. 이어서 함석헌은 우리 민족의 지배자들은 이 씨올의 말을 제대로 지키지 못했다고 비판합니다.

우리가 이 꼴밖에 못 된 것은 우리 잘못이 아닙니다. 우리도 맘 있고 뜻 있고 얼이 있습니다. 우리로 우리 것을 못하게 하고 남의 장단에 춤을 추라고 억지질을 한 저 다스린다는 축들 때문에 이렇듯 병신 꼴이 됐습니다. 안다는 사람, 공부했다는 사람, 원하지도 않는데 제멋대로 이끌어준다, 다스려준다 하는 사람들, 그들은 다 남의 생각으로 사는 사람들입니다. 그 머리가 돌았고, 그 뱔이 바뀌었고, 그 대가리가 비었습니다. 대가리라니 노여워할

지 모르지만, 대감님·영감님이라면 입이 벌어지니 우스운 노릇입니다. 그 말이 제 말인 줄은 모르고. 제 말 잊은 놈은 언제나 그렇습니다. 죽게 된 말 살리노라 입에 숨을 힘있게 마시고 불면 죽게 된 겨레 살아날 것입니다.

이상은 뜻입니다. 세워 내놓은 뜻입니다. 세웠다는 데 때와 곳과 일을 떠나 흔들림 없이 우뚝 선 듯이 있습니다. 내놨다는 데 네 맘만도 내 맘만도 아닌, 이것만도 저것만도 아닌, 모든 것에 맞는 번듯함, 환함이 있습니다. 그러한 뜻이란 말입니다. 이 말 가지고 무슨 철학인들 못 짜내겠습니까?

우리가 이 꼴밖에 못 됐다고 할 때 이 꼴이란 우리 민족이 당한 수난을 가리킵니다. 그런데 함석헌은 그 책임이 씨올들에게 있지 않고 지배자들이 우리로 하여금 우리 것을 못하게 하고 남의 장단에 춤을 추라고 했기 때문이라고 이야기합니다. 그중에서 가장 중요한 게 말인데, 제 말을 잊은 탓에 머리가 돌고 밸이 바뀌고 대가리가 비게 되었다는 겁니다. 통렬합니다. 그런데 이 말을 다시 살리면 겨레가 다시 살아날 것이라고 했는데, 그 과정을 '입에 숨을 힘있게 마시고 부는 것'으로 표현했어요. 말이 곧 숨, 곧 목숨과도 같다는 뜻이죠. 그리고 이상을 '세워 내놓은 뜻'으로 풀이하고 이 말로 무슨 철학이든 만들 수 있지 않겠느냐고 묻습니다.

이어서 성서와 『중용』, 『도덕경』을 인용하면서 우리 민족의 뜻이 틀림없이 이루어질 것이라고 주장합니다.

이 세상은 뛰는 중간입니다. 그러므로 잘한 사람 못한 사람, 앞선 민족, 뒤진 민족이 있습니다. 그러나 결국 가서 그 뜻을 깨닫고 나면 단번에 다 같아집니다. 이 지경을, 이 삶의 상대와 절대의 모순되는 관계를 일찍부터 본 사람들이 있었습니다. 급기지지일야(及其知之一也)니라, 그 아는 자리에 이르고 보면 하나니라, 한 거라든지, 무위이무불위(無爲而無不爲)라, 하는 것이 없어서 아니하는 것이 없다, 한 것이 다 이겁니다. 그러나 이것을 가장 알기 쉽게 설명해 준 것은 예수입니다. 저 유명한 포도원 비유가 그것입니다.

아침 아홉 시에도 사람을 들여보내고, 낮에도, 오후 세 시에도, 나중에 저녁 때 다섯 시에도 들여보냈는데 급기야 삯을 줄 때는 맨 나중에 온 사람부터 시작해서 꼭 같이 준다는 것입니다. 그러고는 이 세상에 똑똑하노라는 사람들이 그 이치를 모르는 것을 책망하노라고 그 먼저 들어온 삯꾼의 힘을 빌어 주인을 시비하게 했습니다. 그런 불공평이 어디 있느냐고? 그럴 때 그 주인 대답이, 내가 선함으로 네가 나를 시비하느냐, 했습니다.

기독교의 중간 윤리와 유교의 중용지도(中庸之道), 노자의 무위(無爲)가 합해진 대목입니다. 이 세상을 '뛰는 중간'으로 보는 건 기독교의 중간 윤리입니다. 현세의 삶은 중간이고 하나님의 나라가 따로 있다는 말이죠. 그러니까 지금은 끝이 아니라 중간이므로 지금 앞서 나간다고 해서 반드시 끝까지 앞서 나가지는 않는다는 겁니다. 현실의 권력과 맞설 수 있는 논리가 여기서 나옵니다. 물론 중간 윤리도 어떻게 활용하느냐에 따라 달라집니다. 중세 가톨릭에서는 중간 윤리를 이용하여 현세의 부정을 감추었죠. 악용한 겁니다. 현실의 권력과 맞설 수 있는 논리도 중간 윤리에서 나오고, 현실의 권력을 지키는 것도 중간 윤리에서 나올 수 있습니다. 함석헌의 독창성은 이 중간 윤리를 개인의 삶에 적용하는 데 머물지 않고 민족의 역사에 적용한 점에 있습니다. 지금까지 우리 민족이 고난의 역사를 거쳐 왔지만 앞으로 영광의 역사로 바뀌리라는 것이죠. 이런 식으로 중간 윤리를 민족이나 국가에 적용한 사례가 또 있는지 모르겠습니다.

중간 윤리와 중용지도를 결합한 것도 독창적입니다. '급기지지일야(及其

知之一也)'는 『중용』 20장에 나오는 말인데, 『중용』에서는 "어떤 사람은 나면서부터 그것을 알고, 어떤 사람은 배워서 그것을 알며, 어떤 사람은 어렵게 그것을 아니, 그것을 앎에 이르게 되면 마찬가지다〔或生而知之 或學而知之 或困而知之 及其知之 一也〕"라고 했어요. 먼저 깨닫든 나중에 깨닫든, 깨닫고 나면 우열이 없고 다 같다는 뜻이죠. 그리고 같은 20장에 "다른 사람은 한 번에 잘하거든 나는 백 번 하며, 다른 사람이 열 번에 잘하면 나는 천 번 한다〔人一能之 己百之 人十能之 己千之〕"라고 했는데, 역시 열 번 해서든 백 번 해서든 깨달으면 마찬가지라는 말입니다. 일찍이 중국 송나라의 주희는 이 대목을 읽고 "가슴 깊은 곳에서 뜨거운 열정이 솟구쳤다"라고 토로하기도 했습니다. 깨달음의 과정을 유학의 가르침으로 바꾸면 자기수양이 되겠죠. 자기수양에는 경쟁이 없습니다. 수양을 이루고 나면 우열이 없습니다. 함석헌은 기독교의 중간 윤리와 중용지도가 모두 자기수양을 말하고 있다는 점을 간파한 듯합니다.

포도원 비유는 제가 1장에서 말씀드린 바 있는데, 「마태복음」에 나오는 세 가지 비유 중 마지막 이야기입니다. 포도원 주인이 일꾼들에게 품삯을 지불하는데 이른 아침부터 일한 사람, 낮에 온 사람, 오후에 와서 일한 사람 모두에게 똑같이 1데나리온을 주었다는 내용입니다. 이 이야기를 대학생들에게 들려주었더니 대부분이 먼저 온 사람이 더 많이 받아야 한다고 하면서 포도원 주인의 처사가 공정하지 못하다고 해요. 또 그런 식이라면 아무도 일찍 와서 일하려 들지 않을 테고 결국 포도원이 망할 거라고 하더군요. 기독교 신자도 많았어요. 그럼 나사렛 예수가 공정하지 못했다는 이야기가 됩니다. 학생들은 모두 포도원을 경영학의 관점으로 바라본 것 같습니다. 경영은 효율을 위한 것이고 일꾼들을 착취할수록 효율이 높아지겠죠. 경쟁을 부추기는 것보다 좋은 착취 방법이 없잖아요? 학생들은 나중에 자신이 포도원 주인과 일꾼 중에 어느 쪽이 될 가능성이 큰지 생각해 보아야 합니다. 대부분 일꾼이 될 텐데 그런 가치관을 가지고 있다면 착취 당할 준비가 잘되어 있는 일꾼이 되겠죠. 물론 착취 잘하는 주인이 된다면 더 끔찍한 세상이 될 겁니다.

계속해서 읽어 보겠습니다.

> 같은 뜻을 탕자 비유의 맏아들에게서도 볼 수 있습니다. 갈 자리에 가고 보면 앞선 것도 뒤진 것도 없다는 말입니다. 그리고 그 갈 자리가 뭐냐 하면 뜻입니다. 일이나 물건이나 해놓은 것으로 되는 이 상대 세계에는 차별이 있지만, 또 그 차별에 따르는 상벌이 있으니 힘을 써서 나가지만, 나간 결과 결국 뜻을 깨닫고 나면 받았던 상이 소용이 없어집니다. 세상에는 금면류관 때문에 예수를 믿는 사람이 많지만, 그런 사람은 사실은 하늘 나라엔 못 갑니다.
>
> 일껏 아버지를 잘 섬기고도 낙제를 하는 것은 맏아들입니다. 일생을 선을 하고도 죽으면 상을 받으려니 하는 사람, 문명을 하고도 우리나라가 일등이지 하는 국민은 다 낙제입니다. 그래서 예수의 유명한 앞선 자 뒤에 서고 뒤진 자가 앞서게 된다는 말이 있는 것입니다. 개인에게서는 이것을 죽는 순간에 봅니다. 인지장사기언야선(人之將死其言也善)이라는 것입니다. 단번에 절대계에 들어가는 것입니다. 그것이 구원이라는 것입니다.

"갈 자리에 가고 보면 앞선 것도 뒤진 것도 없다", "앞선 자 뒤에 서고 뒤진 자가 앞서게 된다", 모두 성서에 나오는 말로 앞의 포도원 비유와 같은 맥락입니다. 종교적 구원은 경쟁과는 무관하므로 우리 민족이 비록 늦었지만 구원받지 못할 이유가 없다는 거죠. 이처럼 성서의 비유를 들면서

『논어』와 연결합니다. '인지장사 기언야선(人之將死 其言也善)'은『논어』에 나오는 이야기입니다. '사람이 죽을 때가 되면 그 말이 착해진다'라는 뜻인데, 죽음을 눈앞에 둔 사람은 누구나 해탈하게 되어 있죠. 모든 욕망은 살아 있기 때문에 생기는 것인데 죽음을 앞두면 그런 욕망이 무의미해진다는 비유입니다. 이어서 우리 민족이 당한 고난의 역사를 이야기합니다.

역사를 읽어가노라면 책장을 찢고 싶은 것이 몇 번입니까? 세상에 그런 역사가 어디 있습니까? 5천 년 역사에 한 번도 천하(天下)란 소리를 못해 본 그런 민족이 어디 있습니까? 중국은 말할 것도 없고 몽고도 하고, 여진도 하고, 마지막엔 섬 속에서 자라났던 일본도 해보는 천하 통일의 생각을 한 번도 꿈꾸어 본 일이 없으니 어떻게 된 일입니까? 남을 쳐들어가고 싸움을 하는 것이 좋아서가 아니라, 그것은 물론 나쁘지만, 뜻을 한번 크게 가져 보지 못했던 것을 말하는 것입니다. 이따가도 말하겠지만 평화인 것은 물론 자랑할 만하지만 이날까지 그 많은 그 참혹한 전쟁 한 번도 남의 땅에 가서 해 본 일이 없고 내 집안에서 겪었으니 그런 비겁한 국민이 어디 있습니까? 이것이 다 뜻을 잃어버린 까닭입니다.

우리 역사는 책장을 찢어 버리고 싶을 정도로 수난의 연속이었다는 것을 지적합니다. 또 한 번도 천하를 차지할 뜻을 가지지 못했던 나약한 민족이었다는 거죠. 그리고 그 이유를 뜻을 잃어버린 데서 찾고 있습니다. 큰 뜻이 없었기 때문에 한 번도 남의 땅에 가서 전쟁을 한 적이 없고 모두 집안에서 겪었다는 겁니다. 이렇게 민족사를 정리했지만 아직 끝난 게 아닙니다. 최근의 역사는 더 비참하다고 말합니다.

해방 후 오늘까지 답답한 것이 이것입니다. 예수가 이런 민중을 보고 하도 기가 막혀서 내가 불을 던지러 왔다, 불이 차라리 붙었으면 좋을 뻔했다 했고, 우리가 피리를 불어도 춤추지 않고 슬픈 노래를 불러도 너희 가슴을 치지도 않는다 했습니다. 그랬기 때문에 얼마나 하면 내 살을 먹고 내 피를 마셔라 했겠습니까? 약아빠진 가슴에 침을 주노라 한 것입니다. 그러나 그러다 못해 십자가에 달리고야 말았습니다. 과연 피를 본즉 흥분했습니다. 모두는 물론 아니지만 몇이 깨었습니다. 새 세계를 꿈꾸는 사상이 나오지 않았습니까? 그 이상이 로마 제국을 삼키고 마침내 온 세계를 휩쓸지 않았습니까?

우리에게도, 이 약아빠진 민족에도, 십자가가 없는 것은 아닙니다. 눈을 들어 보십시오. 장백산맥, 묘향산맥, 태백산맥, 소백산맥이 열십자로 어금 막히는 그 위에 한 형상이 못박혀 있지 않나? 중공이 그 바른팔 잡고 소련이 그 왼팔 잡고, 미국이 그 두 다리를 잡고 영국·프랑스·인도가 증인 노릇하고 있는 가운데 한 처녀가 못박히지 않았나? 우리의 가엾은 여왕입니다. 38선이 창으로 찔려 물과 피를 흘리는 옆구리 아닙니까? 제주도가 그 떨어진 가시관 아닙니까? 유엔군이요, 인민군이요, 열, 스무 놈이 마음대로 들고 난 것이 무엇입니까? 우리 엄마의 젖가슴을 놈들이 마음대로 더듬고 그 부끄러운 데를 다 들춰본 것 아닙니까?

골고다는 아닌 아시아의 동쪽 금수강산이라 하던 이 동산에 꽃은 다 짓밟히고 등불은 다 꺼지고 캄캄한 가운데 서 있는 이 십자가 위에선 "나의 하나님이여 나의 하나님이여, 어찌 나를 버리시나이까." 하는 부르짖음이 있고, 그 밑엔 동해·서해의 쌍쌍이 우는 통곡 소리가 있는데, 이 자식들아, 너희 가슴은 그대로 있단 말이냐?

이 대목을 보면 함석헌이 민족과 민족의 역사를 하나의 생명체처럼 보았다는 것을 알 수 있습니다. 또 해방 이후 지금까지 중국과 소련, 미국이 우리나라를 붙잡고 능욕하고 있다고 표현했는데, 우리 민족의 수난을 마치 십자가에 못박힌 나사렛 예수와 같다고 견준 것입니다. 그리고 십자가의 원리를 적용하여 민족사의 수난을 재해석하면서 새로운 시대를 기약합니다.

어쨌든 우리 사람은 평화의 사람입니다. 역사 있은 이래 한 번도 남의 나라를 쳐들어간 일이 없고 전쟁을 늘 내 집에서 겪는 막는 싸움이었지 날도둑질이 아니었습니다. 일본에서 그 압박을 받았어도 지금 일본 배척하는 감정이 없고 6·25에 중공군에게 그 사나운 침략을 당하였어도 반드시 원수 갚자는 마음을 누구도 먹지 않습니다. 참 착한 백성이 아닙니까? 이것 때문에 생존 경쟁이 살림의 철학으로 되어 있고 침략주의가 정의로 되어 있는 시대에는 우리는 못 견디었습니다. 그러나 이제는 다른 시대가 옵니다. 지금 세계 어느 나라를 가고 어느 책, 어느 신문을 보아도 주되는 제목은 평화입니다. 이제 이 말로 우리가 한몫할 수 있지 않습니까? ……

지금까지 우리 역사는 부끄러운 역사입니다. 그것은 지금까지는 뜻보다는 그 뵈는 일과 물건을 가지고 서로 자랑을 목적으로 삼는 역사였지만, 이제부터는 뜻이 주장하는 마지막 단계에 들어섰습니다. 그러므로 그 고난이 도리어 자랑이 되게 됐습니다. 세계의 양심 앞에 우리가 지고 있는 고난의 짐에서 더한 발언권이 어디 있어요? 그러므로 이제 바로 우리 자신을 알기만 하면 정말 우리 몫을 할 수 있는 때가 왔습니다.

— 함석헌, 「우리 민족의 이상」, 『함석헌 저작집 13』(한길사, 2009)에서

말씀드린 것처럼 함석헌은 오산학교에서 역사를 가르쳤는데, 나중에 역사 교사가 된 것을 후회했다고 말합니다. 우리 민족의 역사가 비참과 부끄러움의 연속이었음을 부인할 수 없었기에 그대로 가르쳤다가는 학생들이 비참해 할 것 같고, 그렇다고 과장하고 꾸미자니 양심이 허락하지 않았다는 거죠. 그래서 생각하고 또 생각한 끝에 "고난의 메시야가 영광의 메시야라면 고난의 역사도 영광의 역사가 될 수 있다"라는 데 생각이 미쳤다고 합니다. 십자가의 원리를 민족의 역사에 적용한 셈인데, 이후 함석헌은 한국사를 고난의 역사로 보고 모든 사건을 해석했다고 합니다.

지금까지 함석헌은 우리 민족의 역사를 수난의 역사로 규정했지만 여기서 그것이 곧 평화의 역사라고 말합니다. 평화의 역사가 자랑스러운 역사가 되지 못한 것은 지금까지의 세계가 정의의 시대가 아니라 불의의 시대였기 때문이며, 앞으로 정의의 시대가 오면 우리 민족의 역사, 곧 평화의 역사가 세계에서 찬란하게 빛날 것이라고 이야기합니다. 함석헌은 다른 글에서도 한국의 역사가 하찮게 보이는 것은 침략이 정의로 되어 있는 시대였기 때문이라고 하면서 같은 이야기를 한 적이 있습니다.

함석헌의 이런 역사관에는 성서의 영향이 크지만 동아시아 고전과 함께 36세 때 번역했던 「서풍의 노래」도 영향을 끼친 것으로 보입니다. 「서풍의 노래」 또한 오산학교에서 역사를 가르치던 시기에 번역했으므로, 겨울이 오면 봄이 머지않은 것이 자연의 법칙이듯 고난 끝에 영광이 오는 것도 역사의 필연이라는 희망을 실은 것으로 이해할 수 있습니다. 하지만 함석헌이 세상을 떠난 지 4반세기가 지났는데도 아직 평화의 시대는 오지 않은 것 같습니다.

31장

장일순

모든 생명을 아우르는 좁쌀 철학

말과 행동이 일치한 생활인의 스승

한국 철학사의 마지막 철학자로 무위당(无爲堂) 장일순(張壹淳, 1928~
1994)을 소개하게 된 것을 다행으로 생각합니다. 저는 최근 한국 사회의
중요한 변화를 굉장히 비관적으로 바라보고 있었는데, 장일순의 글을 읽
고 크게 위로를 얻었습니다. 이번에는 무위당 장일순의 글과 작품을 감상
하면서 그런 마음을 함께 나누었으면 합니다.

장일순의 철학을 한마디로 표현하면 '좁쌀 철학'이라 할 수 있습니다.
그는 "좁쌀 한 알에 온 우주가 다 들어 있다"라고 자주 이야기했는데, 이런
사유는 '하나가 곧 전체'라는 화엄 불교의 세계관과 일치합니다. 또 아무
리 하찮은 사람일지라도 똑같은 인간으로 대했다는 점에서 한 사람의 가
치가 천하와 맞먹는다고 이야기한 맹자의 정의론과 상통합니다. 그뿐만

아니라 나서서 무언가를 하려는 사람에게 '엎드려!'와 '기어!'를 강조했다는 점에서 물러남을 중시한 노장의 철학과 이어져 있다고 할 수 있습니다.

앞서 살펴본 함석헌은 30권에 달하는 방대한 저술을 남겼고, 오랜 세월 대중과 직접 만나는 강연을 통해 하고 싶은 말을 했고, 『씨ᄋᆞᆯ의 소리』라는 간행물을 통해서 세상에 전할 말을 남겼습니다. 또 무교회주의자이면서 동시에 퀘이커교도로서 활동 영역이 국제적으로도 매우 넓었고, 다수의 추종자를 거느리는 종교 지도자에 가까운 인물이었다고 할 수 있습니다. 두 번이나 노벨 평화상 후보로 추천되기도 했으니 함석헌은 그 사회적 위치가 평범하지는 않았다 하겠습니다.

반면 장일순은 저술 활동을 거의 하지 않았고 천주교를 종교로 가지고 있었지만 평범한 신자였습니다. 그런데 천주교 교리에 구애되지 않고 살았기에 그를 천주교 신자로 지칭하는 것이 도리어 인물의 크기를 가늠하는 데 방해가 될 수 있습니다.

여러분 가운데 장일순을 이미 알고 계셨던 분이 얼마나 되나요? 많지 않은 것 같습니다. 그런데 원주에 가면 장일순을 모르는 사람이 없습니다. 사실 요즘은 이 나라 사람 절반이 수도권에 살고 있죠. 수도권의 대학생 수만 봐도 그렇습니다. 1980년대만 해도 이렇지 않았어요. 그래서 당시만 해도 서울에서 공부하면 유학한다고 했습니다. 장일순의 연보에도 서울에서 유학했다고 기록되어 있습니다. 유학이라고 하면 보통 다른 나라에 가서 머물면서 공부하는 것을 말하는데, 예전에는 시골 사람이 서울로 가 공부하는 것을 가리켰어요.

원주는 그 시골 중에서도 조금 특별한 곳이었나 봅니다. 원주가 고향인 어떤 사람이 회고하기를, 경상도 거제나 전라도 여수에서 왔다고 하면 그런가 보다 하던 사람들이 자기가 원주에서 왔다고 하면 다들 멀리서 왔다,

고생한다고 위로하더랍니다. 사실 원주는 서울에서 두 시간 정도 걸리는 곳이니까 그다지 먼 곳이 아닙니다. 거제나 여수는 대여섯 시간이 걸리고요. 그만큼 원주가 심리적으로 먼 곳으로 여겨졌던 겁니다. 저도 옛날에는 원주 하면 우선 '강원도 감자바우'라는 말이 생각나곤 했거든요. 낙후한 곳이라는 이미지를 가지고 있었기 때문이겠지요.

그런데 현대 한국 사회에서 민주주의가 어떤 고난을 거쳐서 성장해 왔는지를 알려면, 그리고 앞으로 어떻게 그 가치를 지킬 수 있을지 알아보려면 원주에 가서 길을 물어야 할 겁니다. 그만큼 원주는 현대 한국 사회의 민주화 운동과 밀접한 관계를 가지고 있는 역사적 공간입니다. 그러니까 원주는 1970년대 서슬 퍼런 유신 독재 체제 아래서 '원주 선언'을 시작으로 민주화의 불길을 지폈고, 이후 계속해서 인권 운동, 농민 운동, 협동조합 운동, 환경 운동 등이 일어난 민주화 운동의 요람이었다고 할 수 있습니다.

이런 일련의 민주화 운동을 조사해 보면 늘 장일순이라는 이름이 나옵니다. 특이한 점은 장일순 스스로 나서서 대중을 선동하거나 한 일이 거의 없었다는 것입니다. 그는 오히려 어느 쪽도 아닌 듯이 조용히 물러나 있는 경우가 많았던 것으로 보입니다. 장일순은 평소 '인파출명 저파비(人怕出名 猪怕肥)'라는 글을 즐겨 썼다고 합니다. 이 문구는 '돼지가 살이 찌면 잡아먹히는 것을 두려워해야 하듯이 사람은 이름이 나는 것을 두려워해야 한다'라는 뜻인데, 장자식으로 이야기하면 참다운 삶을 살아가는 데는 긍정적으로 보이는 가치가 더 위험하다는 겁니다. 말하자면 사람이 일단 명예에 얽매이면 참다운 삶을 살기 어렵다는 뜻입니다. 장일순은 이 말대로 살았던 게 분명합니다. 자신을 스승으로 모시고 배웠던 사람들보다 덜 유명하거든요. 거론하지는 않겠습니다만, 그의 제자 중에는 장일순이 누군지 모르는 사람들도 그 이름만 들으면 다 아는 유명인들이 많습니다. 물론 장일순 스스로 그들을 제자라고 한 적은 별로 없고, 그들이 장일순의 제자라고 자처한 경우가 더 많습니다.

또 장일순은 앞에 나선 사람들에게도 '나가서 싸워라'라는 식의 격려보다 도저히 타협할 수 없는 악인으로 보이는 자에게 '가서 엎드려라'라는 식으로 마치 상대를 편드는 듯한 파격적인 언행을 자주 한 것으로 유명합니다. '내가 옳고 너는 그르다'라는 식의 태도로는 아무것도 이루지 못한다는 것을 암시한 셈인데, 무얼 해 보겠다고 나서는 사람들이 두고두고 되새겨야 할 말이 아닌가 싶어요.

장일순의 이런 태도는 참으로 놀라운 데가 있습니다. 인간 자체를 깊이 통찰하는 눈이 없으면 절대 이런 말을 할 수가 없거든요. 우리는 어떤 가치를 앞에 내세워 그 기준에 맞으면 선인이고 아니면 악인이라고 판단하는데, 장일순은 사람을 먼저 보고 그 아래에 가치를 두는 쪽입니다. 그러니 도둑이나 소매치기 같은 이들도 설복될 수밖에 없습니다.

말씀드린 것처럼 장일순은 스스로 남긴 저술이 거의 없고, 지금 남아 있는 저술들은 강의한 내용을 글로 엮은 것이거나 서화 작품을 책으로 펴낸 것들, 그리고 생전에 그를 따랐던 사람들이 그를 회고한 글이 대부분입니다. 서화 작품 중에서는 난초가 특히 유명한데, 사람의 얼굴을 닮은 난초, 이른바 의인란(擬人蘭)은 독자적인 영역을 개척했다고 할 만합니다. 어떤 이는 장일순이 문인화의 전통을 이었다고 이야기하는데, 장일순의 작품 전반에 깔려 있는 동아시아 고전의 자취가 그런 평가를 하게 한 듯합니다.

그가 남긴 파격적인 말 몇 마디를 살펴보겠습니다. 장일순은 젊은이들을 만나면 이렇게 이야기했다고 해요.

직업이 불분명할수록 좋다.

어느 시기에는 화전이나 파먹으며 푹 썩는 게 좋다.

요즘 젊은 사람들에게 가장 절실한 문제는 취업이죠. 대학생을 포함한 젊은이들도 그렇고 교수들도 그렇고, 교육부 관료도 그렇게 이야기합니다. 모두 꿈을 가져라, 이렇게 이야기하는데, 그 꿈이란 게 보통 좋은 직장 얻어서 성공하는 것이죠. 그런 사람들이 장일순의 말을 들으면 어떻게 받아들일까요? 씨알도 안 먹히겠죠. 게다가 화전이나 파먹으며 푹 썩는 게 좋다면 기겁할 겁니다. 하지만 장일순은 실제로 특별한 직함 없이 평생을 살았으니 직업이 일정치 않았고, 1950년 이후 세상을 떠날 때까지 원주 봉산동에 머물렀으니 한 곳에서 푹 썩은 사람임이 분명합니다. 그러니 이 시대 젊은이들에게 존경하는 인물로 꼽히기는 어려울 것 같습니다. 제가 대학생들이 존경하는 인물을 조사해 봤더니 주로 기업인, 정치인, 연예인, 스포츠 스타가 순위에 올라 있더군요. 장일순 같은 인물은 어디에도 보이지 않았습니다.

그런데 원주 시내에서 밥집을 하는 이영순이라는 생활인은 장일순을 회고하면서 "선생님은 말과 행동이 같았어요. 말씀하신 대로 행동하셨어요. 그러니 그분을 좋아하고 존경하지 않을 수가 없지요. 저는 그분을 살아 있는 예수님이라고 생각했어요"라고 했다고 합니다. 이런 일화를 들어 보면 장일순은 대학생들이 바라는 성공한 사람 축에 속하지 않을지는 몰라도 생활인의 존경을 얻은 사람이었던 것만은 분명합니다.

푹 썩는 게 좋다는 말은, 나서서 무엇을 하기보다 숨어서 썩는 게 세상을 위해 가장 좋다는 말로 다음 이야기를 들어 보면 뜻이 분명해집니다.

뜻이 받아들여져야 세상을 바꿀 수 있는 거다.

맹자가 연상됩니다. 맹자는 "뜻을 얻으면 천하의 백성들과 함께 올바른 도리를 실천하고, 뜻을 얻지 못하면 홀로 그 길을 간다〔得志 與民由之 不得志 獨行其道〕"라고 했죠. 또 "뜻을 얻으면 은택이 백성에게 미치고, 뜻을 얻지 못하면 자신을 닦아 세상에 드러난다〔得志 澤加於民 不得志 修身見於世〕"라고도 했어요. 사실 뜻을 얻고, 얻지 못하고는 나에게 달려 있지 않습니다. 그러니 뜻을 얻지 못하면 물러나 자신을 수양하는 게 맹자의 출처관입니다. 장일순도 같은 생각을 가졌던 것 같습니다.

1958년과 1960년에 국회의원에 출마했으나 온갖 방해 공작으로 낙선했어요. 그런 뒤에는 현실 정치에 직접 참여하려는 뜻을 접고 재야에서 활동하면서 민주화 운동을 합니다. 1971년 이후에는 민주화 운동에 직접 나서지 않고 막후에서 조용히 조력하는 역할을 합니다.

반독재 민주화 운동에서 생명 운동까지

장일순은 1928년 10월 16일에 강원도 원주시 평원동에서 태어났습니다. 아버지는 장복흥(張福興), 어머니는 김복희(金福姬)였는데, 어린 시절부터 할아버지 장경호(張慶浩)에게 한학과 글씨를 배웠습니다. 훗날 장일순은 할아버지를 회고하면서 아주 검소하고 겸손한 분이어서 곡식 한 알이라도 땅에 떨어지면 주워 그릇에 담아 모았다고 합니다. 그리고 길인이 오면 겨울에는 상을 차려 방에 모시고 여름에는 마루에 모셨는데, 그런 식으로 사람들을 정성껏 대했기 때문에 집에 늘 식객이 끊이지 않았다고 합니다. 장경호의 이런 태도가 장일순으로 하여금 평생 사람과 생명을 공경하며 살아가게 하는 데 큰 영향을 끼쳤음은 말할 것도 없겠습니다.

장일순은 훗날 자신의 호를 일속자(一粟子)라 했는데, 이 또한 할아버지의 영향이 작용한 것으로 보입니다. 일속(一粟)은 곡식 한 알인데, 장일순은 조 한 알이라고 했어요. '좁쌀 한 알에 온 세상이 다 있다'라는 뜻으로 화엄 불교에서 '티끌 하나에 온 세상이 다 있다(一微塵中含十方)'라고 한 말과 같은 맥락입니다. 의상의 「화엄일승법계도」에도 같은 말이 나왔었지요.

장일순은 독창적 경지를 개척한 서화가이기도 한데 할아버지의 지도로 하루에 신문지 한 장이 새까맣게 되도록 붓글씨를 썼다고 합니다. 그리고 할아버지와 절친했던 차강(此江) 박기정(朴基正)에게 정식으로 서화를 배웠는데, 장일순이 평생 난초 그림을 즐겼던 것은 박기정의 영향으로 보입니다.

1940년에는 천주교 원동교회에서 영세를 받습니다. 그리고 서울로 유학하여 배재중학교를 졸업하고 경성공업전문학교에 입학했는데, 1945년에 국립서울대학교 설립안 반대 투쟁에 참여했다가 제적당합니다. 당시 국립서울대학교 설립안, 이른바 '국대안'은 기존의 교육 기관을 통폐합하여 종합 대학을 설립하는 안이었는데, 정부가 수립되기 전 미 군정청에 의해 일방적으로 추진되어 미군 장교를 총장으로 지정하는 등 무리가 많았습니다.

장일순은 경성공업전문학교에서 제적당한 후 이듬해인 1946년에 서울대학교 미학과에 다시 입학했지만 1950년에 한국전쟁이 일어나자 학업을 중단하고 원주로 갔고, 1952년 이후부터 줄곧 원주에서 살았습니다.

1954년에는 원주에 대성학원을 설립하고 이사장이 되었는데, 안창호가 평양에 세웠던 대성학교의 맥을 계승한다는 뜻에서 학교 이름을 그렇게 지었다고 합니다. 1955년부터 봉산동에 토담집을 지어서 살기 시작했고, 1957년에 이인숙(李仁淑)과 결혼합니다.

1958년, 제4대 국회의원 선거 때 무소속으로 입후보했으나 낙선합니다. 1960년, 제5대 국회의원 선거에 사회대중당 후보로 다시 출마했으나 극심한 정치적 탄압으로 낙선합니다. 1961년, 평소 중립화 평화통일론을 주장했다는 이유로 서대문형무소와 춘천형무소에서 3년간 옥고를 치릅니다.

1963년에 출소한 뒤 대성학원으로 돌아왔으나 당시 대성학원 학생들이 한일굴욕외교반대운동으로 구속되자 학생들을 석방하는 조건으로 이사장직을 내려놓습니다. 이때부터 정치활동정화법과 사회안전법 등에 묶여 철저한 감시를 받기 시작합니다. 1964년부터는 몇 해 동안 포도농사에 전념했고, 1968년에는 신용협동조합운동을 펼치기 시작합니다.

1971년 10월에는 지학순 주교 등과 함께 박정희 정권의 부정부패를 폭로하고 사회 정의를 촉구하는 가두시위를 주도했는데, 그 이후로 장일순은 민주화 운동에 직접 나서지 않고 뒤에서 조력하는 역할을 합니다.

1973년에는 수해 지역 복구를 위해 지학순 주교와 함께 재해대책사업위원회를 발족하고, 민청학련 사건에 연루된 구속자들의 석방을 위해 노력합니다.

1977년에는 노동 운동과 농민 운동만으로는 한계가 있다고 보고 공생의 논리에 입각한 생명 운동을 펼치기 시작하여, 1985년에 도농 직거래 조직인 '원주소비자협동조합'의 설립을, 1986년 '한살림생협'의 창립을 돕습니다.

1988년에는 한살림운동 기금을 조성하기 위해 다섯 차례에 걸쳐 서화전을 엽니다.

1989년에는 동학의 2대 교주였던 최시형의 뜻을 기리고자 원주시 호저면 송곡에 비문을 쓰고 기념비를 세웁니다. 저도 가 봤는데 그때는 그 글씨를 장일순이 쓴 줄 몰랐습니다. 한적한 도로변에 있어서 접근하기가 좋습니다. 장일순은 동학 전공자들에게 '걸어다니는 동학'이라는 말을 들을 정도로 동학에도 조예가 깊었습니다.

1991년에는 위암 진단을 받고 수술합니다. 암에 걸린 뒤 장일순은 "지금 지구도 암을 앓고 있고 자연 전체가 암을 앓고 있는데, 사람도 자연의 하난데 사람이라고 왜 암이 안 걸리겠어요. 그러니까 큰 것을 내게 가르쳐 주느라고 결국은 '너 좀 앓아 봐라' 하고 아마 그러신 것 같아요"라고 했다고 합니다.

이후 생명 사상을 주제로 여러 차례 강연을 했고 강의를 들은 제자의 도움으로 책을 펴내기도 하는데, 1993년에는 병세가 악화되어 다시 입원합니다. 그리고 1994년 5월 22일, 67세를 일기로 봉산동 자택에서 조용히 세상을 떠납니다.

마지막으로 남긴 말은 "내 이름으로 아무것도 하지 마라"였다고 합니다. 죽기 전 해탈한 자의 갑작스런 오도송(悟道頌)이 아니라 오래전 이미 해탈한 자의 소박한 염원으로 보입니다. 평소에도 자주 "나는 아무것도 한 게 없다"라고 했으니까요.

군고구마 장수의 큰 기술

2004년에 '무위당 선생을 기리는 모임'이라는 단체에서 '무위당 선생 10주기 추모 문화제'를 열었는데, 그때 제가 가서 강연한 적이 있습니다. 저는 무위당 생전에는 한 번도 만난 적이 없었고 세상을 떠난 뒤에 책으로 접했을 뿐입니다.

　강연 주제가 '무위당 선생과 동양 사상'이었는데, 한살림 회원을 비롯해서 300명 넘는 사람들이 와서 놀랐습니다. 그때 강의를 하기 위해 쓴 글이 「군고구마 장수의 큰 기술」인데 여기에 소개합니다.

　「군고구마 장수의 큰 기술」

　무위당 장일순을 처음 알게 된 건 돌아가신 지 10여 년이 지난 뒤의 일로 우연한 기회에 읽게 된 책『좁쌀 한 알 장일순』을 통해서였다. 거기에 실린 글에서 무위당은 군고구마 장수의 큰 기술[大巧]에 대해 말한 적이 있다.

　"추운 겨울날 저잣거리에서
　군고구마를 파는 사람이 써 붙인
　서툴지만 정성이 가득한
　군고구마라는 글씨를 보게 되잖아.
　그게 진짜야.
　그 절박함에 비하면 내 글씨는 장난이지.
　못 미쳐."

　이 글과 함께 앞 쪽에는 '백교백성 불여일졸(百巧百成 不如一拙)'이라는 글이 함께 수록되어 있었다. '백 가지 재주와 성공이 힌 기지 졸렬함만 못하다'라는 뜻인데,『노자』제45장의 '대성약결(大成若缺: 큰 성취는 모자란 듯함)'과 '대교약졸(大巧若拙: 큰 기술은 졸렬한 듯함)'을 하나로 엮어 만든 문장이다. 위의 일화와 함께 이 글을 처음 접했을 때의 느낌은 한마디로 충격이었다. 머리에 쥐 날 만큼 알 듯 모를 듯한 『노자』의 글귀를 누가 이처럼 정곡을 콕 찔러 말할 수 있을까. 게다가 군고구마 장수만이 지니고 있을 절박한 삶의 문법을 간취하여 풀이한 『노자』의 한 구절이라니.

이는 훨씬 오래전 다석 유영모의 『노자』 번역본 『늙은이』를 앞에 두었을 때의 그것과 흡사한 충격이었다. 유영모는 '노자'를 '늙은이'로 번역했다. 노자는 고유 명사 아니었나? 그렇다. 하지만 그 고유 명사마저 우리말로 번역해 버린 통쾌함이란. 성도 이름도 출처도 불확실한 노자가 우리가 살고 있는 동일한 시공간 속에 늙은이로 환생한 듯 살아 움직이는 순간이었다.

그런 통쾌함은 또 다른 한 사람의 늙은이(老子)에게서도 발견된다. 바로 씨을 함석헌이다. 그는 YMCA 연경반에서 『노자』 강의를 시작하면서 "시대에 맞지 않기 때문에 기어코 『노자』를 읽는다"라고 했다. 그 시대가 어떤 시대인가? 군사 독재 치하가 아니던가? 함석헌은 『노자』를 읽으면서 군부 독재에 저항하는 씨을의 생각을 보여 주었다.

이렇게 해서 나는 다석 유영모, 씨알 함석헌, 무위당 장일순이라는 세 사람의 '노자'를 만났다. 그들의 『노자』 읽기는 같은 시대 식자연하는 지식인들의 『노자』 읽기와는 확연히 달랐다.

흔히 『노자』류의 고전을 인용하거나 읽는 몇 부류의 이상한 방식은 이렇다. 첫째는 소크라테스를 인용하며 '악법도 법'이라는 방식으로 왜곡하는 유형이다. 고전을 이보다 더 나쁘게 읽을 수 없다는 악의적 인용의 전형으로 꼽을 만하다. 그들에게는 악법이 악이라는 사실을 외면하기 위한 아주 좋은 수단으로 고전이 필요했던 모양이다. 하기야 얼마 전까지만 해도 『소크라테스의 변명』이 불온 서적으로 분류되는 시대였음을 감안한다면, 그런 방식으로라도 읽는 것이 그나마 나은 것이라 해야 할지도 모르겠다.

둘째, 너희들의 삶은 잘못되었으니 이처럼 비범한 말을 가르침으로 받아들이라는 식의 일방적 훈계로 일관된 고전 읽기이다. 이처럼 권위적 방식의 고전 읽기는 우리의 일상을 얕보는 천박한 사고를 부추긴다. 그들에게 지친 이웃들의 고단한 삶은 비웃음이나 회피의 대상일 뿐이다.

셋째, 짐짓 무소유를 말하면서 사실은 소유의 극을 누리는 자들이 자기 모순을 은폐하는 수단으로 읽는 고전이다. 이들이 '이미 경제적으로 무소유 상태에 놓인 사람들'에게 강조하는 '무소유의 삶'은 허위를 진실이라고 강변하는 기만일 뿐이다.

세 사람의 '노자'는 이들과는 달랐다. 그들의 고전은 성서와 『노자』, 『논어』와 불경이 함께 어울려 있었지만, 이야기는 결코 평범한 사람들의 일상을 벗어나지 않았다.

특히 무위당은 군고구마 장수의 삶을 낮추어 보지 않았을뿐더러 오히려 본보기로 삼을 정도로 공경했다. 심지어 원주역에서 시골 아낙네의 혼수 돈을 훔친 소매치기의 삶도 잘못되었다고 말하지 않았다. 도리어 그에게 고개를 숙이고 미안해 했다. 또 양갈보의 '보'를 한자 '寶'로 표기하면서 보석 같은 존재라 했던 이야기는 유명하다.

한번은 양승학이란 이가 가훈을 써서 그에게 보여 드렸다 한다. 가훈의 내용인즉 "즐거운 마음으로 슬기롭게 강하게 살자"였다고 한다.

무위당은 그 글을 보고는 대뜸 "강한 것은 좋지 않아. 모두가 강해지려고 세상이 온통 난리가 아닌가? 정말로 강한 것은 부드럽고 착한 것이야. 봄볕이 얼음을 녹이는 이치와 같은 것이지. '착하게 살자'로 해 봐"라고 했단다. 『노자』 제36장의 '부드럽고 약한 것이 단단하고 군센 것을 이긴다[柔弱勝剛强]'라는 글귀가 일상 속에서 봄볕으로 빛나는 순간이다.

무위당은 늘 이런 식이다. 절대 고전을 들이대며 너 이거 알아, 라는 식으로 말하지 않는다. 하지만 그 곁에 머물면 고전의 향기가 절로 난다.

『논어』에는 어진 사람에 관한 이야기가 여러 차례 나오는데 그중에 이런 글귀가 있다.

"지혜로운 사람은 물을 좋아하고 어진 사람은 산을 좋아한다. 지혜로운 사람은 끊임없이 움직이고 어진 사람은 고요히 제자리에 머문다. 지혜로운 사람은 삶을 즐기며 어진 사람은 오래 산다〔知者樂水 仁者樂山 知者動 仁者靜 知者樂 仁者壽〕."

이 부분을 읽을 때마다 맨 마지막의 '인자수(仁者壽)'는 도무지 이해가 되지 않았다. 어진 사람이 오래 산다니? 무슨 말도 안 되는 소릴! 소득이 높은 쪽이 오래 산다는 가슴 서늘한 통계는 보았어도 어진 사람이 오래 산다는 증거는 들어 본 적도 없다. 줄잡아 3년 정도는 이 구절을 가지고 고민했으리라. 그러던 중 어느 날 『노자』 제33장을 읽다가 이 구절과 마주쳤다.

"죽어도 잊히지 않는 사람이 오래 사는 것이다〔死而不忘者壽〕."

이 구절을 읽는 순간에야 비로소 '인자수(仁者壽)'의 뜻을 알았다. 아하! 실제로 죽지 않는다는 뜻이 아니라 잊히지 않는 것을 '수(壽)'라 했구나! 그러면 그렇지, 공자가 어진 사람이 육체적으로 오래 산다고 터무니없는 말을 했을 리가 있나. 결국 사람이 죽지 않고 산다는 건 다른 사람의 기억 속에서 죽지 않고 산다는 뜻이다. 이렇게 보면 '인자수'가 완전하게 이해된다. 사실 그 전에도 『노자』를 읽었는데 그땐 왜 그런 생각을 못했는지 모르겠다.

하지만 그렇게 뜻을 알고 나서도 실제로 그런 깨우침이 있었던 것은 아니었다. 그러다 얼마 전 새로 간행된 『무위당 장일순의 노자 이야기』를 펼쳤더니 해당 부분이 이렇게 풀이되어 있었다.

"오래 산다는 말은 육신을 두고 한 말이 아니지. 영원의 자리에 있는 사람한 테는 육체의 삶이라는 게 하나의 꿈과 같은 것이거든. 생사가 모두 한바탕 꿈인지라. 그러니까 여기서 말하는 '오래 산다는 것'은 영원한 삶을 말하는 거지."

무위당은 "소리없이 아름답게 피었다 가는 꽃을 보고 부끄러웠다"라고 했는 데, 나는 그 글을 읽고 있으면 부끄럽다. 동양 고전 연구자랍시고 고전의 글 귀를 줄줄이 외면서 뽐내지만 막상 그 글귀와 꼭 맞는 행실이 없으니 고전 이야기를 하면서 꺼내 놓을 이야깃거리가 없기 때문이다.
하지만 나 같은 사람도 인용할 수 있는 선생의 삶이 사람들의 기억 속에 온 존하고 있으니 참으로 다행이 아닌가. 지금 책꽂이에는 『노자』와 함께 무위 당을 기리는 세 권의 책이 나란히 꽂혀 있다. 『노자』를 한 구절 한 구절 읽을 때마다 그의 일화가 살아 움직이는 주석이 되기 때문이다.
'한 알 모래 속에서 세계를 본다'라는 말이나 '사람의 인격은 죽어서도 계속 된다'라는 말은 참으로 무위당의 경우에 꼭 맞는 말이다.

도둑과 이야기를 나누려면

도둑과 이야기를 하려면 어떻게 해야 하는가? 이런 주제를 가지고 고민한 철학자가 또 있나 모르겠습니다. 우리가 이웃이 아닌 사람을 지시하는 말을 철학자들이 쓰는 용어로 바꾸면 타자(他者)가 될 겁니다. 그런데 타자라는 건 단순히 나 아닌 타인을 가리키는 말이 아니라 나와 생각이나 가치관이 다른 사람, 그래서 말이 안 통하는 사람을 가리킵니다. 당연히 수많은 타자가 있겠지만 그중에서 가장 멀리 있는 타자는 누구일까요? 범죄자도 그 안에 포함되겠죠. 범죄자는 그저 생각이나 가치관이 다른 정도가 아니라 그릇되다고 지목된 자니까요. 그러니 말이 통한다는 건 애초에 불가능하다고 생각하기 쉽습니다. 그런데 장일순은 그런 사람과도 얼마든지 이야기를 나눌 수 있다고 말합니다.

> 도둑을 만나면 도둑이 돼서 얘기를 나눠야 해. 도둑은 절대 샌님 말을 안 듣는다. 뭐냐 하면 저 사람도 나와 같은 도둑이다 싶으면 그때부터 말문을 열기 시작한다 이 말이야. 그때 도둑질을 하려면 없는 사람 것 한두 푼 훔치려하지 말고 있는 사람 것 털고, 그것도 없는 사람과 나눠 쓰면 좋지 않겠냐고 하면 알아듣는다.
> 부처님은 마흔네 개의 얼굴을 갖고 계시다는 말이 있는데, 말하자면 이런 거지. '누구를 만나든 그 사람과 하나가 된다' 이 말이야.
> ─장일순, 『좁쌀 한 알 장일순』(도솔, 2004)에서

"도둑을 만나면 도둑이 돼서 이야기를 해야 통한다." "누구를 만나든 그 사람과 하나가 된다." 마치 장자가 '나비 꿈' 이야기에서 말한 '물화(物化)'를 연상시킵니다. 물화는 '여물동화(與物同化)'의 줄임말로 내가 상대와 일체가 된다는 뜻인데, 내가 주체이고 상대가 대상이라는 인식을 넘어선 결과입니다. 내가 온전히 상대와 같아지려면 나의 처지를 버릴 수 있어야 가능하죠. 곧 나를 버려서 상대를 이루는 것, 그것이 장자의 물화(物化) 개념

에 가깝습니다. 유가의 수양론이 '성기성물(成己成物)', 나를 이룸으로써 남을 이루어 주는 것이라면, 장자의 양생론은 나를 내려놓고 상대를 이루어 주는 것이라 할 수 있습니다. 상대가 도둑이라 해도 마찬가지죠. 보통 도둑을 만나면 욕밖에 안 하니까 그 사람에게 도둑은 도둑으로만 남을 겁니다. 장일순처럼 도둑을 대하면 더 이상 도둑이 될 수 없겠지요. 소매치기를 설득하여 돈을 돌려주게 한 일도 이런 마음이었기에 가능했을 겁니다. 장일순은 소매치기에게 "영업 방해해서 미안하다"라고 했다죠.

이처럼 낮은 사람에게 자신을 한없이 낮추던 장일순은 상대의 지위가 높거나 명망이 있는 사람이면 상당히 까다롭게 대했다고 합니다. 장일순이 공직자에게 돈 봉투를 받은 적이 있다고 합니다. 그러니까 원주 시장이 새해 인사하러 와서 돈 봉투를 주기에 거절했지만 시장이 막무가내로 놓고 갔답니다. 그런데 다른 일행이 세배하러 오자 그 돈 봉투를 시장이 전하라고 한 거라며 그들에게 주었다고 합니다. 그들 중 한 사람이 시장을 만났는데 그 이야기를 하면서 고맙다고 인사하자, 그 뒤로 돈 봉투를 가지고 오는 일이 없었다고 하죠.

또 원주 지역의 제1군사령관이 인사하러 오자 나이를 물어 보고 나서 자기보다 나이가 적으니 말을 낮춰도 되겠느냐며 양해를 구한 뒤 하대를 하더랍니다. 초면에 별 네 개 단 장군을 하대할 수 있는 사람이 얼마나 될까요? 장일순은 『손자병법』에서 이야기하는 방법과는 반대로 세상을 산 것 같습니다. 『손자병법』은 강자는 피하고 약자와 싸워야 이길 수 있다고 가르치니까요. 동아시아 고전을 그렇게 좋아했던 장일순이 『손자병법』은 읽지 않았나 봐요.

판화가 이철수가 처음 장일순을 만났을 때의 이야기입니다. 장일순의 첫 말이 "자네 재주가 내 재주보다 낫네!" 그러더니, "엎드려서 살아!" 하더니, 이어서 "기어!"라고 했답니다. 그,후로도 어떤 일을 새로 하게 되었다고 이야기하면 늘 "기어!"라고 말했다고 합니다. '나는 옳고 너는 그르다'라는 식의 태도로는 아무것도 할 수 없다는 뜻으로 이해할 수 있습니다.

생활의 노자

장일순은 동아시아 고전 중에서 노자 『도덕경』을 특히 좋아해서 호를 '무위당'이라 하기도 했습니다. 그가 『도덕경』을 어떻게 읽었는지 살펴보기 위해 1993년에 이현주의 도움으로 펴낸 『무위당 장일순의 노자 이야기』에서 몇 대목 읽어 보겠습니다.

> 3장 불상현 사민부쟁(不尙賢 使民不爭)
> '어질 현'인데, 그보다는 잘난 사람, 재주 있는 사람, 뛰어난 사람으로 읽지. 결국 그 모든 것을 갖춘 슬기로운 사람이라고 봐도 되겠지. 여기서는 그런 사람 또는 그런 것을 떠받들지 말라는 거야. ……
> 그런 사람을 떠받들어 상을 주거나 하면, 그렇게 되면 전부 너나없이 상을 받으려고 다투게 되잖겠나? ……
> 누가 이런저런 일을 잘했다 하고 떠받들어 상을 줄 것 같으면 그러면 모두가 그렇게 하려고 한단 말이야. 그렇지만 사람이란 태어날 때부터 잘하는 게 있으면 못하는 게 있고 또 그 중간치쯤 되는 사람도 있고, 그래서 고루고루 강약이 하나로 돼 있고 우열이 하나로 돼 있고 그런 건데 이걸 그만 한쪽으로 몰아놓고 보면 모두가 그 "잘한다" 소리 듣는 놈처럼만 되려고 하거든. …… 저마다 그 '현(賢)'을 위대하다 대단하다 하고 떠받드니까 부모들은 자

기 자식한테 너도 그렇게 되라고 하고. ……

역량이 부족한 놈을 자꾸 그렇게 되라고 하니까 미치고 말잖아? ……

그렇게 되니 방법은 없고, 그래서 싸우고 속이고, 그러는 거지. 싸움이란 으레 속이는 것 아닌가? 병법(兵法)에 보면 "병자(兵者)는 궤도야(詭道也)라", 싸움질이란 속이는 것이거든. 비밀이 많은 게 군대 아닌가? 백성이 이렇게 저마다 다투고 속이고 하는데야 아무리 정치를 잘해보려고 해도 잘할 방도가 없는 거라.

현(賢)을 잘난 사람, 재주 있는 사람, 뛰어난 사람으로 풀이한 것은 탁견입니다. 본래 현(賢) 자는 눈이 밝은 사람을 뜻하지만 현불초(賢不肖: 뛰어난 사람과 못난 사람)라는 말에서 알 수 있듯이 뛰어난 사람이라는 뜻이 있습니다. 불초(不肖)는 못난 사람이라는 뜻이고요. 이렇게 읽어야 불상현(不尙賢)의 맥락이 분명히 살아납니다. 장일순은 뛰어나다고 해서 상을 주거나 해서는 안 된다고 합니다. 사람이란 본디 태어날 때부터 잘하는 게 있으면 못하는 게 있고, 잘난 놈도 있고 못난 놈도 있다는 걸 인정해야 한다는 거죠. 그렇지 않고 그저 잘난 놈 쪽으로 몰아 놓고 떠받들면 모두가 그처럼 되려고 해서 결국 역량이 부족한 자는 미치게 된다는 거죠. 그렇게 되니 방법은 없고, 그래서 싸우고 속이게 됩니다. 세상이 어지러워지는 게 당연합니다.

"병자(兵者)는 궤도야(詭道也)라"라는 말은 『손자병법』에 나옵니다. 제가 앞에서 장일순은 『손자병법』의 주장과 반대로 살았으니 『손자병법』은 안 읽었나 보다 했는데, 이 대목을 보면 읽었습니다. 그런데 읽고도 그렇게 안 살았으니 징말 '잘' 읽었다 해야 할 겁니다.

4장 도충이용지(道沖而用之) …… 화기광 동기진(和其光 同其塵)

道는 충(沖)이라. 거기에는 한계가 없거든. 그러니까 아무리 해도 차지 않는
단 말이야. 우리가 어렸을 적에 말하기를, 천당에는 그렇게 많은 사람이 갔
을 텐데 아직도 자리가 있겠느냐고 했는데 그게 다 상대적인 현상계의 관념
으로 봤을 적에 그런 말을 하게 되는 거라. 道는 현상계의 모든 것들이 거기
서 나오고 거기로 돌아가는 알파와 오메가, 시작이면서 끝이지.

도충(道沖)의 충(沖) 자는 비어 있다는 뜻도 되고, 가득 차 있다는 뜻도
됩니다. 그러니 도는 비어 있지만 가득 차 있는 무한의 공간이라 할 수 있
습니다. 장일순은 여기서 도를 천당에 비유하는데, 그렇게 생각하게 된 동
기가 재미있습니다. 천당에 많은 사람이 갔을 텐데 아직 자리가 있겠느냐
고 의심한 어린 시절의 궁금증에서 비롯된 해석이니까요. 천당을 물리적
공간으로 생각하면 절대 면적이 있을 겁니다. 그러니 많은 사람이 천당에
가고 나면 뒤에 가는 사람은 들어갈 공간이 없겠죠. 충분히 걱정할 만합니
다. 그런데 천당이나 천국은 사물이 머무는 공간이 아니라 정신이 머무는
곳이라 물리적 공간이 필요하지 않습니다. 유마거사의 방장, 「마태복음」
의 포도원은 바로 그런 곳을 비유합니다. 그걸 실제의 공간으로 재현한 곳
이 소쇄원의 광풍각이라 할 수 있을 겁니다. 장일순은 "세 끼 요기만 하면
된다. 비록 오막살이에 살고 있더라도 우주의 중심에 있다고 생각하라"라
고 한 적이 있는데, 소쇄원에서 살았던 양산보가 같은 마음이었을 겁니다.
보이는 공간만 생각해서는 이 맥락을 이해하기 어렵겠죠.
　시인 이문재가 「사막」이라는 시에서 모래가 사막에 사는 이유는 '사이'
가 많아서라고 했어요. 모래가 많으면 모래가 살기 어려운 게 아니라 많을
수록 사이가 많아서 모래가 살 곳이 더 많다는 건데, 비슷한 통찰이 아닌

가 싶어요. 모래는 경쟁하지 않으니까 모래가 이미 많다고 해서 더 들어갈 곳이 없거나 하지는 않을 겁니다. 천당에 가기 위해 경쟁해야 한다면 그곳은 이미 천당일 수 없겠지요.

이어지는 "화기광(和其光)하여 동기진(同其塵)한다"라는 말도 붙여서 읽는 게 좋겠구먼. 이 구절을 보통 화광동진(和光同塵)이라고 줄여서 말하는데, 자신의 지덕(知德)과 재기(才氣)를 감추고 세속과 어울린다는 얘기거든. ……

자기 지혜와 재주, 이런 것을 내세우지 않고 세속과 함께 지낸다는 얘긴데, 그걸 지구와 하나가 된다는 말로 읽을 수도 있지. 땅과 하나가 된다는 거라. ……

예수님이, 나는 의인을 위해서가 아니라 죄인을 위해서 세상에 왔노라고 그렇게 말씀하셨잖은가? 그것도 역시 하나의 동기진(同其塵)이지. 그러니까 뭐냐 하면, 자기 빛을 부드럽게 해서 죄인들과 함께 삶을 나누는 거라. 다시 말하자면 자기 본색을 드러내지 않고 죄인의 세계에서 함께 어울리는 거지.
　　　　　—장일순,『(개정판) 무위당 장일순의 노자 이야기』(삼인, 2003)에서

화광동진의 자구 풀이는 새로울 것이 없습니다만 그 사례를 지구와 하나가 되고, 땅과 하나가 되는 태도로 읽은 점이 특이합니다. 나와 타자의 문제를 인간과 자연의 관계로 확장한 셈인데, 이런 데서 생명 사상가로서의 특징을 엿볼 수 있습니다. 또 예수가 죄인을 위해 세상에 왔다고 말한 것을 예로 들면서 자기 본색을 드러내지 않고 죄인의 세계에서 함께 어울리는 것이 화광동진이라고 풀이한 점도 주목할 만합니다. 이러니까 도둑이 설복될 수 있었겠죠.

장일순, 〈서필어생〉, (사)무위당사람들 제공

삶을 실은 글씨와 그림

무위당의 글씨와 그림을 살펴보면서 이야기를 이어 가겠습니다.

〈서필어생(書必於生)〉. 글씨라고 하는 건, 반드시 삶에서 나온다는 말입니다. 예술은 삶과 동떨어져 있지 않고 모름지기 삶에 뿌리를 두어야 한다는 장일순의 예술관이 드러난 작품이라 할 수 있습니다. 왼쪽에 하당명지(荷堂銘之)라고 쓰여 있는데, 이 작품은 하당이라는 호를 쓰는 사람에게 준 글씨입니다.

〈무엇을 이루려 하지 마라〉는 난초 그림입니다. 장일순의 서화 작품 중 난초 그림이 특히 유명한 까닭은 난초가 사람 얼굴을 닮아서입니다. 이른바 의인란(擬人蘭)인데, 난초처럼 향기로운 사람을 그린 셈입니다. 그러니 화제(畵題)로 쓰여 있는 글은 그런 사람이 전하는 말이라고 생각하면 됩니다. 뒤에 소개할 그림에서 이런 뜻을 읽을 수 있습니다. 이 그림에는 이런 화제가 붙어 있습니다.

장일순, 〈무엇을 이루려 하지 마라〉, (사)무위당사람들 제공

무엇을 이루려 하지 마라

앉은 자리 선 자리를 보라

이루려 하면은 헛되느니라

자연은 이루려 하는 자와

함께하지 않느니라

척 봐도 노자의 무위자연을 작품으로 썼다는 걸 알아차릴 수 있습니다. 『도덕경』 제57장에 "내가 아무 일도 하지 않으면 백성들이 저절로 부유해지고, 아무것도 바라지 않으면 백성들이 스스로 소박해진다〔我無事而民自富 我無欲而民自樸〕"라고 했는데, 같은 맥락의 화제로 이해할 수 있습니다.

장일순, 〈몰라 몰라〉, (사)무위당사람들 제공

다음은 고갯짓을 하는 듯한 난초 그림입니다. 화제가 익살스러워요.

　몰라 몰라 정말 모른대니깐

　이 화제는 『장자』 「제물론」에서 왕예가 "내가 이른바 안다고 하는 것이 알지 못하는 것이 아님을 어찌 알겠으며, 내가 이른바 알지 못한다고 하는 것이 아는 것이 아님을 어찌 알겠는가〔庸詎知吾所謂知之 非不知邪 庸詎知吾所謂不知之 非知邪〕"라고 말한 부분을 연상시킵니다. 안다고 하는 것이 사

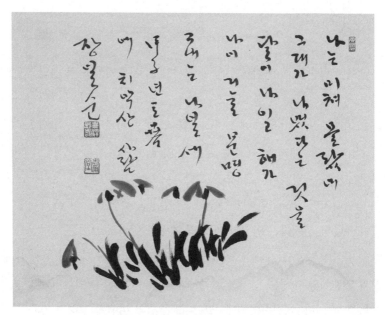

장일순, 〈나는 미처 몰랐네〉, (사)무위당사람들 제공

실은 모르는 것이고 모른다고 하는 것이 사실은 아는 것일지도 모른다는
거죠. 『도덕경』제56장에서도 "참으로 아는 이는 말하지 않고, 말하는 자
는 참으로 알지 못한다[知者不言 言者不知]"라고 했죠. 노자의 게임과 장자
의 익살을 함께 즐기시면 됩니다.

　이번에는 화제가 장일순을 기리는 책의 제목으로 선정된 적이 있는 난
초 그림입니다.

　　나는 미처 몰랐네
　　그대가 나였다는 것을
　　달이 나이고 해가 나이거늘
　　분명

그대는 나일세

앞서 장일순은 어떤 가치를 앞에 내세워 그 기준에 맞으면 선인이고 아니면 악인이라고 판단하지 않고, 사람을 먼저 보고 그 아래에 가치를 두었다고 말씀드린 적이 있습니다. 이 그림의 화제는 바로 그런 통찰이 드러난 작품입니다. '그대가 곧 나'라는 말은 '내가 곧 달이고 해인 것처럼, 그대도 마찬가지'라는 말입니다. 난초를 그렸으니 난초가 그대라고 생각하는 것은 당연하지만 장일순의 난초는 곧 사람이니 온 세상 사람이 곧 해와 달과 같이 소중한 존재라는 인식이 깔려 있습니다. 여기서 그대는 도둑일 수도 있고 악인일 수도 있습니다. 어쨌거나 같은 인간이라는 것입니다. 이런 통찰은 인간이면 누구나 지니고 있는 놀라운 능력입니다. 어린이들을 보면 알 수 있습니다. 어린아이에게 포도, 수박, 참외 따위가 그려져 있는 그림책을 보여 주면 들에 나갔을 때 그림이 아닌 실제의 포도, 수박, 참외를 보고도 알아맞힙니다. 그러니 사람을 보고 사람이라고 알아보는 건 너무나 당연합니다. 맹자가 모든 인간은 배우지 않고도 할 수 있는 양능(良能)과 생각하지 않아도 알 수 있는 양지(良知)를 가지고 있다고 주장한 것은 인간의 이런 통찰력을 보고 한 말입니다.

이른바 세상에 이름난 철학자들 중에는 이런 통찰력을 잃어버린 사람들이 꽤 많습니다. 아리스토텔레스도 그중 하나입니다. 노예는 인간이 아니라고 생각했으니까요. 또 J. S. 밀도 마찬가지입니다. 최대 다수의 최대 행복을 주장하는 사람이 제국주의에 찬성했으니까요. 식민지 원주민이 같은 인간이라는 것을 알아보는, 너무나도 단순한 통찰을 했다면 그럴 수는 없었겠죠. 왜 이런 일이 일어났을까요? 그들이 내건 가치가 그들의 통찰을 막아 버린 것으로 보입니다. 인간과 인간은 같은 존재입니다. 그리고 생명

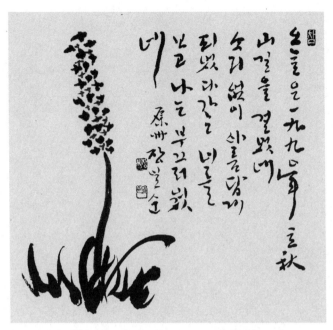

장일순, 〈너를 보고 나는 부끄러웠네〉, (사)무위당사람들 제공

이라는 차원에서 바라보면 지구의 모든 생명체가 나와 같고, 존재의 차원에서 바라보면 우주의 모든 존재가 나와 같은 존재입니다.

다음 그림은 의인란이 아니고 길가에 핀 풀 한 포기를 그린 것입니다. 그런데 꽃을 피웠어요.

　　오늘은 1990년 입추

　　산길을 걸었네

　　소리 없이 아름답게 피었다 가는

　　니를 보고 나는 부끄러웠네

일찍이 공자는 진나라와 채나라 사이에서 곤경을 당하고서 "향기로운 풀이 깊은 숲 속에서 자라지만 보는 사람이 없다고 해서 향기롭지 않은 것이 아닌 것처럼, 군자가 배우는 것은 세상에 쓰이기 위해서가 아니다〔芷蘭生於深林 非以無人而不芳 君子之學 非爲通也〕"라고 말한 적이 있습니다. 『순자』「유좌」편에 나오는 이야기인데, 장일순이 꼭 『순자』를 읽고 이 그림을 그렸다고 확신할 수는 없지만, 꽃을 피운 풀을 보고 공자와 같은 생각을 한 것은 분명합니다. 장일순은 세상 사람들이 봐 주지 않더라도 아름다운 꽃을 피웠다 가는 길가의 풀처럼 살기를 바란 것 같습니다. 그래서 마지막으로 "내 이름으로 아무것도 하지 마라"라는 말을 남기고 떠난 게 아닌가 싶어요.

1994년 5월 24일자 『한겨레』 신문에는 "보이지 않는 가운데 민주화 헌신"이라는 제목으로 재야 원로 서예가 장일순 씨가 타계했다는 기사가 실렸습니다. 세상을 떠난 지 20년도 더 지났지만 그는 아직도 많은 사람들의 기억 속에 살아 있습니다. 그러니 공자가 "어진 사람은 오래 산다〔仁者壽〕"라고 한 말이나 노자가 "죽어도 잊히지 않는 사람이 오래 사는 것〔死而不忘者壽〕"이라고 한 말에 꼭 맞는 사람이라 하겠습니다.

현대 한국 철학은 대학의 틀 안에서 서양 철학을 수용하고 소개하는 강단 철학 형식으로 시작되었습니다. 하지만 유영모, 함석헌 같은 철학자들은 강단 밖에서 활동했고, 서양의 철학이나 사상을 수용하고 이해하는 차원이 아니라 개인의 실천과 사회적 참여를 통해 새로운 철학을 주체적으로 재창조했다는 점에서 확연히 구분됩니다. 이들의 공통점은 우리말에 대한 애착, 애착을 넘어선 열정을 바탕으로 성서와 동아시아 고전과 서양의 고전을 새로운 방식으로 끊임없이 재해석하고 재창조했다는 점입니다.

또 장일순의 경우에도 강단 밖에서 활동하면서 민주화에 헌신했는데, 대부분의 사람들이 상대를 적대시함으로써 자기 정체성을 확인하던 시대에 인간을 먼저 바라보는 커다란 통찰로 많은 사람을 일깨웠고, 민주화 운동을 넘어서 환경과 생명을 아우르는 폭넓은 사유를 보여 주었습니다. 이들 세 철학자는 강단 철학을 중심으로 좁게 형성되어 있는 현대 한국 철학계가 앞으로 본보기로 삼아야 할 철학자들이라고 생각합니다.

1장 원효: 파도와 고요한 바다는 둘이 아니다

❶

1 聖師元曉 俗姓薛氏 祖仍皮公 亦云赤大公 今赤大淵側有仍皮公廟 父談㮈乃末 初示生
  于押梁郡南 佛地村北 栗谷娑羅樹下 村名佛地 或作發智村

2 娑羅樹者 諺云 師之家本住此谷西南 母旣娠而月滿 適過此谷栗樹下 忽分産 而倉皇不
  能歸家 且以夫衣掛樹 而寢處其中 因號樹曰娑羅樹 其樹之實亦異於常 至今稱娑羅栗

3 古傳 昔有主寺者 給寺奴一人 一夕饌栗二枚 奴訟于官 官吏怪之 取栗檢之 一枚盈一鉢
  乃反判給一枚 故因名栗谷

4 師旣出家 捨其宅爲寺 名初開 樹之旁置寺曰娑羅 師之行狀云 是京師人 從祖考也 唐僧
  傳云 本下湘州之人

5 生而穎異 學不從師 其遊方始末 弘通茂跡 具載唐傳與行狀 不可具載 唯鄕傳所記有
  一二段異事

6 師嘗一日風顚唱街云 誰許沒柯斧 我斫支天柱 人皆未喩 時太宗聞之曰 此師殆欲得貴
  婦 産賢子之謂也 國有大賢 利莫大焉 時瑤石宮 有寡公主 勅宮吏覓曉引入 宮吏奉勅將
  求之 已自南山來過蚊川橋 遇之 佯墮水中濕衣袴 吏引師於宮 褫衣曬眼 因留宿焉 公主
  果有娠 生薛聰

7 曉旣失戒生聰 已後易俗服 自號小姓居士 偶得優人舞弄大瓠 其狀瑰奇 因其形製爲道
  具 以華嚴經一切無㝵人 一道出生死 命名曰無㝵 仍作歌流于世 嘗持此 千村萬落且歌
  且舞 化詠而歸 使桑樞瓮牖玃猴之輩 皆識佛陀之號 咸作南無之稱 曉之化大矣哉

8 其生緣之村名佛地 寺名初開 自稱元曉者 蓋初輝佛日之意爾 元曉亦是方言也 當時人
  皆以鄕言稱之始旦也

9 旣入寂 聰碎遺骸 塑眞容 安芬皇寺 以表敬慕終天之志 聰時旁禮 像忽廻顧 至今猶顧矣
  曉嘗所居穴寺旁 有聰家之墟云

10 讚曰 角乘初開三昧軸 舞壺終掛萬街風 月明瑤石春眠去 門掩芬皇顧影空
  ──『三國遺事』,「義解」, '元曉不羈'

❷

如大海水因風波動 水相風相不相捨離 …… 心亦如是 不生滅心擧體動 故心不離生滅
相 生滅之相莫非神解 故生滅不離心相

—『大乘起信論疏』, '心生滅門'

2장 의상: 하나가 곧 전체이고 전체가 곧 하나다

❶

1　法師義湘 考曰韓信 金氏 年二十九依京師皇福寺落髮 未幾西圖觀化 遂與元曉道出遼
　　東 邊戍邏之爲諜者 囚閉者累旬 僅免而還 永徽初 會唐使舡有西還者 寓載入中國 初止
　　揚州 州將劉至仁請留衙內 供養豐贍

2　尋往終南山至相寺 謁智儼 儼前夕夢一大樹生海東 枝葉溥布 來蔭神州 上有鳳巢 登視
　　之 有一摩尼寶珠 光明屬遠 覺而驚異 洒掃而待 湘乃至 殊禮迎際 從容謂曰 吾昨者之夢
　　子來投我之兆 許爲入室

3　既而本國承相金欽純 良圖等 往因於唐 高宗將大擧東征 欽純等密遣湘誘而先之 以咸
　　享元年庚午還國 聞事於朝 命神印大德明朗 假設密壇法禳之 國乃免 儀鳳元年 湘歸太
　　伯山 奉朝旨創浮石寺 敷敞大乘 靈感頗著

4　終南門人賢首撰搜玄疏 送副本於湘處 幷奉書懃懇

5　西京崇福寺僧法藏 致書於海東新羅華嚴法師侍者 一從分別 二十餘年 傾望之誠 豈離
　　心首 加以烟雲萬里 海陸千重 恨此一身不復再面 抱懷戀戀 夫何可言 故由夙世同因 今
　　生同業 得於此報 俱沐大經 特蒙先師 授玆奧典 仰承上人歸鄕之後 開演華嚴 宣揚法界
　　無盡緣起 重重帝網 新新佛國 利益弘廣 喜躍增深 是知如來滅後 光輝佛日 再轉法輪 令
　　法久住者 其唯法師矣 藏進趣無成 周旋寡況 仰念玆典 愧荷先師 隨分受持 不能捨離 希
　　憑此業 用結來因 但以和尙章疏 義豊文簡 致令後人多難趣入 是以錄和尙微言妙旨 勒
　　成義記 近因勝詮法師抄寫還鄕 傳之彼土 請上人詳檢臧否 幸示箴誨 伏願當當来世 捨
　　身受身 相與同於盧舍那(원문은 郍로 되어 있으나 那로 바로 잡음) 聽受如此 無盡妙法
　　修行如此 無量普賢願行 儻餘惡業一朝顚墜 伏希上人不遺宿昔 在諸趣中 示以正道 人
　　信之次 時訪存沒 不具

6　湘乃令十刹傳敎 太伯山浮石寺 原州毗摩羅 伽耶之海印 毗瑟之玉泉 金井之梵魚 南嶽
　　華嚴寺等是也 又著法界圖書印幷略疏 括盡一乘樞要 千載龜鏡 競所珍佩 餘無撰述 嘗
　　鼎味一臠足矣 圖成總章元年戊辰 是年儼亦歸寂 如孔氏之絶筆於獲麟矣 世傳湘乃金山

寶蓋之幻有也 徒弟悟眞 智通 表訓 眞定 眞藏 道融 良圓 相源 能仁 義寂等十大德爲領
首 皆亞聖也 各有傳 眞嘗處下柯山鶻嵓寺 每夜伸臂點浮石室燈 通 著錐洞記 蓋承親訓
故辭多諧妙 訓 曾住佛國寺 常往來天宮 湘住皇福寺時 與徒衆繞塔 每步虛而上 不以階
升 故其塔不設梯磴 其徒離階三尺 履空而旋 湘乃顧謂曰 世人見此 必以爲怪 不可以訓
世 餘如崔侯所撰本傳

7　讚曰 披榛跨海冒煙塵 至相門開接瑞珍 采采雜花栽故國 終南太伯一般春
　　—『三國遺事』,「義解」, '義湘傳敎'

❷

昔義湘法師入唐 到終南山至相寺智儼尊者處 隣有宣律師 常受天供 每齋時天廚送食
一日律師請湘公齋 湘至坐定旣久 天供過時不至 湘乃空鉢而歸 天使乃至 律師問今日
何故遲 天使曰 滿洞有神兵遮擁 不能得入 於是律師知湘公有神衛 乃服其道勝
　　—『三國遺事』,「塔像」, '前後所將舍利'

3장 삼국 시대 도교 전통: 만족할 줄 알면 욕을 당하지 않는다

❶

近仇首王 近肖古王之子 先是 高句麗國岡王斯由親來侵 近肖古王遣太者拒之 至半乞
壤將戰 高句麗人斯紀本百濟人 誤傷國馬蹄 懼罪奔於彼 至是還來 告太子曰 彼師雖多
皆備數疑兵而已 其驍勇唯赤旗 若先破之 其餘不攻自潰 太子從之 進擊大敗之 追奔逐
北 至於水谷城之西北 將軍莫古解諫曰 嘗聞道家之言 知足不辱 知止不殆 今所得多矣
何必求多 太子善之止焉 乃積石爲表 登其上顧左右曰 今日之後 疇克再至於此乎 其地
有嚴石 罅若馬蹄者 他人至今呼爲太子馬迹 近肖古在位三十年薨 即位
　　—『三國史記』,「百濟本紀」, '近仇首王', 375年

❷

名與身孰親 身與貨孰多 得與亡孰病 是故甚愛必大費 多藏必厚亡 知足不辱 知止不殆
可以長久
　　—『道德經』第44章

❸

王諱藏 以失國故 無諡 建武王弟大陽王之子也 建武王在位第二十五年 蓋蘇文弒之 立
藏繼位 新羅謀伐百濟 遣金春秋乞師 不從. 二年 春正月 封父爲王 遣使入唐朝貢 三月
蘇文告王曰 三敎譬如鼎足 闕一不可 今儒釋幷興 而道敎未盛 非所謂備天下之道術者
也 伏請遣使於唐 求道敎以訓國人 大王深然之 奉表陳請 太宗遣道士叔達等八人 兼賜
老子道德經 王喜 取僧寺館之

—『三國史記』,「高句麗本紀」, '寶藏王', 643年

❹

高麗本記云 麗季武德貞觀間 國人爭奉五斗米敎 唐高祖聞之 遣道士 送天尊像來 講道
德經 王與國人聽之 卽第二十七代榮留王卽位七年 武德七年甲申也 明年遣使往唐 求
學佛老 唐帝許之 及寶藏王卽位 亦欲倂興三敎 時寵相蓋蘇文 說王以儒釋並熾 而黃冠
未盛 特使於唐求道敎 時普德和尙住盤龍寺 憫左道匹正 國祚危矣 屢諫不聽 乃以神力
飛方丈 南移于完山州 孤大山而居焉 卽永徽元年庚戌六月也 未幾國滅

—『三國遺事』,「興法」, '寶藏奉老 普德移庵'

❺

文德見隋軍士有饑色 欲疲之 每戰輒北 述等一日之中七戰皆捷 旣恃驟勝 又逼羣議遂
進東濟薩水 去平壤城三十里 因山爲營 文德遺仲文詩曰 神策究天文 妙算窮地理 戰勝
功旣高 知足願云止

—『三國史記』,「列傳」, '乙支文德', 612年

❻

孝成王立 諱承慶 聖德王第二子 母炤德王后 …… 二年 …… 夏四月 唐使臣邢璹 以老
子道德經等文書 獻于王 白虹貫日 所夫里郡河水變血

—『三國史記』,「新羅本紀」, '孝成王', 737年

❼

夫至道包含於形象之外 視之不能見其原 大音震動於天地之間 聽之不能聞其響

—「聖德大王神鐘之銘」, 771年

❽

視之不見名曰夷 聽之不聞名曰希 搏之不得名曰微 …… 是謂無狀之狀 無物之象 是謂

惚恍 迎之不見其首 隨之不見其後

—『道德經』第44章

上士聞道 勤而行之 中士聞道 若存若亡 下士聞道 大笑之 不笑不足以爲道 故建言有之
明道若昧 進道若退 夷道若纇 上德若谷 大白若辱 廣德若不足 建德若偸 質眞若渝 大方
無隅 大器晩盛 大音希聲 大象無形

—『道德經』第41章

4장 강수, 설총, 최치원: 조강지처의 교훈과 화왕(花王)의 경계

❶

1　其母夢見人有角 而妊身乃生 頭後有高骨 昔謚以兒就當時所謂賢者 問曰 此兒頭骨如
此何也 答曰 吾聞之伏羲虎形 女媧蛇身 神農牛頭 皐陶馬口 則聖賢同類 而其相亦有不
凡者 …… 父還謂其妻曰 爾子非常兒也 好養育之 當作將來之國士也

2　壯自知讀書 通曉義理 父欲觀其志 問曰 爾學佛乎 學儒乎 對曰 愚聞之佛世外敎也 愚人
間人 安用學佛爲 願學儒者之道 父曰 從爾所好 遂就師讀孝經曲禮爾雅文選 所聞雖淺
近 而所得愈高遠 魁然爲一時之傑 遂入仕 歷官爲時聞人

3　强首嘗與釜谷冶家之女野合 情好頗篤 及年二十歲 父母媒邑中之女有容行者 將妻之
强首辭不可以再娶 父怒曰 爾有時名 國人無不知 而以微者爲偶 不亦可恥乎 强首再拜
曰 貧且賤 非所羞也 學道而不行之 誠所羞也 嘗聞古人之言 曰糟糠之妻不下堂 貧賤之
交不可忘 則賤妾所不忍棄者也

4　强首 未嘗謀生 家貧怡如也 王命有司 歲賜新城租一百石 文武王曰 强首 文章自任 能以
書翰致意於中國 及麗濟二邦 故能結好成功 我先王請兵於唐 以平麗濟者 雖曰武功 亦
由文章之助焉 則强首之功 豈可忽也 授位沙飡增俸歲租二百石 至神文大王時卒

5　其妻乏於食 欲還鄕里 大臣聞之 請王賜租百石 妻辭曰 妾賤者也 衣食從夫 受國恩多矣
今旣獨矣 豈敢再辱厚賜乎 遂不受而歸

—『三國史記』,「列傳」,'强首'

❷

1　字聰智 祖談捺奈麻 父元曉 初爲桑門 掩該佛書 旣而返本 自號小性居士 聰 性明銳 生

知道術 以方言讀九經 訓導後生 至今學者宗之 又能屬文 而世無傳者

2 神文大王 以仲夏之月 處高明之室 顧謂聰曰 今日宿雨初歇 薰風微涼 雖有珍饌哀音 不
如高談善謔以舒伊鬱 吾子必有異聞 蓋爲我陳之 聰曰 唯 臣聞昔花王之始來也 植之以
香園 護之以翠幕 當三春而發艷 凌百花而獨出 於是自邇及遐 艷艷之靈 夭夭之英 無不
奔走上謁 唯恐不及

3 忽有一佳人 朱顏玉齒 鮮粧靚服 伶俜而來 綽約而前 曰妾履雪白之沙汀 對鏡清之海 而
沐春雨以去垢 快清風而自適 其名曰薔薇 聞王之令德 期薦枕於香帷 王其容我乎 又有
一丈夫 布衣韋帶 戴白持杖 龍鍾而步 傴僂而來曰 僕在京城之外 居大道之旁 下臨蒼茫
之野景 上倚嵯峨之山色 其名曰白頭翁 竊謂 左右供給雖足 膏粱以充腸 茶酒以清神 巾
衍儲藏 須有良藥以補氣 惡石以蠲毒 故曰 雖有絲麻 無棄菅蒯 凡百君子 無不代匱 不識
王亦有意乎 或曰 二者之來 何取何捨 花王曰 丈夫之言 亦有道理 而佳人難得 將如之何
丈夫進而言曰 吾謂王聰明識理義 故來焉耳 今則非也 凡爲君者 鮮不親近邪佞 疏遠正
直 是以孟軻不遇以終身 馮唐郎潛而皓首 自古如此 吾其奈何 花王曰 吾過矣吾過矣

4 於是王愁然作色曰 子之寓言誠有深志 請書之以爲王者之戒 遂擢聰以高秩
　　一『三國史記』,「列傳」,'薛聰'

❸

聰生而睿敏 博通經史 新羅十賢中一也 以方音通會華夷方俗物名 訓解六經文學 至今
海東業明經者 傳受不絶
　　一『三國遺事』,「義解」,'元曉不羈'

❹

1 致遠少精敏好學 至年十二 將隨海舶入唐求學 其父謂曰 十年不第 卽非吾子也 行矣勉
之 致遠至唐 追師學問無怠 乾符元年甲午 禮部侍郎裵瓚下一擧及第 調授 宣州 溧水縣
尉 考績爲承務郎 侍御史內供奉 賜紫金魚袋

2 時黃巢叛 高駢爲諸道行營兵馬都統以討之 辟致遠爲從事 以委書記至任 其表狀書啓
傳之至今 及年二十八歲 有歸寧之志 僖宗知之 光啓元年 使將詔來聘 留爲侍讀兼翰林
學士守兵部侍郎知瑞書監 致遠 自以西學多所得 及來將行己志 而衰季多疑忌 不能容
出 爲大山郡大守

3 致遠自西事大唐 東歸故國 皆遭亂世 屯邅蹇連 動輒得咎 自傷不遇 無復仕進意 逍遙自
放 …… 若慶州南山 剛州氷山 陝州清凉寺 智異山雙溪寺 合浦縣別墅 此皆遊焉之所 最
後帶家隱伽耶山海印寺 與母兄浮圖賢俊 及定玄師 結爲道友

―『三國史記』,「列傳」,'崔致遠'

6장 의천: 일심(一心)에 모든 것이 갖추어져 있다

❶

1 師於聖人之道 可謂性得而生知者也 何以知其然哉 自少志學 不爲紛華盛麗之所移 及
其出家 當道衰學廢之時 獨能背馳於時態 追古聖

2 大覺國師煦 字義天 避宋哲宗諱 以字行 文宗一日謂諸子曰 孰能爲僧 作福田利益耶 煦
起曰 臣有出世志 惟上所命 王曰 善 遂隨師出 居靈通寺 煦性聰慧嗜學 始業華嚴 便通
五敎 旁涉儒術 莫不精識 號祐世僧統
―金富軾,「大覺國師碑銘」

❷

1 煦欲入宋求法 王不許 至宣宗時數請 宰臣諫官 極言不可 二年 四月 煦潛與弟子二人 隨
宋商林寧船而去 王命御史魏繼廷等 分道乘船 追之不及 遣禮賓丞 鄭僅等 問過海安否

2 煦至 宋帝引見垂拱殿 待以客禮 寵數渥縟 煦請遊方問法 詔以主客員外 楊傑爲館伴 至
吳中諸寺 皆迎餞如王臣

3 煦病 王幸摠持寺 問疾 尋卒 王欲諡大覺 中書門下省奏 大覺者佛也 僭佛號非煦意 王不
從 政堂文學李頲言 煦於上 雖周親 而按禮 出家無服 然才行俱優 名重遼宋 欲追贈國師
不可不服 於是王與群臣 玄冠素服 輟朝三日 賜賻甚厚 遂冊贈大覺國師 又賜敎門徒弔
慰
―『高麗史』,「列傳」,'大覺國師煦'

❸

錢之爲物 體一而義包四 一曰錢者 質圓而方 方圓以法天 方以象地 言覆載轉而旡★也
二曰泉者 通行流恣 如泉之無窮也 三曰布者 布於民間 上下周普 永遠而不滯也 四曰刀
者 行有美利 分割貧富 日用而不鈍也
―『大覺國師文集』卷12

7장 지눌: 부처의 빛이 온 누리를 비추다

❶

1 一切經書及文字 小大二乘十二部經 皆因人置 因智惠性故 故能建立 我若無 智人一切
萬法 本無不有 故知萬法 本因人興 一切經書因人說有

2 故知不悟卽佛是衆生 一念若悟 卽衆生是佛 故知一切萬法 盡在自身心中 何不從於自
心 頓現眞如本性 菩薩戒經云 我本源自性 淸淨 識心見性 自成佛道 卽時豁然 還得本心
―『六祖壇經』, 「見性」

❷

移居松廣山吉祥寺 領導作法 十有一年 或談道 或修禪 安居頭陀 一依佛律 四方緇白 聞
風輻輳 蔚爲盛集 …… 俄三月二十日 示疾 凡八日而終 預知也 前一夕 就浴室沐浴 侍
者請偈 因設問 師從容答話 夜艾 乃入方丈 問答如初 將曉問 今是何日 曰 三月二十七
日也 師具法服盥漱云 這箇眼 不是祖眼 這箇鼻 不是祖鼻 這箇口 不是孃生口 這箇舌
不是孃生舌 令擊法鼓集衆 策六環錫杖 步至善法堂 祝香昇座 如常儀 …… 乃拈柱杖數
下云 千種萬般 摠在這裡 因執杖 踞床不動 泊然而逝 門徒設香燈 供養七日 顏色如生
鬚髮漸長. 茶毘拾遺骨 骨皆五色 得舍利大者三十粒 其小者無數 浮圖于社之北麓 上 聞
之慟 諡曰 佛日普照國師 塔曰 甘露 閱世五十三齡 受臘 三十有六年
―金君綏, 「普照國師碑銘」

8장 이규보: 시·거문고·술을 좋아한 삼혹호(三酷好) 선생

❶

客有謂予曰 昨晚見一不逞男子以大棒子椎遊犬而殺者 勢甚可哀 不能無痛心 自是誓不
食犬豕之肉矣 予應之曰 昨見有人擁熾爐捫蝨而烘者 予不能無痛心 自誓不復捫蝨矣
客憮然曰 蝨微物也 吾見庬然大物之死 有可哀者故言之 子以此爲對 豈欺我耶 予曰 凡
有血氣者 自黔首至于牛馬猪羊昆蟲螻蟻 其貪生惡死之心 未始不同 豈大者獨惡死 而
小則不爾耶 然則犬與蝨之死一也 故擧以爲之對 豈故相欺耶 子不信之 盍齕爾之十指
乎 獨拇指痛 而餘則否乎 在 一體之中 無大小支節 均有血肉 故其痛則同 況各受氣息者
安有彼之惡死而此之樂乎 子退焉 冥心靜慮 視蝸角如牛角 齊斥鷃爲大鵬 然後吾方與
之語道矣

—『東國李相國集』, 「蝨犬說」

❷

先輩有以文名世者某某等七人 自以爲一時豪俊 遂相與爲七賢 蓋慕晉之七賢也 每相會
飮酒賦詩 旁若無人 世多譏之 然後稍沮 時予年方十九 吳德全許爲忘年友 每携詣其會
其後德全遊東都 予復詣其會 李淸卿目予曰 子之德全 東遊不返 子可補耶 予立應曰 七
賢豈朝廷官爵 而補其闕耶 未聞稽, 阮之後有承之者 闔座皆大笑 又使之賦詩 占春人
二字 予立成口號曰 榮參竹下會 快倒甕中春 未識七賢內 誰爲鑽核人 一座頗有慍色 卽
傲然大醉而出 予少狂如此 世人皆目以爲狂客也
—『東國李相國集』, 「七賢說」

9장 안향, 백이정, 우탁: 새로운 학문, 고려를 흔들다

❶

聖人之道 不過日用倫理 爲子當孝 爲臣當忠 禮以制家 信以交朋 修己必敬 立事必誠而
己
—『晦軒實記』, 「諭國子諸生文」

❷

1   宰相之職 莫先敎育人材 今養賢庫殫竭 無以養士 請令六品以上 各出銀一斤 七品以下
出布有差 歸之庫 存本取息 爲贍學錢

2   夫子之道 垂憲萬世 臣忠於君 子孝於父 弟恭於兄 是誰敎耶 若曰 我武人 何苦出錢 以
養爾生徒 則是無孔子也 而可乎

3   珦 莊重安詳 人皆畏敬 在相府 能謀善斷 同列順承 惟謹不敢爭 常以興學養賢 爲己任
—『高麗史』, 「安珦列傳」

❸

1   倬登科 初調寧海司錄 郡有妖神祠 名八鈴 民惑靈怪 奉祀甚瀆 倬至卽碎之 沉于海 淫祀
遂絶

2   禹倬 丹山人 父天珪 鄕貢進士 累陞監察糾正 時忠宣烝淑昌院妃 倬白衣持斧荷藁席詣
闕 上疏敢諫 近臣展疏不敢讀 倬厲聲曰 卿爲近臣 未能格非而逢惡至此 卿知其罪耶 左

右震慄 王有慚色 後退老禮安縣 忠肅嘉其忠義 再召不起

3 　倬通經史 尤深於易學 卜筮無不中 程傳初來東方 無能知者 倬乃閉門月餘 叅究乃解 敎
授生徒 理學始行 官至成均祭酒致仕 忠惠三年卒 年八十一
　　　─『高麗史』,「禹倬列傳」

10장 이제현: 붓을 들어 나라를 지키다

❶

名溢域中 身居海東 道德之首 文章之宗 北斗泰山 昌黎之韓 光風霽月 春陵茂叔
　　　─『益齋亂藁』,「墓誌銘」(李穡)

❷

1 墓在衛州北十許里 蓋周武王所封 而唐太宗貞觀中 道過其地 自爲文以祭 其石刻剝落
亦可識一二焉 夫二君之眷眷于異代之臣者 豈非哀其忠愍其死乎 而武王忽伯夷於勝殷
之後 太宗疑魏徵於征遼之日者 何耶 因作此詩 亦春秋責備賢者之義也

2 周王封墓禮殷臣 爲惜忠言見殺身 何事華陽歸馬後 蒲輪不謝採薇人 從來忿欲蔽良知
日暮令人有逆施
　　　─『益齋亂藁』,「比干墓」

❸

至正壬午夏 雨連月 杜門無跫音 悶不可袪 持硯承簷溜 聯友 朋往還折簡 遇所記 書諸紙
背 題其端曰 櫟翁稗說 夫櫟之從樂 聲也 然以不材遠害 在木爲可樂 所以從樂也 予嘗從
大夫之後 自免以養拙 因號櫟翁 庶幾其不材而能壽也 稗之從卑 亦聲也 以義觀之 稗禾
之卑者也 余少知讀書 壯而廢其學 今老矣 顧喜 爲駁雜之文 無實而可卑 猶之稗也
　　　─『益齋亂藁』,「櫟翁稗說序」

11장 정몽주: 혁명과 절의 사이에서

❶

按洪武二十二年己巳 恭讓王新卽位 以先生有大勳勞於國家 命立閣圖形 時先生年五十

有二也 子孫因藏于家廟 後摹寫奉安于臨皐崧陽兩書院 今又依摹繡梓 置于年譜之上
使學者開卷肅然 有以瞻仰而起慕云

—『圃隱集』,「遺像」

❷

文以載道 故詩書禮樂 威儀文辭 皆至道之所寓也 三代以上 文與道爲一 三代以下 文與
道爲二 盖詩三百 蔽以思無邪之一言 夫子之文章 無非天理之流行 所謂有德者必有言
而文與道初無二致也 漢魏以降 以文鳴於世者若王徐阮劉曹鮑沈謝 下逮唐宋劉柳蘇黃
之輩 代各有人 然不過風雲月露 模寫物狀 倂儷沿襲之工耳 其於道也 綮乎其未有聞也
故其文章雖或可取 夷考其行 皆無足論 所謂有言者不必有德 而文與道始歧而爲二矣
吾東方禮樂文物 侔擬中華 文學之儒無代無之 然其才德俱優 名實相孚者有幾人歟 烏
川圃隱鄭文忠公生於高麗之季 天資粹美 學問精深 其爲學也 以默識心融爲要 以踐履
躬行爲本 性理之學 倡於東方 一時名賢 咸推服焉 如牧隱稱其講學曰 橫說竪說 無非當
理 陶隱論其人品 每稱達可之卓越 則先生之學之才可知矣 其行事之迹 則當中原革命
之初 國步多難之時 西朝京師 東使日本 事不避難 憂國忘家 功烈卓然 眂惠東民者 皆可
考已 及當麗運將終 天啓聖德之時 以一身獨任五百年之宗社 終蹈白刃 以全大節 凜然
忠義之氣與烈日爭光 眞所謂社稷之臣 ……

—『圃隱集』,「圃隱先生詩卷序」(權採)

❸

公講說 發越超出人意 聞者頗疑 及得雲峯胡氏之說 與公所論合 諸儒歎服 牧隱稱之曰
達可論理 無非當理 推爲東方理學之祖

—『練藜室記述』,「高麗守節諸臣附」

❹

趙光祖學於金宏弼 宏弼學於金宗直 宗直之學 出於其父叔滋 叔滋學于再 再之學 得於
鄭夢周 夢周 寔爲東方理學之祖

—『靑莊館全書』,「寒竹堂涉筆 下」

❺

問 我朝學問 亦始於何代 曰 自前朝末始矣 然權近入學圖 似麤鹵 鄭圃隱號爲理學之祖
而以余觀之 乃安社稷之臣 非儒也 然則道學 自趙靜菴始起 至退陶先生 儒者模樣已

成矣 然退陶似遵行聖賢言語者 而不見其有自見處 花潭則有所見 而見其一隅者也
―『栗谷全書』,「語錄 上」

12장 정도전: 조선 왕조의 설계자

❶

先生著述 有學者指南圖若干篇 義理之精 瞭然在目 能盡前賢所未發
―『三峯集』,「三峯集序」(權近)

❷

先生手搏日轂 廓淸區宇 以拯我東方億兆蒼生 及開國之初 凡大規模 皆先生所贊定 當
時英雄豪傑 竝起雲從 而無與先生比者
―『三峯集』,「三峯集後序」(申叔舟)

❸

周末 神降于有莘 太史過曰 國家將興 聽於人 國家將亡 聽於神 周果以亡 由是言之 事
佛事神 無利而有害可知矣 伏望殿下申命有司 除祀典所載外 凡中外淫怪諂瀆之擧 一
皆禁斷 則財用節而無所妄費矣
―『三峯集』,「上恭讓王疏」

❹

老而無妻曰鰥 老而無夫曰寡 老而無子曰獨 幼而無父曰孤 此四者 天下之窮民而無告
者 文王發政施仁 必先斯四者 詩云 哿矣富人 哀此煢獨
―『孟子』,「梁惠王 下」

❺

易曰 聖人之大寶曰位 天地之大德曰生 何以守位曰仁 …… 下民至弱也 不可以力劫之
也 至愚也 不可以智欺之也 得其心則服之 不得其心則去之 去就之間 不容毫髮焉 然所
謂得其心者 非以私意苟且而爲之也 非以違道干譽而致之也 亦曰仁而已矣 人君以天地
生物之心爲心 行不忍人之政 使天下四境之人 皆悅而仰之若父母 則長享安富尊榮之樂
而無危亡覆墜之患矣 守位以仁 不亦宜乎

—『朝鮮經國典 上』,「正寶位」

❻

佛氏以人倫爲假合 子不父其父 臣不君其君 恩義衰薄 視至親如路人
—『三峯集』,「佛氏雜辨」

13장 조광조: 내 임금을 요순으로 만든다

❶

言路之通塞 最關於國家 通則治安 塞則亂亡 故人君務廣言路 上自公卿百執事 下至閭
巷市井之民 俾皆得言 然無言責 則不得自盡 故爰設諫官以主之 其所言雖或過當 而皆
虛懷優容者
—『靜菴集』,「司諫院請罷兩司啓一」

❷

宰相曰是 臺諫曰非 宰相曰可行 臺諫曰不可行 可否相濟而後 事歸於正矣 朝廷和而後
至治出焉
—『靜菴集』,「侍讀官時啓三」

❸

今讀先生書 益知道德晟 朝紳咸仰成 野嫗亦尊敬 餘事游於藝 佳哉筆勢勁
—『靜菴集』,「肅宗御製」, '讀靜菴集有感'

❹

吾東方能倡明道學 以堯舜君民爲己任者 無如靜菴
—『栗谷全書』,「年譜」

❺

道學 自趙靜菴始起 至退陶先生 儒者模樣已成矣 然退陶似遵行聖賢言語者 而不見其
有自見處 花潭則有所見 而見其一隅者也
—『栗谷全書』,「語錄 上」

❻

朝議將潛師襲野人速古乃 臨遣將 將相環侍 詢謀已同 先生自外進日 此事類狙譎 非王
者禦戎之道 堂堂國家 行盜賊之術 臣竊恥之 上乃却衆議 從先生言
—「靜菴趙先生墓誌銘」(李珥)

❼

夫子之所以爲邦 不過曰明道而已 所以爲學 不過曰謹獨而已 謹以明道謹獨二事 爲殿
下獻焉
—『靜菴集』,「謁聖試策」

❽

溺信邪敎 諂事敬奉 匪神而致誠 匪鬼而致祀 不惠于民 不孚于天 而反祈虛報永命於冥
邈無稽之甚 其亦陋矣 …… 祝禱幽繁 陰鬼釀奸 是乃后猒無令 下民焉式
—『靜菴集』,「弘文館請罷昭格署疏」

14장 서경덕: 줄 없는 거문고를 타다

❶

近觀靜菴退溪花潭三先生之說 靜菴最高 退溪次之 花潭又次之 就中靜菴花潭多自得之
味 退溪多依樣之味
—『花潭集』,「遺事」(李珥)

❷

壁上糊馬圖 三年下董幃 邈觀混沌始 二五誰發揮 惟應酬酢處 洞然見天機 太一幹動靜
…… 品物各流形 散布盈範圍 花卉自靑紫 毛羽自走飛 不知誰所使
—『花潭集』,「天機」

❸

曹南冥 徐花潭 李土亭 皆間世名賢 …… 東洲嘗宰報恩南冥土亭 花潭皆遠至 爲對床連
夜語 李相國浚慶聞之曰 應有德星見於天矣
—『宋子大全』,「大谷成先生墓碣銘」

❹

花潭家甚貧 兒時父母使於春後采蔬田間 每日必遲歸 蔬亦不盈筐 父母怪而問其故 對
曰當采蔬時 有鳥飛飛 今日去地一寸 明日去地二寸 又明日去地三寸 漸次向上而飛 某
觀此鳥所爲 竊思其理而不能得 是以每致遲歸 蔬亦不盈筐也 蓋其鳥俗名從從鳥云 當
春之時 地氣上升 輒隨其氣所至 高下而飛焉 花潭窮理之功 原於此 奇哉
─『南溪集』,「記少時所聞」

❺

琴而無絃 存體去用 非誠去用 靜其含動 聽之聲上 不若聽之於無聲 樂之形上 不若樂之
於無形 樂之於無形 乃得其徹 聽之於無聲 乃得其妙 外得於有 內會於無 顧得趣乎其中
奚有事於絃上工夫
─『花潭集』,「無絃琴銘一」

❻

不用其絃 用其絃絃 律外宮商 吾得其天 樂之以音 樂其音音 非聽之以耳 聽之以心 彼哉
子期 曷耳吾琴
─『花潭集』,「無絃琴銘二」

❼

問 扇揮則風生 風從何出 若道出於扇 扇裏何嘗有風在 若道不出於扇 畢竟風從何出 謂
出於扇 既道不得 謂不出於扇 且道不得 若道出於虛 却離那扇 且虛安得自生風 愚以爲
不消如此說 扇所以能鼓風 而非扇能生風也 當風息太虛靜泠泠地 不見野馬塵埃之起
然扇纔揮風便鼓 風者氣也 氣之撲塞兩間 如水彌漫谿谷 無有空闕 到那風靜澹然之頃
特未見其聚散之形爾 氣何嘗離空得
─『花潭集』,「謝金相國(安國)惠扇」

❽

天則主陽 地則主陰 火熱而水涼 其性也 火則未聞有寒者 而泉或有溫者何也 邵子曰 一
氣分而爲陰陽 陰陽半而形質具焉 陰陽偏而性情分焉 知此則泉之溫 無足怪也 天未始
無陰 地未始無陽 水火互藏其宅 且天之陽 常貫乎地之虛 而地不得而不受 故曰 天一而
實 地二而虛 陽蘊於地中 氣或輻湊於一處 積而蒸鬱 泉脈被他蒸薄而熱
─『花潭集』,「溫泉辨」

❾

太虛湛然無形 號之曰先天 其大無外 其先無始 其來不可究 其湛然虛靜 氣之原也 彌漫
無外之遠 逼塞充實 無有空闕 無一毫可容間也 然挹之則虛 執之則無 然而却實 不得謂
之無也 到此田地 無聲可耳 無臭可接 千聖不下語 周張引不發 邵翁不得下一字處也 撫
聖賢之語 泝而原之 易所謂寂然不動 庸所謂誠者自成 語其湛然之體 曰一氣 語其混然
之周 曰太一 濂溪於此不奈何 只消下語曰無極而太極 是則先天 不其奇乎 奇乎奇 不其
妙乎 妙乎妙 倏爾躍 忽爾闢 孰使之乎 自能爾也

—『花潭集』,「原理氣」

❿

先生五十八歲(明宗大王元年丙午) 七月七日 易簀于花潭書齋 先生自甲辰冬 連在床褥
是日病革 令侍者舁出潭上 澡浴而還 食頃乃卒 臨終 有一門生問曰 先生今日意思何如
先生曰 死生之理 知之已久 意思安矣 ○八月 葬于花潭後岡

—『花潭集』,「年譜」

15장 이언적: 세계의 근원에 대한 질문을 던지다

❶

至無之中 至有存焉 故曰 無極而太極 有理而後有氣 故曰 太極生兩儀 然則理雖不離於
氣 而實亦不雜於氣而言 何必見靈源之獨立 然後始可以言此理之不無乎 鳶飛魚躍 昭
著上下 亘古亘今 充塞宇宙 無一毫之空闕 無一息之間斷 豈可但見萬化之澌盡 而逐指
此極之體爲寂滅乎 三皇雖逝而此極不與三皇而俱逝 五帝雖沒而此極不與五帝而俱沒
三王雖亡而此極不與三王而俱亡 先天地而立而不見其始 後天地而存而不見其終

—『晦齋集』,「答忘機堂第一書」

❷

1   謹按忘齋無極太極辨 其說蓋出於陸象山 而昔子朱子辨之詳矣 愚不敢容贅 若忘機堂之
    答書 則猶本於濂溪之旨 而其論甚高 其見又甚遠矣 其語中庸之理 亦頗深奧開廣 得其
    頷要 可謂甚似而幾矣 然其間不能無過於高遠而有背於吾儒之說者 愚請言之

2   夫所謂無極而太極云者 所以形容此道之未始有物 而實爲萬物之根柢也 是乃周子灼見
    道體迥出常情 勇往直前 說出人不敢說底道理 令後來學者 曉然見得太極之妙 不屬有

無 不落方體 眞得千聖以來不傳之祕 夫豈以爲太極之上 復有所謂無極哉 此理雖若至
高至妙 而求其實體之所以寓 則又至近而至實 若欲講明此理而徒騖於杳冥虛遠之地 不
復求之至近至實之處 則未有不淪於異端之空寂者矣

3 今詳忘機堂之說 其曰 太極卽無極也則是矣 其曰 豈有論有論無 分內分外 滯於名數之
末則過矣 其曰 得其大本則人倫日用 酬酢萬變 事事無非達道則是矣 其曰 大本達道渾
然爲一 則何處更論無極太極有中無中之有間則過矣

4 此極之理 雖曰貫古今徹上下而渾然爲一致 然其精粗本末 內外賓主之分 粲然於其中
有不可以毫髮差者 是豈漫無名數之可言乎 而其體之具於吾心者 則雖曰大本達道初無
二致 然其中自有體用動靜先後本末之不容不辨者 安有得其渾然則更無倫序之可論 而
必至於滅無之地而後爲此道之極致哉

5 大抵忘機堂平生學術之誤 病於空虛 而其病根之所在則愚於書中 求之而得之矣
其曰 太虛之體 本來寂滅 以滅字說太虛體 是斷非吾儒之說矣 上天之載 無聲無臭 謂之
寂可矣 然其至寂之中 有所謂於穆不已者存焉 而化育流行 上下昭著 安得更着滅字於
寂字之下

6 自漢以來 聖道塞而邪說行 其禍至於剗人倫滅天理 而至今未已者 無非此一滅字爲之害
也 而忘機堂一生學術言語及以上議論之誤 皆自此滅字中來 愚也不得不辨
—『晦齋集』,「書忘齋忘機堂無極太極說 後」

16장 이황: 도덕과 욕망 사이에서

❶

滉於數月病中 看晦菴書一過 每遇其言懇到痛快喫緊爲人處 未嘗不三復省發 如針箚身
如寐得醒
—『退溪集』,「與鄭子中」

17장 이이: 조선 주자학의 완성자

❶

人生斯世 非學問 無以爲人 所謂學問者 亦非異常別件物事也 只是爲父當慈 爲子當孝
爲臣當忠 爲夫婦當別 爲兄弟當友 爲少者當敬長 爲朋友當有信

—『擊蒙要訣』,「擊蒙要訣序」

❷

1 初學 先須立志 必以聖人自期 不可有一毫自小退託之念 蓋衆人與聖人 其本性則一也

2 人之容貌 不可變醜爲妍 膂力 不可變弱爲强 身體 不可變短爲長 此則已定之分 不可改
也 惟有心志 則可以變愚爲智 變不肖爲賢
—『擊蒙要訣』,「立志章」

❸

1 法久弊生 害歸於民 設策矯弊 所以利民也 聖敎有曰 君依於國 國依於民 設百官分庶職
只爲民生而已 民旣擾蕩 則國將何賴焉 臣伏讀再三 不覺感激流涕 大哉王言 一哉王心
此眞安民回天怒之一大機也 三代以後 能知君臣之職 只爲民者 有幾君乎 但徒善
非法不推 徒法非善不行 殿下愛民之心 固是如此 而愛民之政 猶有未擧 羣下之獻策者
只齊其末 不揣其本 故聽之若美 行之無實

2 竊觀今之時事 日就謬誤 生民氣力 日就消盡 殆甚於權姦用事之時 其故何哉 權姦之時
祖宗遺澤 尙有未盡 故朝政雖亂 民力尙支 今日則祖宗遺澤已盡 權姦遺毒方發 故淸議
雖行 民力已竭 譬如有人少壯之時 縱酒荒色 戕害多端 而血氣方强 未見所傷 及其晩年
戕害之毒 乘衰暴發 雖謹愼調保 元氣已敗 不可支持 今日之事 實同於此 不出十年 禍亂
必興
—『栗谷全書』,「萬言封事」

❹

民爲邦本 本固邦寧 目今民生日蹙 如在水火 撫我則后 虐我則讎 豈不深可懼哉 孟子曰
爲叢敺雀者鸇也 今以斯民之倒懸 儻有鄰邦如曹莒者在傍 則民必襁負而歸之矣
—『栗谷全書』,「陳時弊疏」

❺

臣之精力 於斯盡矣 如賜睿覽 恒置几案 則於殿下天德王道之學 恐不無小補矣
—『聖學輯要』,「序文」

❻

1 朱子曰 心之虛靈知覺 一而已矣 吾兄何從而得此理氣互發之說乎 其所謂或原或生者

見其既發而立論矣

2 　夫理者 氣之主宰也 氣者 理之所乘也 非理則氣無所根柢 非氣則理無所依著 既非二物
又非一物 非一物 故一而二 非二物 故二而一也 非一物者 何謂也 理氣雖相離不得 而妙
合之中 理自理氣自氣 不相挾雜 故非一物也 非二物者 何謂也 雖曰理自理氣自氣 而渾
淪無閒 無先後無離合 不見其爲二物 故非二物也 是故 動靜無端 陰陽無始 理無始 故氣
亦無始也

3 　大抵發之者 氣也 所以發者 理也 非氣則不能發 非理則無所發 無先後 無離合 不可謂互
發也

4 　人心道心 則或爲形氣 或爲道義 其原雖一 而其流既岐 固不可不分兩邊說下矣 若四端
七情 則有不然者 四端是七情之善一邊也 七情是四端之摠會者也 一邊安可與摠會者
分兩邊相對乎

　　　—『栗谷全書』,「答成浩原(壬申)」

18장 조식: 하늘을 가슴에 품고 인재를 기르다

❶

先生儀形 雖未得拜 先生力量 憑此可想 豈非今行之一大幸乎
　　　—『浮査集』,「浮査先生年譜」

❷

至期 南冥騎牛赴約 道大雨 僅渡前溪入寺門 東洲已在樓上 方脫簑 噫 南冥處士也 東洲
時已去官 而盡夜相語 不離於生民休戚 寺僧至今相傳爲山中故事
　　　—『燕巖集』,「海印寺唱酬詩序」

❸

1 　宣務郎新授丹城縣監臣曺植 誠惶誠恐 頓首頓首 上疏于主上殿下 伏念 先王不知臣之
無似 始除爲參奉 及殿下嗣服 除爲主簿者再 今者 又除爲縣監 慄慄危懼 如負丘山

2 　抑殿下之國事已非 邦本已亡 天意已去 人心已離 比如大木 百年蟲心 膏液已枯 茫然不
知飄風暴雨何時而至者 久矣 在廷之人 非無忠志之臣夙夜之士也 已知其勢極而不可支
四顧無下手之地 小官嬉嬉於下 姑酒色是樂 大官泛泛於上 唯貨賂是殖

3 　慈殿塞淵 不過深宮之一寡婦 殿下幼沖 只是先王之一孤嗣 天災之百千 人心之億萬 何

以當之 何以收之耶 ……

當此之時 雖有才兼周召 位居鈞軸 亦未如之何矣 況一微身材如草芥者乎 上不能持危
於萬一 下不能庇民於絲毫 爲殿下之臣 不亦難乎 若賣斗筲之名 而賭殿下之爵 食其食
而不爲其事 則亦非臣之所願也

―『南冥集』,「乙卯辭職疏」

❹

是大權之何在 只在乎吾民之手分 不可畏者 甚可畏也 …… 宮室廣大 巖之興也 女謁盛
行 巖之階也 稅斂無藝 巖之積也 奢侈無度 巖之立也 掊克在位 巖之道也 刑戮恣行 巖
之固也 縱厥巖之在民 何莫由於君德 水莫險於河海 非大風則妥帖 險莫危於民心 非暴
君則同胞 以同胞爲敵讎 庸誰使而然乎 南山節節 唯石巖巖 泰山巖巖 魯邦所詹 其巖一
也 安危則異 自我安之 自我危爾 莫曰民巖 民不巖矣

―『南冥集』,「民巖賦」

❺

道之在人也 不以古今而隆替 不以窮達爲通塞 幽貞之利 否亨之義 衆人不知 唯君子獨
有焉 何者 可仕則仕者 固道也 可止則止者 亦道也

―『南冥集』,「南冥先生集序」

19장 유형원: 고통받는 백성들과 함께 살리라

❶

1 古井田法至矣 經界一正而萬事畢 擧民有恒業之固 兵無搜括之弊 貴賤上下 無不各得
   其職 是以人心底定 風俗敦厚 古之所以鞏固維持數百千年禮樂興行者 以有此根基故也
   後世田制廢而私占無限 則萬事皆弊 一切反是

2 若不正田制 則民産終不可恒 賦役終不可均 戶口終不可明 軍伍終不可整 詞訟終不可
   止 刑罰終不可省 賄賂終不可遏 風俗終不可厚 如此而能行政教者未之有也 夫如是者
   其何故乎 土地 天下之大本也 大本旣擧則百度從而無一不得其當 大本旣紊則百度從而
   無一不失其當也

3 然後之有志者 莫不欲行之於今 而以山溪之地 井界難成 公田采地 事有疑礙爲難

4 奴婢以世之法 本王政之所當改者 然其勢未可以遽改 旣未改奴婢 而又不得不受田 則
   雖輕於舊 猶未免偏苦者 亦事勢之固然 無可奈何 爲今之計 但宜均行從母法 漸無奴婢

太多之弊 而先王之制 從可復矣

—『磻溪隨錄』,「田制 上」, '分田定稅節目'

❷

三代以下 井田旣廢 兵制亦從而壞 代各隨意苟且 不足以爲法 至於兵農爲二之後 則百害俱極 尤無足論

—『磻溪隨錄』,「兵制」, '五衛及諸衛'

20장 정제두: 이단을 공부한 조선의 양명학자

❶

陽明乃敢肆然排先儒之定論 妄引諸說之勞彝者 牽合附會 略無忌憚 可見其學之差而心之病矣

—『退溪集』,「傳習錄論辯」

❷

朱子之學 其說亦何嘗不善 只是與致知之學 其功有迂直緩急之辨 其體有分合之間而已耳 其實同是爲聖人之學 何嘗不善乎 後來學之者多失其本 至於今日之說者則不是學朱子 直是假朱子 不是假朱子 直是傅會朱子 以就其意 挾朱子而作之威 濟其私

—『霞谷集』,「存言」

❸

1 先生諱齊斗字士仰姓鄭氏 迎日人也 以高麗樞密知奏事襲明爲始祖 至圃隱先生諱夢周始大 位侍中 名與日月爭光 入我朝有諱宗誠吏曹參議 曾祖諱謹 承文博士贈領議政 祖諱維城 右議政忠貞公 考諱尙徵 進士贈左贊成 妣韓山李氏 贈貞敬夫人 戶曹判書浩庵諱基祚之女 先生以仁祖二十七年己丑生 五歲而孤

2 秋先生感微疾 一日坐廳事 召諸子姪 告以居家處世可鑑戒者及身後若干事 神精如平常 逮夜命聯榻 設寢當室中 南首端臥 頻以手度視其正中 少頃恬然而逝 八月十一日某時也 春秋八十有八 是日暮白氣如虹 延亘宅前後 有雲冪屋上 至朝乃去 人以爲徵 前數日有以先生疾聞者 命御醫往視之而先生已卒矣 上震悼 旴睗視大臣 越三月某甲 禮葬于宅後若干步 先考墓側某坐之原 後七年命 不待狀賜諡曰文康

—『霞谷集』,「行狀」

❹

其曰格物致知者何也 格者正也 正其不正 以至于正也 祖己曰惟先格王 囧命曰格其非
心 孟子曰格君心之非 堯典曰格于上下 烝民詩曰有物有則 畢命曰克勤小物 中庸曰不
誠無物 樂記曰感於物而動 物至知知 然後好惡形焉 皆是意也
—『霞谷集』,「大學說」

❺

1 人之所不學而能者 其良能也 所不慮而知者 其良知也 孩提之童 無不知愛其親也 及其
長也 無不知敬其兄也
2 溫故而知新 卽是尊德性之事也 溫習於天理而日知其新則知新由於溫故 而溫故者乃所
以知新之道也 非溫故之外別有知新工夫也
—『霞谷集』,「學辯」

❻

某數年間 憤悱積思 …… 心性之旨 王文成說恐不可易也 一部孟子書 明是可證 而如庸
學諸旨論語求仁唐虞授受 其旨實無不同者
—『霞谷集』,「擬上朴南溪書」

❼

夫六經之文 昭如日星 知者見之 自無不洞如 無事於注爲 故有訓詁而無注說尙矣 朱子
以物理爲解 則不得不作注 此古經所以變也 朱解旣以離之 則又不得不改爲之說 此今
注所以更也
—『霞谷集』,「大學序引」

21장 이익: 학문의 목적은 실용에 있다

❶

1 井制旣不可復 故治終不古若也 張子曰妬法之行 悅之者衆 是則恐不然 悅者百而不悅
者一 一之力足以鉗百之口 如何得行也 富者田連阡陌 而貧無立錐之土 故富益富而貧

益貧矣 余見平民破産 或有以無恒心者 或有以稱貸滋益者 凡官府之浚削 閭里之豪橫
皆足以蕩之也 可破之端九 而可保之勢一 其不散而之四方者 幸免矣 家破而田存 猶或
復振 破必至於無田 自非陶朱之智 何暇措其手足哉 賣田有故 其始也或爲衣食帛肉 其
終也爲饘粥不繼 或主之於奴劫奪之 強之於弱勒責之 於是田有竆而民日困

2 以余一里觀之 去年幾戶破 今年幾戶又破 破者自多田至少田 自少田至無田 田旣無矣
奈何不破 制民産者 雖不能奪此授彼 貧民若以見在餘田 恒保爲業物 則豈非少益之道
乎 凡賣田者必貧民也 今有猾吏豪商得貨千萬 一朝而聚衆貧民之田 享素封之樂 而目
下破戶者不啻多矣 不已害乎 使貧民不賣田則賣者稀 故兼幷減 貧民或有智力可以得田
則得尺得寸 有入而無出 故易以興 富民田雖多 或多子之分占 不肖之破落 不過數世而
與平民等 如是則駸駸然完成均田之制矣

3 王政不歸於授田 皆苟也 夫孰不知 然卒莫之行者 爲富人之田 不可遽奪也 雖曰法行而
悅衆 衆者貧賤也 多田卽富貴是已 法無奈富貴何也 愚謂縱不革今制 若擧限田之法 亦
可稍稍均其貧富 限者何也 無者不責其有 過者不責其減 各以一頃爲永業 貧者一頃之
內 有入而無出則貧不得賣田而兼幷不售 富必有分除而稍漸均平矣
　　―『星湖先生全集』,「論均田」

❷

星湖僿說者 星湖翁之戱筆也 翁之作是說也何意 直無意 無意奚其有此哉 翁乃優閒者
也 讀書之暇 應世循俗 或得之傳記 得之子集 得之詩家 得之傳聞 得之詼諧 或可笑可喜
可以存閱 隨手亂錄 不覺其至於多積 始也爲其挑忘錄之卷 旣又爲之目列於端 目又不
可以徧閱 乃分門類入 遂成卷袠 又不可無名 名之以僿說勢也 非意之也 翁竆經二十年
凡見解聖賢遺意 各有成說 又喜著書 其寅物酬人 序記論說 別有采輯 如僿說者 不堪載
之 向之數者 則其爲無用之冗言定矣 鄙諺云 我食屬厭 棄將其惜 此僿說所以起也 夫三
代更尙 至文而止 文之末造 小人瑣細 自周以降 文之不反淳久矣 下民之德 宜乎其弊甚
吾輩小人 與世同流 動覺多言 於此書可見 然糞壤草芥至賤物也 或輸之田壠 養成嘉穀
取之廚竈 資爲美饌 此書者善觀者采之 亦安知不有百無一收也哉
　　―『星湖僿說』,「序」

❸

1 蓋禾木也 木旺而生 金旺而死 麥金也 金旺而生 火旺而死 故秋而斂禾以資冬春 而斂麥
以資夏秋 貧民無蓄積 俄乏而便繼以餬其口 一歲兩農一失則飢 此聖人所以重之也

2 麥有春秋二種 其初同類 緣人種之有別 歲久成二也 雖春種者夏枯 則均本性金故也

3 秋種謂之宿麥 今畿甸之民 秋種者三分居一 以其地瘠 非灌之人溺不茂也 南州皆宿麥
民俗不解 灌溺之必益茂 而旣成土風 不可變也
―『星湖僿說』,「人事門」˙'溺器糞田'

❹

1 疾書者何 思起便書 蓋恐其旋忘也 不熟則忘 忘則思不復起 是以熟之爲貴 疾書其次也
亦所以待乎熟也 余之於七篇 用力亦久矣 昔始讀此篇 俄而曰不書無以記也 於是隨身
有筆牘 凡有見必載

2 適當執手咳名之慶 以孟錫嘉 用爲志喜 今歲五周矣 頗見兒執卷周旋 往往與余諭義 而
余之修潤 如風庭掃葉 隨掃隨有 迄不可以斷手 棘棘其猶未熟也 苟非疾其書 殆幾乎忘
之盡矣 聞之朱夫子曰 初學必置冊子 籍記其所得所見 斯豈欺哉

3 然歷考百氏之書 此篇多不爲人所尊尙 非之有荀卿 刺之有王充 刪之有馮休 疑之有司
馬光 與之辨有蘇軾 至如李泰伯之常語 鄭厚叔之折衷 譏訶詬詈 何可勝言 韓氏余氏之
徒 矢口扶護 若尸祝之奉宗祐 或尊大體而不及於精 或析微言而不白其實

4 至朱夫子集註出 而羣言遂定 播之海外 擧同軌而一之 盛矣哉 雖然發揮諸子 林蓁海澨
未必皆中 而永樂胡廣輩起身蔑學 去取無據 使箋釋之意 或未免湮埋轉譌則疾書之作
胡可已也

5 嗚呼 朱子尊孟子也 後人尊朱子也 後人之尊朱子 殆有甚於朱子之尊孟子 賢希聖士希
賢 其勢然也 賢者智有能及之 故於孟子氣像未化處 曾不以尊之之篤而諱焉

6 士者困在下列 故於集註無事乎黑白 妓所謂不自信而信可信 此雖學者之正法 其或篤信
之餘 疑有未釋 露於講貫之際 藏於筆箚之私 求有以至於發蒙 斯亦不得已也 人輒繩之
以訕上 繩之固若有意 峻法刻刑 奚爲於孔子之門 余故曰今之學者 儒家之申韓也 於是
唯諾之風長 考究之習熄 駸駸然底于無學 則今之學者之過也

7 世傳孟子有逸篇 其載於荀子 則孟子三見齊王而不言 弟子問之 曰我先攻其邪心 載於
揚子則孟子曰 夫有意而不至者有矣 未有無意而至者也 荀揚不應誣辭 惜乎其不盡傳也
趙邠卿言外書四篇 不能洪深 今亦不見有此 荀揚所擧者 其或見於外書 又未可知 今並
採附著焉
―『星湖先生全集』,「孟子疾書序」

❺

1 論語義最奧語最簡 聖人之言 達則便止 而徹上徹下也 固非一踔可透 又截去上面所爲
發 而只存夫子之結辭 不似庸學之有規矩 孟子之多敷演 所以爲尤難曉解也 烏可以無

疑哉

2　余之爲此書 非敢求志於箋釋之外也 只是考錄己見 如朱門諸子之問目一般 擬待明師而
就正 惜乎孤陋倀然 無人啓發 終於昧而已 則其言不過如病心狂惑 譫語鄭聲 向壁獨說
而人不聽知也 可笑亦可哀也 後之覽者有或逐一駁正 少酬求通之意 則豈不誠快心也哉
—『星湖先生全集』,「論語疾書序」

22장 홍대용: 북학의 선구자, 세계의 창을 열다

❶

洪君德保 嘗一朝踔一騎 從使者而至中國 彷徨乎街市之間 屛營於側陋之中 乃得杭州
之遊士三人焉 於是間步旅邸 歡然如舊 極論天人性命之源 朱陸道術之辨 進退消長之
機 出處榮辱之分 攷據證定 靡不契合 而其相與規告箴導之言 皆出於至誠惻怛 始許以
知己 終結爲兄弟 其相慕悅也如嗜欲 其相無負也若詛盟 其義有足以感泣人者
—『湛軒書』,「會友錄序」(朴趾源)

❷

1　誠之在閩 病篤 猶出德保所贈鄕墨嗅香 置臂間而逝 遂以墨殉于柩中

2　早自廢擧 絶意名利 閒居蓻名 香皷琴瑟 謂將泊然自喜 玩心世外

3　嗟乎德保 …… 尤長於律曆 所造渾儀諸器 刱出機智 始泰西人謚地球 而不言地轉 德保
嘗論地一轉爲一日 其說渺微玄奧 顧未及著書 然其晚歲益自信地轉無疑
—『燕巖集』,「洪德保墓誌銘」

❸

1　孔子周人也 王室日卑 諸侯衰弱 吳楚滑夏 寇賊無厭 春秋者周書也 內外之嚴 不亦宜乎
雖然 使孔子浮于海 居九夷 用夏變夷 興周道於域外 則內外之分 尊攘之義 自當有域外
春秋 此孔子之所以爲聖人也

2　我復問爾 生之類有三 人也 禽獸也 草木也 草木倒生故有知而無覺 禽獸橫生 故有覺而
無慧 三生之類 块軋泯棼 互相衰旺 抑將有貴賤之等乎
虛子曰 天地之生 惟人爲貴 今夫禽獸也草木也 無慧無覺 無禮無義 人貴於禽獸 草木賤
於禽獸
實翁仰首而笑曰 爾誠人也 五倫五事 人之禮義也 羣行呴哺 禽獸之禮義也 叢苞條暢 草

木之禮義也 以人視物 人貴而物賤 以物視人 物貴而人賤 自天而視之 人與物均也

3 虛子曰 古人云天圓而地方 今夫子言地體正圓 何也

實翁曰 甚矣 人之難曉也 萬物之成形 有圓而無方 況於地乎 月掩日而蝕於日 蝕體必圜
月體之圜也 地掩日而蝕於月 蝕體亦圜 地體之圜也 然則月蝕者 地之鑑也 見月蝕而不
識地圜 是猶引鑑自照而不辨其面目也 不亦愚乎

4 實翁曰 然則居不可橫倒 豈不以墜下歟

虛子曰然

實翁曰 然則人物之微 尙已墜下 大塊之重 何不墜下

虛子曰 氣以乘載也

實翁厲聲曰 君子論道 理屈則服 小人論道 辭屈則遁 水之於舟也 虛則載 實則臭 氣之無
力也 能載大塊乎

5 夫渾渾太虛 六合無分 豈有上下之勢哉

6 實翁曰 …… 爾足墜於地 爾首不墜於天 何也

虛子曰 此上下之勢也

實翁曰 然 我又問爾 爾胸不墜於南 爾背不墜於北 左膊不墜於東 右膊不墜於西 何也
虛子笑曰 此無南北之勢 亦無東西之勢也

實翁笑曰 穎悟哉 可與語道也 今夫地日月星之無上下 亦猶爾身之無東西與南北也
且人莫不怪夫地之不墜 獨不怪夫日月星之不墜 何也 夫日月星 升天而不登 降地而不
崩 懸空而長留 太虛之無上下 其跡甚著 世人習於常見 不求其故 苟求其故 地之不墜
不足疑也

7 夫地塊旋轉 一日一周 地周九萬里 一日十二時 以九萬之濶 趁十二之限 其行之疾 亟於
震電 急於炮丸 地旣疾轉 虛氣激薄 閡於空而湊於地 於是有上下之勢 此地面之勢也 遠
於地則無是勢也

—『湛軒書』,「毉山問答」

❹

今先生之書 其最要者 有曰籌解需用 有曰林下經綸 或精幾何算數 或劬心政法 皆佐民
之學 而又有曰毉山問答 則專以斅本剟而析人己 在當時所僅見者 嗚呼 豈非豪傑之士
哉

—『湛軒書』,「湛軒書序」(鄭寅普)

❶

嘗與鄉人宿 鼾息磊磊 如哇如嘯 如嘆如噓 如吹火 如鼎之沸 如空車之頓轍 引者鋸吼 噴者豕狗 被人提醒 勃然而怒曰 我無是矣
—『燕巖集』,「孔雀舘文稿序」

❷

烏信百鳥黑 鷺訝他不白 白黑各自是 天應厭訟獄 人皆兩目俱 瞎一目亦覩 何必雙後明 亦有一目國 兩目猶嫌小 還有眼添額 復有觀音佛 變相目千隻 千目更何有 瞽者亦觀黑 金君廢疾人 依佛以存身 積錢若不用 何異丐者貧 衆生各自得 不必强相學 大深旣異衆 以玆相訝惑
—『燕巖集』,「髮僧菴記」

❸

學問之道 無他 有不識 執塗之人而問之可也
—『燕巖集』,「北學議序」

❹

暮登龍首山 候足下不至 江水東來 不見其去
夜深泛月而歸 亭下老樹 白而人立 又疑足下先在其間也
—『燕巖集』,「答蒼厓之五」

❺

我兄顔髮曾誰似 每憶先君看我兄 今日思兄何處見 自將巾袂映溪行
—『燕巖集』,「燕岩憶先兄」

❻

1 河出兩山間 觸石鬪狠 其驚濤駭浪 憤瀾怒波 哀湍怨瀨 犇衝卷倒 嘶哮號喊 常有摧破長城之勢 戰車萬乘 戰騎萬隊 戰砲萬架 戰鼓萬坐 未足論其崩塌潰壓之聲 沙上巨石 屹然離立 河堤柳樹 窅冥鴻濛 如水祇河神 爭出驕人 而左右蛟螭 試其挐攫也
或曰 此古戰場 故河鳴然也 此非爲其然也 河聲在聽之如何爾

2   余嘗閉戶而臥 比類而聽之 深松發籟 此聽雅也 裂山崩崖 此聽奮也 群蛙爭吹 此聽驕也

3   一墜則河也 以河爲地 以河爲衣 以河爲身 以河爲性情 於是心判一墜 吾耳中遂無河聲
     凡九渡無虞 如坐臥起居於几席之上
     ―『熱河日記』,「一夜九渡河記」

24장 정약용: 세상의 모든 지식을 담다

❶

名不正 則言不順 言不順 則事不成 事不成 則禮樂不興 禮樂不興 則刑罰不中 刑罰不中
則民無所措手足
―『論語』,「子路」

❷

其謂之心書者何 有牧民之心 而不可以行於躬也 是以名之
―『與猶堂全書』,「牧民心書序文」

❸

舞於庭者六十四人 選於中 令執羽葆 立于首以導舞者 其執羽葆者能左右之 中節則衆
尊而呼之曰我舞師 其執羽葆者不能左右之中節 則衆執而下之 復于列 再選之 得能者
而升之 尊而呼之曰我舞師 其執而下之者衆也 而升而尊之者亦衆也 夫升而尊之 而罪
其升以代人 豈理也哉
―『與猶堂全書』,「湯論」

❹

不愛君憂國非詩也 不傷時憤俗非詩也 非有美刺勸懲之義非詩也
―『茶山詩文集』,「寄淵兒」(戊辰冬)

❺

汝曹苟不欲讀書 是吾著書爲無用 吾著書爲無用 則吾無所事 將瞑心作泥偶人 則吾不
旬日而病發 病發且無藥可救 卽汝輩讀書 非所以活我命耶
―『茶山詩文集』,「寄二兒」(壬戌)

1 臣竊嘗以爲士農分爲二岐 而天下之農 日趨於弊也 古者薦紳公朝者 未嘗不肇跡田間 堯之百揆 歷山之農也 虞之后稷 有邰之農也 商之保衡 起畎畝之賤者也 周之冢宰 知稼 穡之艱者也 至漢猶有此意 倪寬, 卜式, 田千秋, 匡衡之徒 蓋莫不躬執耒耜 身致公相 所 以備嘗艱苦 善於字牧 自夫詞科之盛 而舌耕遊食之民 紆靑拖紫 蠹民病農之法 職由此 輩 而轟夷中鋤禾之詩 亦不過ийж人托興而止耳 臣亦祿以代耕 以弊天下之農者也 淸問 適及 敢不披瀝悉陳 思免素食之譏乎

2 自夫經界紊而兼竝起 隱蔽混而徵斂重 天下之民 始積穡乎棄本趨末 而農之家不復振矣 苟使禁游食以紓人力 興水器以廣地利 步星躔以備天災 則生民之福 國家之利也
— 『與猶堂全書』, 「策問」, '農策'

25장 김정희: 〈세한도〉에 머문 조선의 정신

❶

1 論國朝人物 而以金阮堂先生 方諸宋之蘇文忠云 博聞多識 名滿天下者 與文忠同焉 書 法之入神 畫境之造妙者 與文忠同焉

2 其功名事業 庸詎不若韓富范歐 而盖其剛方之性 高潔之行 自不能和光同塵 旅進旅退 保其祿位
— 『阮堂集』, 「阮堂先生全集序」 (金甯漢)

❷

大風濤中作霹靂 死生俄忽 舟中人皆喪魄抱號 篙師亦股栗不敢前 公凝然坐柁頭 有詩 高詠 聲與風濤相上下 因擧手指某所曰 篙師力挽柁向此 舟乃疾 朝發夕至濟 濟之人大 驚以謂飛渡也
— 『阮堂集』, 「阮堂金公小傳」 (閔奎鎬)

❸

公幼挺異稟 父酉堂公闓識求是 在家固已承藉父學 値正廟右文稽古 發尙書古文之疑 士大夫浸漸膏澤 石泉茶山雅亭貞蕤 諸經師 駁駁駕鄭許 又足以開公之先
— 『阮堂集』, 「阮堂先生全集序」 (鄭寅普)

❹

1 去年 以晚學大雲二書寄來 今年 又以藕耕文編寄來 此皆非世之常有 購之千萬里之遠 積有年而得之 非一時之事也

2 且世之滔滔 惟權利之是趨 爲之費心費力如此 而不以歸之權利 乃歸之海外蕉萃枯槁之人 如世之趨權利者

3 太史公云 以權利合者 權利盡而交疏 君亦世之滔滔中一人 其有超然自拔於滔滔權利之外 不以權利視我耶 太史公之言非耶

4 孔子曰 歲寒然後 知松栢之後凋 松栢 是貫四時而不凋者 歲寒以前一松栢也 歲寒以後一松栢也 聖人特稱之於歲寒之後

5 今君之於我 由前而無加焉 由後而無損焉 然由前之君 無可稱 由後之君 亦可見稱於聖人也耶 聖人之特稱 非徒爲後凋之貞操勁節而已 亦有所感發於歲寒之時者也

6 烏乎 西京淳厚之世 以汲鄭之賢 賓客與之盛衰 如下邳榜門 迫切之極矣 悲夫 阮堂老人書

　　——「歲寒圖跋文」

26장 최제우: 사람이 곧 하늘이다

❶

1 蓋自上古以來 春秋迭代四時盛衰 不遷不易 是亦天主造化之迹 昭然于天下也 愚夫愚民 未知雨露之澤 知其無爲而化矣 自五帝之後 聖人以生 日月星辰 天地度數 成出文卷 而以定天道之常然 一動一靜一盛一敗 付之於天命 是敬天命而順天理者也 故 人成君子 學成道德 道則天道 德則天德 明其道而修其德 故 乃成君子 至於至聖 豈不欽歎哉 又此挽近以來 一世之人 各自爲心 不順天理 不顧天命 心常悚然 莫知所向矣

2 至於庚申 傳聞西洋之人 以爲天主之意 不取富貴 功取天下 立其堂 行其道 故 吾亦有其然豈其然之疑 不意四月 心寒身戰 疾不得執症 言不得難狀之際 有何仙語 忽入耳中 驚起探問則 曰勿懼勿恐 世人謂我上帝 汝不知上帝耶

3 問其所然 曰 余亦無功 故 生汝世間 敎人此法 勿疑勿疑 曰 然則西道以敎人乎 曰 不然 吾有靈符 其名仙藥 其形太極 又形弓弓 受我此符 濟人疾病 受我呪文 敎人爲我則 汝亦長生 布德天下矣

4 吾亦感其言 受其符 書以呑服則 潤身差病 方乃知仙藥矣 到此用病則 或有差不差 故 莫知其端 察其所然則 誠之又誠 至爲天主者 每每有中 不順道德者 一一無驗 此非受人之

誠敬耶

5　是故 我國 惡疾 滿世 民無四時之安 是亦傷害之數也 西洋戰勝功取 無事不成 而天下盡
滅 亦不無脣亡之歎 輔國安民 計將安出 惜哉 於今世人 未知時運 聞我斯言則 入則心非
出則巷議 不順道德 甚可畏也 賢者聞之 其或不然 而吾將慨歎 世則無奈 忘略記出 諭以
示之 敬受此書 欽哉訓辭

　　—『東經大全』「布德文」

❷

1　夫天道者 如無形而有迹 地理者 如廣大而有方者也 故 天有九星 以應九州 地有八方 以
應八卦 而有盈虛迭代之數 無動靜變易之理 陰陽相均 雖百千萬物 化出於其中 獨惟人
最靈者也

2　轉至辛酉 四方賢士 進我而問曰 今天靈 降臨先生 何爲其然也 曰受其無往不復之理 曰
然則 何道以名之 曰天道也 曰與洋道 無異者乎 曰洋學 如斯而有異 如呪而無實 然而運
則一也 道則同也 理則非也

3　曰何爲其然也 曰吾道 無爲而化矣 守其心正其氣 率其性受其敎 化出於自然之中也 西
人 言無次第 書無皁白 而頓無爲天主之端 只祝自爲身之謀 身無氣化之神 學無天主之
敎 有形無迹 如思無呪 道近虛無 學非天主 豈可謂無異者乎

　　—『東經大全』,「論學文」

858

색인

인명